Die Chronik-Bibliothek des 20. Jahrhunderts

Die Chronik-Bibliothek des 20. Jahrhunderts
wird herausgegeben von Bodo Harenberg

Antonia Meiners

Chronik 1922

Tag für Tag in Wort und Bild

Chronik Verlag

Abbildungen auf dem Schutzumschlag
(oben links beginnend)
Reichskanzler Joseph Wirth (l.) und der sowjetische Außenminister Georgi W. Tschitscherin (r.) in Rapallo, wo am 16. April der deutsch-sowjetische Vertrag unterzeichnet wird. Dieses Abkommen bedeutet eine Annäherung der beiden »Außenseiter« der Weltpolitik.
Innerhalb von wenigen Tagen fällt der Kurs der Mark rapide: Am 21. August erreicht die Inflation für 1922 ihren Höhepunkt.
Benito Mussolini (M.) mit seinen Vertrauten auf dem Parteitag der Faschisten in Neapel. Dort wird der Marsch auf Rom vom 28. Oktober beschlossen, der dem »Duce« zur Macht verhilft.
Aufruf der Reichsregierung zum Schutz der Republik nach dem Mord an Walther Rathenau; der Außenminister wird am 24. Juni von Mitgliedern der rechtsradikalen Organisation Consul erschossen.
Entwurf von Auguste und Gustave Perret für Turmhäuser, die in der Nähe von Paris entstehen sollen – neue Techniken und Materialien inspirieren die Architekten zum Entwurf gigantischer Hochhäuser, die auf kleinem Grundriß viel Wohnraum bieten.
»Hilf« mahnt dieses Plakat angesichts der seit 1921 andauernden Hungerkatastrophe in Sowjetrußland, der Millionen Menschen zum Opfer fallen.
Plakat von Wassily Kandinsky für eine Ausstellung seiner Werke in Stockholm; russische Künstler der Avantgarde wirken in den 20er Jahren befruchtend auf ihre deutschen Kollegen. Am 15. Oktober wird in Berlin die Erste Russische Kunstausstellung mit zeitgenössischen Werken eröffnet.
Mit dem Film »Nosferatu – eine Symphonie des Grauens« wird der Regisseur Friedrich Wilhelm Murnau international bekannt. Der Stummfilm, der am 5. März in Berlin uraufgeführt wird, gilt als Klassiker des Horrorfilms.

3., überarbeitete Auflage 1992

© Chronik Verlag
in der Harenberg Kommunikation Verlags- und Mediengesellschaft mbH & Co. KG
Dortmund 1989

Redaktion: Ingrid Reuter (Text), Hartmut Gahmann (Bild)
Fachautoren: Dr. Ingrid Loschek (Mode), Felix R. Paturi (Wissenschaft und Technik),
  Jochen Rentsch (Musik)
Anhang: Ludwig Hertel, Bernhard Pollmann, Karl Adolf Scherer
Herstellung: Barbara Reppold-Hinz
Satz: Systemsatz, Dortmund
Druck: Mohndruck Graphische Betriebe GmbH, Gütersloh

Leihgeber für Zeitungen und Zeitschriften: Institut für Zeitungsforschung, Dortmund

Das Werk einschließlich aller seiner Teile ist urheberrechtlich geschützt. Jede Verwertung außerhalb der engen Grenzen des Urheberrechtsgesetzes ist ohne Zustimmung des Verlags unzulässig und strafbar. Das gilt insbesondere für Vervielfältigungen, Übersetzungen, Mikroverfilmungen und die Speicherung und Verarbeitung in elektronischen Systemen.

ISBN 3-611-00068-X

Inhalt

Der vorliegende Band aus der »Chronik-Bibliothek des 20. Jahrhunderts« führt Sie zuverlässig durch das Jahr 1922 und gibt Ihnen – aus der Sicht des Zeitzeugen, aber vor dem Hintergrund des Wissens von heute – einen vollständigen Überblick über die weltweit wichtigsten Ereignisse in Politik und Wirtschaft, Kultur und Sport, Alltag und Gesellschaft. Sie können das Jahr in chronologischer Folge an sich vorüberziehen lassen, die »Chronik 1922« aber auch als Nachschlagewerk oder als Lesebuch benutzen. Das »Chronik«-System verbindet eine schier unübersehbare Fülle von Artikeln, Kalendereinträgen, Fotos, Grafiken und Übersichten nach einheitlichen Kriterien und macht damit die Daten dieses Bandes mit jedem anderen Band vergleichbar. Wer die »Chronik-Bibliothek« sammelt, erhält ein Dokumentationssystem, wie es in dieser Dichte und Genauigkeit nirgends sonst zu haben ist.

Hauptteil (ab Seite 8)

Jeder Monat beginnt mit einem Kalendarium, in dem die wichtigsten Ereignisse chronologisch geordnet und in knappen Texten dargestellt sind. Sonn- und Feiertage sind durch farbigen Druck hervorgehoben. Pfeile verweisen auf ergänzende Bild- und Textbeiträge auf den folgenden Seiten. Faksimiles von Zeitungen und Zeitschriften, die im jeweiligen Monat des Jahres 1922 erschienen sind, spiegeln Zeitgeist und herausragende Ereignisse. Wichtige Ereignisse des Jahres 1922 werden – zusätzlich zu den Eintragungen im Kalendarium – in Wort und Bild beschrieben. Jeder der 318 Einzelartikel dieses Bandes bietet eine in sich abgeschlossene Information. Die Pfeile des Verweissystems machen auf Artikel aufmerksam, die an anderer Stelle dieses Bandes ergänzende Informationen zu dem jeweiligen Thema vermitteln. 585 teils farbige Abbildungen und grafische Darstellungen illustrieren die Ereignisse und Entwicklungen des Jahres 1922 und werden damit zu einem historischen Kaleidoskop besonderer Art. Hinter dem Hauptteil (auf S. 212) geben originalgetreue Abbildungen einen Überblick über alle Postwertzeichen, die 1922 im Deutschen Reich neu ausgegeben wurden.

Januar	8
Februar	28
März	42
April	58
Mai	72
Juni	88
Juli	108
August	122
September	142
Oktober	160
November	174
Dezember	192

Übersichtsartikel (ab Seite 22)

19 Übersichtsartikel, am blauen Untergrund zu erkennen, stellen Entwicklungen des Jahres 1922 zusammenfassend dar.
Alle Übersichtsartikel aus den verschiedenen Jahrgangsbänden ergeben – zusammengenommen – eine sehr spezielle Chronik zu den jeweiligen Themenbereichen (z. B. Film von 1900 bis 2000).

Arbeit und Soziales	48
Architektur	54
Auto	38
Bildungswesen	79
Essen und Trinken	202
Film	140
Gesundheit	117
Kunst	206
Literatur	156
Mode	86
Musik	104
Theater	188
Unterhaltung	26
Urlaub und Freizeit	100
Verkehr	22
Werbung	68
Wirtschaft	152
Wissenschaft und Technik	170
Wohnen und Design	132

Anhang (ab Seite 213)

Der Anhang zeigt das Jahr 1922 in Statistiken und anderen Übersichten. Ausgehend von den offiziellen Daten für das Deutsche Reich, Österreich und die Schweiz, regen die Zahlen und Fakten zu einem Vergleich mit vorausgegangenen und nachfolgenden Jahren an.
Für alle wichtigen Länder der Erde sind die Staats- und Regierungschefs im Jahr 1922 aufgeführt und werden wichtige Veränderungen aufgezeigt. Die Zusammenstellungen herausragender Neuerscheinungen auf dem Buchmarkt sowie der Premieren auf Bühne und Leinwand werden zu einem Führer durch das kulturelle Leben des Jahres.
Das Kapitel »Sportereignisse und -rekorde« spiegelt die Höhepunkte des Sportjahres 1922. Internationale und deutsche Meisterschaften, die Entwicklung der Leichtathletik- und Schwimmrekorde sowie alle Ergebnisse der großen internationalen Wettbewerbe im Automobilsport, Eiskunstlauf, Fußball, Gewichtheben, Pferde- und Radsport sowie im Tennis sind wie die Boxweltmeister im Schwergewicht nachgewiesen.
Der Nekrolog enthält Kurzbiographien von Persönlichkeiten, die 1922 verstorben sind.

Regierungen Deutsches Reich, Österreich und Schweiz	213
Deutsches Reich, Österreich und Schweiz in Zahlen	214
Staatsoberhäupter und Regierungen ausgewählter Länder	218
Kriege und Krisenherde	220
Ausgewählte Neuerscheinungen auf dem Buchmarkt	221
Uraufführungen in Schauspiel, Oper, Operette und Ballett	223
Filme	224
Sportereignisse und -rekorde	225
Nekrolog	229

Register (ab Seite 231)

Das *Personenregister* nennt – in Verbindung mit der jeweiligen Seitenzahl – alle Personen, deren Namen in diesem Band verzeichnet sind.
Werden Personen abgebildet, so sind die Seitenzahlen kursiv gesetzt. Herrscher und Angehörige regierender Häuser mit selben Namen sind alphabetisch nach den Ländern ihrer Herkunft geordnet.
Wer ein bestimmtes Ereignis des Jahres 1922 nachschlagen möchte, das genaue Datum oder die Namen der beteiligten Personen aber nicht präsent hat, findet über das spezielle *Sachregister* Zugang zu den gesuchten Informationen.
Oberbegriffe und Ländernamen erleichtern das Suchen und machen zugleich deutlich, welche weiteren Artikel und Informationen zu diesem Themenfeld im vorliegenden Band zu finden sind. Querverweise helfen bei der Erschließung der immensen Informationsvielfalt.

Personenregister	231
Sachregister	236

Das Jahr 1922

Vier Jahre sind seit dem Ende des Weltkriegs vergangen, doch Europa ist noch nicht zur Ruhe gekommen. Das Reparationsproblem belastet das Verhältnis zwischen dem Deutschen Reich und den Alliierten; Spannungen bestehen in der Orientfrage, und die durch Friedensverträge festgelegten Grenzen der jungen Nationalstaaten in Ost- und Südosteuropa sind vielfach noch umstritten. In Irland tobt der Bürgerkrieg, und in den an Sowjetrußland angrenzenden Gebieten flackern zwei Jahre nach Ende des Bürgerkriegs noch immer Kämpfe gegen die Bolschewisten auf. Erst mit der Gründung der UdSSR im Dezember werden hier klare Verhältnisse geschaffen.

Im Deutschen Reich hoffen die bürgerlichen und sozialdemokratischen Politiker der Weimarer Regierungskoalition trotz allem zu Beginn des Jahres noch auf eine allmähliche Stabilisierung der Wirtschaft und Festigung der Demokratie. In Deutschland gibt es kaum Arbeitslose, denn einheimische Produkte sind auf dem internationalen Markt gefragt, weil sie infolge des gesunkenen Wertes der Mark billig angeboten werden können. Zwar muß der größte Teil der Einnahmen für die Zahlung von Reparationen und Kriegsschulden verwendet werden, doch versucht die Regierung in Berlin, die aufgrund des Versailler Vertrages festgelegten Zahlungsbedingungen in Verhandlungen mit den Alliierten auf ein erträgliches Maß zu vermindern. Diese Vorstellungen erweisen sich im Laufe des Jahres jedoch als unrealistisch. Mit dem Regierungswechsel in Frankreich im April verschärfen sich die Spannungen zwischen Frankreich und dem Deutschen Reich. Aristide Briand, der in Übereinstimmung mit Großbritannien seine Bereitschaft zur Berücksichtigung der deutschen Wünsche signalisierte, muß noch während der Konferenz in Genua zurücktreten und das Amt des französischen Ministerpräsidenten Raymond Poincaré überlassen, der sich Deutschland gegenüber unnachsichtig zeigt. Die Folge ist eine weitere Isolierung der deutschen Politik von den Westmächten und eine Annäherung an den Osten. Am Rande der Konferenz in Genua, in Rapallo, schließen die beiden »Außenseiter« Deutsches Reich und Sowjetrußland am 16. April einen Vertrag auf der Basis gegenseitiger Gleichberechtigung. Für den sozialistischen Staat bedeutet dies erstmalig die offizielle Anerkennung durch eine andere Regierung. Die Westmächte, insbesondere Frankreich, sehen in diesem Bündnis eine Bedrohung, was wiederum die Verhärtung der französischen Politik gegenüber dem Deutschen Reich nach sich zieht. Unnachgiebigkeit der alliierten Mächte in der Reparationsfrage sowie die Verweigerung eines Kredits an das Deutsche Reich führen zur Zahlungsunfähigkeit. Unmittelbare Folge ist das rapide Ansteigen der Inflation im August.

Mit den außenpolitischen Problemen einher geht eine zusehends kritischer werdende innenpolitische Entwicklung. Neben der ständig wachsenden wirtschaftlichen Not unter großen Teilen der Bevölkerung sind es vor allem die erstarkenden antidemokratischen Kräfte, welche die junge Weimarer Republik bedrohen. Zu ihnen gehören Organisationen, in denen sich ehemalige Offiziere und Freikorpsmitglieder mit monarchistischer und antisemitischer Gesinnung zusammenfinden. Sie sind verantwortlich für eine Serie von Attentaten, deren Höhepunkt die Ermordung von Außenminister Walther Rathenau am 24. Juni ist. Dieser Anschlag weckt – obwohl die Reichsregierung bereits im Juli das Republikschutzgesetz verabschiedet – im Ausland Zweifel an der Stabilität der Weimarer Republik. Bestärkt wird die Unsicherheit durch die Auseinandersetzungen um das Republikschutzgesetz zwischen der Reichsregierung und Bayern. Die rechtsgerichtete Landesregierung in München verfährt wesentlich nachsichtiger mit den rechtsextremistischen Gruppierungen als Berlin. So ist es auch kein Zufall, daß die nationalsozialistische Bewegung unter Adolf Hitler, der sich z. T. an der faschistischen Machtergreifung in Italien orientiert, gerade hier großen Zuspruch findet.

Am 28. Oktober 1922 marschieren die »Schwarzhemden« in Rom ein und zwingen die bürgerliche Regierung zum Rücktritt. König Viktor Emanuel III. übergibt die Regierungsvollmacht an Benito Mussolini und markiert damit den Beginn der faschistischen Ära in Italien. Schon in den Monaten zuvor hatten die Faschisten die sozialistischen Regionen Italiens terrorisiert. Zwar wird internationale Kritik an den gewalttätigen und diktatorischen Methoden Mussolinis laut, doch zunächst scheinen die Westmächte eher beruhigt über die sich andeutende Stabilisierung der italienischen Politik zu sein, die in den letzten Jahren von sozialen Unruhen und häufigen Regierungswechseln gekennzeichnet war.

Das Interesse der Westmächte konzentriert sich zu diesem Zeitpunkt auf die Aufrechterhaltung ihres Einflusses im Mittelmeerraum, insbesondere an wichtigen strategischen Punkten wie der Durchfahrt zum Schwarzen Meer und dem Zugang zum Sueskanal. Unabhängigkeitsbewegungen in nordafrikanischen und arabischen Ländern bedeuten eine Gefahr für die Machtbereiche Großbritanniens, Frankreichs und Italiens in diesen Gebieten. Ägypten erlangt seine Souveränität und wird am 15. März zum unabhängigen Königreich erklärt. Die Briten sichern sich dabei jedoch erheblichen Einfluß auf das Land. Im griechisch-türkischen Krieg schlagen die türkischen Truppen unter Mustafa Kemal Pascha (Atatürk) am 9. September die Armee der Griechen und schaffen so die Voraussetzung für eine Revision des Friedensvertrags von Sèvres und die Gründung einer an europäischen Vorbildern orientierten türkischen Republik.

Zu der von Nationalismus und Pessimismus geprägten Politik der Nachkriegszeit bildet die internationale Entwicklung auf technischem und teilweise auch auf kulturellem Gebiet einen ermutigenden Kontrast. Amerika, das infolge der europäischen Stagnation während des Weltkriegs einen enormen Vorsprung vor allem im Bereich der Technik erreicht hat, wird Ansporn für europäischen Erfindergeist. Flugzeug- und Autoindustrie erfahren einen Aufschwung, und die ersten kommerziellen Rundfunksender Europas nehmen ihren Betrieb auf.

Im Bereich der bildenden Kunst dagegen wird Deutschland sehr stark von Sowjetrußland beeinflußt. 1922 findet in Berlin die Erste Russische Kunstausstellung statt, die ein breites Publikum mit den Werken zeitgenössischer russischer Kunst vertraut macht. Vor allem die Konstruktivisten, die ihre abstrakte Kunst in den Dienst der Oktoberrevolution stellen, geben der deutschen Kunst Impulse. Das Theater wird zum Seismographen eines tiefgreifenden Stimmungswandels: Die durch die Novemberrevolution 1918 geweckten Hoffnungen auf grundlegende gesellschaftliche Veränderungen haben sich nicht erfüllt, die Realität wird als unsicher, chaotisch und brutal empfunden. Bertolt Brecht zeigt sein erstes Theaterstück, »Trommeln in der Nacht«, und Arnolt Bronnens Drama »Vatermord« löst einen Theaterskandal aus. »Vatermord« verdeutlicht den Zweifel der jungen Generation gegenüber jeglichen Idealen und schildert eine unheilbare, von Trieben beherrschte Welt – eine Realitätsauffassung, die auch in der für diese Zeit charakteristischen expressiven Tanzkunst einer Anita Berber oder in den 1922 uraufgeführten Filmen »Dr. Mabuse, der Spieler« und »Nosferatu« sichtbar wird.

Antonia Meiners

◁ *Beginn der faschistischen Ära in Italien: Benito Mussolini (2. v. l.) während einer Veranstaltung auf dem Parteitag der italienischen Faschisten in Neapel. Wenige Tage später, am 28. Oktober 1922, marschieren 40 000 seiner Anhänger nach Rom und erzwingen so die Machtübernahme des »Duce«.*

Januar 1922

Mo	Di	Mi	Do	Fr	Sa	So
						1
2	3	4	5	6	7	8
9	10	11	12	13	14	15
16	17	18	19	20	21	22
23	24	25	26	27	28	29
30	31					

1. Januar, Neujahr

Reichspräsident Friedrich Ebert (MSPD) empfängt erstmals seit der Beendigung des Weltkrieges das Diplomatische Korps zum neuen Jahr. → S. 13

Auf den Schiffen der deutschen Kriegsmarine wird die alte Kriegsflagge des Kaiserreichs eingeholt. → S. 16

Die Stadt Wien wird verwaltungsmäßig von Niederösterreich getrennt und selbständiges Bundesland.

Robert Haab von der freisinnigen Partei tritt sein Amt als schweizerischer Bundespräsident für 1922 an.

In der Presse werden Zahlen veröffentlicht, nach denen in Sowjetrußland Millionen von Menschen von einer Hungersnot betroffen sind. → S. 18

Ungarn übernimmt die Verwaltung Ödenburgs (Sopron). → S. 13

Die »Frankfurter Neuesten Nachrichten« feiern ihr 200jähriges und die »Münchener Neuesten Nachrichten« ihr 75jähriges Bestehen. → S. 22

Eine Springflut zerstört weite Teile des Strandes von Westerland auf der Nordseeinsel Sylt. → S. 21

2. Januar, Montag

In Berlin einigen sich Eisenbahnerverbände und Eisenbahndirektion über eine Angleichung der Stundenlöhne an die in der Industrie gezahlten Sätze. Die Regelung wird von den Arbeitnehmern als vorläufig akzeptiert. Ein allgemeiner Streik bei den Eisenbahnen des Deutschen Reichs wird daraufhin nach drei Tagen beendet (→ 15. 2./S. 32).

Die Verwaltung der Halbinsel Krim im Schwarzen Meer erklärt mit der Einwilligung Moskaus ihre Unabhängigkeit von Sowjetrußland (→ 30. 12./S. 196).

Die sowjetrussische Regierung veröffentlicht statistisches Material, aus dem hervorgeht, daß in den ersten Jahren ihres Bestehens 1 766 118 Menschen hingerichtet worden sind – zumeist waren es politische Gegner der jungen Sowjetmacht.

In seiner Rede vor dem neunten Allrussischen Rätekongreß berichtet Kriegskommissar Leo D. Trotzki von Überfällen weißgardistischer Truppen in Karelien, der Ukraine und im äußersten Osten. Man sei daher gezwungen, die vorgesehene Demobilisierung einzustellen (→ 6. 6./S. 99).

Auf dem IV. Parteitag der Sozialistischen Arbeiterpartei Chiles beschließen die Delegierten, sich zur Kommunistischen Partei Chiles zu konstituieren.

In Berlin endet die Ausschreibung eines Architektenwettbewerbs für den Bau eines Hochhauses am Bahnhof Friedrichstraße. → S. 25

3. Januar, Dienstag

Im Auftrag des Obersten Rates der Alliierten beginnt der schweizerische Bundesrat Felix Calonder eine Reise durch Oberschlesien, auf der er sich über die Lage der Polen und Deutschen in dem Gebiet informieren wird (bis 16. 1.). → S. 17

Die Quäker beenden offiziell ihre Hilfsaktion im Deutschen Reich. Ihr großes Kinderhilfswerk wird der Deutsche Zentralausschuß für Auslandshilfe weiterführen. → S. 16

4. Januar, Mittwoch

Die »Frankfurter Zeitung« veröffentlicht einen Bericht über den Prozeß, den die deutsche Champagner-Firma Mumm um den Gebrauch ihres Firmennamens in Frankreich vor einem deutsch-französischen Schiedsgerichtshof in Paris verlor. → S. 17

In New York stellt der US-Amerikaner Edwin Vinson einen Dauerflug-Weltrekord auf. Mit einem Metall-Eindecker blieb er 26:19,35 h in der Luft. Den bisherigen Rekord hatten Bossoutrot und Bernard mit 24:19 h inne.

5. Januar, Donnerstag

Das Reichsjustizministerium legt der Öffentlichkeit den Gesetzentwurf über die Anpassung des Strafgesetzbuches an das neue Verfassungsrecht vor. Dieser Entwurf enthält etliche Festlegungen, die in das spätere Republikschutzgesetz übernommen werden (→ 18. 7./S. 112).

Der wegen seiner entscheidenden Mitwirkung am Kapp-Putsch von 1920 zu Festungshaft verurteilte Traugott von Jagow bittet das preußische Justizministerium um Urlaub, da er sich um sein freigegebenes Vermögen kümmern müsse. Es war nach dem Putsch beschlagnahmt worden. Dem Wunsch Jagows wird nicht stattgegeben.

6. Januar, Freitag

Auf ihrer Konferenz in Cannes beraten die Alliierten über die Bitte der deutschen Regierung um Aufschub der fälligen Reparationszahlungen. → S. 12

Die sowjetische Regierung gibt in einer Stellungnahme den im Ausland lebenden Russen bekannt, daß ihnen, sollten sie sich ohne Paß dort aufhalten, der Verlust des Bürgerrechts drohe.

7. Januar, Samstag

In Washington wird der Kongreßabgeordnete Alanson Houghton zum neuen US-Botschafter im Deutschen Reich ernannt.

Der Schauspieler Alexander Moissi bricht sein Gastspiel am Deutschen Theater in der rumänischen Stadt Czernowitz (Tschernowzy) ab, da es zu Tumulten im Theater gekommen war. Nationalistische rumänische Studenten fordern die Schließung der Bühne.

8. Januar, Sonntag

In Leipzig beginnt der bis 12. Januar dauernde Parteitag der Unabhängigen Sozialdemokratischen Partei (USPD) (→ 24. 9/S. 149).

In Dublin tritt Eamon de Valera von seinem Amt als »vorläufiger Präsident der irischen Republik« aus Protest gegen den mit Großbritannien geschlossenen Friedensvertrag zurück (→ 16. 6./S. 96).

Bei den Wahlen in Wilna (Vilnius) erringen die Polen einen überzeugenden Sieg. In den Landtag werden 105 Polen und zwei Weißrussen gewählt. → S. 19

Die britische Eishockeymannschaft aus Cambridge verliert in St. Moritz gegen den Eishockeyklub St. Moritz 3:9.

9. Januar, Montag

Das dänische Parlament in Kopenhagen bewilligt 1,5 Millionen dänische Kronen (etwa 6,3 Mrd. Mark) für eine Hilfsaktion gegen die Hungersnot in Sowjetrußland (→ 25. 1./S. 19).

Die »Dresdner Nachrichten« veröffentlichen einen Bericht der Reichspost, in dem ein Überblick über die in den letzten Monaten gestohlenen Telefonleitungen aus Kupfer gegeben wird. → S. 25

10. Januar, Dienstag

Der Sejm, das polnische Parlament in Warschau, genehmigt einen Gesetzentwurf über eine zweijährige Militärdienstpflicht in Polen.

Die oppositionelle ägyptische Wafd-Partei veröffentlicht ein Manifest, worin sie der Regierung jede Unterstützung versagt, solange ihrem Führer Sad Saghlul die Rückkehr in die Heimat verweigert wird. Saghlul fordert die Unabhängigkeit Ägyptens (→ 15. 3./S. 50).

Das Reichswirtschaftsministerium in Berlin verfügt eine Ausfuhrsperre für die Zellstoffindustrie, um die Papierversorgung im Deutschen Reich zu sichern.

In weiten Teilen des Deutschen Reichs wird das bisherige Tauwetter von starkem Frost abgelöst. → S. 27

11. Januar, Mittwoch

Der Völkerbundsrat in Genf verlängert die Regierungszeit der französischen Verwaltung im Saarland um ein weiteres Jahr. → S. 17

Aus der kanadischen Stadt Toronto wird erstmals von der Rettung eines diabeteskranken Patienten durch die Behandlung mit Insulin berichtet. → S. 21

12. Januar, Donnerstag

In Paris tritt die französische Regierung unter Aristide Briand zurück. Neuer Ministerpräsident wird am 15. Januar Raymond Poincaré. → S. 17

Der spanische Ministerpräsident Antonio Maura y Montaner gibt den Rücktritt seines Kabinetts wegen Differenzen mit den Militärs bekannt. Da der König die Demission nicht akzeptiert, bleibt Maura dennoch im Amt.

Im Anschluß an die Gründung eines republikanischen Lehrerbundes und eines republikanischen Richterbundes fordert Pastor Reinhard Schmidt aus Massow in Pommern zur Gründung eines republikanischen Pfarrerbundes auf.

Die deutsche Regierung beschließt die Erhöhung der Bezüge von Beamten und Arbeitern in Staatsbetrieben. → S. 25

Der Reichseisenbahnrat beschließt eine Erhöhung der Gütertarife um 33 1/3% (→ S. 22).

13. Januar, Freitag

Die Abgeordneten der Deutschen Volkspartei (DVP) im thüringischen Landtag kritisieren in einer Anfrage an ihre Regierung die regelmäßigen Zusammenkünfte der Minister der sozialistisch regierten Länder Sachsen, Anhalt, Braunschweig und Thüringen.

Die französischen Behörden veröffentlichen den Entwurf für einen britisch-französischen Garantie- und Unterstützungsvertrag (→ 6. 1./S. 12).

14. Januar, Samstag

Infolge eines Generalstreiks ist das öffentliche Leben in Weimar so gut wie lahmgelegt. Mit dem Ausstand wollen die seit mehreren Tagen streikenden Transportarbeiter ihrer Lohnforderung mehr Nachdruck verleihen.

15. Januar, Sonntag

Eine internationale Kundgebung für die Verbrüderung des Proletariats veranstalten die Unabhängigen Sozialdemokraten (USPD) im Großen Berliner Schauspielhaus.

In Berlin schließen sich Vertreter der deutschen Juden zusammen, um über die Schaffung eines Fonds für die Gründung einer jüdischen Heimstätte in Palästina zu beraten (→ 11. 9./S. 148).

In Paris findet eine von der französischen Regierung veranstaltete Feier anläßlich des 300. Geburtstages des Dramatikers Molière (eigentl. Jean-Baptiste Poquelin) statt.

Bei den deutschen Skimeisterschaften in Krummhübel im Riesengebirge holt sich Vincenz Buchberger (Spindlermühle) den Titel, die Kombinationswertung aus Sprung und Langlauf. Buchberger ist der beste Springer, sein deutsch-böhmischer Landsmann Joseph Adolf Schnellster in der Loipe.

16. Januar, Montag

Der italienische Botschafter in Berlin überreicht Reichskanzler Joseph Wirth (Zentrum) eine Einladung zur internationalen Wirtschafts- und Finanzkonferenz, die am 3. März in Genua beginnen soll (→ 10. 4./S. 62).

Die deutschen Reparationspflichten gegenüber den alliierten Siegermächten des Weltkriegs beeinflussen nicht nur die europäische Wirtschaft, sondern belasten vor allem die Beziehungen zwischen dem Deutschen Reich und Frankreich (Aufmacher der in Berlin erscheinenden »Vossischen Zeitung« vom 29. 1. 1922).

Der Reichskanzler an die Reparationskommission.

Das deutsche Sanierungsprogramm.

Europa hat jetzt das Wort.

Januar 1922

Anläßlich des eingereichten Kostenvoranschlags für die Spielzeit 1922/23 beschäftigt sich der Mannheimer Stadtrat mit der Frage, ob das Nationaltheater überhaupt weitergeführt werden soll. Die Intendanz stellte einen Antrag auf einen Zuschuß in Höhe von sieben Millionen Mark.

17. Januar, Dienstag

Das Reichsarbeitsministerium in Berlin veröffentlicht den Gesetzentwurf über die Arbeitszeitregelung im Steinkohlenbergbau. Einschließlich Ein- und Ausfahrt soll die Schichtdauer danach sieben Stunden betragen (→ S. 48).

Die Eisenbahnverwaltung in Berlin erteilt der privaten Gesellschaft Siesta die Genehmigung zur Vermietung von Sitzkissen an Reisende. Die Leihgebühr für Reisen über 600 km beträgt z. B. 24 Mark.

18. Januar, Mittwoch

Zur 42. Vollversammlung des Deutschen Industrie- und Handelstages kommen in Berlin die Vertreter der Handelskammern zusammen. Hauptthema der Versammlung ist die Finanzlage des Deutschen Reichs (→ 6. 1./S. 12).

In ihrer ersten Sitzung des neuen Jahres bestätigen die Mitglieder des preußischen Staatsrats den bisherigen Vorstand. Erster Vorsitzender bleibt demnach der Oberbürgermeister von Köln, Konrad Adenauer (Zentrum).

Die US-amerikanische Nationale Vereinigung des farbigen Volkes, New York, gibt in einer Veröffentlichung bekannt, daß in den USA im vorausgegangenen Jahr 63 schwarze Bürger von weißen Rassisten gelyncht worden sind. → S. 21

Die deutschen Hochschulen beschließen, künftig den 18. Januar als Tag der Reichsgründung festlich zu begehen. Am 18. Januar 1871 wurde Wilhelm I. nach dem Sieg im deutsch-französischen Krieg zum deutschen Kaiser proklamiert. → S. 16

19. Januar, Donnerstag

Der sächsische Landtag lehnt mit 47 gegen 46 Stimmen der Sozialdemokraten die Einführung des 1. Mai und des 9. November (Tag der Novemberrevolution von 1918) als gesetzliche Feiertage ab.

Vor dem Abgeordnetenhaus in Paris gibt der neue französische Ministerpräsident Raymond Poincaré seine Regierungserklärung ab (→ 12. 1./S. 17).

In Washington erhält die diplomatische Vertretung des Deutschen Reiches das während des Weltkrieges beschlagnahmte Botschaftsgebäude zurück.

20. Januar, Freitag

In einer Rede vor Wirtschafts- und Finanzfachleuten in London kritisiert der frühere britische Ministerpräsident Herbert Henry Asquith die im Versailler Vertrag festgelegten Reparationsforderungen an das Deutsche Reich. Sie seien der Grund für die dortige schlechte wirtschaftliche Lage.

Die litauische Nationalversammlung beschließt die Abschaffung der Adelstitel und die Aufhebung der Todesstrafe.

In Zürich teilen die diplomatischen Vertreter Frankreichs, Italiens und Großbritanniens dem Vorsteher des eidgenössischen politischen Departements mit, daß die Botschafterkonferenz beschlossen habe, auf jeden Versuch der Habsburger auf Wiedererrichtung der Monarchie mit der Internierung von Exkaiser Karl und Exkaiserin Zita, die sich z. Z. in der Schweiz aufhalten, auf einer entfernteren Insel als Madeira zu reagieren.

Bei einem Brand des Sarotti-Werks in Berlin-Tempelhof brennt das Fabrikgebäude völlig aus (→ 1. 1./S. 21).

21. Januar, Samstag

Der preußische Landtag in Berlin beschließt mit 191 gegen 36 Stimmen Disziplinierungsmaßnahmen für Abgeordnete, die wegen grober Ordnungsstörung auf Tage oder Wochen von den Sitzungen ausgeschlossen werden müssen. Ihnen sollen künftig für diese Zeit auch die ihnen zustehenden Tagegelder entzogen werden.

Zu einem bis zum 2. Februar dauernden Kongreß treffen in Moskau Vertreter kommunistischer und revolutionärer Organisationen des Fernen Ostens zusammen. An der Tagung nehmen 148 Delegierte aus China, Indien, Japan, Korea, der Mongolei sowie Niederländisch-Indien teil.

Der Nachlaß des Schriftstellers Franz Grillparzer wird anläßlich seines 50. Todestages in Wien eröffnet.

22. Januar, Sonntag

In Braunschweig finden Landtagswahlen statt. Sie ergeben eine sozialistische Parlamentsmehrheit von zwei Sitzen.

In den frühen Morgenstunden stirbt Papst Benedikt XV. in Rom. → S. 20

Rumänien und das Königreich der Serben, Kroaten und Slowenen (Südslawien/später Jugoslawien) schließen ein Militärabkommen.

Bei den deutschen Eiskunstlaufmeisterschaften gewinnt der Berliner Werner Rittberger zum sechsten Mal den Titel bei den Herren (→ 6. 2./S. 41).

Der Westdeutsche Spiel-Verband beschließt auf einer Versammlung in Duisburg die Trennung von Amateuren und Berufsspielern im Fußball.

23. Januar, Montag

Vor dem deutschen Reichstag findet die erste Lesung des Entwurfs eines neuen Reichsschulgesetzes statt (→ S. 79).

24. Januar, Dienstag

Der Zentralausschuß der deutschen Kommunistischen Partei schließt 31 Genossen aus der KPD aus, die u. a. die Unabhängigkeit der Partei von der Kommunistischen Internationale in Moskau forderten.

25. Januar, Mittwoch

Das »Berliner Tageblatt« veröffentlicht die Stellungnahme des Postministeriums zu dem gegen Staatssekretär Hans Bredow erhobenen Vorwurf antisemitischer Äußerungen. → S. 16

Die sowjetische Regierung veröffentlicht die Planungen zur Verbesserung der landwirtschaftlichen Produktion, um so Garantien für die Erteilung dringend benötigter ausländischer Anleihen zu schaffen.

In Genf berichtet der Polarforscher und norwegische Diplomat Fridtjof Nansen über den Einsatz internationaler Hilfsorganisationen in den Hungergebieten Sowjetrußlands. → S. 19

Die US-amerikanische Regierung erklärt, daß sie an der geplanten Wirtschafts- und Finanzkonferenz in Genua im April nicht teilnehmen wird. Sie sei erst nach einer Stabilisierung der wirtschaftlichen Lage in Europa zu einer solchen Konferenz bereit (→ 10. 4./S. 62).

Bei einem Brand des Theaters in Dessau kommt eine Opernsängerin ums Leben (→ 1. 1./S. 21).

26. Januar, Donnerstag

Der österreichische Bundeskanzler Johannes Schober tritt aufgrund heftiger Angriffe der Großdeutschen zurück, die den im Dezember 1921 in Lana geschlossenen Vertrag zwischen Österreich und der Tschechoslowakei ablehnen. Tags darauf bildet Schober ein neues Kabinett (→ 31. 5./S. 77).

In Budapest einigen sich die ungarische Regierung und Vertreter der Parteien über die Einführung des geheimen Wahlrechts in Ungarn.

27. Januar, Freitag

Die Reichsgewerkschaft der deutschen Eisenbahner fordert von der Regierung die automatische Anpassung der Bezüge an die steigenden Lebenshaltungskosten (→ 15. 2./S. 32).

Der Senat der Freien Stadt Danzig erteilt dem polnischen Schulverein die Genehmigung für die Einrichtung eines polnischen Gymnasiums. Die gesamten Kosten müssen jedoch vom Schulverein übernommen werden.

Das Drama »Gobseck« von Walter Hasenclever erlebt im Neuen Theater in Frankfurt am Main seine Uraufführung. Gleichzeitig spielen es die Bühnen Dresden, Köln, Meiningen und Prag. → S. 25

28. Januar, Samstag

Die deutsche Regierung übergibt dem Vertreter der Reparationskommission in Berlin eine Note, worin die Modalitäten für die Reparationszahlungen im laufenden Jahr festgelegt sind (→ 6. 1./S. 12).

Nach Zeitungsberichten aus Paris beschäftigt sich die Botschafterkonferenz mit der Frage der Apanage für Exkaiser Karl I. von Österreich. Sie soll sechs Millionen Francs (9,8 Mrd. Mark) jährlich

betragen, die von Österreich, Ungarn, der Tschechoslowakei, Südslawien (Jugoslawien), Italien und Rumänien aufzubringen sind.

Vor einem kleinen Kreis geladener Gäste führt der Maler Walther Ruttmann in Frankfurt am Main den Experimentalfilm »Opus II« vor.

29. Januar, Sonntag

Auf einer Massenversammlung in Berlin protestieren Vertreter aller Parteien gegen die Willkür der ausländischen Verwaltungen in den besetzten Gebieten. Insbesondere wenden sie sich gegen den Einsatz farbiger Soldaten. → S. 16

Bei den Parlamentswahlen in Portugal erringen die Demokraten 73, die Liberalen 30 und Angehörige kleiner Gruppen 66 Sitze im Abgeordnetenhaus.

In Wiesbaden gelangt das Drama »Vater und Sohn« von Joachim von der Goltz zur Uraufführung. Thema dieses Stückes ist das Leben des preußischen Königs Friedrich II., des Großen.

In dem schweizerischen Ort Davos erringen die Österreicher Helene Engelmann und Alfred Berger den Weltmeistertitel im Eiskunstlauf der Paare. Der Klagenfurter Willy Böckl wird Europameister der Herren (→ 6. 2./S. 41).

30. Januar, Montag

Mit 82 gegen 64 Stimmen lehnt das in Brüssel tagende belgische Parlament die Herabsetzung der Militärdienstzeit von zehn auf sechs Monate ab. Begründet wird dies mit der Gefährlichkeit der Nachbarstaaten Deutsches Reich und Niederlande.

In seinem Diskussionsbeitrag vor dem Reichstag geht der sozialdemokratische Abgeordnete Philipp Scheidemann auf einen Skandal im Amtsgericht von Berlin ein. Ein dortiger Richter überschrieb eine Zivilprozeßsache mit »Im Namen des Pöbels«.

31. Januar, Dienstag

Reichspräsident Friedrich Ebert (MSPD) ernennt Walther Rathenau zum neuen Außenminister. → S. 15

Das statistische Amt des Reiches gibt bekannt, daß die Lebenshaltungskosten gegenüber dem Januar des Vorjahres um 73,7% gestiegen sind.

Im Berliner Ufa-Palast wird der Film »Fridericus Rex. Ein Königsschicksal« uraufgeführt. In den Hauptrollen sind Otto Gebühr und Albert Steinrück zu sehen. → S. 25

Das Wetter im Monat Januar

Station	Mittlere Lufttemperatur (°C)	Niederschlag (mm)	Sonnenscheindauer (Std.)
Aachen	0,8 (1,8)	112 (72)	– (51)
Berlin	−3,5 (−0,4)	51 (43)	– (56)
Bremen	−1,6 (0,6)	59 (57)	– (47)
München	−2,0 (−2,1)	53 (55)	– (56)
Wien	– (−0,9)	– (40)	– (56)
Zürich	−0,3 (−1,0)	108 (68)	32 (46)

( ) Langjähriger Mittelwert für diesen Monat
– Wert nicht ermittelt

Januar 1922

Maria Ley in einem rosafarbenen Tanzkleid beglückwünscht die Leser der »Deutschen Allgemeinen Zeitung« zum neuen Jahr (»Bilder-Chronik« vom 1. 1. 1922).

Januar 1922

Alliierte beraten in Cannes über Reparationszahlungen

6. Januar. In Cannes eröffnet der französische Ministerpräsident Aristide Briand eine Wirtschaftskonferenz der alliierten Mächte, zu der die Vertreter Großbritanniens, Frankreichs, Italiens und Belgiens erschienen sind. Im Vordergrund der bis 13. Januar dauernden Gespräche des Obersten Rates der Entente-Mächte stehen die Reparationsforderungen an das Deutsche Reich sowie ein Bündnisvertrag zwischen Großbritannien und Frankreich. Frankreich fordert von London eine garantierte Unterstützung seiner Politik. Schwerpunkt des ersten Verhandlungstages ist die Rede des britischen Premierministers David Lloyd George zur ökonomischen Lage in Europa. Um eine Lösung der infolge des Weltkriegs europaweit entstandenen wirtschaftlichen Probleme zu finden, schlägt er u. a. die Einberufung einer internationalen Wirtschaftskonferenz vor. Sie wird am → 10. April (S. 62) in Genua beginnen. Die deutsche Reichsregierung knüpft an die Zusammenkunft der Alliierten in Cannes große Erwartungen. Sie hofft, daß diese einen Aufschub der im Januar fälligen Rate für die Reparationszahlungen gewähren, da das Deutsche Reich gegenwärtig nicht in der Lage ist, auch nur annähernd die erforderliche Summe aufzubringen.

Walther Rathenau (l.) vor seiner Abreise nach Cannes

Der französische Ministerpräsident Aristide Briand

Vertreter Italiens: Ministerpräs. Ivanoe Bonomi (l.)

Der Premier Großbritanniens: David L. George (l.)

Reparationslast für Deutschland

Die Reparationen sind das zentrale Problem der Nachkriegszeit, von dem insbesondere das Deutsche Reich als Verlierer des Krieges betroffen ist. Die Höhe der vom Deutschen Reich zu leistenden Zahlungen für Kriegsschäden wurde von den Alliierten auf der Londoner Konferenz im Mai 1921 festgelegt, nachdem sich die Entente-Mächte und das Deutsche Reich auf der Versailler Friedensvertragskonferenz von 1919 über einen gemeinsamen Modus nicht einigen konnten. Aufgrund des Londoner Beschlusses muß das Deutsche Reich insgesamt 132 Milliarden Goldmark zahlen. Nach einer sofortigen Anzahlung von einer Milliarde Goldmark sollten jährlich zunächst zwei Milliarden Goldmark in Vierteljahresraten überwiesen werden. Die erste Rate ist im Januar 1922 fällig. Schon Ende 1921 teilte die Regierung mit, daß sie zur Zahlung nicht in der Lage sei.

Rathenau verhandelt für Berlin

Zur Besprechung des deutschen Reparationsproblems lädt der Oberste Rat eine Vertretung der Reichsregierung nach Cannes ein. Sie trifft unter der Leitung des DDP-Politikers Walther Rathenau (→ 31. 1./S. 15) dort am 11. Januar ein. Tags darauf erläutert Rathenau vor der Konferenz die finanzielle Lage des Deutschen Reiches. U. a. legt er dar, daß im nationalen Haushalt ein jährlicher Fehlbetrag von ein bis zwei Milliarden Goldmark zu verzeichnen sei. So zehre sich das Land allmählich auf, es lebe von seiner eigenen Substanz, habe weder die Mittel für Erneuerungen noch für die wirtschaftliche Bewältigung des Bevölkerungszuwachses.

Nach dieser Erklärung entschließt sich der Oberste Rat für einen Aufschub und legt fest, daß die Reichsregierung beginnend am 18. Januar alle zehn Tage 31 Millionen Goldmark in zugelassenen Devisen zahlen muß. Die ebenfalls von der deutschen Delegation vorgetragene Bitte um eine grundsätzliche Überprüfung der Entschädigungsfrage wird vertagt, da die Konferenz infolge der Regierungskrise in Frankreich (→ 12. 1./S. 17) ein überraschendes Ende findet.

Briand und Lloyd George beim Golfspiel an der Côte d'Azur

Die deutsche Presse nimmt gegenüber der Zusammenkunft des Obersten Rates der Alliierten in Cannes im wesentlichen eine skeptische Haltung ein. Man hofft allgemein zwar auf ein positives Ergebnis für das Deutsche Reich, befürchtet aber, daß vor allem Frankreich sich zu keiner Verminderung der zu zahlenden Reparationen entschließen wird. Frankreich bezeichnet das Deutsche Reich als allein schuldig am Weltkrieg von 1914 bis 1918 und war deshalb bisher zu keinerlei Zugeständnissen in der Wiedergutmachungsfrage bereit.

Die Berichte der deutschen Journalisten aus dem exklusiven Seebad am Mittelmeer spiegeln häufig eine mehr oder weniger ironische Distanz zum Konferenzgeschehen wider. Man unterstellt den Delegierten Frankreichs und Großbritanniens größeres Interesse an einem angenehmen Erholungsurlaub an der Côte d'Azur als an den Beratungen. Fotos von einem Golfspiel der Regierungschefs während einer Verhandlungspause werden z. B. mit der Zeile »Sie hatten nichts besseres zu tun...« versehen.

Frankreichs Ministerpräsident Briand (r.) als gelehriger Schüler des britischen Premiers Lloyd George (2. v. r.)

Der Boulevard de la Croisette von Cannes mit dem Palast des Marineklubs, dem Tagungsort der Konferenz

Ungarn übernimmt die Stadt Ödenburg

1. Januar. Ungarn übernimmt die Verwaltung Ödenburgs (Sopron) im Burgenland. Die älteste Stadt Ungarns, die bereits im 10. Jahrhundert Stadtrecht erhielt, war mit der ungarischen Krone im Jahr 1526 an Österreich gefallen.

Der jetzige Anschluß der Grenzstadt an Ungarn erfolgt aufgrund einer Volksabstimmung, die vom 14. bis 16. Dezember 1921 in Ödenburg stattfand. Dabei votierten die Einwohner mit 15 343 zu 8277 Stimmen bei fast 8000 Enthaltungen für die Übernahme von Ungarn; die betroffenen Landgemeinden mit 3505:3199 Stimmen knapp für Österreich.

Mit diesem Entscheid endete zugleich der Konflikt um das Burgenland zwischen den Nachbarstaaten. Im Friedensvertrag von Saint-Germain-en-Laye, den die Ententes-

Mächte und Österreich am 10. September 1919 unterzeichneten, sowie im Vertrag von Trianon, den die Allierten am 4. Juni 1920 mit Ungarn als einem Rechtsnachfolger der Donaumonarchie abschlossen, wurde die Abtretung des Burgenlandes an Österreich festgelegt.

Im August 1921 begann ein bewaffneter Aufstand ungarischer Freischärler im Burgenland, an dem auch reguläre ungarische Truppenkontingente teilnahmen. Ihr Widerstand richtete sich gegen in das Gebiet einrückende österreichische Gendarmerie- und Zollwacheinheiten (der Einsatz des österreichischen Bundesheeres im Burgenland war von den Alliierten untersagt worden). Nach schweren Kämpfen zwischen den gegnerischen Truppen kam es erst im Oktober zu einer Einigung. Ungarn übergab ein Großteil des Burgenlandes kampflos, lediglich die Entscheidung über Ödenburg wurde von der Volksabstimmung abhängig gemacht.

Hoffen auf Völkerverständigung in Europa

1. Januar. Erstmals seit dem Weltkrieg von 1914 bis 1918 empfängt in Berlin der Präsident des Deutschen Reiches wieder das Diplomatische Korps zu einem festlichen Neujahrsempfang.

Als Doyen der internationalen Vertreter hält der apostolische Nuntius, Eugenio Pacelli (der spätere Papst Pius XII.), folgende Ansprache an den Reichspräsidenten Friedrich Ebert (MSPD):

»Herr Präsident! Zum ersten Mal seit dem Weltkrieg versammelt sich das Diplomatische Korps in Berlin anläßlich des Neujahrsfestes vor dem höchsten Beamten der deutschen Republik. Ein glückliches Ereignis, ein Sinnbild fortschreitender Rückkehr der Menschheit zum Ideal der Brüderlichkeit und des Friedens zwischen den Völkern, welches Ideal den Ruhm der zivilisierten Völker bildet. Möge die göttliche Vorsehung, die die Menschen zu edlem Streben anspornt und sie leitet, ihnen trotz der Verschiedenheit der Stämme und Staaten ermöglichen, in diesem Jahre die wirkliche und dauerhafte Versöhnung der Völker zu vollenden, die von allen aufrichtig ersehnt wird und sich auf die Achtung des Rechtes, auf die ... Arbeit und auf den ewigen Gesetzen der Gerechtigkeit und Wahrheit gründet ...«

In seiner darauffolgenden Rede betont Reichspräsident Friedrich Ebert (MSPD) die Notwendigkeit einer Versöhnung der Völker:

»Gern folge ich Ihnen [Pacelli] in dem Gedanken, den heutigen Besuch der Herren Vertreter der fremden Mächte als ein Symbol der allmählichen Rückkehr der Menschheit zum Frieden zu betrachten. Der Umstand, daß diese Worte aus dem Munde des Vertreters Seiner Heiligkeit des Papstes kommen, der sein vornehmliches Ziel darin erblickt, den Frieden auf Erden zu schaffen und zu erhalten, gibt ihnen in meinen Augen eine besondere Bedeutung. Das deutsche Volk wünscht für sich nichts anderes, als in friedlicher Arbeit neben den übrigen Völkern sein nationales Dasein wiederaufzubauen. Es gibt sich der Hoffnung hin, daß im kommenden Jahr die Erkenntnis der Weltnotwendigkeiten weiter wächst und daß in dieser Erkenntnis jede Nation sich bemühen wird, durch fruchtbare Zusammenarbeit mit allen übrigen Völkern der Menschheit den wahren aufrichtigen Frieden zu geben.«

In einem Telegrammwechsel zwischen dem österreichischen Bundespräsidenten Michael Hainisch und dem deutschen Reichspräsidenten Ebert betonen beide Staatsmänner die Gemeinsamkeiten ihrer Völker. Ebert schreibt:

»Das deutsche Volk verfolgt mit inniger Anteilnahme die Geschicke der mit ihm durch so enge Bande der Stammesverwandtschaft und langer Freundschaft verknüpften Nachbarrepublik. In dem Streben, in zäher Arbeit ihre Staatswesen wieder auf- und auszubauen, werden die beiden schwergeprüften Völker gemeinsam und zuversichtlich den Weg gehen, der ihnen eine bessere Zukunft verbürgt.«

Auf dem traditionellen Neujahrsempfang in Paris bekräftigt Frankreichs Staatspräsident Alexandre Millerand den Wunsch seines Volkes nach einem dauerhaften Frieden:

»Zu Beginn des neuen Jahres ist derselbe Wunsch auf aller Lippen, daß es den vollkommenen Weltfrieden bringen, daß es das Übel wiedergutmache und daß es selbst die Spuren eines langen und grausamen Krieges beseitigen möge. Dieser Wunsch, der die Herzen der Völker beseelt, und ihr ... Wille ist unerläßlich, um den Frieden zu verwirklichen.«

Der tschechoslowakische Staatspräsident Tomáš Garrigue Masaryk nimmt in seiner Neujahrsansprache Stellung zum Problem der deutschen Minderheiten in der tschechoslowakischen Republik:

»Die tschechisch-deutsche Frage ist für mein Land weitaus die wichtigste Angelegenheit. Es ist zu bemerken, daß das durch das alte Regime und den Krieg hervorgerufene Mißtrauen bereits nachläßt. Zwar ist eine territoriale Autonomie für die deutsche Minderheit nicht möglich, aber ihr gebührt Anteil an der Regierung, wenn sie den Staat loyal anerkennt. Zu Deutschland wünscht die Tschechoslowakei beste politische und wirtschaftliche Beziehungen, deshalb setzt sie sich auch im Interesse Europas für den Wiederaufbau Deutschlands und auch Rußlands ein.«

Über die Möglichkeit der Schaffung eines dauerhaften Friedens in Europa äußert sich der britische Politiker Lord Parmoor in einer Neujahrsbotschaft an die »Frankfurter Zeitung« recht skeptisch:

»Ich wünsche, ich wäre imstande, eine Botschaft des Friedens und des guten Willens zu übermitteln ... Ich würde gern den Ruhm für mein eigenes Land beanspruchen, daß man keine Bemühung unterlassen hat, um Eintracht und Frieden zu fördern, so daß freundschaftliches Einvernehmen an die Stelle der Kriegsleidenschaften treten könnte und Mitteleuropa in die Lage käme, alle seine Kräfte der wirtschaftlichen Wiederherstellung zu widmen. Es genügt nicht zu sagen, vergeben und vergessen, wenn nicht zu gleicher Zeit ein neuer Geist erweckt und gepflegt wird. Wir in England, die wir viel weniger gelitten haben als die vom Leid betroffenen Gebiete Mitteleuropas und Rußlands, sollten uns beeilen, in wirksamer Weise vorzugehen. Es ist Zeit, daß der Unterschied zwischen Reparationen und Kriegsentschädigung endgültig erkannt werde, und daß die Ansprüche nach unmöglichen Kriegsentschädigungen nicht länger als Drohung gebraucht werden ...«

Januar 1922

Wunsch nach einem Alltag ohne Not

Die nebenstehende Seite aus der »Bilder-Chronik«, der Beilage der »Deutschen Allgemeinen Zeitung« vom Januar des Jahres 1922, zeigt, was ein Großteil der Leser vom beginnenden Jahr erwartet. Allgemein hoffen die Menschen darauf, daß die Folgen des Weltkrieges nun endlich überwunden werden; sie wünschen sich ein Ende der Not und des Mangels.

Was dazu nötig ist, vermittelt der Künstler mit dem großen Bild, das als Hintergrund für die kleinen Zeichnungen dient: Eine funktionierende Wirtschaft. Die Schornsteine in den Industriegebieten des Deutschen Reichs müssen rauchen, damit auch die Landwirtschaft wieder in Gang kommt und jeder genug Brot und Fleisch zu essen hat. Nur in einer gesunden Wirtschaft wird eine Normalisierung des Alltagslebens möglich sein, können dringend benötigte Wohnungen gebaut werden und wird ein funktionsfähiges Verkehrssystem existieren. Und nur so kann eine Stabilisierung der deutschen Reichswährung erreicht werden – ein Ziel, das, wie die anderen auch, vorerst nur Traum bleiben wird: Bereits im August 1922 beginnt die verstärkte Inflation.

Den Wunsch nach ausreichenden Papiervorräten sprechen vor allem die Verleger aus. Papiermangel und der damit verbundene hohe Papierpreis führen dazu, daß Druckerzeugnisse häufig nicht mehr bezahlbar sind. Die »Frankfurter Zeitung« schreibt dazu u. a.: »Wir wissen alle, daß die Einnahmen vieler geistiger Arbeiter und anderer Schichten der Gebildeten unseres Volkes mit dem Butter- und Stiefelsohlenpreis nicht Schritt halten. Das Hemd ist uns näher als der Rock. Das heißt: Man muß aufgeben lernen, auf künstlerische und geistige Erquickung verzichten lernen . . . So bestellt man sich eine Zeitschrift ab, die zu lesen Tradition von Generationen war, kurz: Man gewöhnt sich seelische Bedürfnisse ab. Eine lange Reihe von Zeitungen sind den hohen Druck- und Papierpreisen erlegen . . . dies bedeutet nicht nur einen Verlust für den Betroffenen, sondern eine Herabstimmung unseres kulturellen Standes.«

Leserwünsche für 1922, aus der »Deutschen Allgemeinen Zeitung«; an erster Stelle die Stabilisierung der Währung

Januar 1922

Walther Rathenau wird Außenminister der Republik

31. Januar. In Berlin ernennt Reichspräsident Friedrich Ebert (MSPD) den Industriellen Walther Rathenau von der Deutschen Demokratischen Partei (DDP) zum Minister des Äußeren in der deutschen Reichsregierung.

Das Amt des Außenministers verwaltete seit dem Regierungswechsel im Oktober 1921 Reichskanzler Joseph Wirth (Zentrum). Rathenau gehörte Wirths erstem Kabinett bereits von Mai bis Oktober 1921 als Wiederaufbauminister an und war anschließend der außenpolitische Berater des Kanzlers.

Mit dem Abschluß des deutsch-französischen Abkommens von Wiesbaden im Oktober 1921, das die Lieferung von Sachleistungen regelte, gelang dem Wiederaufbauminister Rathenau erstmals eine Entspannung des Verhältnisses zwischen den Nachbarstaaten. Als Ratgeber der Berliner Reichsregierung nahm er an bedeutenden außenpolitischen Konferenzen teil, z. B. an der in Cannes (→ 6. 1./S. 12).

So überrascht seine Erhebung zum Fachminister kaum jemanden in der Regierung, zumal schon auf der Konferenz in Cannes feststand, daß Rathenau den Vorsitz der deutschen Delegation bei der geplanten internationalen Wirtschaftskonferenz in Genua (→ 10. 4./S. 62) übernehmen wird. Trotz dieser Tatsachen stößt die Ernennung Rathenaus auf Widerstand, vor allem in rechten politischen Kreisen und innerhalb der Deutschen Volkspartei, der Industrielle wie Hugo Stinnes nahestehen. Sie kritisieren das Bemühen Rathenaus, den Reparationsforderungen der alliierten Mächte gerecht zu werden. Dabei scheint diese »Erfüllungspolitik« für Rathenau lediglich Mittel zum Zweck zu sein. Er hofft damit auf eine Verständigung mit den Westmächten, um so dem Ziel einer Neuordnung Europas näherzukommen.

In Rathenaus politischem Denken stehen Wirtschaftsfragen an erster Stelle. Auf einer Rede Ende September 1921 in München sagte er selbst: »Die Wirtschaft ist das Schicksal. Schon in wenigen Jahren wird die Welt erkennen, daß die Politik nicht das Letzte entscheidet.« Und auf einer Parteikonferenz im November 1921, wo er über die Aufgaben eines deutschen Außenpolitikers sprach, vertrat er die Meinung, daß die »Kette materieller Verschuldung« und die allgemeine Entwertung der Geldmittel die Völker aneinander fessele. Er nahm Abstand von dem Gedanken des nationalen Widerstands gegen die Forderungen der Alliierten und ließ auch die Probleme der Erfüllungspolitik in den Hintergrund treten. Nur in einer wirtschaftlichen Weltgemeinschaft, so formulierte er, in einer Wiederherstellung des wirtschaftlichen Weltorganismus, seien Gesundung und Zukunft für das Deutsche Reich möglich (→ 24. 6./S. 92).

Kerrs Erinnerungen an den Nachbarn Rathenau
Walther Rathenau (Abb.) und der Theaterkritiker Alfred Kerr wohnten nicht weit voneinander entfernt in Berlin-Grunewald. Kerr äußerte über seinen Freund und Nachbarn Rathenau 1912 u. a. folgendes: »Ein nicht glücklicher Mensch. Ein höchstens äußerlich satter, innerlich nicht satter Mensch. Ein manchmal blasierter Mensch; manchmal naiv – in Eitelkeiten: die aber nicht sein Wesentliches ausmachen. Ein Mensch, der auf entferntesten Umwegen, Krümmungen zur Schlichtheit in seinen Wunschbildern kommt. Ein Mensch, verzärtelt vom Schicksal: aber zu guten Schlages, bei dieser Verzärtelung halt zu machen.« Und in Erinnerung an ihn schreibt Kerr 1935: »Ein Mensch, der anfangs weltlich, eitel, snobhaft, geltungsgierig, fast bereit zum Renegatentum ist – der steigt selbstlos, selbstfeindlich zur großen Sachlichkeit empor.«

Biographie des Außenministers

Am 29. September 1867 wurde Walther Rathenau in Berlin geboren. Sein Vater war Emil Rathenau, Maschinenfabrikant und späterer Gründer der AEG. Trotz der Neigung zu Malerei und Schriftstellerei studierte Walther Rathenau Naturwissenschaften, promovierte 1889 in Physik und belegte die Fächer Maschinenbau und Elektrochemie. 1893 bis 1899 war er Direktor der Elektrochemischen Werke in Bitterfeld, trat danach in das AEG-Direktorium und 1902 in den Vorstand der Berliner Handelsgesellschaft ein. Im Weltkrieg organisierte er die Rohstoffversorgung und übernahm nach dem Tod seines Vaters 1915 den Aufsichtsratsvorsitz der AEG. Er entwickelte sich zu einem Manager modernen Typs – so ist er z. B. in 69 in- und ausländischen Unternehmen Mitglied des Aufsichtsrates. Nach 1918 trat er der DDP bei. Seitdem beriet er die Reichsregierung mehrfach in entscheidenden Wirtschaftsfragen.

Interessensgebiet des Ministers: Philosophie

Neben seiner wirtschaftlichen und politischen Tätigkeit beschäftigt sich Walther Rathenau auch mit philosophischen und kulturkritischen Fragen. Oft diskutiert er in seinem Bekanntenkreis, zu dem Künstler, Publizisten und Intellektuelle wie Gerhart Hauptmann, Maximilian Harden, Alfred Kerr und seine unglückliche Liebe Lili Deutsch zählen.

Bereits 1897 veröffentlichte er essayistische Texte in der von Harden herausgegebenen Zeitschrift »Zukunft«, und 1917 erschien sein Buch »Von kommenden Dingen«. In diesem Werk plädiert Rathenau, angeregt von sozialistischen Ideen, für Entpersönlichung des Besitzes und für gemeinwirtschaftliche Zielsetzungen. Es wurde schon wenige Monate nach der Erstveröffentlichung im Deutschen Reich zu einem Bestseller.

Walther Rathenau (l.) im Gespräch mit dem Schriftsteller und Dramatiker Gerhart Hauptmann und dessen Frau. Hauptmann und Rathenau verband eine über viele Jahre dauernde Freundschaft. Die Aufnahme entstand während eines Empfangs zu Ehren von Wiener Sängern im Garten des Reichspräsidenten Friedrich Ebert in Berlin, wenige Tage vor der Ermordung Walther Rathenaus am → 24. Juni (S. 92).

Januar 1922

Kriegsmarine hißt die neue Flagge

1. Januar. Mit Beginn des Jahres 1922 hat die deutsche Reichsmarine die neue Reichskriegsflagge zu führen: Schwarz-Weiß-Rot mit großem schwarzem eisernen Kreuz und der Gösch in den neuen Reichsfarben Schwarz-Rot-Gold (bisher waren auch diese Schwarz-Weiß-Rot).
Obwohl Admiral Paul Behncke in einem Erlaß an die Marine beteuert, das neue Hoheitszeichen werde die Marine wie das eingeholte kaiserliche in »unveränderter Hingabe und Treue bereitfinden«, kommt es zu Protesten der zumeist reaktionären Marineoffiziere. So werden die Matrosen der Minensuchflotte in Wilhelmshaven vor dem Hissen der neuen Flagge von Deck geschickt, damit sie dem republikanischen Symbol keine Ehrenbezeugung leisten.

Streit um Bredows Antisemitismus

25. Januar. Das »Berliner Tageblatt« veröffentlicht einen Briefwechsel zwischen dem Rechtsanwalt eines jüdischen Kaufmanns und dem Reichspostministerium in Berlin. Anlaß der über einige Monate geführten Korrespondenz war eine antisemitische Äußerung des Staatssekretärs im Reichspostministerium, Hans Bredow. Dieser hatte in einem Zugabteil, als der jüdische Kaufmann dort hereinkam, zu seinem Sohn gesagt, er solle sich eine schwarzweißrote Fahne mit Hakenkreuz kaufen und damit alle Juden totschlagen. Daraufhin angesprochen, bestritt Bredow, den Kaufmann gemeint zu haben. Seitdem versucht dessen Rechtsanwalt vergeblich, eine Entschuldigung Bredows zu erreichen.

Quäkerspeise für deutsche Kinder

3. Januar. Die Quäker beenden offiziell ihre Hilfsaktion für deutsche Kinder, mit der sie vor zwei Jahren begonnen hatten. Ihre Tätigkeit im Deutschen Reich übernimmt der Zentralausschuß für Auslandshilfe.
Die Hilfeleistungen der von den in den USA lebenden Quäkern finanzierten Organisation beschränkten sich hauptsächlich auf die Ausgabe von Kinderspeisung. Während anfangs lediglich Kinder bis zu 14 Jahren sowie werdende und stillende Mütter zusätzliche Nahrung erhielten, wurden nach einem halben Jahr auch Jugendliche mit einbezogen. Jedes 15. deutsche Kind bekam eine Quäkermahlzeit am Tag; so wurden im Juni des vergangenen Jahres eine Million Portionen in 1640 Orten ausgegeben.

Ein Flugblatt des »Deutschen Notbunds gegen die schwarze Schmach«

Diskriminierung der farbigen Besatzer

29. Januar. In Berlin veranstaltet der Reichsverband der Rheinländer eine Kundgebung für das von alliierten Truppen besetzte Gebiet im Westen des Deutschen Reiches. Den Vorsitz der Veranstaltung hat Reichstagspräsident Paul Löbe (MSPD) übernommen, der in seiner Rede heftige Angriffe gegen den französischen Ministerpräsidenten Raymond Poincaré richtet, der gegenüber dem Deutschen Reich eine unnachgiebige Haltung einnimmt.

»Wir klagen Frankreich an«
In dem oben abgebildeten Plakat werden die rassistischen Vorurteile deutlich: »Wir klagen Frankreich an, daß es durch Verwendung farbiger Truppen im Rheingebiet auch der ganzen weißen Rasse einen Schlag ins Gesicht versetzt, indem es Deutschland durch Bewachung mit den Bajonetten farbiger Kolonialkrieger grausam demütigt.«

Besondere Empörung löst unter den Demonstranten die Anwesenheit farbiger Besatzungssoldaten aus; z. Z. beträgt ihre Zahl 45 000. Zumeist sind es Marokkaner, die im Dienst der französischen Armee stehen. Der Haß auf die Besatzungsmacht Frankreich mischt sich mit Rassenvorurteilen: Die afrikanischen Soldaten werden bezichtigt, deutsche Frauen zu überfallen und zu vergewaltigen sowie Geschlechtskrankheiten einzuschleppen.

Aufzug »farbentragender Korporationen mit ihren Chargierten in Wichs« zum Reichsgründungstag am 18. Januar vor der Berliner Universität

Akademiker und Studenten feiern Gründung des Kaiserreichs

18. Januar. *Aufgrund eines Beschlusses der deutschen Hochschulen wird an den Universitäten der Tag der Reichsgründung feierlich begangen. Die Studenten und Akademiker wollen damit an die Gründung des deutschen Kaiserreiches erinnern, da am 18. Januar 1871 Wilhelm I. zum Kaiser ausgerufen wurde. In seiner Festrede an der Universität von Frankfurt am Main weist der Ordinarius für innere Medizin, Gustav von Bergemann, darauf hin, daß es bereits 1848 Ziel der bürgerlichen Revolution gewesen sei, einen einheitlichen Nationalstaat zu schaffen, der dann nach dem deutsch-französischen Kriege 1870/71 Realität geworden sei. Trotz dieses (historisch nicht korrekten) Bezugs auf die republikanischen Ursprünge des Reiches erinnern die Veranstaltungen mehr an monarchische Traditionen als an demokratische.*

Januar 1922

Rücktritt von Ministerpräsident Briand

12. Januar. Vor dem französischen Parlament in Paris erklärt der französische Ministerpräsident Aristide Briand seinen Rücktritt.

Ursache für Briands Demission ist die Kritik des französischen Senats an seiner Verhandlungsführung auf der Tagung des Obersten Rates der Alliierten in Cannes, die am → 6. Januar (S. 12) begonnen hatte. Der Ausschuß des Senats für auswärtige Angelegenheiten übersandte Briand am 11. Januar telegrafisch eine Stellungnahme zu den Vorgängen in Cannes, aus der hervorging, daß seine Mitglieder die von Briand angestrebten Konferenzergebnisse nicht akzeptieren:
▷ Der Ausschuß wendet sich gegen einen Vertrag zwischen Großbritannien und Frankreich, da er die Aufrechterhaltung der französischen Rheingrenze nicht gewährleiste
▷ Er lehnt außerdem eine Veränderung des Zahlungsmodus der vom Deutschen Reich zu leistenden Reparationen und damit auch einen Zahlungsaufschub ab
▷ Er verhält sich skeptisch gegenüber der vorgesehenen Wirtschaftskonferenz in Genua (→ 10. 4./S. 62), da er u. a. die in Erwägung gezogene Einladung Sowjetrußlands ablehnt

Aufgrund dieses Mißtrauens gegenüber seiner Politik kehrt Briand noch am gleichen Tag nach Paris zurück, um seine Absichten dem Parlament zu erläutern. Im Anschluß daran erklärt er den Rücktritt. Mit der Bildung einer neuen Regierung beauftragt Staatspräsident Alexandre Millerand Raymond Poincaré, der am 15. Januar das neue französische Kabinett vorstellt. Poincaré übernimmt das Amt des Ministerpräsidenten und das des Außenministers.

Außenpolitische Wende in Paris

Mit dem Rücktritt des französischen Ministerpräsidenten Aristide Briand und der Regierungsübernahme durch Raymond Poincaré sind gleichzeitig die Gespräche des Obersten Rates der Alliierten in Cannes (→ 6. 1./S. 12) vorzeitig und ohne Ergebnis zu Ende gegangen. Ein Verlauf, der offensichtlich von Poincaré so gewollt ist. Die Kontrahenten Briand und Poincaré – beide waren in den Jahren zuvor schon Außenminister und Ministerpräsidenten der französischen Republik – vertreten unterschiedliche außenpolitische Ziele. Briand versucht, durch eine Politik der Abrüstung und eine Aussöhnung mit dem Deutschen Reich in Europa ein kollektives Sicherheitssystem zu schaffen, in dem Frankreich eine vorherrschende Stellung einnehmen soll. Poincaré hingegen verfolgt den Kurs einer konzessionslosen Durchführung des Versailler Vertrages und strebt die Revision der nach der Niederlage der Franzosen im deutsch-französischen Krieg von 1870/71 erfolgten Gebietsabtretungen an.

Die neue französische Regierung; v. l.: A. Laurent-Eynac, P. Strauß, P. Laffont, M. Corat de Montrozier, Y. Le Trocquer, L. Bérard, C. de Lasteyrie, A. Rio, R. Poincaré, A. Maginot, A. Peyronnet, L. Barthou, L. Dior, G. Vidal, M. Maunoury, C. Reibel, F. Raiberti, H. Chéron

Saarlands Protest beim Völkerbund

11. Januar. Nach einer geheimen Sitzung gibt der Rat des Völkerbunds in Genf bekannt, daß die bisherige aus Franzosen bestehende Regierung des Saarlandes für ein weiteres Jahr im Amt bleibt.

Obwohl das Saarland der Oberhoheit des Völkerbunds untersteht, wird die Regierung aus Franzosen gebildet, und es befinden sich noch immer französische Truppen dort. Die Verlängerung der Amtszeit der bisherigen Regierung widerspricht sämtlichen Erwartungen der Delegation aus dem Saarland, die am Vortag angereist war. Vertreter aller Parteien, mit Ausnahme der Kommunisten, hatten Vertreter nach Genf geschickt, um dem Völkerbundsrat die Forderungen der Bevölkerung vorzutragen. Die Saarländer verlangen den Abzug der Soldaten und die Einführung eines demokratischen Regierungssystems.

»Mumm« aus Frankreich

4. Januar. In Paris wird das Urteil eines deutsch-französischen Schiedsgerichtshofes bekanntgegeben, der über den Gebrauch des Champagner-Namens »Mumm« entscheidet. Zusammengetreten war der Gerichtshof aufgrund einer Anzeige der Société Vinicole de Champagne aus Paris. Diese Gesellschaft hatte das gesamte sich bei Kriegsbeginn 1914 in Frankreich befindende Vermögen der deutschen Firma Mumm erworben und damit auch die in Frankreich eingetragene Schutzmarke, den Namen des Champagners »Mumm«. Da die Ursprungsfirma im Deutschen Reich noch existiert und auch Sekt unter ihrem Namen produziert und international vertreibt, klagten die Franzosen. Das Gericht hatte zu entscheiden, ob die Société Vinicole auch im Besitz der Auslandsrechte des Namens ist. Im Widerspruch zu einem Präzedenzfall um den Likör »Chartreuse« entscheidet es gegen die deutsche Stammfirma, so daß »Mumm« nun nur noch aus Frankreich kommt.

Sekthersteller Mumm (r.) mit Goldschmidt-Rothschild in Baden-Baden

Informationsreise in Oberschlesien

3. Januar. Der Präsident der Völkerbundskommission für die deutsch-polnischen Wirtschaftsverhandlungen über Oberschlesien, Felix Calonder, beginnt eine Informationsreise durch Oberschlesien.

Calonder hält sich zunächst in Kattowitz (Katowice) auf, um hier mit polnischen Vertretern aus Politik, Industrie und Handwerk zu konferieren. Kattowitz gehört zu dem Teil Oberschlesiens, den der Völkerbund aufgrund des unentschiedenen Ausgangs der Volksabstimmung vom März 1921 an Polen vergeben hat. Zum Abschluß des Besuchs (bis 16. Januar), will sich Calonder mit den Problemen des beim Deutschen Reich verbleibenden Teils von Oberschlesien beschäftigen (→ 15. 5./S. 77). Die Informationsreise des schweizerischen Politikers dient der Vorbereitung der Völkerbundkonferenz zu diesem Thema.

17

Januar 1922

Hungerkatastrophe in Rußland fordert Millionen Opfer

1. Januar. Der Völkerbund veröffentlicht neueste Zahlen über das Ausmaß der seit einem Jahr herrschenden Hungersnot in weiten Teilen Sowjetrußlands. Demnach wohnen etwa 33 Millionen Menschen in dem betroffenen Gebiet, von denen etwa 19 Millionen unmittelbar an Hunger leiden. Knapp neun Millionen von ihnen erhalten durch nationale und internationale Hilfsorganisationen Unterstützung. Fast zehn Millionen Menschen werden demnach, sollte sich an der gegenwärtigen Situation nichts wesentliches ändern, den Hungertod sterben. Schnelle und wirksame Hilfe aus den europäischen Ländern ist deshalb dringend notwendig.

Ausgelöst wurde die Katastrophe durch eine Mißernte infolge einer Dürreperiode, die dem ohnehin durch Weltkrieg, Revolution und Bürgerkrieg geschwächten Land besonders schadete. Weite Gebiete an der Wolga und im Süden Rußlands – eine Fläche etwa eineinhalbmal so groß wie das Deutsche Reich – sind davon betroffen. Die wenigen Lebensmittel der zumeist armen Bauern sind längst aufgebraucht, und bis zur nächsten Ernte dauert es noch mehrere Monate. Hinzu kommt ein akuter Wassermangel. Der Ausbreitung von Seuchen sind so kaum Hindernisse gesetzt. Die vom Hunger ausgezehrten Männer, Frauen und vor allem Kinder sterben zu Tausenden an Cholera, Ty-

Viele Brunnen sind infolge der Dürre versiegt, und so waschen diese Frauen im eiskalten Wasser des Flusses.

»Hilf« steht auf diesem Plakat des sowjetischen Künstlers Dmitri Stachjewitsch, entstanden im Frühjahr 1922.

phus und anderen Infektionskrankheiten. In Massen verlassen die Menschen ihre Dörfer und ihr Land, um in den Städten zu überleben.

Augenzeugen, zumeist sind es Angehörige von Hilfsorganisationen, berichten von erschütternden Zuständen dort. Die »Frankfurter Zeitung« veröffentlicht einen Brief von Mitgliedern einer Station des Deutschen Roten Kreuzes in Kasan: »... Täglich sterben Tausende an Hunger und Seuchen. Berge von Leichen türmen sich stellenweise auf. Protokollarisch steht fest, daß Leichenteile zur Stillung des Hungers benutzt worden sind, nachdem man sich lange Zeit mit einem ›Brot‹ begnügen mußte, das aus gemahlenen Baumrinden, Steppengras, Eicheln (mit Schalen) oder dergl. hergestellt war. Andere hatten das ›Lehmessen‹ als Brotersatz begonnen. – Die noch in Aussicht stehenden Hungerhilfen kommen zum Teil zu spät. Auch sind inzwischen die meisten Transporttiere verhungert oder aufgezehrt, so daß jetzt schon ungeheure Transportschwierigkeiten innerhalb der Gebiete bestehen.«

Fridtjof Nansen, bekannter Polarforscher und norwegischer Diplomat, der seit dem Sommer 1921 Hilfsmaßnahmen für Sowjetrußland organisiert, beklagt das zu späte Einsetzen umfangreicher Unterstützung, da jetzt im Winter die Transportmöglichkeiten infolge des Schnees, des Mangels an Kohle für Lokomotiven und fehlender Pferde so schlecht sind, daß vielfach das Getreide und die Lebensmittel nicht in die Notgebiete gebracht werden können.

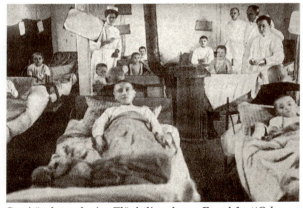

Geflohen vor dem Hunger: Kinder von Wolgadeutschen *Sanitätsbaracke im Flüchtlingslager Frankfurt/Oder*

Not und Krankheit vertreiben Wolgadeutsche aus den Heimatdörfern

In einem Teil des von der Hungersnot betroffenen Gebietes im Raum der unteren Wolga bis hin zum Schwarzen Meer leben etwa 500 000 Wolgadeutsche. Viele von ihnen verlassen ihre Höfe und kehren zurück ins Deutsche Reich, woher ihre Vorfahren im 18. Jahrhundert gekommen waren. In Aufnahmelagern u. a. in Frankfurt an der Oder werden die Wolgadeutschen notdürftig versorgt und behandelt.

Die in Sowjetrußland gebliebenen Siedler richten einen verzweifelten Hilferuf an das Deutsche Reich.

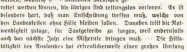

Die Hungersnot in Rußland.

Die Hungersnot in Rußland hat jetzt einen derartig erschreckenden Umfang angenommen, daß man schon heute mit ziemlicher Gewißheit den sicheren Tod von mindestens 10 Millionen Menschen voraussagen kann. Diese Zahl ergibt sich aus den Mitteilungen Fridtjof Nansens, der vom 26. November an im Auftrage des Völkerbundes das Hungergebiet bereiste und über seine Eindrücke die schreckenerregendsten Schilderungen gibt. Das von der furchtbaren Mißernte heimgesuchte Gebiet umfaßt nicht nur einige Provinzen, sondern es erstreckt sich auf eine Entfernung von etwa Perm im Norden bis zur Krim im Süden. Es läßt sich denken, welche Schwierigkeiten der Verpflegung einer Bevölkerung entgegenstehen, die sich über so weite Strecken Landes verteilt. Bei Ausnützung aller Verkehrsmittel können im höchsten Falle 600000 Tonnen Getreide in das Hungergebiet geschafft werden, wodurch 6—7 Millionen Menschen gerettet werden können, die übrigen sind rettungslos verloren. Es ist besonders hart, daß man Entscheidung treffen muß, welche von den Landesteilen ohne Hilfe bleiben sollen. Daneben tritt die Notwendigkeit zutage, für Saatgetreide zu sorgen, weil andernfalls auch das künftige Jahr eine Mißernte bringen muß. — Die Hilfstätigkeit des Auslandes hat erfreulicherweise einen großen Umfang angenommen, so werden in Bufuluf 70000, in Saratow 250000 Kinder täglich gespeist. Die aus den Hungergegenden Flüchtenden sind den härtesten Anstrengungen ausgesetzt. Von dem Schlaf im Freien wacht mancher von ihnen nicht wieder auf. Jeder Eisenbahnzug, den sie antreffen, wird gestürmt. Die Unglücklichen klettern auf die Wagendächer und belagern die Trittbretter während der Fahrt.

Auf der Flucht aus dem Gebiet von Orenburg vor Hunger gestorben.

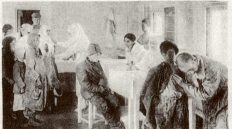
Bei der ärztlichen Untersuchung.

Von der Verzweiflung gepackte Hungerflüchtige.

Am Hunger gestorbene Kinder.

Kinder nehmen in der Küche der Hilfsvereinigung die Suppe ein.

Ein Bericht über die Hungerkatastrophe in der Zeitschrift »Die Woche«

Internationale Hilfe für die Hungernden

25. Januar. Vor einer Versammlung des Ausschusses zur Bekämpfung der Hungersnot in Sowjetrußland, der vom Internationalen Roten Kreuz gebildet und vom Völkerbund unterstützt wird, berichtet im Genfer Rathaus der Polarforscher und norwegische Diplomat Fridtjof Nansen über seine Tätigkeit.

Bereits im August 1921 war Nansen nach Moskau gegangen, um dort Hilfsmaßnahmen für die Millionen hungernder Russen zu organisieren. Zur gleichen Zeit stellte der US-amerikanische Staatssekretär Herbert Hoover Nahrungsmittel für eine Million Kinder bereit, und im Deutschen Reich bildete sich die Internationale Arbeiterhilfe (IAH). Diese und andere Organisationen stellen Nahrungsmittel für die Hungernden sowie Medikamente und medizinische Versorgung zur Bekämpfung von Seuchen zur Verfügung. Trotz des großen Engagements vieler ausländischer Hilfskräfte nimmt die Hungersnot katastrophale Maße an. Das liegt einerseits an der durch die Kriege vernachlässigten und zerstörten Landwirtschaft sowie an veralteten Bodenbearbeitungsmethoden der russischen Bauern, zum anderen aber auch an den zu geringen und zu spät einsetzenden Hilfsmaßnahmen der USA und der europäischen Länder. So versuchten die französische und auch die US-amerikanische Regierung, als Gegenleistung für eine Unterstützung von der sowjetrussischen Regierung politische Zugeständnisse zu erlangen. Nach der ablehnenden Haltung Moskaus verzögerten sich Lieferungen bzw. blieben ganz aus.

Polnischer Sieg in Wilna

8. Januar. Die Landtagswahlen in der Stadt Wilna (Vilnius) enden mit einem überzeugenden Sieg des polnischen Bevölkerungsteils. Aufgrund des Wahlergebnisses werden im Landtag künftig 105 Polen und zwei Weißrussen vertreten sein.

Dieses eindeutige Ergebnis stößt in der internationalen Presse auf Skepsis, zumal keine konkreten Zahlen über die Höhe der Wahlbeteiligung von den polnischen Behörden veröffentlicht werden. Es wird allgemein vermutet, daß die jüdischen Einwohner, die etwa ein Drittel der Gesamtbevölkerung ausmachen, den Wahlurnen ferngeblieben sind. Sie wenden sich gegen den Anschluß der ursprünglich litauischen Stadt an Polen und streben vielmehr nach Autonomie.

Wilna wurde bereits im 10. Jahrhundert gegründet und 1323 vom Großfürsten Gedymin zur Hauptstadt des Großfürstentums Litauen erhoben. Trotz ständiger Bedrohung durch den Deutschen Orden entwickelte sich die Stadt aufgrund ihrer günstigen geographischen Lage zu einer wirtschaftlich und kulturell bedeutsamen Metropole. Nach der Bildung der litauisch-polnischen Union im Jahr 1569 geriet sie unter polnischen Einfluß und war Mitte des 17. Jahrhunderts von Russen besetzt. Der Zerstörung durch die Schweden Anfang des 18. Jahrhunderts folgte Ende des 18. Jahrhunderts die Angliederung Litauens an Rußland. Seit 1795 war Wilna deshalb litauische Gouvernementshauptstadt. Nach dem Weltkrieg kam es um das Wilna-Gebiet zu heftigen Kämpfen zwischen Polen und Litauen, in deren Folge am 9. Oktober 1920 der polnische General L. Zeligowski Wilna besetzte. Obwohl im Versailler Vertrag von 1919 Wilna dem litauischen Staat zugesprochen wurde, sieht sich der Völkerbund nun außerstande, gegen die Annexion durch Polen Maßnahmen zu ergreifen.

Am 13. Januar teilt der Völkerbundsrat offiziell mit, daß das langwierige Versöhnungsverfahren des Völkerbunds im polnisch-litauischen Konflikt als gescheitert und beendet zu betrachten sei. Weiterhin wird erklärt, daß der Rat die militärische Kontrollkommission daher in einem Monat zurückziehen werde. Er verzeichne jedoch mit Befriedigung die verschiedenen Erklärungen der beiden Parteien, die versprochen haben, sich jeder feindseligen Handlung zu enthalten. Außerdem wird den beiden Staaten empfohlen,

Staatspräsident Jósef Pilsudski verstärkte Polens Einfluß in Wilna.

ihre Interessen Vertretern befreundeter Mächte anzuvertrauen, falls sie keine diplomatischen und konsularischen Beziehungen zueinander aufnähmen.

Die litauische Regierung in Kowno (Kaunas) zeigt sich von dieser Entscheidung enttäuscht und hofft auf eine spätere – jedoch ausbleibende – Revidierung des »Schiedsspruches«. Sie erklärt daraufhin wiederholt, sie werde sich mit diesem Tatbestand nicht abfinden. Zwischen Polen und Litauen existieren bis 1938 weder diplomatische Beziehungen noch ein Grenzverkehr.

Januar 1922

Staatstrauer in Rom für Friedenspapst Benedikt XV.

22. Januar. In den frühen Morgenstunden stirbt in Rom Papst Benedikt XV. im Alter von 69 Jahren. Wenige Stunden nach der offiziellen Bekanntgabe des Todes wird der Leichnam des obersten Kirchenfürsten im Vorzimmer seiner Wohnung aufgebahrt, wo die Ponitentiare der Peterskirche die Totenwache halten. Da Benedikt XV. testamentarisch untersagt hatte, seinen Körper zu berühren, um die traditionelle Herausnahme der Eingeweide vorzunehmen, verkürzen sich die Beisetzungsfeierlichkeiten.

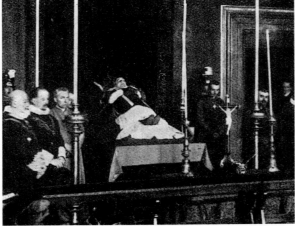
Die Leiche von Papst Benedikt XV. wird im Thronsaal, im zweiten Stock des Vatikans, feierlich aufgebahrt.

Feierliche Überführung des Leichnams von Papst Benedikt XV. in die Sakramentskapelle des Petersdoms.

Das Leben Papst Benedikt XV.

Am 4. September 1914 wurde nach mehreren ergebnislosen Wahlgängen im Kardinalskollegium Giacomo della Chiesa, Erzbischof und Kardinal von Bologna, zum neuen Oberhaupt der katholischen Kirche gewählt. Er nannte sich Benedikt XV. und war ein auffallend kleiner und und schmächtiger Mann, der jedoch hart und ausdauernd arbeiten konnte. Sein Auftreten war sicher und gewinnend und vermittelte das Bild eines humanistisch gebildeten Aristokraten. Zudem verfügte er über eine glänzende Rednergabe.
Der aus einer alten Genueser Adelsfamilie stammende Papst war am 21. November 1851 in Genua geboren worden und hatte frühzeitig die kirchliche diplomatische Laufbahn eingeschlagen. 1883 wurde er Nuntiatursekretär, und von 1887 bis 1907 war er an der römischen Kurie tätig, bevor er Erzbischof und Kardinal von Bologna wurde.

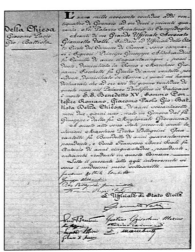
◁ *Das letzte Foto von Benedikt XV., aufgenommen vom Fotografen des Vatikans, zeigt den am 22. Januar verstorbenen Papst betend. Er war bekannt für seine fast mönchisch zu nennende Lebensweise.*

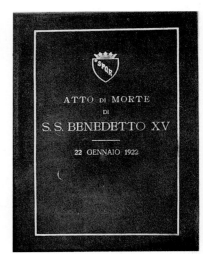
△△ *Urkunde über den Tod des Papstes; auf dem Bild l. der Bericht, r. der Umschlag des Dokuments. Benedikt XV., der immer stolz auf seine robuste Gesundheit war, starb 69jährig an einer Influenza.*

Noch am gleichen Tag wird die Bahre von den Papstgemächern im dritten Stock des Vatikans zum Gobelinsaal des zweiten Stocks gebracht. Diese Zeremonie findet unter Teilnahme der Kurienkardinäle, der Chefs der diplomatischen Missionen und mehrerer italienischer Regierungsmitglieder statt. Nach der Überführung der sterblichen Überreste des Papstes am nächsten Tag in die Sakramentskapelle der Peterskirche findet die endgültige Beisetzung bereits am 24. Januar in der Unterkirche, den sog. Grotten, statt. Seine endgültige Ruhestätte erhält Papst Benedikt XV. neben dem Grab der zum Katholizismus übergetretenen Schwedenkönigin Christine (1626–1689), der Tochter Gustav II. Adolf.

In seiner kirchenpolitischen Haltung wurde Benedikt XV. stark von Kardinal Mariano Rampolla del Tindaro bestimmt, der für eine Normalisierung der Beziehungen des Vatikans zu den Regierungen Italiens und Frankreichs eintrat. Erstmals seit 1870 ordnet die italienische Regierung deshalb anläßlich der Beisetzungsfeierlichkeiten für den Papst offizielle Staatstrauer an.

Das Pontifikat Benedikt XV. wurde wesentlich vom Weltkrieg bestimmt. Als Oberhaupt des Vatikans, der sich keiner der kämpfenden Seiten verpflichtet fühlte, versuchte er immer wieder, durch Vermittlungen die »Europa entehrende Metzelei« zu beenden und einen Frieden zu erlangen. Den Krieg bezeichnete Benedikt XV. als einen Selbstmordversuch des zivilisierten Europa, wo »mörderische Vorkommnisse den anscheinenden Fortschritt der Zivilisation zum antichristlichen Rückschritt umgewandelt haben«. Am 1. August 1917 sandte er an die Staatsoberhäupter der kriegführenden Völker eine Friedensnote, worin er vorschlug, daß »an die Stelle der materiellen Gewalt der Waffen die moralische Macht des Rechts tritt«. Nach dem Scheitern dieser Mission konzentrierte er die Kräfte des Vatikans auf Hilfsmaßnahmen zur Linderung der Kriegs- und Nachkriegsfolgen. Aufgrund der päpstlichen Vermittlung wurden Tausende von Verwundeten ausgetauscht, außerdem organisierte der Vatikan Lieferungen von Lebensmitteln sowie Verbandmaterial und einen Vermißtensuchdienst. Der französische Schriftsteller Romain Rolland bezeichnete den Vatikan deshalb als ein »zweites Rotes Kreuz«.

Innerhalb der kirchlichen Organisation widmete sich Benedikt XV. der Erarbeitung eines neuen Gesetzbuches der katholischen Kirche, eines einheitlichen Regelwerks nach 2000 Jahren Christen- und Papsttum. Es trat bereits im dritten Jahr seines Pontifikats, 1917, in Kraft.

Januar 1922

Katastrophen zu Beginn des neuen Jahres

1. Januar. Eine Springflut, Folge eines seit Tagen über dem Atlantik, der Nordsee und dem Nordwesten Europas tobenden Sturms, zerstört weite Teile des Strandes von Westerland auf der Nordseeinsel Sylt.

Auf einer Länge von etwa 30 Metern gab die Strandmauer den gewaltigen Wassermassen nach, so daß die Flut ungehindert in die Strandanlagen eindringen kann. Zwei Lesehallen werden hinweggespült, auch das Strandcasino ist gefährdet, da die Böschung von den Wellen unterhöhlt wird. Die von der Stadtverwaltung getroffenen Schutzmaßnahmen zum Eindämmen der Wassermassen erweisen sich als völlig unzureichend, und so wird die Zerstörung aller Strandanlagen von Westerland befürchtet.

Dieser Katastrophenmeldung gleich zu Beginn des neuen Jahres folgen noch im Januar zwei weitere. Am 20. Januar brennt in Berlin die Sarotti-Schokoladenfabrik völlig aus, und am 25. Januar berichten die Zeitungen vom Theaterbrand in Dessau, bei dem eine Opernsängerin in den Flammen umkommt. Bei der Untersuchung der Brandursachen stellt die Feuerwehr in beiden Fällen fest, daß die Brandschutzvorschriften nur sehr mangelhaft von den Verantwortlichen beachtet worden sind. Die Höhe des Sachschadens beträgt bei beiden Unglücken mehrere Millionen Mark.

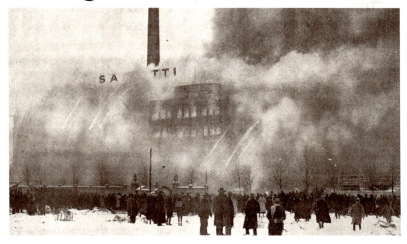

△ *Großfeuer in der Schokoladenfabrik Sarotti in Berlin-Tempelhof: Am Vormittag des 20. Januar bricht der Brand im Packraum aus und breitet sich mit rasender Geschwindigkeit aus; in Panik versuchen die 1500 Beschäftigten, ins Freie zu gelangen; bei dem Brand kommt niemand ums Leben.*

◁ *Ein bizarres Bild bietet das ausgebrannte Friedrich-Theater in Dessau: Das Feuer, ausgelöst durch einen Defekt in der Heißluftheizung unter der Bühne, überrascht die Mitarbeiter inmitten der Probe. Ein Opfer der Flammen wird die Opernsängerin Frau Herking, die übrigen Schauspieler und Bühnenarbeiter können sich in Sicherheit bringen.*

Mit Insulin erste Behandlungserfolge

11. Januar. Vertreter der Universitätsklinik in der kanadischen Stadt Toronto berichten der Öffentlichkeit von der erfolgreichen Behandlung eines Diabetes-Patienten mit dem Wirkstoff Insulin.

Ein 45jähriger kanadischer Kaufmann, der von seinem behandelnden Arzt seinerzeit schon aufgegeben worden war, erhielt seit dem Frühherbst des vorangegangenen Jahres das Medikament regelmäßig injiziert und kann nun wieder ein fast normales Leben führen.

Erst im Juli 1921 war es dem kanadischen Mediziner Frederick Grant Banting und seinem Assistenten, dem Physiologen Charles Herbert Best, gelungen, das Bauchspeicheldrüsenhormon Insulin zu isolieren. Damit schufen sie die Voraussetzung für eine Behandlung der Zuckerkrankheit (Diabetes), die durch einen Insulinmangel hervorgerufen wird. Zunächst verabreichten die Forscher den Wirkstoff einem Hund, dem die Bauchspeicheldrüse entfernt worden war und dessen Zuckerhaushalt damit trotz des fehlenden Organs reguliert werden konnte. Nach diesem positiven Ergebnis begannen die beiden Wissenschaftler in Toronto mit der Therapie von Menschen. Der jetzige Erfolg leitet die Herstellung des Wirkstoffs in größeren Mengen und in klinisch brauchbarer Form ein.

Greueltaten gegen religiöse und rassische Minderheiten

18. Januar. In den USA veröffentlicht die Nationale Vereinigung des farbigen Volkes erschreckende Zahlen aus dem Jahr 1921 über Morde an farbigen, zumeist schwarzen US-Bürgern.

Wie aus dem Bericht hervorgeht, wurden im vergangenen Jahr 63 Personen gelyncht, von denen vier bei lebendigem Leibe und fünf nach dem Tode verbrannt wurden. All diese Vorfälle ereigneten sich in den Südstaaten der USA, hauptsächlich in Georgia und Mississippi. Dort hat die rassistische Organisation Ku-Klux-Klan, der die Täter zumeist angehören, besonders großen Zulauf. Ziel der Mitglieder dieses Geheimbundes, die in ihren charakteristischen weißen Kutten Furcht und Schrecken in der Öffentlichkeit verbreiten, ist der Kampf gegen religiöse, ethnische und rassische Minderheiten.

An mittelalterliche Geheimbünde erinnern Kleidung und Rituale des Ku-Klux-Klan, zu denen Weihen, Kindtaufen (M.) und Umzüge gehören.

Januar 1922

Deutsche Zeitungen mit langer Tradition

1. Januar. Drei bedeutende im Deutschen Reich erscheinende Tageszeitungen feiern Jubiläum: Die »Frankfurter Neuesten Nachrichten« ihr 200jähriges, die »Münchner Neuesten Nachrichten« ihr 75jähriges und das »Berliner Tageblatt« das 50jährige Bestehen. Ein historisches Datum ist der 1. Januar auch für eine mit den Zeitungen eng verbundene Institution, das Postzeitungsamt. Es besteht bereits 100 Jahre. Zwar werden anläßlich dieser Ereignisse überall im Deutschen Reich Glückwünsche veröffentlicht, und die »Münchner Neuesten Nachrichten« geben auch eine Jubiläumsausgabe heraus, jedoch haben die Redaktionen ansonsten wenig Grund zum Feiern. Die Höhe der Papier- und Druckpreise sowie die allgemeine Notlage führen dazu, daß die meisten deutschen Zeitungen und Zeitschriften ums Überleben kämpfen müssen. So verzichten auch die Verantwortlichen des »Berliner Tageblatts« »mit Rücksicht auf die Zeitverhältnisse« darauf, das Jubiläum festlich zu begehen. Statt dessen veröffentlichen sie Aufsätze von Politikern über Demokratie.

Nach der Märzrevolution von 1848, am 9. 4., erschienen erstmals die »Münchner Neuesten Nachrichten«.

Sonderseite der »Frankfurter Neuesten Nachrichten« anläßlich des 200jährigen Bestehens der Zeitung

Wichtige deutsche Zeitungen
»Deutsche Allgemeine Zeitung« (im Besitz des Stinneskonzerns)
»Die Rote Fahne« (KPD-Zeitung)
»Frankfurter Zeitung« (liberal-demokratisches Organ)
»Vorwärts« (SPD-Zeitung)
»Vossische Zeitung« (Berliner Zeitung des Ullstein-Verlags)

Blick in den Raum des Berliner Postzeitungsamtes, wo die Zeitungen und Zeitschriften für die Zusteller zur Auslieferung bereitgestellt werden

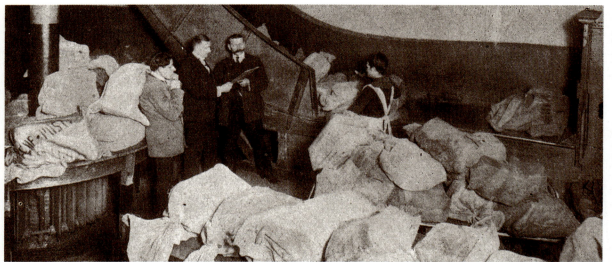
Sammelstelle im Postzeitungsamt Berlin, das bereits auf eine 100jährige Geschichte zurückblicken kann; die Postzeitungsämter haben die Funktion des Vermittlers zwischen Beziehern und Verlegern von Zeitungen übernommen.

Verkehr 1922:

Probleme mit der Eisenbahn

Das Verkehrswesen im Deutschen Reich erholt sich nur langsam von den Folgen des Weltkriegs.
Im August veröffentlichen die Zentralverbände der Wirtschaft eine Denkschrift über »die deutsche Verkehrsnot«. Darin beklagen sie, daß staatliche Eisenbahnbetriebe und die zumeist privaten Schiffahrtsunternehmen über zu geringe Kapazitäten verfügen. So kann die Reichsbahn z. B. nur etwa 80% der von Industrie und Handel benötigten Waggons zur Verfügung stellen. Auf den Wasserwegen sieht es nicht besser aus. Ein beträchtlicher Umfang des deutschen Import- und Exporthandels muß z. B. über ausländische Häfen wie Rotterdam und Antwerpen abgewickelt werden, da in deutschen Häfen Anlagen fehlen.
Über Defizite klagen die Betriebe im Bereich der Personenbeförderung. Fahrpreiserhöhungen bei den Hauptverkehrsmitteln Eisenbahn und Straßenbahn wirken sich nachteilig auf die Anzahl der Fahrgäste und damit auf die Einnahmen aus. In Mannheim unterstützt die Direktion der Badischen Anilin- und Sodafabrik 1922 die städtischen Straßenbahnen erstmals mit finanziellen Mitteln, da sie eine pünktliche Ankunft ihrer Mitarbeiter zum täglichen Arbeitsbeginn gewährleisten will.
Der Autoverkehr hat z. Z. nur in den Großstädten Bedeutung. Die Zahl der Kraftfahrzeuge nimmt allerdings zu, und so werden in Berlin z. B. die Straßenverkehrsbestimmungen modifiziert. Die darin festgelegte Höchstgeschwindigkeit beträgt für normale Personenwagen 25 km/h.

Kampf den Schwarzfahrern

»Ein steigender Tarif hat nicht nur Abwanderung von Fahrgästen, sondern auch Zunahme von ›Schwarzfahrern‹ zur Folge. Deshalb sind Stoßtrupps aus Fahrscheinkontrolleuren gebildet worden, die heute in diesem und morgen in jenem Stadtviertel auftauchen und dort alle Wagen überfallen.« [Aus der »Vossischen Zeitung vom 22. Juli 1922]

Januar 1922

Reich darf wieder Flugzeuge bauen

Am 6. Mai 1922 erteilen die Alliierten dem Deutschen Reich die Erlaubnis zur Herstellung zivilen Luftfahrtgeräts. Damit wird die Flugzeugproduktion im Deutschen Reich nach dem Weltkrieg wieder aufgenommen – wenn auch mit Einschränkungen. Die in der Genehmigung festgelegten Merkmale für Verkehrsflugzeuge wirken sich hemmend auf die technische Modernisierung aus, da z. B. die Höchstgeschwindigkeiten auf 170 km/h und die Mitnahme von Treibstoff für eine Distanz von 500 km festgelegt wurden. Flugzeuge, die diesen Auflagen nicht entsprechen, werden als militärisches Gerät eingestuft und sind daher für deutsche Luftfahrtbetriebe verboten. Trotz dieser Bestimmungen versuchen die Unternehmen, ihre internationale Konkurrenzfähigkeit wieder zu erlangen. Sie treiben die Entwicklungsarbeiten voran und gründen zur ökonomischen Unterstützung u. a. im Dezember den Deutschen Luftfahrtverband als Zentralbehörde der etwa 60 im Deutschen Reich bestehenden Luftfahrtvereinigungen.

Ein US-amerikanischer Luftomnibus, der regelmäßig von Cleveland nach Detroit verkehrt

Der Blick auf einen Parkplatz bei Los Angeles vermittelt einen Eindruck vom Begriff »des automobilisierten Amerikas«, wie er in der deutschen Presse gern verwendet wird. Ein Auto, in den USA inzwischen zum häufigsten Verkehrsmittel geworden, können sich in Deutschland nur wenige Bürger leisten.

Drehbare Flugzeughalle, Lakehurst (in Bau); sie soll 13 Maschinen aufnehmen.

Eröffnung der elektrifizierten Strecke zwischen Bitterfeld und Dessau

Januar 1922

Empfang für den britischen Kronprinzen Eduard (im Wagen hinten) in Aden am Roten Meer

Einzug des Prinzen (l.) und des Maharadschas auf dem königlichen Elefanten in Gwalior

Der britische Thronfolger (3. v. l.) in der Stadt Bhopal

Prinz Eduard (M.) neben Lord Prinz Mountbatten (2. v. r.) bei der Jagd

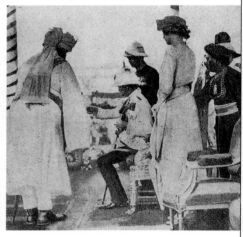
Der Maharadscha von Kolhapur überreicht Geschenke.

Der junge britische Thronfolger Eduard von Wales liebt den Pomp und exotische Verkleidungen

In ihren neuesten Ausgaben berichten die europäischen Illustrierten in groß aufgemachten Bildberichten vom Aufenthalt des Prinzen von Wales in Ländern des britischen Empire. Im Herbst 1921 hatte Prinz Eduard, der spätere König Eduard VIII., die achtmonatige Reise auf Beschluß der britischen Regierung angetreten. Ziel des Prinzen war Indien, wo die Unabhängigkeitsbestrebung unter Mohandas Karamchand (»Mahatma«) Gandhi ein für Großbritannien beunruhigendes Ausmaß angenommen hat. Man hofft, mit dem königlichen Besuch die Unzufriedenheit in der indischen Bevölkerung dämpfen zu können. Der 28jährige Prinz ist bekannt für sein heiteres und offenes Wesen – Eigenschaften, die ihm besonders auch bei Journalisten Sympathie einbringen. Einige von ihnen begleiten ihn auf seinen Reisen, auf denen er sich neben seinen politischen Missionen auch seinen Passionen widmet. In allen Gegenden der Welt, die er bis jetzt besucht hat – 1919 Neufundland, Kanada, USA; 1920 Australien, Neuseeland, Barbados, Honolulu, Fidschi und die Bermudas; 1921/22 Asien – faszinieren ihn einheimische Sitten und Gebräuche und die fremdartigen Trachten, in denen er gern vor den Fotografen posiert.

Auf die große Masse der indischen Bevölkerung scheint dies jedoch keinen besonders positiven Eindruck zu machen. In vielen Städten kommt es bei der Ankunft des Prinzen von Wales zu Protestkundgebungen, in anderen Orten boykottiert die Bevölkerung öffentliche Empfänge.

Der Prinz als japanischer Kuli verkleidet

Kronprinz Eduard im japanischen Kimono

»Morgenstern« nennt sich Eduard als Indianer.

Januar 1922

Staat erhöht die Beamtengehälter

12. Januar. Bei den Verhandlungen zwischen dem Finanzministerium des Deutschen Reichs und dem Deutschen Beamtenbund sowie den Spitzenverbänden der Gewerkschaften wird eine Einigung über die Erhöhung der Beamtengehälter und des Lohnes der in Staatsbetrieben beschäftigten Arbeiter erzielt.

Während den Arbeitern eine Lohnerhöhung von 1800 bis 1900 Mark aufs Jahr umgerechnet zugebilligt wird, können die Beamten mit einem Zuschlag von 2000 Mark rechnen. Grundlage der Übereinkunft ist die Erhöhung der Teuerungszulage von 20 auf 40%. So steigt das bisherige Anfangsgehalt eines Beamten der Ortsklasse A von 25 920 Mark auf 27 920 Mark im Jahr.

Der Stundenlohn eines Arbeiters über 20 Jahren erhöht sich um 75 Pfennig, der für gleichaltrige Frauen um 50 Pfennig.

Die Verbesserungen der Einkünfte gewähren die staatlichen Stellen aufgrund der ständigen Teuerungen bei lebensnotwendigen Produkten. Seit dem 30. Juli des Jahres 1921 stiegen z. B. die Preise für Brot (1500 g) von 4,00 auf 6,25 Mark, Eier (1 St.) von 1,55 auf 4,40 Mark, Butter (500 g) von 27 auf 45 Mark und Kaffee (500 g) von 19 auf 40 Mark.

Banden stehlen Telefonleitungen

9. Januar. Einem in den »Dresdner Neuesten Nachrichten« veröffentlichten Bericht zufolge haben im letzten Vierteljahr die Diebstähle von Telefonleitungen aus Kupfer ein erschreckendes Ausmaß angenommen. Der während dieses Zeitraums verursachte Schaden beläuft sich auf eine Höhe von immerhin 22 Millionen Mark.

Wie die Zeitung berichtet, werden »die Diebstähle meist von bewaffneten Leuten und Banden unter Benutzung von Kraftwagen ausgeführt. Zur leichteren Ergreifung der Diebe ist in Berlin eine besondere Dienststelle für die Oberpostdirektionsbezirke Berlin, Potsdam und Frankfurt (Oder) unter dem Namen ›Linienschutz‹ geschaffen worden.« Ständige Kontrollen der Leitungen durch elektrische Messungen und Beobachtungen sollen einen Schutz der Postanlagen gewährleisten.

Szene aus dem neuen Ufa-Film »Fridericus Rex«, vorn r. Otto Gebühr als Friedrich II.; Albert Steinrück spielt dessen Vater, Friedrich Wilhelm I.

»Fridericus Rex« im Kino

31. Januar. Im Berliner Ufa-Palast findet die Uraufführung der ersten beiden Teile des Films »Fridericus Rex« statt. Inhalt des vierteiligen Werks (die Teile 3 und 4 kommen im März 1923 ins Kino) ist das Leben des Preußenkönigs Friedrich II., des Großen (1712–1786).

Der Film, produziert und inszeniert von Arzen von Cserépy, löst beim Premierenpublikum Begeisterung aus. Sobald Paraden und Aufmärsche zu sehen sind, spendet es Beifall. Zu lang schon scheint der Weltkrieg für die Zuschauer her zu sein, zu lang die Zeit ohne den für ein reaktionäres Deutschland so charakteristischen Militarismus.

Demokratisch gesinnte Kritiker, wie Siegfried Jacobsohn von der »Weltbühne«, sehen in diesem nationalistisch ausgerichteten Film eine »antirepublikanische Provokation« und fordern zum Boykott auf.

Wenig Beifall für Hasenclever-Drama

27. Januar. An fünf Theatern gleichzeitig, am Frankfurter Neuen Theater, am Dresdner Staatstheater, am Stadttheater Köln und an den Landestheatern Meiningen und Prag, wird das Drama »Gobseck« von Walter Hasenclever uraufgeführt.

Mit dem Titel des Stücks verweist der 32jährige Autor, der 1916 mit der Uraufführung des expressionistischen Dramas »Der Sohn« im Deutschen Reich bekannt wurde, auf die Vorlage seines Werks. »Gobseck« heißt eine 1830 entstandene Erzählung des französischen Schriftstellers Honoré de Balzac. Balzac schildert darin das Schicksal eines reichen Geldverleihers. Hasenclever übernimmt das Thema – allerdings ohne große Zustimmung von Publikum und Kritik, wie folgende Passage der Frankfurter Kritik zeigt: »Warum ›Gobseck‹? Als ob es sich um Balzac handelte. Warum nicht ›Wucherers Ende‹ (o. ä.). Hasenclever stellt keinen großen Anspruch an den Denk-Apparat des Publikums. Er hat den armen Balzac selektiert. Trägt das Knochengerüst der Novelle herein. Man sieht von der meisterhaft vorgetragenen Erzählung, in der ein Genie in jeder Zeile die Fäden hält, eben noch einige Gelenke.«

Preisgekrönte Entwürfe: 1. Preis für A. Baecker J. Brahm und R. Kasteleiner aus Kassel (l.); 2. Preis für die Berliner Hans und Wassili Luckhardt (r.)

Architektenwettbewerb: Ein Hochhaus am Bahnhof Friedrichstraße

2. Januar. Einsendeschluß des am 21. November 1921 ausgeschriebenen Ideenwettbewerbs für ein Hochhaus am Berliner Bahnhof Friedrichstraße: Zu dem von der Turmhaus-Actiengesellschaft veranstalteten Wettbewerb werden 144 Entwürfe eingereicht, darunter Arbeiten von Architekten wie Ludwig Mies van der Rohe, Hans Poelzig und Hans Scharoun. Obwohl sich Jury und Presse beeindruckt zeigen von der z. T. hohen künstlerischen Qualität der Entwürfe, bleibt die Ausschreibung folgenlos: Ein Hochhaus entsteht dort nie.

Januar 1922

Unterhaltung 1922:
Begeisterung für Nackttanz, Kabarett und Revuetheater

Mit dem Sturz des Kaiserreichs im Jahr 1918 und der damit verbundenen Aufhebung der wilhelminischen Zensur eröffneten sich der Unterhaltung vielfältige Möglichkeiten. In dem Maß, wie die politischen Unruhen in den ersten Nachkriegsjahren nachlassen und – vor allem in Großstädten – wieder eine relativ wohlhabende Bevölkerungsschicht entsteht, sind die Vergnügungsstätten nun auf einer breiten Front in der Lage, die neue »Freiheit der Sitten« zu nutzen. Im Deutschen Reich und speziell in Berlin beginnt der »Glanz und Glitter eines Revuejahrzehnts«, verbunden mit den bekannten Namen der drei Revuetheaterbesitzer James Klein, Hermann Haller und Eric Charell. Sie vollziehen mit ihren Inszenierungen den Übergang von den Varieté-Revuen zu den pompösen, glitzernden Ausstattungsrevuen, die charakteristisch für die später berühmten »goldenen Zwanziger« werden.

Kennzeichen der großen und kleinen Varieté-Bühnen im Jahr 1922 ist jedoch noch überwiegend der Nackttanz. Allerdings nicht immer mit dem erstrebten internationalen Niveau, wie Kritiker Fritz Giese feststellt: »Während die Pariser phantasievoll Nacktheit zu raffinierten Wirkungen und witzigen Gags kultivierten, erinnerten manche deutsche Revue-Nummern in ihrer Direktheit an ›landwirtschaftliche Ausstellungen‹ – oder aber es waren Wandervogeltypen«« (»Die Girlkultur««, München 1923).

Typisch sind auch die vielen kleinen Theater und Bars, Kennzeichen eines hektischen Vergnügungsrummels. In ihnen treten Nacktballetts wie das »Ballett Celly de Rheidt« und so begabte und berüchtigte Meisterinnen des erotischen Tanzes wie Anita Berber auf. Über diese Art der Unterhaltungsetablissements schreibt der Publizist Leo Lania: »So war die Sucht des Bürgers sich auszuleben besonders groß und allgemein. Und da man nicht mehr die Kraft zur Hemmungslosigkeit hatte, so berauschte man sich an den Hemmungslosigkeiten der anderen. Nackttanz wurde die große Mode des Jahres 1922. Hier, in den geheimen Bars und Dielen, hatte man teil an dem Laster der Zeit, fand man sich selbst sehr verrucht und behielt doch das tröstliche Bewußtsein seiner bestrenommierten Bürgerlichkeit.«

Das Kabarettbuch des Jahres 1922 verzeichnet allein in Berlin 38 Kabaretts und 140 Kabarett-Unternehmen in anderen deutschen Städten. Unter ihnen befinden sich auch einige literarische Kabaretts wie das neue Berliner »Schall und Rauch«, das von Rosa Valetti 1920 gegründete »Größenwahn«, Trude Hestebergs »Wilde Bühne« und die am 19. November eröffnete »Wilde Rampe«, zunächst auch von Rosa Valetti geleitet. Diese Kabaretts erlangen internationale Berühmtheit durch ihre Diseusen – neben der Valetti und der Hesterberg z. B. Blandine Ebinger, Gussy Holl –, ihre Komponisten – vor allem Friedrich Hollaender – und ihre Autoren. Zu ihnen gehören u. a. Walter Mehring, Kurt Tucholsky, Erich Kästner (unter dem Pseudonym Erich Fabian), Ringelnatz und Bertolt Brecht. Er singt im Januar 1922 in Trude Hestebergs »Wilder Bühne« zur Laute seine »Legende vom toten Soldaten«.

Kurt Tucholsky (Theobald Tiger) schreibt auch Texte für Revuen, die Rudolph Nelson inszeniert. Nelson versteht es meisterhaft, die Form der Revue ins Kabarett zu übertragen. 1923 hat »Wir steh'n verkehrt« Premiere, mit sehr bekannt gewordenen Chansontexten Tucholskys.

Freizeitsport mit Unterhaltungswert: Pfeilwurf aus dem fahrenden Auto

Um innerhalb der Vielzahl europäischer Zirkusunternehmen konkurrenzfähig bleiben zu können, versuchen Artisten, das Publikum mit neuen Attraktionen zu begeistern. Der Zirkusname Schumann, einstmals Garantie für exzellente Pferdedressur, verbindet sich nun mit einem modernen Image. Nicht mehr das Pferd, sondern das Requisit Auto hält Einzug in das Zirkuszelt. Damit hofft man, den Trend hin zum Varieté aufhalten zu können.

Kunst der Magie und Hypnose übt große Anziehungskraft aufs Publikum aus (Plakate von Friedländer [l.] und Rozankova).

Januar 1922

Aus Südamerika in die europäischen Stuben gekommen: Der Tango

Einer der beliebten Revuestars: Frankreichs Sängerin Mistinguett

Das Shimmy-Fieber aus den USA breitet sich nun in Europa aus.

Skilaufen hinter Pferden während des traditionellen Rennens auf dem St. Moritzer See vor nobler Hotelkulisse

Wintersportfreuden erlangen Popularität

10. Januar. In großen Teilen des Deutschen Reichs wird das bis jetzt zumeist milde Winterwetter von strenger Kälte abgelöst. So sinken z. B. die Temperaturen in Frankfurt am Main innerhalb einer Nacht von 0 °C auf minus 15 °C, in den östlich der Elbe gelegenen Gebieten des Deutschen Reichs sogar bis auf minus 20 °C.

Für Industrie und öffentliche Einrichtungen keine gute Nachricht, da es überall an Kohlen mangelt. Straßenbahnen und Züge fahren unbeheizt, vielfach werden Heizungen in öffentlichen Gebäuden gedrosselt und die »Kohleferien« an den Schulen verlängert – von den Kinder wohl weniger negativ empfunden als von den erwachsenen Erziehern.

Die Schüler genießen die Freuden der Kälte: Rodeln, Skifahren und Schlittschuhlaufen. Der Spaß am Wintersport setzt sich auch zunehmend bei den Älteren durch, nachdem Mediziner betont haben, wie gesund die Luft in der kalten Jahreszeit ist. Bisher reiste man zum Wintersport meist in die Schweiz, doch neuerdings werden auch die höher gelegenen Orte in den deutschen Mittelgebirgen erschlossen. Die Wintersportmöglichkeiten dort werden ausgebaut, und auch die Gasthäuser sind gerüstet.

◁ *Wenn die Straßen zu glatt sind, gehen die Automobilsportler aufs Eis: Der berühmte Rennfahrer Fritz von Opel mit seiner Bobmannschaft auf dem Bob »Elli Kanz« bei den deutschen Winterkampfspielen im bekanntesten Kurort der deutschen Alpen, in Garmisch-Partenkirchen.*

▽ *Eine besondere Attraktion bietet im Jahr 1922 die Kurverwaltung in Garmisch-Partenkirchen ihren Gästen: Für die Schlittschuhläufer spielt eine eigens engagierte Kapelle flotte Weisen – für Zuschauer und Aktive trotz der Minusgrade gleichermaßen ein Genuß.*

Februar 1922

Mo	Di	Mi	Do	Fr	Sa	So
		1	2	3	4	5
6	7	8	9	10	11	12
13	14	15	16	17	18	19
20	21	22	23	24	25	26
27	28					

1. Februar, Mittwoch

Nachdem die deutsche Reichsregierung ein während der Lohnverhandlungen vorgetragenes Ultimatum der Eisenbahnergewerkschaften abgelehnt hat, treten etwa 700 000 Arbeiter und Beamte der Reichseisenbahnen in einen sieben Tage dauernden Streik (→ 15. 2./S. 32).

Der schweizerische Nationalrat genehmigt mit 107 gegen 34 Stimmen die Verschärfung der Art. 45–48 des Bundesstrafrechts. Nunmehr gibt es mehr Möglichkeiten der Verfolgung von Delikten wie »Anreizung zum Aufruhr«, zum revolutionären Generalstreik und revolutionäre Agitation im Heer.

Eine gemeinsame Fluggesellschaft gründen die Regierung Sowjetrußlands und die Aero-Union Berlin unter dem Namen Deutsch-Russische Luftverkehrsgesellschaft.

2. Februar, Donnerstag

Der Vertreter der Reichsgewerkschaft Deutscher Eisenbahnbeamten in Köln teilt offiziell mit, daß der Eisenbahnerstreik nicht auf das von den alliierten Truppen besetzte Gebiet ausgeweitet werden soll. Grund dafür ist das von der Interalliierten Rheinlandkommission ausgesprochene absolute Streikverbot (→ 15. 2./S. 32).

Da die italienische Regierung unter Ivanoe Bonomi nicht mehr über eine Mehrheit im Parlament verfügt, tritt sie zurück (→ 25. 2./S. 37).

Die in Moskau erscheinende Zeitung »Prawda« veröffentlicht das Ergebnis einer Umfrage unter ihren Lesern, aus dem hervorgeht, daß sich die Mehrzahl der Leser gegen eine Reise Wladimir I. Lenins zur Wirtschaftskonferenz in Genua ausspricht. Allgemein wird befürchtet, daß während der Konferenz im April (→ 10. 4./S. 62) ein Attentat auf Lenin verübt werden könne.

3. Februar, Freitag

Eine französische Militärkommission legt dem Parlament in Paris einen Bericht über die Ergebnisse der Kontrollmaßnahmen im Deutschen Reich vor. Demnach hat das Deutsche Reich seit dem Versailler Vertrag u. a. folgende Waffen bzw. militärische Einrichtungen ausgeliefert oder zerstört: 40 635 Kanonen- und Kanonenrohre, 11 592 Minenwerfer, 4 482 737 Handfeuerwaffen, 1116 Flammenwerfer, 16 967 Flugzeuge, 31 640 Motoren.

Die Kulturzeitschrift »Das Tagebuch« veröffentlicht den Aufruf zu einem Wettbewerb um das beste Filmdrehbuch. Der Jury gehören u. a. Alfred Polgar, Richard Oswald und Heinz Ullstein an. Für

den Gewinner ist ein Preis in Höhe von 200 000 Mark ausgesetzt. → S. 40

4. Februar, Samstag

Im Kölner Schauspielhaus wird das Stück »Herzog Heinrichs Heimkehr« von Hans Franck uraufgeführt.

5. Februar, Sonntag

In Berlin treten die Arbeiter der städtischen Gas-, Wasser- und Elektrizitätswerke in einen dreitägigen Ausstand, der allerdings ohne Erfolg am 8. Februar abgebrochen wird (→ 15. 2./S. 32).

Das Drama »Krönung Richards III.« von Hans Henny Jahnn wird im Leipziger Schauspielhaus uraufgeführt.

6. Februar, Montag

In Washington endet die im November 1921 begonnene internationale Abrüstungskonferenz mit der Unterzeichnung der Verträge, darunter des »Washingtoner Flottenabkommens«. → S. 35

Die 1917 in Sowjetrußland gegründete Tscheka (Außerordentliche Kommission für den Kampf gegen Konterrevolution und Sabotage) wird aufgelöst. Ihre Aufgaben übernimmt mit eingeschränkten Vollmachten das Innenministerium mit der GPU. → S. 37

In Rom wird der bisherige Erzbischof von Mailand, Kardinal Achille Ratti, zum neuen Papst gewählt. Er nimmt den Namen Pius XI. an. → S. 36

Der Wiener Landtag beschließt eine allgemeine Mietzinsabgabe als Wohnbausteuer, um die katastrophale Wohnungsnot der Wiener Bevölkerung zu lindern.

Im Frankfurter Schauspielhaus wird »Bakchos Dionysos«, eine »mythische Komödie in fünf Akten« von Fritz Schwiefert, uraufgeführt.

In Stockholm gehen die Eiskunstlauf-Weltmeisterschaften zu Ende. → S. 41

7. Februar, Dienstag

Nach langer Debatte genehmigt die ungarische Nationalversammlung in Budapest ein neues Wehrgesetz, worin die Größe der Armee des Landes auf 36 000 Mann festgelegt ist.

In seiner Thronrede zur Eröffnung des britischen Parlaments in London begrüßt Georg V., König von Großbritannien, die Beschlüsse der Washingtoner Abrüstungskonferenz (→ 6. 2./S. 35).

Der Festartikel im »Osservatore Romano« anläßlich der Papstwahl enthält heftige Angriffe gegen die Reformation.

Dem neugewählten Sowjet in Moskau gehören 2447 Bolschewiken, 207 Parteilose und drei Menschewiken an.

8. Februar, Mittwoch

Nach den Wahlen vom 29. Januar bildet Ministerpräsident António Maria da Silva in Lissabon eine neue demokratische Regierung für Portugal.

Der neugewählte Sowjet in Rußland nimmt die Einladung zur internationalen Wirtschafts- und Finanzkonferenz in Genua an (→ 10. 4./S. 62).

9. Februar, Donnerstag

Aufgrund heftiger Angriffe der sozialistischen Abgeordneten veröffentlicht die französische Regierung Zahlen zum Wiederaufbau nordfranzösischer Gebiete, die im Weltkrieg zerstört wurden. Mit diesen Kosten begründet sie u. a. ihre Unnachgiebigkeit in der Frage der Reparationszahlungen gegenüber dem Deutschen Reich.

In Stockholm schließen Sowjetrußland und Schweden einen vorläufigen Wirtschaftsvertrag.

10. Februar, Freitag

Die Regierung Nordirlands (Ulster) zieht 5000 Polizisten an der Grenze zum Freistaat Irland zusammen, um weitere Übergriffe südirischer Freiheitskämpfer zu verhindern (→ 16. 6./S. 96).

Persische Regierungstruppen erobern das Gebiet Täbris, das vorübergehend in den Händen demokratischer und kommunistischer Kräfte war.

Das Graphische Kabinett Neumann in Berlin eröffnet eine Ausstellung mit Werken des Malers und Zeichners Max Beckmann.

11. Februar, Samstag

Ein seit Beginn der Woche in der Tschechoslowakei andauernder Bergarbeiterstreik wird beendet. Zeitweise beteiligten sich bis zu 100 000 Beschäftigten der Gruben am Ausstand.

In Granada (Spanien) kommt es aufgrund der Unzufriedenheit unter der Bevölkerung wegen der schlechten Wirtschaftslage zum Generalstreik. Um die Ordnung aufrechterhalten zu können, wird Militär eingesetzt.

12. Februar, Sonntag

Der britische Botschafter in Wien überreicht der österreichischen Regierung eine Note, worin Großbritannien einen Kredit von zwei Millionen Pfund Sterling (1,8 Mrd. Mark) zubilligt.

Im Petersdom in Rom findet die feierliche Zeremonie der Krönung von Papst Pius XI. statt (→ 6. 2./S. 36).

»Don Carlos« von Friedrich von Schiller hat in der bedeutenden Inszenierung von Leopold Jessner im Staatlichen Schauspielhaus Berlin Premiere.

Bei den nordischen Spielen in Stockholm besiegt im Eishockey-Endspiel die finnische Mannschaft die schwedische Auswahl 6:4.

13. Februar, Montag

Der thüringische Landtag genehmigt eine Regierungsvorlage, wodurch die bis 31. März vorgesehene Auflösung der Einzelstaaten innerhalb Thüringens zunächst hinausgeschoben wird.

Der tschechische Ministerpräsident Eduard Beneš reist nach Paris, um dort Gespräche über den Garantievertrag zwischen Großbritannien und Frankreich zu führen. Beneš erhofft sich die Berücksichtigung tschechischer Sicherheitsbedürfnisse gegenüber dem Deutschen Reich in diesem Vertrag.

In der Nacht zum Montag wird in ganz Sowjetrußland aus wirtschaftlichen Gründen die Sommerzeit eingeführt.

14. Februar, Dienstag

Zwischen Vertretern des Deutschen Reiches und Polens werden strittige Fragen zum oberschlesischen Gebiet besprochen (→ 15. 5./S. 77).

Die in Stettin erscheinende »Ostseezeitung«, früher ein demokratisches Blatt, geht nun endgültig in ein Konsortium von Mitgliedern der Deutschen Volkspartei (DVP) über.

In Warschau treten zwei Mitglieder der polnischen Regierung von ihren Ministerämtern zurück. Die Ursachen für eine damit beginnende Regierungskrise liegen im finanzpolitischen Bereich (→ 6. 6./S. 99).

Im Hessischen Landestheater Darmstadt findet die deutsche Erstaufführung von »Spiel des Lebens« des norwegischen Schriftstellers Knut Hamsun statt. Die deutsche Übersetzung besorgte Christian Morgenstern.

15. Februar, Mittwoch

Die von Reichskanzler Joseph Wirth (Zentrum) an das Parlament gestellte Vertrauensfrage beantworten die Abgeordneten des Reichstages mit 220 gegen 185 Stimmen positiv. Wirth war wegen seiner Haltung im Eisenbahnerstreik von den rechten und linken extremen Parteien attackiert worden. → S. 32

Joseph Smeets, ein Führer der rheinischen Separatisten, wurde von einem Kölner Gericht wegen Beleidigung eines Beamten zu einer Gefängnisstrafe verurteilt. Da jedoch die Rheinlandkommission der alliierten Besatzungstruppen die Entscheidung des deutschen Richters nicht akzeptiert, wird diese Strafe hinfällig (→ 23. 7./S. 113).

Bei Zusammenstößen zwischen britischen Truppen und Anhängern der irischen Sinn-Fein-Bewegung gibt es 35 Tote und etwa 100 Verwundete (→ 16. 6./S. 96).

In den Berliner Kammerspielen findet die Uraufführung der Tragikomödie »Kanzlist Krehler« von Georg Kaiser statt (→ S. 189).

Der Berliner Magistrat beschließt, die Arbeiten an der geplanten Nord-Süd-Strecke der S-Bahn aus finanziellen Gründen vorläufig einzustellen. Außerdem soll der Straßenbahnverkehr eingeschränkt werden.

Das berühmte »Castans Panoptikum« in Berlin muß geschlossen werden. Die Ausstellungsstücke kommen zur Versteigerung. → S. 40

Februar 1922

Am 6. Februar wird in Rom der bisherige Erzbischof von Mailand, Achille Ratti, zum Oberhaupt der katholischen Kirche gewählt. Das Titelblatt der französischen Zeitschrift »L'Illustration« zeigt den neuen Papst, Pius XI. während der Erteilung des Segens (Ausgabe vom 18. 2. 1922).

Ce numéro contient en suppléments :
1° UN PORTRAIT HORS TEXTE DE S. S. PIE XI ;
2° LA PETITE ILLUSTRATION (nouvelle Série-Roman) : PLAISIR DU JAPON, par M. Ludovic Naudeau. — I.

L'ILLUSTRATION

RENÉ BASCHET, directeur.　　SAMEDI 18 FÉVRIER 1922　　Maurice NORMAND, rédacteur en chef.
80ᵉ Année. — N° 4120.

APRÈS LE COURONNEMENT DU PAPE PIE XI

Réclamé avec insistance par une foule de cent mille personnes, Pie XI, qui vient de ceindre pour la première fois la tiare, apparaît, comme le jour de sa proclamation, à la loggia extérieure de Saint-Pierre, et donne de nouveau sa bénédiction au peuple romain.
Phot. communiquée par Théodore Vaucher. — Voir l'article, page 154.

Februar 1922

16. Februar, Donnerstag

Das preußische Abgeordnetenhaus verabschiedet einen Gesetzentwurf über die Vereinigung des bisher selbständigen Landes Pyrmont mit Preußen.

Das französische Parlament wendet sich gegen eine Erleichterung der Reparationsbedingungen für das Deutsche Reich, da diese zu Lasten Frankreichs ginge (→ 31. 5./S. 76).

Das allrussische Vollzugskomitee ordnet die Abgabe der Kirchenschätze an das Hilfswerk für Hungernde an. Diese Maßnahme stößt auf Widerspruch bei der Geistlichkeit und auch bei der Bevölkerung (→ 1. 1./S. 18; 31. 7./S. 115).

Der Landtag von Polen genehmigt den Gesetzentwurf über den Zehnstundentag im Handelsgewerbe mit 148 gegen 69 Stimmen.

Seit dem heutigen Tag gelten in Frankfurt am Main neue Brotpreise. Ein 1500 g schweres Kommunalbrot kostet nun 11 Mark, ein Brötchen 50 Pfennig.

In der litauischen Stadt Kowno (Kaunas) wird eine neue Universität eröffnet. Zu ihr gehören fünf Fakultäten (Theologie, soziale Wissenschaften, Mathematik und Naturwissenschaften sowie Medizin und technische Wissenschaften).

Die Abgeordneten des deutschen Reichstages in Berlin diskutieren aufgrund einer Anfrage der Bayerischen Volkspartei (BVP) den Fall der Entführung eines deutschen Kindes in Frankreich während des Weltkrieges. Die Fraktion der BVP versucht, eine private familiäre Auseinandersetzung zu einem Politikum hochzustilisieren. Das achtjährige Kind war während des Krieges in eine französische Familie gekommen, die für eine Rückgabe an die deutschen Eltern 100 000 Mark verlangt.

17. Februar, Freitag

Auf der Sitzung des preußischen Landtages verteidigt Preußens Innenminister Carl Severing (MSPD) das Streikverbot für die Schutzpolizei. → S. 34

Die in Hannover tagenden Delegierten der deutschen Wirtschaft fordern in einer Resolution entscheidende Verbesserungen im Eisenbahngüterverkehr.

Das Kriegsamt in Washington gibt bekannt, daß die US-amerikanischen Besatzungstruppen im Deutschen Reich um 203 Offiziere und 3000 Mann verringert werden sollen. Im Rheinland verblieben dann noch 169 Offiziere und 2217 Mann der US-Armee.

Das britische Unterhaus genehmigt den im Vorjahr geschlossenen Vertrag mit dem irischen Freistaat (→ 16. 6./S. 96).

Aufgrund der knappen Lebensmittelvorräte beschließen die Regierungsbehörden in Moskau den Einzug der Lebensmittelrationen von 80 000 im Staatsdienst angestellten Arbeitern (→ 1. 1./S. 18).

Im Schauspielhaus Dresden findet die Uraufführung des Dramas »Indipohdi«

(Das Opfer) von Gerhart Hauptmann statt. Der Autor hat selbst die Regie seines Stücks übernommen.

18. Februar, Samstag

Auf einer Massenkundgebung des Reichslandbundes in Hannover fordern etwa 12 000 Landwirte des Deutschen Reiches eine freie Wirtschaft. → S. 34

19. Februar, Sonntag

Die schweizerischen Zeitungen veröffentlichen die neuesten Arbeitslosenzahlen. Z. Zt. gibt es 145 761 Arbeitslose, von denen 95 580 ohne jede Arbeitsmöglichkeit leben müssen. Davon erhalten 27 000 keinerlei Unterstützung.

Als Kleines Haus des Hessischen Landestheaters wird das Darmstädter Interims-Theater mit der Aufführung von Wolfgang Amadeus Mozarts Oper »Così fan tutte« eröffnet.

Bei den Weltmeisterschaften im Eisschnellauf, die am 18./19. Februar in der norwegischen Stadt Kristiania (Oslo) stattfinden, holt sich der Norweger Harald Ström mit seinen Einzelsiegen über 5000 und 10 000 m den Titel. Zweiter wird der 500-m-Sieger Roald Larsen (Norwegen), dritter der Finne Clas Thunberg, der Schnellste über 1500 m.

20. Februar, Montag

Reichsverkehrsminister Wilhelm Groener (parteilos) droht in einem Artikel des Reichsverkehrsblattes mit schärferen Maßnahmen bei einer etwaigen Wiederholung des Eisenbahnerstreiks vom Anfang des Monats (→ 15. 2./S. 32).

Der Landtag der von Polen besetzten litauischen Stadt Wilna (Vilnius) stimmt für den Anschluß an Polen (→ 8. 1./S. 19).

Die Abgeordneten des preußischen Landtages beraten über das Weiterbestehen von Konfessionsschulen im Land Preußen. Das Ministerium erklärt, daß man schon aus finanziellen Gründen auf diese Einrichtungen nicht verzichten könne (→ S. 79).

Als dritte Vorstellung im Rahmen des vom Publikum mit Interesse aufgenommenen »Zyklus moderner Dramen« bringt das Schauspielhaus in Frankfurt am Main »Tamar« von Friedrich Wolf als Uraufführung auf die Bühne.

Auf einer gemeinsamen Tagung in Charlottenburg kommt es zum Zusammenschluß des Deutschen Luftfahrerverbandes und des Vereinigten Deutschen Flugverbands zum Deutschen Luftfahrtverband (→ S. 23).

21. Februar, Dienstag

Einer dem deutschen Reichstag vorgelegten Übersicht zufolge betragen die Kosten für die Ausführungen des Friedensvertrages von Versailles im laufenden Jahr für das Deutsche Reich 187,5 Milliarden Mark gegenüber 112,5 Milliarden Mark im vorausgegangenen Jahr.

Die neugewählte Landesregierung von Braunschweig besteht aus fünf Mini-

stern, von denen zwei der Sozialdemokratischen Partei (MSPD) und drei der Unabhängigen Sozialdemokratischen Partei (USPD) angehören.

Die Liga zum Schutze der deutschen Kultur eröffnet in der Berliner Wilhelmstraße eine Ausstellung über Auswirkungen des Versailler Friedensvertrages im Deutschen Reich. → S. 34

Das US-amerikanische Militärluftschiff »Roma« explodiert bei Norfolk während des Fluges. 40 US-Amerikaner kommen dabei ums Leben. → S. 41

22. Februar, Mittwoch

Der Hamburger Senat veröffentlicht eine Denkschrift, worin vorgeschlagen wird, Groß-Hamburg aus den Städten Hamburg, Altona, Wandsbek, Wilhelmsburg, Harburg sowie den Elbgemeinden zu bilden. → S. 34

Anläßlich des zweiten Parteitages der Kommunistischen Partei in Kanada gründet sich in Toronto die Arbeiterpartei Kanadas.

23. Februar, Donnerstag

Vor dem britischen Unterhaus in London nimmt die britische Regierung Stellung zu dem Vorwurf, daß in den besetzten rheinischen Gebieten Kolonialtruppen mit farbigen Soldaten eingesetzt werden. Sie betont, daß nur die französischen Truppen farbige Soldaten eingesetzt hätten (→ 29. 1./S. 16).

In Berlin wird der von Regisseur Dimitri Buchowetzki nach dem gleichnamigen Shakespeare-Stück gedrehte Spielfilm »Othello« uraufgeführt. Die Hauptrolle spielt Emil Jannings, Ica von Lenkeffy verkörpert die Desdemona. → S. 40

Zur einheitlichen Regelung des Automobilsports im Deutschen Reich wird eine Arbeitsgemeinschaft gegründet, in der die Automobilklubs vertreten sind.

24. Februar, Freitag

Auf einer von der Kommunistischen Partei veranstalteten Kundgebung in Berlin protestieren Tausende von Teilnehmern gegen die Auslieferung der Attentäter des spanischen Ministerpräsidenten Eduardo Dato Iradier an Spanien durch die deutsche Justiz. Der konservative Politiker wurde im März 1921 Opfer eines von linken anarchistischen Gruppen verübten Attentats.

Den Einsatz einer Untersuchungskommission fordern die Abgeordneten des französischen Parlaments in der Finanzaffäre um die Banque Industrielle de Chine. Die französische Regierung soll in den Skandal verwickelt sein. → S. 37

25. Februar, Samstag

In Boulogne treffen der britische Premierminister David Lloyd George und sein französischer Amtskollege Raymond Poincaré zu einer drei Stunden dauernden Unterredung zusammen. Thema ihres Gesprächs ist vor allem die geplante Wirtschaftskonferenz in Genua (→ 10. 4./S. 62).

In Rom gelingt Ministerpräsident Luigi Facta die Bildung eines neuen italienischen Kabinetts. → S. 37

Polen geht mit der Kleinen Entente eine vertragliche Bindung ein. Die Kleine Entente ist ein 1920/21 entstandenes Bündnissystem zwischen der Tschechoslowakei, dem Königreich der Serben, Kroaten und Slowenen (Jugoslawien) und Rumänien.

Der wegen zehnfachen Frauenmordes zum Tode verurteilte Henri Landru wird in Paris hingerichtet.

26. Februar, Sonntag

Im Berliner Neuen Volkstheater wird das Schauspiel »Die Fälscher« von Max Brod uraufgeführt.

Beim Spiel der süddeutschen Fußballmeister gegen die Niederösterreicher gewinnen in Nürnberg die Gastgeber 2:0.

Im Fußballspiel der Städtevertretung von München und Berlin siegt die Elf aus der Reichshauptstadt in Berlin 2:1.

27. Februar, Montag

Das internationale Arbeitsamt veröffentlicht eine statistische Übersicht über die Zahl der durch den Weltkrieg Verstümmelten und fordert von den Regierungen der europäischen Länder mehr Unterstützung für die Geschädigten.

In Anwesenheit des Reichspräsidenten wird auf einer Festveranstaltung in Frankfurt am Main eine Goethe-Woche eröffnet. → S. 41

Durch Veröffentlichungen in der schweizerischen Presse wird bekannt, daß zwei Menschen in der Wetterwarte auf dem 2504 m hohen Berg Säntis Opfer eines Verbrechens wurden. → S. 40

28. Februar, Dienstag

In einer Rede vor dem Unterhaus in London erklärt Premierminister David Lloyd George den Verzicht Großbritanniens auf das Protektorat über Ägypten. Ägypten wird zum Unabhängigen Königreich erklärt (→ 15. 3./S. 50).

Bei der Beratung im französischen Parlament über den Gesetzentwurf zur Dienstpflicht erklärt der Heeresausschuß, man müsse auf jeden Fall eine 18monatige Wehrdienstzeit erreichen, da der deutsche Nachbar noch immer gefährlich sei.

In London heiratet Prinzessin Mary den Viscount Henry Lascelles, den ältesten Sohn des fünften Earl of Harewood. → S. 41

Das Wetter im Monat Februar

Station	Mittlere Lufttemperatur (°C)	Niederschlag (mm)	Sonnenscheindauer (Std.)
Aachen	2,5 (2,1)	65 (59)	– (74)
Berlin	−1,8 (0,4)	18 (40)	– (78)
Bremen	0,1 (0,9)	29 (48)	– (68)
München	−0,1 (−0,9)	38 (50)	– (72)
Wien	– (0,6)	– (41)	– (81)
Zürich	0,2 (0,2)	107 (61)	84 (79)

( ) Langjähriger Mittelwert für diesen Monat
– Wert nicht ermittelt

Februar 1922

Mit seinem Titelblatt für die Faschingsnummer des »Simplicissimus« karikiert Karl Arnold die sozialen Widersprüche der Zeit. Dem wohlbeleibten Spekulanten, der die Freuden des Lebens genießt, wird eine von der Not gezeichnete Gestalt gegenübergestellt (Ausgabe vom 22. 2. 1922).

Februar 1922

Streik der Reichseisenbahner löst Regierungskrise aus

15. Februar. Mit einem Erfolg für den deutschen Reichskanzler Joseph Wirth (Zentrum) endet die Abstimmung über ein Vertrauensvotum, das Wirth vom Parlament forderte. Von den 421 anwesenden Reichstagsabgeordneten sprechen ihm 220 das Vertrauen aus, 16 enthalten sich der Stimme, und 185 lehnen den Antrag des Kabinettschefs ab. Damit endet die durch einen Eisenbahnerstreik ausgelöste Regierungskrise.

Ebert verbietet Eisenbahnerstreik

Am 1. Februar, dem Beginn des Eisenbahnerstreiks, erläßt Reichspräsident Friedrich Ebert die Verordnung über das Verbot der Arbeitsniederlegung durch Beamte der Reichseisenbahn:

»§ 1. Den Beamten der Reichsbahn ebenso wie allen übrigen Beamten ist nach dem geltenden Beamtenrecht die Einstellung oder Verweigerung der ihnen obliegenden Arbeit verboten. Wer die Beamten der Reichsbahn zu der hiernach verbotenen Einstellung oder Verweigerung der Arbeit auffordert oder anreizt, wird mit Gefängnis und Geldstrafe bis 50 000 Mark oder einer dieser Strafen bestraft. Ebenso wird bestraft, wer zur Durchführung der verbotenen Arbeitsniederlegung oder Verweigerung der Arbeit an Zugkräften, Fahrzeugen, Maschinen, Vorräten oder sonstigen Anlagen oder Einrichtungen Handlungen vornimmt, durch die die ordnungsgemäße Fortsetzung des Betriebes der Reichsbahn unmöglich oder erschwert wird.«

Anlaß des parlamentarischen Vorgangs waren die von der Deutschnationalen Volkspartei (DNVP), der Deutschen Volkspartei (DVP) sowie von den Unabhängigen Sozialdemokraten (USPD) und der Kommunistischen Partei (KPD) eingebrachten Mißtrauensanträge gegen Wirth wegen dessen Haltung zum vorausgegangenen Eisenbahnerstreik. In seiner am 9. Februar abgegebenen Regierungserklärung hatte Wirth sich zunächst mit scharfen Worten gegen diesen Arbeitskampf gewandt. Er betonte später aber auch, daß man sich ein anderes Ziel setzen müsse, als nun eine Politik der Vergeltung zu betreiben. Damit hatte Wirth zugleich den Protest der linken und rechten Oppositionsparteien herausgefordert.

Der Streik der Eisenbahner hatte am 1. Februar aufgrund eines Beschlusses der Gewerkschaft Deutscher Eisenbahnbeamter begonnen. Die Beschäftigten der Bahnen forderten eine angemessene Teuerungszulage sowie eine Regelung der Arbeitszeit, die den Achtstundentag z. B. auch für Lokomotivführer gewährleistet. Der Vorstand entschied sich ohne Urabstimmung für den Streik – eine Tatsache, die bei den übrigen Gewerkschaftsorganisationen und Beamtenverbänden der Eisenbahner auf Unverständnis stieß. Vor allem die Verbände der mittleren und höheren Beamten wandten sich gegen einen Streik. Daß dennoch etwa 700 000 Beschäftigte der Reichseisenbahn in der kommenden Woche die Arbeit niederlegten, lag zum Teil auch an der vom Reichspräsidenten Friedrich Ebert (MSPD) herausgegebenen Verordnung vom 1. Februar, die den Beamten die Arbeitsniederlegung verbietet. Ebert begründet die Verordnung mit der notwendigen Wiederherstellung der öffentlichen Ordnung und Sicherheit. Neben dem Streikverbot enthält das Papier das Recht der Regierung auf Notverordnung und somit auf den Einsatz der Technischen Nothilfe sowie das absolute Streikverbot für die Polizei, die diesen Einsatz zu schützen hat. Diese Verordnung traf auf starken Protest unter allen Gewerkschaften, so daß sogar ein Generalstreik erwogen wurde. In den Ausstand traten am 5. Februar die Angestellten der Berliner Stadtwerke, so daß die Millionenstadt ohne Gas, Wasser und Strom war. Diese Kampfmaßnahme brach jedoch schon am 8. Februar infolge des beendeten Eisenbahnerstreiks ergebnislos zusammen, da die Regierung beabsichtigte, die von der Bahn abgezogene Technische Nothilfe in den Betrieben einzusetzen.

Zwischen dem Verkehrs- bzw. Finanzministerium und den Eisenbahnergewerkschaften war es am 7. Februar zu einer Einigung über die erhobenen Forderungen gekommen, die allerdings nicht über die von der Regierung sowieso vorgesehenen Erhöhungen hinausgeht. Übereinstimmung erzielten die Verhandlungspartner auch über die Folgen des Ausstands für die Beteiligten; die Regierung versprach, von Massenentlassungen abzusehen und disziplinarische Maßnahmen nur gegen Anführer einzuleiten.

Der deutsche Reichstag im Oktober 1921, als Joseph Wirth sein neues Kabinett vorstellte; Wirth bleibt trotz des Eisenbahnerstreiks im Amt.

Um die Beförderung von Eilpostsendungen trotz des Streiks der Eisenbahner zu gewährleisten, wird der Luftpostverkehr von Berlin aus verstärkt.

Trauerfeier für Nothelfer, die während ihres Streikeinsatzes verunglückten; solche Veranstaltungen verstärken die Stimmung gegen den Arbeitskampf.

Februar 1922

Bilder DAZ Chronik

Nr. 15. 61. Jahrgang — Beilage der Deutschen Allgemeinen Zeitung. — 12. Februar 1922

Bilder vom Streik

Eisenbahn-Ingenieure und Regierungs-Baumeister
führten die Lokomotiven der wichtigsten Züge zur Erhaltung der Lebensmittelzufuhr.

Der Görlitzer Bahnhof,
der wie alle anderen Berliner Bahnhöfe tot war. Kein Mensch auf den Bahnsteigen, kein Personal an den Stellwerken. Die Weichen vereisten und klemmten sich fest und die Speisebrunnen der Lokomotivkessel froren ein.

Die „Technische Nothilfe"
bediente die Lokomotiven der Lebensmittelzüge und versuchte in den ersten Tagen des Streiks die Postbeförderung aufrechtzuerhalten.

Der Brunnensturm
Hunderte von Menschen, die durch den Streik der Städtischen Wasserwerke ohne Wasser blieben, stürmten die wenigen Straßenbrunnen, die nicht eingefroren waren.

Die Bahnhofs-Wartehallen
wurden von Reisenden, die in Berlin liegen geblieben waren, als notdürftige Nachtasyle benutzt.

Seite aus der Beilage der »Deutschen Allgemeinen Zeitung« vom 12. Februar: Der Streik der Eisenbahner im gesamten Reich und der Ausstand der Berliner städtischen Arbeiter legten praktisch das Wirtschaftsleben lahm – den täglichen Verlust der Eisenbahn schätzt die Regierung auf etwa 200 Milliarden Mark.

Februar 1922

Berliner Schulklassen vor der Ausstellung in der Wilhelmstraße | Raum mit Schautafeln, auf denen Vertragsfolgen dargestellt sind

Ausstellung zeigt Auswirkungen des Versailler Friedensvertrages

21. Februar. In Berlin beginnt eine bis 9. März geöffnete Ausstellung über die Auswirkungen des Versailler Friedensvertrages, der am 28. Juni 1919 unterzeichnet wurde und mit Beginn des Jahres 1920 in Kraft trat. Gezeigt wird in erster Linie statistisches Material, das die Liga zum Schutze der deutschen Kultur aufbereitet hat. Die Schautafeln verdeutlichen den Umfang der alliierten Forderungen an das Deutsche Reich, deren Last vor allem die Bevölkerung trägt. Allein im Jahr 1922 belaufen sich die Kosten auf 187,5 Milliarden Mark. Das sind 75 Milliarden mehr als 1921. Die wirtschaftlichen Wiedergutmachungsforderungen, zu denen u. a. die Abführung von 60% der deutschen Kohleförderung, 90% der Handelsflotte, die Lieferung fast aller modernen Lokomotiven und Eisenbahnwaggons, jedes zweite Binnenschiff, mehr als die Hälfte des Milchviehbestandes sowie ein Viertel der Erzeugung an chemischen Produkten gehören, erschweren eine ökonomische Stabilisierung, zumal die Gebietsabtrennungen einen weiteren Verlust der wirtschaftlichen Kapazität bedeuten. Die Reparationsforderungen werden in der deutschen Öffentlichkeit als Unterdrückungsmaßnahme empfunden und erschweren die doch so dringende Völkerverständigung innerhalb Europas.

Pläne für Groß-Hamburg veröffentlicht

22. Februar. Der Hamburger Senat veröffentlicht eine Denkschrift mit dem Plan einer Vergrößerung der Hansestadt. Der Entwurf ist die Basis für die am 27. Februar in Berlin beginnenden Verhandlungen zwischen Hamburg und Preußen, bei denen die mit einer Bildung Groß-Hamburgs einhergehenden Fragen erörtert werden sollen.

Bei der Schaffung eines Groß-Hamburg spielt der Ausbau des Hafens eine tragende Rolle. Das zum Hafen gehörende Gebiet untersteht unterschiedlichen Kommunen, weshalb eine gemeinsame Planung auf Schwierigkeiten stößt. Hamburgs Stadtväter verfolgen deshalb das Ziel, eine ausgedehnte wirtschaftliche Einheit zu bilden. Hinzu kommen innerstädtische Probleme, da ursprünglich einzeln existierende Ortschaften durch die Bevölkerungszunahme in den vergangenen Jahrzehnten faktisch zu einem territorialen Gebilde zusammengewachsen sind, aber unterschiedlichen Regierungsbereichen unterstehen.

Der Senat schlägt nun vor, die Städte Hamburg, Altona, Wandsbek, Wilhelmsburg, Harburg und die Elbgemeinden zu einem Groß-Hamburg zu verschmelzen. Für eine solche Fusion müßte das Land Preußen die zu seinem Bereich gehörenden Städte und Gemeinden an Hamburg abtreten, was allerdings auf Widerstand stößt. So fürchten andere zu Preußen gehörende Hafenstädte wie Stettin die Konkurrenz eines ausgebauten Hamburger Hafens, und das preußische Staatsministerium liebäugelt mit einem Groß-Hamburg unter preußischer Oberhoheit. Eine Einigung kommt erst 1937 zugunsten Hamburgs zustande.

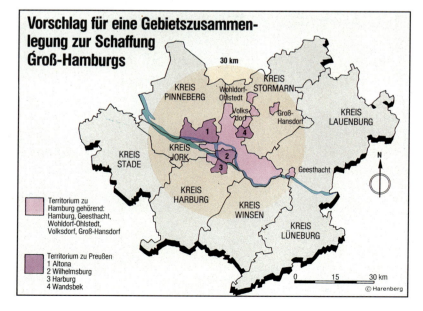

Carl Severing für Streikverbot

17. Februar. Vor dem Landtag äußert sich Preußens Innenminister Carl Severing (SPD) zu dem von der Regierung ausgesprochenen Streikverbot für die Schutzpolizei. Severing verteidigt seine Meinung gegen die Angriffe der Kommunisten, daß die Polizei die Aufgaben des Staates wahrzunehmen habe und deshalb keinesfalls ihre Tätigkeit verweigern darf.

Die linke Fraktion des Landtages hatte die Haltung Severings gegenüber den Streikenden der Reichseisenbahn und der Berliner Stadtwerke (→ 15. 2./S. 32) kritisiert. Sie wandte sich auch gegen den Einsatz der Technischen Nothilfe, der durch die Schutzpolizei möglich wurde. Severing erklärt daraufhin: »Ich glaube nicht, daß fremde Bolschewisten hinter dem Berliner Streik gestanden haben; aber hätte die Berliner Polizei nicht gleich zugepackt, dann wäre wohl die Gefahr entstanden, daß unverantwortliche Elemente sich bald im ganzen Reiche der Bewegung bemächtigt und Staat und Wirtschaft ins Verderben gestürzt hätten.«

Hindenburg beim Reichslandbund

18. Februar. Zu dem zweitägigen Treffen des Reichslandbundes sind etwa 12 000 Landwirte des Deutschen Reichs nach Hannover gekommen.

Auf ihrer Tagung fordern sie gerechtere Besteuerung landwirtschaftlicher Erzeugnisse sowie eine allgemeine Durchsetzung der freien Wirtschaft. Neben Themen, die sich direkt mit den beruflichen Problemen der Teilnehmer beschäftigen, stehen vor allem politische Beiträge auf dem Programm. Wie die »Frankfurter Zeitung« berichtet, werden besonders die Landwirte aus den besetzten Gebieten, der Tschechoslowakei und Österreich begrüßt, die in ihren Reden ihrer Hoffnung Ausdruck verleihen, daß sie eines Tages wieder mit den »deutschen Brüdern vereint« sein werden. Als einen Höhepunkt der Veranstaltung empfinden die Tagungsteilnehmer den Besuch des ehemaligen Reichsfeldmarschalls Paul von Hindenburg. Die Zeitung berichtet außerdem von großen Beifallskundgebungen beim Vorführen antisemitischer Lichtbilder.

Februar 1922

Konferenzteilnehmer in Washington: V. l. Sze (China), Arthur J. Balfour (Großbritannien), Hughes (USA), Aristide Briand (Frankreich), Carlo Schanzer (Italien), Cartier de Marchienne (Belgien), Tyesato Tokugawa (Japan)

Einigung über internationale Abrüstung

6. Februar. Mit einer Ansprache des US-Präsidenten Warren G. Harding endet die Schlußsitzung der am 13. November 1921 begonnenen Abrüstungskonferenz von Washington mit Vertretern der Teilnehmerstaaten Großbritannien, Japan, Frankreich, Italien, Niederlande, Belgien, Portugal und China.
Im Laufe des Treffens unterzeichneten die Delegationen vier Abkommen: Das Flottenabkommen sowie drei Verträge, die eine Klärung politischer Probleme in Ostasien bzw. im pazifischen Raum zum Inhalt haben.

Eingeladen zu diesem Treffen hatte die US-Regierung, deren Außenminister Charles E. Hughes auch den Vorsitz der Konferenz innehatte. Wie es offiziell hieß, sollte über die Abrüstung zur See verhandelt werden. Ebenso wichtig war den USA die Regelung der Beziehung zu Japan. Japan war aus dem Weltkrieg als eine gestärkte Industriemacht hervorgegangen, nicht zuletzt infolge der umfangreichen Lieferungen an die Alliierten. Diese wirtschaftliche Konsolidierung zog auch eine Ausweitung des politischen Machtbereichs nach sich, der Europa und die USA hilflos zusehen mußten. Japan expandierte auf dem chinesischen Festland und besetzte während des russischen Bürgerkriegs Gebiete bis zum Baikalsee. Die Festigung der politischen und der damit einhergehenden militärischen Macht des ostasiatischen Inselstaates zu verhindern, war ein wichtiges Konferenzziel der USA und der Teilnehmerstaaten Großbritannien und China. Darüber hinaus war Washington an einer allgemeinen Abrüstung der Kriegsflotten interessiert, um so die Sicherheit des eigenen Landes, z. B. gegenüber der Seemacht Großbritannien, zu erhöhen. Das am 6. Februar unterzeichnete Flottenabkommen legt das Verhältnis der Flottenstärken der USA, Großbritanniens, Japans, Frankreichs und Italiens auf ein Verhältnis von 5:5:3:1,75:1,75 fest. Das Verteidigungskonzept der USA stützt sich im wesentlichen auf die Marine, und deshalb bedeutet dieser Vertrag, der die allgemeine Abrüstung auf See gewährleisten soll, für die Vereinigten Staaten eine relative Stärkung der eigenen Verteidigung. Im Rahmen der Politik einer Isolierung von Europa, die von den USA in der Regierungszeit Hardings verstärkt betrieben wird, ist diese Beschränkung zugleich Ersatz für den Beitritt zum kollektiven Sicherheitssystem des Völkerbundes.

Eines der wichtigsten in Washington erzielten Abkommen beinhaltet die Reduzierung der Kriegsflotten; das Foto zeigt ein britisches Schlachtschiff.

Die Ergebnisse der Konferenz

Unter der Teilnahme der USA, Großbritanniens, Japans, Frankreichs, Italiens, der Niederlande, Belgiens, Portugals und Chinas fand vom 13. November 1921 bis 6. Februar 1922 in Washington eine internationale Abrüstungskonferenz statt. Nachstehende Ergebnisse wurden erzielt (Auszug):

▷ **Flottenabkommen:** Die Gesamttonnage an Großkampfschiffen (Schlachtschiffe) wird wie folgt festgesetzt: Die USA und Großbritannien dürfen bis zu einer Gesamttonnage von je 525 000 t, Japan bis zu 315 000 t, Frankreich und Italien bis zu je 175 000 t Großkampfschiffe besitzen. Kein Schlachtschiff darf größer als 35 000 t sein und ein größeres Geschützkaliber als 40,6 cm besitzen. Es muß mindestens 20 Jahre alt sein, ehe es durch einen Neubau ersetzt werden darf. Innerhalb der nächsten zehn Jahre darf kein neues Großkampfschiff auf Kiel gelegt werden. Ähnliche Regelungen betreffen Flugzeugträger. Keiner darf größer als 27 000 t und stärker bewaffnet sein als mit Geschützen von höchstens 20,3 cm Kaliber. Schwere Kreuzer dürfen nicht über 10 000 t groß und nicht stärker als mit Geschützen von 20,3 cm Kaliber armiert sein. Über leichtere Schiffe und U-Boote werden keinerlei Regelungen getroffen.

▷ **Pazifikabkommen:** Die USA, Großbritannien, Japan und Frankreich erklären, ihre Rechte im Pazifischen Ozean gegenseitig zu akzeptieren. Weitere Befestigungen dürfen nicht angelegt werden, mit Ausnahme extra angeführter Orte.

▷ **Neunmächteabkommen:** Alle Teilnehmer der Konferenz akzeptieren die politische Unabhängigkeit und territoriale Unantastbarkeit Chinas. In Fragen des Handels proklamieren sie das Prinzip der »offenen Tür«.

▷ **Schantungvertrag:** Japan verpflichtet sich zur Rückgabe der von ihm besetzten Gebiete Schantungs und Kiautschous an China.

Februar 1922

Pius XI. neues Oberhaupt der katholischen Kirche

6. Februar. Zum neuen Oberhaupt der katholischen Kirche wird in Rom der bisherige Erzbischof von Mailand, Achille Ratti, gewählt, der sich selbst Papst Pius XI. nennt.

Das Konklave, die Zusammenkunft der Kardinäle in einem geschlossenen, von der Außenwelt isolierten Raum zum Zweck der Papstwahl, hatte 14 Wahlgänge gebraucht, um sich auf Ratti als den würdigen Nachfolger des am → 22. Januar (S. 20) verstorbenen Papst Benedikt XV. zu einigen.

Der 1857 geborene Ratti entstammt einer angesehenen wohlhabenden Familie aus Desio bei Monza. Nach dem Studium an der römischen Gregoriana wurde er Professor am Priesterseminar in Mailand. Der junge Ratti, im übrigen auch ein begeisterter Alpinist, arbeitete dann 25 Jahre lang an der Ambrosianischen Bibliothek in Mailand, seit 1907 als Leiter dieser international berühmten wissenschaftlichen Einrichtung. Von 1911 bis 1918 setzte er seine Tätigkeit an der Vatikanischen Bibliothek in Rom fort und wurde 1919 zum Vertreter des Heiligen Stuhls in Warschau ernannt. Als Nuntius und vor allem auch als päpstlicher Beauftragter bei den interalliierten Kommissionen der Abstimmungsgebiete in Ostpreußen und Oberschlesien engagierte er sich stark für die Interessen Polens, was bei den Deutschen vielfach auf Unverständnis stieß. In politischen Kreisen des Deutschen Reiches ist man deshalb zunächst auch nicht erfreut über die Entscheidung im Vatikan. 1921 ernannte Papst Benedikt XV. Ratti zum Erzbischof von Mailand, und im selben Jahr erfolgte die Kardinalsernennung des 64jährigen.

Die Wahl des Gelehrten, dessen vorrangiges Anliegen bisher die Wissenschaft war, stößt bei etlichen Kirchenvertretern zunächst auf Skepsis, da sie fürchten, Pius XI. könnte in praktischen und politischen Fragen nicht geschickt genug sein. Jedoch gelingt es ihm schon am Wahltag, sich die Sympathien der Laien und Kirchenherren gleichermaßen zu erobern. Nach dem Präsentieren des Papstwappens – Pius XI. führt

Papst Pius XI. gewinnt schnell die Sympathien der Gläubigen.

sein Kardinalswappen auch in seinem neuen Amt – erscheint hinter dem goldenen Papstkreuz Papst Pius XI. im weißen Gewand seines Amtes auf der äußeren Loggia des Vatikans. Von hier aus segnet der 258. Nachfolger Petri die auf dem Petersplatz wartenden Gläubigen, von denen viele schon an den vergangenen sieben Wahltagen geduldig auf das endgültige Ergebnis des Konklaves gewartet hatten.

Zu Beginn seines Pontifikats verdeutlicht der später als Papst der Konkordate bezeichnete Pius seine Absicht, die bisherige Politik der katholischen Kirchenregierung kontinuierlich fortzusetzen, mit dem Ausspruch über den von ihm gewählten Papstnamen: »Ich bin geboren unter einem Pius (Pius IX.), ich bin unter Pius (Pius X.) nach Rom gekommen, und Pius ist ein Name des Friedens; deshalb will ich ihn tragen.«

Die Krönung des neuen Oberhaupts der katholischen Kirche findet am 12. Februar statt. Von überall her strömen die Schaulustigen nach Rom, um bei dieser Zeremonie zugegen zu sein. Ungeheure Summen werden auf dem Schwarzmarkt für Eintrittskarten in die Peterskirche bezahlt; die Masse der Menschen jedoch hofft, auf dem Platz vor dem Dom ein wenig von den Feierlichkeiten mitzubekommen. Jubelnd begrüßen sie Pius XI., als dieser sich wiederum außerhalb des Protokolls den Zehntausenden zeigt.

Aufsteigen schwarzen Rauchs nach erfolglosem Wahlakt am 3. Februar

Regeln der Papstwahl

Der Papst wird vom Kardinalskollegium gewählt, dem 70 Kardinäle angehören. Sie versammeln sich für die Dauer der Wahl im Konklave. Wahlort ist die Sixtinische Kapelle, wo jeder Kardinal seinen Platz unter einem Baldachin einnimmt. Nach der erfolgten Wahl, zu der eine Zweidrittelmehrheit notwendig ist, werden die Baldachine heruntergeklappt, nur der des gewählten Kardinals bleibt. Das Ende eines jeden Wahlgangs wird mit über dem Gebäude aufsteigendem Rauch angezeigt – mit schwarzem bei erfolgloser, mit weißem (durch Verbrennen der Stimmzettel erzeugt) bei erfolgreicher Wahl.

◁ Konklave: Kardinäle bei der Abstimmung

Ausländische Banken beherrschen China

24. Februar. Die französischen Zeitungen berichten über einen aufsehenerregenden Skandal, der infolge des Zusammenbruchs der Banque Industrielle de Chine in der Öffentlichkeit bekannt wurde. Französische Spitzenpolitiker hatten der Privatbank beträchtliche staatliche Vergünstigungen zufließen lassen, um die französische Präsenz in China nicht zu gefährden.

Die Existenz dieser Bank Frankreichs im Reich der Mitte ist ein typisches Merkmal für die ökonomische Fremdbestimmung des sich in einer Phase der Auflösung befindenden ostasiatischen Reiches. Die gesamte Wirtschaft Chinas – für die westlichen Mächte und Japan ein Land der »offenen Tür« – ist abhängig von großen US-amerikanischen, britischen, französischen und japanischen Banken sowie von mächtigen ausländischen Industrieunternehmen. Das Zollwesen, die Salzverwaltung und die Post werden von Fremden geleitet, die auch über die Gewinne verfügen. Mit Ausnahme einiger weniger chinesischer Unternehmen untersteht der moderne Industriesektor der Kontrolle ausländischer Gesellschaften. Zu deren Schutz sind in allen wichtigen Gebieten und in den Häfen westliche und japanische Soldaten stationiert. China – für die Westmächte das Land der unerschöpflichen Reichtümer – entwickelt sich unter diesem Einfluß nicht zu einem wohlhabenden Land, sondern verarmt zusehends. Der Gegensatz zwischen den wenigen reichen Industriestädten an der Küste und dem riesigen Hinterland mit rückständiger Landwirtschaft vergrößert sich immer mehr. Die Masse der Landbevölkerung leidet an Unterernährung. Es kommt zu Unruhen unter der benachteiligten Bevölkerung.

Eine weitere Folge der Fremdbestimmung ist die Zersplitterung des Riesenreiches in verschiedene Einflußgebiete. Dort versuchen chinesische Generäle seit einigen Jahren mit Hilfe ausländischer Unterstützung, ihre Machtbereiche durch kriegerische Auseinandersetzungen auszubauen (→ 5. 5./S. 80).

Sperranlagen in Schanghai, wo viele Banken ihre Niederlassungen haben

Sun Yat-sen (am Tisch in weiß), Führer der demokratischen Bewegung

---

Kampf der »Warlords« um Ausweitung der Macht im Reich der Mitte

In den Jahren zwischen 1916 und 1928 wird Chinas Innenpolitik von den Machtkämpfen einzelner Generäle, den »Warlords«, bestimmt. Zu den wichtigsten gehören Chang Tso-lin, Wu P'ei-fu, Feng Yü-hsiang und Ts'ao K'un. In dem seit der Auflösung des Kaiserreichs im Jahr 1911 zersplitterten Land versuchen sie, ihre Einflußbereiche zu erweitern. Dabei unterstützen sie die sich verschiedentlich gebildeten Regierungen mit Waffengewalt. Auch Sun Yat-sen, dessen Ziel die Errichtung einer demokratischen Republik in China ist, kann sich zeitweise auf Militärs stützen. Doch sind diese Bündnisse nur von kurzer Dauer, da es den Generälen weniger auf ideologische Inhalte als auf die Erlangung der Macht ankommt. So versucht Sun Yat-sen mit einer von der Bevölkerung unterstützten Widerstandsbewegung, der Kuomintang, die Macht der »Warlords« zu brechen. Dieser Kampf richtet sich zugleich gegen den enormen Einfluß westlicher Mächte und Japans, die den Generälen finanzielle Mittel zur Verfügung stellen, um so ihre wirtschaftlichen Interessen in China weiterhin ohne Störungen wahrnehmen zu können.

General Feng Yü-hsiang

Marschall Wu P'ei-fu

Präsident Sun Yat-sen

Organisation der Tscheka aufgelöst

6. Februar. In Moskau beschließt die sowjetische Regierung die Auflösung der Tscheka. Deren Aufgaben übernimmt die dem Volkskommissariat für Inneres unterstellte GPU (Gossudarstwennoje politscheskoje uprawlenije = staatlich-politische Verwaltung politischer Staatspolizei).

Die Tscheka (Tschreswytschajnaja Komissija = Außerordentliche Kommission) gründete 1917 Felix E. Dserschinski. Sie war eine administrative außergerichtliche Organisation, deren Zweck der Schutz des jungen Sowjetrußland war. Die Tscheka kämpfte gegen Konterrevolution und Sabotage während des Bürgerkriegs und der Interventionskriege. Durch ihr oft gnadenloses Vorgehen gegen Feinde des sozialistischen Staates, den sog. Roten Terror, trug sie wesentlich zur Konsolidierung der Sowjetmacht bei. Die GPU, zunächst mit geringeren Vollmachten ausgestattet, erhält im Oktober wieder das Recht zu außergerichtlichem Vorgehen.

Facta bildet neue Regierung in Rom

25. Februar. In Rom stellt der neue italienische Ministerpräsident Luigi Facta die Mitglieder des Kabinetts vor. Ihm gehört u. a. Carlo Schanzer als Außenminister an.

Damit endet eine am 2. Februar begonnene Krise der italienischen Regierung. Der bisherige Ministerpräsident Ivanoe Bonomi mußte aufgrund einer allgemeinen Unzufriedenheit mit seiner Arbeit zurücktreten. Von Beginn an hatte man einer längeren Amtszeit Bonomis wenig Chancen eingeräumt, und so bezeichnete man schon zum Zeitpunkt seines Antritts im vorangegangenen Sommer sein Ministerium als ein »Kabinett der Badesaison«.

Die Kritikpunkte richteten sich u. a. gegen eine zu nationalistisch orientierte Außen- und Finanzpolitik sowie das zurückhaltende Vorgehen gegenüber den Faschisten.

Darüber, ob die neue Facta-Regierung bessere Lösungen anbieten kann, äußert sich die italienische Presse zunächst noch sehr skeptisch. Sie vertritt die Meinung, daß im Kabinett zwar Verwaltungsleute, aber keine Politiker von Format anzutreffen seien (→ 28. 10./S. 164).

Februar 1922

Auto 1922:
Europäische Autoindustrie hofft auf eine bessere Zukunft

Nach dem Ende des Weltkriegs beginnen die europäischen Automobilhersteller mit viel Elan den Ausbau ihres Industriezweiges.

Neu auf den Markt kommende Produzenten, wie z. B. 1919 Citroën in Frankreich, verstärken die Konkurrenz und haben so entscheidenden Anteil an Neuentwicklungen. Ihr Absatz läßt zunächst zu wünschen übrig, da die sich verschlechternde wirtschaftliche Lage zu Beginn der 20er Jahre die Käuferschicht reduziert. Von einer Massenproduktion wie in den USA kann deshalb in Europa – vor allem im Deutschen Reich – noch keine Rede sein.

In den USA, wo die Presse bereits die Amerikaner als eine Nation von Autofahrern bezeichnet, ist Henry Ford noch immer der »Autokönig«. Er kontrolliert etwa die Hälfte der US-amerikanischen Automobilproduktion. Etwa 1,25 Millionen T-Modelle verlassen jährlich Fords Fertigungsbänder in den Werken von Detroit. Über die im Deutschen Reich noch unbekannte Fließbandfertigung, das Erfolgsrezept von Henry Ford, berichtet ein Korrespondent der »Frankfurter Zeitung«: »Im Tagesdurchschnitt werden in der Fabrik in Detroit mehr als 3000 ›Fords‹ hergestellt. Die Produktion ist auf die einfachste Norm, einen

Stromlinienförmiger »Mercedes-Kompressor« mit 2,6-l-Motor und 26 PS

›Standard‹ eingestellt: So z. B. werden die Gehäuse und eisernen Rahmen der Wagengestelle nicht mit der Hand angestrichen, sondern durch große Maschinen in einen Tank eingetaucht, der mit schwarzem Lack gefüllt ist. Auf diese Weise können in der Stunde 100 Wagen lackiert werden. Die einzelnen Bestandteile des Wagens werden fast ausnahmslos durch Maschinen zusammengesetzt und dann festgeschraubt. Der Preis für ein Ford-Automobil betrug im Frieden 250 Dollar, also 1000 Goldmark, er beträgt jetzt 285 bis 300 Dollar.«

Auch in Europa, wo die Autoproduktion sich bisher mehr auf die Herstellung von kostenaufwendigen großen Tourenwagen und Luxuslimousinen konzentriert hatte, kommen 1922 verstärkt Serienwagen auf den Markt. Zwar bleibt der erhoffte Umsatz noch aus, doch bilden diese Modelle die Grundlage für später sehr erfolgreiche Autos. Auf der Automobilausstellung in Paris im Oktober stellt Renault einen kleinen 6 CV vor, der dann als Typ NN zum Evergreen des Hauses wird. Er bildet ein Gegenstück zum Citroën HD, der bereits erfolgreich produziert wird. Auch Peugeot ist bestrebt, in dieser Konkurrenz zu bestehen und präsentiert den Typ 172, einen Nachfolger des leider enttäuschenden kleinen Vierzylinders »Quadrille«.

Anzahl der Automobile 1922

Erde, gesamt	13 000 000
USA	11 500 000
Großbritannien	463 600
Frankreich	236 000
Deutsches Reich	91 400
Italien	53 600
Österreich	10 500
Sowjetrußland	10 000

Im November, auf dem Autosalon in London, zeigt Austin seinen »Seven«. Dieser Wagen mit einem Hubraum von 747 cm³ kostet nur 165 Pfund (148 500 Mark) und wird bis 1939 produziert – ein Modell, das als Vorbild für eine Reihe ähnlich konzipierter Kleinwagen in aller Welt gilt. In London ist erstmals auch ein »Baby Rolls« zu sehen, der »kleine Bruder« des »Silver Ghost«. Das neue Modell von Rolls-Royce, »Twenty« genannt, hat 20 PS und verfügt über ein Hubraum von 3,1 l. Mit ihm geht die berühmte britische Autofirma erstmals von ihrem Prinzip ab, immer nur ein einziges Modell für den Käufer bereitzuhalten.

Eine selbsttragende Karosserie besitzt diese Coupé-Limousine »Lambda«, Modell der italienischen Firma Lancia.

Technische Neuerungen machen das Autofahren immer komfortabler

Seit dem Geburtsjahr des Automobils im Jahr 1885 arbeiteten Techniker und Ingenieure in Europa und den USA mit viel Engagement an seiner Verbesserung.

Das Auto komfortabler, schneller, sicherer und damit attraktiver für den Käufer zu machen, ist auch das Ziel der Produzenten zu Beginn der 20er Jahre. Neue technische Errungenschaften werden getestet. Nicht alle bewähren sich, viele aber bilden die Grundlage für Entwicklungen in den kommenden Jahren.

So nutzt das Haus Daimler die Erkenntnisse des österreichischen Flugzeugkonstrukteurs Edmund Rumpler, die dieser mit seinem aerodynamischen »Tropfenwagen« 1921 gewann, für den 2,6-l-starken »Mercedes-Kompressor«. Das Modell ist mit Heckmotor und hinterer Schwingachse ausgestattet.

In Italien baut die Firma Lancia erstmals ein Auto, den »Lambda«, mit selbsttragender Karosserie in Integralbauweise.

Februar 1922

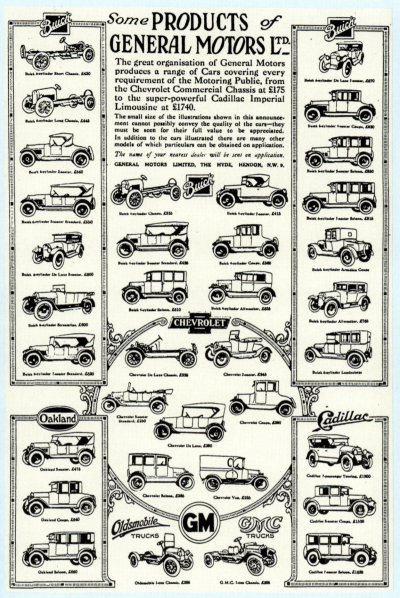

Mit dem »Georges Irat« zum Picknick; das seit 1921 in Frankreich gebaute Auto hat eine Leistung von 11 PS sowie Innensteuerung und Frontantrieb.

Ein Cabrio für hohe Ansprüche: Mit der Produktion des französischen »Unic« wurde schon 1904 begonnen; seine Motorleistung beträgt 13 PS.

△ **Autos für jeden Geschmack und in jeder Preisklasse**
Diese Anzeige aus der Illustrierten »London News« vom Juli 1922 zeigt Abbildungen von Automobilen der überall in der Welt bekannten Firma General Motors. Das Angebot des Konzerns mit Hauptsitz in der US-amerikanischen Stadt Detroit umfaßt neben Last- und Tourenwagen sowie äußerst preiswerten kleinen Autos auch sportliche Zweisitzer und die luxuriösen Ausführungen der Cadillac-Limousinen, von denen die teuerste rund 1,6 Mio. Mark kostet.

▷ **Automobilhersteller brauchen Zubehör mit Qualität**
Mit dem Fortschreiten der Automobiltechnik steigen auch die Ansprüche an die Qualität des Zubehörs. Höhere Geschwindigkeiten erfordern bessere Materialien und deren präzise Bearbeitung. Besonderes Augenmerk richten die Hersteller auf die Reifen (r. eine Anzeige der deutschen Firma Continental), denn sowohl die üblichen Vollgummi-, als auch die Ballonreifen, gefüllt mit 4–6 atü, entsprechen oft nicht den gewachsenen Anforderungen. Erst die Erfindung des stützenden Cordgewebes bringt später entscheidende Verbesserungen.

Februar 1922

Versteigerung der Wachsfiguren von historischen Persönlichkeiten in »Castans Panoptikum«

Wachsfiguren kommen unter den Hammer

15. Februar. In »Castans Panoptikum« in Berlin versammeln sich Schausteller aus allen Gegenden des Deutschen Reiches, um bei der für den heutigen Tag angesetzten Versteigerung des gesamten Wachsfigurenbestandes ein gutes Geschäft machen zu können. Das Panoptikum der Brüder Louis und Gustav Castan war bis zu deren Tod die Sensation für Besucher der Kaisergalerie. Dieses Geschäfts- und Vergnügungszentrum an der Friedrichstraße, zwischen Behrensstraße und Unter den Linden, war 1873 eingeweiht worden. Die Berliner nannten es Passage oder auch nur Panoptikum, da diese Attraktion mit Anatomischem Museum und »Extrakabinett« für jeden in der Stadt ein Begriff war.

Das Haus des erschossenen Wetterwartes Haas und seiner Frau auf dem Säntis

Ein Mord auf dem Appenzeller Alpengipfel

27. Februar. *Die Zeitung »Wochenschau« berichtet vom Mord an einem Wetterwart und seiner Frau in der Schweiz: »Auf der einsamen Höhe des 2504 m hohen Säntis, der die malerische Bergwelt der Appenzeller Alpen überragt, ist ein scheußliches Verbrechen begangen worden, das wegen des eigenartigen Tatortes auch in weiteren Kreisen Schauder und Entsetzen ausgelöst hat. Der Mörder, ein Schuhmacher aus St. Gallen namens Kreuzpointner, hat sich inzwischen auf der Alp Oberaueli durch Erhängen dem irdischen Richter entzogen. Die ermordeten Heinrich Haas und Frau waren grundehrliche, biedere Leute, sie wurden durch Revolverschüsse getötet.«* Als Tatmotiv wird Habgier angenommen.

Star Emil Jannings als Mohr in »Othello«

23. Februar. In Berlin kommt der von der Gesellschaft Wörner-Film produzierte Streifen »Othello« in die Lichtspielhäuser. Frei nach dem gleichnamigen Drama William Shakespeares drehte Regisseur Dimitri Buchowetzki den Film mit Werner Krauss (Jago) und Emil Jannings (Othello) in den Hauptrollen. Die Desdemona wird von Ica von Lenkeffy dargestellt.

Die Beurteilung des Films durch die Kritik fällt recht widersprüchlich aus. So feiert René Clair »Othello« geradezu überschwenglich als eine Bildsinfonie, als eine kongeniale Verfilmung des Shakespeareschen Dramas und zugleich als einen bedeutenden eigenständigen Film. Theaterkritiker Herbert Ihering hingegen bemängelt Textfassung, Regiekonzeption und Schauspielerführung. Diese verhindere die Geschlossenheit des Werks. Auch spätere Betrachter stellen fest, daß die beiden international berühmten Darsteller Krauss und Jannings spielten, als gäbe es weder Regisseur noch bindende Konzeption. So gestalte Jannings, dessen Spezialität die Verkörperung bedeutender historischer Gestalten ist, den Othello anfangs verhalten, dann jedoch zerrisse er das Rollenbild und rücke als der Darsteller eines massigen Wesens in den Vordergrund.

Oswald sucht neue Filmdrehbücher

3. Februar. In der Kulturzeitschrift »Das Tagebuch« veröffentlicht die Richard-Oswald-Film A.G. den Aufruf zu einem Wettbewerb um das beste Drehbuch. Die Filmgesellschaft ist bereit, für »ein nicht fertiges, kurbelreifes, im Detail ausgearbeitetes Manuskript« 200 000 Mark zu zahlen. Über die Brauchbarkeit einer »knappen festen Fabel, die als Unterlage für ein großes, abendfüllendes Filmwerk dienen kann«, entscheiden die ernannten Jurymitglieder. Zu ihnen gehören die Schriftsteller Stefan Großmann, Hans Kyser und Alfred Polgar sowie der für die Filmindustrie sprechende Oswald und Heinz Ullstein.

Die Form dieses Wettbewerbs stößt bei einigen Fachleuten auf heftige Kritik, da der routinierte Regisseur Oswald sich durch die Ausschreibung »lediglich« Anregungen für einen kassenfüllenden Unterhaltungsfilm erhoffe. Sie meinen, das Geld solle besser für die künstlerische Weiterentwicklung des Mediums Film eingesetzt werden.

Emil Jannings als Ludwig XV. in dem Ufa-Film »Madame Dubarry«; Regisseur Ernst Lubitsch stellte diesen Film im Jahr 1919 fertig.

Großen Erfolg hatte Jannings auch in dem Streifen »Anna Boleyn« aus dem Jahr 1920, worin er die Rolle König Heinrich VIII. übernahm.

Als Othello muß Jannings sich als ein eher vordergründiger Darsteller gegen den differenzierten Werner Krauss als Jago behaupten.

Jannings, der in den USA zu dem beliebtesten männlichen Darsteller gewählt wurde, als König Amenes in »Das Weib des Pharao«

Februar 1922

Das über 300 000 m³ Gas fassende US-amerikanische Luftschiff »Roma« vor einer Versuchsfahrt

40 Tote bei Luftschiffkatastrophe in den USA

21. Februar. *Das US-amerikanische Militärlenkluftschiff »Roma« explodiert während des Flugs über den sog. Hampton-Road-Kanal im Bundesstaat Virginia. Nach der Explosion gerät das Luftschiff sofort in Brand und geht in Flammen nahe des Flottenstützpunktes der US-Marine bei Norfolk zu Boden. Von der 50 Mann starken Besatzung können nur zehn mit z. T. sehr schweren Brandverletzungen geborgen werden. 40 Menschen finden durch das Unglück den Tod. Die »Roma«, von der US-Marine erst vor einigen Wochen von den Italienern erworben, soll nach Aussagen eines Marineoffiziers der Vereinigten Staaten vor dem Flug bekannte erhebliche technische Mängel aufgewiesen haben.*

Prinzessin Mary (M.) und ihr Mann (l.) sowie Sir Victor Mackenzie, umringt von Brautjungfern

Hochzeit in Großbritanniens Königshaus

28. Februar. *Mary, Princess Royal, heiratet in London den ältesten Sohn des fünften Earl of Harewood, den Viscount Henry Lascelles. Die 25jährige Prinzessin, Tochter Georg V., König von Großbritannien, und dessen Frau Mary, ist das dritte von sechs Kindern des britischen Herrscherpaares. Prinzessin Mary wird später, nach dem Tod ihres Schwiegervaters, als Gattin des sechsten Earl of Harewood auch Gräfin Harewood. An der feierlichen Hochzeitszeremonie und dem großartigen Fest im Buckingham Palace nehmen Vertreter des Hochadels aus ganz Europa teil. Marys ältester Bruder allerdings fehlt: Prinz Eduard von Wales befindet sich noch auf einer längeren Asienreise (→ S. 24).*

Planck-Szábo erstmals Weltmeisterin

Szene aus Goethes »Geschwister«, Schauspielhaus von Frankfurt/M.

Ehrung für Johann Wolfgang von Goethe

27. Februar. In Anwesenheit des Reichspräsidenten Friedrich Ebert (MSPD), des Schriftstellers Gerhart Hauptmann u. a. bedeutender Persönlichkeiten aus Politik und Gesellschaft wird im Völkermuseum von Frankfurt am Main eine Goethe-Ausstellung anläßlich der mit zahlreichen Veranstaltungen verbundenen Goethe-Woche eröffnet.

6. Februar. In der schwedischen Hauptstadt Stockholm gehen die diesjährigen Eiskunstlauf-Weltmeisterschaften in den Einzelwettkämpfen zu Ende. Vor zahlreich erschienenem Publikum gewinnt auf der am 4. Februar begonnenen Veranstaltung bei den Damen erstmals die Österreicherin Herma Planck-Szábo den Titel. Das ist der Anfang einer über mehrere Jahre erfolgreichen Karriere. Der Schwede Gillis Grafström kann den ersten Platz im Wettbewerb der Herren erringen.

Die Wettkämpfe im Paarlauf fanden bereits vor einer Woche im schweizerischen Davos statt. Am 29. Januar holen sich hier Helene Engelmann und Alfred Berger aus Österreich den Weltmeistertitel. Zum gleichen Termin fanden sich in Davos auch die besten Eiskunstläufer der europäischen Länder ein, um ihren Meister zu ermitteln. Europameister bei den Herren wurde Willy Böckl aus Österreich. Im Damen-Wettbewerb und im Paarlaufen werden keine Europameister ermittelt.

Von den deutschen Eislauf-Meistern plazieren sich Margaret (geb. Klebe) und Paul Metzner aus Berlin am besten: Die nationalen Titelträger von 1920 werden bei der Paarlauf-WM Dritte, knapp vor dem amtierenden Meisterpaar Grete Weise/Georg Velisch (Rießersee). Der sechsfache Deutsche Meister Werner Rittberger aus Berlin kommt bei der Europameisterschaft auf Platz vier hinter den drei Österreichern Willy Böckl, Fritz Kachler und Ernst Oppacher.

Erstmals wird in der schwedischen Hauptstadt die Wienerin Herma Planck-Szábo Eislauf-Weltmeisterin.

Weltmeister im Paarlauf: Engelmann und Berger aus Österreich erringen den Titel in Davos.

März 1922

Mo	Di	Mi	Do	Fr	Sa	So
		1	2	3	4	5
6	7	8	9	10	11	12
13	14	15	16	17	18	19
20	21	22	23	24	25	26
27	28	29	30	31		

1. März, Mittwoch

Dem deutschen Reichstag wird ein Bericht vorgelegt, aus dem hervorgeht, daß die im Versailler Vertrag festgelegte Vernichtung von Kriegsmaterial im Deutschen Reich bis auf Ausnahmen vollzogen ist.

Für einen US-Dollar erhält man z. Z. 228,50 Mark.

In Süddeutschland beginnt ein ausgedehnter Metallarbeiterstreik, der erst am 27. Mai beendet wird. Die Arbeiter protestieren damit gegen die Verschlechterung der Arbeitslage, steigende Lebenshaltungskosten und zu lange Arbeitszeiten (→ 26. 5./S. 78).

Aus Dresden wird bekannt, daß sich das frühere sächsische Königshaus in das Vereinsregister des Amtsgerichts Dresden als Verein eingetragen hat. → S. 57

Infolge eines Dammbruchs an der Oder bei Breslau sind mehrere Orte in der Umgebung von der Außenwelt abgeschnitten. Der Damm konnte den Eismassen auf dem Fluß nicht standhalten. → S. 53

2. März, Donnerstag

Die Vertreter aller politischen Parteien im Saarland protestieren gegen die Einführung des fakultativen Französischunterrichts in saarländischen Schulen (→ 11. 1./S. 17).

In Budapest veröffentlicht die ungarische Regierung die Wahlbedingungen für die bevorstehenden Wahlen zur Nationalversammlung. Danach sind z. B. Männer über 24 Jahren wahlberechtigt, die seit zehn Jahren ungarische Staatsbürger sind und zwei Jahren in einer Gemeinde ansässig sind sowie vier Klassen der Elementarschule besucht haben.

Auf der Linie zwischen New York und Hamburg können auf deutschen Schiffen Passagiere erstmals wieder Einzelkabinen belegen.

3. März, Freitag

Der deutsche Reichstag in Berlin verabschiedet in dritter Lesung die Vorlage zum Reichsmietengesetz. Mit Hilfe des Gesetzes soll Mietwucher ausgeschlossen werden.

Ein französisches Kriegsgericht verurteilt in Düsseldorf 19 junge Männer zu mehrjährigen Haftstrafen aufgrund ihrer Zugehörigkeit zur rechtsextremen Organisation Consul. → S. 46

Vor dem Nationalrat in Wien legt der österreichische Bundeskanzler Johannes Schober den Plan für die Verwendung der vom Ausland zur Verfügung gestellten Kredite vor (→ 16. 3./S. 52).

Der polnische Ministerpräsident Anton Ponikowski bittet bei Staatspräsident Josef Pilsudski um die Zustimmung zur Demission des Kabinetts. Auslöser der Regierungskrise sind die Verhandlungen mit Wilna (→ 8. 1./S. 19). Am 11. März wird Ponikowski wiederum mit der Regierungsbildung betraut (→ 6. 6./S. 99).

Bei den Landtagswahlen im dänischen Apenrade (Åbenrå) verlieren die Dänen ihre absolute Mehrheit gegenüber den Deutschen. Die Sozialdemokraten beider Länder hatten gemeinsame Kandidaten aufgestellt. Apenrade in Nordschleswig gehört seit 1920 aufgrund der damaligen Volksabstimmung zu Dänemark.

Die Firmenleitung von Opel in Rüsselsheim erklärt, daß sich die 4000 streikenden Metallarbeiter der Werke als entlassen betrachten können (→ 26. 5./S. 78).

4. März, Samstag

Nach Kämpfen zwischen nationalistischen italienischen Gruppen und der separatistischen Regierung in Fiume (Rijeka) übergibt die Regierung der Macht an nationalistische Legionäre. Diese beauftragen italienische Carabinieri mit der Aufrechterhaltung der Ordnung.

In der chinesischen Provinz Hünan kommt es zu bewaffneten Auseinandersetzungen zwischen den Truppen Sun Yat-sens und denen des Generals Wu P'ei-fu (→ 24. 2./S. 37).

Auf einer Kundgebung von bildenden Künstlern und Schriftstellern im ehemaligen Herrenhaus in Berlin fordern die Teilnehmer die Abschaffung der Luxussteuer für Kunstwerke, da »die Kunst im weitesten Sinne des Wortes dem Volke gehört«.

Aus einer Vorlage des preußischen Landwirtschaftsministeriums für den Landtag geht hervor, daß der Umfang wirtschaftlicher Nutzung in preußischen Waldgebieten den ungefähren Stand von 1903 erreicht hat. → S. 53

5. März, Sonntag

Der von Friedrich Wilhelm Murnau gedrehte Film »Nosferatu – Eine Symphonie des Grauens« wird in Berlin uraufgeführt. → S. 56

In ihrer ersten Märznummer berichtet die »Berliner Illustrirte Zeitung« über Filmaufnahmen in der Luft. → S. 53

Vor 30 000 Zuschauern gewinnen in Hamburg im Fußballspiel zwischen der norddeutschen und der süddeutschen Mannschaft die Aktiven aus dem Süden des Reiches 7:0.

6. März, Montag

Wolfgang Kapp, Initiator des Kapp-Putsches vom März 1920, sendet einen Brief an die Oberreichsanwaltschaft, in dem er ankündigt, daß er sich freiwillig der Justiz stellen werde. Obwohl die Anwaltschaft auf von ihm gestellte Bedingungen nicht eingeht, kehrt Kapp ins Deutsche Reich zurück (→ 12. 6./S. 95).

In Angora (Ankara) wählt die türkische

Nationalversammlung Mustafa Kemal Pascha erneut zum Präsidenten des Landes (9. 9./S. 146; 1. 11./S. 179).

In Frankfurt am Main eröffnet die israelitische Gemeinde ein Museum für jüdische Altertümer.

Anläßlich der am nächsten Tag beginnenden Leipziger Frühjahrsmesse wird der diesjährige Linienflugverkehr im Deutschen Reich wieder aufgenommen. → S. 53

7. März, Dienstag

Vor dem deutschen Reichstag gibt Außenminister Walther Rathenau (DDP) einen Überblick über das Reparationsproblem und über außen- sowie wirtschaftspolitische Themen.

In Anwesenheit des Reichspräsidenten Friedrich Ebert (MSPD) wird in Leipzig die Frühjahrsmesse eröffnet. → S. 47

Auf die Bitte der britischen Labour Party an den Schriftsteller George Bernard Shaw, sich als Kandidat für die sozialistische Partei in Edinburgh aufstellen zu lassen, antwortet Shaw in einem Brief negativ. → S. 56

8. März, Mittwoch

In Madrid tritt die spanische Regierung zurück, nachdem zuvor die liberalen Minister ihre Ämter zur Verfügung gestellt hatten. José Sánchez Guerra bildet daraufhin ein neues Kabinett.

Anläßlich der Leipziger Frühjahrsmesse findet in der Messestadt die Verbandstagung der Waren- und Kaufhäuser statt, auf der sich die Teilnehmer gegen die geplante Steuergesetzgebung wenden (→ 24. 3./S. 47).

»Der brennende Acker«, ein Film von Friedrich Wilhelm Murnau, wird in Berlin uraufgeführt.

9. März, Donnerstag

Ungarische Wirtschaftskreise äußern sich bestürzt über die vom Wiedergutmachungsausschuß geforderten Reparationsleistungen. Entschädigt werden müssen das Königreich der Serben, Kroaten und Slowenen, Griechenland und Italien.

Im Playwrights Theater in New York wird das Schauspiel »Der haarige Affe« von Eugene O'Neill uraufgeführt.

10. März, Freitag

Gespräche zwischen der deutschen Regierung und den Metallarbeitergewerkschaften über einen Kompromiß in der Lohnfrage müssen ergebnislos abgebrochen werden (→ 26. 5./S. 78).

Reichspräsident Friedrich Ebert (MSPD) ernennt den bisherigen Minister für Ernährung und Landwirtschaft, Andreas Hermes (Zentrum), zum neuen Minister für Finanzen.

Reichswehrminister Otto Geßler (DDP) geht in seiner Rede vor dem Reichstag auf den Vorwurf ein, daß bei der Reichs-

wehr illegale Ausbildungen durchgeführt werden. → S. 47

Der Reichstag verabschiedet das Kapitalfluchtgesetz. Danach dürfen statt der bisher 3000 Mark künftig 20 000 Mark von Reisenden ins Ausland mitgenommen werden.

Der indische Freiheitskämpfer Mohandas Karamchand Gandhi (seit 1915 »Mahatma«, der Hochherzige) wird verhaftet und zu sechs Jahren Gefängnis verurteilt. → S. 51

Die Premiere der bisher bedeutendsten Aufführung des Dramas »Die Ratten« von Gerhart Hauptmann findet in der Volksbühne am Bülowplatz in Berlin statt. Regisseur der Inszenierung ist Jürgen Fehling.

11. März, Samstag

Die Finanzminister der alliierten Länder Belgien, Großbritannien und Frankreich einigen sich in Paris über die Höhe der Kosten, die das Deutsche Reich für die Besatzungstruppen im Rheinland zu leisten hat. → S. 46

Der österreichische Bundeskanzler Johannes Schober bereist das Burgenland und wendet sich dabei entschieden gegen eine mögliche Abtretung von dortigen Gebieten an Ungarn (→ 1. 1./S. 13).

Die Zeitschrift »Confectionär« meldet, daß das New Yorker Reisebüro Cook and Son bereits 300 000 Buchungen von US-Amerikanern für eine Sommerreise ins Deutsche Reich verzeichnet (→ S. 100).

12. März, Sonntag

Die österreichische Großdeutsche Partei fordert den Rücktritt des österreichischen Bundeskanzlers Johannes Schober, da sie den Einfluß von ausländischen Finanzbevollmächtigten im Land mißbilligt. Unter Berücksichtigung der schlechten finanziellen Lage zieht die Partei diese Forderung am → 16. März (S. 52) zurück.

13. März, Montag

Der in Weimar tagende Verein deutscher Zeitungsverleger protestiert gegen die Verteuerung des Papiers, insbesondere gegen die Preisdiktatur der Syndikate (→ 1. 1./S. 29).

Wilhelm Furtwängler übernimmt als Nachfolger des verstorbenen Arthur Nikisch die Leitung des Leipziger Gewandhausorchesters und der Berliner Philharmoniker. → S. 57

14. März, Dienstag

Auf einer Konferenz der baltischen Staaten (Polen, Lettland, Estland und Finnland) beschließen die Vertreter der Länder gegenseitige Unterstützung in der auswärtigen Politik. Litauen nahm während der Konflikte um die Stadt Wilna (Vilnius) nicht an der bis 17. März dauernden Konferenz teil.

In Madrid findet der erste Parteitag der neugegründeten Kommunistischen Partei Spaniens statt.

März 1922

Sultan Fuad (l.), seit 15. März König des unabhängigen Ägypten, mit seinem Kammerherrn (M.) und einem Offizier in den Palastgärten von Kairo (Titelblatt der »Illustrated London News« vom 25. 3. 1922)

März 1922

Das französische Parlament schließt sich dem Vorschlag der Regierung an, künftig die Sommerzeit abzuschaffen. Mit Rücksicht auf Großbritannien und Belgien wolle man sie allerdings in diesem Jahr noch einmal einführen.

15. März, Mittwoch

In Prag werden die Ratifikationsurkunden zum von der Tschechoslowakei und Österreich 1921 geschlossenen Vertrag von Lana ausgetauscht. → S. 52

Luigi Facta, der das Amt des italienischen Ministerpräsidenten am → 25. Februar (S. 37) übernommen hat, hält vor dem Parlament in Rom seine programmatische Antrittsrede.

In Kairo trifft die ägyptische Unabhängigkeitsproklamation ein. Daraufhin erklärt Sultan Ahmad Fuad, daß er von nun an den Königstitel tragen wird. Der 15. März wird zum Gedenken an die Aufhebung des britischen Protektorats zum Nationalfeiertag in Ägypten erklärt. → S. 50

Bei einem Großbrand in Chicago wird ein ganzes Häuserviertel zerstört. Die Höhe des entstandenen Sachschadens beträgt etwa 50 Mio. US-Dollar (rund 11,4 Mrd. Mark).

16. März, Donnerstag

Der österreichische Nationalrat genehmigt einen Gesetzentwurf über die Verpfändung von Kunstwerken zum Zweck der Rückzahlung von ausländischen Krediten. → S. 52

Vor dem französischen Parlament bezeichnet Kriegsminister André Maginot die Tatsache, daß Deutschland seine politische Einheit bewahrt habe, als Grund für die französische Rüstung.

In Berlin unterzeichnen Vertreter des französischen Roten Kreuzes und der Sowjetregierung einen Vertrag über Maßnahmen gegen die katastrophale Hungersnot in Rußland (→ 1. 1./S. 18). Es ist der erste Vertrag überhaupt, der zwischen Frankreich und Sowjetrußland geschlossen wird.

17. März, Freitag

In Berlin entdeckt die Polizei eine von Kommunisten installierte Funkanlage. Mit ihr agitierten Kommunisten seit einiger Zeit Angestellte in den Staatsbetrieben von Post und Polizei.

In einem Schreiben unterbreitet die sowjetrussische Regierung der finnischen Regierung einen Kompromißvorschlag in der Karelien-Frage. Sie erhofft sich dadurch Einflußnahme auf einen finnisch-polnischen Vertrag, der auf der gegenwärtig in Warschau stattfindenden Konferenz erörtert wird. Moskau wendet sich gegen ein Bündnis beider Nachbarländer, da damit deren militärische Stärkung an der sowjetischen Grenze verbunden wäre (→ 6. 6./S. 99).

Der Münchener Generalmusikdirektor Bruno Walter hat bei seinem bayerischen Arbeitgeber sein Entlassungsgesuch eingereicht (→ 13. 3./S. 57).

18. März, Samstag

Eine Massenkundgebung gegen die immer schlechter werdenden Lebensbedingungen veranstalten in Berlin der Allgemeine Deutsche Gewerkschaftsbund und der Allgemeine Freie Angestelltenbund (Afa; → S. 48).

Auf einer Versammlung in Saarbrücken fordern die saarländischen Parteien von den französischen Besatzern eine deutsche Volksvertretung nach dem deutschen Reichswahlrecht (→ 11. 1./S. 17).

In London kommen die britischen Kommunisten zu ihrem zwei Tage dauernden vierten Parteitag zusammen.

Der Abgeordnete Boisneuf aus Guadeloupe legt dem französischen Parlament in Paris Beweise über die schlechte Behandlung der Einheimischen im afrikanischen Land Togo vor. → S. 51

Im Frankfurter Neuen Theater wird das Schauspiel »Bocksgesang« von Franz Werfel uraufgeführt.

19. März, Sonntag

Aus Konstantinopel (Istanbul) trifft der weißgardistische General Pjotr N. Baron von Wrangel in Belgrad ein, um sich vorläufig niederzulassen. Man vermutet, daß er hier Vorbereitungen für eine weitere bewaffnete Intervention in Sowjetrußland treffen will. → S. 52

Der Bezirksparteitag der Unabhängigen Sozialdemokraten (USPD) in Braunschweig bestätigt den Ausschluß Sepp Oerters. Der frühere Ministerpräsident Braunschweigs wollte einen Zusammenschluß mit der KPD erzwingen (→ 24. 9./S. 149).

In Wien wird die diesjährige Frühjahrsmesse eröffnet. Sie dauert bis zum 25. März. Gleichzeitig beginnt auch die Breslauer Frühjahrsmesse (bis 23. 3.).

Erstmals findet in Schweden der Wasa-Lauf, eine Massenveranstaltung für Skilangläufer, statt. → S. 57

20. März, Montag

Die Regierung in Berlin gibt offiziell bekannt, daß einige bisher deutsche Dörfer am rechten Weichselufer an Polen abzutreten sind. → S. 52

In Moskau beginnt ein Prozeß gegen die Parteiführung der sozialrevolutionären Partei (→ 9. 8./S. 129).

Über den deutschen Rundfunk wird erstmals ein Kursbericht übertragen.

Zum ersten Mal landet auf der Zugspitze ein deutsches Flugzeug. → S. 53

In Rom beginnt der zweite Parteitag der Kommunisten Italiens (bis 24. 3.).

21. März, Dienstag

Die Botschafterkonferenz teilt in einer Note der deutschen Regierung mit, daß sie nicht bereit ist, für Schäden in Oberschlesien aufzukommen. Sie entstanden im dortigen Abstimmungsgebiet, als es während der alliierten Besatzung zu polnischen Aufständen kam (→ 15. 5./S. 77).

Die Stadt Essen erwirbt das sich bisher im Privatbesitz befindende Folkwang-Museum in Hagen. → S. 56

22. März, Mittwoch

In Paris beginnt die bis zum 26. März dauernde Konferenz über die Orientfrage. An ihr nehmen die Vertreter Großbritanniens, Frankreichs und Italiens teil (→ 20. 9./S. 147).

Geheimrat Otto Wiedfeldt, Direktor der Krupp-Werke, wird neuer Botschafter des Deutschen Reiches in den USA.

23. März, Donnerstag

Über das von Belgien besetzte rheinische Gebiet wird der verschärfte Belagerungszustand verhängt, da ein belgischer Oberleutnant ermordet wurde (→ 11. 3./S. 46).

In Südafrika endet ein seit mehreren Wochen andauernder Bergarbeiterstreik, bei dem es zu massiven gewalttätigen Auseinandersetzungen zwischen den zumeist weißen Arbeitern und der Armee gekommen war. → S. 51

24. März, Freitag

Im deutschen Reichstag endet die am 20. März begonnene zweite Lesung der Steuervorlage mit der Verabschiedung mehrerer neuer Steuergesetze. → S. 47

Das preußische Kultusministerium legt die Höhe des zu zahlenden Schulgeldes für das kommende Schuljahr fest. An den staatlichen höheren Lehranstalten beträgt der Satz wie bisher jährlich 500 Mark pro Schüler. Für die städtischen Einrichtungen müssen teilweise bis zu 1000 Mark bezahlt werden.

25. März, Samstag

In Rio de Janeiro wird die Kommunistische Partei Brasiliens gegründet.

In einem Brief an das preußische Kultusministerium erläutert der Maler Hans Thoma, daß seine auf einer Ausstellung in Berlin gezeigten Bilder keine politische Kunst seien. → S. 56

26. März, Sonntag

In Frankfurt am Main findet die Uraufführung der Oper »Sancta Susanna« von Paul Hindemith statt.

Am Berliner Neuen Volkstheater wird das Schauspiel »Persephone« von Paul Gurk uraufgeführt.

Das 37. Länderspiel der deutschen Fußballnationalmannschaft endet im Eintracht-Stadion von Frankfurt am Main 2:2 gegen die Schweiz. → S. 57

27. März, Montag

In der badischen Regierung kommt es zu heftigen Auseinandersetzungen über die offizielle Entfernung von schwarzweißroten Kranzschleifen am Denkmal von Kaiser Wilhelm I. (→ 1. 1./S. 16).

28. März, Dienstag

Das Wiener Parlament verabschiedet ein Landesgesetz, mit dem das Amt eines Stadtschulrates geschaffen wird.

Das bisher größte Schiff einer deutschen Reederei, die 1913 gebaute »Bismarck«, geht in britischen Besitz über. → S. 46

29. März, Mittwoch

In Litauen wird eine Bodenreform durchgeführt, die vor allem polnische Großgrundbesitzer betrifft.

30. März, Donnerstag

Nach einer zweitägigen Debatte billigt das deutsche Kabinett die Note der Reparationskommission, worin Bedingungen für den Aufschub der Zahlungen genannt sind. (→ 31. 5./S. 76).

Auf Veranlassung Winston Churchills treffen in London Regierungsvertreter des irischen Freistaates und Ulsters zu Gesprächen zusammen, um über Maßnahmen gegen den irischen Bürgerkrieg zu beraten (→ 16. 6./S. 96).

Das US-amerikanische Repräsentantenhaus verlängert die Laufzeit der Kredite in Höhe von insgesamt 24 Mio. US-Dollar (rund 5,5 Mrd. Mark) zur Unterstützung Österreichs um 25 Jahre.

31. März, Freitag

In der »Frankfurter Zeitung« werden starke Vorwürfe gegen den Industriellen Hugo Stinnes erhoben, der Ende des Vorjahres mit Frankreich einen Vertrag über direkte Kohlelieferung abgeschlossen hat (→ 1. 9./S. 149).

Anton Fehr vom bayerischen Bauernbund wird von Reichspräsident Friedrich Ebert (MSPD) zum neuen Minister für Ernährung und Landwirtschaft des Deutschen Reichs ernannt.

In Spanien stellt König Alfons XIII. die konstitutionellen Garantien wieder her, woraufhin zwei Minister aus Protest zurücktreten.

In Paris im Collège de France beginnt eine wissenschaftliche Kontroverse um die Relativitätstheorie, an der auch Albert Einstein teilnimmt (→ 4. 4./S. 70).

Die Kurzschriftschulen Gabelsberger und Stolze-Schrey einigen sich auf eine einheitliche Kurzschrift. → S. 56

In der Schweiz tritt das Bundesgesetz über die Beschäftigung von Jugendlichen und weiblichen Personen in den Gewerben in Kraft, mit dem eine Grundlage für den Arbeitsschutz gelegt wird.

Das Wetter im Monat März

Station	Mittlere Lufttemperatur (°C)	Niederschlag (mm)	Sonnenscheindauer (Std.)
Aachen	4,4 (5,5)	53 (49)	– (125)
Berlin	4,0 (3,9)	34 (31)	– (151)
Bremen	4,0 (4,0)	49 (42)	– (117)
München	5,0 (3,3)	51 (46)	– (142)
Wien	– (4,9)	– (42)	– (135)
Zürich	5,1 (4,2)	74 (69)	114 (149)

( ) Langjähriger Mittelwert für diesen Monat
– Wert nicht ermittelt

März 1922

Gut verpackt und geschützt gegen den kalten Fahrtwind besteigt Reichsminister Adolf Köster in Berlin ein Flugzeug. Es wird ihn und seine Frau zur Leipziger Messe bringen, die vom 7. bis 11. März stattfindet (»Die Wochenschau«, 18. 3. 1922).

März 1922

Alliierte legen Besatzungskosten fest

11. März. In Paris endet die vor drei Tagen begonnene Konferenz der Finanzminister Belgiens, Großbritanniens und Frankreichs. Ziel ihres Treffens war die Fixierung der Kosten, die das Deutsche Reich für die in den westlichen Grenzgebieten stationierten Streitkräfte der Alliierten zu zahlen hat. Zum Abschluß des Treffens einigt man sich über die Höhe der Zahlungen sowie über die prozentuale Verteilung der Gelder an die einzelnen Staaten. Außerdem kommt man überein, daß der Wert von Sachlieferungen in diese Kosten mit einbezogen werden kann. Dessen Umfang bestimmt die Reparationskommission.

Die Anwesenheit belgischer, britischer, französischer sowie US-amerikanischer Soldaten auf deutschem Territorium beruht auf den Abmachungen des Versailler Friedensvertrages von 1919. Die Truppen der Siegermächte sollen die Sicherheit der Grenzen zwischen dem Deutschen Reich und Frankreich sowie Belgien gewährleisten. Neben dem gesamten linksrheinischen Gebiet sind auch Brückenköpfe rechts des Rheins besetzt: Mainz, Koblenz und Köln. Im März 1921 wurden außerdem die sog. Sanktionsstädte Düsseldorf, Duisburg, Mülheim und Oberhausen besetzt – als Strafmaßnahme für nicht geleistete Reparationszahlungen. Die Räumung der ersten Zone (Köln) soll fünf, der zweiten (Koblenz) zehn und der dritten Zone (übrige Gebiete) 15 Jahre nach dem Inkrafttreten des Versailler Vertrages im Januar 1920 erfolgen.

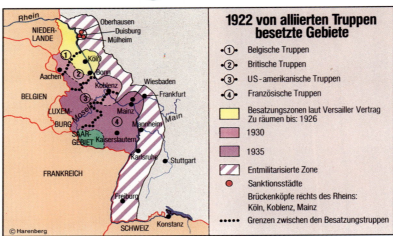

Für Besatzer 220 Millionen Goldmark

11. März. Die Finanzminister der Alliierten in Paris beschließen folgende Modalitäten für die vom Deutschen Reich zu leistende Zahlung der Kosten für die alliierten Streitkräfte in den besetzten Gebieten:

▷ Die rückständigen Zahlungen vom 1. Mai 1921 bis 30. April 1922 sind aus den deutschen Sachleistungen zu decken, wobei Frankreich 65% und die übrigen Mächte 35% erhalten. Für 1922 darf der Umfang der Sachlieferungen den Wert von 350 Mio. Goldmark jedoch nicht überschreiten.

▷ Vom 1. Mai 1922 an wird die Höhe der jährlich zu zahlenden Kosten auf 220 Mio. Goldmark festgelegt, die in regelmäßigen Monatsraten zu zahlen sind.

Urteil gegen die Organisation Consul

3. März. In der von alliierten Truppen besetzten Stadt Düsseldorf verurteilt ein französisches Kriegsgericht deutsche Jugendliche wegen deren Zugehörigkeit zur rechtsextremen Organisation Consul zu mehrjährigen Gefängnisstrafen.

19 Angeklagte werden beschuldigt, eine Geheimverschwörung mit dem Ziel des Bürgerkriegs und der Revanche gebildet zu haben. Als Beweis für diesen Tatbestand sieht das Gericht die Mitgliedschaft in der Gruppe Consul an, die ein Teil der Brigade Ehrhardt und eine geheime Kampforganisation mit unbedingter Gehorsamspflicht ist. Den militanten Charakter der Organisation sieht das Gericht in Waffenfunden bestätigt, die bei Haussuchungen in Wohnungen der Angeklagten gemacht wurden. Die Hauptschuldigen Vögelin und Kohlhaas erklären zu ihrer Verteidigung, sie seien lediglich die Leiter eines kameradschaftlichen Vereins gewesen. Zum Vorwurf der Militanz sagen sie aus, sie hätten ihre Kampfkraft nur im Fall linksradikaler Unruhen den Behörden zur Verfügung stellen wollen. Die sog. Kampfübungen seien Spaziergänge mit Spielen gewesen (→ 24. 6./S. 92).

Die »Bismarck« verläßt Hamburg; aufgrund des Versailler Vertrages geht das Schiff in den Besitz der britischen White Star Line über.

Deutschland übergibt größten Dampfer der Welt an Großbritannien

28. März. Am Nachmittag verläßt die »Bismarck« den Hamburger Hafen, verabschiedet von Tausenden von Menschen am Elbufer und an den Kais. Trotz eisiger Kälte warten sie, um dem Dampferriesen hinterherzuwinken. Die »Bismarck«, mit ihren 56 000 BRT, 291 Metern Länge, 30 Metern Breite und einer Höhe von 60 Metern, ist derzeit das größte Schiff der Welt. 1913 wurde das 40 Mio. Goldmark teure Schiff im Deutschen Reich gebaut. Es ist für 4000 Passagiere gedacht, die von einer 1000 Mann starken Besatzung betreut werden. Nun schwimmt der Koloß elbabwärts Richtung Cuxhaven, um dort von einer britischen Mannschaft übernommen zu werden. Die Übergabe des Schiffes erfolgt aufgrund der Bestimmungen des Versailler Vertrags. Darin wurde u. a. festgelegt, daß das Deutsche Reich Handelsschiffe mit mehr als 1600 BRT abzuliefern hat. Die »Bismarck«, von der Werft Blohm & Voss überholt, wird nun »Majestic« heißen.

März 1922

Geßler dementiert geheime Aufrüstung

10. März. Anläßlich der Reichstagsdebatte zum Reichswehretat weist Minister Otto Geßler (DDP) den Vorwurf der interalliierten Kontrollkommission zurück, illegale militärische Ausbildung betrieben zu haben.

Otto Geßler (* 6. 2. 1875 in Ludwigsburg) von der Deutschen Demokratischen Partei übernahm im März 1920 das Amt des Reichswehrministers und ist gemeinsam mit Generaloberst Hans von Seeckt maßgeblich am Aufbau der Reichswehr beteiligt – deren Loyalität gegenüber der Weimarer Republik bleibt trotz aller Bemühung vordergründig.

Die aufgrund des Versailler Vertrages eingesetzte Kommission kontrolliert die Einhaltung der Vertragsbedingungen, in denen u. a. die Reduzierung des deutschen Heeres auf 100 000 Mann Land- und 15 000 Mann Marinetruppen festgelegt wurde. Die Zahl der Offiziere darf 4000 nicht überschreiten; deren Dienstzeit beträgt 25, die der Soldaten 12 Jahre. Die Kommission wirft der Reichswehr vor, diese Vorschriften durch das sog. Krümpersystem zu unterlaufen, indem sie Soldaten für jeweils kurze Zeit aufnimmt und ausbildet. Den Beweis dafür sehen die Alliierten in geheimen Kampforganisationen wie der Schwarzen Reichswehr, die eine solche Ausbildung noch 1921 mit Billigung und in Zusammenarbeit mit der Reichswehr praktizierte (→ 25. 8./S. 131).

Durch die im Versailler Vertrag vorgeschriebene drastische Einschränkung von Bewaffnung und Munitionierung des Heeres ist die Reichswehr zur Ausbildung an Ersatzgeräten, wie den hier gezeigten Panzerattrappen gezwungen.

Die aus Holz und Spannmaterial konstruierten Tankattrappen werden auf Fahrradgestelle montiert und durch kräftiges Schieben vorwärtsbewegt.

Erfolge auf der Leipziger Messe

7. März. In Leipzig eröffnet Reichspräsident Friedrich Ebert (MSPD) mit einer Festrede die diesjährige Frühjahrsmesse. Auf der bis 11. März dauernden Ausstellung hoffen vor allem deutsche Erzeuger auf gute Abschlüsse mit ausländischen Einkäufern, die aufgrund des für sie günstigen Währungsverhältnisses zahlreich erschienen sind.

Dabei zeigen sich jedoch in einigen Branchen, wie in der Textilindustrie, recht schnell die noch vorhandenen Grenzen. Obwohl man bestrebt ist, durch den Weltkrieg verlorengegangene Absatzgebiete wiederzugewinnen, können hier schon nach drei Tagen keine Aufträge mehr angenommen werden, da die Produktionskapazitäten nicht ausreichen. Den größten Anteil an dem letztlich doch erfolgreichen Messeabschluß haben Spielzeug- sowie Keramik- und Glasindustrie. Vor allem die Porzellanbranche kann über die Anzahl der Aufträge nicht klagen. Hier sind es in der Hauptsache US-amerikanische Einkäufer, die umfangreiche Geschäfte abschließen. Sie interessieren sich vielfach für teure Produkte aus berühmten Manufakturen. So hoffen die deutschen Hersteller, bald wieder die Exportzahlen der Jahre vor 1914 zu erreichen. Von der Gesamtmenge US-amerikanischer Porzellanimporte fielen damals an die deutschen Lieferanten 41,09 %; 1921 betrug ihr Anteil immerhin schon wieder 27,4 %.

Proteste der Bevölkerung gegen neue Steuergesetze

24. März. In Berlin endet die am 20. März begonnene, mit großer Aufmerksamkeit verfolgte, zweite Lesung der Steuervorlage im deutschen Reichstag.

Gegen die Stimmen der Kommunisten (KPD), der Unabhängigen Sozialdemokraten (USPD) und der Deutschnationalen (DNVP) werden folgende wichtige Steuergesetze verabschiedet:

▷ Erhebung einer jährlichen Vermögenssteuer, beginnend mit 1‰ für 250 000 Mark, endend bei 10‰ für mehr als 10 Mio. Mark Vermögen
▷ Einführung einer Vermögenszuwachssteuer
▷ Erhebung der Kapitalverkehrssteuer (Gesellschafts-, Wertpapier-, Börsenumsatz-, Aufsichtsrats- und Gewerbeanschaffungssteuer)
▷ Erhöhung der Umsatzsteuer von 1,5 auf 2 %
▷ Erhöhung der Kohlensteuer von 20 auf 40 %
▷ Erhebung von Verbrauchssteuern auf Bier, Mineralwasser, Leuchtmittel, Zündwaren und Tabak
▷ Erhöhung der Zuckersteuer auf 50 % für den Doppelzentner; der Steuer auf Süßstoff, Rennwetten, Lotterien, Kraftfahrzeuge und Versicherungen

Dieses umfangreiche Werk der Steuergesetzgebung löst nach Bekanntwerden bei den Oppositionsparteien von rechts und links gleichermaßen Kritik aus, da breite Bevölkerungskreise betroffen sind. Parallel zu den heftigen Reichstagsdebatten, in denen vor allem kommunistische Abgeordnete und die Fraktion der Unabhängigen Sozialdemokraten die Herabsetzung von Kohle- und Verbrauchssteuern fordern, finden Protestveranstaltungen statt. Gegen die zu erwartenden Steuerlasten wenden sich in der Hauptsache die Menschen, die ohnehin schon unter der herrschenden Not leiden. Probleme ergeben sich allerdings auch für die breite Schicht der kleinen Gewerbetreibenden und Geschäftsinhaber. Sie fürchten insbesondere wegen der Mehrkosten durch Gewerbe- und Umsatzsteuer um die weitere Existenz ihrer Unternehmen.

Kundgebung des Berliner Mittelstandes gegen Steuererhöhungen

März 1922

Auf den Schuttplätzen suchen Berliner nach Heizmaterial. Wegen der hohen Kohlepreise können sich nur noch wenige Brennmaterial kaufen.

Andrang auf einen Berliner Vorortzug; in den Wäldern der Umgebung versorgen sich viele Bewohner der Stadt mit Brennholz für den harten Winter.

Arbeit und Soziales 1922:

Armut und Not als Folge hoher Preise und niedriger Löhne

Infolge der sich rapide verschlechternden Wirtschaftslage im Deutschen Reich vermindert sich der Lebensstandard der Bevölkerung im Laufe des Jahres zusehends. Arbeiter, Angestellte, Beamte, Selbständige und Rentner sind davon gleichermaßen betroffen.

Trotz häufig auftretender Streiks in Industrie, Handel und Gewerbe klafft die Schere zwischen den Lebenshaltungskosten und der Höhe der Löhne immer weiter auseinander. Zwar ist die Arbeitslosenzahl noch erstaunlich niedrig – zu Beginn des Jahres beträgt sie nur 1,5% der Beschäftigten – doch verliert die Arbeitsleistung beständig an Wert. Schon 1920/21 gehörten die Reallöhne im Deutschen Reich zu den niedrigsten in Europa, mit dem verstärkten Einsetzen der Inflation im Monat August sinken sie jedoch in vielen Branchen bis auf das Existenzminimum. Viele Familien können nur noch mit Hilfe der öffentlichen Speisungen überleben, die überall in den Großstädten eingerichtet werden.

Der Zusammenbruch der Wirtschaft nach dem Sommer äußert sich in ansteigender Arbeitslosigkeit. 1923 beträgt sie 10%. In der Industrie führt dies zu einer Verschlechterung der allgemeinen Arbeitsbedingungen. Bereits im September fordert der sozialpolitische Ausschuß der Reichsregierung eine Heraufsetzung der Arbeitszeit.

Warteschlangen vor dem Berliner Zentralviehhof, wo an bestimmten Tagen verbilligt Fleisch angeboten wird.

Umschulungen für Dauer-Arbeitslose

Um die Not der Arbeitslosen zu lindern, richtet die Arbeitslosenfürsorge in Berlin Umschulungskurse ein. Erwerbslose können hier Kenntnisse für solche Berufe erwerben, die auf dem Arbeitsmarkt noch gefragt sind. Ein großer Teil der Teilnehmer besteht aus Frauen, wie diese ehemaligen Hausfrauen auf dem Foto links. Auf der Fröbelschule lernen sie Schneidern und Weißnähen in der Hoffnung, anschließend einen entsprechenden Arbeitsplatz oder auch Aufträge für Heimarbeit zu bekommen.

März 1922

»Das Herabgleiten der Lebenshaltung«

Unter der Überschrift »Das Herabgleiten der Lebenshaltung« beschäftigt sich die in Berlin erscheinende »Vossische Zeitung« mit der »Tragödie der Mittelschichten« und führt aus, daß diese von der im Deutschen Reich herrschenden Not besonders betroffen seien. Sie seien kaum mehr in der Lage, ihren bisherigen Standard zu halten. Oftmals müßten Künstler und Geistesarbeiter ihnen fremde Tätigkeiten verrichten, ihre kostenaufwendigen Haushalte fielen der Auflösung anheim. Diese veränderten materiellen Bedingungen wirkten sich zugleich auf die bisherigen kulturellen Lebensformen aus, da z. B. Theaterbesuche oder der Kauf von Büchern zu teuer seien. Besonders gravierende Folgen habe die Armut für die Ausbildung der Kinder, da das Geld für den Besuch einer höheren Schule oder Universität fehle.

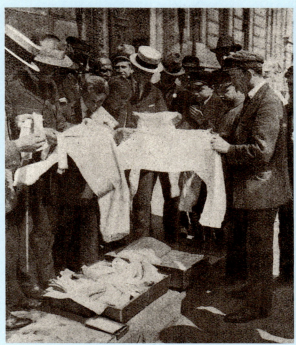

Wäscheverkauf: Vielfach versuchen Arbeitslose, sich den Lebensunterhalt als Straßenhändler zu verdienen.

Schuhverkauf: Armut zwingt die Menschen oftmals, Dinge aus ihrem persönlichen Besitz zu verkaufen.

»Der moderne Bettler« – Karikatur aus der »Berliner Illustrirten Zeitung«: Der Zeichner spielt auf das Phänomen der verarmten Mittelschichten an.

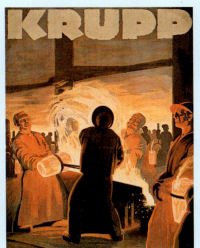

Industrie fordert 56-Stunden-Woche

Mit den nebenstehenden drei farbigen Anzeigen wirbt die deutsche Schwerindustrie für ihre Betriebe im rheinisch-westfälischen Industriegebiet. Dort hergestellte Produkte sind auch Bestandteil der Sachlieferungen, die für die Deckung der Reparationskosten ins Ausland geliefert werden. Mit der Begründung, Produktionsziffern erhöhen zu müssen, fordern die Unternehmen eine Heraufsetzung der seit Beginn der Weimarer Republik gesetzlich fixierten 48-Stunden-Woche auf 56 Stunden.

März 1922

Ahmad Fuad wird König von Ägypten

15. März. Nach dem Eintreffen der Unabhängigkeitsproklamation für Ägypten durch die britische Regierung in Kairo erklärt Sultan Ahmad Fuad, daß er künftig den Titel Fuad I., König von Ägypten, annehmen werde. Ägypten erklärt er zur unabhängigen parlamentarischen Monarchie. Der 15. März soll in Erinnerung daran von nun ab Nationalfeiertag Ägyptens werden.

Wafd-Partei für die Unabhängigkeit
Ziel der ägyptischen Wafd-Partei ist die totale Unabhängigkeit des Landes von den Briten. Gegründet wurde sie 1918 von dem 1860 geborenen Politiker Sad Saghlul nach dem Besuch einer ägyptischen Delegation beim britischen Oberkommissariat. Unter der Leitung Saghluls hoffte man damals, auf den Friedensverhandlungen in London und Versailles eine Übereinkunft über die Souveränität Ägyptens treffen zu können. Als dies scheiterte, ging aus der Delegation – Delegation heißt auf arabisch »wafd« – die Unabhängigkeitspartei hervor. Als ihr Führer wurde Saghlul 1919 vorübergehend von den Briten deportiert. Seit 1921 befindet er sich in Haft.

Als der probritische Fuad sich am 18. März zum König krönen läßt, kommt es in Kairo zu Protestdemonstrationen und Streiks an den Schulen des Landes. Die Anhänger der Wafd-Partei fordern die Freilassung ihres Führers Sad Saghlul aus britischer Haft und vollständige Selbstbestimmung. Die britische Regierung hatte zwar der Aufhebung des Protektorats zugestimmt, jedoch behält sie sich weiterhin das Mitspracherecht für auch zukünftig ihrer Hoheit unterstehende Reservate vor. London geht es hier vorrangig um die Sicherung der Verbindungswege u. a. nach Indien, zu deren Schutz britische Truppen auf ägyptischem Territorium stationiert bleiben. Sie sollen die Verteidigung Ägyptens »gegen jeden direkten oder indirekten Angriff oder jede Einmischung von außen her und den Schutz der ausländischen Interessen und ausländischen Gemeinschaften« übernehmen. Außerdem nimmt Großbritannien für sich in Anspruch, die Konflikte mit dem benachbarten Sudan allein zu regeln.

Ägyptens König Fuad I. (M.) mit seinem Kammerherrn (l.) und seinem Adjutanten. Der 1868 geborene Fuad wurde 1917 nach dem Tod seines Bruders Sultan von Ägypten und nimmt nach der Aufhebung des britischen Protektorats den Königstitel an. Seine probritische Haltung provoziert den Widerstand der Wafd-Partei.

◁ *Der Führer der Unabhängigkeitsbewegung von Ägypten, Sad Saghlul, während einer Rede auf der Veranda seines Hauses in Kairo; der Politiker, der 1906 bis 1910 Ministerämter in Ägypten innehatte, befindet sich aufgrund seiner antibritischen Haltung derzeit in Haft.*

◁ *Fellachen beim Bewässern ihrer Felder. Diese ägyptischen Bauern, deren Name sich aus dem arabischen Wort für Pflüger ableitet, gehören zu den ärmsten Bevölkerungsteilen in dem nordafrikanischen Staat; zumeist sind sie Pächter des Landes von Großgrundbesitzern. Als Nachfahren des schon vor der arabischen Eroberung ansässigen Volkes bewahren sie auch im 20. Jahrhundert uralte Bräuche.*

Geschichte der Fremdherrschaft

Die Geschichte der Fremdherrschaft in Ägypten ist etwa zweieinhalbtausend Jahre alt. Sie vertiefte die schon während der alten ägyptischen Dynastien vorhandene Kluft zwischen der Masse der Bevölkerung und einer politischen Elite.
Noch im 19. Jahrhundert, mit Beginn der modernen Entwicklung des nordafrikanischen Landes, lagen Verwaltung und Militärführung ausschließlich in den Händen ausländischer Oberschichten. Fremde, darunter Griechen, Italiener und Briten, beherrschten die Wirtschaft, deren Hauptzweig der Baumwollhandel ist. Lediglich die Minderheit der Kopten, die christlichen Nachkommen der Ägypter der Antike, konnten sich in mittleren Verwaltungspositionen behaupten. Der Großteil des Volkes waren Landarbeiter, Handwerker und Kleinhändler.
Erst in der Mitte des 19. Jahrhunderts, noch unter osmanischer Oberhoheit, erlebte der arabische Staat unter seinem ägyptischen Statthalter Said (1854–63) und dem Khediven (Vizekönig) Ismail (1863–79) einen ökonomischen und kulturellen Aufschwung; nach zehnjähriger Bautätigkeit wurde 1869 der Sueskanal eröffnet. Schon 1875 mußte Ismail jedoch aufgrund finanzieller Probleme seinen Aktienanteil von 41% des Kanalunternehmens an Großbritannien verkaufen und so die Kontrolle über diesen wichtigen Verkehrsweg abgeben. Bei Ausbruch des Weltkrieges wurde der die nationalistische Bewegung unterstützende Khedive Abbas II. Hilmi von Großbritannien zur Abdankung gezwungen. Gleichzeitig hoben die Briten die osmanische Oberhoheit auf und erklärten Ägypten zum britischen Protektorat. In der Folge verstärkte sich die Unabhängigkeitsbewegung.
Ständige Unruhen im Land und die massive Forderung der oppositionellen Wafd-Partei nach Selbstbestimmung zwingen Großbritannien schließlich 1922 zur Aufhebung des Protektorats.

März 1922

Demonstration mit überdimensionalem Spinnrad – Symbol für den Boykott von ausländischen Textilien

Kolonialregierung läßt Gandhi verhaften

10. März. In Indien wird der Führer der Unabhängigkeitsbewegung, Mohandas Karamchand Gandhi, genannt Mahatma, verhaftet.
Unter Gandhis Anleitung läuft seit 1920 in ganz Indien die zweite Kampagne der »Satjagraha«-Bewegung, des gewaltlosen Widerstandes gegen die britische Kolonialherrschaft. Grundgedanke dieser Kampfmethode ist, daß Verzicht auf Gewalt und generelle Ablehnung der Zusammenarbeit mit den Briten, »non-cooperation«, zum Ziel eines befreiten Indien führen können. Am Beginn der Kampagne standen »hartal« – Generalstreiks, verbunden mit einem Tag der inneren Einkehr, der Trauer um Indien und der sittlichen Reinigung. Der zweite Schritt war der Boykott aller britischen Einrichtungen, dem sich der bürgerliche Ungehorsam anschließen sollte. Anfang des Jahres verkündet Gandhi die Steuerverweigerung in einigen Landesgebieten. Zu diesem Zeitpunkt, am 5. Februar, kommt es zu einem gewalttätigen Zusammenstoß in Chauri Chaura, wo eine erregte Menge 22 Polizisten tötet. Erschrocken über diese Bluttat widerruft Ghandi sofort die Steuerverweigerung. Trotzdem nimmt die britische Kolonialregierung den Vorfall in Chauri Chaura zum Anlaß, den Führer der Freiheitsbewegung festzunehmen. Am 18. März wird er zu sechs Jahren Haft verurteilt.

◁ *Gandhi, dem 1915 der Beiname »Mahatma« (der Hochherzige) verliehen wurde, als junger Rechtsanwalt: Bevor er 1914 nach Indien zurückkehrte, übte er den Beruf 20 Jahre lang in Südafrika aus. Während dieser Zeit entwickelte er die Kampfmethode des gewaltlosen Widerstandes, deren Ziel die Befreiung seines Heimatlandes Indien vom britischen Kolonialismus ist.*

▽ *Begeistert verbrennen indische Befreiungskämpfer ein Bündel alter Kleider als flammendes Zeichen für das Anbrechen einer neuen Zeit.*

Arbeiteraufstand in Johannesburg

23. März. Vor dem südafrikanischen Parlament in Kapstadt berichtet Ministerpräsident Jan Christiaan Smuts vom erfolgreichen Vorgehen der Regierungstruppen gegen aufständische Arbeiter in den Gebieten von Johannesburg und Pretoria.
Bei den Kämpfen zwischen weißen Bergleuten und Soldaten gab es mehrere hundert Tote. Wie Smuts erklärt, sei das Land durch den gewaltsam beendeten Aufstand einer ungeheuren Gefahr entronnen. Die Revolutionäre, die schnell die Führung des anfangs industriellen Streiks übernommen hätten, wollten eine Sowjetrepublik errichten.
Hintergrund dieser »Rand-Revolte« ist die ökonomische Situation der armen weißen Bevölkerung. Viele burische Bauern verloren während der Krise nach dem Weltkrieg die Basis ihrer Existenz und mußten in die Bergbaugebiete abwandern. Hier fürchten sie, durch die billige Konkurrenz schwarzer Arbeiter wiederum ihre Lebensgrundlage zu verlieren. Sie fordern Maßnahmen gegen die schwarzen Afrikaner und einen von Großbritannien unabhängigen südafrikanischen Staat.

Korruption und Armut in Togo

18. März. Das französische Parlament in Paris berät über den Bericht des Abgeordneten von Guadeloupe, Boisneuf, der von skandalösen Vorfällen in Togo berichtet. Boisneuf beklagt vor allem die Korruption bei der Liquidation deutscher Güter. (Die ehemalige deutsche Kolonie in Westafrika teilten Großbritannien und Frankreich nach 1918 unter sich auf.) Durch die Vermittlung einzelner Regierungsmitglieder erhielten einige Gesellschaften riesige Pflanzungen teilweise für einen Spottpreis. So wurde der französische Staat um beträchtliche Geldsummen geprellt. Ein weiterer Kritikpunkt des Abgeordneten ist das Verhalten der Franzosen gegenüber der einheimischen Bevölkerung Togos. Entgegen den Festlegungen des Versailler Vertrages werden Zwangsrekrutierungen unter den Togolesen vorgenommen. Zudem sei die große Masse der Bevölkerung Togos völlig verarmt und lebe in einem »wahren Sklavenzustand«.

März 1922

General Pjotr N. Baron von Wrangel (vorn) versuchte im Sommer 1920, den Sieg der Roten Armee über die ausländischen Truppen zu verhindern.

Wrangel sammelt Kräfte für einen erneuten Angriff auf Sowjetrußland

19. März. Die Ankunft von Pjotr N. Baron von Wrangel in der südslawischen Stadt Belgrad ist der Auslöser für Gerüchte über die künftigen Pläne des ehemaligen Generals der von 1918 bis 1920 dauernden Interventionskriege gegen Sowjetrußland. Wrangel befehligte im Juli 1920 einen der letzten Vorstöße »weißer« Verbände von der Halbinsel Krim aus, wurde aber noch im gleichen Jahr von den Truppen der Roten Armee besiegt. Wie die Moskauer Nachrichtenagentur Nowosti berichtet, führt Wrangel mit der Regierung des Königreichs der Serben, Kroaten und Slowenen Verhandlungen über eine erneute Aufstellung von Truppen, um wieder Angriffe gegen den kommunistischen Staat führen zu können. Trotz Dementis in Agram spricht Wrangels Auftreten als Oberkommandierender russischer Truppen für diese These.

Kunstwerke als Pfand für Kredite

16. März. Im Zusammenhang mit dem Gesetzentwurf, der die Aufnahme ausländischer Kredite und deren Sicherstellung regelt, verabschiedet der österreichische Nationalrat in Wien die Bestimmungen für die Verpfändung von Kunstwerken.

Der österreichischen Regierung wird damit das Recht erteilt, bei der Aufnahme von ausländischen Krediten staatseigene Kunstwerke als Pfand anzubieten, um so die Zinskosten und Rückzahlungen abzusichern. Die aus diesen Kreditgeschäften einfließenden finanziellen Mittel sind zur Bildung eines Fonds bestimmt, der nur zur Regulierung des Marktes in ausländischen Zahlungsmitteln, nicht aber für Zwecke des österreichischen Staatshaushaltes verwendet werden darf. Die Einhaltung dieser Bedingung kontrolliert ein vom Nationalrat zu wählender Ausschuß.

Grund für diese ungewöhnliche staatliche Maßnahme ist die katastrophale Wirtschafts- und Finanzlage der Republik Österreich, die sich im Jahr 1922 auf dem Höhepunkt einer inflationären Entwicklung befindet (→ 28. 8./S. 128)

Vertrag von Lana tritt in Kraft

15. März. In Prag werden die Ratifizierungsurkunden des am 16. Dezember 1921 zwischen den Nachbarländern Tschechoslowakei und Österreich abgeschlossenen Vertrages ausgetauscht.

In der auf Schloß Lana bei Prag geschlossenen Vereinbarung verpflichten sich beide Staaten zur Einhaltung der nach dem Weltkrieg unterzeichneten Friedensverträge von Trianon und Saint-Germain-en-Laye, in denen u. a. die Gebietsaufteilungen fixiert sind. Außerdem einigen sich die Partner auf gegenseitige Neutralität; Organisationen, die gegen die Sicherheit des jeweils anderen Landes gerichtet sind, sollen verboten werden. Zwischenstaatliche Streitfragen sollen in Zukunft durch ein gemeinsames Schiedsgericht geklärt werden.

Der Abschluß des Lana-Vertrages stößt in Österreich auf Widerstand der Großdeutschen, der am 4. Mai zum Rücktritt von Bundeskanzler Johannes Schober führt (→ 31. 5./S. 77).

Übergabe von Weichseldörfern an Polen

20. März. Die deutsche Reichsregierung veröffentlicht den Beschluß der Interalliierten Grenzkommission, fünf noch zu Westpreußen zählende Dörfer rechts der Weichsel an Polen zu übergeben. Es handelt sich hierbei um Johannisdorf, Außendeich, Neuliebenau, Kramersdorf und Kleinfelde sowie um den Weichselhafen Kurzebrack. Die Ortschaften bilden den einzigen Zugang zur Weichsel von den ostpreußischen Gebieten aus.

Die Dörfer waren erst nach dem Abschluß des Versailler Vertrages auf der Botschafterkonferenz der Alliierten am 12. August 1920 Polen zugeteilt worden. Aufgrund des sofortigen Protestes von deutscher Seite ließen die Entente-Mächte die strittige Frage nochmals von Sachverständigen prüfen. Von ihnen schlossen sich die britischen und italienischen Experten der deutschen Auffassung an, Frankreich unterstützte Polen. Die Hoffnungen auf eine Revision des Beschlusses vom August 1920 zerschlugen sich jedoch recht bald, da die Botschafterkonferenz sich nur auf der Grundlage einer direkten Einigung zwischen Polen und dem Deutschen Reich zu einer Änderung bereit erklärte. Die beiden Nachbarstaaten sollten vor allem die Fragen des Deichschutzes und die Verteilung der Deichlasten im Sinne einer gemeinsamen Deichkommission lösen. Da ein Ergebnis solcher Verhandlungen noch nicht vorliegt, beschließt die alliierte Konferenz die Vollstreckung des Beschlusses. Bis zum 31. März müssen die westlich von Marienwerder liegenden Dörfer übergeben sein.

Anhänger der deutschnationalen und heimattreuen Bünde protestieren im Berliner Lustgarten gegen die Übergabe der Weichseldörfer an Polen.

März 1922

Proteste gegen das Abholzen der Wälder

4. März. Das preußische Landwirtschaftsministerium veröffentlicht einen Bericht über weitere Möglichkeiten des Holzeinschlages in den preußischen Forsten.

Holzschlag in Preußens Wäldern

Jahr	Fläche in Hektar	Nutzungssatz in Festmeter insgesamt	je ha
1903	2 542 870	5 441 441	2,14
1913	2 715 901	6 205 085	2,28
1921	2 165 092	5 263 130	2,43
1922	2 145 657	5 451 124	2,54

Der Gesamtumfang der Wälder hat infolge des Weltkrieges stark abgenommen. Ursachen dafür waren einerseits das Abholzen von Bäumen für Brennmaterial, vor allem aber der Verlust großer Waldflächen in den Gebieten, die das Deutsche Reich aufgrund der Bestimmungen im Versailler Vertrag an Polen abgeben mußte. Die dadurch zurückgegangenen Holzlieferungen führen zu einem Rohstoffmangel in der holzverarbeitenden Industrie. Dazu gehören u. a. die Tischlereien, Böttchereien, Zellstoff- und Papierherstellung. Die staatliche Forstverwaltung beschloß aufgrund dieser Tatsachen, den Umfang des Holzeinschlags in den Wäldern zu erhöhen. Für aus ihrer Sicht besonders günstige Gebiete erstellte sie Notabnutzungssätze, womit der Umfang der abzuholzenden Waldflächen festgelegt ist, die in die jetzt vorgelegte Planung des preußischen Ministeriums mit eingegangen sind.

Berliner protestieren in Hermsdorf gegen das Abholzen der Wälder, die den Bewohnern der Millionenstadt bisher als Erholungsstätten dienten.

Die Intensivierung des Holzeinschlags und die damit verbundene weitere Reduzierung des Waldbestandes trifft allerdings nicht nur auf Zustimmung. Seitens landwirtschaftlicher Fachleute und Forstbeamter wird Kritik laut; städtische Behörden wenden sich gegen die Verminderung von Erholungsflächen.

Überschwemmung an Ufern der Oder

1. März. Infolge starken Eisgangs bricht bei Treschen an der Oder der Oderdamm.

Durch die nach wenigen Stunden schon 20 m breite Bruchstelle kann das Wasser ungehindert in die oberhalb von Breslau gelegene Ortschaft fließen. Tags darauf stehen die beiden Dörfer Treschen und Pleischwitz unter Wasser. Die Bewohner sind von der Außenwelt abgeschnitten. Die Technische Nothilfe versucht, zu den Eingeschlossenen vorzudringen und die verzweifelten Menschen mit den nötigsten Nahrungsmitteln zu versorgen. Durch den schnellen Einsatz von Hilfskräften an der Dammbruchstelle kann ein weiteres Ausbreiten der Wassermassen verhindert werden, so daß eine befürchtete Evakuierung der beiden Ortschaften sich als nicht notwendig herausstellt.

Zu gleicher Zeit werden von der Technischen Nothilfe auch an anderen Stellen des Dammes Befestigungsarbeiten durchgeführt, da man fürchtet, daß durch den Druck der riesigen Eisschollen der Schutzwall auch vor den Städten Ratibor und Brieg bersten könne.

Nach der Landung 50 m unterhalb des Zugspitz-Gipfels

Landeplatz 2962 Meter hoch

20. März. Erstmals landet ein deutsches Flugzeug auf der Zugspitze. Gemeinsam mit Ingenieur Theo Rockenfeller und Fotograf Willi Runge war Fliegerhauptmann Hailer in Garmisch-Partenkirchen gestartet. Bald darauf landet er seine mit langen Schneekufen ausgerüstete Rumpler-Maschine auf dem Gipfel.

Flugzeug kurz vor der Landung neben dem Messegelände

Im direkten Flug zur Messe

6. März. *Die diesjährige Luftverkehrssaison wird anläßlich der am darauffolgenden Tag beginnenden Leipziger Frühjahrsmesse eröffnet. Durch häufige Flüge hoffen die Gesellschaften, die im vergangenen Jahr rückläufigen Passagierzahlen erhöhen zu können und die Eisenbahnkonkurrenz zurückzudrängen.*

Blick auf die Flugzeugtragfläche, auf der ein Kameramann sitzt

Tollkühne Kameramänner

5. März. *Die »Berliner Illustrirte« veröffentlicht einen Bericht über Filmarbeiten vom Flugzeug aus. Festgebunden auf Tragflächen und ausgerüstet mit Masken und Sauerstoffapparat starten die Kameraleute mit den kleinen Maschinen oft zu halsbrecherischen Unternehmungen für sensationelle Aufnahmen.*

März 1922

Architektur 1922:

Hinwendung zu klaren Formen

Im architektonischen Bereich zeichnet sich in den Jahren von 1921 bis 1923 eine Wende ab. Spätexpressionistische Utopien und auch die Träume von einer radikalen gesellschaftlichen Umwälzung nach der Revolution von 1918 weichen einer realistischeren Weltsicht.

Adolf Behne schreibt in der Winternummer 1921/22 der von Bruno Taut herausgegebenen Zeitschrift »Frühlicht«: »Als nach Kriegsende die Welle des Utopischen und Romantischen auch die jungen Architekten ergriff, war das eine Folge der langen Isolierung, als Reaktion des Gefühls der Nutzlosigkeit der geopferten Jahre verständlich. Aber wohl alle Utopisten haben inzwischen vom Kult des Phantastischen zum Lebendigen und zur Selbstbesinnung zurückgefunden.« Die neuen Konzepte der jungen Architektengeneration sind durch Objektivität, Direktheit und Einfachheit gekennzeichnet. Verworfen werden die äußeren und traditionellen Bindungen. Ludwig Mies van der Rohe schreibt dazu: »Jede ästhetische Spekulation, jede Doktrin und jeden Formalismus lehnen wir ab. Baukunst ist zusammengefaßter Zeitwille ... Gestaltet die Form aus dem Wesen der Aufgabe mit den Mitteln unserer Zeit.«

Ein Beispiel für die neuen Prinzipien ist die Veränderung des Bauhaus-Konzeptes, die sich in diesen Jahren vollzieht. Unter dem Einfluß des niederländischen Kunsttheoretikers Theo van Doesburg, Mitbegründer der Künstlergruppe De Stijl, beginnt in der Weimarer Kunstschule die Abkehr von den expressionistischen Ideen, deren Ergebnis das spätere, funktionale Bauhaus-Konzept ist. Damit verbunden ist die Wandlung von handwerklicher Arbeit zur Anwendung neuer Techniken im Baubereich. Zeugnis davon geben das 1922 fertiggestellte Haus Sommerfeld und das ein Jahr darauf vollendete Ausstellungshaus »Am Horn« in Weimar. Das spätere, von Georg Muche entworfene und dem Atelier Gropius-Meyer ausgeführte Gebäude ist zweckmäßig und rationell gebaut. Die hier erkennbare Synthese zwischen Technik und Kunst ist eine neue Stufe der im Sommerfeld-Haus angewandten Tradition der Handwerk und Künste vereinigenden mittelalterlichen Bauhütten.

Neue Materialien wie Eisenbeton, Glas und Stahl ermöglichen und bedingen neue Strukturen. 1922 stellt Mies van der Rohe den Entwurf eines Bürogebäudes aus Stahlbeton vor, womit er einen neuen Typ des Bürohauses entwickelt. Zweckmäßigkeit und Einfachheit bestimmen das Projekt, die Form ist Ausdruck der Baustruktur.

1. Preis für das Modell von Hood/Howell

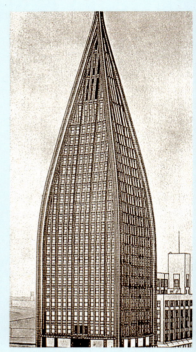

Entwurf von B. Taut, W. Gunther, K. Schütz

Mit der Vereinfachung der Formen gewinnt Farbe am Bau an Bedeutung. Hans Poelzig sieht, wie er es selber äußert, in der Verwendung von Farben ein Mittel, das »schwächliche, rein formalistische Anklammern an die Tradition zu überwinden«, Farbe also als selbständiges ästhetisches Gestaltungsmittel, das die Emanzipation vom Überlieferten ermöglicht. Bruno Taut, 1921 bis 1923 Stadtbaurat im sozialdemokratisch regierten Magdeburg, kurbelt mit jungen Künstler eine Aktion an, um Farbe in die Straßen zu bringen; Fassaden, Verkaufsstände und Straßenbahnen werden mit bunten abstrakten Mustern bemalt. Tauts städtebaulichen Zielen, die ihn mit der neuen Architektengeneration verbinden, eröffnen sich jedoch in der Realität wenig Möglichkeiten. Die Umsetzung des Gedankens einheitlicher, von Funktionen geprägter Städte, in die auch andere Kunstformen einbezogen werden, scheitert u. a. an der finanziellen Not der Kommunen.

»Dombauhütte«, errichtet auf der Gewerbeschau in München, entworfen vom 1868 geborenen Peter Behrens. Behrens übernimmt in diesem Jahr die Leitung der Meisterschule für Architektur an der Akademie in Wien.

Vom Leiter des Bauhauses, Walter Gropius, und Adolf Meyer entworfenes Holzhaus des Berliners Adolf Sommerfeld, für das alle Bauhaus-Werkstätten ihre Ideen zum »großen Bau« – dem Gesamtkunstwerk – einbrachten

März 1922

Entwurf für Chicago von Gropius und Meyer

Plan von Heribert Freiherr von Luttwitz

Entwurf der Niederländer Bijvoet/Duiker

Beitrag des deutschen Architekten Max Taut

Hochhauswettbewerb der »Chicago Tribune«

3. Dezember. Die »Chicago Tribune« veröffentlicht die Ergebnisse ihres am 3. Juni ausgeschriebenen internationalen Wettbewerbs für ein neues Redaktionsgebäude. Es soll ein Turmhaus für die 3100 Mitarbeiter der Zeitung in der Innenstadt Chicagos werden.
Von den 264 eingesandten Entwürfen wird dem der New Yorker Architekten Raymond M. Hood und John M. Howell der erste Preis zugesprochen. Den zweiten Preis teilen sich der Finne Eliel Saarinen und sein Partner Dwight D. Wallace aus Chicago. Mit der Vergabe des ersten Preises an einen für die US-amerikanische Architektur dieser Jahre typischen eklektizistischen Baustil können sich die deutschen Teilnehmer nicht anfreunden. So charakterisieren sie z. B. den 3. Preis des US-Teams Holabird & Roche als eine Übereinanderstellung von Kirche, Warenhaus, Theater, Bahnhof und Festung. 37 Beiträge wurden von Deutschen eingesandt, u. a. von Max und Bruno Taut.

Wolkenkratzer für die Städte der Zukunft

Aus den Formvorstellungen der Konstruktivisten und neuen technischen Möglichkeiten entwickelte sich der Bautyp des Wolkenkratzers. Das Interesse an ihm zeigt sich nicht nur durch große Beteiligung an Turmhauswettbewerben in Berlin (→ 2. 1./S. 25) und Chicago, sondern auch in Entwürfen künftiger Stadtlandschaften. Sie sind wesentlicher Bestandteil architektonischer Konzepte. Das Wohnhaus wird Schwerpunkt der Baukunst in Europa, und Hochhäuser ermöglichen ausreichenden Wohnraum auf relativ kleinem Grundriß.

◁ *Turmhäuser bei Paris, Entwurf von Auguste und Gustave Perret*

Le Corbusier zeigt im Jahr 1922 einen neuen städtebaulichen Grundriß, »Une Ville Contemporaine«, zu dem er u. a. schreibt: »Ausgehend von dem konstruktiven Hauptereignis, nämlich vom amerikanischen Hochhaus, würde es durchaus genügen, wenn man an einigen seltenen Punkten solch äußerste Bevölkerungsdichtigkeit schüfe und hier sechzig Stockwerke hohe, ungeheure Konstruktionen emporführte. Eisenbeton und Stahl erlauben diese Kühnheiten und bieten sich überdies von selbst für eine bestimmte Gliederung der Fassaden an, dank der alle Fenster volles Sonnenlicht empfangen werden. So wird man künftig Höfe unterdrücken.«

März 1922

Shaw lehnt Kandidatur für Labour Party ab

7. März. Der irische Schriftsteller George Bernard Shaw lehnt in einem Brief an die britische Labour Party deren Aufforderung ab, sich bei den kommenden Wahlen als Kandidat der Arbeiterpartei aufstellen zu lassen. Die Absage begründet er folgendermaßen:

»Warum sollte ich die Bürger von Edinburgh um Erlaubnis bitten, meine Zeit im Parlament zu vergeuden bei einer Vergütung, von der ich nicht leben kann, wenn ich gleichzeitig eine viel bessere Stellung und größere Einkünfte als einer der Führer meiner Zunft erziele? Wenn die Arbeiter oder jede andere Partei mir eine einstimmige Wahl und ein Gehalt von 4000 Pfund [etwa 4 000 000 Mark] pro Jahr mit entsprechender Pension garantierten, dürfte ich vielleicht einen Vorschlag in Erwägung ziehen, der meine Zuhörerschaft von der ganzen zivilisierten Menschheit herunterbringt auf eine Handvoll wirrköpfiger handelsbeflissener Herren im englischen Parlament, die nun mit großem Bedacht dabei sind, Europa zu ruinieren, doch würde meine Antwort die gleiche bleiben. Es wäre leichter

Will nicht ins Parlament: Der irische Schriftsteller G. B. Shaw

und angenehmer für mich, wenn ich mich ersäufte. Trotz alledem bin ich sehr dankbar für die Wertschätzung, die Ihr Anerbieten veranlaßt hat. Ich glaube, einige Freunde in Edinburgh zu haben, vielleicht auch einige Tausend, aber doch nicht genug, um einen Wahlerfolg zu erzielen, selbst wenn ich ihn wollte. Ich würde nur Parlamentsmitglied werden, um dem Parlament zu sagen, was ich von ihm halte und von der politischen Intelligenz der Leute, die es wählen. Das ist eine nützliche und notwendige Beschäftigung, aber Sie werden zugeben, daß man damit keine Stimmen fängt.«

Die Hoffnung der Funktionäre in der Labour Party, Shaw für ein Engagement in ihrer Organisation zu gewinnen, gründet sich wohl auf die Tatsache, daß der 1856 geborene Shaw 1884 führendes Mitglied der Fabian Society war. Nach der Auseinandersetzung mit den Lehren von Karl Marx hatte sich Shaw dieser damals von linksliberalen Intellektuellen Londons gegründeten Gesellschaft angeschlossen. Die Fabians sahen in einer Strategie friedlicher sozialer Reformarbeit im Staat das Instrument der Förderung sozialer Gleichheit und der klassenlosen Gesellschaft.

Hans Thoma über sein künstlerisches Werk

25. März. Der in Karlsruhe lebende Maler Hans Thoma sendet einen Brief an das preußische Kultusministerium, in dem er Stellung zu seinen eigenen Bildern nimmt. Anlaß ist die Eröffnung einer Hans-Thoma-Ausstellung in der Berliner Nationalgalerie. Der 83jährige Künstler schreibt u. a. folgendes:

»Wenn man dieser Sammlung [gemeint sind Thomas ausgestellte Bilder] eine Benennung beilegen will, welche so ungefähr ihr Wesen bezeichnen soll, so scheint es mir, daß keiner der gangbaren Kunstparteinamen dazu passen will und auch in meiner ungewöhnlich langen Schaffenszeit nie dazu passen wollte, so daß in der Mitte der siebziger Jahre mich ein berühmter Münchner Kritiker den nicht talentlosen Erfinder der sozialdemokratischen Malerei nannte, dessen Bilder an Häßlichkeit mit den Altdeutschen und mit dem Franzosen Courbet wetteiferten. Ich habe meine Figurenbilder immer mit sachlichem Ernst gemalt und nicht mit der Absicht, dem gebildeten Sonntagspublikum im Kunstverein Spaß zu machen. Daher kommen Mißverständnisse, die man aus sozialpolitischen Gründen zu verstehen suchte. Mit Politik hatten und haben meine Bilder nichts zu tun. Und weil ich auch nie daran dachte, solche Bilder zu malen, gerade deshalb glaube ich, daß man mein künstlerisches

Der Maler Hans Thoma – seine Bilder werden in Berlin ausgestellt.

Schaffen unbedenklich deutsch nennen kann. Meine Bilder kommen aus dem Zwang einer deutschen Seele hervor.

Das ist das Band, welches ihre Vielgestaltigkeit zu einer Einheit verbindet. Wenn man ein Künstler [ist], der durch Jahrzehnte hindurch abseits und in der Stille verborgenen Schaffens das Gefühl gewonnen hat, daß auch er in seiner Stille im harmlosen Schaffen etwas beigetragen hat zur Erkenntnis echten deutschen Wesens, darf er sich schon diesem Frohgefühl ein wenig hingeben, besonders wenn er 83 Jahre überschritten hat, wo Frohgefühl nicht mehr in Hochmut übergehen kann. Seit das Unglück über Deutschland hereingebrochen ist und auf ihm lastet, haben wir uns gewöhnt zu sagen: armes Deutschland! Aber wir wollen doch auch wieder hie und da aufschauen, da werden wir sehen, daß man das deutsche Volk auch ›reich‹ nennen kann an edlen Gütern...«

Steno-Schulen verständigen sich

31. März. In Berlin tritt eine Kommission im Auftrag des Reichsinnenministeriums zusammen, um die endgültige Form für eine deutsche Einheitskurzschrift festzulegen. Ein gemeinsamer Entwurf der beiden verbreitetsten Schulen der Kurzschrift in deutschsprachigen Ländern, Gabelsberger und Stolze-Schrey, bildet die Grundlage der Arbeit. Die Einigung kam Ende Januar zustande, so daß nun die Vertreter der Länder anhand dieser Basis die Vorbereitung zur Einführung einer einheitlichen Stenoschrift treffen können.

Museum Folkwang kommt nach Essen

21. März. Die Essener Stadtversammlung gibt ihre Zustimmung zum sofortigen Erwerb des Folkwang-Museums.

Der Kauf der vom Hagener Kunsthistoriker Karl Ernst Osthaus zusammengetragenen Kunstschätze des 19. und 20. Jahrhunderts ist aufgrund von Spenden Essener Bürger für 15 Mio. Mark möglich. Der 1921 verstorbene Osthaus hatte sich besonders um die Förderung der Impressionisten und des Jugendstils verdient gemacht. Nach einem zunächst ausgesprochenen Verkaufsverbot der Stadt Hagen kam jetzt eine Einigung mit den Erben zustande. Das Museumsgebäude mit der Innenausstattung des Jugendstilkünstlers Henry van de Velde geht in den Besitz der Stadt Hagen über.

»Nosferatu« von Murnau aufgeführt

5. März. In Berlin findet die Uraufführung des von der Prana-Film produzierten Stummfilms »Nosferatu – eine Symphonie des Grauens« statt. Die Verfilmung des Vampir-Romans »Dracula« von Bram Stoker ist die zehnte Regiearbeit des 34jährigen Friedrich Wilhelm Murnau, der von Kritikern wie Kurt Pinthus zu den großen Könnern des Films gezählt wird. In seiner Besprechung nach der Premiere lobt Pinthus die Phantastik der Bilder und zeigt sich fasziniert von der Schönheit, durch die das erschreckende Böse nur noch stärker sichtbar wird (→ S. 141).

März 1922

Furtwängler wird Nachfolger von Nikisch

13. März. Der Dirigent Wilhelm Furtwängler akzeptiert den Ruf als Leiter des Leipziger Gewandhausorchesters. Gleichzeitig übernimmt er die Leitung der Berliner Philharmonischen Konzerte und tritt damit bei beiden Institutionen die Nachfolge des am 23. Januar verstorbenen Arthur Nikisch an.

Der 1886 in Berlin geborene Wilhelm Furtwängler studierte u. a. bei Max von Schillings. Nach dem Studium war er zunächst in Breslau und Zürich Korrepetitor, ab 1910 dann Kapellmeister an der Straßburger Oper unter Direktor Hans Pfitzner. Im Dezember 1911 ging er als Kapellmeister nach Lübeck und trat im September 1915 seine Stellung als Hofkapellmeister an der Mannheimer Oper an. Schon während dieses Engagements, das er bis zu seinem jetzigen Wechsel nach Berlin und Leipzig innehatte, befand er sich häufig auf Gastspielreisen. Außerdem wurde der vielgefragte Künstler Dirigent der Wiener Symphoniker und der Symphonie-Konzerte der Berliner Staatskapelle (→ 9. 10./S. 173).

Im selben Monat, am 17. März, teilt

Neuer Leiter der Berliner Philharmoniker: Wilhelm Furtwängler

Künftig nur noch als Gastdirigent in München zu sehen: Bruno Walter

Dirigent Bruno Walter mit, daß er das Amt des Münchener Operndirektors mit Ende der Spielzeit aufgeben wird. Als Grund für seine Kündigung, die er trotz Bitten der Münchener nicht zurücknimmt, nennt Walter schlechte Arbeitsbedingungen, die gegenwärtig qualitätvolle Aufführungen unmöglich machten. Einen weiteren Grund vermutet die »Frankfurter Zeitung« in Angriffen nationalistischer Kritiker, die Walter mehr oder weniger versteckt bedeuten, daß es ihm als Juden versagt sei, den »wahren« Wagner, Beethoven und Bruckner zu interpretieren.

Adelsgeschlecht gründet Verein

1. März. In das Vereinsregister beim Amtsgericht Dresden wird ein Verein der Mitglieder des früheren sächsischen Königshauses eingetragen. In den Satzungen des Vereins wird hervorgehoben, daß Friedrich August III. (König von Sachsen von 1904 bis zum Ende der Monarchie im Deutschen Reich 1918), Kronprinz Georg, die Prinzen Friedrich Christian, Ernst Heinrich, Johann Georg, die Prinzessinnen Immaculata und Mathilde sowie Prinz Max mit Rücksicht auf die veränderten Zeitverhältnisse beschlossen haben, zu einem Verein des bürgerlichen Rechts zusammenzutreten. Dieser erstrebt den Zusammenschluß des Hauses Wettin albertinischer Linie, zu der u. a. auch Friedrich August I., der Starke (1670–1733), gehörte. Vereinsvorsitzender ist Friedrich August III. auf Lebenszeit. Vereinsziele sind u. a. die Pflege der Liebe zur sächsischen Heimat und die Wahrung von Familienehre und -tradition. Eine Ehe eines Familienmitglieds ist nur unter Billigung des Vorsitzenden zu schließen.

Auf den Skispuren des Schwedenkönigs

19. März. In Schweden findet erstmals der Wasa-Lauf statt, ein Skilanglauf, der von nun ab alljährlich auf der Strecke zwischen Sälen und Morra in Mittelschweden ausgetragen werden soll.

Initiator der Veranstaltung ist der Journalist Anders Pers, der nicht nur Sportler zur Teilnahme an dem knapp 100 km langen Skimarathon aufruft. Von den 119 Premiere-Startern erreichen 117 das Ziel. Schnellster ist der Langläufer Ernst Alm, der rund siebeneinhalb Stunden für die Strecke braucht.

Der Lauf wird in Erinnerung an zwei Bauern ausgetragen, die 400 Jahre zuvor auf Schneeschuhen hintereinander diese Strecke durchlaufen hatten, um Gustav Erikson Wasas Hilfe gegen die dänischen Eroberer zu erbitten. 1521 war dieser auf Skiern vor den Dänen geflohen. Seine Rückkehr ein Jahr darauf endete mit einem triumphalen Sieg über die Dänen. Im befreiten Reich wurde Wasa dann 1523 als Gustav I. König von Schweden. Mit seiner Thronbesteigung begann die Herrschaft des aus Uppland stammenden Wasa-Geschlechts, die erst mit dem Thronverzicht Königin Christines im Jahr 1654 endete.

Der Wasa-Lauf erfreut sich bei den Schweden großer Beliebtheit. Die hohe Teilnehmerzahl erklärt sich nicht zuletzt aus der Tatsache, daß ein Großteil der Bevölkerung während des langen skandinavischen Winters auf die Skier als Fortbewegungsmittel angewiesen ist. Das Skifahren lernen viele der Schwedenkinder genauso früh wie das Laufen. Langlaufspuren führen in alle Richtungen, über Seen, Hügel und durch die Wälder.

Mit Spannung erwarten Zuschauer am Ziel die Ankunft der Wasa-Läufer.

Deutschland gegen Schweiz endet 2:2

26. März. In Frankfurt am Main endet ein Fußballänderspiel zwischen der Schweiz und Deutschland nach einem Halbzeitstand von 0:2 mit 2:2. Beide Tore für die deutsche Mannschaft erzielt Halbstürmer Andreas Franz (SpVgg Fürth), der sein erstes Länderspiel bestreitet.

Die Begegnung der beiden Nationalmannschaften ist die achte seit dem 5. April 1908, beide Länder gewannen jeweils vier Spiele. Die Schweizer waren trotz politischer Proteste Belgiens nach Frankfurt gekommen, weshalb dem Treffen von der Öffentlichkeit besonderes Interesse entgegengebracht wird.

Das Spiel im Eintracht-Stadion bringt bis zur Halbzeit klare Vorteile für die deutsche Elf, die auch nach der Pause wieder kampfstark beginnt, doch bricht ihr gut funktionierender Sturmaufbau nach der 62. Minute zusammen. Torwart Lohrmann muß wegen einer Verletzung vom Platz, Seiderer übernimmt. In der 79. Minute erzielt der Schweizer Leiber ein Tor, in der 85. gelingt Sturzenegger der Ausgleichstreffer.

April 1922

Mo	Di	Mi	Do	Fr	Sa	So
					1	2
3	4	5	6	7	8	9
10	11	12	13	14	15	16
17	18	19	20	21	22	23
24	25	26	27	28	29	30

1. April, Samstag

Reichspräsident Friedrich Ebert (MSPD) empfängt in Berlin Vertreter verschiedener Wohlfahrtsverbände, um eine Sammlung für notleidende alte Menschen anzuregen. → S. 66

In den Vereinigten Staaten beginnen umfangreiche Streiks der Bergarbeiter und Eisenbahner. Zunächst treten 600 000 Bergarbeiter in den Ausstand. Sie fordern höhere Löhne und die Herabsetzung der Arbeitszeit (→ 30. 7./S. 114).

Für einen US-Dollar erhält man derzeit 304 Mark.

Im Deutschen Reich wird der am 21. März 1921 unterbrochene regelmäßige Luftpostverkehr wieder aufgenommen.

Für die am → 10. April (S. 62) beginnende Wirtschaftskonferenz in Genua werden zusätzlich zwei Linien für den Telegrammverkehr eingerichtet.

Die Deutsche Reichsbahn erhöht die Gütertarife um 40%.

Durch Eingemeindung wird Leipzig zur viertgrößten Stadt des Deutschen Reiches. → S. 67

Bad Pyrmont, ein vor dem Weltkrieg beim Hochadel beliebter Kurort, tritt offiziell in das Land Preußen ein.

Karl I., der ehemalige Kaiser von Österreich und als Karl IV. König von Ungarn, stirbt auf der Insel Madeira, wo er mit seiner Frau und den Kindern in der Verbannung lebte. → S. 65

2. April, Sonntag

Der Hugenberg-Konzern bringt die »Berliner Illustrierte Nachtausgabe« heraus. Gleichzeitig geht die »Berliner Abendpost« in die »Berliner Allgemeine Zeitung« über, außerdem wird »Welt am Abend« gegründet. Letztere übernimmt später Willi Münzenberg und legt damit den Grundstein für einen kommunistischen Medienkonzern.

In Argentinien wird der bisherige Botschafter des Landes in Paris, Marcelo Torcuato de Alvear, zum neuen Staatspräsidenten gewählt. Er tritt sein Amt am 12. Oktober an.

In Frankfurt am Main wird die bis zum 8. April dauernde Frühjahrsmesse feierlich eröffnet.

In New York findet die Uraufführung des Films »Zahltag« von Schauspieler und Regisseur Charlie Chaplin statt.

Der Vorjahressieger Graf Giulio Masetti gewinnt auf Mercedes das sizilianische Targa-Florio-Rennen. → S. 71

3. April, Montag

Auf Vorschlag von Wladimir I. Lenin wird in Moskau Josef W. Stalin zum Generalsekretär des Zentralkomitees der Kommunistischen Partei Rußlands (Bolschewiki) gewählt. Die Schaffung dieses Amts beschloß der XI. Parteitag, der vom 27. März bis 2. April hier in Moskau stattfand. → S. 65

Eine sowjetische Regierungskommission befürwortet die Wiederzulassung von privaten Kraftfahrzeugen in Sowjetrußland.

4. April, Dienstag

Bei einem Bombenattentat auf einen angesehenen Bürgerklub in der ungarischen Hauptstadt Budapest kommen sechs Menschen ums Leben. Wie sich später herausstellt, waren sie alle jüdischen Glaubens. Von den Tätern fehlt jede Spur, man nimmt jedoch an, daß der Anschlag politische Hintergründe hat.

Der deutsche Physiker Albert Einstein hält vor dem Collège de France in Paris eine Vorlesungsreihe über die Relativitätstheorie. → S. 70

5. April, Mittwoch

Reichspräsident Friedrich Ebert (MSPD) gibt öffentlich bekannt, daß sich die deutsche Regierung beim Völkerbund in Genf in der umstrittenen Frage der Weichseldörfer weiterhin zugunsten eines Anschlusses an das Deutsche Reich einsetzen werde (→ 20. 3./S. 52).

Eine am 2. April begonnene Exekutivkonferenz der sozialistischen und kommunistischen Internationalen endet in Berlin mit der Entschließung, einen gemeinsamen internationalen Kongreß vorzubereiten. → S. 66

Das tschechoslowakische Abgeordnetenhaus genehmigt auf seiner Sitzung in Prag den am 29. Mai 1920 mit dem Deutschen Reich geschlossenen Wirtschaftsvertrag.

Die erstmals herausgegebene Zeitschrift »Der Weg zum Osten« veröffentlicht einen Beitrag zum Eisenbahnverkehr in Sowjetrußland. → S. 67

Auf ihrer Tagung in Potsdam bildet die astronomische Gesellschaft eine Kommission, die eine Expedition zur am 22. September stattfindenden Sonnenfinsternis im indischen Archipel vorbereiten soll (→ 21. 9./S. 155).

6. April, Donnerstag

Der Reichstag genehmigt einen Gesetzentwurf, wonach künftig im Deutschen Reich auch Frauen als Schöffen oder Geschworene zugelassen sind.

In der ostsibirischen Hafenstadt Wladiwostok bilden bolschewistische Soldaten eine neue Regierung, nachdem die bisherige, den Japanern nahestehende russische Stadtverwaltung geflohen ist.

Zum zweiten Mal findet anläßlich der Frankfurter Messe im Haus der Bücher eine Buchmesse statt. Sie war erstmals im Herbst des vergangenen Jahres veranstaltet worden.

Vor zahlreich erschienenem Publikum spricht der ehemalige Schachweltmeister Emanuel Lasker in Frankfurt am Main über übersinnliche Kräfte.

7. April, Freitag

Reichstagspräsident Paul Löbe (MSPD) stellt vor dem Reichstag einen Antrag auf Abhilfe der Zeitungsnot.

In der »Breslauer Volkswacht« plädiert der Führer der bayerischen Sozialdemokraten, Erhard Auer, für eine Neugliederung des Deutschen Reiches. Er schlägt vor, das nach seiner Ansicht zu große Land Preußen in mehrere Bundesstaaten aufzuteilen, damit eine für alle Länder gleichberechtigte Politik möglich wird.

Auf Anfrage des Haushaltsausschusses diskutieren die Reichstagsabgeordneten die Frage, ob eine Beamtin mit einem unehelichen Kind für den Staatsdienst tauglich ist. Das Parlament kommt zu keiner Einigung.

In Essen und Duisburg geht ein Binnenschiffahrtskongreß zu Ende. Als besonders interessant wurde von den Teilnehmern der Vorschlag einer Internationalisierung aller großen europäischen Ströme wie Rhein, Donau und Elbe aufgenommen.

Erstmals wird von einem Flugzeugzusammenstoß berichtet. Über Poix kollidieren eine DH 18 der Daimler Airways und ein Farman Goliath der Linie Grand Express.

8. April, Samstag

In Leipzig beginnt eine internationale Studentenkonferenz (bis 10. 4.). Es wird u. a. beschlossen, eine internationale Studentenkarte einzuführen.

Die Badische Anilin- und Sodafabrik spendet der Städtischen Straßenbahn von Mannheim 100 000 Mark, um die Aufrechterhaltung des Nahverkehrs zu gewährleisten.

In Berlin wird die Preußische Landesbühnen GmbH gegründet. Sie hat die Aufgabe, die gemeinnützige Theaterpflege in Preußen zusammenfassend zu organisieren und eine Neuregelung des Landestheaterwesens durchzuführen. Die Gründung kommt auf Anregung des Haushaltsausschusses im preußischen Abgeordnetenhaus zustande.

9. April, Sonntag

Frankreichs Ministerpräsident Raymond Poincaré behauptet in einer offiziellen Stellungnahme, daß die bayerische Schutzpolizei eine über den im Versailler Vertrag festgelegten Rahmen hinausgehende militärische Ausbildung erhalte (→ 10. 3./S. 47).

15 französische Soldaten kommen in der oberschlesischen Stadt Gleiwitz (Gliwice) bei einer Explosion ums Leben, als sie in einem Gebäude nach versteckten Waffen suchten (→ 15. 5./S. 77).

10. April, Montag

In Genua beginnt die internationale Wirtschafts- und Finanzkonferenz, an der Vertreter aus 28 Staaten teilnehmen, darunter Delegierte aus Moskau. Die USA lehnten die Teilnahme an der bis 19. Mai dauernden Tagung ab. → S. 62

Bei den Landtagswahlen in der österreichischen Stadt Salzburg erhalten die in einer Wählergemeinschaft zusammengeschlossenen Parteien, Christlichsoziale, Bauernbund und Nationalsozialisten, die Mehrheit. Es folgen die Sozialdemokraten und Großdeutsche.

11. April, Dienstag

Das in den Vereinigten Staaten verabschiedete Zollgesetz erteilt dem Präsidenten weitreichende Befugnisse. Er erhält das Recht, Zollraten zu verändern sowie die Einfuhr bestimmter Waren gänzlich zu verbieten.

Wegen Choleragefahr in der russischen Stadt Charkow ordnet die Sowjetregierung einen »Sauberkeitsmonat« an. Institutionen und Privatpersonen werden zu obligatorischen Sanitätsdiensten herangezogen.

Als erstes mit Kajüten ausgerüstetes Passagierschiff der Hamburg-Amerika-Linie nach dem Krieg verläßt die »Resolute« den Hamburger Hafen Richtung Atlantik. Einer der Passagiere ist der Berliner Theaterkritiker Alfred Kerr, der sich mehrere Wochen in den USA aufhalten wird.

12. April, Mittwoch

In Kopenhagen enden die mehrmals unterbrochenen Verhandlungen zwischen Dänemark und dem Deutschen Reich, bei denen wirtschaftliche, finanzielle und territoriale Probleme geklärt wurden.

Am Städtischen Opern- und Schauspielhaus von Hannover wird »Christus« von August Strindberg uraufgeführt.

13. April, Donnerstag

In der Mannheimer Kunsthalle wird eine graphische Ausstellung unter dem Titel »Das Gesicht der Zeit« eröffnet. Auf der von Gustav F. Hartlaub organisierten Ausstellung sind u. a. Arbeiten von Ernst Ludwig Kirchner, Edvard Munch, Emil Nolde, Felix Müller, Ernst Heckel, Oskar Kokoschka und Max Beckmann zu sehen.

14. April, Karfreitag

Die französische Regierung verlangt von der sächsischen Landesregierung in Dresden eine Entschädigung in Höhe von 50 000 Mark für eine Ohrfeige, die der Sekretär des französischen Konsuls nachts auf einer Straße in Dresden erhielt. Der Konsul soll sich einer sächsischen Dame gegenüber ungebührlich betragen haben.

15. April, Samstag

In Berlin wird eine bis zum 30. April dauernde Sportausstellung eröffnet.

April 1922

Am 16. April kommt es am Rande der internationalen Wirtschaftskonferenz in Genua zu einem historisch bedeutsamen Ereignis: In Rapallo unterzeichnen Vertreter aus Moskau und Berlin den deutsch-russischen Vertrag. Das Titelfoto der »Berliner Illustrirten Zeitung« zeigt Reichskanzler Joseph Wirth (l.) im Gespräch mit dem sowjetrussischen Außenminister Georgi W. Tschitscherin (r.) und dem späteren diplomatischen Vertreter Moskaus im Deutschen Reich, Leonid Krassin (Ausgabe vom 30. 4. 1922).

Reichskanzler Dr. Wirth im Gespräch mit den Russen Krassin und Tschitscherin (mit der Mappe) in Genua.
Phot. Sennecke.

April 1922

Ein plötzlicher Wetterumschwung, der Temperaturen bis zu 25 °C in Südwestdeutschland bringt, läßt ein phantastisches Osterwetter erwarten. Am Dienstag hatte es noch geschneit. Die Hoffnung auf eine dauerhafte Schönwetterzeit in Mitteleuropa erfüllt sich jedoch nicht (→ 16. 4./S. 66).

16. April, Ostersonntag

In Rapallo bei Genua schließen die sowjetische und die deutsche Konferenzdelegation einen Vertrag, der u. a. die gegenseitige völkerrechtliche Anerkennung beinhaltet. → S. 63

Das US-amerikanische Repräsentantenhaus in Washington genehmigt den neuen Marineetat; die Truppenstärke der Marine wird auf insgesamt 86 000 Mann festgelegt.

Korrespondenten aus Moskau berichten, daß die dortige Polizei angewiesen wurde, administrative Maßnahmen gegen Ausländer nach Möglichkeit zu vermeiden. Außerdem sind weitgehende Amnestien, z. B. für ehemalige weißgardistische Offiziere, angekündigt.

Die »Frankfurter Zeitung« beginnt mit dem Abdruck bisher unveröffentlichter Texte des russischen Schriftstellers Fjodor M. Dostojewski. Die Manuskripte waren erst nach dem Tod des Autors gefunden worden. Einen Teil der Schriftstücke hat die Redaktion für einen Abdruck erworben. U. a. befinden sich darunter noch nicht gedruckte Abschnitte aus dem Roman »Die Dämonen«.

Zu den Osterfeiertagen herrschen nach langer Kälte nun endlich mildere Temperaturen, so daß viele Großstädter Ausflüge unternehmen. → S. 66

17. April, Ostermontag

Wolfgang Kapp stellt sich den deutschen Behörden und wird von Schweden kommend in Saßnitz auf Rügen verhaftet (→ 12. 6./S. 95).

In Dublin wird auf Michael Collins ein Mordanschlag verübt, wobei jedoch niemand verletzt wird. Es kommt daraufhin erneut zu verstärkten Unruhen in Irland (→ 16. 6./S. 96).

18. April, Dienstag

Zwei türkische Politiker, Bha Eddin Chakir und Djemal Azmy Bey, werden in Berlin von zwei Mitgliedern einer armenischen Geheimorganisation ermordet. Die Opfer des Attentats gehörten zur türkischen Kriegspartei, die von den Exilarmeniern für die Verfolgung ihres Volkes in der Türkei verantwortlich gemacht wird.

In der oberschlesischen Stadt Gleiwitz (Gliwice) erschießt ein unerkannt bleibender Mann einen Stadtverordneten und Führer der polnischen Partei Oberschlesiens. Über Gleiwitz und Umgebung wird daraufhin der Belagerungszustand verhängt (→ 15. 5./S. 77).

Vertreter aus 28 Ländern nehmen an dem Esperanto-Kongreß in Genf teil. Die internationale Sprache Esperanto wird im Deutschen Reich in 123 Städten an öffentlichen Schulen unterrichtet.

19. April, Mittwoch

In Genua kommen der britische Premierminister David Lloyd George und die Leiter der deutschen Delegation, Kanzler Joseph Wirth (Zentrum) und Außenminister Walther Rathenau (DDP), erstmals nach dem Abschluß des Rapallo-Vertrages (→ 16. 4./S. 63) zu klärenden Gesprächen zusammen. → S. 64

Abgeordnete der Deutschnationalen Volkspartei (DNVP) bemängeln in einer Anfrage an den Reichstag den hohen Anteil von Juden in der Delegation des Deutschen Reiches auf der gegenwärtig stattfindenden internationalen Wirtschaftskonferenz in Genua. → S. 64

20. April, Donnerstag

In Rom beginnt der zweite Kongreß des internationalen Gewerkschaftsbundes, auf dem 101 Delegierte Gewerkschaftsorganisationen aus 19 Ländern vertreten. Er dauert bis zum 22. April. → S. 66

In Berlin erscheint das deutsche Weißbuch über die vom deutschen Reich geleisteten Reparationszahlungen und Sachleistungen seit dem Monat Mai des vergangenen Jahres.

21. April, Freitag

Das Deutsche Reich und Finnland schließen in Helsingfors (Helsinki) ein vorläufiges Handelsabkommen.

Bei nur 3 °C über Null setzt am Vormittag in Berlin heftiges Schneetreiben ein und beendet das schöne Osterwetter.

22. April, Samstag

Frankreichs Regierung kündigt in einem Brief an den italienischen Ministerpräsidenten Luigi Facta an, daß sie die Annullierung des Rapallo-Vertrages (→ 16. 4./S. 63) erwirken wolle. → S. 64

Im Rahmen des vom Frankfurter Schauspielhaus veranstalteten »Zyklus moderner Dramen« wird Arnolt Bronnens »Vatermord« uraufgeführt (→ S. 188).

In Paris werden die »Fünf Orchesterstücke« des Komponisten Arnold Schönberg zum ersten Mal in einem öffentlichen Konzert gespielt (→ S. 104).

23. April, Sonntag

Die interalliierte Kommission in Oberschlesien verbietet bis auf weiteres das Erscheinen der »Oberschlesischen Grenzzeitung« sowie die Einfuhr einiger auswärtiger Publikationen, z. B. des »Berliner Tageblatts« und des »Simplicissimus« (→ 15. 5./S. 77).

Nach den Landtagswahlen in Schaumburg-Lippe bilden die Sozialdemokraten die stärkste Fraktion im Parlament.

In ihrem 6. Fußballänderspiel gegen Österreich kann die deutsche Nationalmannschaft erstmals einen Sieg erringen. Sie schlägt in Wien die Österreicher 2:0. → S. 71

24. April, Montag

In Angora (Ankara) schließen Italien und die Türkei ein Abkommen, wodurch es Italienern künftig möglich ist, Konzessionen in der Türkei zu erwerben.

Im Kurhaus von Wiesbaden beginnt der viertägige 34. Kongreß der deutschen Gesellschaft für Innere Medizin. An ihm nehmen 700 Ärzte aus dem In- und Ausland teil.

Die »Münchener Medizinische Wochenschrift« berichtet von einem Entschluß der Ärzte aus dem sächsischen Leisnig, wegen der ständig steigenden Preise künftig nur noch die gültigen Brotpreise als Berechnungsgrundlage für das Honorar zu nehmen (→ 15. 9./S. 151).

Auf einer Tagung in Weimar beschließen die Intendanten der Staats- und städtischen Theater, sich zur »Vereinigung deutscher Theaterintendanten« zusammenzuschließen.

In Moskau unterzieht sich Wladimir I. Lenin einer Operation, wobei ihm eine Kugel aus der Schulter entfernt wird. Die Kugel war nach einem Attentat auf Lenin vor einigen Jahren steckengeblieben. Nach offiziellen Verlautbarungen ist Lenins Gesundheitszustand gegenwärtig befriedigend (→ 3. 4./S. 65).

25. April, Dienstag

In seiner Rede auf einem Empfang der Kölner Gesangvereine betont Reichspräsident Friedrich Ebert (MSPD) die Zusammengehörigkeit des Rheingebiets mit den übrigen deutschen Staaten und wendet sich damit entschieden gegen separatistische Bestrebungen in diesem Gebiet (→ 23. 7./S. 113).

Der thüringische Landtag beschließt gegen die Stimmen der bürgerlichen Parteien, den 1. Mai zum gesetzlichen Feiertag zu erklären.

Bei der Aufführung von »Le Cocu magnifique« (»Der gewaltige Hahnrei«) im Moskauer Popowa-Theater führt der auch in Westeuropa bekannte sowjetrussische Theaterregisseur Wsewolod E. Mejerchold erstmals seine neue Theatersprache der Öffentlichkeit vor.

26. April, Mittwoch

Wie der amtliche preußische Pressedienst mitteilt, hat am 1. Mai grundsätzlich Schulunterricht stattzufinden, da dies kein gesetzlicher Feiertag in Preußen ist.

Der Verlag Hermann Reckendorf gründet in München eine neue Zeitschrift mit dem Titel »Die Form, Monatsschrift für gestaltende Arbeit« (→ S. 68).

Zum ersten Mal auf der Bühne zu sehen ist das von Friedrich Hölderlin übersetzte Stück »Ödipus Tyrann« von Sophokles. Die Uraufführung findet unter großem Beifall am Hessischen Landestheater in Darmstadt statt.

Die Stadtverwaltung von Frankfurt am Main gibt bekannt, daß sie die von der Polytechnischen Gesellschaft geführte Kunstgewerbeschule übernommen hat und beabsichtigt, diese Schule mit der Städelschen Kunstschule zu einer gemeinsamen Akademie für freie und angewandte Kunst zu verbinden.

Weite Teile des Münchener Tierparks in Hellabrunn müssen wegen finanzieller Not geschlossen werden.

27. April, Donnerstag

Die Parteien des Rheinlandes verabschieden in Königswinter eine Entschließung, worin sie sich entschieden gegen separatistische Bestrebungen wenden (→ 23. 7./S. 113).

In der von Rudolf Breitscheid herausgegebenen Zeitschrift »Der Sozialist« äußern sich zwei ehemalige Mitglieder der linksorientierten Unabhängigen Sozialdemokraten (USPD) über eine schon länger anhaltende Krise in ihrer einstigen Partei (→ 24. 9./S. 149).

Das seit März (→ 15. 3./S. 50) unabhängige ägyptische Königreich gibt die Einführung einer neuen Nationalflagge bekannt. Sie hat einen grünen Grund mit einem weißen Halbmond und weißen Sternen. In der islamischen Welt ist grün die Farbe des Kalifats.

In Berlin wird der von Regisseur Fritz Lang gedrehte Film »Dr. Mabuse« uraufgeführt. → S. 71

28. April, Freitag

In Würzburg treffen die Finanzminister aller deutschen Länder zu einer zweitägigen Konferenz über den Finanzausgleich zusammen. Die Sitzung muß ohne konkretes Ergebnis beendet werden.

Aus London wird bekannt, daß zum ersten Botschafter Sowjetrußlands im Deutschen Reich Leonid Krassin ernannt werden soll. Krassin, der Mitglied der sowjetischen Delegation in Genua ist, übt das Amt des Volkskommissars für Handel und Industrie aus und leitet gleichzeitig die sowjetische Handelsmission in London.

29. April, Samstag

Auf einer Tagung des deutsch-osteuropäischen Wirtschaftsverbandes in Elberfeld (heute zu Wuppertal) begrüßen die Teilnehmer einmütig den Abschluß des deutsch-sowjetischen Rapallo-Vertrages (→ 16. 4./S. 63).

30. April, Sonntag

Der Aufstand der Bondelswarts, einer Bevölkerungsgruppe in Südwestafrika, wird von Truppen Südafrikas gewaltsam niedergeschlagen.

Das Wetter im Monat April

Station	Mittlere Lufttemperatur (°C)	Niederschlag (mm)	Sonnenscheindauer (Std.)
Aachen	5,9 (8,8)	102 (63)	– (178)
Berlin	6,2 (8,3)	48 (41)	– (193)
Bremen	6,2 (8,2)	42 (50)	– (185)
München	6,7 (8,0)	121 (59)	– (173)
Wien	– (9,6)	– (54)	– (173)
Zürich	6,5 (8,0)	176 (88)	88 (173)

( ) Langjähriger Mittelwert für diesen Monat
– Wert nicht ermittelt

April 1922

El Lissitzky gestaltete den Umschlag der russischen Kunstzeitschrift »Wjeschtsch« (Gegenstand), die in russischer, französischer und deutscher Sprache in Berlin erscheint.

April 1922

Europas Wirtschaftskonferenz in Genua gescheitert

10. April. In Genua beginnt eine internationale Wirtschaftskonferenz mit Teilnehmern aus 28 europäischen Staaten sowie Vertretern aus Japan und den britischen Dominions, die am 19. Mai für das Deutsche Reich enttäuschend endet. Vorgeschlagen hatte dieses Treffen der britische Premierminister David Lloyd George auf der Wirtschaftskonferenz der Alliierten in Cannes vom → 6. bis 13. Januar (S. 12). Im Zusammenhang mit der Reparationsfrage soll über die wirtschaftlichen Probleme Europas beraten werden. Zu diesem Zweck lud man erstmals nach 1917 eine offizielle sowjetische Delegation zu einem internationalen Treffen ein. Eine Premiere bedeutet Genua auch für die Gesandten des Deutschen Reichs, da sie erstmals nach dem Krieg als gleichberechtigte Partner akzeptiert werden. Abgesagt hatte die US-Regierung – eine Folge ihres politischen Rückzugs aus Europa seit dem Ende der Versailler Friedensverhandlungen. Die Vereinigten Staaten fordern von den Alliierten wirksame Maßnahmen für den ökonomischen Wiederaufbau Europas, der nach ihrer Auffassung nur durch eine vernunftgemäße Regelung der deutschen Reparationen möglich ist. Die Behandlung dieses Problems in Genua wollen die alliierten Veranstalter jedoch nicht garantieren, da der französische Ministerpräsident Raymond Poincaré sich hartnäckig gegen Kompromisse in dieser Frage sträubt. Diese Haltung ist auch der Grund dafür, daß Poincaré selbst nicht nach Genua reist. Er schickt statt dessen Jean Louis Barthou, den Präsidenten der Reparationskommission.

Obwohl Lloyd George um eine realistische Lösung der europäischen Probleme bemüht ist, macht auch er mit Rücksicht auf den Bündnispartner Frankreich keine Zugeständnisse in der Reparationsfrage. Entgegen den Wünschen der deutschen Delegation bleibt diese Frage im Konferenzprogramm unberücksichtigt. Damit zerschlagen sich die Hoffnungen Walther Rathenaus (DDP), der mit Reichskanzler Joseph Wirth (Zentrum) das Deutsche Reich in Genua vertritt. Sein Ziel, durch eine »Erfüllungs«-Politik eine Anbindung an die Westmächte zu erreichen, scheint somit unerreichbar. Unmittelbare Folge ist das Bündnis mit Sowjetrußland, das in Rapallo geschlossen wird (→ 16. 4./S. 63).

Durch den Vertragsabschluß gerät die Konferenz zunächst in eine Krise. Die Alliierten fühlen sich hintergangen, da sie selbst großes Interesse an einer Einigung über die russischen Kriegsschulden haben. Insbesondere Frankreich wollte erreichen, daß die Moskauer Regierung den Paragraphen 116 des Versailler Vertrages anerkennt, wodurch auch Sowjetrußland zum Gläubiger des Deutschen Reiches geworden wäre. Erst nach einer versöhnlichen Rede Lloyd Georges am 20. April werden die Verhandlungen in Kommissionen und Unterkommissionen fortgesetzt. Im Laufe der nächsten Wochen kommt es dabei auch zu einigen Übereinkünften in internationalen Finanz- und Währungsfragen, deren Nützlichkeit sich allerdings erst in Zukunft erweisen kann. Als der Moskauer Außenminister Georgi W. Tschitscherin klar herausstellt, daß die sowjetische Regierung die Anerkennung der russischen Vorkriegsschulden generell ablehnt, beenden die Delegationsleiter am 19. Mai die Konferenz in Genua. Das mit so großen Erwartungen begonnene Treffen bleibt letztlich ohne nennenswerte Ergebnisse. Zwar heben die Politiker in ihren Abschiedsreden das Positive einer solchen internationalen Zusammenkunft noch einmal hervor, doch kann dies die allgemeine Enttäuschung über den Ausgang nicht verdecken. Sie findet ihren Ausdruck in den verschiedenen Pressekommentaren, aus denen folgender Ausschnitt stammt. Ein Journalist der »Frankfurter Zeitung« gibt darin am 27. April die Rede eines Berichterstatters in Genua wieder: »Illusionen, nichts als Illusionen! Spüren Sie denn nicht: nur die Furcht vor der Blamage, nur der Wunsch, nicht Störenfried zu sein, hält diese Horde zusammen. Außerdem – will man Geschäfte machen. Man will erstens sein Geld nicht verlieren und zweitens, wenn das schon sein muß, schleunigst neues gewinnen ... Sehen Sie denn nicht, wie jede Delegation in ihrem Bau hockt und Besuche der Mitglieder der einen Gruppe bei der anderen sich nur unter größter Heimlichkeit vollziehen? Fühlen Sie nicht, wie tief Sie alle noch immer im mittelalterlichen Intrigieren stecken? Wo ist Ihre berühmte Atmosphäre, wo sind da Ihre modernen Methoden zu spüren, Ihr neues Europa?«

Der bekannte britische Nationalökonom John Maynard Keynes bei einem Spaziergang durch Genua

Garteneingang zum Palazzo Reale Genuas, wo die Sitzungen der einzelnen Kommissionen stattfinden

Die Delegationsleiter aus Großbritannien, Lloyd George (l.), und Frankreich, Barthou, im Gespräch

Italiens Ministerpräsident Luigi Facta (unter der Statue m. Blatt) bei der Eröffnungsrede im Palazzo San Giorgio

Eine unruhige Nacht in Genua

Der britische Botschafter in Berlin, Edgar Vincent D'Abernon, berichtet in seinen Aufzeichnungen über das Geschehen vor der Unterzeichnung des Rapallo-Vertrages in Genua. D'Abernon stützt sich hierbei auf die Informationen Adolf Georg Otto von Maltzahns, der als Leiter der Ostabteilung des Auswärtigen Amtes des Deutschen Reiches zur Delegation in Genua gehörte. Nachfolgend Auszüge:

In der Nacht vom Samstag auf Sonntag (15./16. 4.) zwei Uhr morgens wurde Maltzahn von Georgi W. Tschitscherin, dem Leiter der sowjetischen Delegation, angerufen. Er bot den Deutschen Verhandlungen über ein deutsch-russisches Wirtschaftsabkommen an. »Sobald Maltzahn herausgefunden hatte, daß die Russen den Deutschen nachliefen, sagte er, daß es schwer sein würde, für den Sonntag eine Verabredung zu treffen, da er die Absicht habe, in die Kirche zu gehen. Aber als Tschitscherin sich ausdrücklich bereit erklärte, Deutschland die Meistbegünstigungsklausel zuzubilligen, versprach Maltzahn, seine religiösen Pflichten zu opfern und die Russen am Sonntag aufzusuchen. Dann ging er um halb drei Uhr nachts zu Rathenau. Er fand ihn in seinem Zimmer . . . auf und ab gehend – ein verstörtes Gesicht, Augen, die aus den Augenhöhlen herauszutreten schienen, blickten ihm entgegen. Als Maltzahn hereinkam, sagte Rathenau: ›Ich nehme an, daß sie mir das Todesurteil bringen.‹ ›Im Gegenteil‹, beruhigte ihn Maltzhahn, ›gute Nachrichten.‹ Er berichtete ihm dann über die Unterredung, worauf Rathenau sagte: ›Jetzt wird mir die ganze Lage klar. Ich werde zu Lloyd George gehen, um ihm alles auseinanderzusetzen, und wir werden uns schon verständigen‹. Maltzahn erwiderte: ›Unmöglich – das wäre ehrlos gehandelt. Wenn sie es tun, werde ich sofort meine Demission einreichen . . . Zu einem solchen Verrat an Tschitscherin werde ich mich nicht hergeben.‹ Allmählich ließ sich Rathenau zu dem Standpunkt Maltzahns bekehren und beschloß, die Russen am Sonntag aufzusuchen.« Dabei kam der deutsch-russische Vertrag zustande.

Der deutsche Reichskanzler Joseph Wirth (2. v. l.) in Rapallo während eines Gesprächs mit dem Leiter der sowjetischen Delegation Tschitscherin (4. v. l.) und dessen Mitarbeiter Leonid Krassin (3. v. l.) sowie Adolf A. Ioffe (5. v. l.)

Rathenau stimmt dem Rapallo-Vertrag zu

16. April. In Rapallo, einem zur Provinz Genua gehörenden Seebad, unterzeichnen Sowjetrußland und das Deutsche Reich einen gemeinsamen Vertrag auf der Grundlage gegenseitiger Gleichberechtigung.

Vorbereitungen für ein solches Abkommen waren zwischen beiden Staaten bereits seit längerem im Gange. Das Interesse der Ostabteilung im Auswärtigen Amt an einem Bündnis mit Moskau ist groß. Sein Leiter, Adolf Georg Otto (Ago) von Maltzahn, vertritt eine nicht unbedeutende Gruppe deutscher Politiker, die sich von einer Zusammenarbeit mit Sowjetrußland eine Stärkung der deutschen Position gegenüber den alliierten Westmächten erhoffen. Zu den Befürwortern einer aktiven Ostpolitik gehört im übrigen auch Hans von Seeckt, Antirepublikaner und Oberbefehlshaber der Reichswehr. Sein Ziel ist die Wiedererrichtung einer deutschen Militärmacht mit Hilfe eines Bündnispartners im Osten (→ 25. 8./S. 131).

Die sowjetische Delegation unter Außenminister Georgi W. Tschitscherin hoffte, bereits vor Beginn der Weltwirtschaftskonferenz in Genua (→ 10. 4./S. 62) den ausgehandelten Vertrag unterzeichnen zu können. Auf der Fahrt in die italienische Konferenzstadt machte sie in Berlin Station, doch Reichskanzler Joseph Wirth (Zentrum) und auch Außenminister Walther Rathenau (DDP) zögerten. Beide Politiker sehen die Zukunft des Deutschen Reiches in einer engen Zusammenarbeit mit den Westmächten.

Inhalt des Rapallo-Vertrages

Die wichtigsten Bestimmungen:
Art. 1: Beide Staaten verzichten gegenseitig auf den Ersatz ihrer Kriegskosten sowie auf den Ersatz der Kriegsschäden.
Art. 3: Die diplomatischen und konsularischen Beziehungen zwischen dem Deutschen Reich und Sowjetrußland werden sogleich aufgenommen.
Art. 4: Die beiden Regierungen sind sich ferner auch darüber einig, daß für die allgemeine Regelung der beiderseitigen Handels- und Wirtschaftsbeziehungen der Grundsatz der Meistbegünstigung gelten soll. (Meistbegünstigung bedeutet, daß keiner der Unterzeichner einen dritten Staat günstiger stellt als den Vertragspartner.)

Die einzige Möglichkeit, eine Anbindung des Deutschen Reiches an die westlichen Alliierten zu erreichen, sehen Wirth und Rathenau in der sog. Erfüllungspolitik. Das bedeutet die Erfüllung der im Versailler Vertrag festgeschriebenen Forderungen, was in der gegenwärtigen wirtschaftlichen Situation des Reiches ein Entgegenkommen der Alliierten in der Reparationsfrage voraussetzt. Dies scheitert an der Haltung der Franzosen in Genua. Für das Deutsche Reich hat diese Niederlage schwere wirtschaftliche Folgen. Zur gleichen Zeit verhandeln die Alliierten mit Sowjetrußland über dessen Vorkriegsschulden und fordern Moskau auf, seinerseits Reparationsansprüche an das Deutsche Reich geltend zu machen, die Sowjetrußland aufgrund des Paragraphen 116 im Versailler Vertrag zustehen. Solcherart in Bedrängnis gebracht, sieht Rathenau keinen anderen Ausweg, als dem Bündnis mit Sowjetrußland zuzustimmen. Sowjetrußlands Interesse an einer Vertragsunterzeichnung ist in Genua ebenfalls gestiegen, da die Konferenz sich gegenüber der Forderung nach internationaler Abrüstung verweigert. Moskau braucht Friedensgarantien und sieht sich deshalb bei deren Ausbleiben gezwungen, seine eigene Position durch ein Bündnis mit dem Deutschen Reich zu stärken.

Mit dem Vertragsabschluß ist das Deutsche Reich das erste Land, das die kommunistische Regierung Sowjetrußlands offiziell anerkennt.

Vertrag von Rapallo löst Krise in Genua aus

19. April. In Genua kommen der britische Premierminister David Lloyd George und die Leiter der deutschen Delegation auf der Wirtschaftkonferenz (→ 10. 4./S. 62) zu Gesprächen zusammen. Während des auf deutsche Initiative hin zustande gekommenen Treffens erläutern Reichskanzler Joseph Wirth (Zentrum) und Außenminister Walther Rathenau (DDP) Gründe und Inhalt des am → 16. April (S. 63) abgeschlossenen Rapallo-Vertrages.

Das Übereinkommen zwischen Sowjetrußland und dem Deutschen Reich schlug auf der Konferenz von Genua »wie eine Bombe ein«. Wie deutsche Zeitungen berichten, soll Lloyd George, nachdem er von dem Abschluß in Rapallo erfuhr, regelrecht getobt haben. Die Westmächte fühlten sich durch das Bündnis der beiden als Außenseiter auf der Konferenz behandelten Staaten übergangen und verraten. Eine Fortsetzung der Konferenz wird ernsthaft in Frage gestellt. Die allgemeine Empörung legt sich erst nach einer versöhnlichen Rede Lloyd Georges am 20. April. Darin versichert der britische Premier den Teilnehmern von Genua, daß der Vertrag keine Geheimklauseln enthalte und er den Zwischenfall für erledigt halte.

Die Alliierten vermuteten zunächst mehr Vereinbarungen in dem Vertrag, als tatsächlich geschlossen wurden. Insbesondere Frankreich befürchtet ein damit verbundenes geheimes Militärabkommen. Die These, daß der russische Bolschewismus im Verein mit der preußischen Organisations- und Militärgewalt die Macht in Europa erringen könne, bekommt wieder neue Nahrung. Als der französische Politiker Georges Clemenceau in Vendée von Journalisten nach seinen Plänen für die Zukunft gefragt wird, antwortet er, er pflege die Rosen in seinem Garten und klettere ab und zu aufs Dach, um nachzusehen, ob die Hunnen kämen.

Im Deutschen Reich indes sind die Meinungen über das Vorgehen der nach Genua entsandten Delegation geteilt. Befürworter des Bündnisses finden sich bei den Kommunisten, aber auch in reaktionären Kreisen. In einer wirtschaftlichen und militärischen Zusammenarbeit mit Sowjetrußland sehen letztere die Chance für eine Einkreisung Polens als Voraussetzung für eine Revision des Versailler Vertrages und die Wiedererlangung der deutschen Weltmachtstellung. Ablehnend hingegen verhalten sich weite Kreise der Sozialdemokraten. Reichspräsident Friedrich Ebert (MSPD), der erst nach Unterzeichnung von dem Vertrag erfuhr, zeigt sich entsetzt über Rapallo, da er so sein nach Westen hin orientiertes politisches Konzept gefährdet sieht (→ 25. 8./S. 131).

»Genua. Europa ward wüst und leer – aber die Konferenzen tagten immer noch« (l.); Simplicissimus-Karikaturen über die endlosen und erfolglosen Sitzungen in Genua; »Abschied von Genua. Die werden noch oft auswärts speisen müssen, bevor ihre Völker was zu essen kriegen« (r.)

Kanzler Joseph Wirth während seiner Rede vor dem deutschen Reichstag am 29. Mai, wo er nach seiner Rückkehr aus Genua über die ergebnislos beendete Wirtschaftskonferenz und den Abschluß des Rapallo-Vertrages berichtet

Frankreich will Rapallo annullieren

22. April. Die französische Delegation auf der Weltwirtschaftskonferenz in Genua (→ 10. 4./S. 62) unter Jean Louis Barthou gibt bekannt, daß sie von Sowjetrußland und dem Deutschen Reich die Annullierung ihres am → 16. April (S. 63) in Rapallo geschlossenen Sondervertrages verlange. Das Bündnis widerspreche dem Versailler Vertrag. Nachdem vor zwei Tagen der britische Premier David Lloyd George diese Angelegenheit für erledigt erklärt hatte, um die Fortsetzung der Konferenz nicht zu gefährden, löst dieses von Paris gestellte Ansinnen erneut eine ernste Krise in Genua aus. Es kommt zu offenen Auseinandersetzungen zwischen der französischen und deutschen Delegation. Das Deutsche Reich wendet sich entschieden gegen einen von Barthou an den italienischen Ministerpräsidenten Luigi Facta gerichteten Brief, in dem den Deutschen »lügnerische Behauptungen« unterstellt werden.

Folge dieser Zwistigkeiten ist ein ständiger Notenwechsel zwischen den einzelnen Delegationen, der das Zurückkehren zu dem eigentlichen Problem der Konferenz, der wirtschaftlichen Stabilisierung Europas, beträchtlich erschwert.

Antisemitismus in rechter Fraktion

19. April. In einer Anfrage im deutschen Reichstag fordern 21 deutschnationale Fraktionsmitglieder die Überprüfung der Delegation des Deutschen Reiches auf der Wirtschaftskonferenz in Genua (→ 10. 4./S. 62) in Hinblick auf deren Konfession und Rassenzugehörigkeit.

Die Abgeordneten der DNVP behaupten, daß wenigstens zwölf Herren der Delegation der »jüdischen Rasse« angehören, das seien 33% der Gesamtzahl der Delegierten, und das bedeute »eine ungeheuerliche Bevorzugung der Juden bei der deutschen Vertretung in Genua«. Die »Frankfurter Zeitung« bemerkt dazu, daß »sachlich über eine solche Verirrung in die albernsten Gehässigkeiten der antisemitischen Hetze natürlich kein Wort zu verlieren« sei, denn die 21 Unterzeichner hätten sich in den Augen verständiger Leute selbst das Urteil gesprochen (→ 15. 11./S. 182).

April 1922

Stalin zum Generalsekretär gewählt

3. April. In Moskau wählt das Zentralkomitee (ZK) der KPR(B), der Kommunistischen Partei Rußlands (Bolschewiki), Josef W. Stalin zum Generalsekretär des ZK.

Die Einrichtung dieser Funktion beschloß die Parteiführung mit Wladimir I. Lenin auf dem XI. Parteitag der KPR(B), der vom 27. März bis 2. April stattfand. Es ist der letzte Parteitag, an dem der bereits an Arteriosklerose erkrankte Lenin teilnehmen kann; am 26. Mai erleidet er seinen ersten Schlaganfall.

Hauptthemen dieses Plenums waren zum einen die Auswertung der NEP, der Neuen Ökonomischen Politik, und zum anderen die Fixierung von Parteistrukturen.

NEP bezeichnet die auf dem X. Parteitag im März 1921 beschlossenen Grundzüge einer neuen Wirtschaftspolitik für Sowjetrußland, wodurch nach der Phase des sog. Kriegskommunismus in verschiedenen Bereichen nun wieder privatwirtschaftliche Initiativen gefördert werden. Diese Maßnahmen hielt Lenin für unbedingt erforderlich, um die durch Revolution und Bürgerkrieg heruntergekommene Industrie und Landwirtschaft wieder anzukurbeln. Auf dem jetzigen Parteitag erwies sich dieser Schritt als erfolg-

Lenin (l.) und Stalin im Sommer 1922 in Gorki; hier hält sich Lenin auf Anraten der Ärzte nach seinem ersten Schlaganfall im März zur Genesung auf.

reich: In Industrie und Handel sind bereits Besserungen spürbar. Äußerst problematisch ist allerdings nach wie vor die Situation in der Landwirtschaft. Hier benötigt eine Erholung längere Zeiträume, und so herrscht in weiten Gebieten noch immer Hungersnot (→ 1. 1./S. 18).

Die Fixierung von Parteistrukturen auf der Basis des Zentralismus leitete Lenin ebenfalls im März 1921 ein, z. B. wurden Fraktionsbildungen untersagt. Eine weitere Maßnahme zur Straffung der Parteidisziplin und der Konzentration der Macht in den Händen des Politbüros innerhalb des ZK ist die Funktion des Generalsekretärs. Er hat entsprechend den Anweisungen des Politbüros und unter dessen Aufsicht die »Säuberung« der mittleren und unteren Parteiorgane von allen oppositionellen Elementen vorzunehmen und zuverlässige hauptamtliche Sekretäre einzusetzen. Lenin selbst schlug für dieses Amt Stalin vor.

Josef Stalin, der Mann aus Georgien

Josef W. Stalin wurde am 21. Dezember 1879 als Sohn eines Schusters unter dem Namen Dschugaschwili in Gori (Georgien) geboren. 1894 kam er in das Priesterseminar von Tiflis (Tbilissi), das er jedoch wegen marxistischer Propaganda vorzeitig verlassen mußte.

Aufgrund seiner politischen Tätigkeit und Zusammenarbeit mit den Bolschewiki wurde er in den folgenden Jahren des öfteren inhaftiert und in die Verbannung geschickt. 1917 kehrte er von dort nach Petrograd (Leningrad) zurück und engagierte sich in der Oktoberrevolution. Gemeinsam mit Wladimir I. Lenin, Leo Trotzki u. a. gehört er seitdem zu den Führern der Bolschewiki. Mit der Wahl zum Generalsekretär erweitert sich sein Machtbereich wesentlich. Schon im Dezember 1922 sieht Lenin wegen Stalins rücksichtslosem Vorgehen und einer sich ausbreitenden Korruption innerhalb des Parteiapparats in Stalins Machtfülle eine Gefahr, die er in einem Brief an den Parteikongreß äußert.

Karl I. mit Frau Zita und den Kindern, darunter der älteste Sohn und Thronfolger Otto (2. v. r.)

Die sterblichen Überreste Kaiser Karls I., aufgebahrt in der Kapelle auf der Insel Madeira

Der letzte Kaiser von Österreich stirbt im Alter von 34 Jahren auf der Atlantikinsel Madeira

1. April. Der ehemalige Kaiser von Österreich und König von Ungarn, Karl I., stirbt in Funchal auf der Atlantikinsel Madeira.

Der letzte Herrscher des Hauses Habsburg-Lothringen war der Großneffe von Kaiser Franz Joseph, der fast sieben Jahrzehnte die Krone getragen hatte. Als dessen Neffe und Onkel Karls, Erzherzog Franz Ferdinand, am 28. Juni 1914 in Sarajevo einem Attentat zum Opfer fiel, rückte Karl überraschend zum Thronfolger auf. Nach dem Tod Franz Josephs im Jahr 1916 wurde der erst 29jährige dessen Nachfolger. Den Schwierigkeiten einer Regierung während der Zeit des Weltkriegs und der Veränderungen nach der Niederlage in dem Vielvölkerstaat Österreich-Ungarn zeigte sich der junge Monarch nicht gewachsen. Am 11. und 13. November 1918 mußte er auf die Regierungsbeteiligung verzichten. Nach der Ausweisung der Habsburger aus Österreich und zwei fehlgeschlagenen Putschversuchen in Ungarn wurde er Ende 1921 nach Madeira verbannt (→ 30. 9./S. 155).

April 1922

Kritische Blicke in die vor den Osterferien verteilten Zeugnisse

Besatzungsmitglieder der »Hannover« auf dem Rückweg zu ihrem Schiff

Osterspaziergang trotz Regenschauer und Kälte im Norden Europas

16. April. *»Vom Eise befreit sind Strom und Bäche« – die Anfangsverse aus Johann Wolfgang von Goethes »Osterspaziergang« könnten auch in diesem Jahr als Motto des Festes der Auferstehung gelten. Die spät einsetzende Kälte scheint nun endlich vorüber, die ersten Knospen sprießen, die Krokusse stehen in voller Blüte. Zwar spricht der Wetterbericht von vereinzelten Regenschauern, doch kann dies die lufthungrigen Großstädter kaum davon abhalten, mit Zügen, Straßenbahnen, auf Fahrrädern und zu Fuß endlich aus dem Häusermeer herauszukommen. Ungünstiger sieht es dagegen weiter nördlich aus: Bei Riga ist die Ostsee noch immer vereist, so daß einige Dampfer festgefroren sind. So muß die deutsche »Hannover«, ausgerüstet als Eisbrecher, etliche hier festsitzende Schiffsbesatzungen mit den nötigen Lebensmitteln versorgen.*

Spendensammlung soll Armut lindern

1. April. Reichspräsident Friedrich Ebert (MSPD) fordert zu einer Spendensammlung zur Unterstützung notleidender alter Menschen im gesamten Deutschen Reich auf.

Aus diesem Anlaß hat Ebert zahlreiche Vertreter von politischen, wissenschaftlichen und industriellen Verbänden sowie Delegierte von Hilfsorganisationen und Journalisten in sein Haus geladen, um der Sammlung von vornherein eine breite Basis zu sichern.

In seiner Ansprache zu Beginn der Veranstaltung weist der Reichspräsident darauf hin, daß die ständige Geldentwertung vor allem die alten Menschen trifft. Der Wert ihrer Renten wird immer geringer, und viele von ihnen erhalten kaum finanzielle Unterstützung. In einem anschließenden Lichtbildervortrag erläutert die Vertreterin der Altershilfe, Alice Salomon, das erschreckende Elend alter Menschen, vor allem in den Städten. Unter ihnen verbreiten sich in stärkerem Maße Krankheiten – so leidet ein Großteil von ihnen unter Tuberkulose, als deren Ursache häufig die schlechten Lebensbedingungen festgestellt werden. Ebenso sei die Zahl der Selbstmorde in den letzten zwei Jahren unter dieser Bevölkerungsgruppe enorm angestiegen.

Anstehen nach dem Abendessen vor dem Männerschlafsaal im städtischen Obdachlosenasyl; unter den Obdachlosen befinden sich zum großen Teil Alte.

Schlafraum für acht Personen im Altersheim in Berlin-Buch; durch zunehmende Geldentwertung ist die weitere Existenz vieler Altersheime bedroht.

Gewerkschafter für Frieden in Europa

20. April. Im römischen Argentina-Theater beginnt der Kongreß der in der Amsterdamer Internationalen vertretenen Gewerkschaften. Bis zum 22. April beraten hier in der italienischen Hauptstadt Delegierte aus 19 Ländern über eine Lösung der europäischen Probleme.

In seiner Eröffnungsansprache hebt der italienische Gewerkschaftsführer Daragona hervor, die römische Konferenz wolle die Solidarität der Völker bestätigen und in erster Linie über die Abrüstung beraten, die in Genua (→ 10. 4./S. 62) nicht zur Sprache komme. Dort säßen die »Bourgeois-Delegierten zusammen, um die Völker zu betrügen und eine nationalistische Politik zu treiben«. Die Gewerkschaftsvertreter fordern Maßnahmen zum Schutz der jungen Weimarer Republik und internationale Kredite zur Wiederherstellung des Deutschen Reichs.

Drei Internationale tagen in Berlin

5. April. Im Berliner Reichstagsgebäude endet die am 2. April begonnene Konferenz der Exekutiven der drei sozialistischen Internationalen. Zu den drei Vereinigungen der Arbeiterparteien gehören:
▷ Die Zweite Internationale, deren Hauptvertreter die deutschen, britischen und belgischen Sozialdemokraten sind, u. a. mit Otto Wels (MSPD), Ramsey MacDonald und Emile Vandervelde
▷ Die Internationale Zweieinhalb (auch Wiener Arbeitsgemeinschaft genannt) der deutschen Unabhängigen Sozialisten mit Arthur Crispien und linken österreichischen, französischen und britischen Sozialisten
▷ Die Dritte Internationale, die Vereinigung der kommunistischen Parteien u. a. mit den Russen Karl Radek und Nikolai I. Bucharin sowie der Deutschen Clara Zetkin als Delegierte

Das Treffen, auf dem erstmals Kommunisten und Sozialdemokraten an einem Verhandlungstisch sitzen, ist geprägt von heftigen Meinungsverschiedenheiten. Nur mit Mühe gelingt die Verabschiedung einer gemeinsamen Resolution, in der beschlossen wird, eine internationale Arbeiterkonferenz vorzubereiten.

April 1922

Weltweite Bahnprojekte für die Zukunft

5. April. In der erstmals herausgegebenen Wochenzeitschrift für den Wirtschaftsverkehr mit Sowjetrußland und den Randstaaten, »Der Weg zum Osten«, erscheint ein Artikel über die Probleme des Verkehrswesens in Sowjetrußland.

Der Autor berichtet u. a., daß im vergangenen Jahr mit dem Wiederaufbau des im Bürgerkrieg stark zerstörten Eisenbahnwesens begonnen wurde. Zu einer der wichtigsten Strecken zählt hierbei die 1916 fertiggestellte Transsibirische Eisenbahn, die Moskau mit der am Japanischen Meer gelegenen Stadt Wladiwostok verbindet. Weiterhin ist die vollständige Wiederinbetriebnahme der Turkestanischen Bahn von Samara (Kuibyschew) nach Taschkent vordringliche Aufgabe.

Diese Linien sind auch Teil eines weltweit geplanten Verkehrsnetzes, an dem nationale und internationale Wirtschaftsunternehmen interessiert sind. Unter dem Titel »Weltverkehrsprojekte der Zukunft« veröffentlicht die »Berliner Illustrirte Zeitung« Karten, die einen Eindruck von dem Vorhaben vermitteln. Über Tausende von Kilometern führende Eisenbahnstrecken in Asien und Afrika sollen errichtet werden, um zusätzliche Rohstoffquellen und Absatzmärkte zu erschließen.

◁ Bei der Wiederherstellung der sowjetrussischen Eisenbahn wird auch der Verbesserung im Personenverkehr Beachtung geschenkt.

◁ Den Wunsch einer verkehrsmäßigen Erschließung des afrikanischen Kontinents verdeutlicht diese Karte.

▽ Die Karte zeigt neben schon bestehenden Bahnverbindungen drei Projekte, durch die weite Teile von Vorderasien bis China verbunden würden.

Die Konzentration in Städten wächst

1. April. Mit der Eingemeindung von vier am Stadtrand gelegenen Orten wird Leipzig zur viertgrößten Stadt des Deutschen Reiches und verdrängt damit München. Bayerns Landeshauptstadt ist damit die fünftgrößte Stadt von insgesamt 43 Gemeinden im Deutschen Reich mit mehr als 100 000 Einwohnern.

Die Einwohnerzahl von Leipzig – gezählt nach der ortsanwesenden Bevölkerung – beträgt etwa 640 000. Darunter befinden sich die etwa 33 000 Einwohner der vier nun der Stadtverwaltung unterstellten Gemeinden Groß Zschocher-Windorf, Leutzsch, Paunsdorf und Wahren.

Die 20 größten deutschen Städte

	31. 12. 1921	31. 3. 1923
Berlin	3 803 770	3 803 770
Hamburg	985 779	985 779
Köln	633 904	640 910
Leipzig	604 380	636 485
München	630 711	630 711
Dresden	587 748	587 748
Breslau	528 260	528 260
Essen	439 257	439 257
Frankfurt/M.	433 002	433 002
Düsseldorf	407 338	407 338
Hannover	392 805	392 805
Nürnberg	352 298	359 794
Stuttgart	309 197	323 572
Chemnitz	303 775	303 986
Dortmund	295 026	295 026
Magdeburg	285 856	285 856
Bremen	269 806	269 806
Königsberg	260 895	269 895
Duisburg	244 302	244 302
Stettin	232 726	232 726

Die Einwohnerzahlen sind Ergebnisse der Volkszählung vom 8. Oktober 1919 und beziehen sich auf den Gebietsstand oben genannter Daten. Unterschiedliche Zahlen ergeben sich aus einer jeweiligen Vergrößerung des Territoriums.

Wahrscheinlich erhielt Leipzig schon zwischen 1161 und 1170 von Markgraf Otto dem Reichen von Meißen Hallisches und Magdeburger Stadtrecht. Seit Ende des 15. Jahrhunderts entwickelte es sich zu einem bedeutenden Handelszentrum. Nach dem Dreißigjährigen Krieg gewannen vor allem Rauchwaren- und Musikalienhandel, Buchhandel und -druck an Bedeutung, so daß die sächsische Stadt bereits im 18. Jahrhundert Frankfurt am Main als Zentrum des deutschen Buchhandels überholte. Nach dem Bau eines sächsisch-deutschen Eisenbahnnetzes begann Mitte des vorigen Jahrhunderts eine Industrialisierungsphase, in deren Folge sich auch die traditionelle Warenmesse zur Mustermesse wandelte. Nach der Eingemeindung von 40 Vororten ab 1850 wuchs die Einwohnerzahl schon nach 1871 auf über 100 000 an.

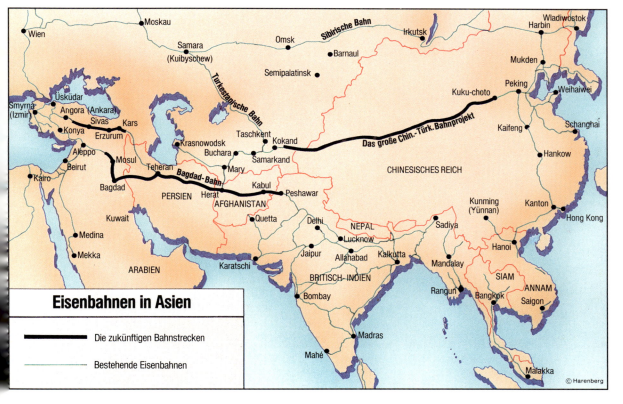

April 1922

Werbung 1922:
Öffentlichkeit fordert künstlerische Qualität der Reklame

Trotz finanzieller Schwierigkeiten spielt in der gegenwärtig schlechten wirtschaftlichen Lage die Werbung für Industrie, Handel und Dienstleistung in den europäischen Ländern eine wichtige Rolle.

Die hier am meisten verwendeten Werbemittel sind Anzeigen in Zeitungen und Illustrierten sowie Plakate. Neue Techniken hingegen finden verstärkt in den USA Anwendung. Dort werden Flugzeug und Luftschiff für Reklamezwecke eingesetzt, Lichtreklame bestimmt das nächtliche Bild der Großstädte. In Europa fehlen für solche aufwendige Werbung zumeist die Mittel – so setzt z. B. der Magistrat von Berlin eine obere Grenze für den Energieverbrauch fest, um der Stromverschwendung durch Lichtreklame entgegenzuwirken. Ungewohnt für europäische Besucher sind in den USA auch die überdimensionalen Plakatwände (zumeist naturalistisch gestaltet) an den Autostraßen mitten in der Landschaft, die in nur wenigen Sekunden die Aufmerksamkeit der Fahrer in den immer schneller werdenden Kraftfahrzeugen auf sich lenken müssen.

In der Gestaltung des traditionellen europäischen Plakats zu Beginn der 20er Jahre sind z. T. schon Anfänge von künstlerischen Entwicklungen sichtbar, die später in den 50er und 60er Jahren starken Einfluß auf die Gebrauchsgrafik ausüben. Stilrichtungen wie die des Kubismus und Purismus – die Reduzierung des künstlerischen Gegenstands auf seine Grundformen –, des Konstruktivismus und Dadaismus sind dafür charakteristisch.

Die Jahrzehnte überdauernde Qualität der künstlerischen Plakate kann allerdings nicht darüber hinwegtäuschen, daß der größte Teil der Werbung ein solches Niveau nicht erreicht und von der Vorstellung einer »Kunstgalerie der Straße« weit entfernt ist. Vertreter künstlerischer Vereine und Schulen sowie die Fachpresse fordern deshalb von den Auftraggebern, daß sie der ästhetischen Gestaltung von Reklameprodukten mehr Aufmerksamkeit schenken. Zu den wichtigsten Auftraggebern gehören u. a. Unternehmen wie die Deutsche Reichsbahn, die Post und städtische Einrichtungen. Sie haben inzwischen erkannt, daß sich mit der Vergabe von Reklameflächen neue Einnahmequellen erschließen lassen. Ihr Mitspracherecht bei der Genehmigung von Werbung wird allerdings oft nur vom finanziellen Aspekt geleitet. Hier Abhilfe zu schaffen, ist z. B. Ziel einer Ausstellung zur Eisenbahn-Reklame im Januar 1922, deren Programm folgende Passage enthält: »Eisenbahnreklame verlangt eine technische, ästhetische und reklamepsychologische Auseinandersetzung mit dem vielfältigen Problem des Verkehrswesens, mit dem besonderen Charakter der Eisenbahn (als Raum- oder Formfrage) überhaupt. Im Zugabteil wird das einzelne Reklamebild nicht mit wilder Grimasse den Reisenden stundenlang quälen dürfen.«

Neben der Wirtschaftswerbung gewinnt seit dem Ende des Weltkriegs das politische Plakat an Bedeutung. Hier sind es vor allem die Expressionisten, die durch ihre suggestive Malerei den Betrachter aufrütteln wollen und auch die mit dem Dadaismus sich durchsetzende Fotomontage. Bemerkenswert während dieser Zeit sind ebenfalls die Arbeiten der sowjetrussischen Konstruktivisten. Die dortige Entwicklung agitatorischer Kunst mit modernen künstlerischen Mitteln beeinflußt nicht nur zeitgenössische westeuropäische Gestalter, sondern auch noch die Propagandisten der linken Bewegung Westeuropas gegen Ende der 60er Jahre.

Anzeige aus der »Leipziger Illustrirten Zeitung«, erschienen im Oktober 1922; in ihrer Gestaltung haben Zeitungsanzeigen häufig illustrativen Charakter, da hier nicht die Notwendigkeit des schnellen Erkennens besteht.

April 1922

Eine Zeichnung aus der »Berliner Illustrirten Zeitung« zu einem Beitrag über die Reklamemethoden in den USA: Erstmals, so berichtet der Korrespondent darin, werden in den USA, dem Land mit »der wildesten und der psychologisch besten Reklame«, Flugzeuge zu Werbezwecken eingesetzt.

◁ Das Kind als Blickfang für eine Seifenwerbung in der »London News«

  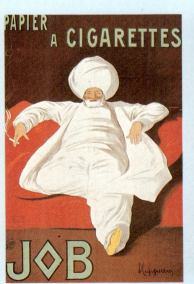 

Kräftige, satte Farbtöne kennzeichnen diese Werbeplakate und Emailschilder nach Entwürfen u. a. von Cappiello (1. u. 3. v. l.) und Taddei (2. v. l.).

April 1922

Einsteins Relativitätstheorie macht weltweit Furore

4. April. Am Pariser Collège de France hält der in Berlin lebende Physiker Albert Einstein eine Vorlesung über die Relativitätstheorie. Die Veranstaltungsreihe begann am 31. März und wird bis zum 7. April fortgesetzt. Einen anschließend geplanten Vortrag vor der Académie française sagt Einstein am 4. April ab. Grund dafür ist die Ankündigung einiger nationalistischer Mitglieder der französischen Akademie der Wissenschaften, gegen die Anwesenheit Einsteins zu demonstrieren, da er im Jahr 1920 statt seiner bisherigen schweizerischen die deutsche Staatsangehörigkeit angenommen hatte.

Die von Albert Einstein bereits 1905 erarbeitete und 1914–1916 verallgemeinerte Relativitätstheorie wird seit drei Jahren einem breiteren Publikum bekannt. 1919 erbrachte eine britische Sonnenfinsternisexpedition den Beweis für die Richtigkeit der alle bisherigen Grundlagen der Physik revolutionierenden Theorie. Die Expedition wies die von der allgemeinen Relativitätstheorie vorhergesagte Lichtablenkung im Gravitationsfeld nach. Damit setzte eine weltweite Begeisterung für das Werk Einsteins ein, Wissenschaftler versuchen erneute Beweisführungen, populärwissenschaftliche Vorträge auch in den kleinsten Städten sind hoffnungslos überfüllt. Einstein, der seit 1914 das Berliner Kaiser-Wilhelm-Institut leitet, wird von allen bedeutenden Universitäten eingeladen. 1921 hatte ihn Zionistenführer Chaim Weizmann gebeten, zugunsten einer Sammlung für die hebräische Universität in Jerusalem in den USA zu lesen. Seine Reise über den Atlantik und die Veranstaltungen an der Universität Princeton (an der er nach 1933 arbeitet) wurden ein voller Erfolg. Die US-amerikanische Presse bejubelte ihn, seine Vorträge und Gespräche erschienen binnen kürzester Zeit in Buchform. Im Sommer 1922 tritt Einstein eine Fahrt nach Japan an. Auch von dort berichten die Reporter über wahre Triumphzüge.

Im Deutschen Reich stellten inzwischen einige Wissenschaftler, darunter Hanns Walter Kornblum, den Film »Die Grundlagen der Einsteinschen Relativitätstheorie« her, der, wie die »Frankfurter Zeitung« schreibt, ein anschauliches Bild des Begriffs von der Relativität liefere.

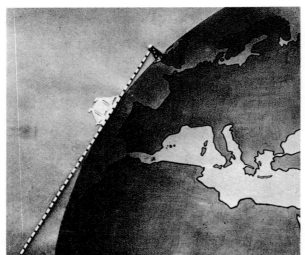

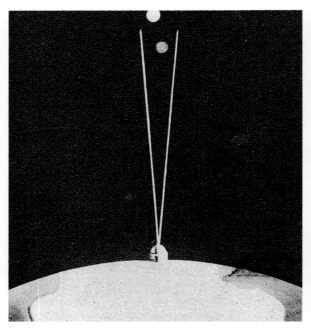

△ *Filmbild zur Einsteinschen Relativitätstheorie: Zwei unterschiedliche Standpunkte des Betrachters führen zu verschiedenen Wahrnehmungen der Zuggeschwindigkeit.*

◁ *Filmbeispiel zur Erläuterung der Kugelgestalt der Erde: Das Schiff verschwindet entsprechend der zunehmenden Entfernung am Horizont. Höchstmögliche Anschaulichkeit war das Anliegen der Filmemacher. Sie benötigten eineinhalb Jahre Drehzeit dafür und ließen insgesamt mehr als 80 000 Trickaufnahmen herstellen.*

▽◁ *Relativität der Bewegung: Die Kugel fällt in bezug auf die Erde senkrecht, in bezug auf den Weltenraum infolge der Drehung der Erde in einer flachen Kurve.*

▽ *Modellbild zur Veranschaulichung der Konstanz der Lichtgeschwindigkeit; sie ist unabhängig vom Bewegungszustand des Beobachters oder dem Standpunkt der aussendenden Lichtquelle auf der sich drehenden Erde.*

April 1922

Premiere von »Dr. Mabuse, der Spieler«

27. April. In Berlin wird der erste Teil des Filmwerks »Dr. Mabuse, der Spieler« unter dem Titel »Der große Spieler – ein Bild der Zeit« uraufgeführt. Regisseur Fritz Lang drehte diesen Film nach einem Roman von Norbert Jacques. Der zweite Teil, »Inferno – Ein Spiel um Menschen unserer Zeit«, kommt einen Monat später, am 26. Mai, in die Kinos.

Fritz Lang, der gemeinsam mit seiner Frau Thea von Harbou auch das Drehbuch schrieb, macht in seiner Arbeit Gewalt und Furcht als Ausdrucksformen eines sich unabdingbar vollziehenden Schicksals zu seinen Grundthemen. Diese schicksalhafte Gewalt ist Teil der im Film deutlich erkennbaren gesellschaftlichen Umwelt der Nachkriegszeit, die Lang selbst später so charakterisiert: »Die Zeit nach dem Ersten Weltkrieg war für Deutschland eine Zeit der tiefsten Verzweiflung, der Hysterie, des Zynismus, des ungezügelten Lasters. Entsetzliche Armut war neben ganz großem und neuem Reichtum.«

Dr. Mabuse, dargestellt von Rudolf Klein-Rogge, ist Spieler mit Menschen und Menschenleben. In 13 verschiedenen Masken herrscht der anerkannte Psychoanalytiker mit Hilfe der neuesten Erkenntnisse der Wissenschaften und krimineller Methoden in einer vergnügungssüchtigen, chaotischen Welt. Verfolgt von einem aufwendigen Militäraufgebot und den Geistern seiner Opfer wird er selbst wahnsinnig (→ S. 141).

Während der Dreharbeiten zu »Dr. Mabuse«: V. l. Romanautor Jacques, Aud Egede Nissen (Tänzerin Carozza), Gertrude Welcker (Gräfin Told), Fritz Lang

Vorspannbilder des Lang-Films mit dem Bekenntnis der Titelfigur Dr. Mabuse

Länderspielsieg im Wiener Stadion

23. April. In Wien endet ein Fußball-länderspiel zwischen Deutschland und Österreich 2:0. Damit gelingt der deutschen Nationalelf zum ersten Mal ein Sieg über die Österreicher. Von den seit 1908 stattgefundenen sechs Begegnungen konnten die Österreicher vier gewinnen, nur einmal, am 5. Mai vorigen Jahres, trennten sich die Konkurrenten am Spielende unentschieden.

Das Interesse am 38. Länderspiel der Deutschen ist beim österreichischem Publikum groß. Auf den Wiener Sportplatz auf der Hohen Warte sind etwa 100 000 Zuschauer gekommen, die meisten Karten waren schon Tage vorher ausverkauft. Die Hoffnung der Besucher auf einen erneuten Sieg ihrer Mannschaft erfüllt sich jedoch nicht. Von der Sportpresse wurden beide Teams als gleich leistungsstark eingeschätzt, und so enttäuscht der Halbzeitstand von 0:0 noch nicht. Im zweiten Teil des Spiels jedoch kommen die Gäste in Form. Luitpold Popp aus Nürnberg, der nur als Ersatz für den sonst halbrechts spielenden Viktor Weißenbacher aus Pforzheim mit nach Wien gekommen war, gelingt das 1:0. Solchermaßen angespornt, erzielt bald darauf Mittelstürmer Adolf Jäger aus Altona das 2:0. Für Jäger ist dies das 16. Länderspiel. Im Lauf des Spiels vergibt der Schiedsrichter an beide Seiten je einen Elfmeter, die allerdings beide verschossen werden.

Giulio Masetti gewinnt auf Mercedes die Targa Florio

2. April. Mit einem 4,5-Liter-Mercedes wird der italienische Graf Giulio Masetti auf der sizilianischen Targa Florio Gesamtsieger. Auf der viermal zu fahrenden 108 km langen Rundstrecke fährt Masetti, der bereits im Vorjahr den ersten Platz auf Fiat belegte, eine Durchschnittsgeschwindigkeit von 63 km/h und ist nach sieben Stunden zwei Minuten schneller als Jules Goux auf Ballot. Die Targa Florio wurde erstmals im Jahr 1906 gefahren. Es ist eine sehr schwierige Strecke, die zumeist über äußerst kurvenreiche Straßen führt. Die Route wechselte in den Anfangsjahren häufig; die 108-km-Strecke wird erst seit 1919 gefahren. Auch die Gesamtlänge des Rennens änderte sich mehrmals.

Auf der staubigen Straße Siziliens: Giulio Masetti in dem Siegerauto von Mercedes; ein Journalist bezeichnete Masetti, der aus einem florentinischen Adelsgeschlecht stammt, als »den größten Kavalier, der je am Steuer gesessen hat«.

Mai 1922

Mo	Di	Mi	Do	Fr	Sa	So
1	2	3	4	5	6	7
8	9	10	11	12	13	14
15	16	17	18	19	20	21
22	23	24	25	26	27	28
29	30	31				

1. Mai, Montag

Der juristische Beirat der alliierten Mächte in Paris erhebt Einspruch gegen den am → 16. April (S. 63) geschlossenen deutsch-russischen Vertrag von Rapallo. Er sei eine Verletzung des Versailler Vertrages.

Auf der Demonstration zum Kampftag der Arbeiterklasse in Moskau fehlen erstmals seit der Oktoberrevolution des Jahres 1917 Transparente über die Weltrevolution (→ 5. 11./S. 183).

Während der Maidemonstration in Leipzig kommt es vor der Universität zu einem Handgemenge, als Demonstranten eine auf Halbmast gehißte schwarzrotgoldene Fahne herunterreißen. → S. 76

Schatzkanzler Robert Horne unterbreitet dem britischen Unterhaus den Haushaltsplan für das laufende Jahr. Darin wird festgestellt, daß sich der Umfang bestehender Schulden um 45 Mio. Pfund (rund 57,8 Mrd. Mark) verringert hat.

In einem Brief an den Leiter der französischen Delegation in Genua nimmt der sowjetrussische Volkskommissar für Äußeres, Georgi W. Tschitscherin, Stellung zu den Vorwürfen, der deutsch-russische Vertrag sei u. a. frankreichfeindlich und widerlegt dies (→ 16. 4./S. 63).

Für einen US-Dollar erhält man derzeit 281,50 Mark.

In Weimar wird das von Walter Gropius, Leiter des Weimarer Bauhauses, entworfene Denkmal für die Märzgefallenen enthüllt. → S. 85

2. Mai, Dienstag

Der Leiter der französischen Delegation auf der Konferenz in Genua, Jean Louis Barthou, reist aus Protest gegen die Verhandlungsführung und den deutsch-russischen Vertrag zurück nach Paris, um dort mit Ministerpräsident Raymond Poincaré Rücksprache zu nehmen. Am 6. Mai trifft er bereits wieder in Genua ein (→ 10. 4./S. 62).

In einer Wahlrede wendet sich der ungarische Ministerpräsident István Graf Bethlen von Bethlen gegen die Pläne einer Donaukonföderation, da nach seiner Auffassung darin die Slawen dominieren würden.

3. Mai, Mittwoch

Das preußische Innenministerium kündigt die Beschlagnahme von antisemitischen Flugblättern an, die in vergangener Zeit immer häufiger Verbreitung gefunden haben.

Während der Sitzung des Berliner Abgeordnetenhauses kommt es auf der Straße vor dem Rathaus der Hauptstadt zu gewalttätigen Auseinandersetzungen zwischen Demonstranten und der Polizei. Die Kundgebung wandte sich gegen die immer schlechter werdenden sozialen Zustände in der Stadt.

4. Mai, Donnerstag

Nach Aufdeckung von Mißständen in der Verwaltung muß die sozialdemokratische Regierung von Braunschweig zurücktreten. Das sich am 23. Mai neu bildende Kabinett besteht aus einer Koalition von Mitgliedern der Sozialdemokraten (MSPD), der Demokraten (DDP) und der Volkspartei (DVP).

Die französische Regierung dementiert Gerüchte mit der Behauptung, daß sie Reservisten einziehen werde, um eine Besetzung des Ruhrgebiets durchführen zu können (→ 27. 11./S. 181).

5. Mai, Freitag

Die alliierte Luftfahrtüberwachungskommission zieht nach Beendigung ihrer Arbeit aus dem Deutschen Reich ab. Aufgrund von Vereinbarungen im Versailler Vertrag hatte sie die Zerstörung von Flugzeugen kontrolliert.

Die deutsche Regierung erläßt ein Gesetz mit Richtlinien für den Bau von Luftfahrzeugen, die den im Versailler Vertrag festgelegten Vorschriften entsprechen.

In Moskau unterzeichnen Vertreter der Sowjetregierung und Tschitas (Republik des Fernen Ostens) einen Vertrag über eine künftige Zollunion.

In Peking kommt es zu Kämpfen zwischen den Truppen General Chang Tsolins und Wu P'ei-fus. Der Eisenbahnverkehr von und nach Peking ist unterbrochen. → S. 80

Am Staatlichen Schauspielhaus Berlin findet die Premiere des Dramas »Napoleon oder die Hundert Tage« von Christian Dietrich Grabbe statt. Regie bei diesem bis dahin als unaufführbar geltenden Stück führt Leopold Jessner.

Deutsche Gelehrte und Künstler veröffentlichen eine Erklärung, worin sie zur Bewahrung der nationalen Kunstschätze aufrufen. Anlaß dafür ist die Auseinandersetzung zwischen dem ehemaligen preußischen Königshaus und dem preußischen Fiskus. → S. 82

In verschiedenen in- und ausländischen Zeitungen werden anläßlich des bevorstehenden Geburtstages des ehemaligen Kronprinzen von Hohenzollern Ausschnitte aus dessen Memoiren veröffentlicht. In dem großen Interesse daran sieht die »Frankfurter Zeitung« einen Beweis für die verbreiteten monarchistischen Tendenzen in Deutschland.

6. Mai, Samstag

In der Londoner »Times« erscheint ein Artikel, worin behauptet wird, das Deutsche Reich würde sich böswillig um seine finanziellen Verpflichtungen gegenüber den ehemaligen Kriegsgegnern drücken. Dieser Vorwurf ist in der letzten Zeit in der britischen, französischen und auch belgischen Presse häufiger zu lesen (→ 9. 12./S. 199).

7. Mai, Sonntag

Nach Berichten aus Moskau ist die Zahl der in der Sowjetunion erscheinenden Tageszeitungen von 863 im Vorjahr auf 382 gesunken.

Die französische Bergwerksdirektion im Saargebiet teilt den Gewerkschaften mit, daß sie 3000 deutsche Arbeiter, die nicht im Saargebiet wohnen, aus wirtschaftlichen Gründen entlassen muß.

8. Mai, Montag

Die niederländische Zeitung »Het Vaterland« berichtet in einem Artikel von mangelhaften Zuständen an den ehemals deutschen Schulen Elsaß-Lothringens. Die Publikation wird von deutschen Kommentatoren gern zitiert (→ 12. 8./S. 128).

In Budapest wird der größte Teil der an den staatlichen Theatern beschäftigten jüdischen Schauspieler entlassen, eine Maßnahme, die auf den sog. Numerus clausus zurückgeht. Demnach darf in Ungarn nur ein bestimmter Prozentsatz von Juden in staatlichen Einrichtungen beschäftigt sein (→ 15. 11./S. 182).

9. Mai, Dienstag

Die sowjetische Regierung erhebt Anklage gegen Tichon, Patriarch von Moskau, sowie gegen Nikander, Erzbischof von Moskau. Beide wenden sich entschieden gegen die Beschlagnahme von Kirchenschätzen (→ 31. 7./S. 115).

In Oberammergau findet die Hauptprobe und zugleich erste Vorstellung der Passionsspiele statt. Das Theater mit seinen 4000 Plätze ist ausverkauft. → S. 84

10. Mai, Mittwoch

In Wien stürzen Sozialdemokraten und Großdeutsche den christlich-sozialen Finanzminister Adolf Gürtler. Der Wert der österreichischen Krone fiel in der letzten Zeit rapide. Sein Verhältnis zum Schweizer Franken beträgt 3600:1 – 1920 betrug er 17:1 (→ 31. 5./S. 77).

Ein Moskauer Gericht verurteilt zwölf Menschen zum Tode, weil sie gegen die Enteignung der Kirchenschätze durch den Staat protestierten. Unter den Verurteilten befinden sich neun orthodoxe Geistliche (→ 31. 7./S. 115).

In Italien werden die Verhandlungen zwischen dem Vatikan und der sowjetischen Regierung erfolgreich abgeschlossen. In einem Vertrag verpflichten sich die Russen zur Religionsfreiheit. → S. 80

11. Mai, Donnerstag

Ein von den Rechtsparteien eingebrachter Antrag auf Auflösung der sozialdemokratisch-kommunistischen Regierung in Sachsen wird mit 48 gegen 47 Stimmen vom Landtag abgelehnt.

Bei Erdölbohrungen in Baku am Kaspischen Meer stoßen die Techniker auf eine überaus reiche Ölquelle. Die Fontäne ist bis zu 60 Meter hoch. Seit dem Jahr 1900 hatte man eine derart unter Druck stehende Quelle dort nicht mehr beobachtet.

In der Londoner Olympia-Hall treffen die beiden Halbschwergewichtsmeister, der Franzose Georges Carpentier und der Engländer Ted Kid Lewis, im Kampf um den Box-Weltmeisterschaftstitel aufeinander. Bereits nach der kurzen Zeit von zweieinhalb Minuten siegt Carpentier durch K. o. (→ 24. 9./S. 159).

12. Mai, Freitag

Das finnische Parlament lehnt mit 119 gegen 54 Stimmen die am 17. März zwischen Finnland, Estland, Lettland und Polen unterzeichnete Konvention vorläufig ab. Deshalb tritt die finnische Regierung in Helsinki zurück. Eine neue Regierung wird am 2. Juni gebildet.

Der österreichische Nationalrat in Wien verabschiedet ein Gesetz, das den Ausschank alkoholischer Getränke an Unmündige unter Strafe stellt.

In Wien wird Franz Lehárs Operette »Frasquita« uraufgeführt.

13. Mai, Samstag

Zur Eröffnung der deutschen Gewerbeausstellung in München sendet Reichspräsident Friedrich Ebert (MSPD) ein Glückwunschtelegramm. → S. 82

In der Oper von Frankfurt am Main findet die deutsche Erstaufführung von Béla Bartóks »Herzog Blaubarts Burg« und »Der holzgeschnitzte Prinz« statt.

Die beim S. Fischer Verlag erscheinende Zeitschrift »Neue Rundschau« veröffentlicht eine Umfrage unter bekannten Schriftstellern anläßlich des 60. Geburtstages von Arthur Schnitzler. → S. 84

14. Mai, Sonntag

Die mexikanische Regierung gibt die Enteignung von insgesamt 1,9 Mio. Morgen Land im Rahmen einer Bodenreform bekannt. → S. 80

Bei der Aufführung des Dramas »Vatermord« von Arnolt Bronnen an der Jungen Bühne in Berlin kommt es zu einem Theaterskandal (→ S. 188).

In Leipzig findet die diesjährige Hauptversammlung des Börsenvereins der Deutschen Buchhändler statt. U. a. wird über Unterstützungsmaßnahmen für notleidende Schriftsteller beraten.

15. Mai, Montag

Die am 14. Februar in Genf begonnenen deutsch-polnischen Gespräche enden mit der Unterzeichnung eines Vertrages über die Regelung der Übergangsverhältnisse in Oberschlesien. → S. 77

Der Sejm, das polnische Parlament in Warschau, ratifiziert das Handelsabkommen mit Frankreich. Gleichzeitig tritt das politisch-militärische Geheimabkommen zwischen beiden Ländern in Kraft. → S. 81

Der »Vorwärts«, das Zentralorgan der Sozialdemokraten, berichtet über die Kundgebungen der Arbeiter in Berlin zum 1. Mai, der im Reich kein gesetzlicher Feiertag ist (Abendausgabe vom 2. 5. 1922).

Mai 1922

Zwischen Genf und Nürnberg wird der regelmäßige Flugverkehr aufgenommen. Die Flugdauer für eine Strecke beträgt neun Stunden.

16. Mai, Dienstag

In einem offenen Brief führt der britische Politiker Sir Edward Grey die Krise innerhalb der Entente auf die Persönlichkeit des britischen Premierministers David Lloyd George zurück. → S. 81

Unter dem Vorsitz von Michail I. Kalinin tritt in Moskau der Rätekongreß zusammen, an dem 325 Delegierte teilnehmen. Zu Beginn werden die Agrargesetze genehmigt, worin u. a. das unbedingte Eigentumsrecht für beruflich bewährte Ackerbauern festgelegt ist (→ 3. 4./S. 65).

Zum Ende der Theatersaison veröffentlicht die New Yorker Metropolitan Opera statistisches Material zur vergangenen Spielzeit. Demnach betrugen die wöchentlichen Einnahmen 100 000 US-Dollar (rund 28,1 Mio. Mark), womit in etwa auch die Kosten gedeckt werden konnten.

Im deutschen Buchhandel erscheinen unter dem Titel »Erinnerungen des Kronprinzen Wilhelm, aus den Aufzeichnungen, Dokumenten, Tagebüchern und Gesprächen herausgegeben von Karl Rosner« die Memoiren des preußischen Kronprinzen.

17. Mai, Mittwoch

Die 18. Tagung des Völkerbundrates in Genf (seit 11. 5.) endet, ohne daß eine Entscheidung über das britische Palästina-Mandat gefällt wird (→ 11. 9./S. 148).

In Brooklands erreicht der britische Rennfahrer Kenelm Lee Guinness auf Sunbeam mit 215,244 km/h einen Geschwindigkeitsweltrekord. → S. 85

18. Mai, Donnerstag

Das interalliierte Sondergericht in Oberschlesien verurteilt 15 Deutsche wegen Aufruhrs zu langen Zuchthausstrafen (→ 15. 5./S. 77).

In der schlesischen Stadt Breslau wird eine einwöchige Landwirtschaftsausstellung und technische Messe eröffnet.

Das erst im vergangenen Jahr in Köln gegründete Theater des werktätigen Volkes muß aus finanziellen Gründen geschlossen werden.

Die »Berliner Illustrirte Zeitung« berichtet über eine neue Bestimmung für Buchmacher, wonach Wettbüros künftig auch auf deutschen Rennplätzen zugelassen werden sollen. → S. 85

19. Mai, Freitag

Mit einer Schlußsitzung wird die am 10. April in Genua begonnene internationale Wirtschaftskonferenz ohne besondere Ergebnisse beendet.

Die Mitglieder des britischen Oberhauses lehnen den Anspruch von weiblichen Inhabern der Peerswürde auf einen Sitz im Oberhaus ab.

Als bekannt wird, daß Japan mit dem Bau von Kriegsschiffen begonnen hat, beschließt das britische Unterhaus in London ebenfalls den Bau neuer Großkampfschiffe (→ 6. 2./S. 35).

In Moskau billigt der Rätekongreß den Vertrag von Rapallo und akzeptiert ihn als Modell für weitere Verträge mit kapitalistischen Staaten (→ 16. 4./S. 63).

20. Mai, Samstag

Vor dem Reichstag in Berlin nimmt Ernährungsminister Anton Fehr von der Bayerischen Bauernpartei Stellung zur schlechten Ernährungslage im Deutschen Reich. Er erklärt, daß eine Besserung der Situation nur mit Verringerung der Reparationslasten möglich sei.

In Anwesenheit des Reichspräsidenten Friedrich Ebert (MSPD) findet in Wilhelmshaven der Stapellauf des »Carl Legien« statt. Das Schiff wurde in einer Marine-Werft für die Hugo Stinnes A. G. gebaut. → S. 82

In Goslar endet eine am 15. Mai begonnene außenpolitische Woche. In dieser vom außenpolitischen Ausschuß der deutschen Presse organisierten Veranstaltung erfahren die Teilnehmer durch eine Reihe von Regierungsvertretern Einzelheiten über die Richtlinien deutscher Außenpolitik.

Als feierlicher Auftakt der Internationalen Maifestspiele findet im Züricher Opernhaus die Uraufführung der Oper »Venus« von Othmar Schoeck statt.

21. Mai, Sonntag

In einer Rede vor dem Bund ehemaliger Frontkämpfer Frankreichs beklagt der französische Ministerpräsident Raymond Poincaré die aggressive Haltung des Deutschen Reiches in der Elsaß-Lothringen-Frage (→ 12. 8./S. 128).

In Moskau erscheint erstmals die von Dsiga Wertow herausgegebene Filmzeitung »Kinoprawda«.

22. Mai, Montag

Während der Debatte über den Justizetat im deutschen Reichstag (20. – 25. 5.) kommt es wiederholt zu heftiger Kritik von kommunistischer und sozialdemokratischer Seite.

Der Altertumsverein von Mannheim erhebt Einspruch gegen die Verwendung von Einrichtungsgegenständen des Mannheimer Schloß für die Innendekoration des Erfrischungsraumes im Landtag von Karlsruhe.

23. Mai, Dienstag

Auf einer Zusammenkunft der französisch-englischen Gesellschaft äußert der Brite Andrew Bonar Law, er hoffe nicht, daß Frankreich den Gedanken einer Ruhrgebietsbesetzung in die Tat umsetzen werde (→ 27. 11./S. 181).

Im französischen Parlament in Paris beginnt die bis zum 2. Juni dauernde Debatte über die Wirtschaftskonferenz in Genua (→ 10. 4./S. 62).

In Hamburg endet die am Vortag begonnene Tagung des Reichsverbandes der Deutschen Industrie, auf der vor allem über die internationale Finanz- und die deutsche Währungslage diskutiert wurde (→ 2. 11./S. 183).

24. Mai, Mittwoch

In Paris konstituiert sich das Morgan-Komitee zur Prüfung internationaler Anleihegewährung für das Deutsche Reich (→ 2. 11./S. 183).

Der preußische Landtag lehnt einen Antrag der Sozialdemokraten auf Abschaffung der Todesstrafe gegen die Stimmen der Antragsteller ab.

Italien und Sowjetrußland schließen in Rom einen für zwei Jahre gültigen Handelsvertrag.

Die anhaltenden Differenzen mit der Großdeutschen Partei zwingen die österreichische Regierung unter Johannes Schober zum Rücktritt (→ 31. 5./S. 77).

Papst Pius XI., eröffnet im Hof des Belvedere im Vatikan den 26. internationalen eucharistischen Kongreß. An der Eröffnungsfeier nehmen mehr als 30 000 Menschen teil.

An der Oper von Frankfurt am Main beginnt eine Veranstaltungsreihe unter dem Namen »Zyklus moderner Oper«. Die Reihe endet am 16. Juni.

25. Mai, Christi Himmelfahrt

Auf dem Hambacher Schloß bei Neustadt in der Pfalz findet eine festliche Veranstaltung anläßlich des 90. Jahrestages des Hambacher Festes deutscher Demokraten statt. → S. 83

In der Lutherstadt Wittenberg findet im feierlichen Rahmen die Gründung des Evangelischen Kirchenbundes statt, eines Zusammenschlusses aller deutschen Landeskirchen. → S. 78

An den internationalen Reit- und Springturnieren in Malmö (bis 28. 5.) nehmen auch sechs Reiter aus dem Deutschen Reich teil. Das ist ein Zeichen für die Normalisierung der Lage im internationalen Sportverkehr; nach dem Ende des Weltkrieges waren die Vertreter des Deutschen Reiches von den Siegermächten zunächst von allen internationalen Wettkämpfen ausgeschlossen worden.

26. Mai, Freitag

Der zweite Teil des Films »Dr. Mabuse, der Spieler« von Regisseur Fritz Lang und mit Rudolf Klein-Rogge wird in Berlin uraufgeführt (→ 27. 4./S. 71; S. 141).

27. Mai, Samstag

Nach 13 Wochen geht der Streik der süddeutschen Metallarbeiter zu Ende. Neben Lohnangleichungen konnte eine weitere vorläufige Fixierung der gesetzlichen 48-Stunden-Woche erzielt werden. → S. 78

Die Hapag, die Hamburg-Amerika-Linie, begeht in Hamburg ihr 75jähriges Bestehen. → S. 78

28. Mai, Sonntag

In Ungarn beginnen die Wahlen zur Nationalversammlung. Sie werden am 12. Juni beendet.

Die italienische Universität von Padua feiert ihr 700jähriges Bestehen.

29. Mai, Montag

In Königsberg beginnen die Festtage des Deutschen Schutzbundes, zu deren Anlaß Paul von Hindenburg durch Ostpreußen reist. → S. 81

Die Bauleitung des geplanten Rhein-Main-Donau-Kanals in München teilt mit, daß mit den ersten Bauarbeiten unterhalb von Hofkirchen bei Passau ein Stauwerk entsteht. → S. 82

In Düsseldorf tagt die Künstlerkonferenz mit der »Konstruktivistischen Fraktion«. Zu ihr gehört u. a. der russische Künstler El Lissitzky.

30. Mai, Dienstag

Bei der Annahme des deutsch-polnischen Abkommens zu Oberschlesien im deutschen Reichstag werden die Fahnen auf dem Reichstagsgebäude auf halbmast geflaggt (→ 15. 5./S. 77).

31. Mai, Mittwoch

Die Reparationskommission akzeptiert die in einer Note vom 28. Mai geäußerte Bitte der deutschen Regierung um Aufschub der Reparationszahlungen aufgrund von schon im März vorgeschlagenen Bedingungen. → S. 76

Der Reichstag lehnt einen Mißtrauensantrag der Rechtsparteien gegen die Regierung ab. Diese hatten der Regierung vorgeworfen, sie habe in der Note an die Reparationskommission zu viele Zugeständnisse an die internationale Finanzkontrolle gemacht. → S. 76

Ein Berliner Gericht verurteilt den ehemaligen Reichswehroffizier Ernst Krull wegen Diebstahls. Krull hatte am Tag des Mordes an Rosa Luxemburg deren Uhr an sich genommen. → S. 76

In Wien bildet der christlichsoziale Parteiführer Ignaz Seipel eine neue österreichische Koalitionsregierung. → S. 77

Mit 105 gegen 94 Stimmen lehnt der schwedische Reichstag in Stockholm das schwedisch-russische Handelsabkommen ab, das schon am 10. April von der Regierung vereinbart worden war. Dagegen stimmen fast geschlossen die bürgerlichen Parteien, da mit dem Vertrag faktisch eine Anerkennung Sowjetrußlands verbunden wäre.

Das Wetter im Monat Mai

Station	Mittlere Lufttemperatur (°C)	Niederschlag (mm)	Sonnenscheindauer (Std.)
Aachen	13,8 (12,8)	43 (67)	– (205)
Berlin	14,2 (13,7)	41 (46)	– (239)
Bremen	14,3 (12,8)	52 (56)	– (231)
München	14,5 (12,5)	93 (103)	– (217)
Wien	– (14,6)	– (71)	– (173)
Zürich	15,0 (12,5)	69 (107)	265 (207)
( ) Langjähriger Mittelwert für diesen Monat – Wert nicht ermittelt			

Anton Lang als Christus und Martha Veit als Maria auf dem Titelbild zu einem Bericht über die am 9. Mai beginnenden Passionsspiele in Oberammergau (»Die Wochenschau«, Ausgabe vom 20. 5. 1922)

Mai 1922

Etwa 400 000 Menschen nehmen bei strömendem Regen an der Maikundgebung im Berliner Lustgarten teil.

Maikundgebungen ohne Zwischenfälle

1. Mai. Veranstaltet von Gewerkschaften und Arbeiterparteien, den Sozialdemokraten (MSPD), den Unabhängigen (USPD) und den Kommunisten (KPD), finden in allen größeren Städten des Deutschen Reiches Massenkundgebungen zum internationalen Kampftag der Arbeiterklasse, dem 1. Mai, statt.

Um die Entscheidung, ob der 1. Mai ein gesetzlicher Feiertag sei, hatte es während der vergangenen Monate in den einzelnen Länderparlamenten grundsätzliche Debatten gegeben. Nur in den links regierten Ländern Sachsen und Thüringen und in Hamburg sprach sich die Mehrheit schließlich dafür aus. In den übrigen Landesteilen wird lediglich in den Industriebetrieben nicht gearbeitet. Unter den Losungen »Für Völkerversöhnung, für Schutz des Achtstundentages, für Freiheit und Sozialismus!« (MSPD) und »Arbeiter, Angestellte, Beamte! Vereinigt Euch im revolutionären Klassenkampf gegen den Kapitalismus für den Sozialismus!« (USPD) ziehen die Demonstrationszüge zu den gemeinsamen Veranstaltungen. Einzig in Hamburg gibt es zwei getrennte Kundgebungen, da sich die KPD dem Hauptanliegen, der Erhaltung der bestehenden Republik, nicht anschließen will. Ihr erklärtes Ziel ist nach wie vor die Macht der Arbeiterklasse: Die Errichtung einer Räterepublik nach sowjetischem Vorbild.

Bis auf einen Zwischenfall in Leipzig, wo es zwischen Angehörigen der Universität und jungen Arbeitern wegen einer Auseinandersetzung um die schwarzrotgoldene Fahne zu einer Prügelei kommt, nehmen alle Demonstrationen einen friedlichen Verlauf. In ihren Ansprachen gehen die Redner neben den gewerkschaftlichen Problemen auf aktuelle politische Fragen ein. In Frankfurt am Main fordert der MSPD-Sprecher ein menschenwürdigeres Dasein für die internationale Arbeiterklasse und das Zurückdrängen des Kapitalismus. Der letzte Krieg habe nur besiegte Völker hinterlassen: Rußland verhungere, Deutschland gehe immer mehr der Verarmung entgegen, und selbst das Siegerland Frankreich blute aus tausend Wunden, während England unter der Last von Millionen Arbeitslosen noch lange nicht seinen früheren wirtschaftlichen Stand erreicht habe.

Tradition des Kampfs um den Achtstundentag

Der 1. Mai, während der Weimarer Republik nur kurze Zeit in den linkssozialistisch regierten Ländern des Deutschen Reiches gesetzlicher Feiertag, wurde erstmals 1890 begangen. Auf dem internationalen Sozialistenkongreß 1889 in Paris war beschlossen worden, jährlich an diesem Tag die Arbeit ruhen zu lassen, um so die Forderung nach Einführung des Achtstundentages zu unterstreichen. Gleichzeitig sollte es der »Weltfeiertag des Proletariats« sein. Der damit eingeleitete internationale Kampf um Arbeitszeitverkürzung bestimmte von da an neben Lohnforderungen die Tätigkeit der Gewerkschaften. Die Arbeitgeber reagierten mit Aussperrungen und Entlassungen. Infolge solcher Maßnahmen mußte die Bewegung vielfach Niederlagen einstecken. Im Deutschen Reich wurde der Achtstundentag nach 1918 gesetzlich eingeführt. Seitdem versucht die Arbeitgeberseite, diese Regelung zu unterlaufen und rückgängig zu machen, so daß die Erhaltung des Achtstundentages wiederum zum Inhalt der Maikundgebungen wird.

Erneuter Aufschub der Zahlungen

31. Mai. Auf ihrer Tagung in Paris beschließt die Reparationskommission der alliierten Mächte, der von der deutschen Reichsregierung vorgetragenen Bitte um einen Zahlungsaufschub stattzugeben.

In einer drei Tage zuvor veröffentlichten Note wies die Reichsregierung auf ihre sich verschlechternde Finanzlage hin und hoffte so auf Verständnis bei ihren Gläubigern. Die Mitteilung enthielt neben der Darlegung getroffener Zahlungsmaßnahmen inkl. eines statistischen Überblicks von Einnahmen und Ausgaben des Reiches auch weitreichende Zugeständnisse an die Reparationskommission bezüglich einer Kontrolle dieser Angaben.

Dieses Angebot nimmt die Reichstagsfraktion der Deutschnationalen (DNVP) als Gegner der »Erfüllungspolitik« zum Anlaß für einen Mißtrauensantrag gegen Reichskanzler Joseph Wirth (Zentrum). Der Mißtrauensantrag scheitert an der Parlamentsmehrheit.

Die Alliierten akzeptieren einen bereits am 21. März ausgehandelten Zahlungsmodus. Da sich die finanzwirtschaftliche Lage des Deutschen Reichs im Lauf des Jahres zunehmend verschlechterte, gründet sich die Höhe der damit festgelegten Raten auf eine geplante Aufnahme von ausländischen Anleihen (→ 6.1./ S. 12; 10. 6./S. 98).

Diebstahl und politischer Mord

31. Mai. Die Berliner Strafkammer verurteilt den früheren Leutnant Ernst Krull wegen Diebstahls einer Uhr zu drei Monaten Gefängnis. Die Uhr hatte der Mitbegründerin der Kommunistischen Partei (KPD), Rosa Luxemburg, gehört.

Rosa Luxemburg und Karl Liebknecht wurden am 15. Januar 1919 im Berliner »Eden-Hotel« von Militärs mißhandelt und anschließend ermordet. Dort befand sich an diesem Tag auch Krull, der, wie er selbst aussagt, die von anderen Offizieren herumgereichte Uhr an sich nahm, damit sie nicht verlorenginge. Bei dem niedrigen Strafmaß berücksichtigt das Gericht, daß Krull nicht in materieller Absicht gehandelt habe, sondern die Uhr als »Trophäe« behalten hatte.

Mai 1922

Empfang der Reichswehr in Gleiwitz; nach dem Abzug interalliierter Truppen im Juni zieht sie in die zum Deutschen Reich gehörende Stadt ein.

In ihrer Heimattracht demonstrieren Oberschlesier gegen die Abtrennung.

In dem beim Reich verbleibenden Kreuzburg wird die Reichswehr begrüßt.

Teilung Oberschlesiens wird vollzogen

15. Mai. In Genf unterzeichnen Delegierte der Regierungen des Deutschen Reichs und Polens ein Abkommen über die Regelung der Übergangsverhältnisse in dem oberschlesischen Gebiet.
Die darin fixierten Maßnahmen sind das Ergebnis von Verhandlungen der Vertreter beider Länder und des Vorsitzenden der Völkerbundkommission, Felix Calonder. Calonder hatte sich auf seiner Oberschlesienreise im Januar (→ 3. 1./S. 17) eingehend über die Problematik des geteilten Gebietes informiert. In seiner Ansprache zu Beginn der Sitzung am 14. Mai bezeichnete er die oberschlesische Frage als eine der schlimmsten, die der Versailler Friedensvertrag aufgeworfen habe. Mit dem nun unterzeichneten Vertrag, so hofft Calonder, könne endlich Ruhe in das Gebiet einziehen und die Anwesenheit interalliierter Truppen dort überflüssig werden. In den vergangenen Wochen und Monaten gab es zwischen den beiden Bevölkerungsteilen verstärkt gewalttätige Auseinandersetzungen, bei denen auch Todesopfer zu beklagen waren. Die Teilung Oberschlesiens ist die Folge einer am 20. März 1921 durchgeführten Volksabstimmung. Sie hatte kein klares Ergebnis erbracht, so daß es bald darauf zu einem polnischen Aufstand und ständigen Unruhen zwischen der deutschen und polnischen Bevölkerung gekommen war. Die Alliierten beschlossen deshalb am 20. Oktober 1921 die Spaltung des Landes. Der wertvollste Teil des Industriegebietes mit den meisten Bergwerken und Bodenschätzen in Ostoberschlesien mit der Stadt Kattowitz (Katowice) wird Polen zugesprochen. Dieser Verlust an Industriekapazitäten bedeutet einen folgenschweren Aderlaß für die ohnehin durch die Auswirkungen des Weltkrieges geschwächte Wirtschaft des Deutschen Reiches.
In der deutschen Öffentlichkeit wird die durch den Vertrag nun endgültige Abtrennung von Ostoberschlesien als Tragödie bezeichnet. Am Tag des Inkrafttretens am 17. Juni wird die Fahne auf dem Reichstagsgebäude in Berlin auf halbmast gesetzt, und Reichspräsident, Reichsregierung sowie preußische Staatsregierung erlassen einen Aufruf, worin sie dieses Datum als einen Trauertag bezeichnen. Gleichzeitig fordern sie jedoch die Oberschlesier auf, trotz berechtigter Erbitterung die Ruhe zu bewahren.

Regierungswechsel in Österreich

31. Mai. Der österreichische Nationalrat in Wien wählt mit 101 christlichsozialen und großdeutschen gegen 58 sozialdemokratische Stimmen Ignaz Seipel zum neuen Bundeskanzler. Seinem Kabinett gehören sieben Christlichsoziale, drei

Prälat Ignaz Seipel, neuer Bundeskanzler von Österreich (* 19. 7. 1876, Wien). Seit 1921 ist er Obmann der Christlichsozialen Partei; er tritt für die Autonomie Österreichs bei Wahrung enger kultureller Bindungen an das benachbarte Deutsche Reich ein.

Der parteilose Johannes Schober (* 14. 11. 1874, Perg) mußte aufgrund der Auseinandersetzung mit den Großdeutschen vom Amt des österreichischen Bundeskanzlers und Außenministers zurücktreten. Er übernimmt noch in diesem Jahr die Funktion des Polizeipräsidenten der Hauptstadt Wien.

Bereits am 10. Mai wurde der Finanzminister aus dem Kabinett Schober, Alfred Gürtler (* 30. 10. 1875, Deutsch-Gabel; Böhmen), gestürzt. Gürtler wird von den Sozialdemokraten und den Großdeutschen für den Wertverfall der österreichischen Krone verantwortlich gemacht.

Großdeutsche sowie ein parteiloser, den Christlichsozialen nahestehender Beamter an.
Zur vordringlichsten Aufgabe erklärt Seipel in seiner programmatischen Rede die Sanierung der Währung. Weiterhin bekräftigt er seine nationale Gesinnung, erläutert aber auch, daß er die Bestrebungen zum Anschluß an das Deutsche Reich nicht unterstütze.
Dem Regierungswechsel ging eine längere Regierungskrise voraus, die mit dem Abschluß des tschechoslowakisch-österreichischen Lana-Vertrages (→ 15. 3./S. 52) im Dezember 1921 begonnen hatte und mit dem Rücktritt von Bundeskanzler Johannes Schober am 24. Mai endete. Schober scheiterte an den ständigen Angriffen der Großdeutschen, die den Lana-Vertrag ablehnen.

Mai 1922

75 Jahre Hapag in Hamburg

27. Mai. Die Hapag, die Hamburg-Amerika-Linie, begeht ihr 75jähriges Jubiläum. Größere Veranstaltungen finden aus diesem Anlaß allerdings nicht statt, da die Geschäftsleitung des Schiffahrtunternehmens aufgrund der gegenwärtigen wirtschaftlichen Lage Feiern für unpassend hält.

Die Gesellschaft ist wie kaum ein anderer deutscher Betrieb von den Bestimmungen des Versailler Vertrages betroffen, da sie fast ihre gesamte Flotte von 194 Seedampfern mit 130 000 BRT zur Zahlung von Kriegsschulden abgeben mußte. Dazu gehörte auch die »Bismarck«, die am → 28. März (S. 46) an Großbritannien geliefert wurde.

Im Jahr 1856 eröffnete die Hapag (Hamburg-Amerikanische Packetfahrt Aktiengesellschaft) die erste deutsche transatlantische Dampferlinie und erweiterte ihr Netz im Lauf der nächsten Jahre auf 75 regelmäßige Überseelinien, die über alle Weltmeere führten. Unter der Leitung von Albert Ballin entstand so die größte Reederei der Erde. Für einen Neubeginn nach dem Weltkrieg suchte man eine Verbindung zu US-amerikanischen Partnern, die mit dem Harriman-Abkommen geschaffen wurde. Durch Rückführung und Neubau konnte das Unternehmen seitdem die Anzahl seiner Schiffe schon wieder auf 43 mit insgesamt 166 000 BRT erhöhen. Im Bau befinden sich derzeit 47 Schiffe mit 200 000 BRT. Es sind sog. Einheitsschiffe, ausgerüstet mit nur einer einheitlich eingerichteten Klasse für die Passagiere sowie kombinierte Personen/Frachtdampfer.

Das Verwaltungsgebäude des Schiffahrtunternehmens Hapag in Hamburg; die Gesellschaft gehört zu den Begründern des planmäßigen transatlantischen Linienverkehrs. Vor 75 Jahren wurde die Hapag von August Bolten und Adolf Godeffroy gegründet.

28 Landeskirchen gründen Kirchenbund

25. Mai. In Wittenberg wird in einer feierlichen Veranstaltung der Zusammenschluß der evangelischen Landeskirchen durch die Gründung des Deutschen Evangelischen Kirchenbundes vollzogen.

Zu diesem Anlaß waren schon tags zuvor Vertreter der 28 verschiedenen deutschen Landeskirchen und Gäste von weltlichen Einrichtungen angereist. Die Unterzeichnung der Bundesakte, die einen Bundesvertrag sowie eine -verfassung einschließt, unterzeichnen die Kirchendelegierten am Grab des Reformators Martin Luther. Zur gleichen Zeit verkünden alle Kirchenglocken der Stadt den Vollzug des kirchengeschichtlich so bedeutsamen Akts.

Streikende in der Metallindustrie

26. Mai. In den metallverarbeitenden Betrieben Süddeutschlands nehmen die Arbeiter nach einem mehrwöchigen Ausstand die Arbeit wieder auf. In der Urabstimmung akzeptierten fast 90% der Arbeitnehmer die zwischen Arbeitgebern und Gewerkschaften getroffenen Vereinbarungen über 48 Wochenarbeitsstunden und Angleichung der Löhne.

Der Streik, getragen von den drei großen Gewerkschaften, den Freien, Christlichen sowie den Hirsch-Dunckerschen, hatte in einigen Gebieten 13 Wochen gedauert und führte insbesondere in der Autoindustrie zu Einbußen. In der Folge wird die diesjährige deutsche Automobilausstellung abgesagt.

Gleichgewichtsübungen in einem Berliner Montessori-Kindergarten

Maria Montessori

Seit einigen Jahren erläutert die italienische Ärztin und Erzieherin Maria Montessori auf Vortragsreisen eine von ihr entwickelte Erziehungsmethode, bei der sie von der Selbsttätigkeit des Kindes ausgeht. Durch sinnliche Erfahrung werden Kinder in einer didaktisch vorbereiteten Umgebung zur Konzentration und Selbstentfaltung geführt. International stößt dieses Konzept auf großes Interesse. So gibt es in vielen Ländern, vor allem in den Niederlanden, den USA und in Großbritannien von der 52jährigen Reformpädagogin initiierte Kindergärten und Schulen, wo Maria Montessori z. T. selbst Einrichtungen übernahm und die Erzieherausbildung leitete.

Die Reformpädagogin Maria Montessori hält u. a. Vorträge in Berlin.

Praktische Übungen in der Berliner Einrichtung, wo zumeist Kinder ausländischer Diplomaten nach der Montessori-Methode erzogen werden

Mai 1922

Bildungswesen 1922:
Keine Einigung über Reformen

In den öffentlichen Diskussionen über das Bildungswesen im Deutschen Reich spielt das bereits 1920 angestrebte Reichsschulgesetz noch immer eine wichtige Rolle. Auf der Reichsschulkonferenz im Juni 1920 waren die Grundlagen für das Gesetz gelegt worden, jedoch scheiterte die Verabschiedung in den nächsten Jahren an der Uneinigkeit der einzelnen Länder in verschiedenen Punkten. Das sind insbesondere die Durchsetzung der interkonfessionellen Schulen sowie die Einführung einer gemeinsamen vierjährigen Grundschule. Sie soll Teil der Volksschule sein, von der aus die begabteren Schüler dann in eine mittlere oder höhere Schule eintreten können.

Als Folge der unterschiedlichen Auffassungen führen die Länder separate Schulreformen durch. So ersetzt die bayerische Regierung z. B. 1922 die progressive Errungenschaft der kollegialen Schulleitung durch die Wiedereinführung des autoritären Systems. Unter dem Einfluß sozialdemokratischer Bildungspolitiker versucht Preußen hingegen, die Leitgedanken der Schulreform besonders zielstrebig und umfassend zu verwirklichen. Es bemüht sich um die allgemeine Einführung der Einheitsschule und schafft zusätzliche Chancen für eine höhere Schulbildung durch die 1922 geschaffene deutsche Oberschule und die Aufbauschule. Besonderes Augenmerk richtet das preußische Kultusministerium auf die inhaltliche Gestaltung der Lehrpläne und eine breitgefächerte Ausbildung. Unterrichtsformen wie die der Arbeitsschule und mehr Qualität im Unterricht in den künstlerischen Fächern sollen es den Schülern ermöglichen, durch mehr Selbsttätigkeit ihre Begabungen auszubauen. Hier fließen Erkenntnisse der Reformpädagogik mit ein.

All diese Bestrebungen können allerdings nicht darüber hinwegtäuschen, daß die große Masse der Kinder weiterhin die Volksschule besucht und dort eine nur mangelhafte Schulbildung genießt. Die schlechte wirtschaftliche Lage führt zu Entlassungen unter der Lehrerschaft, so daß die Klassenfrequenzen viel zu hoch sind; häufig besuchen mehr als 40 Schüler eine Klasse. Zudem sind die Volksschulen nur unzureichend mit Lehrmitteln ausgerüstet.

Das allgemeine ökonomische Dilemma zeigt sich auch in der Situation an den Hochschulen und Universitäten. Die nach dem Krieg gewachsenen Studentenzahlen sinken mit der steigenden Armut. In einem Aufruf an die Abiturienten weist der Bund der Deutschen Studentenschaft auf die Not der akademischen Jugend hin. Er fordert die Schulabgänger auf, genau zu prüfen, ob die akademische Laufbahn die einzige Alternative sei, ob es nicht besser wäre, einen Handwerksberuf zu erlernen. Nach einer entbehrungsreichen Studienzeit sei eine Übernahme in die Wirtschaft oft nicht gewährleistet, da der Bedarf an hoch qualifizierten Fachkräften sinke. Dagegen steigen die Kosten für das Studium ständig, so daß die Eltern des größten Teils der aus dem Mittelstand kommenden Studenten dies nicht mehr finanzieren können. Über die Hälfte der Kommilitonen müßte sich ihr Studium selbst verdienen. Von diesen sog. Werkstudenten brechen immer mehr ihre Ausbildung vorzeitig ab.

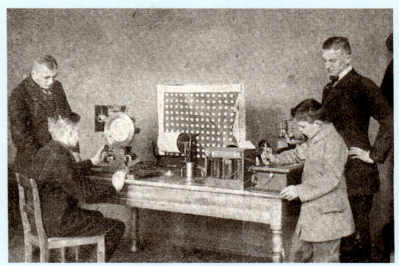
Test an einem Gerät zur Überprüfung der Ruhe und Sicherheit der Hand

Hier testet ein Jugendlicher sein Augenmaß an dem Winkelschätzer.

Berufsberatung

Seit jüngster Zeit können sich Schulabgänger am Berliner Institut für Arbeitswissenschaft und Psychotechnik speziell erarbeiteten Berufseignungstests unterziehen. Den Jugendlichen soll damit die Möglichkeit gegeben werden, den für ihre Begabungen entsprechenden Beruf zu finden. Solche Tests sind Teil eines Berufsberatungsprogramms, zu dem auch Betriebsbesichtigungen und Lehrfilmvorführungen gehören. Daran können die Schüler unentgeltlich teilnehmen.

Insbesondere das Land Preußen bemüht sich um die Einführung moderner Unterrichtsmethoden, die z. T. aus der Reformpädagogik übernommen werden. Das Bild zeigt Berliner Schüler während des Zeichenunterrichts in der Natur.

Mai 1922

Kein Erfolg für die Demokratie in China

5. Mai. Aus China wird berichtet, daß die Hauptstadt Peking von den Truppen des Generals Chang Tso-lins umzingelt sei. Die in der Nähe Pekings stationierten Soldaten des Generals Wu P'ei-fu seien endgültig geschlagen.

Peking ist Sitz der Zentralregierung unter Präsident Hsü Shih-ch'ang, der 1918 von einer Generalsclique gewählt wurde. Gegen Hsü, den früheren Vormund des Kaisers, wendet sich nicht nur Chang Tso-lin mit seinen Truppen, sondern auch der Führer der demokratischen Bewegung Chinas, Sun Yat-sen. Sun Yat-sen ist Präsident einer Oppositionsregierung, die seit Mai 1921 im südchinesischen Kanton existiert. Von hier aus hofft er, seine demokratischen Vorstellungen gegen die reformfeindliche Politik der Peking-Regierung in ganz China durchzusetzen. Da Sun Yat-sen über keine bedeutende Militärmacht verfügt, sucht er unter den sich bekämpfenden Generälen (→ 24. 2./S. 37) einen Verbündeten und findet ihn vorübergehend in Chang Tso-lin. Der von den Japanern unterstützte Chang Tso-lin hat zwar Interesse am Sturz der Zentralregierung, jedoch verfolgt er ebensowenig das Ziel einer demokratischen Umgestaltung wie die Japaner. Ihnen geht es lediglich um die Erweiterung des eigenen Machtbereichs. Die Ablösung Hsü Shih-ch'angs im Juni 1922 bringt demzufolge keine Veränderung in die politische Landschaft Chinas.

Nachdem sich in Kanton der britische Einfluß nach der Konferenz von Washington (→ 6. 2./S. 35) wesentlich verstärkt hat, geht Sun Yat-sen im Juni 1922 nach Schanghai, um nach neuen Möglichkeiten für die Realisierung seiner Pläne zu suchen. Hier findet vom 16. bis 23. Juli der zweite Parteitag der Kommunisten Chinas statt. In einer Zusammenarbeit der 1912 von Sun Yat-sen gegründeten Kuomintang (Nationale Volkspartei) mit den Kommunisten sieht Sun Yat-sen eine neue Perspektive für seine Politik. Dieser Gedanke findet eine, allerdings nur vorübergehende, Realisierung in einem Bündnis mit der Sowjetunion. Für ein solches Bündnis schafft Sun in Gesprächen mit dem sowjetischen Diplomaten Adolf Joffe im Januar 1923 die Grundlagen.

Sun Yat-sen (auf einem Stuhl), Führer der revolutionären Bewegung Chinas und Gründer der Kuomintang, mit seiner Frau und Mitgliedern seines Heeres

Vertrag zwischen Moskau und Vatikan

10. Mai. In dem italienischen Ort Santa Margherita beenden der sowjetische Volkskommissar für Äußeres, Georgi W. Tschitscherin, und ein Vertreter des Vatikans, Monsignore Giuseppe Pizzardo, ihre Verhandlungen mit der Unterzeichnung eines Vertrages.

Mit dem Abschluß des Abkommens akzeptiert die sowjetrussische Regierung die ersten beiden Forderungen der vatikanischen Denkschrift über die Gewährung von Religionsfreiheit sowie den Schutz der katholischen Missionen durch ihre nationalen Gesandtschaften. Von der dritten Forderung, der Zurückerstattung der geistlichen Güter, nimmt die Kurie Abstand.

Allgemein hatte man in Rom den positiven Ausgang der Gespräche erwartet, da der Verzicht auf eine Entschädigung wegen des mangelnden Eigentums der katholischen Kirche in Rußland keinen großen Stellenwert besitzt. Diesen Punkt hatte der Vatikan aus formalen Gründen mit Rücksicht auf die Orthodoxen aufgestellt. Die Bedeutung des Abkommens für die Moskauer Regierung liegt in der durch die Unterzeichnung erfolgten Anerkennung durch den Vatikan.

Hoffnungen der Mexikaner auf eine gerechte Zukunft

14. Mai. Die mexikanische Regierung unter Präsident Alvaro Obregón gibt die Enteignung von insgesamt 1,9 Mio. Morgen Land bekannt, die im Rahmen der Agrarreform neu verteilt werden sollen.

Diese Ankündigung verstärkt die Hoffnung der armen Bevölkerung des mittelamerikanischen Staates auf eine bessere Zukunft, in der die Schätze dieses reichen Landes gerechter verteilt werden. In der von revolutionären Unruhen gekennzeichneten Geschichte Mexikos seit dem Ende der Diktatur von Porfirio Díaz im Jahr 1911 wurden die Hoffnungen der Armen immer wieder enttäuscht. Zwar einigten sich die Revolutionäre mit Ausnahme von Pancho Villa und Emiliano Zapata schon 1917 auf eine neue Verfassung, doch brachte dies bisher kaum Veränderungen.

Neben der jetzt eingeleiteten Agrarreform beinhaltet die Verfassung auch eine allgemeine Landreform. Im Artikel 27 heißt es: »Das Eigentum an Erde und Wasser innerhalb des Landes gebührt, seinem Ursprung nach, der Nation.« Das bedeutet zugleich, daß die Bodenschätze dem Staat zuerkannt werden. Diese Auslegung allerdings stößt auf heftigen Widerstand bei den ausländischen Erdölgesellschaften, deren Existenz damit bedroht ist. Mexiko gilt als der zweitgrößte und billigste Erdölproduzent der Erde. Nutznießer der Erdölfelder sind in der Hauptsache Frankreich, Großbritannien und die USA.

Schwimmende Gärten bei Xochimilco; deutsche Illustrierte zeigen den europäischen Lesern vor allem die Naturschönheiten des mittelamerikanischen Landes.

Riesenbäume im mexikanischen Hochland; Foto zu einem Reisebericht, in dem es dem Autor nicht schwer fällt, auch die Armut als exotische Schönheit zu schildern

Mai 1922

Paul von Hindenburg (vorn l.) mit dem Oberbürgermeister (vorn r.) der ostpreußischen Stadt Allenstein (Olsztyn)

Beifall für Hindenburg in Ostpreußen

29. Mai. In Königsberg beginnt die Bundestagung des Deutschen Schutzbundes. Diese Konferenz bildet zugleich den Start einer zweiwöchigen Veranstaltungsreihe des Schutzbundes in Ostpreußen. An ihr nimmt auch der ehemalige Generalfeldmarschall Paul von Beneckendorff und von Hindenburg teil.

Der Deutsche Schutzbund wurde 1919 gegründet. In ihm schlossen sich grenz- und auslandsdeutsche Verbände zusammen, die durch das Ziel der Wiedererrichtung Deutschlands in den Grenzen von 1914 verbunden sind. Eines ihrer Hauptanliegen ist die Revision des Versailler Vertrages. Diese nationalistischen Bestrebungen fordern den Widerspruch linksgerichteter Gruppen heraus. Auf einer am 11. Juni in Königsberg veranstalteten Parade der Reichswehr kommt es zu gewalttätigen Auseinandersetzungen zwischen Anhängern des Schutzbundes und linken Gruppen. Diese Parade sollte Höhepunkt und Abschluß der sog. Hindenburg-Tage in Ostpreußen sein. Aufgrund des politischen Kapitals, das die Rechtsparteien aus diesen Propagandatagen gewinnen, verbot die Reichsregierung den Reichswehrangehörigen einige Tage zuvor das Tragen der Uniformen auf einer solchen Veranstaltung in der Öffentlichkeit. Um dieses Verbot zu umgehen, findet die Parade nicht in der Stadt, sondern auf einem nichtöffentlichen Gelände einer Reichswehrkaserne statt. Daraufhin kommt es zu Protesten aus der Bevölkerung und Auseinandersetzungen.

◁ *Hindenburg vor dem Eingang des Rathauses von Allenstein*

▽ *Auf einer vom Deutschen Schutzbund organisierten Veranstaltungsreihe besucht Hindenburg mehrere Orte in Ostpreußen, wo er mit viel Beifall empfangen wird. Das Foto zeigt ihn bei der Kranzniederlegung am Denkmal gefallener Soldaten.*

Polen ratifiziert Militärabkommen

15. Mai. In Warschau beschließt der Sejm, das polnische Parlament, die Ratifizierung der polnisch-französischen Verträge.

Sie waren bereits im Januar 1921 während eines Besuchs des Staatspräsidenten Josef Piłsudski in Paris ausgehandelt worden und wurden im Februar 1921 unterzeichnet. Sie umfassen folgende Einzelheiten:
▷ Ein geheimes Militärabkommen, womit die Einführung einer zweijährigen Wehrpflicht in Polen verbunden ist
▷ Ein politisches Abkommen, wonach ein gemeinsames außenpolitisches Vorgehen angestrebt wird
▷ Wirtschaftsverträge, die ein Kohle- und Erdölabkommen sowie einen Handelsvertrag beinhalten

In den Handelsvertrag mit eingeschlossen ist eine Meistbegünstigungsklausel zugunsten von Frankreich. Diese einseitige Festlegung stößt auf Kritik bei allen Parteien im polnischen Abgeordnetenhaus und war auch die Ursache für das lange Hinauszögern einer Ratifizierung. Trotz einseitiger Vorteile für den Verbündeten in Paris und trotz des Widerstandes der Sozialistenfraktion entschließt sich der Sejm für die Annahme der Verträge (→ 6.6./S. 99).

Kritik an Politik von Lloyd George

16. Mai. In einem offenen Brief an Großbritanniens Premierminister David Lloyd George kritisiert der britische Politiker Sir Edward Grey die Verhandlungsführung in Genua und macht Lloyd George für das Scheitern der Konferenz verantwortlich (→ 10.4./S. 62).

Grey bemängelt vor allem die Tatsache, daß der britische Premier die Vorbereitung für Genua so geführt habe, als sei es sein persönliches Projekt. Diese selbstherrliche Handlungsweise habe die Teilnahme der USA verhindert und ein enges Einvernehmen mit Frankreich erschwert. Einzig diese beiden Faktoren hätten aber einen Erfolg gewährleisten können, da sie Grundlage des Wiederaufbaus in Europa seien.

Solche Kritik an der Regierungsführung von Lloyd George wird in nächster Zeit immer häufiger laut und führt letztendlich auch zu dessen Rücktritt (→ 19.10./S. 166).

Mai 1922

Stapellauf der »Carl Legien« auf der Marinewerft in Wilhelmshaven, wo der Frachtdampfer für die deutsche Handelsflotte gefertigt wird; an der Feier nimmt auch Reichspräsident Friedrich Ebert teil.

Das jüngste Schiff der Handelsflotte erhält den Namen des Gewerkschaftsführers Carl Legien

20. Mai. *In den Vormittagsstunden trifft der deutsche Reichspräsident Friedrich Ebert (MSPD) in Wilhelmshaven ein, um am Stapellauf des Dampfers »Carl Legien« teilzunehmen. Begleitet von Wehrminister Otto Geßler (DDP) und Vertretern der Heeresleitung besichtigt er zunächst die neue Reichsmarine. Anschließend macht er mit dem Industriellen Hugo Stinnes, Preußens Ministerpräsidenten Otto Braun (MSPD) und dem Oberpräsidenten von Hannover, Gustav Noske (MSPD), einen Rundgang über das Hafen- und Werftgelände von Wilhelmshaven. Hier in der Marinewerft wurde der neue Dampfer für die Stinnes A. G. gebaut. Der Name des Schiffes soll an den 1920 verstorbenen deutschen Gewerkschaftsführer Carl Legien erinnern. Legien war ein Verfechter des reformistischen Gewerkschaftskurses und kämpfte seit Bestehen der Gewerkschaften für deren Gleichberechtigung gegenüber der Arbeiterpartei. Im Weltkrieg verfocht er die »Burgfriedenspolitik«, 1920 leitete er erfolgreich den Generalstreik gegen den Kapp-Putsch. In seiner pathetischen Taufrede hebt Bücher vom Reichsverband der Deutschen Industrie hervor, daß der Name eine Erinnerung an die große Not Deutschlands sei, in der sich Vertreter der Gewerkschaften und der Industrie für den Gedanken einsetzten, daß nur eine Arbeitsgemeinschaft aus Arbeitgeber und -nehmerorganisationen, aus allen werktätigen Kräften, das deutsche Volk vor dem drohenden Untergang bewahren könne.*

Rhein-Main-Donau-Kanal wird begonnen

29. Mai. Die bayerische Landesregierung in München veröffentlicht einen Bericht über die begonnenen Bauarbeiten am geplanten Rhein-Main-Donau-Wasserweg.
Demnach soll zunächst an der Donau unterhalb Hofkirchen bei Passau ein Stauwerk gebaut werden. Ferner ist aufgrund des hohen Energiebedarfs im nordbayerischen Industriegebiet bereits mit dem Bau der Main-Staustufen Viereth bei Bamberg, Erlabrunn bei Würzburg und Obernau bei Aschaffenburg begonnen worden. Die drei Staustufen werden aus je einer 300 Meter langen Schleppzugkammerschleuse, je einem Wehr von zwei, drei bzw. vier Öffnungen von je 30 Meter Lichtweite und aus den dazugehörenden Kraftanlagen bestehen.
Mit der Realisierung des Rhein-Main-Donau-Großschiffahrtsweges war 1921 von der eigens dafür gegründeten Rhein-Main-Donau A. G. begonnen worden. Die Großschiffahrtsstraße, die nach Fertigstellung die Verbindung von der Nordsee zum Schwarzen Meer ermöglicht, entsteht durch den Ausbau des Mains von Aschaffenburg bis Bamberg, den anschließenden Main-Donau-Kanal, der in seinen Endabschnitten dem kanalisierten Bett von unterer Regnitz und Altmühl folgt, sowie der Donaukanalisierung zwischen Kehlheim und Passau.

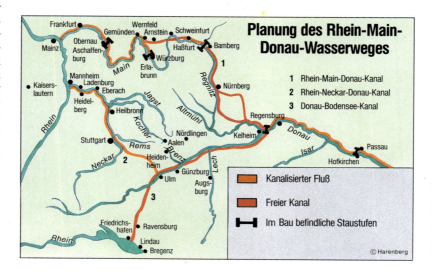

Planung des Rhein-Main-Donau-Wasserweges

1 Rhein-Main-Donau-Kanal
2 Rhein-Neckar-Donau-Kanal
3 Donau-Bodensee-Kanal

Kanalisierter Fluß
Freier Kanal
Im Bau befindliche Staustufen

Gewerbeschau in München eröffnet

13. Mai. In den Eisenbetonhallen des Münchener Ausstellungsparks auf der Theresienhöhe eröffnet Bayerns Ministerpräsident Hugo von Lerchenfeld in Anwesenheit von Ministern der Reichsregierung und der übrigen Länder die Deutsche Gewerbeschau. Die seit dem Weltkrieg erstmals stattfindende Ausstellung dieser Art vermittelt einen Überblick über das breitgefächerte Spektrum von Handwerk, Kunsthandwerk und Industriegewerbe aus dem gesamten Deutschen Reich. Die Präsentation der Exponate erfolgt nach Fachgruppen. Lediglich dort, wo eine besondere Gruppe von Gegenständen im Zusammenhang gezeigt werden soll, existieren geschlossene Abteilungen; z. B. für Spielwaren und Mode. Die Schau, von der gut ein Drittel zur Eröffnung noch nicht fertiggestellt ist, kann bis zum Herbst besucht werden.

Mai 1922

Demokraten feiern Hambacher Fest

25. Mai. Anläßlich des 90. Jahrestages der ersten deutschen republikanisch-demokratischen Massenversammlung auf dem Schloß Hambach vom 27. bis 30. Mai 1832 findet auf dem Festplatz unterhalb der Burg eine Gedenkfeier statt. Tausende republikanisch gesinnter Frauen und Männer aus der Pfalz und den näher gelegenen Ländern des Deutschen Reiches sind hierher gekommen, um an der von der Demokratischen Partei (DDP) organisierten Veranstaltung teilzunehmen. Der Journalist der »Frankfurter Zeitung« beschreibt das »demokratische Volksfest«: »Das ist ein fröhliches Wandern, wie der Festzug, um schwarz-rot-goldene Banner geschart, von unermüdlichen Musikkapellen geleitet, durch die fahnengeschmückten Straßen Neustadts die erste Höhe sich hinaufwindet. So erreichen wir das Dorf Hambach, wo Haus und Hof geschmückt sind und eine fröhliche Menge aus den Fenstern und an den langen Straßen gereiht den Zug der Demokraten grüßt ... Oben angekommen eröffnet mit warmherzigen guten Worten der frühere Abgeordnete Fabrikant Dr. Raschig als Vorsitzender der demokratischen Partei der Pfalz die Tagung.«

Prominente gegen die Hohenzollern

5. Mai. Mehrere bekannte Persönlichkeiten des künstlerischen und wissenschaftlichen Lebens in Berlin veröffentlichen einen Aufruf, worin sie den Schutz des nationalen Kulturbesitzes fordern.
Die Unterzeichner, zu denen u. a. Wilhelm von Bode (Generaldirektor der staatlichen Museen a. D.), Adolf von Harnack (Generaldirektor der Staatsbibliotheken a. D.), Leopold Jessner (Intendant des Staatlichen Schauspielhauses) und Max von Schillings (Intendant der Staatsoper) gehören, wenden sich entschieden gegen die Auffassung der Hohenzollern, die ehemals königlichen Besitztümer seien ihr Privateigentum. Vielmehr seien es Schätze der deutschen Nation, die vom Staat übernommen und gepflegt werden müßten. Nur so sei das Weiterbestehen einer organisch gewachsenen Kunst und Kultur gewährleistet.

Die Seite aus der »Leipziger Illustrirten Zeitung« zeigt Kinderbilder, die Leser der Zeitschrift für ein Preisausschreiben eingesandt hatten.

»Des Hauses Sonnenschein« – wer hat das schönste Kind im Land?

Für die Gestaltung der Weihnachtsnummer des vorausgegangenen Jahres hatte die »Leipziger Illustrirte Zeitung« ihre Leser zu dem Preisausschreiben »Das schöne Kind« aufgefordert. Eingesandt werden konnten Bilder sowohl von Säuglingen als auch Kleinkindern. In der Redaktion hatte man auf eine rege Beteiligung gehofft, doch übertraf die Zahl der Zuschriften alle Erwartungen. Eine Flut von Fotografien ergoß sich über die Schreibtische und machte den Verantwortlichen eine Auswahl schwer. Kinder aller Altersgruppen, in braver und frecher Pose, als »Wildfang« oder »kleine Diva«, wurden auf Film oder Platte gebannt. Groß war offensichtlich der Wunsch der Eltern, den Sprößling auch einmal in einer Illustrierten abgedruckt zu sehen. Sowenig Eltern wie möglich zu enttäuschen – schon aus Gründen der Abonnentenzahlen – war ein Problem, das den Redakteuren einiges Kopfzerbrechen bereitete. Und so entschloß man sich für die Veröffentlichung mehrerer »schöner Kinder«, von denen diese, präsentiert unter der Titelzeile »Des Hauses Sonnenschein« auch noch nach Weihnachten die Herzen der Illustriertenleser beglücken.

Mai 1922

Das heilige Abendmahl: Szenenbild aus der Aufführung der Passionsspiele mit den Darstellern aus Oberammergau

Erfolg für Passionsspiel in Oberammergau

9. Mai. In Anwesenheit von Bayerns Ministerpräsident Hugo von Lerchenfeld sowie vieler in- und ausländischer Journalisten findet in Oberammergau die Hauptprobe und zugleich erste Aufführung der diesjährigen Passionsspiele statt.

Zur Premiere sind, wie noch oft in diesem Sommer, alle 4000 Plätze des Theaters vergeben. In drei Sonderzügen war das Publikum aus München angereist. Unter den Gästen befinden sich sehr viele US-Amerikaner, für die ein Besuch der Oberammergauer Passionsspiele Grund genug ist, über den Antlantik zu fahren. Die Aufführung der Leidensgeschichte Christi findet in der Regel alle zehn Jahre statt. Ihre Tradition geht auf das Jahr 1634 zurück, nachdem die Bewohner des Ortes nach der Pest 1633 ein entsprechendes Gelübde abgelegt hatten. Aus der einst wohl eher besinnlichen Darstellung, zu der die gläubigen Bauern der umliegenden Dörfer wallfahrteten, ist inzwischen eine Touristenattraktion geworden. Bis Ende der Saison finden 68 Veranstaltungen statt, oft muß wegen der großen Nachfrage zu den üblichen Spieltagen Sonntag und Mittwoch noch der Montag hinzugenommen werden. Für die Darsteller und Mitglieder des Theaters – sie alle sind aus Familien des alten Holzschnitzerortes, deren Mitglieder schon seit mehreren Generationen als Schauspieler agieren – bedeutet dies eine Belastung, aber zugleich auch eine Einnahmequelle.

Anton Lang, Christus-Darsteller schon in den Jahren 1900 und 1910

Für das Publikum zu jung und zu farblos: Martha Veit als Maria

Am Bahnhof erwarten die Pensionsleute ihre Gäste. Bis Ende August kommen insgesamt 315 000 Besucher nach Oberammergau, davon 18 000 Amerikaner.

Glückwünsche für Arthur Schnitzler

13. Mai. Anläßlich des 60. Geburtstages von Arthur Schnitzler am 15. Mai veröffentlicht die beim S. Fischer Verlag erscheinende Zeitschrift »Neue Rundschau« Äußerungen berühmter Persönlichkeiten über den Schriftsteller.

Sie sind das Ergebnis einer Rundfrage, die von der Redaktion zu Ehren des Autors veranstaltet wurde. Einige Statements werden von der »Frankfurter Zeitung« nachgedruckt, u. a. folgende Zeilen des Dichters Gerhart Hauptmann: »Arthur Schnitzlers warme und feine Begabung besitzt einen Zug, der in Deutschland selten ist, Grazie. Seine

Arthur Schnitzler (* 15. 5. 1862, Wien) lebt seit der Aufgabe seiner Tätigkeit als praktischer Arzt als freier Autor in Wien. Der breiten Öffentlichkeit ist er durch seine Theaterstücke bekannt geworden, insbesondere durch den »Reigen«, der 1921 wegen seiner Offenheit zeitweise von der Zensur verboten wurde.

Gestalten, sein Theater ist unaufdringlich bis zur möglichen Grenze ... Den Sinn für Schnitzler besitzen, heißt Kultur besitzen, und sich von Schnitzler angezogen fühlen, heißt die Kultur suchen.«

Hugo von Hofmannsthal schreibt: »Schnitzlers Theaterstücke sind vollkommene Theaterstücke, gebaut, um zu fesseln, zu beschäftigen, zu unterhalten, in geistreicher Weise zu überraschen; sie tun dem Augenblick genug und vermögen noch nachträglich, das Gemüt und die Gedanken zu beschäftigen.«

Auch Thomas Mann kommt in der Rundschau zu Wort: »Ich bin der wiederkehrenden Gelegenheit froh, Arthur Schnitzler meiner alten und immer neuen Bewunderung zu versichern. Die Stunden, ich wiederhole es, die ich im Theater oder zu Hause im Lesestuhl mit der Anschauung seiner Werke verbrachte, waren solche künstlerischer Geborgenheit, unzweifelhaftesten Vergnügens, glücklich erhöhten Lebensgefühls.«

Zur Eigenwerbung benutzt Kritiker Alfred Kerr die Umfrage. Er verweist auf Sätze seines Werks »Die Welt im Drama« und sagt dazu: »Er war ein Mehrer des Reichs: für die Frage der Vermischung oder Unvermischbarkeit zweier Seelen.«

Mai 1922

Weltrekord auf Brooklands-Kurs

17. Mai. Auf dem Brooklands-Kurs in der Grafschaft Surrey gelingt dem britischen Autorennfahrer Kenelm Lee Guinness ein Geschwindigkeitsweltrekord. Sein mittleres Tempo für den fliegenden Kilometer (Startzeit ausgeschlossen) beträgt 215,244 km/h. Für eine halbe Meile stoppt man sogar 226,12 km/h.
Diese Meilendistanz gehört jedoch nicht zu den offiziellen Wettbewerben und war nur in einer Richtung gemessen worden. Seit 1910 aber finden nur noch solche Rekorde Anerkennung, die ein Mittel aus zwei entgegengesetzten Läufen bilden.

Anerkannte Weltrekorde der FIA

Datum	Fahrer	Wagen	(km/h)
5. 8. 1902	W. K. Vanderbilt	Mors	122,436
5. 11. 1902	H. Fournier	Mors	123,272
17. 11. 1902	Augières	Mors	124,125
17. 7. 1903	A. Duray	Gobron-Brillié	134,328
5. 11. 1903	A. Duray	Gobron-Brillié	136,356
31. 3. 1904	L. Rigolly	Gobron-Brillié	152,529
25. 5. 1904	de Caters	Mercedes	156,504
21. 7. 1904	L. Rigolly	Gobron-Brillié	166,667
13. 11. 1904	P. Baras	Darracq	168,222
30. 12. 1905	V. Héméry	Darracq	176,460
26. 1. 1906	F. Marriott	Stanley	195,640
8. 11. 1909	V. Héméry	Benz	202,691

Ab 1910 werden nur noch Geschwindigkeiten anerkannt, die einen Mittelwert von zwei entgegengesetzten Läufen darstellen.

| 24. 6. 1914 | L. G. Hornstedt | Benz | 199,714 |
| 17. 5. 1922 | K. L. Guinness | Sunbeam | 215,244 |

Nicht in dieser Statistik enthalten sind die nur in den USA anerkannten Geschwindigkeitsweltrekorde.

»Bill« Guinness, Rennfahrer seit 1913 und schon einmal (1914) Sieger der Tourist Trophy, fährt den Rekord mit einem 350 PS V 12 Sunbeam von 1920. Diesen Einsitzer baute Louis H. Coatalen in Wolverhampton unter Verwendung des Manitou-Flugmotors der Royal Navy. Coatalen entwarf den Rennwagen eigens mit dem Ziel, damit den Geschwindigkeitsrekord zu brechen.
Captain Malcolm Campbell, Brite und Rennfahrer aus Leidenschaft, will das Rekord-Auto kaufen. Doch Coatalen lehnt ab und läßt sich erst nach einigen Überredungskünsten darauf ein, den Wagen für einen erneuten Rekordversuch zu verleihen. Am 17. Juni rast Campbell mit dem Sunbeam über die Sandstrecke von Saltburn. Dort veranstaltet der Yorkshire Automobile Club einen Geschwindigkeitswettbewerb. Beim zweiten Versuch erreicht der 37jährige Pilot 216,87 km/h. Dieser Rekord wird allerdings von der internationalen Motorsportbehörde AIACR in Paris nicht anerkannt.

Legale Wettbüros auf den Rennplätzen

18. Mai. Einem Bericht der »Berliner Illustrirten Zeitung« zufolge haben die Abgeordneten des deutschen Reichstages der Konzessionierung einer großen Anzahl von Buchmachern zugestimmt. Ihre Zulassung auf deutschen Rennplätzen soll noch in dieser Saison, nach Möglichkeit ab Juli 1922, erfolgen. In der Praxis wird dies bedeuten, daß die bisherigen, nichtoffiziellen Buchmacher in Wettannahmestellen, Zigarrenläden, Kneipen, Cafés, Friseurgeschäften etc. eine Konkurrenz von den staatlich sanktionierten Wettbüros bekommen. Von denen erwartet sich der Fiskus neue Einnahmequellen, da sie zum einen Steuern zahlen müssen und zum anderen Kautionen für ihre Geschäfte und Angestellten hinterlegen müssen. Sie betragen 100 000 Mark für den Buchmacher sowie 20 000 Mark für das Hilfspersonal und dienen in erster Linie einem gewissen Schutz der Wetter.

◁ Blick auf das Lager der Buchmacher während des Derbys in Epsom (Großbritannien)

Gropius-Denkmal für die Märzgefallenen

1. Mai. Auf dem Friedhof von Weimar wird das von Architekt Walter Gropius entworfene Denkmal für die Märzgefallenen enthüllt. Das Monument soll an die Opfer des Kapp-Putsches vom März 1920 erinnern. Damals versuchten rechtsradikale militärische Kräfte unter der Führung von Wolfgang Kapp (→ 12. 6./S. 95), die demokratische Regierung der Weimarer Republik zu stürzen. In der expressionistischen Gestaltung spiegelt sich die künstlerische Position der ersten Jahre des Staatlichen Bauhauses Weimar wider, dessen Direktor 1919 Gropius bei der Gründung wurde. Zuvor hatte er sich zu den Forderungen des Arbeitsrates für Kunst bekannt, in denen es u. a. heißt: »Beseitigung der künstlerisch wertlosen Denkmäler sowie aller Bauten, deren Kunstwert im Mißverhältnis zu dem Wert ihres anders brauchbaren Materials steht. Verhinderung voreilig geplanter Kriegsdenkmale und unverzügliche Einstellung der Arbeiten für die in Berlin und im Reich vorgesehenen Kriegsmuseen.« Neben der politischen, antimilitaristischen Haltung beinhaltet dieser Punkt auch eine gestalterische Dimension, die Gropius in diesem 1920/21 entworfenen Denkmal umsetzte. Unter den Bürgern der kleinen thüringischen Stadt Weimar stößt dieses als Provokation empfundene Denkmal allerdings zumeist auf Unverständnis und auch auf Abwehr.

Denkmal für die Opfer des Kapp-Putsches auf dem Friedhof von Weimar, entworfen von Architekt Walter Gropius, Direktor des Weimarer Bauhauses

Mai 1922

Mode 1922:
Teure und edle Stoffe bedingen einfache Schnittgestaltung

Extravagante Modenschauen, Luxuswaren und aufwendig ausgestattete Revuen täuschen über die allgemeine Armut hinweg. Eine große Moderevue im Berliner Metropoltheater, organisiert vom Verband der deutschen Modeindustrie, wird zum einschlägigen Ereignis des Jahres. Theaterstars wie Lil Dagover, Mady Christians, Lucy Kieselhausen, Hans Albers, Hermann Böttcher u. a. führen die neuesten Kreationen Berliner Couturiers vor. Von wirtschaftlicher Seite her aber ist man bemüht, den modischen Wandel in Grenzen zu halten. So schreibt die »Zeitschrift für Deutsche Frauenkleidung und Frauenkultur«: »Eine lediglich dem Kaufanreiz dienende Mode, ein Formenwechsel, der nicht einer natürlichen Entwicklung, sondern einem bewußten Entwertenwollen des Bestehenden entspringt, ist infolge der unverhältnismäßig raschen Entwertung der Ware, die mit einem natürlichen Verbrauch, einer entsprechenden Abnutzung in keinem Verhältnis steht, aus volkswirtschaftlichen Gründen unbedingt abzulehnen als Vergeudung von Rohstoffen und Mißbrauch menschlicher Arbeitskraft. Modewaren ... als billige Massenmodeproduktion allen Bevölkerungskreisen verlockend zugänglich zu machen, bedeutet ebenfalls Verschwendung.«

Aus Gründen der Stoffersparnis sind die Kleiderschnitte einfach. Das gerade, aber locker sitzende sog. Etui- oder Futteralkleid mit tiefer Taillenandeutung dominiert. Im Sommer werden schlichte Hängerkleider aus Organdy, Voile oder Tüll getragen, die durch verspielte Biesen, Säumchen, Stickereien und Durchbrüche ihren Reiz bekommen. Die Kleider haben vielfach dreiviertellange Kimonoärmel und einen Bootausschnitt. Weiß gilt als die modischste Sommerfarbe.

Das Kostüm unterstreicht seinerseits die gerade schlanke Modelinie durch seine lange, bis unter das Gesäß reichende Jacke und den schmalen, knöchellangen Rock, dessen geringe Bewegungsfreiheit durch einen seitlichen Schlitz etwas verbessert ist. Apart sind horizontal gezogene Effekte, Fransen und Pelzbesätze bei Kostümen und Mänteln.

Das modische Abendkleid kommt nicht ohne lockere Hüftdrapierung aus, die in einer seitlichen Schleppe endet. Auch um die Hüften geschlungene und lang herabhängende Schärpen sind en vogue. Die schmalen Träger erlauben nun ein großzügiges, bis zum Brustansatz reichendes Dekolleté. Glänzende Matlassé-Seide, gaufrierte Metallstoffe, Silberspitzen und Pannesamt vermitteln den Eindruck des Auserlesenen. Das Stilkleid mit seiner tiefangesetzten, knöchellangen Krinoline behält sein Ansehen als jugendlich extravagantes Abendkleid. Den Abendfrisuren geben Diadem oder Turban den gewünschten exotischen Reiz.

Der Wunsch nach Asymmetrie macht auch vor den Mänteln nicht halt. Sie werden sehr effektvoll mit einer großen Agraffe oder Spange seitlich in Hüfthöhe geschlossen.

△ »Hinter den Kulissen der Modenschau: Die letzten Vorbereitungen« – so die Unterzeile zu der in der »Leipziger Illustrirten Zeitung« veröffentlichten Illustration. Die Zahl solcher Veranstaltungen ist relativ gering, da die dafür notwendigen Kosten den Couturiers häufig zu hoch sind. So muß z. B. die auf der Frühjahrsmesse von Frankfurt am Main geplante Modenschau ausfallen.

◁ Einen Modebeitrag ganz eigener Art zeigt die in München erscheinende Satire-Zeitschrift »Simplicissimus«. So bietet Zeichner Karl Arnold den Damen eine günstige Gelegenheit, die neuesten Moden auszuprobieren.

Mai 1922

Titelzeichnung der »Illustrirten Zeitung« mit einer »Dame von Welt«. Hervorstechend der große Hut – mit breiter, asymmetrischer Krempe ist er en vogue. Ein lässig umgeworfener Pelz ergänzt das mondän anmutende Bild.

Hängerkleid mit Spitzenärmeln

Nachmittagskleid aus Plisseestoff

Großzügige Ärmel verschönern Kleiderformen

Große Aufmerksamkeit schenken die Modemacher der Gestaltung von Kleiderärmeln. Der schmale Schnitt scheint passé, vielmehr begeistert sich die modebewußte Frau für den phantasievoll mit Stoff von Jacke und Rock korrespondierenden, sog. Fledermausärmel. Häufig beginnt seine Weite an der Schulter, an anderen Modellen verbreitert er sich nach unten hin. An Abendkleidern kann er geschlitzt sein.

Spaß an Spitzen

Eine Spitzenmesse, verbunden mit Modenschauen, lockt im Oktober das hauptstädtische Publikum in die Ausstellungshallen am Zoologischen Garten. Wie die »Vossische Zeitung« in ihrem Bericht schreibt, bietet sie eine Fülle von Anregungen für die geschickte moderne Frau zum Umarbeiten ihres vorhandenen Kleiderbestandes und zum Nacharbeiten. Mit einigen Zutaten kann man sich z. B. ein schickes neues Alltagskleid herstellen. Das Modernste sind ganz grobe Spitzen auf Schwarz oder Dunkelblau. Geknüpfte oder gestrickte Gürtel, gehäkelte Blumen zum Anstecken, grobe geklöppelte Durchzüge oder Kanten und Spitzenkrägen und -volants heben sich in hellen Garnen gearbeitet auffällig von den dunklen Materialien ab.

Bilder von den Modenschauen und den Exponaten der Berliner Spitzenmesse im Monat Oktober ▷

Juni 1922

Mo	Di	Mi	Do	Fr	Sa	So
			1	2	3	4
5	6	7	8	9	10	11
12	13	14	15	16	17	18
19	20	21	22	23	24	25
26	27	28	29	30		

1. Juni, Donnerstag

Seit dem Monat Juni des Vorjahres ist die zirkulierende Geldmenge des Deutschen Reiches von 84,9 auf 180,8 Mrd. Mark gestiegen. Für einen US-Dollar erhält man z. Z. 273 Mark.

Der Vorstand des Reichsverbandes der Deutschen Presse verabschiedet eine Entschließung über die Unterdrückung der Pressefreiheit in den besetzten Gebieten, worin er gegen die Einflußnahme der Besatzungsbehörden protestiert.

In einem Bericht über die bürgerkriegsähnlichen Zustände in Irland vor dem britischen Unterhaus in London betont Großbritanniens Kolonialminister Winston Churchill den Ernst der Lage auf der Nachbarinsel (→ 16. 6./S. 96).

Die »Frankfurter Zeitung« veröffentlicht einen Bericht über die Berufschancen von Frauen in den USA. Demnach besteht dort ein Überangebot an Arbeitskräften in den üblichen Berufen für weibliche Arbeitnehmer. Die Zeitung warnt damit die »auswanderungslustigen deutschen Frauen« vor allzugroßen Illusionen.

Im Dresdner Ausstellungspalast wird die erste »Jahresschau Deutscher Arbeit« als Ausstellung von Glas- und Keramikindustrie unter dem Titel »Deutsche Erden« eröffnet. → S. 102

2. Juni, Freitag

Der Landtag von Oldenburg beschließt die Aufhebung der Standesvorrechte des herzoglichen Hauses von Oldenburg.

50 000 faschistische Schwarzhemden erzwingen in Bologna unter Benito Mussolinis Führung den Rücktritt des linksorientierten Präfekten. → S. 98

Der polnische Graf Joseph Sokolowski meldet von seinem derzeitigen Aufenthaltsort auf dem Dampfer »France« den Abschluß eines Abkommens mit dem US-amerikanischen Drogensyndikat über den Import von Sprudel aus Bad Nauheim in die Vereinigten Staaten im Wert von etwa 1,5 Mio. US-Dollar (rund 450 Mio. Mark).

3. Juni, Samstag

Das mit der 52. Jahresversammlung des Allgemeinen Deutschen Musikvereins verbundene zwei Wochen dauernde Tonkünstlerfest beginnt in Düsseldorf.

An der Pariser Oper werden Igor Strawinskis Werke »Mavra« und »Renard« uraufgeführt (→ S. 104).

Als letzte Vorstellung des vom Frankfurter Schauspielhaus veranstalteten »Zyklus moderner Dramen« wird der erste Teil der Trilogie »Nach Damaskus« von August Strindberg aufgeführt (→ S. 188).

4. Juni, Pfingstsonntag

Auf Philipp Scheidemann (MSPD), Oberbürgermeister von Kassel und erster Präsident der deutschen Republik (13. 2. 1919–20. 6. 1919), verübt ein Angehöriger der rechtsextremen Organisation Consul ein Säureattentat. → S. 95

5. Juni, Pfingstmontag

Auf dem zu Pfingsten in Paris stattfindenden Parteitag der französischen Sozialisten kritisiert der Großteil der Delegierten die Außenpolitik von Raymond Poincaré. Er bekämpfe die deutschen Pazifisten ebenso wie die Alldeutschen und provoziere die wirtschaftliche Isolation Frankreichs.

In Moskau wird ein Bulletin veröffentlicht, aus dem hervorgeht, daß Wladimir I. Lenin schwer erkrankt sei und völlige Ruhe brauche (→ 3. 4./S. 65).

Das Hessische Landestheater in Darmstadt bringt »Stürme« von Fritz von Unruh zur Uraufführung.

6. Juni, Dienstag

Auf einer Tagung des Zweckverbandes nordwestdeutscher Wirtschaftsvertretungen in Hamburg betont Hugo Stinnes in bezug auf die angedrohten französischen Sanktionen, eine Besetzung des Ruhrgebiets würde den Franzosen keinen Gewinn bringen, sondern lediglich Kosten verursachen (→ 27. 11./S. 181).

In Helsingfors (Helsinki) unterzeichnen Finnland und Sowjetrußland einen Vertrag, in dem sich beide Staaten gegenseitig die Unverletzbarkeit ihrer Grenzen garantieren. → S. 99

Die Delegierten des polnischen Parlaments (Sejm) richten heftige Angriffe gegen die Regierung von Anton Ponikowski wegen des russisch-deutschen Vertrages. Ponikowski reicht daraufhin seine Demission ein. Zum neuen Ministerpräsidenten ernennt Staatspräsident Jósef Pilsudski am 25. Juni Artur Sliwinski. → S. 99

7. Juni, Mittwoch

Im US-amerikanischen Bundesstaat Ohio werden erstmals Schädlinge aus der Luft bekämpft. Von einem Luftschiff aus werden von Raupen befallene Bäume mit Bleiarsenat bestäubt.

Von Berlin aus werden erstmals drahtlos Bilder in die USA telegrafiert.

8. Juni, Donnerstag

Wegen ihrer Zugehörigkeit zu einem deutschen Offiziersbund werden 17 ehemalige deutsche Offiziere in Wiesbaden von dem Kriegsgericht der französischen Rheinarmee zu Gefängnis und zu Geldstrafen verurteilt.

Nach harten Kämpfen mit irischen Freiheitskämpfern besetzen britische Truppen die Stadt und das Fort Bellenk in Nordirland (→ 16. 6./S. 96).

In Belgrad werden die rumänische Prinzessin Marjola und Alexander I., König der Serben, Kroaten und Slowenen, getraut. → S. 103

9. Juni, Freitag

Die deutsche Regierung veröffentlicht in einer Denkschrift die bisherigen Kosten für die Besatzungstruppen. Demnach mußte das Deutsche Reich seit dem Waffenstillstand von 1918 bis zum 31. März 1922 5,5 Mrd. Goldmark und 14 Mrd. Papiermark aufwenden (→ 11. 3./S. 46).

In Moskau beginnt der schon seit einigen Monaten verschobene Prozeß gegen rechtsgerichtete Sozialrevolutionäre vor dem Revolutionstribunal (→ 9. 8./S. 129).

10. Juni, Samstag

In Paris endet die am 24. Mai begonnene Tagung des internationalen Anleiheausschusses ohne ein Ergebnis. Frankreich war zu keiner Begrenzung der deutschen Verpflichtungen bereit, so daß keine Grundlagen für mögliche Anleihen geschaffen wurden. → S. 98

11. Juni, Sonntag

Anläßlich einer in Königsberg stattfindenden Parade zu Ehren des ehemaligen Generalfeldmarschalls Paul von Hindenburg veranstalten linksorientierte Kräfte eine Gegendemonstration. Es kommt zu gewalttätigen Auseinandersetzungen, bei denen eine Person getötet wird (→ 29. 5./S. 81).

Auf einer von der Regierung veranlaßten Beratung der vier Bergarbeiterverbände in Bochum lehnen die Teilnehmer ein Abkommen über Sonderschichten ab. Sie sehen darin eine faktische Erhöhung der Arbeitszeit.

Drei zur Abstimmung gelangte Volksbegehren werden von den Schweizern abgelehnt: 1. Die Forderung nach Einschränkung der Einbürgerung von Ausländern, 2. die Forderung nach Ausweisung gefährlicher Ausländer, 3. die Forderung nach dem Recht für Beamte, in den Nationalrat gewählt werden zu können.

Bei einer Volksbefragung in dem tschechischen Hultschiner Ländchen spricht sich die Mehrheit der dortigen Bevölkerung für den Anschluß an das Deutsche Reich aus.

Auf der im vergangenen Jahr eröffneten Automobilrennstrecke in Berlin, der Avus, finden die ersten offiziellen Rennen dieses Jahres für Fahrräder mit Hilfsmotor, Motorräder und Rennwagen statt. → S. 107

12. Juni, Montag

In München demonstrieren mehrere vaterländische Verbände gegen den Besuch des sozialdemokratischen Reichspräsidenten Friedrich Ebert in der bayerischen Hauptstadt. Die konservativen Verbände werfen dem sozialdemokratischen Politiker vor, durch seine Antikriegspolitik im Jahr 1918 Verrat an Deutschland verübt zu haben. Diese Vorwürfe sind Ursache für einen langwierigen Gerichtsprozeß, den Ebert in den kommenden zwei Jahren führen muß.

Wegen Beleidigung des Reichspräsidenten (MSPD) wird Joseph Smeets, ein Führer der rheinischen Separatistenbewegung, von einem Kölner Gericht zu sieben Monaten Gefängnis verurteilt (→ 23. 7./S. 113).

Nach einer Augenoperation stirbt Wolfgang Kapp, Initiator des Kapp-Putsches von 1920, in Untersuchungshaft. → S. 95

Bei den Wahlen zur ungarischen Nationalversammlung können die bürgerlichen Parteien ihre Mehrheit behaupten.

13. Juni, Dienstag

Das Offenburger Schwurgericht spricht den wegen Beihilfe zum Mord angeklagten Herbert Killinger frei. Killinger hatte den Mördern des Zentrums-Politikers Matthias Erzberger (der Mord geschah am 26. 8. 1921) zwar Hilfestellungen geleistet, jedoch kann ihm nicht nachgewiesen werden, daß er wissentlich Beistand gewährte.

Der Vorstand der Sozialdemokratischen Partei in Österreich erklärt gegenüber Bundeskanzler Ignaz Seipel, für die Reaktionen der Arbeiterschaft auf die galoppierende Inflation keinerlei Verantwortung mehr übernehmen zu können (→ 20. 8./S. 128).

Die Regierung des Freistaates Irland veröffentlicht den Entwurf für eine Verfassung des Landes, worin der Dominion-Status von Irland innerhalb des britischen Commonwealth anerkannt wird (→ 16. 6./S. 96).

Frankreich gewährt Österreich einen Kredit über 55 Mio. Francs (rund 148 Mrd. Mark) und spricht sich gleichzeitig entschieden gegen eine Vereinigung Österreichs mit dem Deutschen Reich aus (→ 20. 8./S. 128).

14. Juni, Mittwoch

Der deutsche Reichstag genehmigt in zweiter Lesung das Reichsjugendwohlfahrtsgesetz, wodurch u. a. die Rechte der staatlichen Jugendhilfe gegenüber den erziehenden Eltern festgelegt sind.

Der Verein deutscher Motorfahrzeugindustrieller beschließt, die diesjährige Berliner Autoausstellung wegen des langen Streiks der süddeutschen Metallarbeiter abzusagen (→ S. 38; 26. 5./S. 78).

15. Juni, Donnerstag

Die Hamburger Bürgerschaft genehmigt einstimmig die Senatsvorlage zum Ausbau des Hamburger Hafens. Als erste Rate für die Arbeiten müssen 150 Mio. Mark zur Verfügung gestellt werden (→ 22. 2./S. 34).

Die Teilnehmer der internationalen Sachverständigenkonferenz von Den Haag, die am 26. Juni beginnt, treffen im Veranstaltungsort zu einer Vorkonferenz zusammen. Das Deutsche Reich wird wegen des mit Sowjetrußland vereinbarten Vertrages von Rapallo ausgeschlossen (→ 16. 4./S. 63).

In großer Aufmachung berichtet das »Berliner Tageblatt« von dem Mord an Walther Rathenau. Das Attentat von Mitgliedern der rechtsradikalen Organisation Consul wird von allen Demokraten mit Entsetzen aufgenommen (Titelseite der Abendausgabe vom 24. 6. 1922).

Sonnabend, 24. Juni 1922 • 51. Jahrgang · Abend-Ausgabe · Einzelnummer 1 M.

Berliner Tageblatt

Nr. 294 · und Handels-Zeitung

Chef-Redakteur: Theodor Wolff in Berlin. Druck und Verlag von Rudolf Mosse in Berlin.

Walther Rathenau ermordet.

(Von uns bereits durch Extrablatt bekannt gegeben.)

Berlin, 24. Juni.

Nach einer amtlichen Mitteilung wurde heute vormittag Minister Rathenau, kurz nachdem er seine Villa im Grunewald verlassen hatte, um sich in das Auswärtige Amt zu begeben, erschossen und war sofort tot. Der Täter fuhr im Auto nebenher und sauste nach vollbrachter Tat weiter.

T. W. In dem Augenblick, wo wir die Nachricht von der Ermordung Walther Rathenaus hier veröffentlichen müssen, können wir nur unserer Erschütterung und unserem Entsetzen Ausdruck geben. Erschütterung darüber, daß dieser glänzend begabte, weit über die Gewöhnlichkeit hervorragende und warm für sein Land empfindende Mann nun auch, wie so viele andere vor ihm, von einem Sendling der im Dunkel hausenden Verschwörung hingemordet worden ist, und tiefstes Entsetzen über die unsagbaren Zustände, in denen wir leben und unter denen heute regiert werden muß. Es ist in diesem Augenblick nicht möglich, die Persönlichkeit Rathenaus in all ihrer geistigen Bedeutung zu schildern, und das ist auch nicht nötig, denn sie steht allen klar und gerecht sehenden Deutschen und der ganzen Kulturwelt vor Augen, und nur diejenigen, die ihn aus „völkischem“ Fanatismus und Haß rasend schmähten, gegen ihn hetzten, ihn gemordet haben oder morden ließen, haben seinen Wert geleugnet und sein Wollen entstellt. Wir treiben keine Verhimmelung, wollen nicht mit Weihrauch den urteilenden Sinn umnebeln, wie er von den unheilvollen Demagogen des Deutschnationalismus mit Giftgasen umnebelt wird, aber man muß aussprechen, daß diese fluchwürdige Kugel einen Mann niedergestreckt hat, der in der ganzen gebildeten und gesitteten Welt eine außerordentliche Autorität genoß und viel bewundert wurde, und daß sie, indem sie den Völkern eine so furchtbare moralische Verwirrung zeigte, nicht nur den einen, sondern Deutschland traf.

Wir klagen ungern dort, wo die Tat eines einzelnen vorliegt, ganze Kreise an, aber hier ist die Schuld so klar, die Verantwortung so offenkundig, daß es unmöglich ist, nicht Anklage zu erheben, und die kraß hervortretende Wahrheit zu verwischen. Mit grenzenloser Niedrigkeit, mit unergründlicher Gemeinheit ist Rathenau in den deutschnationalen und deutschvölkischen Versammlungen und in den meisten Blättern dieser Richtungen verleumdet und beschmutzt worden, und diese geistige Vorbereitung hat die Tat möglich, hat sie unvermeidlich gemacht. Es muß anerkannt werden, daß vorgestern, als Rathenau seine scharfe, patriotisch entrüstete Rede gegen die Vergewaltigung des Saargebiets gehalten hatte, einige deutschnationale Berliner Blätter, wie die „Tägliche Rundschau“, offen konstatierten, nationaler habe kein Minister sprechen können. Aber andere, wie die „Deutsche Tageszeitung“, verhöhnten selbst diese Rede und behaupteten wahrheitswidrig auch jetzt noch, daß Rathenau sich vor Frankreich gebückt habe, und die ehrlichere Darstellung der wenigen, zu besserer Einsicht gelangten Organe kam, da die Giftatmosphäre sich längst schon zu sehr verdichtet und verbreitet hatte, leider zu spät. Die große Mehrheit des Publikums ahnt kaum, was heute in jenen Kreisen, die sich dem Kampfe gegen den bestehenden Staat widmen, gedruckt, gesprochen und gesungen wird. Und es gibt sozusagen anständige Konservative, die das beschönigen, die an ihrem Parteimantel diesen Schmutz mitschleppen und die sich von diesem Kaliliniariertum nicht trennen wollen, weil es ihnen eine wertvolle Hilfstruppe ist und weil die gewillenlose Aufpeitschung eines blinden Pöbels ihren Parteizwecken förderlich erscheint.

Es gibt aber noch mehr. Immer deutlicher zeigt es sich, daß die Mitteilungen über Verschwörergilden, über geheime Verbindungen und selbst über „Mörderzentralen“ keine Phantasiegebilde sind. Das alles existiert und wird aus den Kassen von Leuten, die von dem wirtschaftlichen Elend nicht berührt sind, mit reichen Geldmitteln gespeist. Ehemalige Offiziere der aufgelösten Armee, die sich in das graue Alltagsleben nicht hineinfinden können, und Jünglinge, deren politische Unreife die im Hause oder in den Hörsälen der Röthe und Genossen empfangenen Ansichten willig und gierig auffängt, bilden unzweifelhaft das Personal, aus dem man die Beauftragten entnimmt. Die Untersuchung, die sich an die Ermordung Erzbergers anschloß, hat ja einiges Material über die „Organisation C“, die „Organisation Consul“, gebracht. C oder A oder L — das Verschwörerhandwerk ist denen willkommen, die kein anderes erlernt haben und erlernen wollen, und jeder, der an sichtbarer Stelle dem neuen Staat dient, Deutschland durch ruhige, zielsichere Politik emporbringen möchte und jenen Elementen im Wege steht, ist von der Revolverkugel bedroht. Diesem Treiben, das Deutschland in den Augen der Welt schändet, jeden Aufstieg unmöglich macht, scheint die Regierung machtlos gegenüberzustehen. Die Mörder, von Helfershelfern und Geldgebern unterstützt, entweichen, die Organisationen entwickeln sich ungestört weiter, und die mit der Ueberwachung betrauten Behörden erklären, so lange die Tat noch nicht geschehen ist, daß alle beunruhigenden Nachrichten erfunden oder übertrieben seien. Als vor acht Tagen sozialistische Blätter versicherten, es bereite sich für den 28. Juli eine „Bartholomäusnacht“ vor, wurde das als Hirngespinst abgetan. Heute hatten wir zum mindesten ein Stück Bartholomäusnacht. Und wenn die Regierung sich einmal aufrafft und Maßregeln ergreift, schreit die gesamte Rechte über diesen Angriff auf die Preß- und Organisationsfreiheit entrüstet auf. So gehen die Angriffe auf das Leben mit furchtbarem Erfolge ungestört fort.

Es wird wahrscheinlich auch jetzt alles so weitergehen. Die Blätter und Redner der Deutschnationalen werden selbstverständlich die entsetzliche Tat verdammen, sie werden sie nicht, wie das Attentat auf Scheidemann, ins Lächerliche ziehen können, und hinter diesem Spalier mit gesenkten Fahnen spinnt sich das Komplott derjenigen weiter, die man nicht abschüttelt und noch weniger bekämpft. Rathenau hat oft sein Schicksal vorausgeahnt. In der letzten Zeit scheint er leider vertrauensvoller gewesen zu sein. Er ist gefallen, weil er seinem Zwecke nach besten Kräften gedient und seine glänzenden Talente, die er, wie andere, zum eigenen Vorteil hätte verwerten können, dem Wiederaufbau Deutschlands gewidmet hat, der sein stetiges Ziel und sein leitender Gedanken war. Hinter ihm bleibt ein Land, das an diesem Tage und nach diesem Morde, der ein Signal gewesen sein kann, weiter als je von solchem Aufstieg und solcher Genesung entfernt erscheint.

Die Einzelheiten der Mordtat.

Der Handgranatenanschlag.

Als der Reichsminister des Auswärtigen Dr. Rathenau sich heute früh in die Stadt begeben wollte und 10 Uhr 50 Minuten die Königsallee an der Wallotstraße kreuzte, wurden plötzlich von einem anderen Automobil aus, das in rasendem Tempo vorüberfuhr, auf den Wagen, in dem Dr. Rathenau saß, mehrere Schüsse abgegeben. Gleichzeitig wurde eine Handgranate geworfen. Dr. Rathenau brach in dem Polster seines Wagens tot zusammen. Das Automobil, in dem sich die Täter befanden, fuhr dann in schneller Fahrt in der Richtung nach Zehlendorf davon.

Es war ein offener Wagen, in dem außer dem Chauffeur noch zwei Personen sich befanden. Sie trugen gelbe Kappen und hatten ihr Gesicht fast völlig verdeckt. Der Wagen wurde sofort von einer Radfahrerpatrouille der Polizei verfolgt.

Gegen 12 Uhr trafen von der Berliner Kriminalpolizei mehrere Kommissare mit ihren Beamten am Tatort ein. Außerdem begaben sich sofort Polizeipräsident Richter, der Chef der Berliner Kriminalpolizei, Oberregierungsrat Hoppe, und der Chef der politischen Polizei, Oberregierungsrat Weiß, an den Tatort.

Dr. Rathenau wurde sofort in seine Wohnung in der Königsallee 65 überführt. Vom Tatort aus wurden sofort mit allen zur Verfügung stehenden Mitteln umfangreiche Nachforschungen aufgenommen.

Das Attentat von langer Hand vorbereitet.

Zu dem Attentat erfährt einer unserer Mitarbeiter noch folgende Einzelheiten:

Die bisherigen Nachforschungen der politischen Kriminalpolizei haben klar und deutlich ergeben, daß es sich um **ein von langer Hand vorbereitetes Attentat** handelt. Die Täter haben höchstwahrscheinlich den Minister schon seit Wochen auf seinen Fahrten in die Stadt beobachtet und als **günstigste Stelle zur Ausführung ihres Planes** die Ecke der Königsallee und der Wallotstraße erkannt. Dort kreuzen sich eine Anzahl von Straßen, und es war ihnen hier der Weg zur Flucht nach verschiedenen Seiten hin frei.

Wie **Augenzeugen** erklären, hat sich die Tat folgendermaßen abgespielt: Dr. Rathenau kreuzte die Königsallee etwa kurz vor 11 Uhr, um sich in das Ministerium zu begeben. Zur gleichen Zeit passierte ein anderes Automobil die Stelle, fuhr in außerordentlich schnellem Tempo an Dr. Rathenaus Wagen vorüber, stoppte dann ab, und die in ihm sitzenden Täter gaben auf den Minister etwa **acht bis zehn Schüsse aus einer Maschinenpistole** ab.

Dr. Rathenau sprang nun, anscheinend schon von mehreren Kugeln getroffen, auf und bückte sich zu seinem Chauffeur nach vorn über, um diesem wahrscheinlich die Weisung zu geben, in schneller Fahrt davon zu fahren. Diesen Augenblick benutzten die Täter, **um noch eine Handgranate in den Wagen des Ministers** zu werfen. Von dieser **getroffen, sank Dr. Rathenau blutüberströmt in das Polster seines Wagens zurück.** Jetzt fuhr das Automobil, in dem sich die Täter befanden, in rasendem Tempo davon.

Die Täter, die emailgelbe Kappen trugen und ihr Gesicht zeitweilig verdeckt hatten, sind trotzdem von mehreren Augenzeugen erkannt worden. Es handelt sich um etwa **20- bis 25jährige junge Leute, die eine graue Uniform trugen.** Die Nummer des davoneilenden Wagens konnte nicht festgestellt werden, da sie ebenso wie der Kühler des Wagens verkleidet war.

Dr. Rathenau hat mehrere Verletzungen am Bein und an der Brust davongetragen. Die tödliche Verletzung rührt aber ohne Zweifel von der Handgranate her, die ihm ein Stück des Kiefers wegriß.

Der Wagen der Täter war sofort von Straßenpassanten und wenige Minuten später von einer Radfahrpatrouille der Polizei verfolgt, fuhr indessen so schnell, daß es ihm gelang, zu entkommen. Die Polster in Dr. Rathenaus Wagen sind von den Schüssen vollkommen aufgerissen, der Boden des Wagens von der Handgranate zerrissen worden.

In dem Polizeiamt Grunewald haben sofort **die ersten Vernehmungen** von Augenzeugen begonnen. Unter diesen befinden sich wichtige Aussagen von mehreren Maurern, die unmittelbar am Tatorte beschäftigt waren. Die ersten Nachforschungen leitete Polizeimajor Lüdecke, doch schon kurz nach Bekanntwerden des Attentats trafen aus Berlin zahlreiche Kriminalkommissare mit einem Heer von Beamten am Tatorte ein. Auch Polizeipräsident Richter und der Chef der Berliner Kriminalpolizei Oberregierungsrat Hoppe erschienen mit mehreren Polizeiärzten am Tatorte. In der Grunewaldvillenkolonie ist sofort ein umfangreicher Fahndungsdienst in Szene gesetzt worden.

Walther Rathenau.

E. D. Dr. Walther Rathenau, der im 55. Lebensjahre stand, war eine der interessantesten geistigen Persönlichkeiten Deutschlands. Es gibt kaum ein kulturelles, wirtschaftliches oder politisches Problem, mit dem er sich nicht irgendwie literarisch auseinandergesetzt hat. Obwohl er eine in sich geschlossene Persönlichkeit war, sind seine Werke doch reich an Antithesen. Durch alle seine Schriften geht als Grundzug das Ethische durch. Ob man nun seine „Impressionen“, seine Reflexionen, seine „Kritik der Zeit“, seine „Mechanik des Geistes“, sein Buch „Von kommenden Dingen“ oder seine zahlreichen kleinen Broschüren liest, immer sehen wir einen Menschen, der in faustischem Drange mit den Zeitfragen ringt und, darüber hinaus, große Perspektiven zu gewinnen versucht. In den stilistisch vielfarbigen Werken fehlt es nicht an falschen Farbentönen, und manches, worauf er, schauend, als Entwicklungsstadien hinwies, hat sich nicht erfüllt. So ist der ökonomische Verlauf der Gegenwart nicht, wie er während des Krieges schrieb, in einer allgemeinen gebundenen Wirtschaftsform geendet, in einem halben oder ganzen Sozialismus, sondern in einem Individualismus, der weit über die kapitalistischen Formen der jüngsten Vergangenheit hinausgeht. Rathenau selbst war aber klug genug, sich nicht auf Theoreme festzulegen, sondern, als durchaus moderner Mensch, sich den Verhältnissen anzupassen. Wie er schrieb, sprach er auch: gepflegt, feinsinnig, abgerundet, eindringlich, diskret. Eine bloße Rhetorik lag ihm nicht. Ihm waren die Gedanken die Hauptsache. Ideen. Zusammenfassende, universale Erkenntnisse über den Alltag hinaus. Es war von besonderem Reiz, wenn er in einem kleinen Kreise sich äußerte. Alles lauschte, niemand wagte ihn zu unterbrechen. Im Reichstag, vor einer großen Versammlung, hatte er, rein phonetisch, zunächst immer Mühe, sich durchzusetzen, da er mitunter fast flüsternd, in einem leicht summenden Bariton, sprach. War dann aber erst einmal der Kontakt geschaffen, dann hatte er das Ohr des Hauses ununterbrochen, ohne Zwischenfälle oder Zwischenrufe, bis zum letzten Wort, das er sagte. In der Konversation, im Verhandeln war er besonders groß. Dazu prädestinierte ihn seine kaufmännische Vergangenheit. Wie oft hatte ihn sein Vater Emil Rathenau, der Begründer der Allgemeinen Elektrizitätsgesellschaft, hinausgeschickt, um Verbindungen anzuknüpfen, Verträge abzuschließen oder große finanzielle und industrielle Transaktionen in die Wege zu leiten. Vor Jahren schon bediente sich die Regierung seiner in besonders schwierigen Fällen. Im Gefolge des damaligen Staatssekretärs Dernburg bereiste er 1907/08 Deutsch-Ost- und -Südwestafrika und verfaßte die amtlichen Berichte darüber. Zwei Jahre später, als die Marokkofrage wieder einmal sich zuspitzte, begab er sich im Auftrage der Reichsregierung nach Paris, um über die unerquickliche Mannesmann-Affäre mit den Franzosen zu konferieren. Als die Verhandlungen unmittelbar vor dem Abschluß standen, kamen die Gebrüder Mannesmann plötzlich mit neuen Forderungen, die alles bisherige über den Haufen warfen. Darauf trat er von seiner Mission zurück. Er war es dann, der den ersten

Juni 1922

In Innsbruck beginnt die erste Tagung (bis 18. 6.) der christlichen Bergarbeiter-Internationale. In der Organisation sind zwölf Länder vertreten, darunter auch das Deutsche Reich. Thema der Konferenz ist u. a. der Achtstundentag.

16. Juni, Freitag
In London treffen der französische Ministerpräsident Raymond Poincaré und sein britischer Kollege David Lloyd George zu einem inoffiziellen Gespräch zusammen. Thema der Unterredung ist u. a. die Haltung Frankreichs in der Reparationsfrage.

Die Wahlen im Freistaat Irland enden mit einer Mehrheit für die Vertreter der gemäßigten Richtung (92 Parlamentssitze). Die radikale Sinn-Fein-Bewegung erhält 36 Sitze. → S. 96

Beim Ausdocken im Hamburger Hafen kentert der brasilianische Dampfer »Avaré«. 37 Menschen ertrinken im überfluteten Teil des Schiffes. → S. 102

17. Juni, Samstag
Im Berliner Gewerkschaftshaus wird mit Unterstützung des Gewerkschaftsbundes und des Afa-Bundes (Angestelltengewerkschaft) eine Volksfilmbühne gegründet, deren Ziele denen der Volksbühnenbewegung ähnlich sind.

In Saltburn erreicht der britische Rennfahrer Malcolm Campbell am Steuer des Sunbeam einen neuen Geschwindigkeitsrekord mit 216,87 km/h. Allerdings verweigert die internationale Motorsportbehörde in Paris die Anerkennung dieser Leistung als offiziellen Weltrekord, da die Zeit von Hand und nicht mit den vorgeschriebenen elektrischen Meßeinrichtungen genommen wurde (→ 17. 5./S. 85).

Im Wettbewerb um das schönste Automobil im Rahmen des Automobil- und Motorradturniers von Bad Homburg siegt ein Opel-Sportwagen mit einer Karosserie der Kruckwerke.

18. Juni, Sonntag
Bei dem Volksbegehren in Sachsen sprechen sich die erforderlichen 30% der Stimmberechtigten für die Einführung des Volksentscheids als eine Form demokratischer Mitbestimmung in ihrem Land aus.

In Leipzig gründet sich der Allgemeine Deutsche Beamtenbund als Alternative zum Deutschen Beamtenbund. Die Gründung ist die Folge von Auseinandersetzungen über die Teilnahme von Beamten am Eisenbahnerstreik im Februar (→ 15. 2./S. 32). Die Mitglieder des neuen Bundes waren mit der positiven Haltung der bisherigen Organisation zu dem Ausstand nicht einverstanden.

Auf dem bis zum folgenden Tag in Leipzig stattfindenden internationalen Gewerkschaftskongreß sprechen sich die Delegierten für die Beibehaltung des gesetzlichen Achtstundentages im Deutschen Reich aus.

Auf dem Bremer Friedhof wird ein Denk-

mal für die Gefallenen der Novemberrevolution von 1918 enthüllt. → S. 103

Das Endspiel um die Deutsche Fußballmeisterschaft endet nach Verlängerung zwischen dem 1. FC Nürnberg und dem HSV in Berlin 2:2. Der Termin für das Wiederholungsspiel wird auf den 6. August festgelegt. → S. 106

In Berlin beginnen die Deutschen Kampfspiele. Die sportliche Großveranstaltung endet am 2. Juli. → S. 107

Im ersten offiziellen Länderkampf besiegt die Staffel des Deutschen Amateur-Boxverbands in Wiesbaden die Schweizer Mannschaft 12:8.

Während einer Wettkampftournee auf Honolulu schlägt der US-Amerikaner Johnny Weissmuller den Olympiasieger im Rückenschwimmen, Warren P. Kealoha, über 100 Yards mit 1:04,8 min und unterbietet damit den bisherigen Weltrekord von Kealoha um 1,6 sec. → S. 106

19. Juni, Montag
Die »Berliner Illustrirte Zeitung« berichtet über ein neues Vorhaben des norwegischen Polarforschers Roald Amundsen. Amundsen plant, den Nordpol zu überfliegen. → S. 103

20. Juni, Dienstag
Die Reichsregierung beschließt die Erhöhung der Beamtenbezüge um etwa 20%.

Der ungarische Reichsverweser Miklós Horthy eröffnet die nach den Wahlen vom 12. Juni neugebildete Nationalversammlung, in der die bürgerlichen Parteien über die Mehrheit verfügen.

Polnische Truppen besetzen die oberschlesische Stadt Kattowitz (Katowice). Der Einzug ist eine Folge des Oberschlesienabkommens, in dem Kattowitz polnischer Oberhoheit zugesprochen wurde (→ 15. 5./S. 77).

In Rio de Janeiro landen die beiden portugiesischen Flieger Gago Coutinho und Cacadura Cabral, nachdem sie auf dem Luftweg den Atlantik überquert hatten. Dieser Flug dient der Vorbereitung einer geplanten Fluglinie über den Atlantik (→ 21. 6./S. 102).

21. Juni, Mittwoch
Der deutsche Reichstag vertagt die Diskussion über ein neues Reichsschulgesetz, da keine Einigung über die Bekenntnisschule erzielt wurde (→ S. 79).

Großbritannien beschließt, auf die Einfuhr eines großen Teils deutscher Waren künftig einen Importzoll von 33,3% zu erheben, da die deutschen Produkte durch eine andauernde Abwertung der deutschen Mark billig auf den Markt kommen und so eine immer stärkere Konkurrenz für die einheimischen Hersteller bedeuten (→ S. 152).

Auf dem Flugplatz der Deutschen Luftreederei in Staaken landet eine Maschine der Deutsch-Russischen Luftfahrtgesellschaft nach einem Nonstopflug aus Moskau. → S. 102

22. Juni, Donnerstag
Im preußischen Landtag in Berlin wendet sich Preußens Ministerpräsident Otto Braun (MSPD) gegen die im Versailler Vertrag behauptete Alleinschuld des Deutschen Reichs am Ausbruch des Weltkrieges.

Die spanische Regierung beschließt, die militärischen Aktionen im Norden Marokkos abzubrechen (→ 29. 8./S. 129).

Der Kongreß der Zweiten Internationale in London beschließt den Abbruch der Beziehungen zur Dritten kommunistischen Internationale wegen des Moskauer Prozesses gegen die Sozialrevolutionäre (→ 2. 4./S. 66; 9. 8./S. 129).

In seiner Rede vor dem Unterhaus in London erläutert der britische Premierminister David Lloyd George die gegenwärtige Schuldenlage und stellt fest, daß alle europäischen Staaten gegenüber den USA finanzielle Verpflichtungen haben (→ 1. 8./S. 128).

Auf seinem Landsitz bei London wird Feldmarschall Sir Henry Wilson von irischen Extremisten ermordet. → S. 97

23. Juni, Freitag
Der Fachausschuß des deutschen Reichstages lehnt den Antrag auf Getreideumlage ab, da eine Erhöhung der Preise die unausweichliche Folge wäre.

24. Juni, Samstag
Auf der Fahrt von seiner Villa in Berlin ins Auswärtige Amt wird Außenminister Walther Rathenau (DDP) von Angehörigen der rechtsextremen Organisation Consul erschossen. → S. 92

In Österreich beginnt ein Generalstreik im gesamten staatlichen Verkehrswesen, der bis 29. Juni andauert. Hauptziel des Ausstandes ist eine rasche Änderung der Finanz- und Wirtschaftspolitik des Landes und damit verbunden ein Ende der Inflation.

»Der Tausch«, ein Drama von Paul Claudel, wird im Schauspielhaus von Frankfurt am Main uraufgeführt.

25. Juni, Sonntag
Reichskanzler Joseph Wirth (Zentrum) übernimmt zusätzlich das Amt des ermordeten Außenministers Walther Rathenau (DDP).

Bei den Landtagswahlen im Saargebiet erlangen die deutschen Parteien 28 und die Kommunisten zwei Sitze. Die frankophilen Parteien können keinen Landtagssitz erringen.

Beim 54. Deutschen Galopp-Derby in Hamburg-Horn gewinnt das Pferd Hausfreund mit Jockei W. Tarras. → S. 107

26. Juni, Montag
Reichspräsident Friedrich Ebert (MSPD) erläßt bereits zwei Tage nach der Ermordung von Reichsminister Walther Rathenau die Notverordnung zum Schutz der Republik (→ 24. 6./S. 93).

In Den Haag beginnt die Sachverständigenkonferenz, die sog. Haager Konferenz. Hauptthema der Zusammenkunft, die ohne Vertreter des Deutschen Reiches stattfindet, ist die Regelung der Schuldenzahlungen Sowjetrußlands an die Alliierten. Sie stammen noch aus der Zarenzeit vor und während des Weltkriegs.

27. Juni, Dienstag
In Berlin finden die Beisetzungsfeierlichkeiten für den ermordeten Außenminister des Deutschen Reiches, Walther Rathenau (DDP), statt. → S. 94

In der US-amerikanischen Zeitung »Evening Standard« schreibt der Zeitungsverleger Randolph Hearst, Frankreich sei eine Bedrohung für den Weltfrieden; Grundgedanken und Ziele des Vertrags von Versailles müßten geändert werden.

In einer Note an den Völkerbundsrat begründet der Vatikan seine ablehnende Haltung gegenüber dem britischen Palästina-Mandat (→ 11. 9./S. 148).

28. Juni, Mittwoch
Der Reichstag genehmigt gegen die Stimmen der Abgeordneten von KPD und USPD den Gesetzentwurf über die Arbeitszeit im Bergbau unter Tage, der den Arbeitgebern in der Festlegung von Überstunden viel Freiraum läßt.

Auf der Jahrestagung der Labour Party in London wenden sich die Delegierten dagegen, das Deutsche Reich als den allein Schuldigen am Ausbruch des Weltkrieges zu sehen.

Die französische Regierung legt dem Parlament in Paris den Finanzbericht vor, in dem u. a. betont wird, daß Frankreichs Wirtschaft auf die ungekürzten Reparationszahlungen des Deutschen Reichs angewiesen sei.

29. Juni, Donnerstag
Bei Frankfurt am Main wird der Student Ernst Werner Techow verhaftet, der am Attentat auf Walther Rathenau beteiligt war (→ 24. 6./S. 92).

Bei Zusammenstößen mit französischen Besatzungstruppen werden in der oberschlesischen Stadt Hindenburg (Zabrze) 20 Menschen getötet. Anlaß waren Aktionen deutscher Jugendlicher gegen die alliierten Soldaten.

30. Juni, Freitag
Im Großen Schauspielhaus in Berlin wird das Stück »Maschinenstürmer« des Schriftstellers Ernst Toller uraufgeführt. → S. 104

Das Wetter im Monat Juni

Station	Mittlere Lufttemperatur (°C)	Niederschlag (mm)	Sonnenscheindauer (Std.)
Aachen	16,5 (15,9)	70 (77)	– (200)
Berlin	16,5 (16,5)	31 (62)	– (244)
Bremen	15,5 (16,0)	60 (59)	– (218)
München	17,3 (15,8)	101 (121)	– (201)
Wien	(17,6)	– (68)	– (246)
Zürich	16,7 (15,5)	142 (138)	210 (220)
( ) Langjähriger Mittelwert für diesen Monat – Wert nicht ermittelt			

Sommerzeit – Reisezeit: Die »Illustrierte Zeitung« veröffentlicht am 15. Juni eine Werbung für die Schifffahrtsgesellschaft Norddeutscher Lloyd.

Juni 1922

Tatort des Attentats Königsallee/Ecke Wallotstraße: Das Kreuz kennzeichnet die Fahrspur des Wagens von Rathenau, der Pfeil die des Autos der Mörder.

Außenminister Walther Rathenau in Berlin ermordet

24. Juni. Walther Rathenau, Außenminister des Deutschen Reiches, stirbt in Berlin an den Folgen eines Attentats. Auf der Fahrt ins Auswärtige Amt sinkt er von Maschinenpistolenkugeln getroffen in seinem Wagen zusammen. Der demokratische Politiker hatte soeben sein Grundstück in der Königsallee von Berlin-Grunewald verlassen, als aus einem überholenden Auto Schüsse auf ihn abgefeuert wurden. Eine anschließend geworfene Handgranate zerfetzt den Körper Rathenaus. Als der Chauffeur den offenen Wagen zum Haus zurücklenkt, ist Rathenau bereits tot.

Die Mörder können zunächst unerkannt entkommen. Allerdings bereitet die Eingrenzung des Täterkreises keine großen Schwierigkeiten. Die Anfeindungen gegenüber dem »jüdischen Erfüllungspolitiker« aus Gruppen rechtsextremer und antisemitischer Nationalisten häuften sich seit dem Abschluß des Rapallo-Vertrages (→ 16. 4. / S. 63) und wurden aggressiver. Rathenau erhielt Drohbriefe, und haßerfüllte Hetzkampagnen füllten die rechtsextreme Presse. So bezeichnete der »Völkische Beobachter« Rathenau am 22. April als »Börsen- und Sowjetjuden«; die »Konservative Monatsschrift« schreibt: »Kaum hat der internationale Jude Rathenau die deutsche Ehre in seinen Fingern, so ist davon nicht mehr die Rede... Die deutsche Ehre ist keine Schacherware für internationale Judenhände!... Die deutsche Ehre wird gesühnt werden. Sie aber, Herr Rathenau... werden vom deutschen Volk zur Rechenschaft gezogen werden«, und in der deutsch-völkischen Stammtischlyrik erfreut sich folgender Spruch besonderer Beliebtheit: »Haut immer feste auf den Wirth/ Haut seinen Schädel, daß es klirrt/ Auch Rathenau, der Walther/ Erreicht kein hohes Alter/ Knallt ab den Walther Rathenau/ Die gottverfluchte Judensau!«

Die schon nach zwei Wochen identifizierten Mordschützen, der 24jährige Jurastudent Erwin Kern und der 26 Jahre alte Ingenieur Hermann Fischer, sind beide ehemalige Offiziere und gehören wie ihre Helfershelfer, der 21jährige Student Ernst Werner Techow und dessen 16jähriger Bruder Hans-Gerd, zur Organisation Consul. Sie ist die unmittelbare Nachfolgerin der Brigade Ehrhardt, die 1920 maßgeblich an der Durchführung des Kapp-Putsches beteiligt war. Ziel der Organisation Consul, eine Art Kaderorganisation des alten Freikorps unter der Leitung des Korvettenkapitäns Hermann Ehrhardt, ist nach wie vor der Sturz der Weimarer Republik. Politischer Mord ist für die Mitglieder ein legitimes Mittel (→ S. 95).

Die Rathenau-Mörder werden am 17. Juli auf Burg Saaleck gestellt, wobei Kern von der Polizei erschossen wird und Fischer sich das Leben nimmt (→ 14. 10./S. 167).

Bedroht von ständigen Gefahren
Schon vor der Übernahme des Außenministeriums (→ 31. 1. / S. 15) hatten Freunde Walther Rathenau gewarnt, er würde seine politische Prominenz mit dem Leben bezahlen müssen, da die antidemokratischen Kräfte eine ständige Gefahr seien. Trotzdem wies Rathenau jeden polizeilichen Schutz zurück. Zu Hellmut von Gerlach äußerte er: »Ich weiß, daß mein Leben ständig bedroht ist. Aber ... dagegen kann man sich nicht schützen, wenn man nicht selbst ein Gefangener werden ... will. Als ich mein Amt übernahm, wußte ich, was ich riskiere. Jetzt heißt es abwarten, wie lange die Sache läuft.« (Das Foto zeigt Rathenau in dem Auto, in dem er erschossen wurde.)

»Da steht der Feind… er steht rechts«

24. Juni. Nicht einmal eine Stunde nach der Ermordung Walther Rathenaus (→ S. 92) teilt Reichskanzler Joseph Wirth (Zentrum) den Abgeordneten des deutschen Reichstages das schreckliche Ereignis mit.

In der Sitzung des Steuerausschusses, die sofort unterbrochen wird, kommt es zu heftigen Angriffen gegen Karl Helfferich, den Abgeordneten der Deutschnationalen Volkspartei (DNVP). Helfferich hatte tags zuvor in einer Rede vor dem Parlament Rathenaus Politik scharf angegriffen, und so muß er sich nun die Vorwürfe der demokratischen Parteien gefallen lassen, daß er aufgrund seiner Hetzkampagne gegen Rathenau Initiator der Bluttat sei.

Zum Schutz der Republik

Aufgrund des Artikels 48 der Reichsverfassung erläßt die Reichsregierung zur Wiederherstellung der öffentlichen Sicherheit und Ordnung eine Verordnung, wonach die Landeszentralbehörden ersucht werden, Versammlungen und Kundgebungen zu verbieten, die zur gesetzwidrigen Beseitigung der republikanischen Regierung anreizen könnten. Als zuständige Berufungsinstanz wird bei dem Reichsgericht ein Staatsgerichtshof zum Schutz der Republik errichtet. Bestraft werden kann auch, wer die republikanische Staatsform oder die Reichsfarben verleumdet oder beschimpft.

Während der Plenarsitzung am darauffolgenden Tag hält Kanzler Wirth eine aufrüttelnde Rede, in der er das hervorragende politische Wirken Rathenaus hervorhebt und die republikfeindliche Haltung der rechten Parteien aufs Schärfste verurteilt. Er schließt mit den Worten: »Da steht der Feind [nach rechts zu den rechten Parteien gewendet], der sein Gift in die Wunden des Volkes träufelt. – Da steht der Feind – und darüber ist kein Zweifel: Dieser Feind steht rechts.«

Am 26. Juni setzt die Reichsregierung die Verordnung zum Schutz der Republik in Kraft, die am → 18. Juli (S. 112) als Republikschutzgesetz bestätigt wird.

Flugblatt der Regierung mit dem ▷ Aufruf zum Schutz der Republik

Aufruf!

Der Mord an dem Reichsminister Dr. Rathenau

hat die **schweren Gefahren enthüllt,** denen Deutschland durch innerpolitische Gärungen ausgesetzt ist. Die Mahnungen, den Zwist der Parteien und den Streit um Vergangenes ruhen zu lassen und alle Kräfte der Nation dem Aufbau und der Rettung des Vaterlandes zu weihen, **sind ungehört verhallt.** Eine ruhelose und **nichtswürdige Verhetzung,** welche sich gegen die Staatsreform richtet und ihre Diener für vogelfrei erklärt, treibt immer wieder unklare, politisch verblendete oder verwilderte Köpfe zu Mordversuch und Mord. **Ein Netz von Verschwörungen droht den inneren Frieden,** die Grundlage einer deutschen Erneuerung, zu zerstören. Der Mord an Rathenau ist nur ein Glied in einer Kette

wohl vorbereiteter Anschläge auf die Republik.

Zuerst sollen die Führer der Republik, dann soll **die Republik selbst fallen.** In der Verteidigung gegen den verbrecherischen Anschlag muß Durchgreifendes geschehen. Dem wachsenden Terror, dem Nihilismus, der sich vielfach unter dem Deckmantel nationaler Gesinnung verbirgt, darf nicht mehr mit Nachsicht begegnet werden. Der Ruf:

„Die Republik ist in Gefahr“

muß alle freiheitlichen, für den Aufbau eines demokratischen Staatswesens arbeitenden Schichten der Bevölkerung zusammenschließen und einigen. Das Reichskabinett, eines seiner fähigsten und besten Mitarbeiter durch Meuchelmord beraubt, erkennt in der Stunde tiefster Trauer die politische Forderung dieser Stunde.

Da Gefahr im Verzug ist, muss schnell gehandelt werden.

Die Reichsregierung hat daher dem Reichspräsidenten empfohlen, von seiner verfassungsmäßigen Befugnis Gebrauch zu machen und durch Verordnung den Schutz des Staates und das Leben seiner **durch politische Mordorganisationen** bedrohten Vertreter zu sichern. Sie wird **für strengste Durchführung dieser Verordnung Sorge tragen** und sofort die Vorbereitungen treffen, um durch gesetzliche Vorschriften der moralischen und politischen Zersetzung entgegenzuwirken, **die den Staat in seinen Grundlagen auf das schwerste bedroht.**

Die Reichsregierung versteht die tiefe Erregung des Volkes. Sie bedauert die wirtschaftlichen Rückschläge eines solchen politischen Wahnsinns, **welche die arbeitenden Klassen am meisten treffen.** Die Reichsregierung hofft, daß das deutsche Volk in seiner verständlichen Erregung **sich nicht zu Schritten verleiten läßt, welche die wirtschaftlichen und politischen Schäden und Wirren noch vermehren würden.**

Sie erwartet vielmehr, daß das deutsche Volk sich hinter die Bemühungen der Regierung stellen wird und richtet daher an die Beamtenschaft, an die Arbeiter aller Parteien und an das ganze freiheitliche Bürgertum **die ernste und dringliche Mahnung zum Schutze des Staates in Not und Gefahr zusammenzustehen.**

Es lebe die Republik!

Die Reichsregierung
Dr. Wirth.

Der Reichspostminister
Giesberts.

Juni 1922

Tiefe Trauer und große Empörung

27. Juni. Nach der Trauerfeier im Plenarsaal des deutschen Reichstages in Berlin wird der am → 24. Juni (S. 92) ermordete Außenminister Walther Rathenau beigesetzt.

Im Anschluß an die um 12.00 Uhr begonnene Feier im Reichstag, auf der Reichspräsident Friedrich Ebert (MSPD) vor in- und ausländischen Teilnehmern die Trauerrede gehalten hatte, wird der Sarg mit der sterblichen Hülle des Ministers durch das Hauptportal hinaus auf den Königsplatz getragen. Von hier aus setzt sich der Leichenwagen, nur begleitet vom Wagen mit der Familie Rathenaus, nach Oberschöneweide in Bewegung, wo die Beisetzung im Erbbegräbnis der Familie in aller Stille erfolgt.

In der Umgebung des Reichstages und der Innenstadt Berlins versammeln sich seit dem frühen Vormittag Zehntausende Menschen, um von dem demokratischen Politiker Abschied zu nehmen. Wie schon am Sonntag, als unzählige Berliner auf spontanen Kundgebungen ihrer Empörung über den heimtückischen Mord Ausdruck verliehen, kommt es zu Massenprotesten gegen die Feinde der Republik. Unter dem Eindruck der Bluttat vereinigen sich Kommunisten, Sozialdemokraten, Gewerkschafter sowie Anhänger der anderen demokratischen Parteien und fordern gemeinsam durchgreifende Schutzmaßnahmen für die junge Republik. In allen großen Städten finden am Tag der Beisetzung ähnliche Kundgebungen statt. Vielfach ruht die Arbeit, Schulen werden nach Feierstunden am Morgen geschlossen. Zumeist verlaufen die Demonstrationen friedlich, auch wenn immer wieder Proteste gegen die Verantwortlichen in den Rechtsparteien laut werden. Zu ernsten Zusammenstößen kommt es lediglich in Darmstadt. Hier, wo die Regierung wie auch in anderen Ländern des Reiches Staatstrauer angeordnet hat, ziehen empörte Demonstranten nach dem Abschluß einer machtvollen Kundgebung vor dem Rathaus zu Wohnungen von führenden Vertretern rechtsextremer Organisationen. Zum Teil dringen sie in die Häuser ein und demolieren Wohnungseinrichtungen. Bei den Auseinandersetzungen, die bis in die Abendstunden dauern, wird ein Demonstrant getötet.

Trauerfeier für den ermordeten Minister in dem von Architekt Bruno Taut und Theaterintendant Leopold Jessner umgestalteten Plenarsaal des Reichstages; auf dem Postament an der Stelle des Präsidentensitzes der Katafalk mit dem Sarg

Nach der Ermordung Walther Rathenaus kommt es wie hier im Berliner Lustgarten überall im Deutschen Reich zu Protestkundgebungen, zu denen bürgerlich-demokratische Organisationen und Linksparteien die Bevölkerung aufrufen.

Attentat auf Scheidemann

4. Juni. Der sozialdemokratische Oberbürgermeister von Kassel, Philipp Scheidemann (MSPD), entgeht knapp einem Säureattentat.

Während eines Spaziergangs in der Nähe seines Wohnhauses tritt ein junger Mann an Scheidemann heran und spritzt aus einem Ballon Blausäure in das Gesicht des Politikers, der daraufhin geistesgegenwärtig sofort eine Pistole zieht und zwei Schüsse auf den Angreifer abfeuert. Nur so kann Scheidemann verhindern, daß dieser mit der Spritze direkt Mund und Nase trifft. Ein Einatmen des hoch konzentrierten Giftes hätte unweigerlich den Tod bedeutet.

Der Täter, der zunächst unverletzt entkommen kann, wird später gefaßt. Wie auch die Attentäter von Walther Rathenau (→ 24. 6. / S. 92) und Matthias Erzberger, der am 26. August 1921 erschossen wurde, gehört er zu der rechtsextremen Organisation Consul (OC), einer illegalen Vereinigung von ehemaligen Mitgliedern der Brigade Ehrhardt. Wie deren andere Opfer war auch Scheidemann in vergangener Zeit Zielscheibe von Hetzkampagnen rechtsgerichteter Presseorgane. Scheidemann, schon vor dem Weltkrieg ein populärer Politiker, hatte am 9. November 1918 vom Reichstag aus die Republik ausgerufen und war von Februar bis Juni ihr erster Ministerpräsident (→ 14. 10. / S. 167).

Scheidemann während einer Ansprache nach dem Attentat in Kassel

Politische Morde erschüttern die Republik

Der Mord an Walther Rathenau (→ 24. 6. / S. 92) ist keine Einzeltat. Vielmehr bildet er den Höhepunkt in einer Serie von Attentaten, die Beginn und Anfangsjahre der Weimarer Republik überschatten. Seit ihrem Bestehen 1919 ist es der 354. politische Mord, den Rechtsextreme begangen haben.

Begonnen hatte die Welle der Gewalt am 15. Januar 1919 mit der Erschießung von Rosa Luxemburg und Karl Liebknecht durch Mitglieder der freiwilligen Garde-Kavallerie-Schützendivision. Bereits eineinhalb Monate später wurde der linkssozialistische Ministerpräsident von Bayern, Kurt Eisner, von den Kugeln eines entlassenen Offiziers tödlich getroffen. In der Folge häuften sich die Fälle von Erschießungen »auf der Flucht« und »wegen Widerstands bei der Verhaftung«, die sich bei späteren Untersuchungen als heimtückische Morde rechtsgerichteter Militärs herausstellten. Unter den Opfern dieser Art von Selbstjustiz befinden sich u. a. der Redakteur der kommunistischen Zeitung »Rote Fahne«, Leo Jogiches, sowie der Schriftsteller und Anarchist Gustav Landauer. Am 10. Juni 1921 starb der bayerische USPD-Landtagsabgeordnete Karl Gareis durch Schüsse eines Mitglieds des Freikorps Oberland, und am 26. August desselben Jahres ermordeten zwei Mitglieder der Brigade Ehrhardt den Zentrums-Politiker Matthias Erzberger. Dem Mord vorausgegangen war eine Hetzkampagne der DNVP gegen Erzberger.

Diese Fülle von Gewalttaten macht deutlich, daß die von führenden Politikern so gern vorgenommene Verharmlosung der Attentate als extreme Handlungen einzelner nicht den Tatsachen entspricht. Vor allem der Mord an Rathenau läßt erkennen, daß dieser Terror von einer breiten rechten Strömung getragen wird, deren Ziele letztendlich der Sturz der Republik und die Wiedererrichtung des militaristisch-monarchistischen Systems sind. Als Beispiel dafür mag die nach dem Rathenau-Mord gemachte Äußerung des Abgeordneten der Volkspartei (DVP) Gustav Stresemann stehen: »Ich habe die Mörderorganisationen als Illusion, als Hirngespinst, als exaltierte Meinung einzelner angesehen, die irgendwelche Erscheinungen verallgemeinerten. Ich muß mit tiefer Erschütterung feststellen, daß ich an dieser Feststellung nicht mehr festhalten kann.«

Daß die Anhänger republikfeindlicher Organisationen auch innerhalb des Beamtenapparates Einfluß haben, beweisen u. a. die erstaunlich milden Urteile gegen die von rechter Seite verübten Verbrechen. Wie die untenstehende Grafik zeigt, stehen sie in keinem Verhältnis zu den Urteilen der vergleichsweise geringen Gewalttaten von linker Seite.

Strafmaß für politische Morde 1919–22

Gesamtzahl der Morde (376)	Ungesühnte Morde (330)	Teilweise gesühnte Morde (28)	Gesühnte Morde (18)	Zahl der Verurteilungen (62)	Freispruch geständiger Täter (23)	Haft pro Mord in Monaten (184)	Zahl der Hinrichtungen (10)
354	326	27	17	38	23	180	10
22	4	1	1	24	0	4	0

- Morde von Rechtsstehenden / Vergeltungsmaßnahme gegen Rechte
- Morde von Linksstehenden / Vergeltungsmaßnahme gegen Linke

Kapp stirbt vor dem Prozeß

12. Juni. An den Folgen einer Augenoperation stirbt in Leipzig der Anführer des antidemokratischen Putsches von 1920, Wolfgang Kapp. Der 64jährige befand sich seit dem 17. April in Untersuchungshaft. Kurz zuvor war er aus dem schwedischen Exil zurückgekehrt, wohin er nach dem Scheitern des Kapp-Putsches im März 1920 geflohen war. Der schwer Erkrankte stellte sich bedingungslos den deutschen Polizeibehörden, stirbt aber noch vor Beginn seines Prozesses.

Kapp gehörte zu den führenden Putschisten, die mit dem Ziel, die Republik zu stürzen und eine konservative Militärdiktatur zu errichten, am 13. März 1920 an der Spitze der Marinebrigade Ehrhardt in Berlin einzogen. Als sie das Regierungsviertel besetzt hatten, ernannte Kapp sich selbst zum Reichskanzler. Zugleich formierte sich jedoch der massive Widerstand in Form eines Generalstreiks.

Als der Putsch daraufhin scheiterte, flohen seine Urheber, darunter Kapp, ins Ausland. Obwohl Hunderte von Arbeitern während des Putsches ermordet wurden, gingen alle Teilnehmer aufgrund einer Amnestie straffrei aus. Lediglich einige Führer, die nicht die Möglichkeit hatten, ins Ausland zu flüchten, erhielten wegen Hochverrats fünf Jahre Festungshaft (→ 30. 11./S. 181).

Wolfgang Kapp, ehemaliger Landschaftsdirektor und Putschist

Juni 1922

Verzweifelter Bürgerkrieg erschüttert die Grüne Insel

16. Juni. Bei den Wahlen im Freistaat Irland erringen die gemäßigten Sinn Feiner unter der Regierung von Arthur Griffith 92 Abgeordnetensitze im Dail Eireann in Dublin, die radikalen Sinn-Fein-Anhänger von Eamon de Valera nur 36.

Damit spricht sich die Mehrheit der irischen Bevölkerung für den am 21. Dezember 1921 zwischen dem Freistaat und der britischen Regierung geschlossenen Vertrag aus. Zum Abschluß wochenlanger Verhandlungen auf der damaligen Friedenskonferenz in London einigten sich die Vertreter auf die Gründung des Irish Free State, der den Status eines Dominions innerhalb des britischen Commonwealth erhält. Damit verbunden ist die Eigenverantwortlichkeit der legislativen und exekutiven Gewalt sowie die Zubilligung einer eigenen Militärmacht. Gleichzeitig akzeptiert der Freistaat die Abtrennung Nordirlands, des protestantischen Ulster.

Als der Vertrag am 8. Januar vom Parlament in Dublin genehmigt wurde und damit Rechtskraft erlangte, trat de Valera aus Protest von seinem Amt des Präsidenten zurück. Er sieht in der Vereinbarung die Interessen der irischen Republik verraten, denn Ziel des irischen Freiheitskampfes war die vollständige Unabhängigkeit der gesamten Insel. Valera und die übrigen radikalen Abgeordneten boykottieren das Parlament und verweigern den Eid auf die Verfassung wegen der darin enthaltenen Klausel, die den britischen König in den Treueeid einschließt.

Auch Griffith und seine Anhänger streben die Errichtung einer souveränen Republik an, doch hoffen sie, auf dem Wege des erlangten Kompromisses mit Großbritannien mehr erreichen zu können. Folge dieser unterschiedlichen Auffassungen ist ein verzweifelter Bürgerkrieg, der seit Anfang Juni in Südirland tobt. Mit der einstigen Armee der Sinn Feiner, der IRA (Irish Republican Army), versucht de Valera die eigene Regierung zur Fortsetzung des Kampfes gegen Großbritannien zu zwingen. Erbittert geführte Auseinandersetzungen, von denen vor allem Dublin in diesen Tagen betroffen ist, fordern unzählige Tote unter den Iren. Die einst in der Freiheitsbewegung gemeinsam gestritten hatten, erschießen sich nun gegenseitig (→ 22. 8. / S. 129).

Blick von der Nelson-Säule auf die vom Bürgerkrieg zerstörte Prachtstraße der Hauptstadt Dublin, die O'Connell Street

Kampf der regulären Truppen des irischen Freistaats gegen die IRA in den Straßen der irischen Metropole: Eine Kanone, bereit zum Angriff auf das von IRA-Soldaten besetzte Justizgebäude von Dublin an der Bridge Street

Irlands Eid auf Englands König

Hauptargument des irischen Politikers Eamon de Valera gegen den Vertrag zwischen dem Freistaat Irland und Großbritannien vom Dezember 1921 ist die völkerrechtliche Bindung an Großbritannien, die im Artikel IV, im Abgeordneteneid des irischen Parlaments deutlich wird:

»Ich . . . schwöre feierlich, daß ich Treue und Gehorsam halten will der gesetzmäßigen Verfassung des irischen Freistaats und daß ich treu sein will S. M. König Georg V., seinen Erben und rechtmäßigen Nachfolgern wegen des gemeinsamen Bürgerrechts Irlands mit Großbritannien und seiner Zugehörigkeit zu und Mitgliedschaft in der Gruppe von Nationen, die den britischen Commonwealth of nations bilden.« Dies heißt Anerkennung des britischen Oberhaupts als König von Irland.

Juni 1922

Die Witwe Wilsons nach der Trauerfeier in der St. Paul's Cathedral

Der ermordete Wilson (r.) mit seinem Freund, Marschall Ferdinand Foch

IRA-Terror gegen Marschall

22. Juni. Auf seinem Landsitz bei London wird der britische Feldmarschall Sir Henry Wilson von zwei Mitgliedern der Irischen Republikanischen Armee (IRA) ermordet.

Der 1864 in Irland geborene Offizier war im Februar des Jahres von seinem Posten als Generalstabschef in der britischen Armee zurückgetreten und ließ sich anschließend in das Unterhaus wählen. Als Abgeordneter der sog. Diehards, des rechten Flügels der britischen Konservativen, machte er aus seiner feindlichen Haltung gegenüber der Errichtung eines irischen Freistaates keinen Hehl. Wilson gehörte zu den Politikern in Großbritannien, die eine Unabhängigkeit Irlands grundsätzlich ablehnen und eine Annullierung des im Dezember 1921 mit Südirland geschlossenen Friedensvertrages fordern. Er vertrat die Ansicht, Großbritannien müsse mit militärischer Gewalt seine Interessen auf der Nachbarinsel verteidigen. In einem Brief an den Premier von Ulster in Nordirland, dem protestantischen, britischen Teil der Insel, schrieb er: »Die Wiederherstellung des Friedens in Irland erscheint unter der Regierung Lloyd Georges unmöglich, denn Leute, die nur imstande sind, ein Reich zu verlieren, sind unfähig eines zu verwalten, geschweige denn, es zu erobern.«

Eamon de Valera spricht vor begeisterten Anhängern während einer Kundgebung in der südostirischen Stadt Enniscorthy. De Valera, Führer der IRA im Bürgerkrieg, kämpft für die vollständige Unabhängigkeit Irlands.

Englische Macht prägt Irlands Geschichte

Seit der Landung des englischen Königs Heinrich II. im Jahr 1171 ist die Geschichte Irlands eng verbunden mit der seines englischen Nachbarn. Sie ist geprägt von Niederlagen, Anpassung, Auflehnung und Kompromissen.

Der die Gegenwart bestimmende irische Nationalismus entwickelte sich während dieser Zeit als eine Antwort auf die englische Eroberung und Unterdrückung, die ursprünglich von Machtpolitik und Landhunger diktiert war und nach der Reformation eine religiöse Färbung erhielt. Dennoch ist der Gegensatz zwischen den katholischen Iren und den ursprünglich englischen Protestanten, zwischen Südirland und Ulster, nicht in dieser frühen Zeit entstanden. Noch 1798, unter dem Einfluß der Französischen Revolution, versuchten Katholiken und Protestanten gemeinsam einen Aufstand gegen England. London antwortete darauf 1800 mit einer »Union« zwischen Irland und England. Das irische Parlament wurde aufgelöst, die Abgeordneten zogen nun ins Londoner Unterhaus. Als sich die Hoffnung der Katholiken auf eine damit verbundene völlige Gleichberechtigung innerhalb der Union zerschlug, endete dies in einem neuen Ausbruch des irisch-katholischen Nationalismus. Die Angst der protestantischen Landbesitzer im Norden hatte zuvor zur Gründung einer Selbstschutzorganisation geführt, die sich nach Wilhelm von Oranien »Orangeorden« nannte. Damit war eine Polarisation zwischen irisch-katholischem Nationalismus und protestantisch-britischem Unionismus erreicht, der auch Irlands spätere Entwicklung bestimmt.

▷ 1846–1848: Infolge einer Hungersnot in Irland verringert sich die Einwohnerzahl bis 1850 um etwa zwei Millionen. Hunderttausende sterben, andere wandern aus, zumeist nach Amerika.

▷ 1848: Der Haß auf das untätig zusehende England löst die bewaffnete Rebellion der Young-Ireland-Bewegung aus, die niedergeschlagen wird.

▷ 1867: Die Fenians fordern das irische Volk zum Terror gegen die englischen Unterdrücker auf. Die Fenian, benannt nach der legendären keltischen Kriegertruppe Fianna, ist eine von Auswanderern gegründete Widerstandsgruppe. Ihre militärische Untergrundorganisation nennt sich Irish Republican Brotherhood (IRB).

▷ 1870: Isaac Butt gründet in Dublin die Home Government Association mit der Überzeugung, nur eine Selbstverwaltung in Dublin könne die irischen Interessen schützen.

▷ 1878: Michael Davitt, ein Fenian, und Charles Stewart Parnell gründen die Land-Liga mit dem Slogan »Das Land Irland gehört dem Volk Irland«.

▷ 1886/93: Der britische liberale Premierminister William E. Gladstone scheitert mit seiner Homerule(Selbstregierungs)-Politik für Irland. Gegner der Homerule sind zugleich die konservativen Protestanten im Orangeorden von Nordirland.

▷ 1900: Gründung der Sinn-Fein-(»Wir selbst«)-Bewegung durch Arthur Griffith. Ziel ist ein unabhängiges Irland.

▷ 1912: Gegen den Widerstand der Unionisten Nordirlands genehmigt London das Homerule-Gesetz. Der Weltkrieg verhindert das Inkrafttreten 1914.

▷ 1916: Osteraufstand der Sinn Feiner in Dublin und Ausrufung der Republik Irland

▷ 1918/19: Wahlsieg der Sinn Fein und Gründung des ersten irischen Parlaments in Dublin, des Dail Eirann

▷ 1919: London verweigert Verhandlungen. Der Befreiungskrieg gegen Großbritannien der Irish Republican Army (IRA) unter Michael Collins beginnt.

▷ 1921: Griffith und Collins unterzeichnen den englisch-irischen Freistaatvertrag in London, wodurch Südirland den Status eines Dominions mit eigener Regierung erhält. Das bedeutet aber die endgültige Abtrennung Nordirlands.

▷ 1922: Ablehnung des Kompromisses durch Eamon de Valera und Beginn des Bürgerkrieges im Freistaat (→ 16. 6./S. 96).

Juni 1922

Italienische Faschisten terrorisieren die Bologneser

2. Juni. Etwa 50 000 Faschisten belagern die italienische Stadt Bologna und erzwingen damit den Rücktritt des sozialistischen Präfekten.
Bereits in den letzten Maitagen waren Tausende der Schwarzhemden in die Stadt gekommen, die den Ort nun mit Terrorakten überziehen, die sich vor allem gegen Sozialisten wenden. Erst als die Regierung in Rom verspricht, den Präfekten abzusetzen, den die Faschisten der einseitigen Unterstützung der Sozialisten beschuldigen, befiehlt Benito Mussolini seinen Anhängern den Abzug. Die Präfektur von Bologna hatte aufgrund der starken Arbeitslosigkeit die Zuwanderung aus der Provinz Ferrara untersagt. Die Faschisten empfinden das als Provokation, da in diesen Gebieten ihre Organisationen besonders großen Zulauf von Landarbeitern verzeichnen können. In den Provinzen um Bologna haben Landarbeiterorganisationen eine Tradition. Hier hatten die Sozialisten die einst völlig schutzlos einer gnadenlosen Ausbeutung durch die Landbesitzer unterworfene Bevölkerung der »Braccianti« (Tagelöhner) zu mächtigen Ligen zusammengeschlossen und Genossenschaften gegründet. Infolge der sich ständig verschlechternden wirtschaftlichen Lage sind viele dieser Vereinigungen zu den Faschisten übergegangen, die nun mit Gewalt versuchen, den Einfluß der Sozialisten zurückzudrängen (→ 28. 10./S. 164).

△ *Massenkundgebung der Faschisten im Zentrum von Bologna. Sie richtet sich gegen den Präfekten, der Sozialisten und kommunistische Organisationen in den Landwirtschaftsbetrieben unterstützt, in denen sich Bauern und Landarbeiter zu Genossenschaften zusammenschlossen.*

◁ *Einzug faschistischer Gruppen in Bologna in ihren charakteristischen schwarzen Hemden und Gamaschen: Während der Belagerung der Stadt kommt es immer wieder zu Überfällen auf Sozialisten und Kommunisten. Häuser und Wohnungen von führenden Parteifunktionären der beiden Linksparteien werden geplündert und niedergebrannt.*

Keine klare Zustimmung für deutsche Milliarden-Anleihe

10. Juni. In Paris endet die am 24. Mai begonnene Finanzkonferenz, ohne ein Ergebnis in der Anleihefrage erzielt zu haben.
Auf der Zusammenkunft von Vertretern der Weltfinanz sollte geklärt werden, unter welchen Voraussetzungen dem Deutschen Reich internationale Kredite zur Verfügung gestellt werden könnten. Die Anleiheaufnahme durch das Reich ist eine der Bedingungen, die von der Reparationskommission als Grundlage für den Aufschub der Reparationszahlungen genannt wurden. Daß jetzt in Paris kein positiver Beschluß zustande kommt, liegt an der Haltung Frankreichs, das jedwede Begrenzung der deutschen Verpflichtungen zugunsten der Anleihe ablehnt (→ 31. 5. / S. 76).

Die Mitglieder der Finanzkonferenz in Paris: V. l. sitzend Morgan (USA), Delacroix (Belgien), Kindersley (Großbritannien), Sergent (Frankreich); v. l. stehend d'Amelio (Italien), Bergmann (Deutschland), Bissering (Niederlande)

Juni 1922

Grenzvertrag zwischen Finnen und Russen

6. Juni. In der finnischen Hauptstadt Helsinki unterzeichnen Vertreter der sowjetrussischen und finnischen Regierung einen Vertrag, in dem sie sich gegenseitig die Unverletzbarkeit der bestehenden Grenzen garantieren. Zur Überwachung des Vertrages wird eine Kommission mit Mitgliedern aus beiden Staaten gebildet. Außerdem beschließen die Delegationen die Errichtung einer neutralen Zone zwischen den Staaten.

Mit der Unterzeichnung des Abkommens hoffen die Nachbarstaaten, die Unstimmigkeiten wegen gegenseitiger Grenzüberschreitungen beseitigt zu haben. In den vergangenen Monaten hatte vor allem Finnland immer wieder die russischen Truppen beschuldigt, in sein Territorium eingedrungen zu sein. Ursache dafür ist der Aufstand in Ostkarelien gegen die Sowjetunion. Nach der Schilderung Finnlands verfolgen Truppen der Roten Armee häufig nach Finnland flüchtende Aufständische über die Grenze hinweg. Die Bevölkerung in Ostkarelien kämpft für die ihr nach dem finnischen Bürgerkrieg 1920 zugesicherte Autonomie, die ihr die Regierung von Sowjetrußland bisher jedoch verweigerte.

△ *Die Fahne des karelischen Guerillaregiments; Ziel ist die Unabhängigkeit von Moskau.*

◁ *Karelische Truppen während einer Übung zur Vorbereitung des Guerillakrieges gegen die Rote Armee*

Regierungskrise um Polens Präsident

6. Juni. Der polnische Staatspräsident Jósef Klemens Piłsudski akzeptiert das Rücktrittsgesuch der Regierung Anton Ponikowskis. Dessen Nachfolger wird Artur Śliwinski, den Piłsudski am 25. Juni zum neuen Kabinettschef ernennt.

Die Demission erfolgt aufgrund heftiger Angriffe des polnischen Parlaments (Sejm) gegen Ponikowski in der Frage des deutsch-russischen Vertrages (→ 16. 4. / S. 63). Ein Großteil der Abgeordneten und mit ihnen auch der Staatschef sehen in diesem Bündnis zwischen Polens beiden Nachbarländern eine Gefahr für die Sicherheit. Piłsudski fordert deshalb u. a. mehr finanzielle Mittel für das Militär, wogegen sich jedoch der Finanzminister ausspricht.

Trotz dieser oppositionellen Stimmung gegenüber dem Kabinett zeigen sich die Abgeordneten und auch die Regierung selbst überrascht von der Annahme der Demission durch den Staatschef. Allgemein hoffte man auf eine Beilegung der Krise. Nun werfen die Führer der Parteien und der Seniorenkonvent Piłsudski eigenmächtiges Handeln vor. Mehrere Konventmitglieder fordern seinen Rücktritt (→ 16. 12./S. 200).

Trotzki gegen militärische Angriffe auf Rußlands Grenzen

Auf dem allrussischen Rätekongreß im Januar in Moskau begründet der sowjetische Verteidigungskommissar Leo D. Trotzki den Aufschub der geplanten Demobilisierung der Roten Armee mit den nicht endenden Kämpfen an den Grenzen Sowjetrußlands. In der Rede, die weltweit verbreitet wird, wendet er sich dabei auch gegen Übergriffe an der Grenze zu Finnland.

»Der Kongreß bestätigt den Willen, mit allen Völkern in Frieden zu leben. Keine Grenzverschiebung könnte die wirtschaftlichen Ruinen wiederaufrichten. Der Kongreß heißt die Bemühungen der Regierung, die erste Räterepublik vor neuen Kriegen zu bewahren, gut, und wünscht nur Frieden und Arbeit. Er billigt auch die Verminderung des Roten Heeres und weist mit Entrüstung die lügnerischen Erfindungen kapitalistischer Regierungen zurück, daß Rußland gegen seine Nachbarn ... Kriegsabsichten hege. Leider hatte die Sowjetregierung noch immer nicht die Möglichkeit, den Bestand der Republik gegen gegenrevolutionäre Versuche zu schützen ... Die unaufhörlichen Unternehmungen von Banden, die aus Polen, Rumänien und Finnland in Rußland einfallen ... sind feindliche Handlungen. Obwohl die Regierung dennoch in ihrer Friedenspolitik weiter beharrt, muß sie trotzdem bereit sein, jeden Versuch, die Unabhängigkeit der Bundesräterepublik zu verletzen, mit den Waffen zurückweisen« (→ 30. 12./S. 196).

Leo D. Trotzki, Volkskommissar für die Verteidigung Sowjetrußlands, während einer Rede vor der Filmkamera

Juni 1922

Urlaub und Freizeit 1922:
Kalte Dusche für Touristen

Das Urlaubsjahr 1922, begonnen mit großen Hoffnungen auf einen touristischen Boom, entwickelt sich aufgrund der politischen und ökonomischen Lage zu einem wirtschaftlich ausgesprochen schlechten Jahr. Noch Ende Mai/Anfang Juni sehen die deutschen Hoteliers und Reiseunternehmen mit Erwartungen auf die kommenden Monate. Die Wertminderung der Mark, so nehmen sie an, werde sich positiv auf das inländische Geschäft auswirken. Valuta sind im Deutschen Reich gefragt, und so könnten Gäste aus dem Ausland für wenig Geld einen phantastischen Urlaub genießen.

Eine teure Sommerfrische
»Hier in Gaschurn (Voralberg) kostete Anfang Juli die Pension für Kopf und Tag 8000 Kronen. Als wir am 24. ankamen, betrug der Preis schon 12 000, am 2. August 17 000 Kronen. Als man dem Wirt vorhielt, daß eine solche Steigerung von einem Tag zum anderen doch rücksichtslos sei, erwiderte er, wem es nicht passe, der könne ja seine Sachen packen und mit der nächsten Post den Ort verlassen.«

(Leserbriefauszug aus der Berliner »Vossischen Zeitung« vom 16. August 1922)

Die Hotelbestellungen aus den Nachbarländern, aus Skandinavien und Amerika sind dann auch überaus zahlreich. Allein das Reisebüro Cook & Son in New York verzeichnet 300 000 Buchungen. Zu den Reisezielen gehören neben Kulturstätten vor allem die luxuriösen Kur- und Heilbäder wie z. B. Baden-Baden. In den weniger teuren Pensionen und Hotels an Ost- und Nordsee, in den Mittelgebirgen und dem Voralpengebiet erwartet man mehr einheimische Urlauber als 1921, da Auslandsreisen für die Deutschen kaum mehr erschwinglich sind.
Entgegen dieser optimistischen Aussichten kommt es noch vor Beginn der Hochsaison zum Einbruch in der deutschen Touristikbranche. Die Urlauberzahlen gehen im Vergleich zum Vorjahr entscheidend zurück. Gründe für diese Tatsache gibt es mehrere:
▷ Das schlechte Wetter: In fast allen Gebieten des Reiches ist es nach einem sonnigen Juni in den übrigen Sommermonaten kühl und regnerisch
▷ Die Ermordung Walther Rathenaus am → 24. Juni (S. 92): Aus Angst vor weiteren Terroranschlägen stornieren Ausländer Reisen ins Deutsche Reich
▷ Der Seemaschinistenstreik: Der Ausstand während der Saison legt den gesamten Ferienbetrieb auf den Nordseeinseln lahm
▷ Beginn der Inflation im August: Sie führt dazu, daß die Hotel- und Pensionspreise oft genug unbezahlbar werden.

Fahrt mit dem Faltboot auf der Berliner Tiergartenschleuse; die Erfindung dieses zusammenklappbaren Bootstyps ist ganz neu und bietet begeisterten Wasserwanderern eine praktische Möglichkeit der Urlaubsgestaltung.

Beliebtes Vergnügen für die Berliner: Eine Kahnpartie im Spreewald; für größere Gruppen veranstalten Reisebüros dorthin Gruppenreisen zu günstigen Preisen, die auch für viele Familien noch erschwinglich sind.

Plakat von Ludwig Hohlwein für Mittelmeerfahrten auf Luxusdampfern

Badevergnügen auf dem Luxusdampfer »Majestic«, früher »Bismarck«

Juni 1922

Mit Zelt, Auto und per pedes in die Natur

Ein Urlaub unabhängig von Hotels und Pensionsunterkünften erfreut sich in Deutschland besonders unter Jugendlichen großer Beliebtheit. Viele von ihnen verleben ihre Ferien oder die Wochenenden gemeinsam in Jugendgruppen von Organisationen wie die Naturfreunde, Wandervögel u. a. In Zeltlagern suchen sie Erholung von der Arbeit in den Fabriken und den engen Wohnverhältnissen in den Städten. Meist wandern sie, fahren mit der Bahn oder auch Paddelbooten in die nähere Umgebung der Industrieorte. Wohnwagen oder große Familienzelte sind in Deutschland kaum in Gebrauch. Zwei- oder Vierpersonenzelte zählen hier zu den Favoriten. Anders in den USA. Dort, wo sehr viel mehr Menschen als in Europa ein Automobil besitzen, findet Autocamping eine große Anhängerschaft. Vor allem Familien mit Kindern kaufen sich geräumige Leinwandbehausungen oder auch Wohnwagenanhänger, die mit mehreren Schlafmöglichkeiten und allen notwendigen Gegenständen zum Kochen ausgerüstet sind.

Aufbau des neuen, zusammenklappbaren Wohnwagenanhängers »Pigeon Vole« aus Frankreich in zehn Minuten

»Die Glücklichen« lautet der Titel zu diesem Schnappschuß vom Ostseestrand aus »Die Woche«.

Der Künstler und sein Werk – Sandplastik bei Westerland

Zur Sommerfrische mit Kind und Kegel an die Ostsee

Nach dem Beginn der großen Sommerferien füllen sich die Züge in Richtung der deutschen Badeorte mit sonnenhungrigen Mittelstandsfamilien aus den Städten. Der Aufenthalt in den Seebädern an Nord- und Ostsee gehört für sie zu den alljährlichen Urlaubsvergnügungen. Allein von Berlins Bahnhöfen fahren in den ersten Julitagen etwa 500 000 Reisende ab, davon rund 105 000 Personen vom Stettiner Bahnhof. Ziel der hier startenden Passagiere sind zumeist die Bäder an der Ostsee rings um Stettin, unter denen Bansin und Ahlbeck zu den beliebtesten Sommerfrischen zählen. Meist beziehen die Familien dort Zimmer in preiswerten Familienpensionen, wo sie schon seit mehreren Jahren zu den Gästen zählen.

Juni 1922

Gekentert im Hamburger Hafen: Der brasilianische Dampfer »Avaré«, der einst unter dem Namen »Sierra Nevada« für den Norddeutschen Lloyd fuhr

Havarie eines 12 000-Tonners beim Ausdocken im Hamburger Hafen

16. Juni. *Eine Schiffskatastrophe ereignet sich im Hamburger Hafen. Beim Ausdocken kentert der brasilianische Dampfer »Avaré«. Der 12 000 t große Koloß liegt nun mit der Steuerbordseite unter Wasser. Von den zur Unglückszeit sich an Bord befindenden Seeleuten und Werftarbeitern werden zunächst 45 vermißt. Einige der im Schiffsrumpf Eingeschlossenen können sich z. T. durch in den Stahl geschweißte Löcher retten, für 37 kommt jedoch jede Hilfe zu spät. Sie ertrinken auf dem Grund der überfluteten Seite. Die Verantwortung für die Havarie trifft die Schiffsleitung, da sie den Dampfer ohne Ballast aus dem Vulkan-Dock ziehen ließ. Die »Avaré«, die einst für den Norddeutschen Lloyd fuhr, sollte am 20. Juni auslaufen.*

Keramikindustrie zeigt Erzeugnisse

1. Juni. Im Dresdner Ausstellungspalast wird die erste »Jahresschau Deutscher Arbeit« zum Thema »Deutsche Erden« eröffnet.
Vertreten sind hier u. a. die bedeutenden Porzellanmanufakturen aus Meißen, Berlin und Nymphenburg mit ihren kostbaren Erzeugnissen. Weiterhin zeigen Betriebe der Glas- und Steingutindustrie ihre Produkte, die in künstlerischen und technischen Bereichen Verwendung finden. Attraktionen der Schau sind eine kleine Porzellanfabrik, in der die Besucher den Herstellungsprozeß des »weißen Goldes« verfolgen können und eine historische Abteilung mit wertvollen Porzellanen aus dem 18. Jahrhundert.
Ziel der Veranstalter, zu denen u. a. die Stadt Dresden sowie Industrieverbände gehören, ist es, alljährlich im Sommer jeweils einen Bereich der deutschen Industrie- und Handwerksproduktion vorzustellen. So soll einem breiten Publikum die Möglichkeit gegeben werden, sich über Art und Qualität deutscher Produkte zu informieren. Für die darauffolgenden Jahre planen die Initiatoren am gleichen Veranstaltungsort die Darstellung der Bereiche »Spiel und Sport« sowie »Holz«.

Botschafter fliegt erstmals nonstop Moskau–Berlin

21. Juni. Auf dem Flugplatz der Deutschen Luftreederei in Staaken bei Berlin landet eine Maschine der Deutsch-Russischen Luftverkehrsgesellschaft mbH mit dem Passagier Nikolai N. Krestinski an Bord. Die seit dem 1. Mai existierende Gesellschaft, entstanden aufgrund von Verhandlungen zwischen der Aero Union AG und der Regierung in Moskau, ist der erste Versuch einer internationalen Zusammenarbeit im Flugverkehr.
Der Flug Krestinskis, des künftigen politischen Vertreters Sowjetrußlands im Deutschen Reich, ist zugleich die Premiere des Nonstopfluges zwischen Moskau und Berlin. Der deutsche Pilot Stollbrock flog die 1800 km ohne Zwischenlandung. Die Bewältigung von Langstreckenflügen ist eine Herausforderung für Flugzeugführer aller Kontinente, wobei sie von den zivilen Luftfahrtunternehmen zumeist großzügig unterstützt werden. Diese sind bestrebt, ihre Attraktivität durch Erweiterung des Liniennetzes zu erhöhen. Neben dem Ausbau der innereuropäischen Strecken rücken infolge verbesserter Technik auch Verbindungen von Kontinent zu Kontinent in den Vordergrund. So landen am 5. Juni zwei portugiesische Flieger in Brasilien, die am 30. März in Lissabon mit einem Wasserflugzeug gestartet waren. Allerdings hielt es den Belastungen der Südatlantiküberquerung nicht stand, die Piloten mußten zweimal ein neues Flugzeug übernehmen.

Landung des ersten britischen Verkehrsflugzeuges nach der Eröffnung der Strecke London – Berlin (Zwischenlandung: Bremen und Hamburg) in Staaken

Stollbrock nach seinem Nonstopflug zwischen Moskau und Berlin

Juni 1922

Vorbereitung für den Flug über den Pol

19. Juni. Die »Berliner Illustrirte Zeitung« veröffentlicht einen Bericht von einer geplanten neuen Nordpolexpedition des norwegischen Forschers Roald Amundsen. Anfang Juni entstand diese Bildreportage in Wainwright in Alaska. Hier traf Amundsen mit seinem Forschungsschiff, der »Maud«, aus dem US-amerikanischen Hafen Seattle ein.
In Seattle war die »Maud«, mit der Amundsen seit 1918 im nördlichen Eismeer unterwegs war, den vergangenen Winter über im Trockendock repariert und überholt worden. U. a. erhielt sie erstmals eine Funkanlage. Während dieser Zeit entwarf Amundsen – er erreichte am 14. Dezember 1911 als erster den Südpol – neue Pläne für die Weiterführung seiner Expedition. Nachdem er lange Jahre auf Schiffen die Polregionen erforscht hat, reizten ihn nun die Möglichkeiten des Einsatzes von Flugzeugen. Zunächst besorgte er sich deshalb in New York eine kleine Maschine, die »Oriel Curtis«. Kurz darauf, nachdem ihm das norwegische Parlament erneut finanzielle Unterstützung zugebilligt hatte, beschloß Amundsen, den Versuch eines Fluges über den Nordpol zu wagen. Die Idee dafür bekam er, als er von dem Dauerflugrekord über 27 Stunden erfuhr. In dieser Zeit könnte man auch von Alaska aus über den Pol nach Spitzbergen fliegen. Amundsen kaufte eine ganz aus Duraluminium gebaute Rekordmaschine der Firma Junkers und heuerte den norwegischen Piloten Oscar Omdal an. Beide Flugzeuge wurden im Hafen von Seattle auf die »Maud« geladen.
Im Anschluß daran fuhr Amundsen mit seiner Mannschaft Richtung Norden, durch die Beringstraße bis Wainwright in Alaska. Während die »Maud« ihre Forschungsfahrt im nördlichen Eismeer von hier aus fortsetzt, gehen Amundsen und Omdal von Bord und lassen die Junkers-Maschine ausladen. Hier werden sie den kommenden Winter verbringen, um im Mai 1923 nach einigen Probeflügen den Polflug zu starten.

Eskimos helfen beim Ausladen der Junkers-Maschine in Alaska. Mit der »Kristine« will Amundsen im Mai 1923 den Flug über den Nordpol wagen. Allerdings prallt das Flugzeug schon beim ersten Probeflug gegen einen Felsblock. Einen erneuten Versuch unternimmt Amundsen 1925 mit zwei Maschinen. Auch dieser scheitert.

Mahnmahl für die Opfer der Revolution

Hoetger-Denkmal

18. Juni. *In Bremen wird ein von Bernhard Hoetger entworfenes Denkmal enthüllt, das an die Gefallenen der Novemberrevolution von 1918 erinnert.
Der Architekt und Bildhauer Hoetger lebt in seinem 1920 fertiggestellten Haus in dem Künstlerdorf Worpswede bei Bremen. Zuvor hatte er in Darmstadt an der Gestaltung der dortigen Künstlerkolonie maßgeblich mitgewirkt und gehörte zu den Begründern der Darmstädter Sezession.*

Belgrader Hochzeitsfeierlichkeiten mit königlichem Prunk

8. Juni. In Belgrad findet die überaus prunkvolle Hochzeit Prinzessin Marjolas (Maria) von Rumänien und Alexander I., König der Serben, Kroaten und Slowenen (Jugoslawien), statt.
Marjola, zweite Tochter Ferdinands I., des Königs von Rumänien, war zu der Zeremonie in die Metropole des künftigen Königreiches mit einem weißen Schiff die Donau aufwärts gefahren und am 6. Juni angekommen.
Am Hochzeitsmorgen zieht zu früher Stunde festlich herausgeputztes Militär durch die Straßen zur Kathedrale, wo bereits um 9.00 Uhr die Gäste beginnen, ihre Plätze einzunehmen: Links Delegationen, Parlament, Minister; rechts hohe Geistlichkeit, entfernte Verwandte des Königs, Sondergesandtschaften; in der Mitte Beamte und Offiziere. Um 11.00 Uhr treffen die Mitglieder des Hofes ein und anschließend, angekündigt durch Kanonenschüsse, das Paar. Um 11.30 Uhr endlich vollzieht der Patriarch nach orthodoxem Ritual die Trauung.
Die Feierlichkeiten in Belgrad, zu denen aus fast allen Staaten Europas Vertreter der Regierungen eingetroffen sind, dauern mehrere Tage. Die Politiker benutzen diesen Anlaß zu politischen Gesprächen, insbesondere die Staatsmänner der in der Kleinen Entente vereinten Länder (Tschechoslowakei, Rumänien, Jugoslawien).

Die Karosse der Prinzessin auf dem Weg zur Kathedrale

Alexander I. und die serbische Königin

Juni 1922

Tollers »Maschinenstürmer«

30. Juni. Unter der Regie von Karl Heinz Martin wird im Großen Schauspielhaus Berlin das Stück »Die Maschinenstürmer« von Ernst Toller uraufgeführt.

Handlung und Anliegen des Dramas lassen aus der Premiere eine politische Veranstaltung werden, wie dies z. B. Arthur Michel in der »Vossischen Zeitung« schildert: »Die Uraufführung ... geriet in den Aufruhr der politischen Leidenschaft. Das Große Schauspielhaus wurde zur Volksversammlung, in der die Parteien zu den Reden und Debatten des Stücks mit Beifallstoben und Zischen Stellung nahmen. Ganze Gruppen ... stimmten in Rufe ein, wie: ›Nieder die Mörderzentrale!‹«
Ursache für die engagierte Haltung des Publikums sind weniger künstlerische Qualität und Präsentation des Dramas, sondern zum einen dessen unmittelbarer Bezug zur aktuellen politischen Realität und zum anderen die Person des Autors selbst. Der 28jährige Toller befindet sich seit 1919 auf der Festung Niederschönenfeld in Haft. Vergeblich hatten Freunde und Sympathisanten versucht, einen Hafturlaub für den Premierentag zu erwirken. Die bayerische Regierung lehnte dies ab.
Nach der Niederschlagung der Münchner Räterepublik war der ehemalige Vorsitzende der Arbeiter- und Soldatenräte zu fünf Jahren Haft verurteilt worden. Schon während seiner aktiven Teilnahme am Kampf um die Republik setzte sich der Revolutionär mit der Frage der Gewaltlosigkeit auseinander; ein Problem, das auch Inhalt seines neuen Stückes ist. Anhand eines 100 Jahre zuvor in England stattgefundenen Weberaufstandes schildert er den Konflikt zwischen aufgebrachten unterdrückten Massen und ihrem nach vernünftigen Lösungen suchenden intellektuellen Führer. Obwohl Toller die objektiven menschenunwürdigen Zustände für die Empörung des aufständischen Proletariats verantwortlich macht und so Parteinahme für die Unterdrückten fordert, läßt er keinen Zweifel an seinem Ideal der Gewaltlosigkeit.

Der Schriftsteller Ernst Toller auf dem Hof des Festungsgefängnisses Niederschönenfeld (Bayern)

Szene aus der Uraufführung des Dramas »Die Maschinenstürmer« von Ernst Toller im Großen Schauspielhaus Berlin; das Bühnenbild für die »opernhaft-theatralische« Inszenierung Karl Heinz Martins entwarf John Heartfield

Die Aufführung der neuen Oper »Thamar« von Wilhelm Mauke am Stuttgarter Landestheater erhält Beachtung wegen des Bühnenbilds.

Die große Festmahlszene aus dem vierten Akt der Oper »Der Schatzgräber« 1922 auf der Bühne der Berliner Staatsoper; die Uraufführung dieses Werks des Österreichers Franz Schreker fand 1920 statt.

An den Richard-Wagner-Festspielen in Zoppot teilnehmende Künstler, darunter sitzend Hans Knappertsbusch (l.) und Hermann Merz

Juni 1922

Szene aus der Uraufführung der später verbotenen Hindemith-Oper »Sancta Susanna«

In Frankfurt im März 1922 aufgeführt: Die Hindemith-Oper »Mörder, Hoffnung der Frauen«(r., Text: Kokoschka); Fritz Busch hatte am 4. Juni die musikalische Leitung bei der Uraufführung der Oper (l.)

Musik 1922:
Die Geldentwertung macht aus der Kultur einen Luxus

Geldmangel bringt die Sprech-, Musiktheater und auch den Orchesterbereich in wirtschaftliche Schwierigkeiten. Sogar solch renommierte Klangkörper wie die Berliner Philharmoniker befinden sich in finanzieller Notlage und fordern zu Spenden auf, um ihr Fortbestehen zu sichern. Infolge der allgemeinen Preissteigerungen werden Konzertkarten teurer, so daß sich immer weniger Menschen den Luxus »Kunst« leisten können. Die Aussichten auf ein Engagement an großen Häusern verringern sich, Saalmieten steigen, und Musiker verlangen höhere Gagen. So kostet die Berliner Philharmonie im September pro Abend 5000 Mark plus 5000 Mark Garderobengarantie; ein Musiker als Aushilfskraft fordert 600 bis 900 Mark. Der Aufwand für ein einziges Konzert der Berliner Philharmoniker beträgt deshalb etwa 180 000 Mark. Ergebnis ist, daß die Orchesterleitung Stücke bevorzugt, zu deren Aufführung möglichst wenig Musiker erforderlich sind. Zudem werden Probenzeiten drastisch reduziert.

Damit einhergehende sprunghafte Besucherrückgänge führen zu zahlreichen Schließungen kultureller Einrichtungen – insbesondere von Privattheatern. Lediglich große Häuser sind imstande, diese Negativentwicklung zu verkraften. Intakte Häuser befinden sich in Berlin, Hamburg, Köln, Frankfurt am Main, München und Stuttgart.

Fritz Busch, einer der befähigsten deutschen Operndirigenten, wird als Generalmusikdirektor der Staatsoper Dresden berufen, während der junge Dirigent Wilhelm Furtwängler nach dem Tod von Arthur Nikisch am 23. Januar 1922 die Leitung des Berliner Philharmonischen Orchesters und des Leipziger Gewandhausorchesters übernimmt (→ 13. 3./S. 57).

Spürbar treten im administrativen Bereich betont sozialkritische Tendenzen in den Vordergrund: Um sich beruflich und finanziell abzusichern, wird im Sommer 1922 der Reichsverband Deutscher Tonkünstler und Musiklehrer (RDTM) gegründet, dem weitere Zweckverbände, z. B. für Orchestermusiker und Chorleiter, folgen.

Zuvor kam es in Salzburg zur Gründung der Internationalen Gesellschaft für Neue Musik (IGNM), um die zeitgenössischen Kompositionen weltweit und möglichst intensiv zu fördern.

Paul Hindemiths einaktige Oper »Sancta Susanna«, die bei ihrer Frankfurter Uraufführung einen Skandal – insbesondere in katholischen Kirchenkreisen – auslöst (26.

Deutsche Opernkünstler auf ihrer Gastspielreise nach Argentinien

3. 1922), darf nicht mehr im Deutschen Reich gespielt werden und dient u. a. den Nationalsozialisten nach deren Machtübernahme 1933 als Vorwand, Hindemith zu verunglimpfen und zu isolieren.

Ursprünglich war daran gedacht, die Aufführung des Werkes im Rahmen des »Zyklus moderner Oper« im Juni zu wiederholen. Innerhalb dieser von der Intendanz der Frankfurter Oper initiierten Veranstaltungsreihe werden Werke von Modest P. Mussorgski, Claude Debussy, Franz Schreker und Erich Wolfgang Korngold aufgeführt. Zudem findet am 13. Mai die deutsche Erstaufführung von Béla Bartóks einaktiger Oper »Herzog Blaubarts Burg« und dem Tanzspiel »Der holzgeschnitzte Prinz« statt.

In Paris finden am 3. Juni 1922 die Uraufführungen der szenischen Ballett-Burleske »Renard« durch Sergei Diaghilews Bühnentruppe sowie der einaktigen Komischen Oper »Mavra« unter der künstlerischen Leitung von Gregor Fitelberg starke Beachtung.

(Siehe auch Übersicht »Uraufführungen« im Anhang.)

Juni 1922

Schwimmwunder Johnny Weissmuller

18. Juni. In Honolulu auf der Insel Hawaii erreicht der US-amerikanische Schwimmer Johnny Weissmuller mehrere Bestleistungen.

In dem dortigen Meerwasserbassin gewinnt er gegen den Olympiasieger von 1920, den US-Amerikaner Warren P. Kealoha, über 100 yards und unterbietet damit dessen Weltrekord von 1920 um 2,4 sec. Weitere Weltbestleistungen gelingen ihm über 400 m Kraul. In dieser Disziplin kann er die bisherige Rekordzeit des US-Amerikaners Norman Ross um 9,6 sec verbessern.

Weltrekorde Weissmullers bis '22	
100 m Kraul:	58,6 sec (1922)
100 yards Rücken:	1:04,08 min (1922)
200 m Kraul:	2:15,6 min (1922)
150 yards Kraul:	1:27,4 min (1921)
300 m Kraul:	3:52,2 min (1922)
400 m Kraul:	5:06,6 min (1922)
500 m Kraul:	6:24,2 min (1922)

Diese Erfolge machen den 18jährigen mit einem Schlag international bekannt. Bereits am 26. Mai, als er die 200-m-Distanz sechs Sekunden schneller schwamm als Rekordinhaber Ross, war man begeistert von seinem Können, nun aber scheint sich der 1,87 m große und 85 kg schwere Athlet zum »Schwimmwunder« zu entwickeln. Am 9. Juli legt er in Alameda (Kalifornien) als erster Mensch die 100 m Kraul unter einer Minute zurück.

Der seit 1907 in den USA lebende Schwimmer Johnny Weissmuller

Die schnelle Reaktion des Nürnberger Torwarts Heiner Stuhlfauth verhindert ein weiteres Tor und damit auch die Entscheidung im Meisterschaftsspiel.

Fußballmeisterschaft nach über drei Stunden ergebnislos abgebrochen

18. Juni. *Das Endspiel um die Deutsche Fußballmeisterschaft in Berlin vor 25 000 Zuschauern zwischen dem 1. FC Nürnberg und dem Hamburger Sportverein (HSV) endet ohne Sieger. Am Schluß der offiziellen Spielzeit (90 min) steht es 2:2; die Begegnung wird verlängert. Als nach 189 Minuten immer noch nicht das Siegestor gefallen ist und die Akteure beider Mannschaften mit ihren körperlichen Kräften sichtlich am Ende sind, bricht der Kölner Schiedsrichter Peco Bauwens das Match ab. Über diese Phase des Spiels berichtet der Reporter des »Berliner Tageblatts«: ». . . Und weiter ging der Kampf, bis nach wieder 53 Minuten der Schiedsrichter Dr. Bauwens ebenso wie die erschöpften Spieler zusammenbrach. Doch erst nach weiteren 18 Minuten entschloß sich dann der wieder tätige Spielleiter, dem inzwischen zur Farce gewordenen Kampfe ein vom Publikum stürmisch verlangtes Ende zu bereiten.«*

Die Meisterschaftsentscheidung wird auf einen späteren Zeitpunkt verschoben. Als Termin für das Wiederholungsspiel legt der Spielausschuß des Deutschen Fußball-Bundes den → 6. August (S. 138) fest, als Spielort wird Leipzig gewählt. Zugleich begrenzt der Deutsche Fußball-Bund (DFB) die gesamte Spielzeit für eine Begegnung auf 150 min. Bei Unentschieden darf ein Spiel höchstens zweimal um je 15 min verlängert werden.

Juni 1922

Deutscher Ersatz für Olympische Spiele

18. Juni. In Berlin beginnen die deutschen Kampfspiele.

Diese sportliche Großveranstaltung, an der Aktive aller deutschen Sportverbände teilnehmen, findet erstmals in diesem Jahr statt. Bereits im Februar trafen sich die Wintersportler in Garmisch-Partenkirchen, nun werden mehr als tausend Vertreter fast aller sportlichen Sommerdisziplinen, z. B. Leichtathletik, Golf, Tennis, Radfahren, Rudern, Turnen, Segeln, Schießen, Schwimmen, Fußball usw., hier bis 2. Juli ihre Kräfte und ihr Können messen.

Die Initiative für ein solches Fest, das gleich den Olympischen Spielen alle vier Jahre veranstaltet werden soll, geht zurück auf das Jahr 1911, als der deutsche Kampfspielbund gegründet wurde. Dieses Gremium, 1919 im Reichsausschuß für Leibesübungen aufgehend, wollte in einer solchen Großveranstaltung die Sportler als Ausdruck deutscher Volkseinheit zu einer »machtvollen einheitlichen Kundgebung« vereinen. In einer Zeit, in der die deutschen Sportler von der Teilnahme an den Olympischen Spielen als eine Folge des Weltkriegs ausgeschlossen sind (1920, 1924), wird dieses Anliegen in der Öffentlichkeit besonders hervorgehoben.

Trotz des stark politisch geprägten Charakters bieten die Kampfspiele natürlich sportliche Höhepunkte. Eine Reihe deutscher Bestleistungen werden von Spitzensportlern wie Erich Rademacher und Hubert Houben erzielt.

Die Turnerschaft beim Einzug in das Deutsche Stadion von Berlin, wo die Kampfspiele 1922 mit dem Einmarsch der Sportgruppen eröffnet werden

Hubert Houben läuft die 100 m in 10,3 sec – jedoch mit Rückenwind.

Arthur Holz, der Sieger im Zehnkampf und Dreisprung (14,99 m)

Irene Sölkner von der Deutschen Turnerschaft Graz wird Siegerin am Pferd; hier während der Pflicht.

Die Massen-Freiübungen im Berliner Stadion lösen Begeisterung unter den zahlreichen Zuschauern aus.

Avus-Rennen mit zehn Pferdestärken

11. Juni. Zum Abschluß des zweitägigen Avus-Rennens in Berlin gewinnen bei den 10-PS-Rennwagen drei NAG-Wagen mit den Fahrern Christian Riecken, Hans Berthold und Willy Zerbst.

Die Veranstaltung ist das zweite große Rennen auf der erst im Herbst vergangenen Jahres fertiggestellten Automobilstraße im Berliner Grunewald. Sie wurde von der Automobilverkehrs- und Übungsstraßen AG über eine Strecke von 10 km von Berlin nach Wannsee gebaut. Das vom Deutschen Automobilklub ausgerichtete Rennen wird trotz großer Erwartungen kein Publikumsmagnet, was zum einen am anhaltenden Regenwetter liegen mag, zum anderen an den hohen Eintrittspreisen (1000 bis 1500 Mark).

Während am ersten Tag die Aktiven auf Fahrrädern mit Hilfsmotoren sowie Kleinkrafträdern an den Start gehen – dazu lagen etwa 300 Meldungen vor, ziehen sonntags die Wagen bis 10 PS ihre Bahnen. Das Hauptrennen (10 Runden über 200 km) gewinnt Riecken in 1:28,18 sec.

Hausfreund ist neuer Derbysieger

25. Juni. Auf der Galopprennbahn in Hamburg-Horn wird das 54. Deutsche Derby ausgetragen, die bedeutendste Zuchtprüfung für dreijährige Vollblüter. Sieger auf der 2400 m langen Strecke und damit Gewinner des Blauen Bandes ist überraschend Hausfreund aus dem Stall Weil. Seine Zeit beträgt 2:6,2 min. Hausfreund ist Sohn des Hengstes Landgraf, der selbst vor fünf Jahren das Deutsche Derby gewann.

Von den zwölf an den Start gehenden Pferden war zunächst Lentulus aus dem Stall Weinberg Favorit. Doch wunde Schienbeine machen dem Hengst während des Laufs arg zu schaffen, so daß er nur den vierten Platz hinter Hausfreund, Alpenrose und Nuntius erreichen kann.

Die Entscheidung des Rennens fällt erst in der Zielgeraden, in der zunächst Lentulus und sein Stallgefährte Aventin an der Spitze liegen. Kurz hinter dem Einlaufbogen stößt dann zum Erstaunen der Zuschauer Hausfreund vor und hat sofort einen klaren Vorsprung, den er bis zum Ziel halten kann.

Juli 1922

Mo	Di	Mi	Do	Fr	Sa	So
					1	2
3	4	5	6	7	8	9
10	11	12	13	14	15	16
17	18	19	20	21	22	23
24	25	26	27	28	29	30
31						

1. Juli, Samstag

Studenten mehrerer Hochschulen und Universitäten des Deutschen Reiches gründen als Reaktion auf den Mord an Reichsaußenminister Walther Rathenau (→ 24. 6./S. 92) den Republikanischen Studentenbund.

Nach der Zusicherung einiger Bedingungen für die Möglichkeiten eines Zusammenlebens zwischen Juden und Arabern in Palästina befürwortet das US-amerikanische Repräsentantenhaus in Washington das Heimstättenwerk von Juden in Palästina (→ 11. 9./S. 148).

Die sächsische Landesregierung beschließt, daß die Ernennung und Entlassung aller höheren Staatsbeamten in Zukunft nicht mehr nur vom Ministerpräsidenten, sondern vom Gesamtministerium vorgenommen wird. → S. 113

In Nürnberg schließt die fünftägige Landwirtschaftsausstellung. → S. 118

Auf einem Kongreß der an der Moskauer Internationale orientierten Gewerkschaften Frankreichs in Etienne fordern einige Delegierte die Unabhängigkeit von der aktuellen kommunistischen Politik.

In Hamburg treten die technischen Mitarbeiter der Hamburger Reedereien in den Ausstand (bis Ende Juli). Sie fordern Garantien für die 48-Stunden-Woche (→ 30. 7./S. 114).

Die US-amerikanische Regierung veröffentlicht eine Statistik, aus der hervorgeht, daß vom 1. Juli 1921 bis zum 30. Juni 1922 insgesamt 343 953 Europäer eingewandert sind: Darunter aus Großbritannien/Irland 42 670, Italien 42 149, Rußland 28 908, Polen 26 129, dem Deutschen Reich 19 058.

2. Juli, Sonntag

Bei den Parlamentswahlen in Finnland kann die Finnische Koalitionspartei die Mehrheit erringen. Sie gewinnt sieben neue Mandate hinzu (bisher 28). Die Kommunisten, die zum ersten Mal an der Wahl teilnehmen, erhalten 27 Mandate.

In Bochum endet das 39. Fußballänderspiel der deutschen Nationalmannschaft 0:0 gegen Ungarn.

3. Juli, Montag

Der jüdische Publizist Maximilian Harden wird in Berlin von Rechtsradikalen überfallen und mißhandelt. → S. 113

Die Berliner Kaufhäuser beginnen mit den diesjährigen Inventurausverkäufen von Sommerartikeln.

4. Juli, Dienstag

Der deutsche Reichsrat genehmigt den Gesetzentwurf zum Schutz der Republik und den Entwurf des Amnestiegesetzes (→ 18. 7./S. 112).

In München endet ein Hochverratsprozeß gegen Freiherr Hubert von Leoprechting, der zu lebenslänglichem Zuchthaus verurteilt wird. Er hatte von der französischen Gesandtschaft Geld erhalten, um eine Trennung des Landes Bayern vom Deutschen Reich zu unterstützen. → S. 113

Das französische Finanzministerium berichtet dem Parlament in Paris über die bisherigen Reparationszahlungen des Deutschen Reiches an Frankreich.

Gegen die monarchistische Reaktion und für ausreichende Gesetze zum Schutz der Republik demonstrieren Hunderttausende von Menschen überall im Deutschen Reich (→ 18. 7./S. 112).

5. Juli, Mittwoch

In Berlin beginnt eine Konferenz der Internationalen Arbeiterhilfe (IAH). Bis zum 11. Juli beraten die Teilnehmer über weitere Hilfsmaßnahmen für die Hungernden in Sowjetrußland. → S. 114

6. Juli, Donnerstag

Die britische Presse veröffentlicht die neuesten Zahlen über die Lohnentwicklung im Land. Demnach sanken die Wochenlöhne in den vergangenen eineinhalb Jahren um 8,5 Mio. Pfund Sterling (etwa 16,6 Mrd. Mark).

Nach einer zweitägigen leidenschaftlichen Parlamentsdebatte im Pariser Parlament über die Ursachen des Weltkrieges spricht die Mehrheit der Abgeordneten der Regierung das Vertrauen aus, die das Deutsche Reich als allein schuldig bezeichnet. → S. 115

Die höchsten Temperaturen dieses Sommers im Deutschen Reich messen die Meteorologen in Frankfurt am Main mit 37 °C und in Berlin mit 36 °C. → S. 118

7. Juli, Freitag

Die US-amerikanische Presse berichtet über eine Erfindung, die z. Z. erfolgreich in der US-Marine getestet wird. Es handelt sich um Torpedos, die von Flugzeugen aus abgeschossen werden können.

8. Juli, Samstag

In Madrid schließen Vertreter der spanischen und der französischen Regierung einen Handelsvertrag ab, wodurch auch der seit einigen Monaten andauernde Zollkrieg zwischen beiden Ländern beendet wird.

9. Juli, Sonntag

In Paris treffen der französische Ministerpräsident Raymond Poincaré und Italiens Außenminister Carlo Schanzer zu Gesprächen zusammen. Themen sind u. a. die Palästina- und Orient- sowie die Entschädigungsfrage (→ 11. 9./S. 148; 20. 8./S. 147).

Zwischen ungarischen Banden und österreichischen Grenztruppen kommt es zu bewaffneten Auseinandersetzungen bei Ödenburg, als die Ungarn auf österreichisches Territorium eindringen (→ 1. 1./S. 13).

10. Juli, Montag

Angehörige des islamischen Glaubens aus Syrien und Palästina protestieren in Hedschas und Mekka gegen die Begünstigung des Zionismus in Palästina (→ 11. 9./S. 148).

11. Juli, Dienstag

Da der am 1. Juli in Hamburg begonnene Streik der Seemaschinisten noch andauert und sich dem Ausstand seitdem auch die Maschinisten in den anderen Hafenstädten und Seebädern angeschlossen haben, verzeichnen die Fremdenverkehrsbetriebe auf den Nordseeinseln finanzielle Einbußen (→ S. 100; 30. 7./S. 114).

In Groden bei Cuxhaven kommt es zu einer Explosion im dortigen Marinedepot. Sieben Menschen werden dabei getötet und mehrere verletzt. Etliche Siedlungshäuser in Groden werden gänzlich zerstört.

Vor der Landung in Hamburg-Fuhlsbüttel stürzt ein Postflugzeug der Linie Berlin – Hamburg ab. Der Pilot Lothar von Richthofen, ein Bruder des berühmten Kampffliegers aus dem Weltkrieg, stirbt an seinen beim Absturz erlittenen Verletzungen.

12. Juli, Mittwoch

Für einen US-Dollar erhält man 447 Mark (→ 21. 8./S. 126).

Das italienische Parlament berät über die schlechte Finanzlage Italiens. Das Haushaltsdefizit für 1922/23 wird auf 4 Mrd. Lire (etwa 7872 Mrd. Mark) geschätzt.

Ein vom deutschen Reichstag ernannter Ausschuß erhält die Aufgabe, einen Kostenvoranschlag für notwendige Veränderungen am Reichstagsgebäude in Berlin zu erstellen. Nach längerer Debatte hatten die Abgeordneten beschlossen, die am Gebäude sehr reichlich vorhandenen monarchistischen und kriegerischen Symbole zu reduzieren bzw. umzugestalten.

Die Internationalen Tennismeisterschaften von Wimbledon enden mit dem Sieg Gerald Pattersons über Randolph Lycett (6:3, 6:4, 6:2) im Herreneinzel. Im Endspiel der Damen schlägt die Französin Suzanne Lenglen die US-Amerikanerin Molla Mallory 6:2, 6:0. → S. 121

13. Juli, Donnerstag

Der Botschafterrat in Paris bestätigt offiziell zum Status des nordwestlich von Albanien gelegenen Gebirgslandes Montenegro, daß dieses Land ein Teil Südslawiens ist und somit zum Königreich der Serben, Kroaten und Slowenen (Jugoslawien) gehöre.

Infolge der Belastungen, die der Druckerstreik für die Verlage mit sich brachte, werden die Preise für Zeitungen heraufgesetzt. So kostet z. B. die Berliner »Vossische Zeitung« nun drei Mark.

14. Juli, Freitag

Die Reichstagsfraktionen von USPD und MSPD bilden eine Arbeitsgemeinschaft (→ 24. 9./S. 149).

In Österreich wird das Notenbankgesetz erlassen. Die Notenbank (Österreichische Nationalbank) soll den Geldumlauf und den Zahlungsausgleich mit dem Ausland regeln.

Im britischen Unterhaus äußert sich Großbritanniens Finanzexperte Robert Horne optimistisch über die Finanzlage. Die extreme Entwertung der Mark im Deutschen Reich sei durch ein gemeinsames Vorgehen der Verbündeten zu bewältigen (→ 21. 8./S. 126).

In Paris scheitert ein Attentat auf den französischen Staatspräsidenten Alexandre Millerand. → S. 115

Nach dem Inkrafttreten des sog. Yap-Abkommens, ein zwischen Japan und den USA über die Yapinseln geschlossener Vertrag, ist die Pazifik-Inselgruppe US-amerikanisches Treuhandgebiet.

Die Revierkonferenz der freien Gewerkschaften des Ruhrgebietes in Bochum spricht sich mit großer Mehrheit für die Annahme der mit dem Arbeitsministerium ausgehandelten Bergbautarife aus. Ein Streik wird damit verhindert.

Im sowjetrussischen Konsulat in Berlin wird eine Ausstellung über die Hungersnot und deren Linderung durch die Internationale Arbeiterhilfe (IAH) eröffnet (→ 6. 7./S. 114).

15. Juli, Samstag

Die Reichsregierung stellt den Antrag auf Herabsetzung der monatlich zu zahlenden Reparationen.

In den Hanomag-Werken Hannover verläßt die 10 000. dort gebaute Lokomotive die Fabrik.

Bei einem Autorennen um den Großen Preis des französischen Automobilklubs siegt Felice Nazzaro auf Fiat. → S. 121

16. Juli, Sonntag

In der italienischen Stadt Cremona verwüsten Faschisten das Haus des Führers der Volkspartei. Daraufhin kommt es in den folgenden Tagen zu blutiger Auseinandersetzungen zwischen Faschisten und Sozialisten in weiten Teilen Italiens (→ 2. 6./S. 98; 28.10./S. 164).

In Schanghai findet die zweite Konferenz der 1921 gegründeten Kommunistischen Partei Chinas statt (bis 18. 7.).

Der Schutzverband der Norddeutschen Brauereien kündigt wegen der gestiegenen Rohstoff-, Gehalts- und Produktionskosten die Erhöhung des Bierpreises um 50 % an. Künftig werden dann 0,3 l Bier in Gastwirtschaften ohne Kellner acht Mark und in den übrigen Gaststätten neun Mark kosten.

Juli 1922

Mit den Auswirkungen des Mordes an Walther Rathenau beschäftigt sich Thomas Theodor Heine auf dem Titelblatt des »Simplicissimus«. Das Attentat ist der Anlaß für die Verabschiedung des Republikschutzgesetzes am 18. Juli (Ausgabe vom 19. 7. 1922).

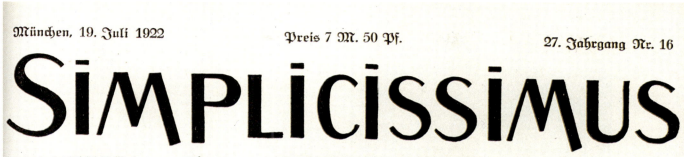

Der politische Mord (Th. Th. Heine)

Ein Toter und sechzig Millionen Verwundete.

Juli 1922

Nach Meldungen aus der indischen Stadt Simla mußte der Versuch einer britischen Bergsteigermannschaft abgebrochen werden, den höchsten Berg der Erde, den Mount Everest, zu bezwingen. → S. 116

17. Juli, Montag

Die Mörder Walther Rathenaus (→ 24. 6./S. 92), Hermann Fischer und Erwin Kern, werden auf der Burg Saaleck bei Bad Kösen entdeckt. Während eines Feuergefechts wird Kern erschossen; Fischer begeht noch vor seiner Festnahme Selbstmord.

Aufgrund der Übergriffe faschistischer Gruppen kommt es in der italienischen Regierung zu einer Krise. Das Kabinett überreicht dem König daraufhin seine Demission (→ 28. 10./S. 164).

Durch den Zusammenschluß von Nationalbank und der Bank für Handel und Industrie (Darmstädter Bank) entsteht die Danatbank, eine der vier größten Banken des Deutschen Reiches. → S. 117

18. Juli, Dienstag

Nach langen Reichstagsdebatten verabschiedet das Abgeordnetenhaus in Berlin das Gesetz zum Schutz der Republik, das am 23. Juli in Kraft tritt. → S. 112

Die im Jahr 1914 unterbrochenen Kabelarbeiten für einen direkten Telefonverkehr zwischen den Niederlanden und Großbritannien werden wieder aufgenommen. Zwei Tage zuvor wurde das 50 km lange Kabel in Seeland an Land gebracht.

In der St.-Margaret's-Kirche in London werden Edwina Ashley, eines der reichsten Mädchen Englands, und Lord Louis Mountbatten getraut. → S. 116

19. Juli, Mittwoch

Vertreter der Reichstagsfraktionen der Deutschen Volkspartei (DVP), des Zentrums und der Demokratischen Partei (DDP) beraten über die Bildung einer Arbeitsgemeinschaft innerhalb des Reichstages. Sie soll ein Gegengewicht zur Arbeitsgemeinschaft der Sozialdemokraten (USPD und MSPD) bilden.

Die Berliner Stadtverordnetenversammlung berät über den Antrag der Groß-Berliner Volkshochschulen zur Erhöhung der jährlichen Zuwendung von 600 000 auf 900 000 Mark. Da das Weiterbestehen dieser Bildungseinrichtung gefährdet ist, genehmigt das Stadtparlament noch im August diese Mittel.

In Bayreuth kommen die Mitglieder des deutschen und österreichischen Alpenvereins zu ihrer Hauptversammlung zusammen. Ein Großteil der Tagungsteilnehmer fordert wirksame Maßnahmen gegen das »Salontirolertum«. → S. 116

In Bad Nauheim enden die am Wochenende begonnenen Deutschen Fechtmeisterschaften. Erfolgreichster der 86 Teilnehmer ist Erwin Casmir aus Dresden: Er gewinnt das Florett- und das Säbel-Turnier und wird Zweiter im Degenfechten.

20. Juli, Donnerstag

Vertreter aus dem Deutschen Reich und Polen einigen sich über ein Programm für künftige wirtschaftliche Verhandlungen zwischen beiden Ländern.

Bei Bruno Cassirer in Berlin erscheinen die »Gesammelten Schriften« des Malers Max Liebermann.

Im britischen archäologischen Institut in Rom kommen italienische, britische, US-amerikanische, belgische, französische und niederländische Wissenschaftler zusammen, um ein internationales Institut für Archäologie zu gründen.

21. Juli, Freitag

Ahmad Dschamal Pascha, der frühere türkische Marineminister, wird in der grusinischen Hauptstadt Tiflis (Tbilissi) von armenischen Extremisten ermordet (→ 14. 7./S. 115).

Die mit Sowjetrußland verbundenen Gebiete Grusinien, Armenien und Aserbaidschan schließen sich zur der Gemeinschaft Transkaukasien zusammen (→ 30. 12./S. 196).

Im Königreich der Serben, Kroaten und Slowenen (Jugoslawien) tritt eine neue Wahlordnung in Kraft, wonach alle Slawen, auch wenn sie nicht die Staatsangehörigkeit des Königreichs besitzen, zur Wahl berechtigt sind. Andere Gruppen, z. B. Deutsche und Magyaren, verlieren dieses Recht.

22. Juli, Samstag

Die Beamten des Deutschen Reiches erhalten eine Teuerungszulage von 55,5%, ab 1. August von 80%.

Auf der am 18. Juli begonnenen Petroleumkonferenz in Den Haag verhandeln die beiden größten Öl-Konzerne Shell und Standard Oil über die Ausbeutung der russischen Ölfelder mit Vertretern der Moskauer Regierung. → S. 115

In Leipzig beginnt das erste Deutsche Arbeiter-Turn- und Sportfest (bis 27. 7.). → S. 120

Die Leitung des Berliner Zoos beschließt, die Einrichtung vom 1. Oktober bis zum 1. April aus finanziellen Gründen zu schließen. Lediglich das Aquarium bleibt geöffnet (→ 6. 8./S. 134).

23. Juli, Sonntag

In Aachen treffen die Delegierten der rheinischen Sonderbünde zu einer Konferenz zusammen, zu der Joseph Smeets, einer der bedeutendsten Führer der rheinischen Separatistenbewegung, eingeladen hatte. → S. 113

Die Skuptschina, das Parlament des Königreichs der Serben, Kroaten und Slowenen (Jugoslawien), genehmigt die Annahme einer US-amerikanischen Anleihe von 100 Mio. US-Dollar (etwa 50 Mrd. Mark).

Sieger der diesjährigen Tour de France wird in Paris der Belgier Firmin Lambot. → S. 120

24. Juli, Montag

Die Regierung des Landes Bayern erläßt anstelle des gültigen Reichsgesetzes zum Schutz der Republik eine eigene Verordnung zum Schutz der Republik (→ 18. 7./S. 112; 9. 8./S. 130).

Die Verhandlungen zwischen der thüringischen Landesregierung und Wassily Kandinsky über eine Lehrtätigkeit des russischen Malers am Bauhaus in Weimar werden erfolgreich beendet. Kandinsky tritt noch in diesem Jahr seine Stelle in Weimar an. → S. 119

25. Juli, Dienstag

In Heidelberg wird die neue medizinische Klinik in Anwesenheit des badischen Staatspräsidenten Hermann Hummel (DDP) eingeweiht. Die Baukosten für das 400 Räume umfassende Krankenhaus betrugen 18 Mio. Mark.

Nach der Rückkehr mit dem dänischen Forschungsschiff »Dana« berichtet der Meeresforscher Johannes Schmidt über seine wissenschaftlichen Arbeiten auf dem Gebiet der Aalforschung. Schmidt entdeckte die Laichplätze dieser Fischart vor dem Golf von Mexiko. → S. 119

26. Juli, Mittwoch

Auf der Tagung des Internationalen Friedenskongresses in London (25. 7. – 27. 7.) fordern die Delegierten die Einstellung der militärischen Rüstung.

Um die durch den lang andauernden Streik der Eisenbahner in den USA hervorgerufenen wirtschaftlichen Schäden bewältigen zu können, veranlaßt US-Präsident Warren G. Harding die bundesamtliche Verwaltung der Bahnen in den USA (→ 30. 7./S. 114).

27. Juli, Donnerstag

In Moskau gründen Deutsche aus den Gebieten an der Wolga, im Kaukasus, auf der Krim und aus der Ukraine einen deutschen Zentralverband innerhalb Sowjetrußlands.

Die Ergebnisse der Ausgrabungen deutscher Archäologen in Samarra (Mesopotamien) werden der Öffentlichkeit in einer Ausstellung des Berliner Kaiser-Friedrich-Museums gezeigt.

28. Juli, Freitag

Die österreichische Regierung ordnet an, daß sämtliche durch den Export von Waren eingenommenen ausländischen Zahlungsmittel abgeliefert werden müssen. Eine solche Verordung hatte es schon einmal bis 1920 gegeben.

Die US-amerikanische Regierung erkennt Estland, Lettland, Litauen und Albanien als selbständig an.

Reichspräsident Friedrich Ebert (MSPD) eröffnet die »Miama«, die Mitteldeutsche Ausstellung in Magdeburg (bis 5. 8.).

Die Berliner Kriminalpolizei veröffentlicht eine Statistik ihrer Einsätze. Danach wurden im Mai und Juni allein 23 illegale Spiellokale ausgehoben.

Vor dem britischen Oberhaus werden Tatsachen über die Luftverschmutzung bekanntgegeben. Allein über London gehen monatlich pro Quadratmeter 25 Tonnen Ruß nieder.

29. Juli, Samstag

Der preußische Landtag erläßt das Gesetz zur Erhaltung des Baumbestandes sowie das Gesetz zur Erhaltung und Freigabe von Uferwegen im Interesse der Volksgesundheit.

Der Sejm, das polnische Parlament, genehmigt ein neues Wahlgesetz. Es begünstigt große Parteien durch das Verbot von Listenverbindungen.

In Berlin beginnt der bis zum 31. Juli dauernde zweite Kongreß der Roten Sportinternationale (RSI).

30. Juli, Sonntag

Zum achten Jahrestag des Beginns des Weltkrieges versammeln sich weltweit Millionen von Menschen zu Friedensdemonstrationen. → S. 113

Ein Schiedsspruch des Arbeitsministeriums beendet den seit dem 1. Juli andauernden Streik der Seemaschinisten in den deutschen Reedereien. → S. 114

In München hält der Führer der Nationalsozialisten, Adolf Hitler, einen Vortrag zum Thema »Freistaat oder Sklaventum«, in dem er u. a. die bayerische Regierung auffordert, »steifnackig« zu bleiben gegenüber den Berliner »Regierungsbolschewisten«.

Auf den heute und morgen stattfindenden Donaueschinger Musiktagen wird Paul Hindemiths Kammermusik Nr. 1 uraufgeführt.

Die Radfernfahrt München – Berlin endet mit dem Sieg von Richard Huschke bei den Berufsfahrern. → S. 121

31. Juli, Montag

Nach weiteren blutigen Auseinandersetzungen mit den Faschisten in Oberitalien rufen die italienischen Sozialisten in ganz Italien den Generalstreik aus (→ 2. 6./S. 98; 28. 10./S. 164).

Nach einer seit dem 7. Juli andauernden polnischen Regierungskrise bildet Julian Nowak in Warschau ein neues Kabinett (→ 6. 6./S. 99; 16. 12./S. 200).

Mehrere Bischöfe und höhere Geistliche der russisch-orthodoxen Kirche werden in Moskau wegen Widerstands gegen die Herausgabe von Kirchenschätzen zu mehreren Jahren Zuchthaus verurteilt. → S. 115

Das Wetter im Monat Juli

Station	Mittlere Lufttemperatur (°C)	Niederschlag (mm)	Sonnenscheindauer (Std.)
Aachen	17,7 (17,5)	74 (75)	– (190)
Berlin	16,8 (18,3)	171 (70)	– (242)
Bremen	15,9 (17,4)	97 (92)	– (207)
München	16,7 (17,5)	167 (137)	– (226)
Wien	(19,5)	– (84)	– (265)
Zürich	16,4 (17,2)	148 (139)	227 (184)

( ) Langjähriger Mittelwert für diesen Monat
– Wert nicht ermittelt

Juli 1922

Titelblatt der Juli-Nummer der russischen Emigrantenzeitschrift »Zhar-Ptitsa«, die vor allem in Frankreich und Deutschland gekauft wird.

Juli 1922

Demonstration vor der Berliner Gedächtniskirche; überall fordern die Menschen nach dem Mord an Rathenau ein Vorgehen gegen die Reaktionäre.

Sozialistische und kommunistische Arbeiter sehen in der Aufstellung von Arbeiterwehren eine wirkungsvolle Maßnahme gegen den Rechtsextremismus.

Republikschutzgesetz wird vom Reichstag verabschiedet

18. Juli. In dritter Lesung verabschiedet der deutsche Reichstag das Republikschutzgesetz. Für seine Annahme sprechen sich in namentlicher Abstimmung 303 Abgeordnete aus, dagegen stimmen 102 Abgeordnete – Mitglieder der Deutschnationalen Volkspartei (DNVP), der Bayerischen Volkspartei (BVP), des Bayerischen Bauernbundes sowie einzelne Fraktionsvertreter der Kommunisten und der Deutschen Volkspartei (DVP).

Mit diesem Gesetz erhält die deutsche Reichsregierung die Möglichkeit, gegen republikfeindliche Gruppen, die zumeist der rechten politischen Richtung zuzurechnen sind, gerichtlich vorzugehen. Über Inhalt und Ausmaß des Gesetzes hatte es in den vergangenen Wochen z. T. heftige Diskussionen in Parlament, Parteien und Organisationen gegeben. Grundlage hierfür war die nach dem Mord an Walther Rathenau erlassene Notverordnung (→ 24. 6. / S. 93) zum Schutz der Republik. Darin enthaltene Formulierungen wurden überprüft und auch abgeändert. So scheiterte die Bestimmung, die Mitgliedschaft in einer verfassungsfeindlichen Partei solle mit den Beamtenpflichten unvereinbar sein, am Einspruch der Rechtsparteien und des Zentrums. Sie argumentierten mit »Verfassungswidrigkeit und Gesinnungsknechtung«; von »Eunuchisierung« der Beamten und von einem »neuen Byzantinismus« war dabei die Rede. Dadurch sei die Liberalität des Staates bedroht. Streitpunkt war auch die Frage, was denn durch das zu beschließende Gesetz geschützt werden solle: Der Staat, die Republik oder die Verfassung? Erst nach langen Debatten einigte man sich auf die Formel, es gelte der Schutz der »verfassungsmäßigen republikanischen Staatsgewalt«.

Trotz der Annahme durch die Zweidrittelmehrheit im Reichstag weigert sich das Land Bayern zur Übernahme des Gesetzes. Die bayerische Landesregierung erklärt es für ungültig und erläßt eine eigene Staatsschutzverordnung. Das Kabinett in München, bestehend aus einer Koalition der konservativ-partikularistischen BVP, der Demokratischen Partei, der rechten Bayerischen Mittelpartei sowie dem in Treue dem königlichen Haus verbundenen Bayerischen Bauernbund, ist in seiner politischen Gewichtung erheblich weiter nach rechts ausgerichtet als die Reichsregierung. Bayern nimmt Anstoß an der antimonarchistischen Tendenz des Gesetzes und wendet sich gegen dessen antiföderalen Charakter (→ 9. 8. / S. 130).

Zuchthausstrafen für Feinde der Republik

Am 21. Juli unterzeichnen Reichspräsident Friedrich Ebert (MSPD), Innenminister Adolf Köster (MSPD) und Justizminister Gustav Radbruch (MSPD) das Gesetz zum Schutze der Republik. Das Gesetz enthält neben den Abschnitten zu den Strafbestimmungen und der Einrichtung eines Staatsgerichtshofes zum Schutz der Republik, Artikel über das Verbot republikfeindlicher Vereinigungen, Versammlungen und Kundgebungen sowie Vorschriften für die Beschlagnahme und das Verbot von Druckschriften. Weiterhin ermöglicht das Gesetz die Ausweisung bzw. die Aufenthaltsbeschränkung auf bestimmte Reichsgebiete für Mitglieder vormals landesherrlicher Familien.

Kernpunkt des Gesetzes ist der Paragraph 1 mit folgendem Wortlaut: »Wer an einer Vereinigung oder Verabredung teilnimmt, zu deren Bestrebungen es gehört, Mitglieder einer republikanischen Regierung des Reiches oder eines Landes durch den Tod zu beseitigen,

Reichsinnenminister Adolf Köster

wird mit Zuchthaus nicht unter fünf Jahren oder mit lebenslangem Zuchthaus bestraft.
Ist in Verfolgung dieser Bestrebungen eine Tötung begangen oder versucht worden, so wird jeder, der zur Zeit der Tat an der Vereinigung oder Verabredung beteiligt war, und ihre Bestrebungen kannte, mit dem Tode oder mit lebenslangem Zuchthaus bestraft.« Weiterhin mit Zuchthaus bis zu fünf Jahren werden Personen bestraft, die republikfeindliche Handlungen unterstützen bzw. dazu auffordern. Davon betroffen sind auch Verantwortliche periodischer erscheinender Presseerzeugnisse. Tageszeitungen können in einem solchen Fall beschlagnahmt, ihr Erscheinen kann bis zu vier Wochen verboten werden. Unter Strafe fallen auch Beleidigungen und Verleumdungen von Mitgliedern der republikanischen Regierung.

Juli 1922

Rechtsextreme überfallen Harden

3. Juli. In Berlin wird der Publizist Maximilian Harden von Angehörigen einer rechtsextremen Gruppe überfallen und mit Eisenstangen schwer verletzt.

Maximilian Harden (* 20. 10. 1861, Berlin), Sohn eines jüdischen Seidenhändlers in Posen; 1892 gründete er in Berlin die politische Wochenzeitschrift »Zukunft«. Nach dem Attentat geht er in die Schweiz.

Dieses Attentat – nur wenige Tage nach dem Mord an Walther Rathenau (→ 24. 6. / S. 92) – löst überall im Deutschen Reich große Empörung aus. Harden, der auch mit Rathenau einige Zeit befreundet war, ist bekannt als ein geistreicher und streitsüchtiger Journalist, »einer der wenigen, die eine Macht bedeuten« (Kurt Tucholsky). Harden begrüßte 1918 zwar die Republik, unterlag jedoch wechselnden politischen Einflüssen. So tritt er für die Rechte der Arbeiter ein, schwärmt aber auch für Hugo Stinnes.

Hochverräter in Bayern verurteilt

4. Juli. Das Münchner Volksgericht verurteilt Freiherr Hubert von Leoprechting wegen dessen Agententätigkeit für Frankreich zu einer lebenslangen Zuchthausstrafe und zur Aberkennung der bürgerlichen Ehrenrechte.

Bereits 1920 hatte Leoprechting als Gründer einer nationalistischen Geheimorganisation mit dem französischen Gesandten in München Verbindungen geknüpft. Er erhielt von den Franzosen eine Wohnung und ein Monatsgehalt von 3000 Mark. Seine Aufgabe war es, »zwischen Nord und Süd Zwietracht zu säen«. So sollte die Voraussetzung für eine Erweiterung des französischen Einflußbereichs im Deutschen Reich geschaffen werden.

Leoprechting unterstützte die populäre bayerische Separatistenbewegung und verbreitete bei der Reichsregierung in Berlin antibayerische Berichte. So schürte er das Mißtrauen auf beiden Seiten.

Nach den Aussagen Leoprechtings erhoffte sich die französische Gesandtschaft die Entstehung einer Situation, in der »die französischen Generale eines Tages überraschend die Mainlinie besetzen könnten.«

Für die Autonomie des Rheinlands

23. Juli. In Aachen treffen die Delegierten der Rheinischen Republikanischen Volkspartei zu einer Konferenz zusammen. Mit ihrem Vorsitzenden Joseph Smeets beraten sie

Der ehemalige Kölner Sozialdemokrat Joseph Smeets (* 1893, Aachen) ist seit 1920 Führer der militanten separatistischen Bewegung im Rheinland und gibt in Köln das Wochenblatt »Rheinische Republik« heraus.

über ihr Ziel, eine unabhängige rheinische Republik zu errichten.

Die »Sonderbündler« um Smeets gehören zu den drei wichtigen von Frankreich unterstützten Separatistenbewegungen im Rheinland und bekennen sich offen zu einer Trennung vom Deutschen Reich. Im August erklärt Smeets: »Die Franzosen sind Menschen, die Preußen sind Barbaren. Im Krieg haben die Preußen die rheinischen katholischen Regimenter zuerst an die Front geschickt, um sie zu opfern und damit den Katholizismus zu vernichten.«

Keine Ämter für Gegner der Republik

1. Juli. Die Landesregierung von Sachsen beschließt eine neue Verordnung zur Ernennung höherer Staatsbeamten.

Demnach werden künftig Ministerialräte, Richter, Staatsanwälte, Amtshauptleute sowie Bezirksschulräte nicht mehr wie bisher vom Ministerpräsidenten, sondern vom Gesamtministerium eingesetzt.

Der Beschluß des Kabinetts bedeutet einen Sieg der linken Sozialdemokraten in der Fraktion des Landtages gegenüber dem ebenfalls ihrer Partei angehörenden, politisch gemäßigteren Ministerpräsidenten Wilhelm Buck. Die erfolgreiche Durchsetzung des Antrags der Linken sehen die Abgeordneten als eine unmittelbare Folge des Attentats auf Walther Rathenau am → 24. Juni (S. 92) und der daraufhin in Kraft getretenen Notverordnung im Deutschen Reich. Mit einer kollektiven Entscheidung über die Ämterbesetzung soll verhindert werden, daß reaktionäre, republikfeindlich Gesinnte Machtpositionen erreichen. Mit der Verordnung werden zugleich auch Beamte der Kriminalpolizei durch sächsische Sozialdemokraten ersetzt.

Europa vereint unter der Losung: »Nie wieder Krieg!«

30. Juli. Anläßlich der Wiederkehr des achten Jahrestages des Kriegsbeginns finden überall in Europa Friedenskundgebungen statt.

In den Großstädten der Länder ziehen Tausende zu den Kundgebungsplätzen, wo die Redner immer wieder die Notwendigkeit einer Völkerverständigung betonen – nur so könnten Kriege verhindert werden. In London unterstreichen die Sprecher der Labour Party die Rolle des Völkerbundes. Nur er könne in Europa gesicherte Zustände herstellen. Noch immer sei jedoch auch die Reparationsfrage eine Quelle, die Uneinigkeit in Europa schaffe, und Schuld daran seien die Wankelmütigkeit der britischen und der Starrsinn der französischen Politiker. Auf einer Kundgebung der französischen Sozialisten in Paris spricht der deutsche Sozialdemokrat Rudolf Breitscheid. Auch er betont den Zusammenhang von vernünftiger Reparationspolitik und Verständigung zwischen Deutschen und Franzosen.

Tausende versammeln sich zu den Friedenskundgebungen, die gleichzeitig in 250 deutschen Städten stattfinden; hier ein Blick auf Berlins Lustgarten.

Die Demonstration in Berlin
Obwohl die hauptstädtischen Gewerkschaften sich dem Aufruf zu der weltweiten Friedenskundgebung nicht angeschlossen haben, versammeln sich Zehntausende Berliner am Sonntagvormittag im Lustgarten zu der vom Aktionsausschuß »Nie wieder Krieg« veranstalteten Demonstration. An verschiedenen Stellen des Platzes kommen nicht nur Sprecher der Parteien und Organisationen zu Wort; hier deklamieren 15 Schauspieler von Berliner Bühnen Texte und Gedichte, die von den Zuhörern mit viel Sympathie aufgenommen werden. Begeistert beklatschen die Berliner die Grußadressen, die von den Friedenskundgebungen in anderen Ländern gesandt wurden. 24 Telegramme aus Österreich, Großbritannien, Frankreich, den Niederlanden und den USA bringen den Verständigungswillen der Menschen zum Ausdruck.

Juli 1922

Streikwelle überflutet Europa und Vereinigte Staaten

30. Juli. Der Verband deutscher Ingenieure und Seemaschinisten akzeptiert den vom Arbeitsministerium in Berlin gefällten Schiedsspruch und beendet damit den seit 1. Juli andauernden Seemaschinistenstreik in den Nordseehäfen und in Stettin. Ergebnis des Ausstandes ist in der Hauptsache die Garantie der 48-Stunden-Woche. Eine feste Regelung über eine Lohnerhöhung kam wegen der fortschreitenden Inflation nicht zustande.

Allgemeine Geldentwertung und verstärkter Druck der Industrie auf die Arbeiter und Angestellten sind die Gründe für die ansteigende Zahl der Arbeitskämpfe. Im Deutschen Reich streiken insgesamt etwa 2,8 Mio. Arbeiter und Angestellte – das ist die höchste Rate seit dem Nachkriegsjahr 1919. Eine ähnliche Entwicklung verzeichnen andere Industrienationen wie Frankreich, Großbritannien und auch die USA. In der französischen Hafenstadt Le Havre kommt es während eines Generalstreiks im August zu regelrechten Straßenschlachten, und auch in den USA führt ein seit dem 1. April andauernder Ausstand der Bergarbeiter und Eisenbahner zu militanten Auseinandersetzungen mit der Polizei. Erst die Vermittlung durch Präsident Warren G. Harding beendet dort am 1. September den landesweiten Arbeitskampf.

August in Le Havre: Französische Polizei geht gegen demonstrierende Streikende vor; drei Arbeiter sterben.

Beschäftigte einer US-amerikanischen Eisenbahnlinie während des Streiks, der fünf Monate dauert

Streikende in Le Havre sammeln Pflastersteine als Waffen gegen die Angriffe berittener Polizei.

Die Rücknahme von Lohnkürzungen ist die Forderung der Minenarbeiter in mehreren US-Bundesstaaten.

Verhaftete US-amerikanische Minenarbeiter nach dem Streik in der Stadt Cliftonville in West-Virginia

Proletarier aller Länder helfen dem hungernden Rußland

5. Juli. In Berlin treffen mehrere hundert Mitglieder und Gäste der Internationalen Arbeiterhilfe (IAH) zum dritten Hungerhilfskongreß der Organisation zusammen. Bis zum 11. Juli beraten die Teilnehmer über weitere Maßnahmen gegen die Not und den Hunger in den russischen Dürregebieten an der Wolga (→ 1. 1. / S. 18).

Die IAH wurde vor einem Jahr von dem deutschen Publizisten Willi Münzenberg gegründet. Der gelernte Schuhmacher aus Erfurt ging nach seiner Ausbildung auf Wanderschaft und blieb bis 1910 in der Schweiz. Durch seine aktive Arbeit in der sozialistischen Jugendbewegung traf Münzenberg dort erstmals Wladimir I. Lenin. Nach 1918 gründete er in Berlin die Kommunistische Jugendinternationale und fuhr als deren Delegierter 1920 nach Moskau. In einem dort geführten Gespräch mit Lenin entstand die Idee der IAH.

Im August 1921 erließ Münzenberg einen Aufruf, in dem er Organisationen und bekannte Persönlichkeiten zur Unterstützung von Hilfsmaßnahmen aufforderte. Seine Aktion stieß auf ein großes internationales Echo. Zu den Gründungsmitgliedern der IAH zählen u. a. Clara Zetkin, Käthe Kollwitz, Albert Einstein, Maximilian Harden, Alexander Moissi, George Bernard Shaw. Ihre Appelle setzten eine spontane Welle der Solidarität in Bewegung: Bis Ende 1922 wird eine Unterstützung in Höhe von 63 Mio. US-Dollar (etwa 54,8 Mrd. Mark) geleistet.

Ein Traktor auf den Feldern bei Perm im Ural, finanziert und geliefert von der IAH. Neben den unmittelbaren Hilfeleistungen für die Hungernden in Rußland konzentriert die Organisation ihre Arbeit auf die Unterstützung der Wirtschaft.

Juli 1922

Konkurrenz um russisches Erdöl

22. Juli. Die Teilnehmer einer in Den Haag am 18. Juli begonnenen Petroleumkonferenz mit der sowjetrussischen Regierungsdelegation beschließen einen Wechsel des Verhandlungsortes nach London, um am Rande der im August beginnenden Finanzkonferenz ihre Gespräche fortsetzen zu können.

Die Konferenz findet ohne Beteiligung der Öffentlichkeit mit Vertretern der britisch-niederländischen Royal-Dutch-Shell-Gruppe und der US-amerikanischen Standard-Oil-Gesellschaft statt. Ziel der Gespräche ist eine Einigung der beiden konkurrierenden Erdöltrusts in der Frage der Ausbeutung russischen Erdöls im Nordkaukasus und in Baku. Die Moskauer Funktionäre hatten zuvor bereits mit der Shell-Gruppe unterschriftsreife Verträge ausgehandelt. Aufgrund dieser Tatsache nahmen die US-amerikanischen Vertreter Kontakt mit den Russen auf, um ebenfalls Geschäfte abzuschließen.

Bildnis des Staatspräsidenten Alexandre Millerand von Marcel Baschet

Dschamal Pascha (r.) mit Enwer Pascha, der am 4. August 1922 stirbt

Zwei Attentate auf bekannte Politiker in Westeuropa und Mittelasien

14. Juli. *Auf der Rückfahrt von der Veranstaltung zum Nationalfeiertag in Paris werden auf das Auto des Polizeipräfekten Schüsse abgegeben; jedoch bleiben alle Insassen unverletzt. Ein Polizist auf dem Fahrrad kann den Attentäter stellen. Der 23jährige Anarchist Gustave Bouret gibt zu, den französischen Präsidenten Alexandre Millerand ermorden zu wollen; er hätte jedoch versehentlich auf den falschen Wagen gezielt.*

Sieben Tage später wird in der grusinischen Hauptstadt Tiflis (Tbilissi) der frühere türkische Marineminister und Armeebefehlshaber Ahmad Dschamal Pascha von Armeniern erschossen. Der 1872 in Konstantinopel (Istanbul) geborene Dschamal Pascha schloß sich 1898 den revolutionären Jungtürken an und ging 1918 ins Exil. Das Attentat ist ein Vergeltungsakt für seine Teilnahme an der Verfolgung christlicher Armenier.

Erregte Debatte im französischen Parlament; am Rednerpult Poincaré

Rote-Armee-Soldaten konfiszieren Heiligenbilder einer russischen Kirche.

Kriegsschuld erneut bejaht

6. Juli. Zum Abschluß einer seit dem Vortag geführten Debatte über die Kriegsschuldfrage spricht die Mehrheit des französischen Parlaments in Paris der Regierung von Raymond Poincaré das Vertrauen aus. 532 Abgeordnete der Kammer unterstützen mit ihrer Stimme die Politik des Kabinetts, nur 65 sprechen sich dagegen aus.

Anlaß für die Auseinandersetzungen, in die auch Poincaré und sein Vorgänger Aristide Briand eingriffen, ist der Vorwurf oppositioneller sozialistischer Kreise, daß die antideutsche Haltung Frankreichs eine Gefahr für eine friedliche Entwicklung in Europa darstelle. Sie wenden sich gegen die im Versailler Vertrag erfolgte Feststellung, daß das Deutsche Reich die Alleinschuld am Ausbruch des Weltkrieges trage. Die so begründeten Reparationsleistungen würden zu einer wirtschaftlichen Katastrophe führen und den Völkerhaß erneut schüren.

Ikonen für die Hungernden

31. Juli. Ein Moskauer Gericht verurteilt mehrere Geistliche der orthodoxen Kirche zu mehrjährigen Freiheitsstrafen. Ebenfalls in Haft befindet sich seit Mai der noch nicht verurteilte Patriarch der russisch-orthodoxen Kirche in Moskau, Tichon (eigentl. Wassili I. Belawin).

Anlaß für die Maßnahmen der sowjetrussischen Staatsführung ist die Weigerung der Angeklagten, Kirchenschätze an die Regierung auszuliefern. Im vergangenen Winter wurde seitens der staatlichen Behörden damit begonnen, diese einzuziehen und zu verkaufen. Der Erlös soll zugunsten der Hungernden verwendet werden. Ausgenommen von diesem Vorgehen sind liturgische Gegenstände, die für den Gottesdienst benötigt werden. Im Widerstand des zumeist nur höheren Klerus erkennt das Gericht eine grundsätzliche Feindschaft gegenüber der kommunistischen Regierung, weshalb die Urteile z. T. sehr hart ausfallen.

Juli 1922

General Bruce scheitert am Mount Everest

16. Juli. Aus der indischen Stadt Simla wird gemeldet, daß der Versuch einer britischen Expedition zur Besteigung des 8848 m hohen Mount Everest gescheitert ist.

Nach einer Erkundungsfahrt der Briten im Vorjahr war dies der erste Versuch, den Gipfel des höchsten Berges der Erde zu bezwingen. Der Mount Everest wurde 1852 entdeckt und vier Jahre darauf nach dem Leiter der indischen Landvermessung von 1823 bis 1845, Sir George Everest, benannt.

Die britische Expedition unter der Leitung von Charles Granville Bruce näherte sich dem Berg von Tibet her und versuchte, vom Rongphu-Gletscher über den 6985 m hohen Nordsattel Chang La auf dem Nordgrat zum Everest-Südostgipfel (8398 m) vorzudringen. George Mallory, E. F. Norton und T. H. Sommervell gelangten am 20. Mai bis in eine Höhe von 8169 m, George I. Finch und Geoffrey Bruce schafften es am 27. Mai bis 8326 m. Hier zwangen zu große Schwierigkeiten zur Umkehr. Erst 1953 gelingt Edmund Percival Hillary die Gipfelbesteigung.

Die höchsten Berge der Welt

Mount Everest	8848 m
K 2	8611 m
Kangchenjunga	8598 m
Lhotse	8511 m
Makalu	8481 m
Dhaulagiri	8167 m
Manaslu	8156 m
Cho Oyu	8153 m
Nanga Parbat	8125 m
Annapurna	8091 m

Vom Lager IV in 7000 m Höhe auf dem Chang La führt der Nordgrat zum Mount Everest – tibetisch: Chomo-Lungma (Göttin-Mutter des Landes).

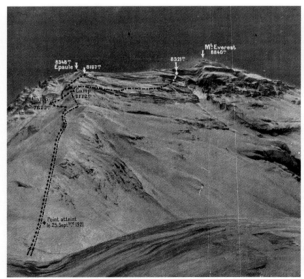

Das Bergmassiv mit Camps und Route der beiden Gruppen sowie den erreichten Höhen (die Meterangaben werden später aufgrund genauerer Messungen revidiert)

Die Mitglieder der britischen Mount-Everest-Expedition vor dem Aufstieg; in der Mitte der Leiter, General Bruce (sitzend), 4. v. l. Mallory, 5. v. l. Sommervell

Alpenverein gegen »Salontirolertum«

19. Juli. Zu ihrer drei Tage dauernden 48. Hauptversammlung kommen in Bayreuth die Mitglieder des Alpenvereins zusammen.

Die Delegierten vertreten die verschiedenen deutschen und österreichischen Sektionen des Vereins, dessen Mitgliederzahl im vorausgegangenen Jahr von 148 000 auf 165 000 angestiegen ist. Diskussionspunkte sind neben den finanziellen Problemen und der Förderung wissenschaftlicher Forschungsarbeiten bzw. bergsteigerischer Unternehmen im Kaukasus sowie in südamerikanischen Hochgebirgen vor allem der Naturschutz in den Alpen. Die Vertreter aller Sektionen wenden sich gegen das sog. »Salontirolertum«; sie vertreten die Meinung, daß durch den allgemeinen Bergtourismus die natürliche Berglandschaft in den Alpen großen Schaden erleide. So wird beschlossen, neue Wege und Hütten nur in Ausnahmefällen zu bauen, damit die Ursprünglichkeit bisher verschonter Gebiete erhalten bleibe; einige Regionen sollen zu Schutzgebieten erklärt werden. Um den Reiz einer Alpenwanderung für die große Masse besonders niedrig zu halten, und dem »echten Bergsteigertum die Möglichkeiten seiner anspruchslosen Betätigung« zu erhalten, einigt sich die Versammlung auf folgende Richtlinien für das Betreiben von Hütten:

▷ »Die Verpflegung auf den Hütten soll vereinfacht und die Abgabe alkoholischer Getränke eingestellt werden
▷ Sommerfrischler haben auf den Hütten keinen Zutritt, insbesondere sind Filmgesellschaften ausgeschlossen
▷ Betten sind möglichst in Matratzenlager umzuwandeln, männliche und weibliche Personen sollen in den Hütten getrennt übernachten, Liebespaare sind auszuweisen
▷ Mechanische Instrumente sind aus den Hütten zu entfernen.«

Ein von dem österreichischen Verein eingebrachter Antrag zur Einführung des »Arierparagraphen« scheitert. Die Mehrheit der Mitglieder spricht sich gegen die Forderung aus, künftig keine jüdischen Mitglieder mehr aufzunehmen. Einige österreichische Sektionen haben allerdings eine solche Bestimmung bereits eingeführt.

Juli 1922

»Luftkuren im Hause als Ersatz für eine unerschwingliche Sommerreise« so lautet die Unterschrift zu diesem Bild aus der »Berliner Illustrirten«. Dieser offensichtliche Aprilscherz trifft ein Problem der Menschen in den engen Großstädten: Den Mangel an Luft und Sonne – wesentliche Ursache verbreiteter Krankheiten wie der Tuberkulose.

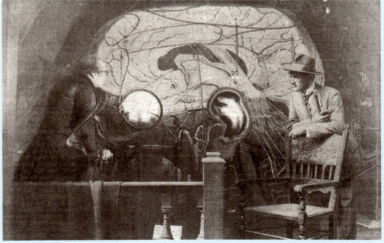

Ein in dem Film »Gespenster« gezeigter Versuch, die Tätigkeit des menschlichen Gehirns einem breiten Publikum anschaulich zu machen

Anzeige aus der »Jugend«; ein Blick in die Zeitschriften späterer Jahre beweist, daß solche Probleme auch weiter existieren.

Werbeplakat einer Hamburger Gruppe des Mutterschutzbundes: Solche Plakate hängen in den Kantineneinrichtungen der Hamburger Werften aus. Sexualberatungsstellen sollen gerade Arbeiter über Möglichkeiten der Geburtenkontrolle und der Verhütung von Geschlechtskrankheiten informieren.

Gesundheit 1922:

Großstädter durch Skorbut gefährdet

Die wirtschaftliche Not schlägt sich unmittelbar auch im gesamten Gesundheitswesen nieder. Überall fehlt es an Geld. Die Krankenhäuser sind oft nicht in der Lage, die notwendige Bettenzahl zur Verfügung zu stellen, Medikamente, Verbandszeug und auch Lebensmittel sind nicht ausreichend vorhanden. Infolge der schlechten Ernährungslage steigt die Zahl der Erkrankten rapide an. Mangelkrankheiten wie Skorbut treten in Großstädten wieder auf. Die Ausbreitung von Infektionskrankheiten – vor allem der Tuberkulose – nimmt rapide zu. Betroffen sind davon insbesondere die ärmeren Bevölkerungskreise, die in überfüllten und schlechten, oft feuchten Wohnungen leben müssen. Ein Großteil der Menschen verfügt kaum über genügend Widerstandskräfte – eine Folge der jahrelangen Unterernährung. Die seit 1919 obligatorische Schulabschlußuntersuchung ergibt z. B. in Frankfurt am Main, daß 31% der Abgänger von Volks- und Mittelschulen bleibend gesundheitlich geschädigt sind. Allein 4,5% der Schulabgänger weisen Lungenschäden auf, 1,8% davon leiden an offener Tuberkulose.

Ein Problem nicht nur im Deutschen Reich, sondern auch in anderen europäischen Ländern und in den USA ist die Ausbreitung von Geschlechtskrankheiten. In Frankreich z. B. ist nach offiziellen Angaben ein Zehntel der Bevölkerung von Syphilis infiziert. Im Kampf gegen diese Erscheinungen räumen die Institutionen der Aufklärung großen Raum ein. Hier kommen auch neuere Medien wie Filme zum Einsatz. Die deutsche Reichsregierung unterbreitet am 20. Februar dem Reichstag einen Gesetzentwurf zur Bekämpfung von Geschlechtskrankheiten. Diskussionen unter Medizinern und Betroffenen gibt es daraufhin über die darin enthaltene Anzeigepflicht der Ärzte. Ein Mittel zur Linderung der Not sieht der Sexualwissenschaftler Magnus Hirschfeld in der Geburtenkontrolle. In Beratungsstellen, die zumeist in Arbeitervierteln entstehen, bemüht er sich um die dafür notwendige Sexualaufklärung.

Juli 1922

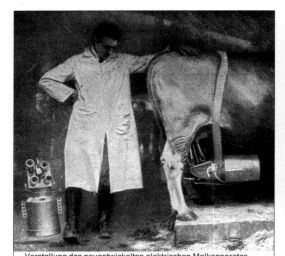

Vorstellung des neuentwickelten elektrischen Melkapparates

Neue Technik für Landwirte

1. Juli. *In Nürnberg geht die am 25. Juni begonnene Wanderausstellung der Deutschen Landwirtschaftsgesellschaft zu Ende. Sie vermittelte den zahlreich erschienenen Besuchern einen Eindruck von der Leistung deutscher Bauern in der Tier- und Pflanzenzucht. Daneben bot sie auch Informationen über neue Techniken und Maschinen für die Landwirtschaft.*

Reichspräsident und Gastgeber Friedrich Ebert (l.) im Gespräch

Gartenfest beim Präsidenten

Gartenfeste gehören zu den beliebten Veranstaltungen an heißen Sommerabenden. Letztere sind zwar selten, dennoch hat Reichspräsident Friedrich Ebert Glück, als er in der letzten Juliwoche bekannte Persönlichkeiten aus dem politischen und kulturellen Leben in seinem Garten empfängt, um so für die Hauptmann-Festspiele zu werben (→ 12. 8. / S. 136).

Überschwemmung in der britischen Grafschaft Leicestershire

Sturm und Regen in Europa

7. Juli. *Nach extremer Hitze, die nur wenige Tage andauert, kommt es in weiten Teilen Mitteleuropas zu Temperaturstürzen, begleitet von wolkenbruchartigen Regenfällen und Stürmen. In vielen Gegenden muß der Notstand ausgerufen werden, da Bäume umstürzen und Landstriche unter Wasser stehen. Auf Ost- und Nordsee geraten einige Schiffe in Seenot.*

Prunkvolle Hochzeit mit königlichen Gästen in London

18. Juli. In der Kirche St. Margaret's des Londoner Stadtteils Westminster werden Edwina Ashley und Lord Louis Mountbatten getraut. Mit dieser Heirat gehen zwei traditionsreiche Familien des britischen Königreiches eine Verbindung ein; entsprechend groß ist deshalb auch die Aufmerksamkeit der Londoner Öffentlichkeit. Tausende warten vor der Kirche und bejubeln die Hochzeitsgäste, zu denen u. a. die königliche Familie mit Königsmutter Alexandra, Georg V. und seiner Frau sowie allen Prinzessinnen und Prinzen gehören. Die enge Verbindung des Königshauses ergibt sich nicht nur aus den verwandtschaftlichen Beziehungen, sondern auch aufgrund der Freundschaft zwischen Lord Mountbatten und dem Kronprinzen Eduard, dem Prinzen von Wales. Der 22jährige Lord und Marineoffizier begleitete den Prinzen auf dessen mehrmonatiger Reise nach Indien und Japan (→ S. 24), die erst im Juni endete.
Mountbatten ist der Sohn von Ludwig Alexander von Battenberg, Nachkomme einer herzoglich-hessischen Familie. Battenberg mußte 1912 wegen seiner deutschen Herkunft seinen Admiralsposten in der britischen Marine aufgeben und nahm 1917 den Namen Mountbatten an. Gleichzeitig erhielt er die Würde eines Marquess of Milford Haven. Die 21jährige Braut ist eine Tochter von Wilfrid Ashley, ein Nachfahre des berühmten Anthony Ashley Cooper Shaftesbury. Lord Shaftesbury war einer der bedeutendsten englischen Aufklärer im 17./18. Jahrhundert. Auch mütterlicherseits ist ihre Familie verbunden mit dem Königshaus: Sie ist Enkelin von Sir Ernest Cassel, eines Vertrauten des 1910 verstorbenen Eduard VII.

Das Brautpaar Edwina Ashley und Lord Mountbatten (M.), umringt vom Prinzen von Wales und sieben Brautjungfern, darunter die griechischen Prinzessinnen Margareta (l. o.), Theodora (r. o.), Sophia (sitzend 3. v. l.) und Cecilia (1. v. r.)

Genehmigt: Fusion zur Danatbank

17. Juli. Die Generalversammlung der Nationalbank für Deutschland in Berlin genehmigt den Fusionsvertrag mit der Bank für Handel und Industrie (Darmstädter Bank).

Das somit neu entstandene Kreditinstitut aus der bereits 1853 gegründeten Darmstädter und der 1881 entstandenen Nationalbank zählt zu den vier größten Geldinstituten des Deutschen Reiches und erhält den Namen Danatbank. Mit dem Abschluß des Vertrages verbunden ist eine Kapitalverdopplung von 600 Mio. Mark, die von der Versammlung ebenfalls einstimmig beschlossen wird. Die 60 Mitglieder des künftigen Aufsichtsrates werden den etwa 4000 Bankangestellten vorstehen. Die Angestellten hatten sich zunächst gegen eine Fusion gewandt, da sie annehmen, daß künftig nicht mehr individuell gearbeitet werden könne. Man fürchtet, daß eine »unerwünschte Schematisierung nach amerikanischem Muster« eintrete.

Das Geheimnis der Aalwanderung

25. Juli. Die »Vossische Zeitung« veröffentlicht einen Bericht über die neuesten Ergebnisse von der Erforschung der Lebensgewohnheiten der Aale durch den dänischen Zoologen Johannes Schmidt.

Schmidt begann seine Untersuchungen bereits 1906. Auf mehreren Meeresfahrten versuchte er, die Laichplätze der Aale zu finden. Endgültige Erkenntnisse gelangen ihm nun auf seiner letzten Reise, zu der er im August 1921 mit der »Dana« in die westindischen Gewässer, das Mittelmeer und den Atlantischen Ozean gestartet war. Dabei bestätigte sich seine These, daß sich die Laichplätze der europäischen Flußaale im westlichen Teil des Atlantischen Ozeans, vor dem Golf von Mexiko befinden. Mit Ankündigung der Geschlechtsreife nach vier bis fünf oder auch erst nach zehn bis zwölf Jahren, die mit der Einstellung der Nahrungsaufnahme verbunden ist, wandern die Flußaale ins Meer und ziehen in die 3000 bis 5000 km entfernte Sargassosee, wo sie ablaichen. Die Elterntiere gehen danach zugrunde; die Larven werden vom Golfstrom in den nächsten Jahren wieder an die europäischen Küsten getragen.

Kandinsky wird Lehrer am Bauhaus Weimar

24. Juli. Der russische Maler und Graphiker Wassily Kandinsky und die thüringische Landesregierung schließen einen Vertrag über die künftige Lehrtätigkeit Kandinskys am Staatlichen Bauhaus in Weimar. Kandinsky wird noch in diesem Jahr vorrangig die Werkstatt der Wandmalerei übernehmen (→ S. 207).

Die künstlerische Ausbildungsstätte wurde im März 1919 von Walter Gropius eröffnet. Sie entstand aus dem Zusammenschluß der Weimarer Hochschule für Bildende Künste mit der Weimarer Kunstgewerbeschule und hat die »Wiedervereinigung aller werkkünstlerischen Disziplinen – Bildhauerei, Malerei, Kunstgewerbe und Handwerk – zu einer Baukunst« zum Ziel. Der Name Bauhaus entstand in Anlehnung an die mittelalterlichen Bauhütten, in denen Kunst, Architektur und Handwerk zusammenwirkten. In den Jahren zwischen 1921 und 1923 deutet sich eine Wandlung im Konzept des Bauhauses vom Handwerk hin zur Technik an – eine Reaktion auf die Möglichkeiten neuer Technologien und Materialien, mit denen neue ästhetische Formen in preiswerter Herstellung entstehen (→ S. 54; S. 133).

△ *Verwaltungs- und Unterrichtsräume sowie Ateliers des Staatlichen Bauhauses in Weimar im Gebäude der ehemaligen Großherzoglich sächsischen Hochschule für bildende Kunst; das Haus entstand bereits in den Jahren 1904 bis 1911 nach Entwürfen des Architekten Henry van de Velde.*

◁ *Wassily Kandinsky übernimmt im Herbst seine Lehrtätigkeit im Bauhaus Weimar. Zuvor lehrte der russische Maler bereits in Moskau an den Staatlichen Kunstwerkstätten (1918) und an der Universität in Moskau (1920).*

Druckerei im Weimarer Bauhaus; unter der künstlerischen Leitung von L. Feininger und der handwerklichen von C. Zaubitzer werden hier im Haus entstandene Werke vervielfältigt.

Im Herbst 1921, 1922 und 1923 veranstalten die Mitglieder des Bauhauses Drachenfeste mit ihren selbstgebauten, überaus phantasievollen Flugobjekten, die Bauhäusler und die Einwohner von Weimar zugleich begeistert in ihren Bann ziehen.

Juli 1922

Fest von hunderttausend Arbeitersportlern in Leipzig

22. Juli. In Leipzig beginnt das erste Deutsche Arbeiter-Turn- und Sportfest. Bis zum 27. Juli kommen hier in der Messestadt 100 000 Arbeitersportler, darunter ausländische Gäste aus 15 Nationen, zusammen. In Wettkämpfen, Spielen und sportlichen Massenveranstaltungen wird sichtbar, welche Bedeutung die Arbeitersportvereine in der gesamten Sportbewegung gewonnen haben.

Der erste Festtag beginnt mit der Eröffnung einer Ausstellung, in der neben der Darstellung der Geschichte der Arbeitersportbewegung Beispiele aus dem Sportstättenbau gezeigt werden. Die Präsentation von Musteranlagen ist von großem Interesse, da die Arbeitersportler sich solche Einrichtungen zumeist selbst bauen müssen.

Die Eröffnungsveranstaltung am Nachmittag, zu der die Delegationen im Stadion aufmarschieren, ist bestimmt von offiziellen Ansprachen. Ein Vertreter des Reichsinnenministeriums betont den Volkssportcharakter in den Verbänden des Arbeiter-Turn- und Sportbundes (ATSB) und erklärt, worin der »tiefere Sinn liegt, daß für die körperliche Erziehung nicht mehr das Kriegsministerium, sondern das Innenministerium zuständig ist. Die frühere militärische Ausbildung ist das Gegenteil von freier turnerischer Bewegung gewesen, nämlich quälender Zwang. Der einzige schöne Zweck im ATSB ist, durch Pflege des Körpers zur harmonischen Ausbildung des Gesamtmenschen beizutragen und dadurch diesen Gesamtmenschen in Leistungsfähigkeit und Genußfähigkeit zu steigern.«

Höhepunkte des zweiten Tages sind der Festzug durch die Leipziger Innenstadt und Massenvorführungen von 16 000 Turnern auf dem Festplatz. An den folgenden Tagen finden Vergleichskämpfe statt, die nicht mehr nur den »Charakter von volkstümlichen Übungen, sondern im Ansatz Leichtathletik-Wettkämpfe, Meisterschaften im Schwimmen und Kunstspringen, im Ringen und Radball sind« wie es in einer späteren Einschätzung des Sportbundes heißt. In Fußball, Handball und Schlagball werden auch Bundesmeisterschaften ausgetragen.

In Nachbetrachtungen der Initiatoren, aber auch der zuerst sich ablehnend verhaltenden bürgerlichen Presse, wird das Sportfest als ein großer Erfolg gefeiert. Gelobt werden die großartige Organisation und Disziplin, besonders hervorgehoben die freundschaftliche Verbundenheit mit den Ausländern. In einer Zeit, da der offizielle deutsche Sport als Folge des Weltkriegs von den meisten internationalen Vergleichskämpfen ausgeschlossen ist, beeindruckte das alle Beteiligten.

△ *Einmarsch der französischen und belgischen Teilnehmer ins Leipziger Stadion zur Eröffnungsveranstaltung des ersten Bundesfestes des Arbeiter-Turn- und Sportbundes*

◁ *Vom Veranstalter ATSB herausgegebene Plakette für das deutsche Arbeiter-Turn- und Sportfest, das zum ersten Mal in der sächsischen Metropole im Juli des Jahres 1922 stattfindet*

Strapazenreiche Tour de France über mehr als 5000 km

23. Juli. In Paris endet die am 25. Juni begonnene Tour de France. Gesamtsieger wird der Belgier Firmin Lambot. Für die 5375 km lange Strecke benötigte er 222:08:06 h und ist damit 41:15 min schneller als der Franzose Jean Alavoine, der den zweiten Platz belegt.

Die Schwierigkeiten des Rennens stellten sehr hohe Anforderungen an die Fahrer und auch an das Material; nur wenige waren ihnen gewachsen. Von den 121 gestarteten Rennsportlern erreichen nur 28 das Ziel. Diese Tatsache erinnert an die 13. Tour von 1919. An den Start der damals 5558 km langen Strecke waren 69 Fahrer gegangen, und nur elf hielten bis zum Ende durch. Unter ihnen waren auch Lambot und Alavoine, die wie in diesem Jahr jeweils Platz eins und zwei einnahmen.

Bilder von der 10. Etappe der Tour de France von Nizza nach Briançon: Auf der staubigen Landstraße kämpft sich Jean Alavoine (l.) voran.

Auf den schlechten Straßen – häufig vom Krieg noch zerstört – gibt es oft Pannen.

Juli 1922

Nazzaro Sieger bei Grand Prix

15. Juli. Das Rennen um den Großen Preis des französischen Automobilklubs auf der Grand-Prix-Strecke in der Umgebung von Straßburg gewinnt der italienische Automobilsportler Felice Nazzaro auf Fiat. Für die 802,8 km lange Strecke benötigt er 6:17:17 h, das entspricht einer Durchschnittsgeschwindigkeit von 127,67 km/h. Den zweiten und dritten Platz belegen zwei Fahrer auf Bugatti mit Durchschnittsgeschwindigkeiten von 110,5 km/h und 102,1 km/h. Da von den 18 gestarteten Wagen während der Veranstaltung schon zwölf ausgeschieden waren und die Zeit weit fortgeschritten ist, erklären die Verantwortlichen nach Ankunft der drei ersten das Rennen um den Großen Preis für beendet.

Huschke gewinnt Radfernfahrt

30. Juli. Auf der Treptower Radrennbahn in Berlin endet die Radfernfahrt München – Berlin. Sieger der 702 km langen Zwei-Etappen-Fahrt wird bei den Berufsfahrern der Berliner Richard Huschke. Mit einer Gesamtzeit von 26:12:18 h liegt er allerdings nur sehr knapp mit vier Sekunden vor dem Zweiten, seinem Bruder Adolf Huschke.
Gestartet waren die 55 Amateure und 22 Berufsfahrer einen Tag zuvor an der Feldherrnhalle in München. Von dort ging es auf regennassen Straßen über Ingolstadt und Nürnberg, wo eine viertelstündige Pause eingelegt wurde, weiter nach Bamberg und Kronach zum ersten Etappenziel Saalfeld.
Zur zweiten Teilstrecke machten sich die Amateure wie auch schon in München eine halbe Stunde vor den Profis auf den Weg: Sie verlassen die thüringische Stadt noch vor dem Morgengrauen um 3.00 Uhr. Mit zweimal 15 Minuten Pause geht es über Gera, Leipzig, Zossen und Königswusterhausen nach Berlin-Treptow. Hier trifft die Spitzengruppe wie geplant gegen 15.40 Uhr ein. Nach einem gemeinsamen Spurt der sechs zuerst angekommenen Fahrer von der Ziellinie aus erreicht der Schweinfurter Karl Pfister den ersten Platz. Er ist zugleich Gesamtsieger bei den Amateuren. Seine Zeit für die 702-km-Strecke beträgt 26:05:48 h.

Zwei Australier im Halbfinale: Gerald Patterson (l.), der spätere Gewinner des Herreneinzels, im Spiel gegen Anderson

Wimbledon: Spiel auf neuem Centre Court

12. Juli. Nach über dreiwöchiger Dauer gehen in Wimbledon die Tennismeisterschaften zu Ende, die erstmals in dem neuen Centre Court der Anlage an der Church Road stattfinden.
Den Sieg bei dem international berühmtesten Tennisturnier erringt im Herreneinzel der Australier Gerald Patterson; er schlägt den Briten Randolph Lycett 6:3, 6:4, 6:2. Bei den Damen begeistert der französische Tennisstar Suzanne Lenglen das Publikum; sie kann ihre US-amerikanische Gegnerin Molla Mallory in zwei Sätzen überlegen 6:2, 6:0 schlagen und ist damit nach ihren Erfolgen in den drei vorangegangenen Jahren zum vierten Mal Wimbledon-Siegerin im Einzel. Mit der US-Amerikanerin Elizabeth Ryan gewinnt sie auch das Doppel. Im Herrendoppel sind der australische Spieler James Anderson und der Brite Randolph Lycett erfolgreich.
Die diesjährigen Meisterschaften gehören aufgrund des schlechten Wetters zu den bisher längsten. Immer wieder mußten wegen des Regens die Matches verschoben werden. Am 26. Juni schlug der Brite Lesley Godfree den ersten Ball auf dem Rasen des neuen Platzes. Eine neue Anlage war nötig geworden, da sich nach den letzten Turnieren die alte Anlage an der Worple Road in Wimbledon – nur eine Bahnstation entfernt – als zu klein erwies. Die 1914 dort erweiterte Tribüne mit 3200 Plätzen reichte nicht mehr aus, da die Zahl der Zuschauer und Teilnehmer von Jahr zu Jahr stieg. So entschlossen sich die Veranstalter vom All England Lawn Tennis and Croquet Club zum Bau eines neuen Centre Court, der von dem Architekten Stanley Peach entworfen wurde.
Der erste Tennisplatz des Vereins in Wimbledon wurde im Jahr 1875 errichtet. Da das Spiel sehr schnell an Popularität gewann, erweiterte man die einstige Croquet-Anlage des Vereins schon zwei Jahre darauf auf zwölf Tennisplätze; 1877, vom 9. bis 19. Juli, wurde hier auch die erste Tennismeisterschaft des All England Clubs veranstaltet.

Suzanne Lenglen in Aktion. Der Sieg gegen ihre Gegnerin im Endspiel, die in Norwegen geborene Molla Mallory aus den USA, ist für den französischen Tennisstar zugleich eine Revanche für ihre Niederlage gegen sie vor neun Monaten in den Vereinigten Staaten. Wegen einer Krankheit hatte die siegesgewohnte Französin bei den USA-Meisterschaften nach dem ersten, an die Konkurrentin Mallory verlorenen, Satz aufgeben müssen.

August 1922

Mo	Di	Mi	Do	Fr	Sa	So
	1	2	3	4	5	6
7	8	9	10	11	12	13
14	15	16	17	18	19	20
21	22	23	24	25	26	27
28	29	30	31			

1. August, Dienstag

Die britische Regierung veröffentlicht die sog. Balfournote. In dieser Note unterbreitet der britische Politiker James Arthur Balfour den Vereinigten Staaten von Amerika den Vorschlag, einen Großteil der Schulden im Interesse eines Wiederaufbaus der europäischen Wirtschaft zu erlassen. → S. 128

Luigi Facta, der am 22. Juli zurückgetretene italienische Ministerpräsident, bildet ein neues Kabinett, an dem alle italienischen Parteien mit Ausnahme der Sozialisten und Faschisten beteiligt sind (→ 28. 10./S. 164).

Die Berliner »Vossische Zeitung« veröffentlicht einen Bericht des Osteuropa-Institutes in Breslau über die Entwicklung des russischen Außenhandels in den letzten Jahren und hebt dabei den Anteil der deutschen Exporte hervor (→ 25. 8./S. 131).

Auf der Hauptversammlung der Kommunalpolitischen Vereinigung der Zentrumspartei in Bonn nimmt Zentrumsführer Wilhelm Marx Stellung zur Auseinandersetzung um die Bekenntnisschulen. Er betont, daß bei Einführung eines interkonfessionellen Schulsystems auf jeden Fall das Recht der gläubigen Eltern auf Weiterbestehen getrennter religiöser Erziehung gewahrt werden müßte.

In Kanada stirbt der Erfinder des modernen Telefons, Alexander Graham Bell, im Alter von 75 Jahren. → S. 134

2. August, Mittwoch

Das Erscheinen des »Berliner Lokalanzeigers« wird vom Innenministerium entsprechend dem Paragraphen 21 des Republikschutzgesetzes für drei Wochen verboten. Anlaß dafür ist ein Artikel des Anzeigers, worin Regierungsmitglieder beschimpft werden (→ 18. 7./S. 112).

An den deutschen Börsen herrscht Panikstimmung, da der Dollarkurs inzwischen auf eine Höhe von 860 Mark gestiegen ist (→ 21. 8./S. 126).

Aus Protest gegen die Erhöhung der Lustbarkeitssteuer schließen die Besitzer von Lichtspielhäusern in Köln ihre Kinos für eine Woche.

3. August, Donnerstag

Das preußische Innenministerium verfügt in Absprache mit dem Finanzministerium die Entfernung der früheren monarchischen Hoheitszeichen von staatlichen und kommunalen Dienstgebäuden überall im Land.

Nach einem mehrwöchigen Informationsaufenthalt im Deutschen Reich verläßt die interalliierte Reparationskommission Berlin. → S. 127

In Berlin stirbt im Alter von 80 Jahren Minna Cauer, eine der ersten deutschen Kämpferinnen für die Gleichberechtigung der Frauen.

4. August, Freitag

Franz Gürtner (DNVP) wird zum bayerischen Justizminister ernannt. Damit ist die Erweiterung der Regierungskoalition durch Mitglieder der Deutschnationalen, der Bayerischen Mittelpartei und der Deutschen Volkspartei endgültig vollzogen (→ 8. 11./S. 181).

Die Reichspostverwaltung gibt bekannt, daß sie die Zahl der öffentlichen Fernsprechstellen bedeutend vergrößern wird. Gleichzeitig wird ein neuer Telefonautomat eingeführt (→ 1. 8./S. 134).

5. August, Samstag

Die Reichsbank gibt bekannt, daß sie aufgrund des erhöhten Geldumlaufs eine Hilfsbanknote über 500 Mark ausgeben wird (→ 21. 8./S. 126).

Im Berliner Sportpalast wird erstmalig eine Musikfachausstellung eröffnet. Sie dauert bis zum 13. August. → S. 134

In Los Angeles findet die Uraufführung des Films »Blood and Sand« mit dem Schauspieler und Tänzer Rudolph Valentino in der Hauptrolle statt. → S. 135

6. August, Sonntag

In einem Aufruf an die Öffentlichkeit bittet der Direktor des Berliner Zoos, Franz Hermann Meißner, um Unterstützung für den Tiergarten. → S. 134

Das Wiederholungsspiel um die Deutsche Fußballmeisterschaft zwischen dem HSV und dem 1. FC Nürnberg endet in Leipzig wiederum unentschieden (1:1). → S. 138

7. August, Montag

In London beginnt die Konferenz der alliierten Staaten über den von der deutschen Regierung beantragten Aufschub der Reparationszahlungen. Die Konferenz endet am 14. August, ohne daß eine Einigung über ein Moratorium zustande kommt. Es scheitert an der kompromißlosen Haltung des französischen Ministerpräsidenten Raymond Poincaré. Frankreich fordert »produktive Pfänder« für die ausgebliebenen Zahlungen (→ 12. 8./S. 128; 21. 8./S. 126).

Die neue italienische Regierung unter Luigi Facta verhängt wegen durch die Faschisten verursachten Unruhen den Belagerungszustand über Ober- und Mittelitalien (→ 2. 6./S. 98; 28. 10./S. 164).

In Genf starten zehn Freiballone aus sieben Ländern zum elften Gordon-Bennett-Ballonwettbewerb. → S. 137

8. August, Dienstag

Infolge eines Diebstahls von Leitungsdraht aus Kupfer in größerem Umfang ist die Telefonleitung zwischen Wien und Budapest für mehrere Tage unterbrochen. Der dadurch entstandene Schaden geht in die Millionen.

9. August, Mittwoch

Unter Teilnahme von Reichspräsident Friedrich Ebert (MSPD) beginnen in Berlin dreitägige Gespräche zwischen der Reichsregierung und dem bayerischen Ministerpräsidenten Hugo Max Graf von Lerchenfeld über die Übernahme des Republikschutzgesetzes in Bayern. → S. 130

In Moskau endet der am 14. Juni begonnene Prozeß gegen 14 Sozialrevolutionäre wegen Mordversuchs an Führern der Sowjetregierung mit der Todesstrafe für die Angeklagten. Die Urteile werden jedoch nicht vollstreckt. → S. 129

In Berlin wird das Rauchen in den Straßenbahnwaggons zunächst versuchsweise zugelassen. Man erhofft sich so mehr Fahrgäste.

10. August, Donnerstag

Das preußische Kultusministerium erläßt ein Verbot für Schülerverbindungen. → S. 131

In Kopenhagen beginnt der zweitägige protestantische Kirchenkongreß. Hauptthema der Veranstaltung ist das Problem der deutschen Minderheiten.

Im Rahmen der Salzburger Festspiele wird in der österreichischen Festspielstadt auch ein Kammermusikfest veranstaltet (7.–11. 8.). U. a. gelangen Werke von Anton von Webern und Paul Hindemith zur Aufführung.

11. August, Freitag

Anläßlich des Jahrestages der Weimarer Verfassung finden überall im Deutschen Reich auf Anweisung des Reichspräsidenten Verfassungsfeiern statt. → S. 130

Neues Kleingeld gelangt in den Geldverkehr des Deutschen Reiches – als erstes der Taler (3 Mark). Zunächst sollen 200 Mio. Stück davon geprägt werden.

12. August, Samstag

Bis zum heutigen Tag werden aus Elsaß-Lothringen auf Anordnung der französischen Regierung 500 Deutsche ausgewiesen. Sie dürfen lediglich Handgepäck und den Gegenwert von 10 000 Mark für eine Familie mitnehmen. → S. 128

Arthur Griffith, Regierungschef des irischen Freistaats, stirbt in der Hauptstadt Dublin (→ 22. 8./S. 129).

In Breslau beginnen die Gerhart-Hauptmann-Festspiele zum 60. Geburtstag des Schriftstellers. Sie dauern insgesamt eine Woche. → S. 136

13. August, Sonntag

Für das preußische Staatsgebiet wird die in München erscheinende radikal-alldeutsche Zeitschrift »Deutschlands Erneuerung« für die kommenden sechs Monate verboten. Dieses Verbot wird durch das Republikschutzgesetz vom → 18. Juli (S. 112) möglich.

Anläßlich der Salzburger Festspiele findet die Uraufführung des »Salzburger Großen Welttheaters« von Hugo von Hofmannsthal unter der Regie von Max Reinhardt statt. → S. 136

In Anwesenheit des Reichskunstwarts Edwin Redslob wird in Hamburg das Museum für hamburgische Geschichte eröffnet.

Die am Vortag begonnenen Deutschen Rudermeisterschaften gehen in Trier zu Ende. → S. 138

Bei den Deutschen Schwimmeisterschaften in Georgenthal siegt über 500 m Freistil überraschend der Kölner Ernst Vierkötter vor Herbert Heinrich vom Leipziger Schwimmklub. → S. 138

14. August, Montag

Auf einer Sitzung des Zentralvorstandes der Faschistenpartei in Mailand fordert Benito Mussolini die Auflösung des italienischen Parlaments (→ 28. 10./S. 164).

Der deutsche Anthroposoph Rudolf Steiner nimmt an einem in der britischen Universitätsstadt Cambridge bis 21. August stattfindenden Ferienkurs zum Thema »Geistige Werte in Erziehung und sozialem Leben« als Vortragender teil.

15. August, Dienstag

Die deutsche Regierung erklärt ihre Unfähigkeit zur Zahlung der fälligen Reparationsrate von zwei Mio. Pfund (etwa 9,2 Mrd. Mark) Sie sieht sich lediglich in der Lage, ein Drittel der Summe zahlen (→ 21. 8./S. 126).

Die französische Regierung verlangt vom Deutschen Reich kategorisch die volle Zahlung der fälligen Reparationszahlungsrate und droht mit diplomatischen Strafmaßnahmen (Resortionen) bei Nichterfüllung.

16. August, Mittwoch

Reichskanzler Joseph Wirth (Zentrum) bezeichnet in einem Interview mit britischen Journalisten den Ausgang der Londoner Konferenz (7.–14. 8.) als eine Katastrophe für Deutschland. → S. 127

Die Interalliierte Rheinlandkommission enthebt den Regierungspräsidenten von Wiesbaden seines Amtes. Diese Einmischung in die Verwaltungsangelegenheiten im besetzten deutschen Gebiet hat den Protest aller deutschen Parteien zur Folge.

Der frühere Erbprinz Georg von Sachsen-Meiningen, der z. Z. am Amtsgericht in Camburg an der Saale kommissarisch das Richteramt ausübt, erklärt seine Loyalität gegenüber der Republik. Das Thüringer Justizministerium hatte von ihm ein solches Bekenntnis verlangt.

Mehr als 50 Menschen sind das Opfer eines Bombenabwurfs auf dem polnischen Flugplatz bei Putzig. Das Unglück geschah, als ein Pilot während einer öffentlichen Flugschau eine Bombe versehentlich statt wie vorgesehen über der Ostsee, über der Zuschauermenge abwarf.

Sommerimpressionen – Bildnis einer geheimnisvoll wirkenden Dame vor südlichem Nachthimmel auf dem Titelblatt der Zeitschrift »Jugend« von Herbert Lehmann (Sommerdoppelheft Nr. 15, 1922)

August 1922

17. August, Donnerstag

Nach langen Diskussionen lehnen die bayerischen Regierungsparteien das sog. Berliner Protokoll ab. Eine endgültige Einigung mit der Reichsregierung über das Republikschutzgesetz erfolgt erst am 24. August (→ 9. 8./S. 130).

In Bridgman (US-Bundesstaat Michigan) beginnt ein bis 22. August dauernde Parteitag der Kommunistischen Partei der Vereinigten Staaten.

In Anwesenheit von Reichspräsident Friedrich Ebert wird in Hamburg eine Überseewoche eröffnet. Sie dauert bis zum 24. August. → S. 131

In Berlin beginnt ein bis zum 23. August dauernder Telegrafisten-Wettstreit; 144 Telegrafenbeamte aus 143 Ländern nehmen daran teil (→ 1. 8./S. 134).

18. August, Freitag

Die italienische Regierung entläßt 60 Telegrafenbeamten und 111 im Staatsdienst stehende Eisenbahner wegen ihrer Teilnahme am Generalstreik Ende Juli. 50 000 Eisenbahnern wird die Gehaltserhöhung aus dem selben Grund gestrichen.

Der französische Physiker Jean Lecarme begibt sich auf die Fahrt zum Gipfel des Montblanc, um dort mit einer Reihe von Experimenten zu beginnen, die der Kontrolle der Einsteinschen Relativitätstheorie dienen sollen (→ 4. 4./S. 70).

Ein sog. Bergungsleichter läuft auf der Werft von Boizenburg an der Elbe vom Stapel. Dieses Schiff wurde speziell für die Bergung von versunkenen Schiffen konstruiert.

In Duisburg beginnen die bis Sonntag dauernden Deutschen Leichtathletikmeisterschaften. → S. 139

19. August, Samstag

Die Zeitung der Kommunistischen Partei Deutschlands, die »Rote Fahne«, wird für drei Wochen verboten. Als Grund gibt die preußische Regierungsstelle Verstöße gegen das Republikschutzgesetz an.

Bei einem Brand in den Werkstätten der ungarischen Staatsbahn in Budapest werden u. a. 32 Personenwagen vernichtet, darunter auch der einstige Salonwagen von Elisabeth, Kaiserin von Österreich (1837 – 1898).

20. August, Sonntag

Der österreichische Bundeskanzler Ignaz Seipel begibt sich auf eine sieben Tage dauernde Reise nach Prag, Berlin und Verona, um dort mit Regierungsvertretern die gegenwärtige politische Lage in Mitteleuropa zu diskutieren und eine gemeinsame Lösung aus der Wirtschaftsmisere zu finden. → S. 128

Unter der Überschrift »National und international« veröffentlicht die Berliner »Vossische Zeitung« einen Leitartikel von Thomas Mann zum nationalen Charakter von Kunst.

Die anläßlich der in Hannover beginnenden Deutschen Radsportwoche ausgetragene Fliegermeisterschaft der Berufsfahrer endet mit dem Sieg von Karl Lorenz vor Walter Rütt. → S. 139

Vor etwa 20 000 Zuschauern werden in Paris die ersten Frauen-Weltspiele in den leichtathletischen Disziplinen ausgetragen.

21. August, Montag

Die litauische Regierung in Kowno (Kaunas) fordert von der Botschafterkonferenz die Übergabe des Memelgebietes an Litauen (→ 8. 1./S. 19).

Die sich rapide fortsetzende Inflation im Deutschen Reich wird am stark fallenden Wert der Mark sichtbar. Für einen US-Dollar erhält man mittlerweile 1738 Mark. → S. 126

22. August, Dienstag

Der Chef der provisorischen Regierung des Freistaates Irland, Michael Collins, wird Opfer eines Attentats. Sein Nachfolger wird William T. Cosgrave. → S. 129

Die finnische Regierung teilt den Staaten des Warschauer Bündnisses (Polen und die baltischen Länder) mit, daß sie den am 17. März gemeinsam geschlossenen Vertrag nicht ratifizieren werde, da Finnland künftig die Neutralität anstrebe (→ 6. 6./S. 99).

Durch die rasch sich ausbreitende Inflation in Sowjetrußland sieht sich die Regierung in Moskau veranlaßt, die maximale Höhe von Gehaltszahlungen auf 600 Mio. Rubel monatlich festzulegen.

Der schweizerische Radiosender auf dem Champ-de-l'Air nimmt den Betrieb auf.

23. August, Mittwoch

Der sächsische Landtag, in dem die sozialistischen Parteien über die Mehrheit verfügen, verweist ein von den bürgerlichen Parteien initiiertes Volksbegehren auf Auflösung des Parlaments sowie einen sozialdemokratischen Antrag auf eine befristete Auflösung an den Rechtsausschuß (→ 14. 9./S. 151).

Bei einer von den österreichischen Kommunisten organisierten Demonstration gegen die Arbeitslosigkeit in Wien kommt es zu gewalttätigen Auseinandersetzungen mit der Polizei, als die Teilnehmer versuchen, in das Parlamentsgebäude einzudringen.

24. August, Donnerstag

Der deutsche Reichskanzler Joseph Wirth (Zentrum) empfängt in Berlin Gewerkschaftsvertreter, um mit ihnen einen Ausweg aus der drohenden Wirtschaftskatastrophe zu suchen. Man einigt sich darauf, daß auf jeden Fall versucht werden müsse, die Brotversorgung im gesamten Deutschen Reich zu sichern (→ 16. 8./S. 127).

Der in der Freien Stadt Danzig eingesetzte Oberkommissar des Völkerbundes teilt der polnischen Regierung mit,

daß diese nicht berechtigt sei, eine ausländische Flotte in den Danziger Gewässern offiziell zu begrüßen.

In der österreichischen Stadt Innsbruck tauchen Plakate auf, auf denen die Bevölkerung aufgefordert wird, keine französischen Urlaubsgäste aufzunehmen.

Der serbische Prinz Georg wird aus der Armee des Königreichs der Serben, Kroaten und Slowenen (Jugoslawien) wegen Befehlsverweigerung und Verschwendung entlassen.

Die Berliner »Vossische Zeitung« veröffentlicht einen Bericht über die Auseinandersetzung um die Dombauhütte von Peter Behrens auf der Münchner Gewerbeausstellung. Vertreter der katholischen Kirche wenden sich vor allem gegen eine moderne Kruzifix-Darstellung von Ludwig Gies in dem Gebäude. Sie sehen in dem Kunstwerk eine Mißachtung des Glaubens.

Auf der Wasserkuppe endet der am 9. August begonnene Rhön-Segelflugwettbewerb. Mit einem mehr als dreistündigen Flug erreicht der Hannoveraner Hermann Hentzen einen neuen Weltrekord im Dauerflug. → S. 139

25. August, Freitag

Die französische Regierung ordnet das vorläufige Ende der Ausweisung von Deutschen aus Elsaß-Lothringen sowie der Beschlagnahme von Gütern und Betrieben an. Eine Entscheidung über die Fortführung soll nach weiteren Verhandlungen über die Reparationszahlungen des Deutschen Reiches erfolgen (→ 12. 8./S. 128).

Die deutsche Reichsregierung wendet sich gegen das in ausländischen Zeitungen geäußerte Gerücht, daß das Deutsche Reich die sowjetrussische Armeeflotte mit U-Boot-Dieselmaschinen beliefere. → S. 131

Im Kurt-Wolff-Verlag München erscheint das 20 000. Exemplar der expressionistischen Lyrikanthologie »Menschheitsdämmerung«, herausgegeben von Kurt Pinthus. → S. 137

In Pressemeldungen wird von einer Erfindung der Deutschen Farbbaum-Edelholz-Gesellschaft berichtet, mit der das Holz der Bäume bereits vor dem Schlagen gefärbt werden kann.

26. August, Samstag

Türkische Truppen beginnen mit massiven Angriffen gegen die griechische Armee bei Afyonkarahisar (→ 9. 9./ S. 146).

27. August, Sonntag

Zu einer bis zum 31. August dauernden Konferenz treffen die Vertreter der Kleinen Entente in Prag und in Marienbad zusammen. Bei dieser Gelegenheit erfährt das 1920/21 entstandene Bündnis zwischen der Tschechoslowakei, dem Königreich der Serben, Kroaten und Slowenen (Jugoslawien) sowie Rumänien eine Erweiterung durch neue Abkommen zwischen der Tschechoslowakei und Jugoslawien.

In München wird der 62. Katholikentag eröffnet, zu dessen Vorsitzenden der Kölner Oberbürgermeister Konrad Adenauer gehört. Das Treffen endet am 30. August. → S. 130

Bei gewalttätigen Auseinandersetzungen zwischen Gendarmen und streikenden Arbeitern in der französischen Stadt Le Havre werden drei Arbeiter getötet (→ 30. 7./S. 114).

Bei einer in Schweden durchgeführten Volksabstimmung über ein Alkoholverbot votieren 897 521 Bürger für und 937 423 gegen das Verbot.

In Leipzig beginnt die bis zum 2. September dauernde Herbstmesse. → S. 131

28. August, Montag

Erstmals wird eine Werbesendung über den Rundfunk ausgestrahlt. Die New Yorker hören an fünf Tagen hintereinander die Reklame für ein Apartmenthaus.

29. August, Dienstag

Bei den von der spanischen Armee wiederaufgenommenen Kämpfen gegen die Rifkabylen in Spanisch-Marokko erringen die spanischen Soldaten bei Arimidar einen Sieg. → S. 129

Siegfried Wagner, ein Sohn des Komponisten Richard Wagner, kündigt eine Reise in die Vereinigten Staaten von Amerika an, um dort von Gönnern der Wagnerschen Musik finanzielle Unterstützung für die Fortsetzung der Bayreuther Festspiele zu erhalten. → S. 135

30. August, Mittwoch

Die durch die sprunghaft angewachsene Inflation entstandene Geldknappheit zwingt die Deutsche Reichsbank zu einer vorübergehenden Rationierung der Geldmittel. → S. 127

Der deutsche Industrielle Hugo Stinnes und der Senator der im Weltkrieg zerstörten nordfranzösischen Gebiete, Marquis Odon de Lubersac, verhandeln über ein Abkommen über langfristige Sachlieferungen der deutschen Industrie an Frankreich unter Ausschaltung der Reichsregierung (→ 1. 9./S. 149).

Das deutsche Finanz- sowie das Wirtschaftsministerium erlassen eine Verordnung, wonach die Ausfuhrabgabe um 60% erhöht wird.

31. August, Donnerstag

Bei Ausgrabungen in der Stiftskirche von Bad Hersfeld stoßen die Archäologen auf bedeutende Funde aus der Karolingerzeit. → S. 137

Das Wetter im Monat August

Station	Mittlere Lufttemperatur (°C)	Niederschlag (mm)	Sonnenscheindauer (Std.)
Aachen	15,7 (17,2)	73 (82)	– (188)
Berlin	15,8 (17,2)	43 (68)	– (212)
Bremen	15,8 (17,1)	52 (79)	– (182)
München	17,2 (16,6)	122 (96)	– (211)
Wien	– (18,6)	– (68)	– (242)
Zürich	16,8 (16,6)	139 (132)	222 (219)

( ) Langjähriger Mittelwert für diesen Monat
– Wert nicht ermittelt

August 1922

Faszinierende Aufnahme vom Start des Gordon-Bennett-Wettbewerbs, der am 7. August in Genf stattfindet (»Schweizer Illustrierte Zeitung« vom 12. 8. 1922)

Gordon-Bennett-Wettfliegen in Genf
Der Start zum großen Flug. Aufstieg eines amerikanischen Ballons, geführt vom amerikanischen Piloten Reed

August 1922

Sturz der deutschen Mark innerhalb von wenigen Tagen

21. August. Für einen US-Dollar bekommt man 1738 Mark – ein deutliches Anzeichen für die im Deutschen Reich beginnende verstärkte Inflation, die im Jahr 1923 ihren Höhepunkt erreicht.

Der rapide Wertverfall der Mark setzte bereits im Vormonat ein und war Anstoß für die Reichsregierung, bei den alliierten Mächten wiederum um die Verminderung der monatlichen Reparationsrate nachzusuchen. Aufgrund der finanziellen Misere sieht sich die Regierung nicht in der Lage, die zwei Mio. Pfund Sterling (Anfang August etwa 5,9 Mrd. Mark) zu zahlen.

Über einen möglichen Ausweg beraten die Alliierten auf der Londoner Konferenz vom 7. bis 14. August, jedoch kommen sie aufgrund der unnachgiebigen Haltung des französischen Ministerpräsidenten Raymond Poincaré zu keiner Einigung. Poincaré verwirft das Argument der deutschen Regierung, die Inflation mache die Einhaltung der Zahlungsverpflichtung unmöglich. Er erklärt, Frankreich hätte bisher genug Entgegenkommen gezeigt, es werde zusammenbrechen, wenn es die Reparationskosten nicht erhielte. Das Deutsche Reich mache viele überflüssige Ausgaben und vergrößere absichtlich seinen Notenumlauf. Frankreich versucht deshalb, umfangreiche Pfändungen durchzusetzen, z. B. Gewinnbeteiligung an der deutschen Chemieindustrie, Einzug der Zolleinnahmen, Einzug der Steuern am linken Rheinufer etc. Deshalb kommt keine vertragliche Vereinbarung über den Aufschub der Reparationszahlungen zustande. Der britische Premierminister David Lloyd George bricht daraufhin die Konferenz ab und vertagt sie mit Zustimmung aller Teilnehmer, ausgenommen Frankreich, auf später (→ 9.12. / S. 199).

Dieser Ausgang bringt den weiteren rapiden Sturz der Mark mit sich, verbunden mit katastrophalen Folgen für die deutsche Wirtschaft. Die Preise steigen innerhalb weniger Tage, so daß ein Großteil der Bevölkerung kaum mehr das Nötigste zum Leben hat. Zwar stellt der Staat daraufhin am 19. August 125 Mrd. Mark für Teuerungszulagen zur Verfügung, doch können diese nur durch Erhöhung der Geldmenge gedeckt werden, was wiederum die verstärkte Inflation zur Folge hat.

△ Geldtransport in Waschkörben vor der Zentrale der Deutschen Bank in Berlin; anders kann man die Geldmengen kaum bewältigen.

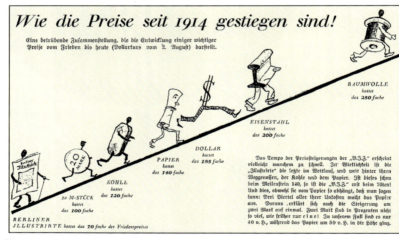

◁ Grafik aus der »Berliner Illustrierten« von Anfang August; die hier aufgeführten Preiserhöhungen sind zwei Wochen später weit überholt.

▽▽ Ein 50 000-Mark-Schein, von der Deutschen Reichsbank am 19. November 1922 herausgegeben

▽ Mit dem Ansteigen der Inflation steigt der Bedarf an Papiergeld und zwingt zum Druck von Notgeld.

August 1922

Erst Brot, dann die Reparationen

16. August. Reichskanzler Joseph Wirth (Zentrum) äußert sich vor Journalisten der Londoner Zeitung »Daily Chronicle« zum Ausgang der Londoner Konferenz, den er als eine Katastrophe für das Deutsche Reich bezeichnet (→ 21. 8. / S. 128). Nach seiner künftigen Haltung in der Reparationspolitik befragt, anwortet der Kanzler: »Wir werden unsere Verpflichtungen soweit durchführen, als die Sicherung der Brotversorgung für die Existenz des Volkes zuläßt. Erst Brot für das Volk, dann Wiederherstellung. Was wirtschaftlich unmöglich ist, muß von selbst zusammenbrechen.«

Die Fahrkosten in Papierkörben

3. August. Vor Beginn der Londoner Konferenz verlassen die Mitglieder der von den Alliierten eingesetzten Reparationskommission Berlin. Die Kommission beobachtet in unterschiedlichen Abständen die Erfüllung der Reparationsauflagen im Deutschen Reich. Der britische Botschafter Edgar Vincent d'Abernon berichtet über eine Episode zum Abschluß des sechswöchigen Aufenthalts: Die deutsche Regierung erstattete der Kommission die Kosten für Eisenbahn und Auto. »Man zahlte das Geld in Zwanzigmarknoten, und sieben Bankdiener waren notwendig, um diese Summe in riesigen Papierkörben von der Bank bis zum Bahnhof zu verfrachten.«

Die Geldscheine werden knapp

30. August. Die Reichsbank rationiert vorübergehend wegen Geldknappheit die Barmittelauszahlung. Ursache für die Situation ist zum einen der durch die Geldentwertung erhöhte Bedarf an Geldscheinen, zum anderen ein zwei Wochen dauernder Streik der Beschäftigten der Berliner Reichsdruckerei im Monat Juli. Die Reichsbank hofft nun, durch vermehrten Notendruck, zu dem auch Privatfirmen herangezogen werden sollen, in spätestens zwei Wochen den Engpaß beseitigen zu können. Sie wird dann imstande sein, täglich für etwa 2,8 Mrd. Mark Papiergeld herzustellen.

Finanzpolitische Ursachen der Inflation

Die Zahlungsunfähigkeit des Deutschen Reiches und die rapide Geldentwertung der Mark – im Januar 1922 bekam man im Durchschnitt für einen US-Dollar noch 200, im Juli 500, im August schon über 1500 Mark – haben ihre Ursache nicht nur in den enormen Reparationsforderungen der alliierten Siegermächte. Sie sind auch eine Folge der deutschen Finanzpolitik während des Weltkrieges von 1914 bis 1918.

Einen großen Teil der Kriegskosten beschaffte sich die damalige Führung des Kaiserreiches durch Ausgabe von 5%igen Kriegsanleihen und Schatzanweisungen an die Bevölkerung; für die Deckung, so plante man, müßte später der besiegte Feind sorgen. Zunächst jedoch sicherte man die ausgegebenen Anleihen durch erhöhten Geldumlauf ab – er vergrößerte sich noch während des Krieges um das Fünffache der Menge von 1914. Da die Preise unter den Bedingungen der Kriegswirtschaft vom Staat festgesetzt waren, wurde der entstandene Wertverlust zunächst nicht sichtbar.

Nach 1918 war der deutsche Staat nach innen mit 154 Mrd. Mark verschuldet. Statt Geld von Besiegten zu erhalten, muß das Deutsche Reich zudem nun als Verlierer selbst Kriegsschulden und Reparationen zahlen. Hinzu kommen Kriegsfolgelasten, die Versorgung der Hinterbliebenen und Invaliden, Bezahlung von Kriegsschäden und die Eingliederung ehemaliger Soldaten in die Wirtschaft. All diese Kosten müssen noch zusätzlich zu den normalen Staatsausgaben aufgebracht werden – in einer Zeit, in der die Reichseinnahmen erheblich zurückgehen. Im April 1919, als die Höhe der Reparationsforderungen noch nicht einmal feststand, arbeitete das Finanzministerium bereits mit einem Defizit in einer Höhe von fünf Mrd. Mark. So hoch belief sich in etwa der gesamte Reichshaushalt des Jahres 1913.

Zum Abtragen des riesigen Schuldenberges bieten sich der deutschen Regierung wenig Möglichkeiten. Steuererhöhungen sind aufgrund sozialer und politischer Folgen nur begrenzt möglich, und

der Versuch, wiederum Anleihen von privaten Kapitalbesitzern zu erhalten, scheitert am allgemeinen Mißtrauen gegenüber dem Staat. Ein in Erwägung gezogener Staatsbankrott hätte zwar die Schulden mit einem Mal weggewischt, aber auch die gesamte deutsche Wirtschaft zum Erliegen gebracht – und wahrscheinlich auch das Ende der jungen Republik bedeutet.

Infolgedessen bleibt der Regierung kein anderer Weg, als weiterzumachen wie bisher: Die immer größer werdende Differenz zwischen Staatseinnahmen und -ausgaben wird mit Darlehen der Deutschen Reichsbank ausgeglichen. Die Bank ihrerseits finanziert diese Darlehen mit der vermehrten Neuausgabe von Banknoten. So erhöht sich der Geldumlauf der Mark von Januar bis August 1922 um mehr als das Doppelte – von 124 425,9 Mio. Mark auf insgesamt 252 857,6 Mio. Mark.

Damit nimmt man das zunehmende Chaos der Zahlungsbilanz und die drohende Funktionsunfähigkeit des gesamten Währungssystems bewußt in Kauf, gewinnt aber, wie Hagen Schulze in seinem Buch »Weimar« schreibt, in dreierlei Hinsicht: »Zum einen ist zwar das Endergebnis der Inflation dasselbe wie bei einem Staatsbankrott, aber die politischen Folgen sind weitaus weniger dramatisch, denn man kann die Schuld auf die Gegner, die Reparationsgläubiger schieben, deren Forderungen den Wertverlust der deutschen Währung angeblich in erster Linie verursachen. Zum zweiten ist die Inflation ein probates Mittel, in aller Öffentlichkeit die Unerfüllbarkeit der Reparationsforderungen zu beweisen, und drittens löst sich das Problem der inneren Kriegsverschuldung wie von selbst«. (Am 15. November 1923 haben die 154 Mrd. Mark nur noch einen Wert von 15,4 Pfennige des Jahres 1914).

D'Abernons Kritik an der Währungspolitik

Der britische Botschafter in Berlin, Edgar Vincent D'Abernon, schildert und kommentiert in seinen Memoiren die politische und finanzielle Lage im Deutschen Reich während des Beginns der Inflation. Am 26. August schreibt er u. a. folgendes:

»Heute braucht man 500 Mark, um dasselbe zu kaufen, was man zur Zeit der Brüsseler Sachverständigenkonferenz für eine Mark bekommen hätte. Zu jener Zeit schien es möglich, eine beträchtliche Reparationsannuität von Deutschland zu erlangen. Heute sind sich alle unverblendeten Sachverständigen einig, daß eine geraume Zeit verstreichen muß, bevor Zahlungen geleistet werden können, und daß die Gesamthöhe der künftigen Reparationsleistungen nur einen kleinen Bruchteil der Summe betragen kann, die im Dezember 1920 möglich schien. Diese verhängnisvolle Änderung läßt sich in der Hauptsache auf zwei Gründe zurückführen: Erstens, daß die Alliierten versucht haben, eine endgültige Reparationssumme festzulegen, bevor die wirkliche Zahlungsfähigkeit Deutschlands einer entsprechenden Prüfung unterworfen war, zweitens, daß sie trachteten, eine

Maximalleistung in Bargeld oder Sachlieferungen in jedem Monat zu erlangen, statt in erster Linie für die Sanierung der deutschen Finanzen und das Gleichgewicht des Haushalts zu sorgen und zu verhindern, daß die deutschen Zahlungen ausschließlich durch Inflation bestritten werden . . .

Poincaré, der in vielen Punkten im Unrecht sein mag und . . . dazu beigetragen hat, die Herstellung friedlicher Verhältnisse zu verzögern, ist zweifellos im Recht, wenn er an der deutschen Währungsinflation scharfe Kritik übt.

Man hätte die Stabilisierung der deutschen Währung als Voraussetzung aller Zahlungen verlangen müssen. Deutschland hätte sagen sollen: ich will die Reparationsforderungen im vollen Ausmaß meiner Zahlungsfähigkeit erfüllen, vorausgesetzt, daß ich meinen Notenumlauf nicht zu erhöhen brauche . . . Die Deutschen behaupten, daß sie nicht den Mut dazu hatten, weil sie Entrüstung . . . befürchteten. In Wirklichkeit hatten sie weder den Wunsch, es zu tun, noch die Überzeugung, daß es unbedingt notwendig sei.«

August 1922

Keine Chancen für einen allgemeinen Schuldenerlaß

1. August. Der britische Politiker Arthur James Balfour richtet eine Note über Reparationen an die alliierten Botschafter in London.

In der international viel beachteten Note ersucht Balfour die Schuldner Großbritanniens um Rückzahlung der während des Krieges und der unmittelbaren Nachkriegszeit vom Königreich zur Verfügung gestellten Finanzmittel. Allerdings fügt Balfour hinzu, daß sich die Höhe der zu leistenden Beträge nicht nach dem tatsächlichen Schuldenwert richten solle, sondern abhängig sei von den Zahlungsforderungen der USA.

Damit ergeht eine Aufforderung an die Regierung der USA, über einen teilweisen Schuldenerlaß gegenüber den Gläubigern nachzudenken.

Bei den USA handelt es sich dabei um insgesamt etwa 11,5 Mrd. US-Dollar (etwa 8,8 Billionen Mark, Anfang August 1922), wobei Großbritannien mit 850 Mio. Pfund Sterling (etwa 2,9 Billionen Mark) der größte Schuldner ist. Die übrigen alliierten Staaten, vor allem Frankreich, sind wiederum bei London hoch verschuldet, so daß Großbritannien

Deutsche Lokomotiven als Reparationen; diese Schulden könnten sich nach Realisierung der Balfour-Note verringern.

letztendlich bei Zahlung aller Verpflichtungen ein Nettoguthaben bliebe. Der Vorschlag Londons geht nun darauf hinaus, seinerseits Schulden bei seinen Gläubigern zu erlassen, wenn Washington gleiches gegenüber Großbritannien täte.

Durch einen allgemeinen Schuldenerlaß würden endlich vier Jahre nach Kriegsende normale Bedingungen für den wirtschaftlichen Wiederaufbau Europas geschaffen werden. Profitieren würde von einer neuen Schuldenregelung auch das Deutsche Reich, da auch die Höhe der Reparationszahlungen Gegenstand neuer Verhandlungen wäre. Wenn z. B. Frankreich selbst nicht mehr so stark durch die eigenen Schulden belastet wäre, läge eine versöhnlichere Haltung gegenüber dem Nachbarstaat im Rahmen des Möglichen.

Die Reaktion der USA auf die Balfour-Note bleibt jedoch enttäuschend. Die Presse deutet den Vorschlag des britischen Politikers als einen Versuch, sich den finanziellen Verpflichtungen gegenüber dem Washingtoner Schatzamt zu entziehen, und die US-Regierung läßt sich erst nach zähen Verhandlungen darauf ein, wenigstens in der Zinsfrage Zugeständnisse zu machen.

Seipel bittet um Hilfe für Österreich

20. August. Der österreichische Ministerpräsident Ignaz Seipel beginnt mit Finanzminister August Graf Ségur eine bis zum 27. August dauernde Reise in die Nachbarstaaten. In Prag, Berlin und Verona trifft er zu Gesprächen mit führenden Politikern der Länder zusammen.

Hauptthema der Verhandlungen mit den Regierungen ist die katastrophale finanzielle und wirtschaftliche Lage Österreichs. Was sich im Deutschen Reich andeutete – der Beginn einer Inflation katastrophalen Ausmaßes (→ 21. 8. / S. 126) – ist in Österreich bereits bittere Realität. Schon Anfang des Jahres kostete in Wien ein US-Dollar über 6000 Kronen, und seitdem fiel der Wert der Krone in beängstigender Weise. Der Staat Österreich steht jetzt vor dem Bankrott, und so versucht Seipel mit Unterstützung ausländischer Verbündeter, Möglichkeiten für eine Gesundung der österreichischen Wirtschaft zu finden. Seine Hoffnungen richten sich auf eine Völkerbundanleihe, über deren Genehmigung jedoch bisher noch keine Entscheidung getroffen worden ist. Seipel erwartet von den befreundeten Regierungen eine Fürsprache bei der internationalen Organisation in Genf, die sich über die Bedingungen für einen Kredit an das von Krisen geschwächte Österreich noch nicht einigen konnte.

Nach der Rückkehr von seiner Gesprächsreise erklärt Seipel in Wien, daß er alles tun werde, damit die österreichische Frage vor dem Völkerbund endlich ihrer dringend notwendigen Lösung zugeführt werde (→ 4. 10. / S. 168)

Österreichs Bundeskanzler Ignaz Seipel (M.) vor der österreichischen Gesandtschaft in Berlin, wo er u. a. mit Reichskanzler Wirth zusammentrifft

Frankreich weist Deutsche aus

12. August. In Paris teilt die französische Regierung der Botschaft des Deutschen Reiches mit, daß bis zum heutigen Datum aus Elsaß-Lothringen 500 dort lebende Deutsche ausgewiesen worden sind.

Den deutschen Staatsangehörigen wird lediglich gestattet, Handgepäck sowie den Gegenwert von 10 000 Mark für eine Familie und 5000 Mark für unverheiratete Personen mitzunehmen. Jeglicher Besitz, z. B. kleinere Unternehmen, Häuser und Wohnungen, muß aufgegeben werden. Binnen 48 Stunden müssen alle Betroffenen die Grenze überschritten haben.

Mit dieser Maßnahme reagiert Frankreich auf die überfälligen Reparationszahlungen des Deutschen Reiches. In mehreren Noten hatten die Verantwortlichen in Berlin bei den Alliierten um Zahlungsaufschub und teilweisen Schuldenerlaß gebeten, der aufgrund der französischen Haltung verweigert wurde. Frankreich plädiert nach Ausbleiben der Gelder für Pfändungen deutschen Besitzes (→ 21. 8. / S. 126).

August 1922

Dublin, 28. 8.: Irland nimmt Abschied von seinem Führer Michael Collins; Trauerzug auf der O'Connell Street.

Irische Soldaten begleiten den Wagen mit der Leiche ihres Oberbefehlshabers Collins durch Dublins Straßen.

Moskauer Urteil löst Protest aus

9. August. In Moskau endet ein am 14. Juni begonnener Prozeß gegen 14 Führer der Sozialrevolutionäre mit der Verhängung von mehreren Todesstrafen. Die Politiker waren wegen Mordversuchs an Funktionären der Sowjetregierung und gegenrevolutionärer Anschläge angeklagt. Die Todesurteile werden allerdings nicht vollstreckt.

Der Prozeß hatte unter den sozialdemokratischen Parteien der europäischen Länder heftige Proteste ausgelöst. Mehrere bekannte Persönlichkeiten, darunter der belgische Ministerpräsident Emile Vandervelde, entsandten Verteidiger nach Moskau. Diese legten jedoch schon am 20. Juni ihre Ämter nieder, da ihre Handlungsfreiheit beschnitten wurde. Wegen der undemokratischen Prozeßführung war es auch zwischen den zwei sozialdemokratischen Internationalen und der Dritten, der kommunistischen Internationale, zu Auseinandersetzungen gekommen. Gegen den Vorwurf, die Prozeßführung sei reine Willkür, wehrt sich der sowjetrussische Außenminister Georgi W. Tschitscherin in einem Interview mit der Berliner »Vossischen Zeitung«. Er betont u. a., daß es Beweise für die Spionage der Angeklagten für Frankreich sowie für deren sowjetfeindliche Tätigkeiten aus der Zeit des Bürgerkriegs in Sowjetrußland gäbe.

Irischer Präsident Collins wird erschossen

22. August. In Macron in der irischen Grafschaft Cork fällt der gegenwärtige Präsident des irischen Freistaats und Oberbefehlshaber der Regierungstruppen, Michael Collins, im Kampf gegen eine Gruppe von Anhängern der radikalen Sinn Feiner. Die Extremisten haben das Auto von Collins überfallen; während des anschließenden Schußwechsels wird Collins tödlich getroffen.

Der Tod von Collins wird überall in Irland mit großer Trauer aufgenommen. Der 1890 geborene Politiker war schon vor seinem Tod eine Symbolfigur des irischen Freiheitskampfes. Er gehört mit Arthur Griffith, dem ersten Präsidenten des Freistaats, zu den Unterzeichnern des irisch-britischen Friedensvertrags von 1921 und somit zu den Vertretern der gemäßigten irischen Unabhängigkeitsbewegung. Ihr mit London geschlossener Kompromiß stößt auf den Widerstand extremer Anhänger der Bewegung, die mit Gewalt und Terror die einst gemeinsamen Ziele weiterverfolgen (→ 16. 6. / S. 96). Nach dem Tod des 51jährigen Griffith am 12. August hatte Collins das Amt des Präsidenten übernommen. Sein Nachfolger wird am 9. September William T. Cosgrave.

Gebet für Collins: Ein irisches Mädchen in einer Londoner Straße

Marokkanische Rifkabylen kämpfen für die Freiheit

29. August. Bei Arimidar in Spanisch-Marokko können spanische Truppen gegen Soldaten des Führers der Rifkabylen, Abd El Krim, einen Sieg erringen.

Für den Verlauf des Aufstandes der Rifkabylen bleibt dieser Sieg zunächst jedoch ohne Bedeutung. Die Spanier, seit 1919 in ständige Kämpfe mit den Berberstämmen des Rifgebirges verwickelt, können nur zögernd von den ihnen zugeteilten Gebieten Marokkos Besitz ergreifen. Als 1912 Marokko in zwei gleich große Gebiete zwischen Frankreich und Spanien aufgeteilt wurde, erhielt Spanien die Ebene von Larache am Atlantik und das Bergland an der Mittelmeerküste als Protektorat. Der größte Teil des Rifgebirges – ein Abschnitt des Berglandes – wird beherrscht von den Berberstämmen.

Ihr Führer Abd El Krim, Sohn eines Stammeshäuptlings und einst Student der Moslemuniversität in Fes, rief am 1. Februar 1922 die Rifrepublik aus. In Axdir, unweit der Bucht von Alhucemas, richtet er seine Hauptstadt ein und fordert von Europa die Anerkennung der Republik.

Alfons XIII., König von Spanien, begutachtet die Einschiffung von Tanks, die im Kampf gegen die Rifkabylen in Marokko zum Einsatz kommen sollen.

Abd El Krim, Führer der aufständischen Rifkabylen in Marokko

August 1922

Machtkampf mit dem Land Bayern

9. August. In Berlin beginnen die Verhandlungen zwischen Reichspräsident Friedrich Ebert (MSPD) und dem bayerischen Ministerpräsidenten Hugo Max Graf von Lerchenfeld (BVP) über die Annahme des Republikschutzgesetzes (→ 18. 7. / S. 112) durch Bayern.

Die Auseinandersetzung um die Inkraftsetzung von Notverordnungen zwischen Berlin und München begann schon nach der Ermordung von Matthias Erzberger im August 1921. Bayern weigerte sich, solche Verordnungen, die u. a. das Verbot von rechtsradikalen Organisationen sowie Einschränkungen in der Presse-, Versammlungs- und Redefreiheit beinhalten, zu akzeptieren. Die Bayerische Volkspartei (BVP), die politisch nach rechts orientierte Regierungspartei, sieht darin eine Unterwerfung des Landes Bayern unter die Reichsgewalt. Nach der Ermordung Walther Rathenaus am → 24. Juni (S. 92) und der daraufhin erfolgten Inkraftsetzung des Republikschutzgesetzes kam es erneut zu grundsätzlichen Meinungsverschiedenheiten. Bayern gab sich zunächst eigene Notverordnungen. Graf Lerchenfeld, der Republik freundlich gesonnen, handelt mit Ebert eine Kompromißlösung aus, die am 24. August zur Übernahme des Reichsgesetzes in Bayern führt.

Badens Präsident Hermann Hummel bei seiner Festrede im deutschen Reichstag; u. a. verweist er auf die demokratischen Traditionen seines Landes.

Deutsche feiern das dreijährige Bestehen der Weimarer Verfassung

11. August. *Anläßlich des dritten Jahrestages des Inkrafttretens der Weimarer Reichsverfassung finden überall im Deutschen Reich Feiern statt. In Weimar, dem Ort, wo 1919 die verfassunggebende Versammlung zusammentrat, wird im Rahmen der Feierlichkeiten eine Gedenktafel am Nationaltheater enthüllt – der Tagungsstätte der Nationalversammlung. Zentrum der Veranstaltungen ist Berlin, wo sich am Vormittag die Fraktionen der Parteien im Reichstag versammeln. Die Ansprache hält der badische Staatspräsident Hermann Hummel von der Deutschen Demokratischen Partei. Am Abend treffen Hunderttausende Berliner auf dem Platz vor dem Schauspielhaus ein, wo Reichspräsident Friedrich Ebert (MSPD) und Reichskanzler Joseph Wirth (Zentrum) die Festreden halten. Anschließend findet ein Fackelzug statt.*

Antidemokratische Stimmung auf dem Katholikentag

26. August. Auf dem Königsplatz in München wird die 62. Generalversammlung der Katholiken Deutschlands eröffnet (bis 30. 8.).

Neben dem Kölner Oberbürgermeister Konrad Adenauer, der den Vorsitz der Tagung innehat, hält Kardinalerzbischof Michael von Faulhaber eine Eröffnungsrede. Faulhaber, im Widerspruch zum Zentrumspolitiker Adenauer ein Gegner der Republik, gibt darin »Zeugnis seiner weltlich-politischen Wehrhaftigkeit« – so jedenfalls formuliert es die Berliner »Vossische«. Die Zeitung druckt Ausschnitte aus der Rede ab, in denen die antidemokratische Haltung des Kirchenfürsten deutlich sichtbar wird: »Wehe dem Staat, der eine Verfassung schafft, ohne den Namen Gottes, der die Rechte der Eltern in seinem Schulgesetz nicht anerkennt, der die Theater- und Kinoseuche nicht fernhält von seinem Volke, der die Ehescheidung erleichtert und die uneheliche Mutterschaft in Schutz nimmt. Wo die Gesetze eines Staates mit den Geboten Gottes im Widerspruch stehen, gilt der Satz: Gottes Recht bricht Staatsrecht. Die Revolution war Meineid und Hochverrat . . .«

Tausende von Katholiken versammeln sich auf dem Münchner Königsplatz vor der Feldherrnhalle, wo Erzbischof Faulhaber das Treffen eröffnet.

Konrad Adenauer, Zentrumspolitiker und Vorsitzender in München

August 1922

Militärisches Bündnis mit Moskau?

25. August. In einer Erklärung wendet sich die deutsche Regierung gegen die verschiedentlich in ausländischen Zeitungen aufgestellte Behauptung, die deutsche Industrie versorge die sowjetrussische Armeeflotte mit Dieselmotoren.

Gerüchte über eine enge Zusammenarbeit zwischen Sowjetrußland und dem Deutschen Reich – insbesondere auf militärischem Gebiet – werden seit der Unterzeichnung des Versailler Vertrages immer wieder geäußert, jedoch jedes Mal von den offiziellen Stellen dementiert. Auch nach dem Abschluß des deutsch-russischen Rapallo-Vertrages (→ 16. 4. / S. 63) betonen die Verantwortlichen den ökonomischen Charakter dieser Vereinbarung. Das Interesse der Regierung Joseph Wirth (Zentrum) ist eine politische Anbindung an Westeuropa, jedoch gibt es andere Kräfte, die eine Ausrichtung nach Osten hin anstreben – allerdings ohne Einbeziehung der kommunistischen Ideologie. Zu diesen Politikern gehört der Chef der Heeresleitung, Hans von Seeckt.

Erst später an die Öffentlichkeit gelangende Papiere beweisen, daß neben den wirtschaftlichen Kontakten zu Rußland auch eine Zusammenarbeit auf militärischem Gebiet stattfindet und es z. B. der Reichswehr dadurch möglich ist, Abrüstungsbestimmungen zu umgehen.

Seeckt – Chef der Heeresleitung
Hans von Seeckt, 1866 in Schleswig geboren, begann gleich nach dem Abitur seine militärische Laufbahn. In seiner Funktion als Generalstabschef des türkischen Heeres im Jahr 1918 sammelte er auch Erfahrungen auf politischem und diplomatischem Gebiet, die er als Chef der Heeresleitung (seit 1920) in seinen Geheimkontakten zur sowjetrussischen Armee effektiv einsetzt. Seeckt sieht die einzige Möglichkeit für eine Erstarkung Deutschlands und die Behauptung gegenüber Frankreich in einem Bündnis mit Rußland.

Zitiert aus den Geheimpapieren

Am 11. September 1922 verfaßt Hans von Seeckt eine Denkschrift, in der er seine Vorstellung von einer deutschen Ostpolitik darlegt sowie über bestehende russisch-deutsche Kontakte informiert. Anschließend ein Auszug:

»Wir wollen zweierlei: erstens eine Stärkung Rußlands auf wirtschaftlichem, also militärischem Gebiet und damit indirekt die eigne Stärkung, indem wir einen zukünftigen möglichen Bundesgenossen stärken; wir wollen ferner, zunächst vorsichtig, die unmittelbare eigene Stärkung, indem wir uns eine im Bedarfsfall dienstbare Rüstungsindustrie in Rußland heranbilden helfen.

Dem ersten Zweck dient diese Rüstungsindustrie naturgemäß unmittelbar. Sie erfolgt durch private deutsche Firmen, die unserer Weisung folgen ...«

Preußen verbietet Schülerverbindung

10. August. Das preußische Kultusministerium erläßt ein Verbot für Schülerverbindungen.

Künftig ist es den Schülern aller Schulen untersagt, Vereinen anzugehören oder an deren Veranstaltungen teilzunehmen, wenn diese sich nach ihren Satzungen oder Betätigungen gegen den Staat und die geltende Staatsform richten. Die preußische Regierung reagiert damit auf eine vor allem an Gymnasien und höheren Schulen weit verbreitete antidemokratische Haltung, die durch den Einfluß rechtsgerichteter und monarchistischer Schüler- und Studentenverbindungen unterstützt wird. Seine Entscheidung begründet Preußens Kultusminister Otto Boelitz (DVP) u. a. folgendermaßen: »Gegenüber jugendlichen Entgleisungen und Verstiegenheiten habe ich bisher geschwiegen. Die Gewissenskonflikte weiter Jugendkreise und die Erschütterung ihrer Gefühlswelt sollen durch verständnisvolle Erziehung zum lebendigen Staatsgefühl, zum freiwilligen Gehorsam gegen das der Rechtsseide entsprechende Staatsgesetz, zur freien Achtung vor der Republik überwunden werden. Diese Erörterungen haben sich zu meinem Bedauern nicht überall erfüllt.«

Großer Messerummel auf dem Marktplatz in der Leipziger Innenstadt

Gute Geschäfte zur Herbstmesse

27. August. Mit einer Festveranstaltung wird in Leipzig die bis zum 2. September dauernde Herbstmesse eröffnet. Mit 13 000 übersteigt die Zahl der Aussteller die der Frühjahrsmesse um einige hundert. Auffallend sind die vielen ausländischen Besucher, die bereits am ersten Tag Geschäfte von größerem Umfang mit deutschen Herstellern abschließen. Besonders gefragt sind: Erzeugnisse der Spielwaren-, Textil- sowie Glas- und Porzellanbranchen. Durch den Wertverfall der Mark – am 27. August kostet der US-Dollar 1450 Mark – sind Importgeschäfte mit dem Deutschen Reich ausgesprochen günstig. So können sich die Vertreter der einheimischen Industrie nicht über Auftragsmangel beklagen. Zu Protestdemonstrationen kommt es auf der Messe, als deutsche Produzenten im Inlandsgeschäft auf Zahlung in Auslandswährung bestehen.

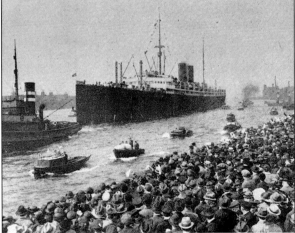

Feierliche Einfahrt eines Überseedampfers in den Hamburger Hafen

Zur Überseewoche in Hamburg

17. August. In Anwesenheit von Reichspräsident Friedrich Ebert (MSPD) wird im Hamburger Rathaus die bis zum 24. August stattfindende Überseewoche eröffnet. Die traditionsreiche Woche ist neben den gewohnten Messen mit Konsumgütern deutscher Hersteller, Hafen- und Schiffsbesichtigungen sowie kulturellen und sportlichen Veranstaltungen, mit einem internationalen Weltwirtschaftskongreß in der Aula der Hamburger Universität verbunden. Den Eröffnungsvortrag hält der Präsident der Gesellschaft zur Förderung der Überseewoche, Wilhelm Cuno. Besonders hohe Besucherzahlen verzeichnet die Kunstgewerbliche Exportausstellung im Schumachersaal der Kunstgewerbeschule. Die Hersteller der Exponate versprechen sich von der Schau gute Geschäfte mit den zahlreichen ausländischen Gästen.

August 1922

Wohnen und Design 1922:
Ohne Dach über dem Kopf

Eines der großen sozialen Probleme im Deutschen Reich ist die Wohnungsnot. Die Zahl der fehlenden Wohnungen bewegt sich in diesem Jahr auf die 1,5-Mio.-Marke zu. Eine vom Wohnungsausschuß des Reichstages angestrebte verstärkte Beschlagnahme »entbehrlicher Räume« in öffentlichen und privaten Gebäuden soll wenigstens teilweise den immensen Wohnungsbedarf decken. Dies erscheint eine unvermeidbare Maßnahme, da die Erträge aus Mietsteuer, Wohnungsbauabgabe, Kohlenzuschlägen und Zuschüssen aus verschiedenen Ministerien allenfalls die Fertigstellung von 30 000 Wohnungen jährlich im Rahmen des öffentlichen Wohnungsbaus – bei einem Bedarfszuwachs von 150 000 Wohnungen – ermöglichen.

Das Haupthindernis für den bedarfsdeckenden Bau neuer Wohnungen sind die enormen Kosten für Baumaterial und die Arbeit der Handwerker. Die hier einsetzende Teuerungswelle hat u. a. zum Ergebnis, daß vielerorts halbfertige Häuser stehen, deren Weiterbau aufgrund steigender Baukosten nicht mehr finanzierbar ist.

Angesichts des vom einzelnen kaum noch zu tragenden Baurisikos weisen die Wohnungsfürsorgegesellschaften einen Weg aus der Misere. Diese übernehmen die vollständige Finanzierung von Bauprojekten der Wohnungsgenossenschaften und erhalten im Gegenzug alle auf das fertige Haus einkommenden Gelder wie Anzahlungen, öffentliche Zuschüsse und Hypotheken. Erst nach der endgültigen Vollendung des Hauses wird mit dem Bauherrn abgerechnet.

Als mustergültiges Beispiel solcher Wohnungsbauprojekte gilt eine Siedlung in Berlin: Die um 54 Wohnungen zu erweiternde Waldsiedlung in Eichkamp. Die Stärke dieses Programms liegt nicht allein in dem sicheren Finanzierungskonzept, sondern auch in der sozialen wie auch architektonischen Qualität der Anlage. Im Gegensatz zu der oft menschenunwürdigen Lebenssituation in den Mietskasernen wohnen hier Angehörige aller sozialer Schichten in Kleinhaussiedlungen, umgeben von Wäldchen, blumenreichen Vorgärten und Obstbäumen.

Das für dieses Wohnungsbaukonzept verbindliche Prinzip besteht in der Verschränkung von sozialen, funktionalen und ästhetischen Aspekten des Wohnens. Um solche Konzepte auch in der Innenraumgestaltung durchsetzen zu können, entwickeln einige Architekten Vorschläge für Zimmereinrichtungen, die auch mit geringen finanziellen Mitteln realisierbar sind. Unter Einbeziehung des alten mitgebrachten Mobiliars entwerfen sie Einrichtungsmodelle, in denen das gewohnte Interieur entweder durch Bemalung, Textilbespannung oder das Entfernen der einst sehr beliebten Verzierungen in ein neu gestaltetes Ensemble verwandelt wird.

Während durch die Raumaufteilung und -gestaltung der neu erstellten Siedlungswohnungen vor allem funktionsgerechtes Wohnen ermöglicht werden soll, lassen sich zur gleichen Zeit völlig andere innenarchitektonische Konzepte feststellen. In ihrer formalen Gestaltung erinnern sie oftmals an den Jugendstil und an die Umsetzung expressionistischer Ideen.

So wird z. B. in der von Bruno Taut herausgegebenen Zeitschrift »Frühlicht« in einem Artikel des Architekten Hermann Finsterling eine ausgesprochen exotisch und utopisch anmutende Innenausstattung der Räume gefordert. »Im Innenraum des neuen Hauses«, so heißt es darin, »wird man sich nicht nur als Insasse einer märchenhaften Kristalldose fühlen, sondern als interner Bewohner eines Organismus, wandernd von Organ zu Organ, ein gebender und empfangender Symbiote eines fossilen Riesenmutter-Leibes.« Die traditionellen Möbel werden als »Sachsärge« verworfen, die als Fremdlinge in dem Gesamtorganismus Wohnung nur störten. An ihre Stelle sollen »Immobilien« treten als Organe im Organ. Der zukünftige Schrank wird diesen Vorstellungen gemäß, sich mit seiner Wurzel »aus der Wand des Betonbaus herausblühen«. Fenster sollen dünnste, transparente Wände sein und der Bewohner nur noch auf »glasig-durchsichtigen Böden wandeln«.

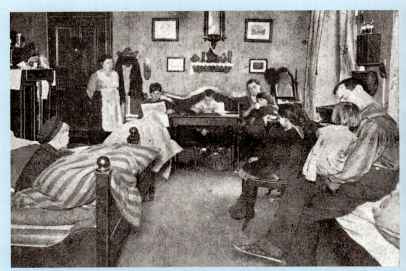

Elf Personen müssen sich diese Stube und eine Küche teilen – Wohnverhältnisse, wie sie in deutschen Großstädten sehr häufig anzutreffen sind.

Wohnungselend in deutschen Städten

Die schon seit Kriegsende bestehende Wohnungsnot nimmt dramatische Formen an. So gibt es in Berlin 175 000 Wohnungssuchende, wobei die Zahl der tatsächlich unter Wohnungsnot Leidenden diese amtlich registrierte Zahl bei weitem übersteigt. Häufig steht einer Familie nicht mehr als ein Raum zur Verfügung. Viele Menschen finden in Baracken und Lauben mehr eine Notunterkunft denn ein menschenwürdiges Zuhause. Doch nicht nur der fehlende Wohnraum, sondern auch die Mietkosten stellen für mittlere und untere Einkommensschichten ein großes Problem dar – trotz der durch das Reichsmietengesetz vom 24. März fixierten Höchstmieten.

»Nimm deine Stiebeln 'ruff! Du kannst doch als Alleinstehender keene zwei Etagen beanspruchen«

Diese Familie wohnt in einer Dachwohnung im Berliner Norden, die infolge der hohen Baukosten vom Vermieter nicht mehr instandgesetzt werden kann.

August 1922

Funktionalität und Kunstgewerbe

Die Frankfurter Frühjahrsmesse bietet einen guten Überblick über die in diesem Jahr im Trend liegenden Formen und Materialien kunstgewerblicher Produkte. Deren Gestaltung ist vorwiegend bestimmt von einer klaren und übersichtlichen Linienführung. Deutlich im Rückgang begriffen sind die noch der expressionistischen Formensprache entstammenden Gestaltungselemente. Die sich herausbildende Tendenz einer rein an der Funktionalität des Gegenstandes orientierten Formgebung verweist auf den zunehmenden Einfluß des Bauhauskonzeptes (→ 24. 7./S. 119). Die Suche nach einer sehr klaren konstruktivistischen Formgebung wird inspiriert von Arbeiten der Bauhauskünstler, z. B. von dem von Marcel Breuer entworfenen Armlehnstuhl aus Holz und Textil oder von Arbeiten der von László Moholy-Nagy geleiteten Metall-Werkstatt. Insgesamt bestechen die Exponate durch eine gelungene Synthese von Zweckmäßigkeit und ästhetischer Gestaltung. Als Material bei Dosen, Leuchtern u. a. alltäglichen Gebrauchsgegenständen dominiert in diesem Jahr eindeutig gehämmertes Messing; sogar bei solch profanen Gegenständen wie Kohlenkästen werden massive, gegossene Messingbeschläge angebracht.

Einen entscheidenden Anteil an der Durchsetzung dieses modischen Materials im Kunstgewerbe haben die Wiener Werkstätten.

Armlehnstuhl aus Holz und Stoff von Bauhaus-Lehrer Marcel Breuer

Modernes Porzellan- und Keramikdesign entwickeln in diesen Jahren auch die Bauhäusler in Weimar.

Eingangshalle des Hauses Sommerfeld mit einer Tür aus Teakholz; die handwerklichen Arbeiten wurden von Schülern des Staatlichen Bauhauses nach Entwürfen von Walter Gropius und Adolf Meyer ausgeführt (→ S. 54).

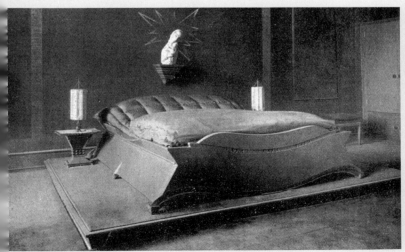

Ein Beispiel für die Arbeiten des deutschen Kunstgewerbes: Schlafzimmer nach einem Entwurf des Kölner Architekten Fritz August Breuhaus

»Damenzimmer«, entworfen von Fritz Voggenberger aus Frankfurt am Main, mit Elementen eines Stils, der später als »Art deco« bezeichnet wird

August 1922

Blick in die New Yorker Telefonzentrale der privaten Telephon Company; sie beschäftigt hier 27 000 Angestellte.

Gefragte Techniken: Telefon und Telegrafie

1. August. In Kanada stirbt im Alter von 75 Jahren Alexander Graham Bell. Er stellte im Jahr 1876 erstmals ein brauchbares Telefon vor und ließ es patentieren.
Seit dieser Zeit wurden auf dem Gebiet der Kommunikationstech-

Alexander Graham Bell (* 3. 3. 1847 Edinburgh, † 1. 8. 1922 in Baddeck) war zunächst Taubstummenlehrer in Großbritannien und beschäftigte sich mit der Umsetzung von Schallschwingungen in elektrische Signale. Ihm gelang 1876 die Erfindung des ersten brauchbaren Telefons.

niken bedeutende Fortschritte gemacht. 1901 gelang z. B. die erste drahtlose Übermittlung von Nachrichten über den Atlantischen Ozean hinweg. Sie war durch die Marconi-Antenne möglich geworden – so benannt nach ihrem Erfinder, dem italienischen Ingenieur Guglielmo Marchese Marconi.
Telefon und drahtlose Telegrafie sind inzwischen zu einem unentbehrlichen Hilfsmittel im internationalen Geschäftsverkehr geworden und werden entsprechend von der öffentlichen Hand gefördert. Neben technischen Einrichtungen schenkt man international der Ausbildung von schnellen Telegrafisten große Beachtung.

Ein moderner Tischfernsprecher, der seit ungefähr zwei Jahren international in Gebrauch ist

Tischtelefon der Firma T + N, entwickelt um 1920

Internationaler Telegrafistenwettbewerb in Berlin (17.–23. 8.): Sieger wird Oskar Schindler (Wien). Er signalisierte 2888 Worte in einer Stunde.

Flügel und Klaviere im Sportpalast

5. August. Im Berliner Sportpalast wird erstmals eine Musikfachausstellung eröffnet, auf der bis zum 13. August alles für den Musiker Nötige gezeigt wird: Vom Konzertflügel bis zur Klavierlampe.
Nach einem Rundgang durch diese Fachmesse gibt der Reporter der »Vossischen Zeitung« folgenden Bericht: »Ein ungeheurer Drang nach Tönen ist in der gewaltigen Halle des Sportpalastes konzentriert – Geschäftsführer, Klavierstimmer, engagierte Klavierspielerinnen, Vorführer von Musikapparaten aller Art – alle sind bereit, ihr Publikum durch Töne anzulocken.
Die Musikfachausstellung ist in erster Linie eine Ausstellung von Klavieren. Einige sehr große Firmen fehlen leider, weil sie keine Ausstellungsinstrumente besitzen: Ihre Produktion ist auf Monate ausverkauft. Bemerkenswert, daß auch Firmen wie Blüthner, Steinway etc. sich jetzt entschlossen haben, Flügel mit eingebauten Selbstspielapparaten zu fabrizieren. Unübersehbar ist auch die Zahl der Aussteller auf dem Gebiet der elektrischen Apparate und Grammophone.«

Berliner Zoo muß im Winter schließen

6. August. In einem offenen Brief bittet der Direktor des Zoologischen Gartens von Berlin, Franz Hermann Meißner, die Öffentlichkeit und den Staat um Unterstützung.
Die gegenwärtige finanzielle Not zwinge zu einer Schließung der Einrichtung vom 1. Oktober bis zum nächsten Sommer. Man müsse die Tiere zu Gruppen zusammenlegen, um Heizkosten zu sparen und außerdem Personal entlassen. Meißner verweist darauf, daß bereits in München, Hannover und Breslau die Tiergärten aus Mangel an Zuschüssen ihren Betrieb einstellen mußten. Ursache für die wirtschaftlichen Schwierigkeiten sei die enorme Erhöhung der Kosten; so stiegen seit 1913 die Ausgaben für die Heizung um das 100fache, für Fütterung, Beleuchtung, Baureparaturen um das 20fache sowie Gehälter und Löhne um das 23fache. Nun benötige man unbedingt Gelder, damit aus der winterlichen Stillegung des Betriebs keine endgültige werde.

August 1922

Szenenbilder aus zwei der berühmtesten Filme mit Rudolph Valentino in den Hauptrollen: Valentino mit seiner Partnerin Lila Lee als Stierkämpfer Juan Gallardo in »Blood and Sand« (1. u. 2. Foto v. l.) und in dem im Oktober 1921 uraufgeführten Film »The Sheik« mit seiner Partnerin Agnes Ayres (3. u. 4. Foto v. l.)

Rudolph Valentino – der Star des amerikanischen Kinos

5. August. In Los Angeles findet die Uraufführung des Films »Blood and Sand« (Blut und Sand) von Regisseur Fred Niblo statt. Hauptdarsteller ist Rudolph Valentino in der Rolle des spanischen Stierkämpfers Juan Gallardo, der am Zwiespalt seiner Gefühle – der Verehrung der ihn liebenden Frau Carmen (Lila Lee) und einer Leidenschaft zu Doña Sol (Nita Naldi) – zugrunde geht. Mit diesem Film kann Valentino den Ruf als größter Kinostar seiner Zeit endgültig festigen.

Valentino wurde am 6. Mai 1895 als Rodolfo Guglielmi bei Tarent in Italien geboren. 1913 reiste er erstmals in die USA, wo er zunächst als Gärtner seinen Lebensunterhalt verdiente. Danach arbeitete er als Eintänzer in Maxims Restaurant in New York. Dabei gelang es ihm, zum Partner der professionellen Schautänzerinnen Bonny Glass und Joan Sawyer aufzusteigen. Außerdem fand er Beschäftigung als Tanzkomparse in den Filmstudios an der Ostküste.

Dem Durchbruch zum Leinwandstar mit dem Film »The Sheik« (»Der Scheich«) im Jahr 1921 gingen mehrere von mäßigem Erfolg begleitete Nebenrollen in Filmen voraus. Von einigen Produzenten (Hayden Talbot, Henry Otto und Douglas Gerrad) wurde der gutaussehende Italiener zwar schon 1919 als neuer Star gesehen, Valentino mußte jedoch noch zwei Jahre warten, bis es hieß: »A star is born.«

Nicht nur das Publikum, sondern auch namhafte Regisseure erliegen der Ausstrahlung Valentinos, dessen schauspielerische Begabung eher mittelmäßig ist. David Wark Griffith berichtet über seine erste Begegnung mit ihm im Jahr 1916 anläßlich eines Spaghetti-Essens: »Ich schaute auf und bekam einen Eindruck von Rudys (so wurde Valentino von Freunden allgemein genannt) eindrucksvollem Profil. Ich war sofort von der ›photogenique‹, wie es die Franzosen nennen, beeindruckt und von der perfekten äußeren Erscheinung. Es war mein Geschäft als Regisseur, immer wieder Ausschau nach neuen Gesichtern zu halten, und hier war zweifellos eine aufregende Neuentdeckung.«

Bayreuth braucht Finanzhilfen

29. August. Siegfried Wagner gibt der Presse bekannt, daß er zu Beginn des folgenden Monats in die Vereinigten Staaten von Amerika reisen wird, um dort für die Bayreuther Festspiele zu werben.

Der Sohn Richard Wagners versucht bereits seit einiger Zeit, eine stabile Finanzgrundlage für die Wiederaufnahme der Wagner-Festspiele in Bayreuth zu schaffen. 1914, im ersten Kriegsjahr, wurden sie mit einem Verlust von 400 000 Mark abgebrochen und fanden seitdem nicht wieder statt. Siegfried Wagner hoffte zunächst, die notwendigen Mittel durch die Ausgabe von 6000 Patronatsscheinen zu je 1000 Mark zusammenzubekommen, jedoch stellt sich nun heraus, daß die dadurch eingegangene Summe bei weitem nicht ausreicht. In den USA möchte er durch »Fühlungnahme mit Gönnern der Bayreuther Sache« finanzkräftige US-Amerikaner zur Unterstützung bewegen. Gespielt wird in Bayreuth erstmals wieder 1924.

Wie ein nicht durch die Tür passendes Möbel wird der riesige Ponton in einer Schräglage von 30 Grad aus dem Dock der Kieler Werft geschleppt.

Schräg durchs Wasser gezogen: Ein 30 m breiter Kranponton in Kiel

Zum Problem wird der Transport eines auf der Kieler Werft gebauten Pontons. Die 50 m lange und 30,5 m breite Basis für einen Schwimmkran, der als Reparationsleistung für Großbritannien entsteht, paßte nicht durch die Dockausfahrt. Man legt den Ponton mit 2800 t Ballast schräg und schleppt ihn hinaus.

August 1922

Uraufführung des »Großen Welttheaters« in Salzburg

13. August. Anläßlich der Salzburger Festspiele findet die Uraufführung des Stückes »Das Salzburger große Welttheater« von Hugo von Hofmannsthal unter der Regie von Max Reinhardt statt.

Hofmannsthal greift mit seinem Werk auf »Das große Welttheater« des spanischen Autors Pedro Calderon de la Barca (1600–1681) zurück, die Allegorie eines gottgewollten Schauspiels: Der König, der Reiche, der Bauer, der Bettler, die Schönheit und die Weisheit – die von Gott verteilten Rollen im Theater der Welt. Premierenort ist die Salzburger Kollegienkirche Johann Bernhard Fischer von Erlachs – ein Ort, dessen feierliche Stimmung die Wirkung der Reinhardt-Inszenierung noch verstärkt, aber auch Widerspruch unter Gläubigen hervorruft. Reinhardt selbst erträumt sich für seine seit 1920 durchgeführten Festspiele ein eigenes großes Haus mit allen Möglichkeiten des modernen Theaters. Architekt Hans Poelzig entwarf nach Reinhardts Vorstellungen ein in seiner Größe und Technik überwältigendes Festspielgebäude, mit dessen Bau nach der Grundsteinlegung am 19. August in Hellbrunn noch in diesem Jahr begonnen wird. Allerdings kann Poelzigs Entwurf, bedingt durch die finanzielle Entwicklung im kommenden Jahr, dann doch nicht ausgeführt werden.

△ *Szenenfoto aus der Aufführung des »Großen Welttheaters« von Hofmannsthal in der Salzburger Kollegienkirche (M.); die Rolle des Bettlers spielt Alexander Moissi (l.), die der Welt Anna Bahr-Mildenburg (r.). Die Regie übernahm Festspielleiter Max Reinhardt.*

◁ *Modell des Festspielhauses von Hans Poelzig. Die Grundsteinlegung findet während der Festspiele in Anwesenheit des österreichischen Präsidenten Michael Hainisch am 19. August in Hellbrunn statt.*

Künstler huldigen Hauptmann in Breslau

12. August. In Breslau, der Hauptstadt seiner schlesischen Heimat, beginnt eine Festwoche zu Ehren des 60. Geburtstages von Gerhart Hauptmann (→ 15. 11. / S. 190).

Dem zahlreich erschienenen Publikum werden an zehn Abenden in drei Theatern 13 Vorführungen von Hauptmann-Stücken geboten. Aus mehreren deutschen Städten, vor allem aber aus Berlin, waren Bühnenensembles gekommen, um mit ihren Inszenierungen dem Dichter zu huldigen. Hauptmann selbst sieht sich seine Dramen »Florian Geyer« und »Die Weber« in der Jahrhunderthalle von 1913 an.

Von erwähnenswerten Premieren wissen die Theaterkritiker allerdings nicht zu berichten. Monthy Jacobs von der »Vossischen Zeitung« faßt das Fazit der Veranstaltung kurz zusammen: »Für Gerhart Hauptmann bedeutete die Breslauer Woche die Überreichung einer Bürgerkrone aus Deutschlands Hand. Für die Breslauer war es ein willkommener Anlaß, berühmte Berliner Gäste zu bewundern.«

Reichspräsident Friedrich Ebert (l.) und Hauptmann in Breslau

Gerhart Hauptmann mit seiner Frau auf dem Weg ins Breslauer Theater

Die Biographie Hauptmanns

Gerhart Hauptmann wurde am 15. November 1862 im schlesischen Obersalzbrunn geboren. Er lernte zunächst die Bildhauerei, bevor er 1888 erstmals mit seiner Novelle »Bahnwärter Thiel« als Schriftsteller bekannt wurde. Der Durchbruch als Dramatiker gelang ihm mit dem der naturalistischen Theorie verpflichteten Stück »Vor Sonnenaufgang«, das nach seiner Uraufführung 1889 in Berlin einen Theaterskandal nach sich zog. Sein Drama »Die Weber« über den schlesischen Weberaufstand wurde zunächst verboten, dann aber ein großer Erfolg. 1912 erhielt Hauptmann den Nobelpreis. Er lebt und schreibt in Agnetendorf (Schlesien).

Grabungsfunde in Hersfelder Kirche

31. August. In einem Aufsatz über die im Vorjahr begonnenen Ausgrabungsarbeiten in der Ruine der Stiftskirche von Bad Hersfeld berichten die Archäologen über interessante Funde.

Unter der Leitung von Joseph Vonderau gelang die Aufdeckung des alten Grundrisses aus der Karolingerzeit sowie die Freilegung der Reste von Fundamenten von drei älteren Kirchen aus dem 8./9. Jahrhundert. Zudem entdeckte man die Überreste des Kreuzgangs zum Benediktinerkloster sowie sieben Sarkophage aus dem Mittelalter.

Mit diesen Grabungsergebnissen erhärtet sich die These, daß die noch existierende Kirchenruine in ihren wesentlichen Bestandteilen karolingischen Ursprungs ist. Georg Weise äußerte diese Vermutung erstmals 1919 nach gründlichen Studien historischer Quellen. Bis dahin hatte man angenommen, daß der alte Bau aus dem 9. Jahrhundert durch einen Brand im Jahr 1038 völlig zerstört worden war. Aus den Aufzeichnungen des zeitgenössischen Chronisten des Klosters, Lambert von Hersfeld, geht jedoch nicht hervor, ob das tatsächlich der Fall war. Man nimmt an, daß anschließend kein reiner Neubau errichtet wurde und so wesentliche Teile des Karolingerbaus erhalten blieben.

Startplatz für den Wettflug um den Gordon-Bennett-Preis in Genf; aus zumeist technischen Gründen nehmen zuletzt nur zehn Ballon-Teams teil.

Sieger des Gordon-Bennett-Fluges überquert das Karpatengebirge

7. August. *In Genf starten die Besatzungen von zehn Freiballonen aus sieben Ländern zum elften Ballon-Wettbewerb um den Gordon-Bennett-Preis. Die Trophäe stiftete 1906 der US-amerikanische Zeitungsverleger James Gordon Bennett. Der diesjährige Wettbewerb beginnt im Herkunftsland des Vorjahressiegers.*

(Der schweizerische Hauptmann Armbruster flog im August 1921 766 km von Brüssel nach Lambley in Irland). In diesem Jahr bewältigt der Belgier Emile Demuyter mit Copilot Alexander Vennstra eine Strecke von über 1900 km. Nach drei Tagen landet er hinter den Karpaten bei einem rumänischen Dorf.

»Menschheitsdämmerung«: 20 000. Ausgabe erscheint

25. August. Die bedeutendste Sammlung expressionistischer Lyrik, das 1919 von Kurt Pinthus zusammengestellte Buch »Menschheitsdämmerung«, erreicht im Kurt-Wolff-Verlag in München eine Auflage von 20 000 Exemplaren. Der Anthologie vorangestellt ist ein Aufsatz von Kurt Pinthus, in dem dieser auf die künstlerische Entwicklung der vergangenen zwei Jahre eingeht und das Ende der expressionistischen Dichtung zeitgleich mit dem erstmaligen Erscheinen seiner Anthologie postuliert. Der Schrift gibt er in Korrespondenz zu seinem 1919 geschriebenen Vorwort »Zuvor« den Titel »Nachklang«. Darin heißt es u. a.: ». . . aber was geschieht, sind nur Auflösungsvorgänge der langsam, aber unaufhaltsam zusammenstürzenden Vergangenheit Europas . . .

Was hier so neuartig und trächtig schien, waren im wesentlichen Zerstörungsformen des Alten, vom gestaltauflösenden Kubismus der Malerei bis zur ekstatischen Wortlyrik.

Mochten die Künstler selbst fühlen, daß ihr Werk mehr oppositionell als schöpferisch war, oder geschah es, daß ihre Kraft nicht ausreichte, Reifes, Zukunftwertiges zu schaffen – es ist bereits zehn Jahre nach dem gewaltigen und gewaltsamen Aufbruch dieser Jugend eine allgemeine Stagnation in den Gefilden der Kunst festzustellen.«

Walter Hasenclever, 1890 in Aachen geboren, im Buch vertreten mit 19 Gedichten

Johannes R. Becher, 1891 geboren, veröffentlicht 14 Gedichte in der Anthologie.

Benn, 1886 geboren, in Pinthus' Anthologie mit acht Gedichten vertreten

Herausgeber Kurt Pinthus, 1886 in Erfurt geboren, Publizist und Kritiker

August 1922

Fotos von einer spannenden Szene während des Meisterschaftsspiels in Leipzig: Einer der populärsten Aktiven, der Nürnberger Torwart Heiner Stuhlfauth wehrt den Angriff eines Hamburger Spielers auf den Kasten erfolgreich ab.

Fußballmeisterschaft 1922 ohne Ergebnis

6. August. Das Wiederholungsspiel um den diesjährigen Meisterschaftstitel im deutschen Fußball endet in Leipzig zwischen dem Hamburger Sportverein (HSV) und dem 1. FC Nürnberg 1:1. Als daraufhin der Deutsche Fußball-Bund den HSV zum Sieger erklärt, verzichtet die Hamburger Elf auf dieses »Geschenk«, so daß es 1922 keinen Meister gibt.

Der Kampf um den Titel mußte zum zweiten Mal stattfinden, da das erste Endspiel am → 18. Juni (S. 106) in Berlin nach mehrmaligen Verlängerungen ebenfalls unentschieden geendet hatte. Nun, nach sechs Wochen, kommt es wieder zu einem dramatischen Spielablauf nach dem Ende der regulären Spielzeit mit 1:1. Die 50 000 Zuschauer sehen in der anschließenden Verlängerung einen verbissenen Kampf zwischen den beiden Mannschaften. Nürnberg, 1920 und 1921 Deutscher Meister, setzt alles auf eine Karte, um seinem Starruhm gerecht zu werden – allerdings nicht immer mit der gebotenen Fairneß. Zwei Spieler müssen deshalb vom Platz, darunter Stürmer Heinrich Träg, zwei weitere scheiden nach Verletzungen aus. Dem Unparteiischen erscheint das Spielerverhältnis 7:11 zuungunsten von Nürnberg sportlich nicht mehr vertretbar; er bricht die Begegnung deshalb in der 110. Minute ab. Nach insgesamt vier Stunden und 59 Minuten (die Zeit in Berlin eingerechnet) bleibt so das Finale 1922 ohne Sieger.

Von erhöhtem Standpunkt aus verfolgen Leipziger Zuschauer das Endspiel zwischen der favorisierten Starmannschaft Nürnbergs und den Hamburgern.

Die Endspiele um die Deutsche Fußballmeisterschaft seit dem Jahr 1903

Jahr	Spiel	Ergebnis	Meister
1903	VfB Leipzig/ DFC Prag	7:2	VfB Leipzig
1904	nicht ermittelt		
1905	Union 92 Berlin/ Karlsruher FV	2:0	Union 92 Berlin
1906	VfB Leipzig/ 1. FC Pforzheim	2:1	VfB Leipzig
1907	FC Freiburg/ Viktoria 89 Berlin	3:1	FC Freiburg
1908	Viktoria 89 Berlin/ Stuttgarter Kickers	3:0	Viktoria 89 Berlin
1909	Phönix Karlsruhe/ Viktoria 89 Berlin	4:2	Phönix Karlsruhe
1910	Karlsruher FV/ Holstein Kiel	1:0	Karlsruher FV
1911	Viktoria 89 Berlin/ VfB Leipzig	3:1	Viktoria 89 Berlin
1912	Holstein Kiel/ Karlsruher FV	1:0	Holstein Kiel
1913	VfB Leipzig/ Duisburger SV	3:1	VfB Leipzig
1914	SpVgg Fürth/ VfB Leipzig	3:2	SpVgg Fürth
1915 bis 1919	ausgefallen		
1920	1. FC Nürnberg/ SpVgg Fürth	2:0	1. FC Nürnberg
1921	1. FC Nürnberg/ Vorwärts Berlin	5:0	1. FC Nürnberg

31. Schwimmfest in Georgenthal

13. August. In Georgenthal bei Gotha gehen die am Vortag begonnenen Deutschen Schwimmeisterschaften zu Ende. Es war das 31. Verbandsfest (so lautet die offizielle Bezeichnung) des Deutschen Schwimmverbandes.

Bereits am ersten Tag gelingt Emil Benecke aus Magdeburg eine hervorragende Leistung im 100-m-Seitenschwimmen. Mit 1:11,4 min erreicht er einen Rekord in dieser Disziplin. Zu den erfolgreichsten Teilnehmern gehört Herbert Heinrich vom Leipziger Schwimmklub Poseidon. Er siegt gleich auf zwei Strecken im Freistil: Mit 1:03,2 min über 100 m und 5:39,3 min über 400 m. Über die Langstrecke von 1500 m sorgt der bisher kaum beachtete Ernst Vierkötter aus Köln für eine Überraschung, als er mit 24:04,8 min Heinrich auf den zweiten Platz verweist. Der Leipziger Fritz Wiesel erringt mit einer Punktzahl von 112,4 den Sieg im Kunstspringen. Im Mehrkampf ist Arthur Mund aus Halberstadt nach seinen überlegenen Siegen im Streckentauchen, Schwimmen sowie dem ersten Teil des Springens am zweiten Tag der Meistertitel nicht mehr zu nehmen.

Meisterschaften der Ruderer in Trier

13. August. An diesem Wochenende veranstaltet der Mosel- und Saarregattaverband in Trier die elften Deutschen Rudermeisterschaften. Während zu den Vorläufen am Samstag noch schönes, fast windstilles Wetter herrschte, werden die Finalrennen durch Regen und Wind erschwert.

Mehrmals müssen Starts wegen Kollisionen wiederholt werden. Die sonst erfolgreichen Borussen aus Berlin sind dabei vom Pech verfolgt: Der Vierer ohne Steuermann und der Achter werden nach dem zweiten Zusammenstoß disqualifiziert. Der Sieg im Vierer geht an den Essener Ruderklub, die Meisterschaft im Achter erringt nach einem hervorragenden Endspurt das Team vom Lübecker Ruderklub. Unangefochten kann Leux aus Berlin im Einer gewinnen, der zeitweilig seinen Verfolgern um acht Längen voraus ist. Ebenfalls an die Aktiven aus Berlin geht der Titel im Doppelzweier.

August 1922

Mit einer zur Sportwoche in Hannover herausgegebenen Postkarte wirbt der deutsche Reifenhersteller Continental für die Produkte des Werkes.

Steherrennen – Zuschauerattraktion auf der Radsportwoche in Hannover

20. August. *In Hannover beginnt die von deutschen Rad- und Motorsportvereinen veranstaltete Sportwoche. Bei den zentralen Wettbewerben um die Radmeisterschaften fällt bereits am ersten Tag die Entscheidung bei den Sprintern. Von den Berufsfahrern gewinnt Karl Lorenz eine Handbreit vor Walter Rütt. Die Stehermeisterschaft, das für das Publikum attraktivste Rennen, krönt den Abschluß der Woche am 27. August. Von den über 100 km hinter den Motorrädern dahinjagenden Fahrern erringt Thomas in 1:18:45 h den Sieg, da Favorit Karl Saldow wegen Motorschaden zurückfällt und hinter Walter Sawall nur dritter werden kann.*

Meisterschaft der Leichtathleten

18. August. In Duisburg treffen an diesem Wochenende Sportler aus allen Teilen des Reiches zu den Deutschen Leichtathletikmeisterschaften zusammen.

Am erfolgreichsten schneiden insgesamt die Berliner ab. In zehn Wettbewerben können Teilnehmer aus der Reichshauptstadt den Meistertitel mit z. T. herausragenden Leistungen erringen. Beispielsweise stellt Arno Holz mit 644 Punkten im Zehnkampf einen deutschen Rekord auf, und die 4 × 100 Staffel des SC Charlottenburg ist mit einer Zeit von 42,3 sec nur eine Zehntelsekunde langsamer als die Nationalstaffel von 1912, die den Rekord hält.

Weitere deutsche Rekorde gelingen Heinrich Troßbach aus Frankfurt am Main über 110 m Hürden in einer Zeit von 15,3 sec und dem Hannoveraner Heinrich Fricke im Stabhochsprung. Er überspringt eine Höhe von 3,80 m. Hervorragend ist auch die Leistung von Hubert Houben aus Krefeld – er erreicht zwar nicht den 1911 von Richard Rau aufgestellten deutschen Rekord von 10,5 sec, wird aber mit 10,7 sec der diesjährige Deutsche Meister im 100-m-Lauf.

Weltrekord im Dauerflug ohne Motor über der Rhön

24. August. Mit der Preisverleihung endet der am 9. August begonnene Rhön-Segelflugwettbewerb, zu dem 52 Teilnehmer gemeldet waren. Wegen des schlechten Wetters war man zu Beginn recht skeptisch, was die zu erwartenden Leistungen betraf. Um so mehr faszinierten dann Rennleitung, Aktive und Berichterstatter die Ergebnisse, von denen der Weltrekord im Dauerflug das ungewöhnlichste war. Der hannoversche Student Hermann Hentzen überbot den bisherigen Rekord von 22:20 min um mehr als zwei Stunden. Mit seinem »Vampyr« gelang es ihm, nach seinem Start von der Wasserkuppe 3:10 h über der Rhönlandschaft zu kreisen. Dabei legte er 4,5 km zurück und überwand einen Höhenunterschied von 360 Metern. Von weiteren zu gewinnenden Preisen, z. B. für die kleinste mittlere Sinkgeschwindigkeit, die größte Flugweite, die besten Konstruktionen etc., erhält Hentzen die meisten Auszeichnungen und damit auch den großen Rhönsegelpreis.

◁ *Der Hannoveraner Hentzen in seinem Segelflugzeug »Vampyr«, das er gemeinsam mit Freunden von der Universität baute. Im »Vampyr« gelingt ihm der neue Weltrekord im Dauerflug ohne Motor.*

▽▽ *Nach dem Auslösen des Seils durch die Startermannschaft gleitet eines der Flugzeuge frei über der Landschaft an der Wasserkuppe.*

▽ *Mit einem Ochsen wird ein gelandeter Segler zum Start zurückgebracht.*

August 1922

Film 1922:
Stummfilmkino wird zum beliebtesten Unterhaltungsmittel

Seit dem Ende des Weltkrieges hat sich die Massenwirksamkeit des Kinos in großem Maße verstärkt. Der quantitativen Zunahme von Filmtheatern und -produktionsfirmen entspricht jedoch nicht die Qualität der dem Publikum angebotenen Streifen. Auf der Leinwand dominieren historische Kostüm-, Detektiv- und Sittenfilme. Letztere erschöpfen sich häufig, im Gewand sittengeschichtlicher und aufklärerischer Ansprüche, in der Darstellung pornographischer Szenarien.

Das niedrige Niveau der Publikumsunterhaltung wird vielfach in Filmkritiken moniert. So spitzt beispielsweise Hans Siensen in der Kulturzeitschrift »Querschnitt« seine Beurteilung des deutschen Kinos auf einen Fundamentalangriff zu: »Der deutsche Film, das ist ein in Betrieb gesetztes Panoptikum... Alles Kostüm! Alles Maske! Bloß keine Menschen. Zement, Beton, Papiermaché. Falsche Pyramiden, falsche Paläste, falsche Zöpfe und falsche Zähne, falsche Gesichter und falsche Gebärden.«

Ein ausgesprochener Publikumsrenner unter den 252 in diesem Jahr produzierten deutschen Filmen ist der Streifen »Fridericus Rex« (→ 31. 1. / S. 25) von Arzen von Cserépy, der aufgrund seiner nationalistisch-monarchistischen Tendenz sogleich den Widerspruch der »Weltbühne« auslöst. Siegfried Jakobsohn fordert zum Boykott dieser »antirepublikanischen Provokation« auf. Inmitten des massenhaften Angebots an seichter oder ideologieträchtiger Unterhaltung entstehen jedoch auch Filmkunstwerke, die in die deutsche Filmgeschichte eingehen: Zu nennen sind vor allem »Othello« von Dimitri Buchowetzki (→ 23. 2. / S. 40), »Nosferatu« und »Phantom« von Friedrich Wilhelm Murnau sowie »Dr. Mabuse, der Spieler« von Fritz Lang.

Die Wirkung dieser Filme beruht nicht auf spektakulären Massenszenen oder vordergründiger Spannung der Filmhandlung, sondern auf der bewußten, artifiziellen Übersteigerung der Wirklichkeit. Experimentelle Kameraführung, Beleuchtung und Kulisse sowie schauspielerische Höchstleistungen lassen perfekte, vom Expressionismus inspirierte Kunstwelten entstehen.

Auch wenn der künstlerische Ausdruck der Schauspieler im Stummfilm auf Mimik und Gebärdensprache beschränkt bleibt, stellen viele Filmkritiker eine enge Verbindung zwischen Bühnenerfahrung und Leinwandkunst her. So fordert Oskar Diehl in seinem »Leitfaden für den praktischen Unterricht in der Schauspielkunst« von 1922, daß ein guter Schauspieler seine Fähigkeiten im Bühnenspiel unter Beweis zu stellen hat, um dann der Filmschauspielkunst als »potenzierte Schauspielkunst« gerecht zu werden. Die Anwendung der auf der Bühne notwendigen sprachlichen Fertigkeiten vor der Kamera muß jedoch noch auf sich warten lassen: Das im September präsentierte Lichttonverfahren »Tri-Ergon« findet noch keine Durchsetzungsmöglichkeit (→ 17. 9. / S. 154).
(Siehe auch Übersicht »Filme« im Anhang.)

Douglas Fairbanks als Robin Hood im gleichnamigen US-Film

Massenszene aus dem neuen Lubitsch-Film »Das Weib des Pharao«; solche Inszenierungen beherrscht Lubitsch meisterhaft. Seine Regieleistungen begründen seinen Ruhm in den USA, wo er noch 1922 mit dem Filmen beginnt.

Moderne Technik des Megaphons – unentbehrlich für Massenszenen in den historischen Monumentalfilmen zum Dirigieren der über tausend Kleindarsteller; wie hier bei den Dreharbeiten zum Film »Das Weib des Pharao«

August 1922

Wahnsinn der Macht in »Mabuse«

Mit »Dr. Mabuse, der Spieler« präsentiert Regisseur Fritz Lang einen Film nach dem gleichnamigen Roman von Norbert Jacques.

In dem Bekenntnis: »Es gibt keine Liebe – es gibt nur Begehren. Es gibt kein Glück – es gibt nur Willen zur Macht« schlägt Dr. Mabuse gleichsam leitmotivisch die Thematik des Werkes an. Mabuse, ein renommierter Psychoanalytiker, treibt in 13 verschiedenen Masken sein Verbrecherunwesen. Ausgestattet mit hypnotischen Fähigkeiten, ist er in der Lage, Menschen seinen Willen aufzuzwingen und so Macht über sie auszuüben. Mit Hilfe seiner ihm willfährig gemachten Werkzeuge schreckt er vor keiner Untat zurück. Mord und Raub, Falschspiel und Falschmünzerei, Erpressung, Schmuggel, Börsenschwindel und Spionage steigern sich zu einer Spirale des Machtrauschs, die schließlich zum Wahnsinn führt.

Rudolf Klein-Rogge in einer der Masken, in der Dr. Mabuse sein Unwesen treibt (l.), und Bernhard Goetzke als Staatsanwalt

Schauspieler Rudolf Klein-Rogge als Protagonist Dr. Mabuse in seiner Rolle als Spieler

Wenngleich die Handlung des Mabuse-Films in erster Linie von der Phantastik des Super-Verbrechens bestimmt ist, lassen sich dennoch Zeitbezüge zur chaotischen Situation der Nachkriegsjahre entschlüsseln. Die verschiedentlich in Kritiken auftauchende Interpretation, er hätte mit den Allmachtsphantasien des Protagonisten eine politisch-allegorische Antwort auf die hektischen Verhältnisse der Weimarer Republik geschaffen, verneint Fritz Lang in späteren Stellungnahmen (→ 27. 4. / S. 71).

Spielklub im Mabuse-Film. Regisseur Fritz Lang hatte sich dafür eine raffinierte Einrichtung bauen lassen, die es ermöglicht, Spieltische auf rätselhafte Weise vor den Augen des Filmpublikums verschwinden zu lassen.

Erfolg für Murnau mit »Nosferatu«

Mit seinem Film »Nosferatu« gelingt dem erst 34jährigen Friedrich Wilhelm Murnau, sich einen ebenbürtigen Platz unter den wenigen großen Regisseuren zu sichern. Die zeitgenössische Filmkritik nennt ihn in einem Atemzug mit Fritz Lang und Ernst Lubitsch – den Großmeistern des Stummfilms. Murnau drehte zuvor bereits mehrere Streifen, die jedoch nicht annähernd die Resonanz wie »Nosferatu« auslösten. Entscheidend für den Erfolg »Nosferatus« ist nicht nur das Sujet des Films, sondern auch die suggestive Kraft der Bilder, mit denen Murnau eine Aura des Grauens herstellt (→ 5. 3./S. 56).

Max Schreck als Darsteller des Grafen Dracula – in dieser Szene steigt er aus der Schiffsluke empor, um in der Stadt Krankheit und Schrecken zu verbreiten.

Murnaus spinnenfingeriger, hohlwangiger Vampir mit dem kahlen Schädel und den Fledermausohren wird zum Vorbild für Dracula-Verfilmungen in späteren Jahren.

September 1922

Mo	Di	Mi	Do	Fr	Sa	So
				1	2	3
4	5	6	7	8	9	10
11	12	13	14	15	16	17
18	19	20	21	22	23	24
25	26	27	28	29	30	

1. September, Freitag

In Leipzig nimmt der Staatsgerichtshof, dessen Einrichtung mit der Verabschiedung des Gesetzes zum Schutz der Republik beschlossen wurde, seine Tätigkeit auf (→ 18. 7./S. 112).

Der amtliche preußische Pressedienst teilt mit, daß das Erscheinen der »Deutschen Allgemeinen Zeitung« wegen antirepublikanischer Artikel für den Zeitraum von einer Woche verboten wird.

Der Großindustrielle Hugo Stinnes schließt mit dem französischen Regierungsvertreter Odon de Lubersac ein Abkommen über Sachlieferungen im Rahmen der Reparationszahlungen, bei denen die Stinnes-Werke die gesamte Organisation der Lieferungen übernehmen. → S. 149

Der russische Bildhauer Alexander Archipenko beginnt seine Lehrtätigkeit an der Berliner Kunstschule der Kornscheuer. Er unterrichtet in Plastik, Malerei und Grafik. → S. 158

Der Architekt Hans Poelzig übernimmt im Auftrag der Staatsoper in Berlin die Gesamtausstattung der Neuinszenierung von Wolfgang Amadeus Mozarts Oper »Don Giovanni«.

Mit der Eröffnung der neuen Spielzeit tritt an der Preußischen Staatsoper in Berlin eine Erhöhung der Eintrittspreise in Kraft. Ermäßigte Preise erhalten deutsche und deutschösterreichische Staatsbürger. Ausländer müssen mehr zahlen.

In Paris erscheint erstmals in einer vollständigen Ausgabe der Roman »Ulysses« des irischen Schriftstellers James Joyce. → S. 157

Von Königswusterhausen aus sendet von nun ab täglich der dortige Rundfunksender vor allem Wirtschaftsnachrichten, zugleich erklärt das Postministerium den telefonischen Rundfunkdienst ab dem 1. September zum »gebührenpflichtigen Beförderungsmittel«.

»Komintern«, der erste Radiosender in Sowjetrußland, geht in Betrieb. → S. 155

2. September, Samstag

Reichspräsident Friedrich Ebert (MSPD) erklärt das »Deutschlandlied« offiziell zur Nationalhymne des Deutschen Reiches. → S.150

Das Reichswirtschaftsministerium erklärt, daß eine Rückkehr zur Zwangswirtschaft bei der Zuckerversorgung unvermeidlich sei (→ S. 202).

3. September, Sonntag

Bei einer Abstimmung in Oberschlesien votieren 650 000 Stimmberechtigte für und 50 000 gegen den Verbleib im preußischen Staat. → S. 150

In Anwesenheit des Reichspräsidenten Friedrich Ebert (MSPD) beginnt in Bremen eine niederdeutsche Woche.

Die Vorstandssitzung des Vereins der Deutschen Zeitungsverleger in Weimar verabschiedet eine Protestresolution gegen die Handhabung des Gesetzes zum Schutz der Republik, in der sie sich gegen die häufigen Beschlagnahmungen und Verbote von Zeitungen ausspricht.

Die deutschen Leichtathleten gewinnen in Frankfurt/Main einen Länderkampf gegen die Schweiz mit 89:49 Punkten. Die Gastgeber siegen in 14 der 15 Wettbewerbe (Ausnahme: 400 m). Emil Bedarff läuft über 5000 m in 15:25,3 min deutschen Rekord.

4. September, Montag

Der am 1. April in den Vereinigten Staaten von Amerika begonnene Bergarbeiterstreik, dem sich auch große Teile der Eisenbahner angeschlossen hatten, wird nach langwierigen Verhandlungen zwischen den Tarifpartnern und der Regierung mit teilweisen Lohnerhöhungen beendet (→ 30. 7./S. 114).

Ein in Leipzig geplanter Deutscher Anwaltstag wird abgesagt, da viele Juristen die Kosten für eine Teilnahme nicht aufbringen können.

5. September, Dienstag

Das preußische Innenministerium veröffentlicht eine Verfügung zur Bekämpfung des Schlemmens in Gasthäusern, Bars etc. (→ S. 203).

Die deutschen Beamtengehälter müssen wegen der steigenden Preise um 30% erhöht werden.

Der deutsche Wirtschaftsminister Robert Schmidt (MSPD) äußert sich im wirtschaftlichen Ausschuß des Reichstages zur Valutafrage und betont, daß die Berechnung von ausländischer Valuta bei Erzeugnissen aus inländischen Rohstoffen unzulässig sei (→ 12. 10./S. 168).

6. September, Mittwoch

Vor der Völkerbundstagung in Genf erklärt der österreichische Bundeskanzler Ignaz Seipel: »Ehe das Volk Österreich in seiner Absperrung zugrunde geht, wird es alles tun, um die Schranken und die Ketten, die es beengen und drücken, zu sprengen.« Seipel wendet sich hierbei gegen vorgesehene Auflagen an Österreich, die mit einer Anleihevergabe verknüpft werden sollen (→ 4. 10./S. 168).

Aufgrund der Initiative Fridtjof Nansens erscheint ein Buch mit Beiträgen bedeutender westeuropäischer Künstler. Der Erlös aus dem Verkauf dieses Buches soll den hungernden Kindern in Rußland zugute kommen. → S. 158

7. September, Donnerstag

Brasilien feiert den 100. Jahrestag seiner Unabhängigkeit von Portugal. → S. 149

Im Berliner Grunewald geht eine 300-Stunden-Autofahrt zu Ende. Den am 26. August begonnenen Test der beiden Dinos-Wagen überstanden beide Maschinen ohne Schaden. → S. 155

8. September, Freitag

In Athen tritt infolge der katastrophalen Niederlage griechischer Truppen im griechisch-türkischen Krieg die Regierung unter Peter E. Protopapadakis zurück. Eine Neubildung des Kabinetts durch Nikolaus Triandaphyllakos erfolgt am 11. September (→ 28. 11./S. 179).

In einem öffentlichen Aufruf wendet sich das Berliner Philharmonische Orchester an die Presse. Das Orchester fordert eine staatliche Unterstützung, da die gegenwärtig zur Verfügung stehenden finanziellen Mittel das Weiterbestehen des Orchesters unmöglich machen.

Auf der Generalversammlung des Vereins der Lichtspieltheaterbesitzer Berlins und der Provinz Brandenburg und dem Schutzverband Deutscher Filmtheater beschließen die Teilnehmer eine vorübergehende Schließung von 320 Berliner Kinos wegen der hohen Lustbarkeitssteuer.

9. September, Samstag

Im griechisch-türkischen Krieg fällt die Entscheidung: Die türkischen Truppen besetzen Smyrna (Izmir) und beginnen mit der Vertreibung der griechischen Soldaten aus Kleinasien. → S. 146

Das Parlament des irischen Freistaates wählt William T. Cosgrave zum neuen Ministerpräsidenten (→ 22. 8./S. 129).

Ein großer Erfolg wird die Premiere der Operette »Madame Pompadour« von Leo Fall im »Berliner Theater«. Die Hauptrolle spielt Fritzi Massary.

10. September, Sonntag

Bei den Kommunalwahlen in Thüringen erringen die bürgerlichen Parteien 195 Sitze im Abgeordnetenhaus. Die linksgerichteten Parteien erhalten 161 Sitze.

Auf einer Veranstaltung des Oberschlesischen Hilfsbundes in der Berliner Oper feiern die Anwesenden, darunter der Reichspräsident, der Reichskanzler und der preußische Ministerpräsident, die Treue Oberschlesiens zum Deutschen Reich (→ 15. 5./S. 77).

In seiner Rede anläßlich des Gedenkens an die Marneschlacht erklärt der französische Ministerpräsident Raymond Poincaré, Frankreich wolle keine Forderungen von Deutschland eintreiben, doch werde es sich allein helfen, wenn man es nicht bei seiner Wiederherstellung unterstütze (→ 27. 11./S. 181).

Die Hohe Interalliierte Rheinkommission verbietet das Singen und Spielen der neuen Nationalhymne des Deutschen Reiches in den besetzten deutschen Gebieten. Der Grund dafür ist der »imperialistische« Text (→ 2. 9./S. 150.

Aufgrund eines rasanten Anstiegs der Arbeitslosenzahlen (eine halbe Million

in den vergangenen Wochen) verkündet die tschechoslowakische Regierung ein neues Wirtschaftsprogramm. So sollen die Produktion gesteigert und die Arbeitszeit kontrolliert werden sowie die Qualität v. a. der für den Export bestimmten Erzeugnisse verbessert werden.

Mit dem Grand Prix von Italien wird die Autorennbahn von Monza eingeweiht. Sieger des 800-km-Rennens wird Pietro Bordino vor Felice Nazzaro (beide auf Fiat). → S. 159

11. September, Montag

In Anwesenheit hoher kirchlicher und politischer Persönlichkeiten aus Großbritannien, Transjordanien, Armenien, Griechenland und Syrien findet im Regierungspalast von Jerusalem die Proklamierung der Verfassung eines künftigen Staates Palästina statt. Palästina wurde im Juni ebenso wie das Nachbarland Transjordanien unter britisches Mandat gestellt. → S. 148

Die in Straßburg erscheinende Zeitung »Republique« berichtet, daß seit Beginn des Jahres 1500 Deutsche in die französische Fremdenlegion eingetreten seien.

Alliierte Truppen landen bei Canakkale an der Einfahrt der Meerenge der Dardanellen und hissen ihre Flaggen, um so die neutrale Zone zwischen Griechenland und der Türkei zu gewährleisten (→ 3. 10./S. 166).

12. September, Dienstag

Der Finne Paavo Nurmi verbessert in Stockholm auf der 5000-m-Strecke mit 14:35,4 min den seit zehn Jahren bestehenden Weltrekord. → S. 159

13. September, Mittwoch

Die Stadtverordnetenversammlung von Königsberg genehmigt eine Stiftung von 300 000 Mark zur Errichtung einer würdigen Gedenkstätte für den Philosophen Immanuel Kant.

14. September, Donnerstag

Mit einer durch die Stimmen der bürgerlichen Parteien und der Kommunisten erreichten Mehrheit beschließt der sächsische Landtag in Dresden seine Auflösung. → S. 151

Der österreichische Nationalrat berät über die Aufnahme von Krediten und stellt fest, daß diese die Unabhängigkeit und Selbständigkeit des Landes nicht beeinträchtigen dürfen (→ 4. 10./S. 168).

15. September, Freitag

Auf der Versammlung des Industrie- und Handelstages in Berlin wiederholt Reichskanzler Joseph Wirth (Zentrum) die Maxime der Regierung: »Erst Brot, dann Reparationen« (→ 21. 8./S. 126).

Infolge der ständigen Währungsschwankungen gehen einige offizielle Stellen dazu über, Preise in Naturalien festzulegen. So werden z. B. in Weimar und Naumburg Schulgeld, Elektrizität, Gas und Arzthonorare in Naturalien bezahlt. → S. 151

September 1922

Nach dem Sieg der türkischen Truppen über die griechische Armee verlassen die ausländischen Bewohner von Smyrna – zumeist Griechen und Briten – überstürzt die von türkischen Truppen eingenommene Stadt. Die Flüchtlinge versuchen, auf Fracht- und Kriegsschiffen noch Platz zu bekommen (Titelblatt der »L'Illustration« vom 23. 9. 1922).

September 1922

16. September, Samstag

In Berlin beginnt die erste internationale Konferenz der kommunistischen Kindergruppenbewegung (bis 19. 9.). Die Delegierten beschäftigen sich mit der Organisierung der politischen Arbeit unter den Kindern.

17. September, Sonntag

Die erweiterte Exekutive der Internationalen Arbeiterhilfe (IAH) tagt in Berlin und gründet die Industrie- und Handelsgesellschaft Internationale Arbeiterhilfe für Sowjetrußland zur Organisierung einer Arbeiteranleihe (→ 1. 1./S. 18).

Die Berliner »Vossische Zeitung« veröffentlicht in einem Beitrag unter der Überschrift »Gründung einer Ehe« einen Kostenvoranschlag für das Zusammenleben in ehelicher Zweisamkeit. Der Autor kommt am Ende des Artikels zu dem Schluß, daß im Deutschen Reich eine Eheschließung unter den gegenwärtigen Bedingungen für Kinder aus einem normalen kleinbürgerlichen Haushalt nicht mehr finanzierbar sei.

In dem Berliner Kino »Alhambra« wird der Film »Der Brandstifter«, der erste Spielfilm mit integrierter Lichttonspur, gezeigt. → S. 154

18. September, Montag

Am letzten Tag seines dreitägigen Aufenthalts in London erhält der Präsident der Deutschen Reichsbank, Rudolf Havenstein, die Garantie der Bank von England für die deutschen Wechselzahlungen über die im August vom Deutschen Reich angekündigte Rate der Reparationszahlungen (→ 21. 8./S. 126).

Die Völkerbundversammlung in Genf stimmt für die Aufnahme Ungarns in die Organisation.

Anläßlich der Jahrhundertfeier der deutschen Naturforscher findet in Leipzig eine Tagung statt, die mit einer Rede von Max Planck eröffnet wird. In einer Petition protestieren Ärzte und Naturforscher dagegen, daß die Gesellschaft deutscher Naturforscher und Ärzte die Relativitätstheorie von Albert Einstein auf die Tagesordnung der Veranstaltung gesetzt hat (→ 20. 9./S. 151).

Der verwitwete ehemalige deutsche Kaiser, Wilhelm II., verlobt sich in seinem niederländischen Exilort Doorn mit Prinzessin Hermine von Schönaich-Carolath (→ 5. 11./S. 184).

Aus finanziellen Gründen muß der Zoo in Hannover geschlossen werden. Die Stadtverwaltung plant den Verkauf der Tiere (→ 6. 8./S. 134).

19. September, Dienstag

Der Staatsgerichtshof zum Schutze der Republik tritt in Leipzig zusammen. Die Beschwerde der »Deutschen Allgemeinen Zeitung« wegen des Verbots wird in der Verhandlung tags darauf abgewiesen.

Der deutsche Geschäftsträger teilt der belgischen Regierung in Brüssel mit, daß die Deutsche Reichsbank bereit ist, den Sechsmonatswechsel in Höhe von 270 Mio. Mark für die Reparationszahlung unter Verzicht auf die zunächst verlangte Verlängerung zu unterzeichnen.

Der US-amerikanische Präsident Warren G. Harding unterzeichnet das neue Zollgesetz der USA, worin die Zölle allgemein stark erhöht werden. Es tritt am 21. September in Kraft. → S. 148

Der Vorstand des Deutschen Städtetages fordert auf seiner Sitzung in München Maßnahmen zur Sicherstellung der Kohlevorräte in den deutschen Städten für den bevorstehenden Winter.

Nach heftigen Regenfällen kommt es in den Tälern der Sulz und Schwarzach in der Oberpfalz zu erheblichen Überschwemmungen.

20. September, Mittwoch

Eine Gesellschaft von 88 französischen Bauunternehmern schließt mit der deutschen Kommanditgesellschaft Lehrer-Siemens (»Lesi«) einen Vertrag, wonach die deutschen Unternehmen Baumaterial liefern und in den französischen Wiederaufbaugebieten auch Bauarbeiten durchführen (→ 1. 9./S. 149).

In Paris treffen der französische Ministerpräsident Raymond Poincaré, der britische Außenminister George Nathaniel Curzon und der ehemalige italienische Außenminister Carlo Graf Sforza zu Gesprächen über die Lage nach dem türkischen Sieg in Smyrna zusammen, um über ihre Forderungen gegenüber der Türkei zu beraten. Die Staaten fürchten um die Verringerung ihres bisherigen Einflusses in dem Gebiet. → S. 147

In Leipzig endet die Hundertjahrfeier des deutschen Ärzte- und Naturforschertages. → S. 151

Das »Triadische Ballett« des Bauhauskünstlers Oskar Schlemmer wird erstmals in Stuttgart aufgeführt. → S. 158

21. September, Donnerstag

Aus Anlaß einer Fahnenweihe in Mailand erklärt Faschistenführer Benito Mussolini, der oberste Grundsatz der Faschisten sei Disziplin; Streiks müßten verboten werden, und Staatsmänner, die dem Sozialismus immer nachgegeben hätten, müßten umgehend ersetzt werden (→ 28. 10./S. 164).

In Eisenach findet eine Tagung des Deutschen Vereins für Sozialpolitik statt. Hauptthema der Veranstaltung ist die Not der geistigen Arbeiter. Sie sind von der Inflation besonders betroffen, da sie als zumeist Freischaffende keinerlei arbeitsrechtliche Absicherung besitzen und auch von keiner Seite Unterstützung z. B. bei der Forderung nach Erhöhung der Bezüge erhalten.

Über den Weihnachtsinseln findet eine totale Sonnenfinsternis statt. Die Beobachtung des Naturschauspiels in diesem Gebiet bleibt für die angereisten internationalen Wissenschaftler unbefriedigend, da die meiste Zeit Wolken die Sonne verdecken. → S. 155

22. September, Freitag

In einer Note fordert die tschechoslowakische Staatsanwaltschaft in der Tschechoslowakei arbeitende ungarische und deutsche Zeitungsredaktionen auf, kritische Artikel gegenüber der Großen und der Kleinen Entente künftig zu unterlassen.

23. September, Samstag

An den Münchener Kammerspielen wird erstmals ein Stück des jungen Autors Bertolt Brecht auf der Bühne gezeigt: Otto Falckenberg inszeniert die Uraufführung von »Trommeln in der Nacht«. → S. 158

24. September, Sonntag

Auf dem gemeinsamen Parteitag in Nürnberg beschließen die Unabhängigen (USPD) und die Mehrheitssozialisten (MSPD) die Wiedervereinigung ihrer Parteien. → S. 149

In einer Volksabstimmung entscheiden sich die Schweizer gegen die Einführung eines Schutzgesetzes, das eine wesentliche Verschärfung des politischen Strafrechts bedeutet hätte. → S. 148

Der französische Profiboxer Georges Carpentier verliert durch eine K.-o.-Niederlage gegen den Senegalesen Battling Siki gleich zwei Titel: Seit 1913 war Carpentier Europameister aller Klassen (Schwergewicht), seit 1920 auch Weltmeister im Halbschwergewicht. → S. 159

25. September, Montag

In Breslau tritt der Zentralvorstand der Deutschen Volkspartei (DVP) zu einer Tagung zusammen, um über notwendige Maßnahmen gegen die immer schlechter werdende wirtschaftliche Lage zu beraten.

Der bis 27. September dauernde VII. Internationale psychoanalytische Kongreß beginnt in Berlin. Den Vorsitz hat Sigmund Freud.

26. September, Dienstag

Die Regierung Sowjetrußlands protestiert in einer Note gegen die Orientpolitik der Entente. Rußland sei mit seinen Verbündeten, der Ukraine und Georgien, nach der Türkei an erster Stelle an einer Freiheit der Meerengen interessiert (→ 20. 11./S. 178).

Das polnische Parlament genehmigt ein Finanzgesetz, in dem u. a. die Deckung des Haushaltsdefizits teilweise durch den Druck von polnischem Papiergeld vorgesehen ist. Der Zloty wird dem Goldfranc gleichgesetzt.

Das Moskauer Künstlertheater unter der Leitung von Konstantin S. Stanislawski beginnt sein sechs Tage dauerndes Gastspiel im Berliner Lessing-Theater mit dem Stück »Zar Feodor Iwanowitsch« von Alexei K. Tolstoi. → S. 158

In Berlin beginnen die Verhandlungen des Internationalen Kongresses der Verbände zur Verwertung musikalischer Aufführungsrechte. Auf der Tagung verlangen die Künstler einen Urheberrechtsschutz.

27. September, Mittwoch

Da sie gegen ein Bündnis mit der, wie sie meinen, inzwischen bürgerlich gewordenen MSPD sind, gründen Mitglieder der ehemaligen USPD unter Theodor Liebknecht und Georg Ledebour eine neue Unabhängige Sozialdemokratische Partei (USPD) (→ 24. 9./S. 149).

Die Völkerbundsversammlung in Genf genehmigt den vom österreichischen Bundeskanzler Ignaz Seipel eingereichten Sanierungsplan, Voraussetzung für die Völkerbundanleihe (→ 4. 10./S. 168).

Konstantin I., König von Griechenland, wird nach der Niederlage der Griechen im griechisch-türkischen Krieg zum Rücktritt gezwungen. → S. 147

28. September, Donnerstag

Bei den Wahlen zum Parlament, dem Sejm, im zu Polen gehörenden Gebiet Oberschlesiens erhalten die Deutschen 14 und die Polen 34 Sitze.

Eine in der deutschen Presse veröffentlichte Untersuchung über die Eingliederung ehemaliger Reichswehroffiziere in das zivile Berufsleben enthält die Erkenntnis, daß insbesondere die höheren Offiziere mit den »zivilen« Problemen nicht umgehen können.

Ein neues Theater, das sich vor allem um die künstlerische Qualität der Aufführungen bemühen möchte, eröffnet Margarete Ebinger in Berlin. Als erstes Stück in den West-Kammerspielen sehen die Zuschauer Maurice Maeterlincks Stück »Prinzessin Maleine«.

29. September, Freitag

Ulrich Graf von Brockdorff-Rantzau wird zum ersten Botschafter des Deutschen Reiches in Sowjetrußland ernannt.

Der Parteivorstand der Deutschnationalen Volkspartei (DNVP) verwirft den Vorschlag einer deutsch-völkischen Arbeitsgemeinschaft mit der Deutschen Volkspartei (DVP).

Infolge einer Explosion in einem Fort in der Nähe der italienischen Stadt La Spezia sterben 50 Menschen.

30. September, Samstag

In Budapest wird Otto, Sohn Karls I., des letzten österreichischen Kaisers und ungarischen Königs (→ 1. 4./S. 65), zum rechtmäßigen Thronerben proklamiert. → S. 155

Das Wetter im Monat September

Station	Mittlere Lufttemperatur (°C)	Niederschlag (mm)	Sonnenscheindauer (Std.)
Aachen	11,9 (14,5)	106 (68)	– (160)
Berlin	12,0 (13,8)	63 (46)	– (194)
Bremen	11,9 (14,0)	52 (60)	– (164)
München	11,5 (13,4)	126 (84)	– (176)
Wien	– (15,0)	– (56)	– (184)
Zürich	11,7 (13,5)	94 (101)	101 (166)

( ) Langjähriger Mittelwert für diesen Monat
– Wert nicht ermittelt

September 1922

Der im August beginnende rapide Verfall der Mark löst panikartige Stimmung aus. Wie hier in Berlin versuchen viele Deutsche, das ständig an Wert verlierende Geld in stabile US-Dollar oder in Waren umzusetzen (»Bilder-Chronik« der »Deutschen Allgemeinen Zeitung« vom 10. 9. 1922).

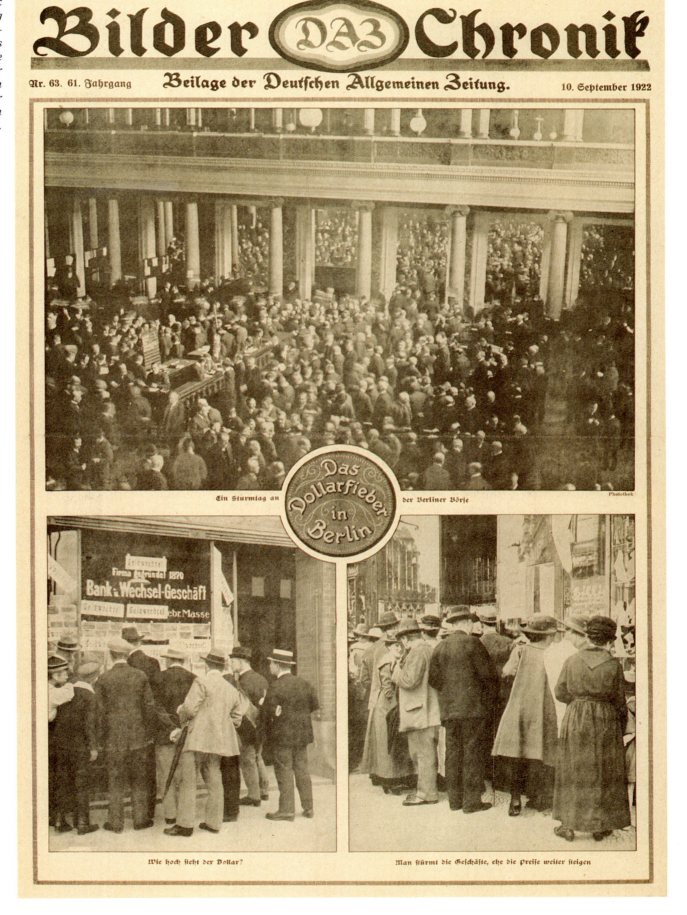

September 1922

Blick von einem Kriegsschiff auf das brennende Smyrna; das im Armenierviertel ausgebrochene Feuer verschlingt auch das Zentrum mit allen Gebäuden.

Sieg der türkischen Armee über die Griechen in Smyrna

9. September. Türkische Truppen besetzen die Stadt Smyrna (Izmir) am Ägäischen Meer und führen damit die Entscheidung im griechisch-türkischen Krieg herbei.

Unter der militärischen Führung von Mustafa Kemal Pascha (ab 1934 Kemal Atatürk) begann am 26. August der Angriff auf die griechische Armee, die mit dem Ziel Angora (Ankara) bis zu den westanatolischen Städten Eskişehir und Afyonkarahisar vorgedrungen war. Ihre Stärke betrug 220 000 Mann und 380 Geschütze. Kemals Angriffsplan war auf den unmittelbaren Vorstoß nach Smyrna aufgebaut, entlang der Eisenbahnlinie über Usak und Manisa. In dem Tagesbefehl an seine Soldaten – insgesamt 200 000 Mann, die mit 200 Geschützen ausgerüstet waren – kündigte er seinen Soldaten an, bis zum Mittelmeer dürfe es keinen Stillstand geben. Schon am folgenden Tag waren die Linien des Gegners durchbrochen, Afyonkarahisar mußte überstürzt geräumt werden. Der ganze rechte Flügel der nach Anatolien eingefallenen griechischen Armee wurde innerhalb von sechs Tagen zerschlagen. Etliche Verbände flohen in Richtung Marmarameer zum Hafen von Bursa, wo sie hoffen, unter dem Schutz der die Griechen unterstützenden Briten auf deren Schiffen entkommen zu können. Der Hauptstrom der besiegten Griechen jedoch zog nach Smyrna, das die türkischen Soldaten am 9. September kampflos einnehmen können.

Mustafa Kemal Pascha (Atatürk) führt die Türkenarmee zum Sieg.

Obwohl Kemal Pascha, der tags darauf eintrifft, Übergriffe auf die christliche Bevölkerung verbietet, setzt eine Welle des Terrors gegen die griechischen und armenischen Einwohner ein. Ein im Armenierviertel ausgebrochenes Feuer verbreitet sich über die Stadt und legt die von Armeniern, Griechen und der westeuropäischen Bevölkerung bewohnten Gebiete in Schutt und Asche. Verschont bleibt lediglich die Türkenstadt. Während im Hafen flüchtende Soldaten und Zivilisten um die Plätze auf den alliierten Kriegsschiffen kämpfen, werden Tausende von Armeniern und Griechen Opfer der wütenden türkischen Nationalisten.

Am 16. September verlassen die letzten griechischen Soldaten Kleinasien. Kemal Pascha tritt nun in Verhandlungen mit den Alliierten ein und verlangt die Rückgabe der in der internationalen Zone gelegenen Stadt Konstantinopel (Istanbul) an die Türkei. Die Zone war 1918 von den Alliierten zum entmilitarisierten Gebiet erklärt worden. Am 23. September überschreitet eine kleine Abteilung der Kemalisten demonstrativ die Grenze dieser Region bei Canakkale am Zugang zu den Dardanellen (→ 3. 10. / S. 166).

Kemal Pascha organisiert den Widerstand

Einen Wendepunkt in der Geschichte der Türkei bildet der am 10. August 1920 in Sèvres geschlossene Friedensvertrag.

Als Verlierer an der Seite der Mittelmächte mußte Sultan Muhammad VI. auf alle Gebiete außerhalb Kleinasiens bis auf einen Rest europäischen Festlandes verzichten. Die Türkei wurde der alliierten Finanz- und Militärkontrolle unterstellt, große Gebiete in britische, französische und italienische Interessensphären aufgeteilt. Das bedeutete den endgültigen Zerfall des einst so mächtigen Osmanischen Reiches – gleichzeitig jedoch auch das Entstehen eines türkischen Nationalstaates.

Die Schmach dieser totalen Niederlage wurde zur Basis einer weit verbreiteten türkischen Widerstandsbewegung, an deren Spitze sich Mustafa Kemal Pascha stellte. Er widersetzte sich der Demobilisierung zu dem Zeitpunkt, als die Griechen unter General Eleftherios Weniselos – Griechenland nahm am Weltkrieg an der Seite der Ententemächte teil – 1919 Thrakien und Smyrna (Izmir) besetzten. Mit der in Sèvres abgesegneten Annexion türkischer Gebiete schien für die Griechen die Möglichkeit gegeben, sich den alten Traum der Erweiterung ihres Reiches nach Kleinasien zu erfüllen. Noch 1919 berief Kemal Pascha jedoch die Große Nationalversammlung nach Angora (Ankara) und leitete damit den Unabhängigkeitskampf ein. Als die Griechen 1921 weiter nach Westanatolien vordrangen, entschloß er sich zur Offensive (→ 1. 11. / S. 179).

September 1922

Reste der geschlagenen griechischen Armee auf dem Rückzug durch unwegsame Gebiete Anatoliens; Ziel der Soldaten sind die Hafenstädte.

Menschenmengen im Hafen von Smyrna: Die griechische Bevölkerung versucht, sich in Sicherheit zu bringen und alliierte Kriegsschiffe zu erreichen.

Kemalistische Reiter der ersten in Smyrna eingezogenen türkischen Truppen auf dem Hafenkai; im Hintergrund ein britisches Kriegsschiff

Orientkonferenz in Paris

20. September. Nach der griechischen Niederlage in Smyrna beginnen in Paris Verhandlungen zwischen Vertretern Frankreichs, Großbritanniens und Italiens über eine weitere gemeinsame Politik gegenüber der Türkei.

Die Leiter der Delegationen, der französische Ministerpräsident Raymond Poincaré, der britische Außenminister George Nathaniel Curzon und Italiens Vertreter Carlo Graf Sforza, diskutieren den Vorschlag von Frankreich und Italien, ihre Truppen aus der neutralen entmilitarisierten Zone zurückzuziehen. So soll eine friedliche Lösung des Orientproblems ermöglicht werden.

Für Curzon kommt diese Entscheidung allerdings überraschend, er schlägt deshalb vor, erneut eine Konferenz zu dieser Frage mit einem erweiterten Teilnehmerkreis zu einem späteren Zeitpunkt einzuberufen. Die Delegationen beschließen deshalb ihre Verhandlungen bereits am 23. September mit der Veröffentlichung einer Einladung an die für ein solches Treffen vorgesehenen Regierungen. Der Türkei gegenüber erklären sie ihr prinzipielles Einverständnis zu den von Angora (Ankara) ausgesprochenen Forderungen, Thrakien und die strategisch wichtige Stadt Konstantinopel wieder zurückzuerhalten (→ 3. 10./S. 166).

Konstantin I. dankt ab

27. September. Konstantin I., König von Griechenland, gibt in Athen seine Abdankung zugunsten seines Sohnes, Georg II., bekannt.

Damit reagiert Konstantin auf die Angriffe seitens der griechischen Armee, darunter auch General Eleftherios Weniselos. Die Militärs machen den König für die Niederlage im griechisch-türkischen Krieg und für die dabei erlittenen Verluste verantwortlich (→ 9. 9. / S. 146). Entgegen der von Weniselos vertretenen Strategie, die griechischen Truppen im besetzten Smyrna zu belassen, hatte Konstantin befohlen, Angora (Ankara) zu erobern, um der Welt zu demonstrieren, daß »dieser Mustafa Kemal nichts weiter ist als ein Räuberhauptmann, der einem Kulturvolk nicht widerstehen kann«. Im Juni 1921 setzte sich Konstantin selbst an der Spitze der griechischen Armee in Richtung Angora in Marsch. Der erfolgreiche Vorstoß bis hinter den Sakarya-Fluß zehrte allerdings die Kräfte der Soldaten auf – eine Ursache für die folgende katastrophale Niederlage.

Nach seiner Abdankung verläßt König Konstantin zum zweiten Mal sein Königreich. 1917 war er, ein Schwager Wilhelms II., schon einmal auf den Druck der Ententemächte hin zurückgetreten. Erst 1920 kam er aufgrund einer Volksabstimmung nach Athen zurück.

Konstantin von Griechenland mit seiner deutschen Frau Sophie

September 1922

Zionisten feiern Verfassung Palästinas

11. September. Im Regierungspalast von Jerusalem findet unter Beteiligung alliierter und kirchlicher Würdenträger die feierliche Verkündung der Verfassung des zukünftigen autonomen Staates Palästina statt. Aus Protest halten die arabischen Geschäftsleute in Jerusalem ihre Läden geschlossen.

Der Völkerbund hatte Palästina am 24. Juli britischem Mandat unterstellt mit der Auflage, einen autonomen jüdischen Staat aufzubauen. Diese Absicht hatte Großbritannien bereits in der Balfour-Deklaration vom 2. November 1917 manifestiert. Das Mandat soll im nächsten Jahr in Kraft treten.

Palästina, das bis zur Niederlage der Mittelmächte im Weltkrieg Teil des Osmanischen Reiches war, steht faktisch bereits seit 1917 unter alliierter Verwaltung. Im Dezember 1919 war von Vertretern der Zionisten und Großbritanniens ein Mandatsentwurf ausgehandelt worden, der die radikalen zionistischen Vorstellungen größtenteils berücksichtigte. Die arabischen Minderheiten im Gebiet Palästinas fürchten um ihre Autonomie. Deshalb begannen die Araber im Raum Palästina/Mesopotamien, sich gegen die zionistischen Pläne zusammenzuschließen. Daraufhin erklärte Großbritannien nur den westlich des Jordans gelegenen Teil Palästinas zum Geltungsbereich der Balfour-Deklaration.

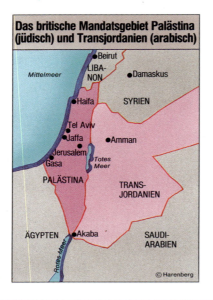

△ *Die jüdischen Kolonisten, die in der Ebene Israels ihre Pflanzungen bearbeiten (r.), müssen von eigenen Wächtern (l.) geschützt werden. Die britische Mandatsregierung ist nicht in der Lage, die jüdischen Siedler vor der z. T. aufgebrachten arabischen Bevölkerung ausreichend zu schützen.*

◁ *Grenzen Palästinas nach der Teilung des nun britischen Mandatsgebietes von 1921, durch die Transjordanien als arabisches Gebiet abgetrennt wurde. Ursprünglich plante die zionistische Kommission 1919 ein über den Jordan hinausreichendes Gebiet für den neuen Staat. Im Osten sollte er bis Amman und im Norden bis Sidon reichen.*

Kurze Geschichte des Zankapfels Palästina

Schon in früher Zeit war das kleine Land am Mittelmeer geprägt von Auseinandersetzungen zwischen Juden und Nichtjuden.

Seit 63 v. Chr. stand der jüdische Siedlungsraum unter römischer Herrschaft. 66 n. Chr. kam es zum ersten jüdisch-römischen Krieg. Die Folge war die Schaffung einer von Rom unabhängigen Provinz Judäa (ab 135 Syria Palaestina). Im 7. Jahrhundert wurde Palästina durch die Araber erobert, ab 878 gehörte es meist zu Ägypten. 1099 vertrieben Kreuzfahrer die Ägypter und errichteten das christliche Königreich Jerusalem. Ab 1291 stand Palästina unter osmanischer Herrschaft, bis 1917/18 Großbritannien das Land eroberte. Die Briten unterstützen die Autonomiebestrebungen der Juden in ihrer Eigenschaft als Mandatsträger des Völkerbundes für Palästina (1920/22). Am 11. September wird die erste Verfassung verkündet.

Die Klagemauer in Jerusalem, Stätte des jüdischen Gebets an Festtagen

Vereinigte Staaten erhöhen die Zölle

19. September. Der US-amerikanische Präsident Warren G. Harding billigt das neue Zollgesetz, das zwei Tage später in Kraft tritt.

Das neue Gesetz erhöht die Zölle für nahezu alle Importwaren erheblich. Die Wirtschaftsexperten in den Vereinigten Staaten sehen darin die einzige Chance, die Überflutung des amerikanischen Marktes mit äußerst billigen Auslandswaren einzudämmen und damit die landeseigene Industrie zu unterstützen. Eine ständige Verbesserung der wirtschaftlichen Situation des Landes war in den letzten Monaten ohnehin schon feststellbar. Diese positive Tendenz soll nun von staatlicher Seite gefördert werden.

Jetzt veröffentlichte Zahlen vom Juli des Jahres lassen erkennen, daß der Export ins Deutsche Reich im Vergleich zum Juni um ein bedeutendes Ausmaß gesunken ist. Umgekehrt konnte die Industrie des Deutschen Reiches den Export in die USA im gleichen Zeitraum erheblich steigern. Diese Tatsachen sind in der Hauptsache auf den rapiden Verfall der deutschen Währung zurückzuführen, die eine Senkung der Preise für deutsche Waren im Ausland zur Folge hat (→ 21. 8. / S. 126) – eine Tendenz, die ebenso den Handel mit den übrigen westeuropäischen Ländern kennzeichnet und auch dort Beunruhigung hervorruft.

Schweiz stimmt gegen Notgesetze

24. September. Bei einer Volksabstimmung in der Schweiz wird mit 376 832 gegen 303 794 die »Abänderung des Bundesstrafrechts in bezug auf Verbrechen gegen die verfassungsmäßige Ordnung« verworfen. Mit diesem Ausnahmegesetz wollte Bundesrat Heinrich Häberlin, Vorsteher des Justiz- und Polizeidepartements, Unruhen in der Bevölkerung und in der Armee niederschlagen, die ihre Ursache angeblich in verstärkter kommunistischer Agitation haben. Das am 31. Januar verabschiedete Gesetz führte zu heftigen Protestaktionen bei den Arbeiterorganisationen. Bis zum Ablauf der Referendumspflicht am 2. Mai sammelten sie 149 954 Unterschriften für die nun stattgefundene Volksabstimmung.

September 1922

Stinnes schließt Reparationsvertrag

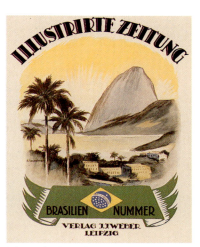

Die »Leipziger Illustrirte Zeitung« berichtet in der Ausgabe vom 15. Juni über das unabhängige Brasilien.

Brasilien seit 100 Jahren selbständig

7. September. Mit Volksfesten überall im Land begehen die Brasilianer den 100. Jahrestag der Verkündung ihrer Unabhängigkeit von der Kolonialmacht Portugal.
Pedro, der Sohn des portugiesischen Königs Johann VI., der 1808 vor Napoleon I. von Lissabon nach Brasilien geflohen war, hatte die Autonomie des Landes am 7. September 1822 bei São Paulo ausgerufen und Brasilien zur konstitutionellen Monarchie erklärt. Seit der Entdeckung Brasiliens durch Pedro Alvares Cabral im Jahr 1500 war das Land in portugiesischer Hand.

1. September. In Berlin schließt der Industrielle und Reichstagsabgeordnete der Deutschen Volkspartei (DVP), Hugo Stinnes, mit dem Präsidenten der französischen Generalbeschaffungskommission, Odon de Lubersac, ein Abkommen über Lieferungen deutschen Baumaterials zum Wiederaufbau der im Weltkrieg zerstörten Gebiete Nordfrankreichs. Der Vertrag löst im Deutschen Reich teilweise Unverständnis und Verärgerung aus. Stinnes, der bislang als Verfechter einer harten politischen Linie gegen die übermäßigen Reparationslasten galt, hat damit nach Ansicht vor allem konservativer Kräfte im Reich, sein eigenes Bekenntnis verraten.
Die Verärgerung richtet sich allgemein gegen die separaten Verhandlungen zwischen einem Vertreter der deutschen Industrie und Frankreich unter Ausschluß der deutschen Reichsregierung, zumal zwischen den offiziellen Vertretungen beider Länder durch das Wiesbadener Abkommen vom Oktober 1921 bereits Verträge über Sachlieferungen bestehen.
Nach dem von Stinnes im Alleingang geschlossenen Abkommen soll nun die stinneseigene Aktiengesellschaft für Hoch- und Tiefbauten in Essen die Anlieferung nach Frankreich koordinieren, wofür sie von Frankreich eine beträchtliche Provision von 6% erhält.

»Die Zeit der Romantik ist vorbei« – der Industrielle Hugo Stinnes als Friedensengel in einer Karikatur von E. Schilling zum Abkommen mit Lubersac

Unabhängige und Mehrheitssozialisten wieder vereint

24. September. Die sog. rechten und linken Flügel der Sozialdemokraten heben ihre Spaltung auf. Auf einem gemeinsamen Parteitag der Unabhängigen (USPD) und Mehrheitssozialisten (MSPD) in Nürnberg wird die Wiedervereinigung der seit der Gründung der USPD im April des Jahres 1917 faktisch gespaltenen Arbeiterpartei beschlossen.
Die Sozialisten nennen sich zunächst »Vereinigte Sozialdemokratische Partei Deutschlands« (VSPD) und stellen im Reichstag 178 von 459 Abgeordneten.
Bald nach dem Parteitag kommt es in der Diskussion um ein gemeinsames Parteiprogramm schon zu ersten Zerreißproben der neuen Verbindung. Die MSPD hatte in ihrem Görlitzer Programm vom 17. September 1921 ein Bekenntnis zur parlamentarischen Demokratie abgelegt und sich damit weitgehend von marxistischen Auffassungen distanziert. Innerhalb der USPD gibt es auch nach der Vereinigung Widerstände gegen dieses ihrer Ansicht nach revisionistische Programm, weshalb die ehemaligen MSPD-Mitglieder ein Erstarken der radikalen Linken befürchten.
Als eine Restpartei existiert die USPD auch nach Nürnberg weiter – eine kleine radikalsozialistische Gruppe, die sich schon 1920 innerhalb der USPD bildete. Ihre Mitgliederzahl ist jedoch gering, da sich ein Großteil der Radikalen bereits der KPD angeschlossen hat.

Karl Kautsky (* Prag 16. 10. 1854) mit seiner Frau in Nürnberg; er gehörte im Jahr 1917 zu den Gründern der USPD.

Die beiden Vorsitzenden der nun wiedervereinigten sozialdemokratischen Parteien reichen sich die Hände: (l.) Otto Wels (* Berlin 15. 9. 1873) von der MSPD und Arthur Crispien (* Königsberg 4. 11. 1875) von der USPD.

Hermann Müller (* Mannheim 18. 5. 1876) von der MSPD ist mit Crispien und Wels im Vorstand der neuen SPD.

September 1922

»Lied der Deutschen« wird zur Nationalhymne erklärt

2. September. Reichspräsident Friedrich Ebert (MSPD) erklärt das »Deutschlandlied« des Lyrikers August Heinrich Hoffmann von Fallersleben zur Nationalhymne des Deutschen Volkes.

Die neue Hymne wird nach der Melodie der ehemaligen österreichisch-ungarischen Kaiserhymne »Gott erhalte Franz den Kaiser« gesungen, die von Joseph Haydn 1796/97 komponiert wurde.

Hoffmann von Fallersleben hatte die drei Strophen des Gedichts 1841 unter dem Eindruck der antirestaurativen Einigungsbewegung in den deutschen Staaten niedergeschrieben, und der Hamburger Verleger Julius Campe veröffentlichte es mit der Melodie von Haydns Kaiserhymne. Das Lied verbreitete sich damals rasch in den bürgerlich-liberalen Kreisen.

Der besonders in den ersten beiden Strophen (»Deutschland, Deutschland über alles...« und »Deutsche Frauen, deutsche Treue...«) zum Ausdruck kommende Nationalismus trifft Anfang der 20er Jahre nach den aufgezwungenen Gebietsabtretungen und Reparationsleistungen im Versailler Vertrag auf ein empfängliches Publikum über das gesamte politische Spektrum in Deutschland hinweg.

Die Vertonung des ursprünglichen

Notenblatt der neuen Nationalhymne »Lied der Deutschen« mit der Komposition, die Joseph Haydn ursprünglich als österreichische Hymne geschrieben hatte, und dem 1841 von Heinrich Hoffmann von Fallersleben geschriebenen Text

Textes von Lorenz Hascka war von Haydn als Kampflied gegen die Bedrohung Wiens durch Napoleon Bonaparte 1796 gedacht. Dabei hatte er sich an der englischen Hymne »God save the King« orientiert.

Hymnen patriotischen Inhalts wurden seit der Französischen Revolution, in der die »Marseillaise« zum Kampflied wurde, in den europäischen Nationalstaaten populär. Das seit der deutschen Einigung von 1871 oft zu feierlichen Anlässen im Kaiserreich gespielte Preislied »Heil dir im Siegerkranz« war mit der Novemberrevolution und dem endgültigen Sturz der Monarchie von 1918 obsolet geworden.

Oberschlesier votieren für ihren Verbleib bei Preußen

3. September. Bei der Volksabstimmung in dem zum Deutschen Reich gehörenden Teil Oberschlesiens sprechen sich 650 000 Wahlberechtigte für und 50 000 gegen den Verbleib im Land Preußen aus.

Diese Entscheidung bedeutet eine deutliche Absage an die vor allem unter der polnischen Minderheit verbreitete Autonomiebestrebung und macht den Weg frei für die Wahlen zum Provinziallandtag. Dessen Etablierung ist Voraussetzung für den Wiederaufbau des von Krieg und Teilung geprägten Landes. Aufgelöst werden nun auch die Selbstschutzorganisationen, mit denen die deutschen Einwohner glaubten, sich gegen die Polen schützen zu müssen. Die von der Oppelner Regierung festgelegte Frist für die Waffenabgabe endet am 3. September.

Das Votum der Oberschlesier für Preußen sei allerdings nur ein Kompromiß, wie die beiden größten Parteien, Zentrum und SPD, betonen. Er soll eine »unorganische Auflösung Preußens vermeiden«. Diese Haltung entspricht einer bei vielen deutschen Länderregierungen vertretenen Meinung, daß der preußische Staat innerhalb der Konföderation des Deutschen Reiches ein Übergewicht darstelle und deshalb langfristig dessen Aufgliederung nötig sei (→ 15. 5./S. 77).

Feierliche Einweihung eines Oberschlesien-Denkmals in der schlesischen Stadt Schweidnitz. Das Denkmal soll an die Teilung Oberschlesiens in polnisches und deutsches Gebiet erinnern. Zuvor hatte es wiederholt Auseinandersetzungen zwischen Polen und Deutschen gegeben.

September 1922

Naturforscher und Ärzte tagen in Leipzig

20. September. In Leipzig geht nach dreitägiger Dauer der Deutsche Ärzte- und Naturforschertag zu Ende, auf dem die profiliertesten Wissenschaftler des Landes neue Erkenntnisse aus dem gesamten Spektrum der Grundlagenforschung und der angewandten Forschung präsentierten. Die Tagung hat als Hundertjahrfeier der renommierten Gesellschaft deutscher Naturforscher und Ärzte, die am 18. September 1822 in Leipzig gegründet wurde, besondere Bedeutung für die Standortbestimmung der Wissenschaften innerhalb des Deutschen Reichs.

Über 7000 Wissenschaftler besuchten das Vortragsprogramm, dessen Spektrum von der Regenerationschirurgie über die Genetik und erdkundliche Themen bis hin zu Neuentwicklungen für den Arzneimittelmarkt reichte.

In seiner Eröffnungsrede betonte der Physiker Max Planck, daß es für die ungehinderte Entwicklung der Wissenschaften sehr wichtig sei, sie nicht mit wirtschaftlichen Interessen zu verquicken. Darum müsse der Staat die Forschung mehr als bisher unterstützen.

Einen Schwerpunkt des Kongresses bildete die Auseinandersetzung mit der nach wie vor umstrittenen Relativitätstheorie Albert Einsteins (→ 4. 4. / S. 70). Einige Physiker und Mathematiker, darunter der deutschnationale Physiker Philipp Lenard aus Heidelberg, protestierten in einem offenen Brief dagegen, daß diese »im höchsten Maße anfechtbare Theorie voreilig und marktschreierisch in die Laienwelt getragen wird«. Dies widerspreche, so Lenard, der »Würde deutscher Wissenschaft.«

Eröffnungssitzung der Jubiläumstagung der Gesellschaft Deutscher Naturforscher und Ärzte in der Alberthalle des Kristallpalastes in Leipzig

Neuwahl in Sachsen nun unumgänglich

14. September. In Dresden beschließt der sächsische Landtag mit 43 gegen 39 Stimmen seine Auflösung. Damit sind Neuwahlen fällig, die im direkten Anschluß an die turbulente zweistündige Sitzung auf den 5. November festgelegt werden. Das Abstimmungsergebnis ist Ausdruck einer schon lange schwelenden Krise zwischen den Regierungsparteien MSPD, USPD und KPD. Die Kommunisten haben sich bei dem Auflösungsbeschluß auf die Seite der bürgerlichen Oppositionsparteien geschlagen, und so geraten die Sozialisten in die Minderheit.

Unsichere Mehrheitsverhältnisse hatten in den letzten Monaten mehrmals zur Regierungsunfähigkeit geführt. Auslöser dieser Krise war die Einführung des 1. Mai und des 9. November als gesetzliche Feiertage in Sachsen trotz ungenügender Zustimmung bei den Parlamentswahlen. Die Vertreter der bürgerlichen Parteien strengten aus diesem Grund ein Volksbegehren über die Landtagsauflösung an.

Inflation zwingt zur Wiedereinführung des Warentauschs

15. September. Naturalien lösen die Mark als Währung zunehmend ab. Jetzt werden erstmals auch von behördlicher Seite Preise in natürlichen Gegenwerten angegeben: Die Stadtverwaltungen in Naumburg und Weimar setzen fest, daß Schulgeld, Gas und Strom sowie Arzthonorare direkt in Waren wie Zucker und Brot oder Kohlen bezahlt werden sollen. Hauptleidtragende solcher Maßnahmen sind die Industriearbeiter der Städte, da sie in der Regel keine Möglichkeit haben, Lebensmittel über den eigenen, unmittelbar notwendigen Bedarf hinaus zu beschaffen.

Die Preise in normaler Währung ändern sich durch die rapide ansteigende Inflation teilweise so schnell, daß eine Festsetzung wenige Tage nach Bekanntwerden längst wieder überholt ist. Auf dem Schwarzmarkt wird schon seit langem nicht mehr Ware gegen Geld, sondern Ware gegen Ware oder natürlich auch gegen Valuta gehandelt. Das wiederum führt zu noch schnellerem Preisverfall (→ 21. 8. / S. 126).

Die dienstleistenden Berufe wie Ärzte und Rechtsanwälte fordern ihre Patienten bzw. Klienten auf Hinweistafeln in den Wartezimmern demonstrativ dazu auf, das Honorar mindestens durch handfeste Gebrauchsgüter zu ergänzen, oft wird auch der Gegenwert des Beratungsgesprächs direkt in Eiern oder Kartoffeln angegeben.

Exemplarisch ist die Bekanntmachung sächsischer Ärzte, die zur Honorarberechnung die jeweiligen Brotpreise zugrundelegen. Im Wartezimmer wird der Patient mit folgendem Aushang konfrontiert: »Das dauernde Fortschreiten der allgemeinen Teuerung zwingt uns Ärzte, unsere Honorarforderungen dem sinkenden Markwert anzupassen . . . Als Mindestsätze gelten daher bis auf weiteres die Friedenssätze von 1914: 3 Mark für den Besuch, 2 Mark für die Beratung, 1 Mark für den Doppelkilometer Fortkommen . . . vervielfacht mit der Zahl, die sich ergibt, wenn der heutige Preis für ein Pfund Brot durch 15 (1914 kostete ein Pfund Brot 15 Pf) geteilt wird.«

Auch an der Theaterkasse zahlt man jetzt mit Butter.

Ein Brikett mindestens fordert der Arzt vom Patienten.

September 1922

Wirtschaft 1922:
Industriegewinne zu Lasten der Arbeiter und des Mittelstands

Die wirtschaftliche Situation des Deutschen Reiches ist gekennzeichnet von fortschreitender Inflation im letzten Drittel des Jahres und der zur Zahlungsunfähigkeit führenden staatlichen Finanzpolitik.

Die schon während des Weltkriegs begonnene Geldentwertung nimmt im August bedrohliche Ausmaße an (→ 21. 8. / S. 126). Die Kosten der sich aus dem Weltkrieg ergebenden Vertragsverpflichtungen, einschließlich der Reparationszahlungen, verschlingen in den Jahren 1920/21 bis Anfang 1922 über 80% der gesamten Einnahmen des Reiches (ohne Kreditaufnahme); im laufenden Jahr überschreiten die Ausgaben bereits die Einnahmen. Wiederholte Versuche der Reichsregierung, die beschleunigte Inflation durch die Reduzierung der Reparationsleistungen aufzuhalten, scheitern an der unerbittlichen Haltung der Alliierten.

Die einzige Möglichkeit, aus dem Dilemma herauszukommen und das Haushaltsdefizit auszugleichen, sieht der Staat in der Kreditaufnahme bei der Reichsbank und in der weiteren Vermehrung des Geldumlaufs. Wenn auch der reale Wert des Geldes dadurch sinkt, ist der Staat doch in der Lage, zumindest seine Inlandsschulden zu bezahlen. Die Lasten dieser Politik trägt in erster Linie die arbeitende Bevölkerung, da die Löhne den ständig steigenden Preisen hinterherhinken und der Reallohn sich immer weiter vermindert. So ist z. B. der Reallohn eines gelernten Bergarbeiters im Oktober 1922, bezogen auf das Jahr 1913, um 44% gesunken. Sein Nominalwochenlohn beträgt in diesem Monat 5280 Mark. Für ein Kilo Roggenbrot muß er im Durchschnitt 24 Mark bezahlen und für ein Kilo Bauchfleisch vom Schwein 720 Mark. Bereits im November kostet das Brot 55 Mark und das Fleisch 1209 Mark.

In noch höherem Maße treffen die Lasten der Inflation den Mittelstand, der seine sämtlichen Rücklagen und Ersparnisse verliert. Sparkonten, Reichsanleihen und alle Arten von Schuldverschreibungen werden wertlos. Der Historiker Arthur Rosenberg, Mitglied der KPD, schreibt über diese Tatsache: »Die systematische Enteignung des deutschen Mittelstandes, nicht etwa durch eine sozialistische Regierung, sondern in einem bürgerlichen Staat, der den Schutz des Privateigentums auf sein Banner geschrieben hatte, ist ein beispielloses Ereignis. Es war eine der größten Räubereien der Weltgeschichte.«

Das wirtschaftliche Elend des größten Teils der Bevölkerung zieht eine Verschlechterung der Verhältnisse auf allen Gebieten nach sich. Medizinische, kulturelle, schulische und wissenschaftliche Einrichtungen leiden unter finanzieller Not. Vielerorts werden sie von Konzernen aufgekauft oder müssen schließen.

Werbeidee eines Amsterdamer Zigarrenhändlers: Beim Kauf im Wert eines Guldens gibt es 50 Mark umsonst – da ein Gulden 1700 Mark kostet, kein großer Rabatt.

Aufkaufstelle für Abfälle in Berlin. Die Preise geben einen Eindruck vom gesunkenen Wert der Mark; so bekommt man z. B. für eine leere Kognakflasche 11,50 Mark.

»Der Berliner wird bald die Straßenschilder seiner Heimatstadt nicht ohne Sprachen-Lexikon verstehen!« – Paul Simmel nimmt in der »Berliner Illustrirten Zeitung« Bezug auf den ausländischen Einfluß in der Reichshauptstadt, der sich durch Reklameaufschriften im Straßenbild manifestiert. Mit der Inflation verringern sich auch die Lebenshaltungskosten der Ausländer, so daß man dazu übergeht, z. B. Karten für Verkehrsmittel für sie höher zu berechnen.

September 1922

Den gewaltigen Vermögensverlusten der gebildeten Mittelschichten, der Gewerbetreibenden und Kleinunternehmer stehen enorme Inflationsgewinne gegenüber. Nicht nur der Staat, sondern vor allem die Industrie profitiert von der Geldentwertung. Da der innere Wert der Papiermark, mit denen Unternehmer Lohn- sowie Materialkosten bestreiten, höher als ihr Wert auf dem Weltmarkt ist, können Waren zu Schleuderpreisen exportiert werden. So florieren Handel, Industrie sowie Landwirtschaft, und es gibt im Deutschen Reich im Vergleich zu anderen europäischen Ländern wenige Arbeitslose. Von allen Gewerkschaftsmitgliedern im Reich sind im Jahresdurchschnitt nur 1,5% arbeitslos. Die Arbeitskämpfe allerdings nehmen im Laufe des Jahres aufgrund der ständig steigenden Lebenshaltungskosten zu (→ 30. 7. / S. 114).

Große Streiks gibt es auch in anderen europäischen Ländern, z. B. in Großbritannien und Frankreich. Neben höheren Löhnen verlangen die Arbeiter dort von ihren Regierungen Maßnahmen gegen die Importflut deutscher Produkte und Rohstoffe, da sie in der Masseneinfuhr die Ursache für die steigende Arbeitslosigkeit sehen.

Gewinner der Inflation sind weiterhin auch Sachwertbesitzer, die ihre Schulden und Belastungen mit entwertetem Geld zurückzahlen und neue wertbeständige Investitionen mit wertlosem Geld finanzieren. Sie kaufen auf, was sich bietet, nehmen darauf erneut Kredite auf, erwerben wiederum neue Unternehmungen und Beteiligungen und zahlen die geliehenen Summen mit dem immer wertloser werdenden Papiergeld zurück. Ein Beispiel für einen großen Inflationsgewinnler ist der Ruhrindustrielle Hugo Stinnes, der am 9. November erklärt, daß er einen Stabilisierungsversuch der Mark um jeden Preis bekämpft habe und auch immer weiter bekämpfen werde. Stinnes kann sein Unternehmen zu einem riesigen Imperium vergrößern. Mit den enormen Entschädigungssummen, die er für seine Verluste in Elsaß-Lothringen erhalten hat, kauft er, was er bekommen kann: Banken, Hotels, Fabriken, Zeitungen. So wird er zur Symbolfigur eines krankhaften, aus der Not seinen Vorteil saugenden Kapitalisten.

Kurt Sorge, der Präsident des Reichsverbandes der Deutschen Industrie

August Thyssen, Gründer eines der größten Konzerne der Schwerindustrie

Hugo Stinnes gehört zu den ganz großen Gewinnern in der Inflationszeit.

Carl Duisberg von Bayer, Chemiker und Generaldirektor der Farbenfabriken

Reinhard Mannesmann gründete die Mannesmannröhrenwerke.

Friedrich Springorum, der Generaldirektor der Stahlwerke Hoesch AG

Ludwig Stollwerck, bedeutender Vertreter der Großindustrie, er stirbt 1922.

Vertreter der Großindustrie aus Zeitz: Kommerzienrat Hermann Thieme

Der Berliner Raffke – populäres Symbol für große und kleine Spekulanten

Das Spekulantentum blüht in der für solche Geschäfte günstigen Inflationszeit. Die Regierung versucht, mit Verordnungen und Gesetzen gegen Wucherpreise der Lage Herr zu werden, doch zumeist mit geringem Erfolg.

Ende August, nach dem Einsetzen des rapiden Wertverfalls der Mark, setzt sich die Berliner »Vossische Zeitung« z. B. mit der Erhöhung des Milch- und des damit verbundenen Butterpreises auseinander. Darin deckt sie auf, daß einige Firmen Tausende von Zentnern Butter, die sie vor einiger Zeit zu einem Großhandelspreis von 60 bis 100 Mark pro Kilo erworben hatten (in der dritten Augustwoche beträgt der Preis bereits 200 Mark), zu Spekulationszwecken in Berliner Kühlhäusern lagern lassen. Erst im Spätherbst und Winter, wenn die Preise voraussichtlich weiter gestiegen sein werden, sollen die Bestände dann mit großem Gewinn an die Einzelhändler gehen. Die Zeitung fordert zwar, daß mit den verantwortungslosen Buttergroßhändlern »ganz gehörig abgefahren werden müßte«, jedoch beweisen ähnliche Veröffentlichungen tagtäglich die Wirkungslosigkeit staatlicher Maßnahmen in solchen Fällen. Die Zeitung fordert deshalb sogar zum Butterboykott auf: »Wir haben fünf Jahre Krieg ohne Butter zugebracht, wir werden noch einige Zeit ohne Butter leben können... Verzichtet aus Protest, kauft nicht, verschmäht den Luxus, so werden wir bald in der Lage sein, um so mehr Butter essen zu können...«

Das Schieber- und Spekulantentum verbreitet sich wie eine Seuche im ganzen Land und damit auch die in Berlin geborene Karikatur des skrupellosen Geschäftsmannes, »Herr Raffke«. Der Name, in dem das Wort raffen steckt, erfreut sich auch in Anlehnung an den wegen Wuchers verurteilten Max Klante (→ 2. 12./S. 200) großer Verbreitung. Eine solche allgemeine Popularität macht sich die »Berliner Illustrirte Zeitung« für ein Preisausschreiben zunutze. Zu der auf der Titelseite veröffentlichten Zeichnung »Raffke im Gespräch mit einem Filmstern« sind die Leser aufgefordert, eine möglichst originelle Bildunterschrift zu finden. Die große Beteiligung der Illustriertenleser und die sehr witzigen, realitätsnahen Einsendungen zeugen von der Aktualität dieses Themas.

Als beste Einsendung des Preisausschreibens in der Illustrierten prämiierte die Jury: »Ihr Film – und meine Butter – det is Kunst!!«

September 1922

Erster Film mit Lichttonspur aufgeführt

17. September. Im Berliner »Alhambra«-Lichtspieltheater wird im Rahmen einer dem »sprechenden Film« gewidmeten Matinee »Der Brandstifter«, der erste Spielfilm mit integrierter Lichttonspur, vorgeführt.
Die Erfinder des Verfahrens, mit dem eine zeitliche Übereinstimmung von Bild und Ton erreicht wird, sind die deutschen Ingenieure Hans Vogt, Jo Benedict Engl und Joseph Massolle. Das Prinzip der als »Tri-Ergon« bezeichneten Innovation ist die Umwandlung von Schallwellen in elektrische Impulse und deren Transformation in Licht, das die Silberbeschichtung des Filmtonnegativs schwärzt. Das durch den Positivstreifen hindurchscheinende

Titelblatt des Eröffnungsprogramms mit neuen akustischen Filmen

Hans Vogt, Jo Benedict Engl und Joseph Massolle (v. l.) drehen den ersten Film mit Lichttonspur, »Der Brandstifter«, ein Einakter Herman Heijermans.

Licht der Projektionslampe wird wieder in elektrische Impulse verwandelt, die zuletzt eine schallerzeugende Membrane zum Schwingen bringen.
Bislang waren alle Versuche, Bild und Ton auf einem Filmstreifen zu synchronisieren, unbefriedigend verlaufen. Das neue Verfahren begeistert jedoch. In der »Vossischen Zeitung« heißt es: »Man hat die Empfindung, als ob die Stimme, die laut und vernehmlich ins Publikum spricht, nicht aus einem photographierten Munde kommt, sondern in der Brust eines leibhaftigen Menschen aufsteigt...«
Die integrierte Tonspur revolutioniert den Unterhaltungsfilm, ermöglicht zugleich den Einsatz des Mediums Film zu Zwecken der Volksbildung und macht Filme zum verbreiteten Propagandainstrument.

Auf den Filmstreifen des neuartigen Mediums »Tonfilm«, entwickelt von den Ingenieuren Hans Vogt, Jo Benedict und Joseph Massolle, ist links deutlich die Spur zu erkennen, die den Lichtton trägt. Der erste Streifen zeigt eine musikalische Szene, im mittleren Film spricht eine Frau den Buchstaben »O«, und der rechte Streifen verdeutlicht die Aufzeichnung eines Bläsers.

Meilensteine der Filmgeschichte

▷ Um 140: Ptolemäus entdeckt den sog. Stroboskop-Effekt, d. h. die Eigenschaft des menschlichen Auges, ein soeben gesehenes Bild noch im Gedächtnis zu haben, während bereits ein neues wahrgenommen wird: So gehen die Bilder scheinbar ineinander über.

▷ Um 900: Islamische Gelehrte erfinden die Camera obscura.

▷ 1665: Entwicklung der Laterna magica, die Verbesserung der Camera obscura durch eine Objektivlinse, von dem dänischen Mathematiker Thomas Walgenstein. Camera obscura und Laterna magica bilden die Gegenstände verkleinert auf dem Kopf stehend ab.

▷ 1826: Dem Franzosen Joseph N. Niepce gelingt die erste Fotografie.

▷ 1832: Entwicklung von sog. Wunderscheiben, die in schneller Drehung von Bilderfolgen die Bewegung der Objekte vortäuschen.

▷ 1845: Der Österreicher Franz von Uchatius verbindet den Stroboskop-Effekt mit der Laterna magica und kann so erstmals »lebende Bilder« präsentieren.

▷ 1882: Jules Marey entwickelt ein »fotografisches Gewehr«, das zwölf Aufnahmen in der Sekunde schießen kann.

▷ 1885: Ersatz fotografischer Platten durch lichtempfindlichen Zelluloidstreifen.

▷ 1889: Erste Patentierung eines Filmvorführapparats in Großbritannien.

▷ 28. 12. 1895: Die Brüder Auguste und Louis Jean Lumière zeigen in Paris die ersten Filme.

▷ 1896: Oskar Meßter nimmt in Berlin die fabrikmäßige Filmproduktion auf.

▷ 1902: Meßter führt erstmals mit Grammophonaufnahmen gekoppelte Filme, »Tonbilder«, öffentlich vor.

▷ 1911: In Berlin entsteht mit dem ersten »Licht-Ton-Film« ein noch unausgereifter Vorläufer des Tonfilms.

September 1922

Otto von Habsburg offiziell Thronerbe

30. September. Otto, der älteste Sohn des in der Revolution von 1918 zum Thronverzicht gezwungenen österreichischen Kaisers und Königs von Ungarn, Karl I. (IV.), wird in Budapest zum rechtmäßigen Thronerben der Dynastie von Habsburg-Lothringen erklärt.
Mit diesem formalen Akt bringen die konterrevolutionären Kreise des ehemaligen Staates Österreich-Ungarn ihren Willen zum Ausdruck, das monarchistische Regierungssystem so schnell wie möglich wieder zu installieren. In der Folge kommt

Der zehnjährige Otto von Habsburg-Lothringen (* Reichenau an der Rax 20. 11. 1912) wird zum rechtmäßigen Thronerben erklärt. Mit seiner Mutter, der Kaiserin Zita, und seinen Geschwistern lebt er im Exil, in dem nordspanischen Ort Lequeitio.

es in Ungarn und auch in Österreich zu Protesten der Demokraten.
Karl I. war am → 1. April (S. 65) im Exil gestorben. Am 11. November 1918 hatte er, ohne offiziell abzudanken, auf jede weitere Beteiligung an den Regierungsgeschäften in Österreich und Ungarn verzichtet.
Damit endete die Jahrhunderte währende Herrschaft der Habsburger über weite Teile Südosteuropas. Vor fast 240 Jahren, 1683, hatte mit dem Sieg über die Türken bei Wien die schnelle Machtausweitung der Habsburger begonnen.

Russen können jetzt Rundfunk hören

1. September. Als erster an ein Massenpublikum gerichteter Radiosender Europas geht der russische Sender »Komintern« in Betrieb. Der neu eingerichtete Sender soll vor allem eingesetzt werden, um Nachrichten zu verbreiten und die Bevölkerung über die neuesten Beschlüsse und Direktiven der kommunistischen Partei zu informieren. Noch sind jedoch nur wenige Orte in Sowjetrußland mit Empfangsgeräten ausgerüstet. Vorhandene Radios werden in öffentlichen Gebäuden aufgestellt, um möglichst viele Menschen zu erreichen (→ 14. 11 / S. 186).

Die beiden Dinos-Automobile nach der Leistungsprobe Unter den Linden

Fliegende Ablösung beim Fahrerwechsel auf der Avus in Grunewald

Zwei Dinos-Automobile auf der Avus im 300-Stunden-Dauertest

7. September. *Auf der Avus-Rennstrecke in Berlin-Grunewald geht ein Motor-Dauertest mit zwei Dinos-Kraftwagen zu Ende. Seit dem Start am 26. August – vor etwa 300 Stunden – legten sie in einer Durchschnittsgeschwindigkeit von 45 km/h eine Strecke von 13 500 km zurück, am Tag etwa 1080 km. Beide Wagen hielten der extremen Belastung hervorragend stand; es wurden keinerlei Pannen oder technische Defekte registriert. Während des mehr als zwölf Tage dauernden Tests kamen die Autos nicht ein einziges Mal zum Stehen. Selbst zum notwendigen Fahrerwechsel gab es keinen Stopp, die Auswechselpiloten sprangen während der Fahrt auf. Nach diesem technischen Triumph, der die Zuverlässigkeit der Automobile unter Beweis stellt, passieren die Dinos unter dem Jubel der Berliner Autofans die Straße Unter den Linden.*

Sonnenfinsternis hinter grauen Wolken

21. September. Enttäuschend endet die Exkursion internationaler Astronomen auf die Weihnachtsinsel im Indischen Ozean. Grund ihrer Reise war die Beobachtung einer totalen Sonnenfinsternis. Ein wolkenverhangener Himmel macht die Aussicht auf das interessante Naturschauspiel jedoch unmöglich. Zwar fotografieren die Abgesandten der britischen Sternwarte in Greenwich trotzdem, doch bezweifeln sie, daß die Aufnahmen in der wissenschaftlichen Auswertung brauchbare Ergebnisse erzielen.
Mehr Glück hat eine australisch-US-amerikanische Gruppe, die das nur fünf Minuten dauernde Ereignis in der Nähe der australischen Küste bei klarem Himmel beobachten kann. In über 100 Fotografien ist die Sonnenfinsternis dokumentiert.
Bei durchgängig guten Wetterverhältnissen wäre die Sonnenfinsternis auf einem etwa 100 km breiten Streifen auf der Erde sichtbar gewesen, der sich von Afrika ausgehend bis über den Indischen Ozean nach Australien erstreckt. Gemeinsames Ziel der von überall her angereisten Expeditionen ist neben wissenschaftlichen Aufgaben eine Berechnung der Lichtablenkung kleinerer Sterne in Sonnennähe unter der Bedingung einer vollkommenen Abdeckung der Sonne durch den Mond.

12 m langes Fernrohr der Potsdamer Sternwarte; auch von hier aus fuhren Wissenschaftler zur Weihnachtsinsel.

Großer Durchmesser und lange Brennweite des Potsdamer Fernrohrs erlauben Beobachtung weit entfernter Objekte.

Literatur 1922:

Schriftsteller zwischen Krieg, Politik und reiner Poesie

Karl Kraus, Publizist und Herausgeber der Wiener Zeitschrift »Die Fackel«

Schriftsteller und Arzt Hans Carossa schreibt den Roman »Eine Kindheit«.

Franz Werfel arbeitet an einem Roman über den Komponisten Giuseppe Verdi.

Hermann Hesse veröffentlicht »Siddharta. Eine indische Dichtung«.

Das Jahr 1922 hat Neuerscheinungen in großer Zahl zu bieten. Der Nachholbedarf durch den erst drei Jahre zurückliegenden Weltkrieg ist noch lange nicht gestillt, viele seit Jahren bei den Verlagen auf Halde liegende Manuskripte können erst jetzt gedruckt werden. Zudem sind vor allem die jungen Schriftsteller und Dichter überaus produktiv. Wie schon in den vorausgegangenen Jahren werden Kriegserlebnisse künstlerisch verarbeitet. Des weiteren beginnen die Autoren die grundlegende Auseinandersetzung mit dem politischen Umwälzungsprozeß nach 1918.
Infolge der inflationären Entwicklung und der damit verbundenen Erhöhung der Druck- und Buchbinderkosten sowie des eklatanten Papiermangels sind der Buchproduktion jedoch auch Grenzen gesetzt. Die gedruckten Bücher gelangen, wie alle anderen Güter auch, nur zu horrenden Preisen an die Käufer. So steigen die Inlandspreise der Bücher vom Januar 1922, in dem sie das 20fache des sog. Friedenspreises (Preise des Jahres 1913, vor Beginn des Weltkriegs) betragen, auf das 40fache im August und im November gar auf das 300- bis 500fache.
Wenn sich auch die Schwerpunktthemen Krieg und Auseinandersetzung mit der Demokratie im Überblick leicht herauskristallisieren, so sind die Neuerscheinungen des Jahres 1922 im einzelnen doch sehr unterschiedlich und vielgestaltig.
Bekennt sich der deutsche Schriftsteller Ernst Jünger mit seiner Schrift »Der Kampf als inneres Erlebnis« geradezu ekstatisch zum Krieg und seinen Auswirkungen auf die männliche Psyche, tritt Hermann Hesse mit dem Roman »Siddharta«, der fiktiven Biographie eines nach der Wahrheit im Glauben suchenden jungen Brahmanen, die Reise nach innen an. Veröffentlicht Ernst Toller die beiden revolutionären Theaterstücke »Hinkemann« und die »Maschinenstürmer«, so vollendet zur gleichen Zeit Rainer Maria Rilke seine Gedichtsammlung »Duineser Elegien«, die unberührt von jeder politischen Aktualität scheinen. Äußert sich Thomas Mann in seinem vielbeachteten Vortrag zum 60. Geburtstag Gerhart Hauptmanns eindeutig positiv zur Weimarer Demokratie (→ 13. 10. / S. 167), so sind viele Schriftsteller, unabhängig von ihrer politischen Gesinnung, noch gar nicht zur Analyse bereit, sondern versuchen weiterhin, die Realität in den irrationalen, emotionsgeladenen Formen des literarischen Expressionismus zu fassen. Von ihm sind sowohl der junge Bertolt Brecht mit seinem erstmals aufgeführten Stück »Trommeln in der Nacht« (→ 23. 9./S. 158) als auch Arnolt Bronnen (»Geburt der Jugend«) und Otto Flake (»Ruland«) noch stark geprägt.
Auch ein bedeutendes vom christlichen Glauben getragenes Werk hat das Literaturjahr 1922 zu verzeichnen. Hugo von Hofmannsthal veröffentlicht das Mysterienspiel »Das Salzburger große Welttheater« (→ 13. 8. / S. 136), das ebenso wie »Jedermann«, dessen Uraufführung 1911 stattfand, die weltbewegende Kraft des katholischen Glaubens auf der Bühne verkündet.

Spaß am Abenteuer

Der größte Teil des Lesepublikums bevorzugt auch bei Neuerscheinungen Bücher, die unterhaltsam, spannend und flüssig zu lesen sind. Die anspruchsvollen Werke wie etwa »Ulysses« von James Joyce (→ S. 157) werden weitgehend der Literaturkritik überlassen.
Der breite Publikumsgeschmack spiegelt sich in Anzeigen wider, die Verlage in Zeitungen mit hohen Auflagen veröffentlichen lassen. Die nebenstehende Anzeige des namhaften Münchener Drei-Masken-Verlages aus der Zeitschrift »Jugend«, die Abenteuer- und Reiseromane als Lektüre anpreist, ist ein Beispiel dafür. Auch Kriminal- und Zukunftsromane erfreuen sich einer hohen Publikumsgunst.
Ein literaturkritischer Kommentar in der »Vossischen Zeitung« aus Berlin deutet diese Tatsache als psychologisch verständliche Reaktion des Lesepublikums auf die erst kurz zurückliegenden Kriegserlebnisse: Die starken Töne seien wohl eine Notwendigkeit als ein Gegengewicht zu den Schrecken von Krieg und Revolution.

Sammelanzeige mehrerer Verlage in der Münchener »Jugend«

September 1922

Mit Hans Henny Jahnn kommt hingegen ein scharfer Kritiker der kirchlichen Pervertierungen des Christentums zu Wort. Er veröffentlicht »Der Arzt, sein Weib, sein Sohn«, worin er mit den beschränkten und beengenden Normen der bürgerlichen Gesellschaft hart ins Gericht geht.

Zum absoluten Kassenschlager auf dem Markt der deutschen Neuerscheinungen wird der unterhaltende Schelmenroman »Der tolle Bomberg« von Josef Winckler.

Die bedeutendsten Neuerscheinungen im englischsprachigen Raum sind der Roman »Ulysses« des Iren James Joyce, das große kulturkritische Gedicht »The waste land« (Das wüste Land) des Briten T. S. (Thomas Stearns) Eliot sowie der Roman »Jacob's room« (Jakobs Raum) von der britischen Schriftstellerin Virginia Woolf. In den USA erscheint das Hauptwerk von Sinclair Lewis, der satirische Roman »Babbit«. Lewis schildert darin Aufstreben und Scheitern eines typischen US-amerikanischen Karrieristen in der dazu passenden Großstadt (Zenith), so witzig und treffend, daß der Roman gleich nach Erscheinen zum Bestseller wird.

Der US-amerikanische Lyriker Edward Cummings veröffentlicht seinen ersten (und einzigen) Roman »The enormous room« (Der ungeheure Raum), in dem er autobiographische Kriegserlebnisse in einer experimentellen Schreibweise verarbeitet.

In Frankreich tritt erstmals der christliche Autor François Mauriac mit seinem Aufsehen erregenden Roman »Le baiser au lépreux« (Der Aussätzige und die Heilige) hervor. 1922 ist auch das Erscheinungsjahr von Sidonie Gabrielle Colettes Roman »La Maison de Claudine« (Claudines Mädchenjahre), der wie Colettes frühere Veröffentlichungen ein lebhaftes positives Echo in der Frauenbewegung findet.

Eine Auseinandersetzung mit den Folgen des Versailler Vertrages für die Beziehung zwischen Frankreich und Deutschland liefert Jean Giraudoux mit seinem Roman »Siegfried et le Limousin« (Siegfried oder die zwei Leben des Jacques Forestier). Wegen des komplizierten Schreibstils findet das Werk trotz seiner Aktualität jedoch wenig Leser. (Siehe auch Übersicht »Buchneuerscheinungen« im Anhang.)

»Herr Spengler, Herr Spengler! Ich glaube, Sie wollen in Deutschland nur wieder die Harems einführen!« Zeichnung von Olaf Gulbransson aus dem »Simplicissimus« zum Buch »Der Untergang des Abendlandes« von Oswald Spengler, das nach seinem Erscheinen große Resonanz auslöst.

Spenglers Lebenswerk

September. Der zweite und letzte Band (der erste erschien 1918) des kulturphilosophischen Werkes »Der Untergang des Abendlandes« von Oswald Spengler erscheint in München. Das Werk, dessen Untertitel »Umrisse einer Morphologie und Weltgeschichte« lautet, ist eine kulturanthropologische Auseinandersetzung mit der Verfassung des Menschen im Zeitalter der Moderne aus konservativer Sicht. Das Buch findet gleich nach seinem Erscheinen ein großes und auch kontroverses Echo in Europa.

Spengler, vom Wilhelminischen Zeitalter und den Wertvorstellungen des 19. Jahrhunderts geprägt, vertritt die Auffassung, einer gesellschaftlichen Dekadenz mit der Rückkehr zu autoritären Machtstrukturen begegnen zu müssen. Dabei ist dem Deutschen Reich eine politische und geistige Führungsrolle zugedacht. Sprache und Gestus des Werkes sind stark irrational. Den chauvinistischen Strömungen seiner Zeit liefert Spengler die theoretische Grundlage. Nationalkonservative und später faschistische Kräfte berufen sich auf den Kulturphilosophen.

Joyce schafft mit »Ulysses« einen Prototyp des modernen Romans

1. September. In Paris wird die zensierte Fassung der ersten vollständigen Ausgabe des Romans »Ulysses« des irischen Autors James Joyce veröffentlicht.

Das bereits 1921 abgeschlossene Werk, an dem Joyce über sieben Jahre gearbeitet hat, ist auszugsweise schon seit 1918 in der Zeitschrift »The Little Review« erschienen und hat bei den Literaturkritikern ein starkes, aber gespaltenes Echo hervorgerufen.

Während seine Gegner dem Autor Pornographie und eine nahezu unverständliche Schreibweise vorwerfen, rühmen seine Bewunderer die radikale Erneuerung der literarischen Technik.

Der in 18 Episoden unterteilte Roman spielt auf der Zeitebene eines einzelnen Tages vor der Kulisse der irischen Hauptstadt Dublin. Durch ausgedehnte Exkurse in Mythos und Geschichte sowie individuelle Gedankenströme und Träume wird die enge Begrenzung der Romanzeit jedoch permanent durchbrochen und erweitert. Hauptpersonen sind der jüdische Anzeigenakquisiteur Leopold Bloom, seine Ehefrau Molly und der junge Schriftsteller Stephen Dedalus. Korrespondenzfiguren in der Homerschen »Odyssee« des griechischen Mythos sind Odysseus, seine Frau Penelope und Telemachos, der seinen Vater suchende Sohn des Odysseus. Durch den nahtlosen Übergang von Alltagsgeschehen, persönlichem Erleben, Geschichte und Mythos in den Personen des Romans werden sie exemplarische Vertreter des Menschen der modernen Zivilisation.

Joyce – sieben Jahre für »Ulysses«
Joyce, am 2. Februar 1882 in Dublin geboren und dort aufgewachsen, veröffentlichte 1907 den Lyrikband »Kammermusik«. Zu dieser Zeit lebte er als Sprachlehrer in Zürich, ein Beruf, mit dem er sich nach einem Studium der Philosophie und Sprachen zumeist seinen Lebensunterhalt verdiente. Bereits 1902 verließ er Irland und lebte fortan in Paris, Triest und Zürich. 1905 erschienen seine Erzählungen »Dubliners«, 1915 der Roman »Ein Porträt des Künstlers als junger Mann«. 1914 begann er mit der Arbeit an »Ulysses«, ein Roman, mit dem Joyce zu einem der bekanntesten Autoren wird.

September 1922

Tanz abstrakter Form und Bewegung

20. September. *Das »Triadische Ballett« des bisher als Maler und Bildhauer bekannten Oskar Schlemmer wird am Stuttgarter Landestheater uraufgeführt. Schlemmer, der seit 1920 als Lehrer am Weimarer Bauhaus tätig ist, integriert in seinem neuen Werk Tanz, Kostüm und Musik und liegt darin im Trend der künstlerischen Avantgarde, die nach einem allumfassenden Gesamtkunstwerk strebt. Die drei Tänzer – zwei Männer und eine Frau – werden optisch auf geometrische Grundformen reduziert und sollen in den zwölf Szenen verschiedene Beziehungen von Körper, Raum und Bewegung zum Ausdruck bringen. Die Zahl Drei symbolisiert für Schlemmer den Übergang von der Ein- und Zweiheit zum Kollektiv. Schlemmer steht bei der Uraufführung als einer der Tänzer auf der Bühne.*

◁ Plakat zur Aufführung des Balletts von Schlemmer (r.) bei der Bauhauswoche 1923

Archipenko lehrt jetzt in Berlin

1. September. Der ukrainische Bildhauer Alexander Archipenko tritt eine Dozentur an der Berliner Kunstschule der Kornscheuer an. Er unterrichtet die Studenten in meh-

Alexander Archipenko (* Kiew 30. 5. 1887) ging nach Studien in Kiew und Moskau 1905 nach Paris, wo er u. a. Fernand Léger kennenlernte. In Berlin unterrichtet Archipenko bis zum Jahr 1923.

reren Fächern: Plastik, Malerei und auch in Grafik.
Der aus Kiew stammende Künstler hatte schon früh durch einen avantgardistischen, nichtgegenständlichen Stil im Zusammenhang mit den russischen Konstruktivisten auf sich aufmerksam gemacht. Archipenko war einer der ersten, der die abstrakten Prinzipien des Kubismus auf die plastische Gestaltung übertrug. Bevor er nach Berlin kam, hatte er schon einige Jahre in Paris gelebt und gearbeitet.

Geisteselite für hungernde Kinder

6. September. In Berlin gibt der bekannte norwegische Polarforscher und Diplomat Fridtjof Nansen eine Text- und Blattsammlung namhafter europäischer Intellektueller und

Fridtjof Nansen (* Oslo 10. 10. 1861), bekannt geworden durch seine Forschungsarbeiten im Nordpolarmeer, leitet seit 1921 die Hilfsaktion des Völkerbunds für die Hungernden in Sowjetrußland.

Künstler heraus. Die Autoren hatten sich auf Initiative Nansens zusammengefunden, um durch ihre unentgeltliche Mitarbeit hungernden Kindern in Rußland zu helfen.
U. a. tragen die deutschen Schriftsteller Hermann Hesse und Heinrich Mann, der Österreicher Hugo von Hofmannsthal mit Werkauszügen und die in einem Berliner Arbeiterviertel lebende Grafikerin Käthe Kollwitz mit einem eigens produzierten Kunstdruck zur Herstellung der Ausgabe bei (→ 25. 1. / S. 19).

Erste Premiere für Brechts »Trommeln«

23. September. In den Münchener Kammerspielen wird Bertolt Brechts 1919 vollendete Komödie »Trommeln in der Nacht« uraufgeführt. Politischer Hintergrund des

Bertolt Brecht (* Augsburg 10. 2. 1898) zog im Jahr 1920 von Augsburg nach München, wo er u. a. an Trude Hesterbergs »Wilder Bühne« mitarbeitet und sich mit Karl Valentin anfreundet.

Stückes sind die Novemberrevolution von 1918 und der Spartakusaufstand im Januar 1919 in Berlin. Mit diesem Werk, das Otto Falckenberg inszeniert, gelingt dem 24jährigen Autor der Durchbruch auch in der Theatermetropole Berlin, wo Falckenberg das Stück am 20. Dezember im Deutschen Theater zur Aufführung bringt. Der Kritiker Herbert Ihering zeigt sich begeistert von Brechts Arbeit und schlägt ihn noch 1922 erfolgreich für den angesehenen Kleist-Literaturpreis vor.

Viel Applaus für Stanislawskitruppe

26. September. Mit einer Aufführung von Alexei K. Tolstois Drama »Zar Feodor Iwanowitsch« eröffnet das Moskauer Künstlertheater unter Leitung von Konstantin S. Sta-

Konstantin S. Stanislawski (* Moskau 17. 1. 1863), Schauspieler seit 1877, gründete 1898 das Moskauer Künstlertheater, das großen Einfluß auf die internationale Theaterkunst ausübt.

nislawski sein Berlin-Gastspiel im Lessing-Theater. Das Haus ist trotz eines Eintrittspreises von 1000 Mark pro Parkettplatz ausverkauft. Das Publikum zeigt sich begeistert von der einfühlsamen, hervorragenden Schauspielkunst des russischen Ensembles, die sich trotz der fremden Sprache großartig vermittelt.
Stanislawski, der sich u. a. durch seine Technik der Schauspielführung einen internationalen Ruf geschaffen hat, reist mit seiner Truppe z. Z. durch Europa und die USA.

September 1922

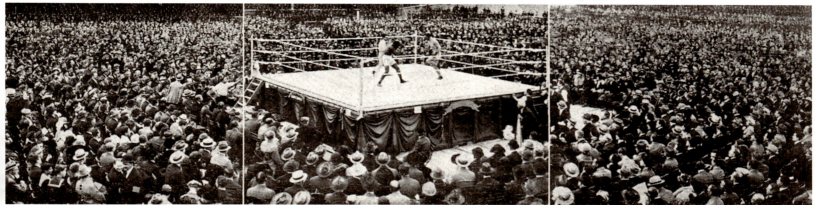
Eine riesige Menschenmenge verfolgt im Stadion von Buffalo bei Paris den Kampf des Weltmeisters Georges Carpentier gegen Battling Siki.

Eine überraschende Niederlage für Europas besten Boxer

24. September. Entgeistert sehen etwa 40 000 Zuschauer im Buffalo-Stadion bei Paris mit an, wie der Boxeuropameister aller Klassen und Weltmeister im Halbschwergewicht, der Franzose Georges Carpentier, gegen den in Senegal geborenen Franzosen Battling Siki (eigentl. Louis Phal), nach nur sechs Runden durch K. o. unterliegt.

Der 28jährige Carpentier hatte allerdings schon im Vorjahr eine K. o.-Niederlage im Weltmeisterschaftskampf gegen den US-Amerikaner Jack Dempsey hinnehmen müssen. Der Zenit seiner Karriere scheint überschritten. Trotzdem bleibt Georges Carpentier besonders für seine französischen Fans ein Idol, was ihm schließlich auch eine hochdotierte Filmrolle einbringt.

△ *Der bisherige Boxweltmeister Georges Carpentier beginnt in der Rolle eines Marquis des 18. Jahrhunderts eine neue Karriere als Hauptdarsteller im Stummfilm.*

◁ *Nach einer unrühmlichen Vorstellung gegen den Senegalesen Battling Siki geht der bisherige Boxweltmeister Georges Carpentier in der 6. Runde endgültig zu Boden.*

Italien-Grand-Prix auf neuer Monza-Piste

10. September. Auf der neuerbauten Rennbahn im Königlichen Park von Monza bei Mailand wird der Große Preis von Italien ausgetragen. Die 10-km-Strecke war am 3. September offiziell eröffnet worden.

Vor einem begeisterten Publikum erringt Pietro Bordino auf Fiat den Grand Prix. Zweiter wird sein Teamkollege Felice Nazzaro auf dem gleichen Wagentyp, einem Reihen-Sechszylinder mit 112 PS. Der Sieger umrundet die 800 km (80 Runden) lange Strecke in 5:43:13 h und erreicht eine Durchschnittsgeschwindigkeit von etwa 140 km/h. Hinter Nazzaro wird der spanische Bugatti-Fahrer Pierre de Vizcaya dritter.

Für das Rennen hatten 39 Meldungen vorgelegen, es waren dann jedoch nur acht Wagen an den Start gegangen. Die meisten Fahrer hatten ihre Meldung nach dem tödlich ausgegangenen Trainingsunfall eines österreichischen Fahrers zurückgezogen. Die Tücken der Strecke zeigen sich auch während des Rennens: Alfieri Maserati auf Diatto kommt von der Bahn ab und überschlägt sich, bleibt aber unverletzt.

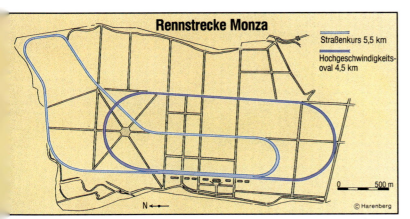
In 100 Tagen wurde die Bahn von Monza 1922 gebaut. Den ersten Spatenstich taten die Rennfahrer Felice Nazzaro und Vincenzo Lancia.

Nurmi: Drei Rekorde in nur 17 Tagen

12. September. Der finnische Läufer Paavo Nurmi verbessert in Stockholm mit 14:35,4 min den zehn Jahre

Paavo Nurmi (* Turku 13. 6. 1897) gewann bei den Olympischen Spielen 1920 drei Gold- und eine Silbermedaille und ist vierfacher Weltrekordhalter. Er läuft in jedem Wettbewerb streng nach einer individuell ausgearbeiteten Zeittabelle, die er mit der Stoppuhr vergleicht.

alten 5000-m-Weltrekord seines Landsmannes Hannes Kohlemainen um 1,2 sec. Es ist Nurmis dritter Weltrekord in zweieinhalb Wochen:
▷ 27. 8.: 8:28,6 min über 3000 m
▷ 4. 9.: 5:26,3 min über 2000 m
▷ 12. 9.: 14:35,4 min über 5000 m.

Oktober 1922

Mo	Di	Mi	Do	Fr	Sa	So
						1
2	3	4	5	6	7	8
9	10	11	12	13	14	15
16	17	18	19	20	21	22
23	24	25	26	27	28	29
30	31					

1. Oktober, Sonntag

Mit dem heutigen Tag werden zehn Ortschaften im Burgenland der Oberhoheit Ungarns unterstellt. Bisher gehörten sie zu Österreich (→ 1. 1./S. 13).

Auf dem Parteitag der italienischen Sozialisten in Rom kommt es zur Spaltung in die »Collaborationisten«, die eine Zusammenarbeit mit den bürgerlichen Parteien anstreben, und die »Maximalisten«, die sich den Kommunisten anschließen wollen (→ S. 165).

Der griechische Politiker Eleftherios Weniselos bittet beim US-amerikanischen Präsidenten um Unterstützung der griechischen Interessen in dem Gebiet am Bosporus. → S. 166

Bei den Gemeinderatswahlen in etwa 200 Ortschaften Bulgariens stimmen 65% der Wähler für die bürgerliche Regierungskoalition.

Bei der Deutschen Reichsbahn treten neue Tarife in Kraft. Die Kosten im Güterverkehr betragen nun das 370fache, im Personenverkehr das 45fache der Vorkriegspreise.

Auf der Theresienwiese in München findet das 100. Oktoberfest statt. → S. 169

2. Oktober, Montag

Der Reichsstädtebund fordert auf seiner Tagung die Wiederherstellung des Sparkassen- und Bankgeheimnisses. Dies sei eine notwendige Maßnahme für die Verbesserung der Wirtschaftslage.

Die sowjetrussische Regierung erläßt ein neues Wehrpflichtgesetz. Wehrpflichtig sind alle männlichen Bürger, die das 20. Lebensjahr erreicht haben.

3. Oktober, Dienstag

In der türkischen Stadt Mudanya beginnen die Waffenstillstandsverhandlungen im griechisch-türkischen Krieg zwischen den Kommissaren Frankreichs, Italiens, Großbritanniens und der Türkei. → S. 166

Aufgrund der schlechten Getreideernte in weiten Gebieten des Deutschen Reiches beschließt das Kabinett in Berlin die Erhöhung der Getreideumlage um das Dreifache.

Tausende von italienischen Faschisten stürmen in Bozen (Südtirol) das Rathaus und fordern von der Gemeindeverwaltung die Übergabe der deutschen Schulen (→ 28. 10./S. 164).

Auf dem II. Parteitag der Sozialistisch-Kommunistischen Partei Rumäniens beschließt die Mehrheit der Delegierten die Umbenennung in Kommunistische Partei Rumäniens.

Die Tänzerin Isadora Duncan und ihr Ehemann, der russische Dichter Sergei Jessenin, werden von der US-amerikanischen Auswanderungsbehörde bei ihrer Einreise in die USA längere Zeit festgehalten. Erst als sie nachweisen können, daß sie aus beruflichen Gründen und nicht zum Zwecke kommunistischer Propaganda gekommen sind, dürfen sie das Land betreten. → S. 173

4. Oktober, Mittwoch

In Genf unterzeichnen Österreich, Frankreich, Großbritannien, Italien und die Tschechoslowakei die Genfer Protokolle für eine Völkerbundanleihe für Österreich in Höhe von 650 Mio. Goldkronen. → S. 168

Mehr als 1000 Firmen nehmen an der diesjährigen Pariser Automobilausstellung teil (bis 15. 10.).

5. Oktober, Donnerstag

Die deutsche Regierung verbietet aufgrund der schlechten Ernährungslage im Deutschen Reich die Verwendung inländischen Zuckers bei der Herstellung von Schokolade, Süßigkeiten und Branntwein. Die Herstellung von Branntwein aus Obst und die von Starkbier ist ebenfalls verboten (→ S. 202).

Die Abgeordneten des preußischen Landtages in Berlin beschäftigen sich auf ihrer Sitzung mit dem Flüchtlingsproblem in Oberschlesien. So müssen die Städte Hindenburg, Beuthen und Gleiwitz insgesamt über 20 000 Vertriebene aus den ehemals deutschen Gebieten Schlesiens aufnehmen.

Die Gesellschaft für Sexualreform beginnt in Berlin einen Kurs über die Psychoanalyse, der 14tägig bis zum Dezember stattfinden wird. → S. 168

6. Oktober, Freitag

In Berlin findet die Uraufführung des deutschen Films »Vanina« (Die Galgenhochzeit) statt. Unter der Regie von Arthur von Gerlach spielen u. a. Paul Wegener und Asta Nielsen.

7. Oktober, Samstag

Nach dem Rücktritt des tschechoslowakischen Kabinetts unter Eduard Beneš am 7. Oktober bildet Anton Schwehla eine neue Koalitionsregierung mit Vertretern aus fünf Parteien.

8. Oktober, Sonntag

Bei den Landtagswahlen in Lettland erringen die Rechtsparteien 40 und die Linksparteien 38 Sitze. Das Zentrum erhält 22 Mandate.

9. Oktober, Montag

Das sowjetrussische Volkskommissariat des Äußeren lehnt einen vor dem Abschluß stehenden Handelsvertrag mit Großbritannien ab, da das Verhalten Großbritanniens an der Meerenge am Bosporus (im griechisch-türkischen Konflikt) beweise, daß es an einer Völkerverständigung nicht interessiert sei.

Der Dirigent Wilhelm Furtwängler, der im März zum Leiter des Berliner Philharmonischen Orchesters ernannt wurde, gibt in dieser Funktion sein erstes Konzert in Berlin. → S. 173

Am Darmstädter Theater wird das Stück »Der Nebbich« von Carl Sternheim uraufgeführt.

Die US-amerikanische Regierung in Washington gibt bekannt, daß ab sofort der Verkauf von Alkohol auf allen US-amerikanischen Schiffen sowie auf ausländischen Schiffen innerhalb der Dreimeilenzone verboten ist.

10. Oktober, Dienstag

Auf dem am Vortag begonnenen Parteitag der Deutschen Demokratischen Partei (DDP) in Elberfeld diskutieren die Delegierten u. a. die Bildung einer Arbeitsgemeinschaft der Mitte (eine Zusammenarbeit der bürgerlich-demokratischen Parteien). Sie ist als ein Gegengewicht zu den nun vereinten sozialdemokratischen Parteien USPD und MSPD gedacht (→ 24. 9./S. 149).

Der dänische König Christian X. beauftragt den bisherigen Ministerpräsidenten und Finanzminister Niels Thomas Neergaard mit der Neubildung des Kabinetts, da die Regierung sich über Militärgesetze und die Frage der Einfuhrregelung nicht einigen konnte. Eine weitere Ursache der Regierungskrise ist der Zusammenbruch der Landsmannbank.

In Frankfurt am Main wird im Rahmen der Herbstmesse das Haus der Technik eingeweiht.

Gegen den Schriftsteller Carl Einstein und seinen Verleger Ernst Rowohlt beginnt vor dem Berliner Landgericht Moabit ein Prozeß wegen Gotteslästerung. Der Vorwurf bezieht sich auf die im Jahr zuvor veröffentlichte Szenenfolge »Die schlimme Botschaft«. → S. 173

11. Oktober, Mittwoch

Das britische Außenministerium in London veröffentlicht einen Vertrag, der die Beziehungen zwischen Großbritannien und Mesopotamien regelt.

In der Berliner »Urania« wird zum ersten Mal ein wissenschaftlicher Film über die Entstehungsgeschichte des Menschen vorgeführt.

12. Oktober, Donnerstag

Die deutsche Reichsregierung veröffentlicht eine neue Devisenordnung, die ausländische Währungen als inländisches Zahlungsmittel verbietet. → S. 168

Die Siemens-Werke in Berlin begehen das 75jährige Bestehen der Firma. Siemens & Halske begann am 12. Oktober 1847 in einer Hinterhauswerkstatt in der Berliner Schöneberger Straße. → S. 169

Das zweitgrößte Kraftwerk Frankreichs (nach dem in Genevilliers bei Paris) wird in Comines an der Lys in Betrieb genommen. Es ist mit drei 25 000-kW-Turbinen ausgerüstet.

13. Oktober, Freitag

Aufgrund eines Erlasses des französischen Staatspräsidenten Alexandre Millerand werden die letzten deutschen Kriegsgefangenen in Frankreich in ihre Heimat entlassen.

Anläßlich einer Feier zum 60. Geburtstag von Gerhart Hauptmann hält der Schriftsteller Thomas Mann in Berlin einen Vortrag unter dem Titel »Von deutscher Republik«, mit dem er ein Bekenntnis zur Weimarer Verfassung ablegt. → S. 167

Das Deutsche Theater in Berlin teilt mit, daß der Schriftsteller Bertolt Brecht seine gesamte Produktion dem Theater zur Aufführung überlassen hat. Zunächst sollen seine Dramen »Trommeln in der Nacht«, »Baal« und »Im Dickicht« gespielt werden (→ 23. 9./S. 158).

14. Oktober, Samstag

Der deutsche Industrielle August Thyssen schlägt in einem Brief an die Reichsregierung eine allgemeine Verlängerung der Arbeitszeit vor, da nur die Aufhebung der 48-Stunden-Woche und damit verbundene Erhöhung der Produktion die deutsche Wirtschaft vor dem Ruin retten könne (→ S. 48).

Der Staatsgerichtshof in Leipzig spricht die Urteile im Prozeß gegen Helfershelfer beim Mord an Außenminister Walther Rathenau im Juni. → S. 167

Auf der zweitägigen Parteikonferenz der Sozialdemokratischen Partei Österreichs in Wien sprechen sich die Delegierten gegen die Genfer Anleihe-Beschlüsse aus. Sie setzen die damit verbundenen Bedingungen mit einer Fremdherrschaft gleich (→ 4. 10./S. 168).

Bei Arbeiterdemonstrationen im österreichischen Köflach und im Rosental (Steiermark) gegen die katastrophale wirtschaftliche Lage kommt es zu Zusammenstößen mit der Gendarmerie, die bis 16. Oktober andauern. Mehrere Menschen werden dabei verletzt, ein Arbeiter stirbt.

Gegen Proteste der Großgrundbesitzer wird in Finnland eine Bodenreform durchgeführt.

Unter der Leitung des russischen Ballettmeisters Boris Romanow wird im Berliner Apollo-Theater das Russische Romantische Theater eröffnet.

Mit einer Festansprache eröffnet der Maler Hermann Sandkuhl die diesjährige juryfreie Kunstausstellung in Berlin im Glaspalast am Lehrter Bahnhof. → S. 172

15. Oktober, Sonntag

Anläßlich der in Berlin stattfindenden Tagung des Bundes Freiheit und Ordnung kommt es zu gewalttätigen Auseinandersetzungen zwischen rechtsgerichteten Veranstaltungsteilnehmern und kommunistischen Gegendemonstranten. → S. 167

Oktober 1922

Am 28. Oktober marschieren 40 000 italienische Faschisten nach Rom und erzwingen die Machtübernahme durch ihren Führer Benito Mussolini. Die Regierung unter Luigi Facta tritt zurück, und König Viktor Emanuel III. ernennt Mussolini zum Ministerpräsidenten. Das Titelblatt zeigt Aufnahmen vom Aufmarsch der Faschisten in Rom (»Bilder vom Tage«, Beilage zu »Die Woche«).

Die Woche
Bilder vom Tage

Vorbeimarsch der in Rom einrückenden Faschisten vor dem Denkmal Viktor Emanuels.

Im Oval: Gruppe von Generalen, die die Faschisten nach Rom führten.
Phot. Porry-Pastorel.

Die Herren (Siehe den Artikel auf Seite 1068—70.) Italiens.

Oktober 1922

Die thüringische Landesregierung in Weimar erläßt verschärfte Verordnungen für die Erteilung von Aufenthaltsgenehmigungen für Ausländer. → S. 168

In der rumänischen Stadt Alba Julia in Siebenbürgen krönt sich Ferdinand I. zum König aller Rumänen. → S. 169

Die Mehrheit der Teilnehmer des in Paris stattfindenden Parteitages der französischen Kommunisten (bis 19. 10.) spricht sich für die Anerkennung des Moskauer Führungsanspruchs aus.

Die Erste Russische Kunstausstellung findet in der Berliner Galerie van Diemen statt. → S. 172

Die schweizerische Regierung erläßt das Bundesgesetz über den Telegrafen- und den Telefonverkehr, wodurch auch der Rundfunk dem Bundesmonopol unterstellt wird.

16. Oktober, Montag

Nach seiner Rückkehr von einer dreiwöchigen Reise durch Sowjetrußland spricht sich der französische Politiker Edouard Herriot für engere politische, kulturelle und wirtschaftliche Beziehungen zwischen Frankreich und Sowjetrußland aus.

17. Oktober, Dienstag

Unter dem Verdacht, zu den Anstiftern der Unruhen am 15. Oktober vor dem Berliner Zirkus Busch gehört zu haben, werden die Redaktionsmitglieder der kommunistischen Tageszeitung »Rote Fahne« verhaftet (→ 15. 10./S. 167).

In Essen kommen die Mitglieder der Gesellschaft für Deutsche Metallkunde zusammen, um über künftige Ziele in der deutschen Metallforschung zu beraten.

18. Oktober, Mittwoch

Vertreter der Parteien und der Reichsregierung einigen sich über die Verlängerung der vorgesehenen Amtszeit von Reichspräsident Friedrich Ebert (SPD) bis zum 30. Juni 1925. Die Abgeordneten des Reichstages geben ihre Zustimmung am 24. Oktober. → S. 168

Die Krankenkassen geben bekannt, daß sie wegen der Großteil der am 15. Oktober fälligen Honorare an die Ärzte nicht auszahlen können.

Mit der Aufführung des Dramas »Miß Sara Sampson« von Gotthold Ephraim Lessing wird in Berlin eine neue Bühne, das Renaissance-Theater in der Hardenbergstraße, eröffnet.

19. Oktober, Donnerstag

Aufgrund der massiven Kritik an der britischen Orientpolitik muß Großbritanniens Premierminister David Lloyd George zurücktreten. Am 24. Oktober bildet Andrew Bonar Law ein neues Kabinett. → S. 166

In Paris findet die Uraufführung von »Bilder einer Ausstellung« von Modest Mussorgski in der Orchesterfassung von Maurice Ravel statt.

Die Astronomen der Sternwarte Greenwich bei London entdecken einen neuen Kometen. Er befindet sich im Sternbild des Schwan und ist nur mit dem Fernrohr sichtbar.

20. Oktober, Freitag

In München wird der ehemalige Privatsekretär von Kurt Eisner (Präsident der ehemaligen Münchner Räterepublik), Felix Fechenbach, wegen Hochverrats zu zehn Jahren Zuchthaus und fünf Jahren Festungshaft verurteilt. → S. 168

Im Namen der französischen Regierung überreicht Louis Barthou der Reparationskommission eine Note, in der Bedingungen für die von Deutschland zu zahlenden Leistungen genannt sind. Wegen dieser Denkschrift kommt es zu Meinungsverschiedenheiten zwischen den britischen und französischen Verantwortlichen.

21. Oktober, Samstag

Die deutsche Regierung veröffentlicht die Bedingungen für die Reparationszahlungen, die im Ausgleichsabkommen festgelegt sind. Kommentatoren charakterisieren diese als nicht annehmbar für das Deutsche Reich.

In einer Sitzung des deutschen Reichstages fordert die Zentrumsfraktion ein Gesetz gegen das Aufkaufen deutschen Eigentums durch Ausländer. Ausländer sollen bei eventuellen Käufen mit Valutazuschlägen belegt werden.

In der Öffentlichkeit wird bekannt, daß es der Kriminalpolizei gelungen ist, zwei geplante Attentate auf den deutschen Reichskanzler Joseph Wirth (Zentrum) zu verhindern.

Wegen der Entlassung von 421 Arbeitern sind in den verschiedenen Werkstätten der Krupp-Werke 10 000 Arbeiter in einen kurzfristigen Streik getreten.

22. Oktober, Sonntag

In einem Festgottesdienst gedenken die Gläubigen in der Berliner Schrippenkirche der Gründung dieser Kirche vor 40 Jahren. Seitdem wird hier jeden Sonntagmorgen Frühstück für Obdachlose verteilt.

23. Oktober, Montag

Der Film »Lucrezia Borgia«, »nach der Historie und dem gleichnamigen Roman von Harry Scheff«, wird erstmals im Berliner Ufa-Palast am Zoo gezeigt.

24. Oktober, Dienstag

Der österreichische Nationalrat genehmigt mit 103 Stimmen (Christlich-Soziale, Großdeutsche und Bauernpartei) gegen sozialdemokratische Stimmen die Genfer Protokolle zur Völkerbundanleihe (→ 4. 10./S. 168).

Frankreich, Großbritannien und Italien laden die türkische Regierung zur Orientkonferenz in Lausanne ein, die am → 20. November (S. 178) beginnt. Am 28. Oktober wird auch die sowjetrussische Regierung eingeladen.

Mit einem Sonderkonzert will das Berliner Philharmonische Orchester auf seine schlechte finanzielle Lage aufmerksam machen. Musikinteressierte und -freunde werden zu Spenden aufgerufen.

25. Oktober, Mittwoch

Infolge der britischen Regierungskrise und der Umbildung des Kabinetts wird das Parlament in London aufgelöst. Die Wahlen zum neuen britischen Abgeordnetenhaus finden am 15. November statt (→ 19. 10./S. 166).

Das französische Parlament genehmigt einen Gesetzentwurf, in dem festgelegt ist, daß die syrische Armee ab dem 1. Januar 1923 aus 20 000 Franzosen und 6000 Syrern bestehen soll (→ 20. 11./S. 178).

26. Oktober, Donnerstag

Reichskanzler Joseph Wirth (Zentrum) empfängt in Berlin Vertreter der Regierungskoalition sowie Abgeordnete der Deutschnationalen zu Gesprächen über die schlechte Wirtschaftslage des Deutschen Reiches.

Eine im Auftrag des deutschen Justizministeriums gebildete Kommission beginnt mit den Vorbereitungsarbeiten für eine neue Zivilprozeßordnung des Deutschen Reiches.

Auf der zwei Tage zuvor begonnenen Sitzung des französischen Parlaments gibt der Generalberichterstatter für das allgemeine Budget eine Übersicht über das Defizit im Staatshaushalt. Es könne u. a. nur beseitigt werden, indem das Deutsche Reich zur Zahlung seiner Reparationsschulden gezwungen werde.

27. Oktober, Freitag

In Görlitz beginnt der zweitägige Parteitag der Deutschnationalen Volkspartei (DNVP).

In München findet der Parteitag der Bayerischen Volkspartei (BVP) statt.

Die Mehrheit der Abgeordneten im thüringischen Landtag lehnt den Antrag der bürgerlichen Parteien auf Selbstauflösung des Parlaments ab.

Die bekannte italienische Ärztin und Pädagogin Maria Montessori erläutert vor zahlreich erschienenem Publikum im Auditorium Maximum der Berliner Universität Unter den Linden die Grundlagen ihres Konzepts der Kindererziehung (→ S. 78).

28. Oktober, Samstag

Durch den Marsch auf Rom von Tausenden von faschistischen »Schwarzhemden« zwingt ihr Führer, Benito Mussolini, die italienische Regierung zum Rücktritt. Zwei Tage darauf erhält Mussolini von König Viktor Emanuel III. den Auftrag zur Regierungsbildung. → S. 164

Der Berliner Magistrat gibt bekannt, daß nach dem bisherigen Stand der Kohleversorgung es nicht nötig sein wird, die sechswöchigen sog. Kohleferien nach Weihnachten zu erklären. Allerdings

könne man bis jetzt nicht absehen, ob ein strenger Winter bevorstünde.

Nach einer in Paris veröffentlichten Statistik gab es im Monat September des Jahres weltweit 10 922 278 Automobile, wobei in den Vereinigten Staaten von Amerika eindeutig die meisten Kraftfahrzeuge in Betrieb sind. Es folgen Großbritannien, Frankreich, das Deutsche Reich, Italien und die Schweiz.

29. Oktober, Sonntag

In der Schweiz finden Nationalratswahlen statt. Die Zahl der Mandate im schweizerischen Parlament hat sich insgesamt auf 198 Sitze gegenüber 189 Sitzen 1919 erhöht.

Aus Protest gegen das Singen von Liedern in französischer Sprache werfen Besucher des Konzerts der italienischer Liedersängerin Gita Lenart in München Stinkbomben. Das Konzert muß darauf hin abgebrochen werden.

In Essen wird das Folkwang-Museum eröffnet (→ 21. 3./S. 56).

30. Oktober, Montag

In Berlin gründet sich eine deutsche Notgemeinschaft zur Unterstützung von Erwerbsunfähigen. Vorsitzender ist Reichsarbeitsminister Heinrich Brauns (Zentrum).

Das französische Kriegsministerium in Paris erläßt Vorschriften über die militärische Jugenderziehung, die für alle Schulen und Universitäten in Frankreich verbindlich sind.

In Genf beginnt die bis zum 3. November dauernde Internationale Arbeitskonferenz. Hauptthema der Tagung ist die internationale Arbeitslosigkeit und die Erforschung ihrer Ursachen.

Anläßlich des 60. Geburtstages des Berliner Historikers Friedrich Meinecke veranstaltet die Preußische Akademie eine Feierstunde.

31. Oktober, Dienstag

Während der Verhandlungen zwischen Bevollmächtigten der Reparationskommission und dem deutschen Reichskanzler Joseph Wirth (Zentrum) in Berlin steigt der Kurs des US-Dollars im Vergleich zur deutschen Mark von 4600 auf 9000 Mark.

Die sowjetrussische Staatssicherheitsorganisation, ehemals Tscheka, erhält von der Regierung wieder das Recht zuerkannt, Todesstrafen zu verhängen sowie Bürger zur Deportation zu verurteilen (→ 6. 2./S. 37).

Das Wetter im Monat Oktober

Station	Mittlere Lufttemperatur (°C)	Niederschlag (mm)	Sonnenscheindauer (Std.)
Aachen	5,8 (10,0)	58 (64)	– (123)
Berlin	5,0 (8,8)	24 (58)	– (123)
Bremen	5,5 (9,4)	39 (47)	– (104)
München	5,9 (7,9)	108 (62)	– (130)
Wien	– (9,6)	– (57)	– (118)
Zürich	6,8 (8,4)	138 (80)	38 (108)

( ) Langjähriger Mittelwert für diesen Monat
– Wert nicht ermittelt

Oktober 1922

Muhammad VI., Sultan der Türkei (M.), in Konstantinopel während des Freitagsgebets: Die Tage seiner Herrschaft sind gezählt. Die Nationalversammlung unter Mustafa Kemal Pascha beschließt am 1. November die Abschaffung des Sultanats. Auch außenpolitisch sind die Kemalisten erfolgreich: Die Bedingungen des Waffenstillstandes von Mudanya, der am 11. Oktober unterzeichnet wird, dokumentieren die militärische Niederlage Griechenlands (»Illustrated London News« vom 7. 10. 1922).

AT THE FRIDAY PRAYERS IN THE SELAMLIK AT CONSTANTINOPLE: MOHAMMED VI., SULTAN OF TURKEY.

It was rumoured from Constantinople on September 28 that the Sultan of Turkey had abdicated in favour of the Heir-Apparent, Prince Abdul Medjid Effendi. Kemal Pasha was said to consider Mohammed VI. too pro-British, and to favour his deposition. According to report also, it was in anticipation of such an event that several members of the Ottoman Royal Family recently left Constantinople. The party arrived at Malta on September 24, and on October 1 left on board the "Adria" for Naples. Sultan Mohammed VI., son of Sultan Abdul Medjid, was born in 1861, and succeeded to the throne on the death of his elder brother, Sultan Mohammed V., on July 3, 1918, being the thirty-seventh Sovereign, in male descent, of the House of Othman, founder of the Ottoman Empire, and the thirtieth since the conquest of Constantinople. By the law of succession, the crown is inherited according to seniority by the male descendants of Othman.

PHOTOGRAPH BY ALFIERI.

Oktober 1922

Mussolini (M.) mit seinen Vertrauten auf dem Parteitag der Faschisten in Neapel: Er schreitet die Front der zum Marsch auf Rom bereiten Trupps ab.

Marsch auf Rom – Beginn der faschistischen Regierung

28. Oktober. Unter Androhung von Gewalt erzwingen die faschistischen Kampfbünde mit ihrem Marsch auf Rom die Machtübernahme Benito Mussolinis in Italien.

Von den Sammelpunkten Civitavecchia, Monterotondo und Tivoli aus marschieren etwa 40 000 italienische Faschisten auf die Stadt Rom zu, was Ministerpräsident Luigi Facta zum sofortigen Rücktritt veranlaßt. Nur wenige Stunden später schlägt Antonio Salandra, sein vorläufiger Amtsnachfolger, dem italienischen König Viktor Emanuel III. die Ausrufung des Belagerungszustandes und eine Verteidigung der Stadt mit militärischen Mitteln vor. Der König jedoch lehnt diese Maßnahmen ab, da er sich von einem Bündnis mit der faschistischen Bewegung eine größere Garantie für das Fortbestehen der Monarchie verspricht als durch einen Kampf gegen sie.

Als Salandra Mussolini anschließend einen Ministerposten im neuen Kabinett anbietet, lehnt dieser mit der Forderung nach der Regierungsübernahme ab. Daraufhin überträgt König Viktor Emanuel Mussolini die Kabinettsbildung.

Am 29. Oktober erhält der in Mailand den Lauf der Dinge abwartende Duce (Führer) diesen Auftrag telegrafisch übermittelt. Während Mussolini noch am Abend mit dem Zug in die Hauptstadt fährt, marschieren am frühen Morgen des folgenden Tages die Faschisten ungehindert in Rom ein. Nachmittags begibt sich Mussolini zum König, um dort die Regierungsvollmachten zu erhalten. Am 31. Oktober stellt Mussolini sein Kabinett vor, dem außer Faschisten und Nationalisten ein Mitglied der Volkspartei sowie ein Demokrat angehören und dem das Parlament das Vertrauen ausspricht.

Der Machtergreifung der Faschisten waren großangelegte terroristische Übergriffe auf die Sozialisten (Partito Socialisto Italiano, PSI) und Kommunisten (KPI) vorausgegangen. Faschistische Schlägertrupps überfielen und verwüsteten Parteilokale, Gewerkschaftshäuser und Zeitungsredaktionen; sie zwangen Gemeindeverwaltungen zur Demission, quälten und erniedrigten ihre Gegner. Ende Mai führte Italo Balbo, ein enger Mitarbeiter Mussolinis, eine »Strafexpedition« gegen Ferrara und Bologna (→ 2. 6./S. 98), im Juli gegen Ravenna und im August gegen Parma. Ein daraufhin von der Gewerkschaften ausgerufener Generalstreik scheiterte nach 24 Stunden. Die Sympathien für die Faschisten unter der Bevölkerung waren inzwischen gewachsen.

Viele erhoffen sich zum einen von der neuen Bewegung einen Ausweg aus der seit Kriegsende herrschenden Wirtschaftskrise, zum anderen verlieren Kommunisten und Sozialisten Anhänger infolge sich verstärkender Auseinandersetzungen innerhalb der linken Bewegung. Unterstützt werden die faschistischen Kräfte außerdem von Wirtschaft und Industrie, die den Autoritätsanspruch Mussolinis für die Durchsetzung ihrer Interessen benutzen wollen. Dies hat Auswirkungen auch in der politischen Praxis der bürgerlichen Regierungen: In der schweigenden Duldung und sogar aktiven Förderung faschistischen Terrors gegenüber den Linken. Als sich am 24. Oktober die Faschisten zu ihrem Parteitag in Neapel versammelten, schickte der Präsident des Parlaments ein Begrüßungstelegramm. In Neapel beschlossen die faschistischen »Quadrumvirn«, die vier Vertrauten Mussolinis (Italo Balbo, Nicomede Bianchi, Cesare Maria de Vecchi und Emilio de Bono), mit Zustimmung ihres Duce den Marsch auf Rom.

Vorbeimarsch der nach Rom eingezogenen Faschistenverbände am Quirinal, dem italienischen Regierungssitz; dort begrüßt sie König Viktor Emanuel.

Oktober 1922

Benito Mussolinis Aufstieg

Nach dem Einzug in Rom versammeln sich die faschistischen Kampfbünde auf der Piazza del Popolo, wo sie auf die Ankunft Benito Mussolinis warten.

In den Straßen Roms entfachen Faschisten ein »Freudenfeuer« mit sozialistischen Zeitungen und Schriften aus den demolierten Büros der PSI.

Benito Mussolini stammt aus der Romagna, wo er am 23. Juli 1883 in Predappio, Provinz Forli, geboren wurde. Durch seinen Vater, ein Hufschmied und bekannt als ein engagierter anarchistischer Sozialist, wurde Benito mit den sozialistischen Idealen vertraut.

Nach dem Abschluß einer Lehrerausbildung 1901 ging er in die Schweiz und verdiente sich seinen Lebensunterhalt u. a. als Maurer. Vorrangig aber widmete er sich seiner Arbeit als sozialistischer Agitator. Nach der Ableistung seines Militärdienstes berief man ihn Anfang 1909 nach Trient als Sekretär der Arbeiterkammer. Durch seine kritischen und polemischen Artikel in der Zeitung »Il popolo« gegen die katholische Kirche und gegen den »Pangermanismus« machte er sich einen Namen. Es folgte die Ausweisung durch die österreichischen Behörden. In Forli wurde er Chefredakteur der Wochenzeitung »La lotta di classe« und Provinzsekretär der Sozialistischen Partei (PSI). Seine kompromißlose revolutionäre Haltung und sein Einsatz gegen den Libyen-Krieg führten 1911 zu einer fünfmonatigen Haftstrafe. Auf dem Parteitag der PSI 1912 wandte er sich entschieden gegen die Reformisten und erreichte deren Parteiausschluß. Zugleich übernahm Mussolini als Chefredakteur das offizielle Parteiorgan »Avanti!« in Mailand. Unter seiner Leitung stieg die Auflage der Zeitung bis 1914 von 20 000 auf 100 000. Nach Ausbruch des Weltkrieges vertrat Mussolini zunächst einen konsequent internationalistischen Kurs, sah aber in der militärischen Auseinandersetzung auch eine Dynamik der Entwicklung, die zudem Möglichkeiten zur Befreiung Trentinos und Triests vom »Germanismus« bot. Entgegen der Politik der PSI propagierte er nun den Krieg und wurde daraufhin aus der Partei ausgeschlossen.

Noch 1914 gründete er eine eigene Tageszeitung, die »Popolo d'Italia« und bildete mit ebenfalls interventionistisch gesinnten Mitgliedern der Linken den »Fascio d'azione rivoluzionaria«, den »Bund der revolutionären Aktion«, der Mussolini als seinen »duce«(Führer) anerkannte. Nach Kriegsdienst und einer Verwundung schuf Mussolini am 23. März

Der italienische Unteroffizier Mussolini während des Weltkriegs, in dessen Verlauf er verwundet wurde

Der Führer Mussolini wird in Italien von seinen Anhängern gern mit Kaiser Napoleon verglichen.

Mussolini im Uniformhemd der Kampfbünde zum Zeitpunkt seiner Machtergreifung im Oktober

1919 daraus die »Fasci combattimento« (»Kampfbünde«), eine antisozialistisch und antikapitalistisch orientierte Bewegung. Sie unterstützte zunächst die Besetzung von Fiume (Rijeka), eine nationalistische Aktion des italienischen Dichters Gabriele D'Annunzio. In den folgenden Jahren sahen die faschistischen Bünde – wegen ihrer Kleidung auch Schwarzhemden genannt – ihre Aufgabe im Kampf gegen Demonstrationen, Streiks und Landbesetzungen durch Sozialisten und Kommunisten. Ziel war die Zurückdrängung des linken Einflußbereiches und die Stärkung der eigenen Macht – ein Konzept, das letztendlich durch die Zerstrittenheit der Linken ermöglicht und schließlich mit der Übernahme der Regierungsgewalt durch Benito Mussolini von Erfolg gekrönt wird (→ 28. 10./S. 164).

Oktober 1922

Der türkische General Refet Pascha spricht am Grab Sultan Mohammads II. in Konstantinopel ein Dankgebet.

Refet Pascha marschiert mit kemalistischen Truppen nach dem Abzug der Griechen in Konstantinopel ein.

Türkei unterzeichnet Waffenstillstand

3. Oktober. In der nördlich von Bursa am Marmara-Meer gelegenen Hafenstadt Mudanya beginnen die Waffenstillstandsverhandlungen nach dem Ende der Kämpfe im griechisch-türkischen Krieg (→ 9. 9./S. 146). Teilnehmer sind die Vertreter Großbritanniens, Frankreichs, Italiens und der türkische General Ismet Pascha (Ismet Inönü).

Zur gleichen Zeit treffen in Paris der britische und französische Außenminister zusammen, um über mögliche Zugeständnisse gegenüber der Türkei in der neutralen Zone am Bosporus eine Einigung zu erzielen. Großbritannien hatte zunächst die Absicht, erst nach dem Abzug der türkischen Kavallerie-Einheit aus der neutralen Zone bei Canakkale in die Waffenstillstandsverhandlungen einzutreten. Die von Frankreich dabei geforderte Unterstützung bleibt jedoch aus, und so muß sich Außenminister George Nathaniel Curzon mit der Zusicherung Mustafa Kemal Paschas zufriedengeben, jegliche Kampfhandlungen zu unterbinden.

Nachdem sich die Alliierten über die Bedingungen einig geworden sind, kommt es am 11. Oktober in Mudanya zur Unterzeichnung des Waffenstillstandes. Im wesentlichen wird folgendes beschlossen:

▷ Räumung Thrakiens durch die Truppen Griechenlands innerhalb von 14 Tagen
▷ Abzug der griechischen Zivilbehörden einschließlich der Gendarmerie aus Thrakien
▷ Übergabe der Zivilverwaltung durch die Alliierten an die türkischen Behörden
▷ In Ostthrakien müssen diese Vorgänge spätestens nach 30 Tagen abgeschlossen sein
▷ Die türkischen Truppen ziehen sich aus allen neutralen Zonen der Meerenge zurück
▷ Die türkische Regierung verpflichtet sich, keinerlei Truppen, ausgenommen Polizei, nach Ostthrakien zu entsenden.

Die Bedingungen sind gültig bis zum Abschluß des Friedensvertrages, über den ab dem → 20. November (S. 178) verhandelt wird.

Die Griechen beginnen bereits am 12. Oktober mit dem Rückzug, so daß schon am 19. Oktober türkische Polizeieinheiten in Konstantinopel (Istanbul) einziehen können.

Verlorene Illusionen

1. Oktober. Der griechische Politiker Eleftherios Weniselos versucht in einem Schreiben an Warren G. Harding, den US-Präsidenten zu einer Teilnahme der USA an den Waffenstillstandsverhandlungen in Mudanya zu bewegen.

Weniselos sieht darin eine Möglichkeit, die griechischen Interessen gegenüber der Türkei, Frankreich und Großbritannien vertreten zu lassen. Mit der Ablehnung dieses Vorschlags durch Harding schwindet die letzte Hoffnung auf die Rettung eines jahrhundertealten Traums der Griechen: Die Verbindung Griechenlands mit Ionien, dem einst zum antiken Griechenland gehörenden Gebiet in Kleinasien.

Die alliierten Vertreter: V. l. Mombelli (Italien), Harington (Großbritannien), Charpy (Frankreich)

General Ismet Pascha (vorn), Leiter der türkischen Delegation bei den Verhandlungen in Mudanya

Regierungswechsel in Großbritannien

19. Oktober. Der britische Premierminister David Lloyd George reicht in London seine Demission ein. Noch am gleichen Tag beauftragt König Georg V. von Großbritannien den konservativen Politiker Andrew Bonar Law mit der Kabinettsbildung. Unmittelbarer Auslöser des Regierungswechsels ist der Beschluß der Konservativen Partei, ihre Minister zurückzuziehen. Damit kündigen sie die Regierungskoalition mit der Liberalen Partei auf und zwingen so Lloyd George zum Rücktritt.

David Lloyd George, (Manchester 17. 1. 1863) britischer Premierminister seit 1919, muß zurücktreten.*

Neuer Premierminister Großbritanniens ist Andrew Bonar Law (New Brunswick/Kanada 16. 9. 1858).*

Ursache für diesen Vorgang sind die seit Wochen bestehenden Meinungsverschiedenheiten über die Außenpolitik Lloyd Georges, insbesondere dessen Haltung in der Orientfrage. Nach der Niederlage der von Großbritannien unterstützten Griechen im griechisch-türkischen Krieg (→ 9 9./S. 146) fürchtet man in London um den Einfluß im vorderasiatischen Raum. Durch die Vorgänge am Marmara-Meer scheint die britische Stellung in dem strategisch wichtigen Gebiet der Dardanellen, die den Zugang zum Schwarzen Meer bilden, aufs äußerste gefährdet. Die unsichere Lage verstärkte sich, als am 22. September kemalistische Kavallerie in die neutrale, entmilitarisierte Zone an der Meerenge eindrang und dort bei Canakkale die türkische Fahne hißte. Vor diesem Ort liegt ein Teil der britischen Kriegsmarine. Lloyd George versandte daraufhin das »Chanak-Kommuniqué« an die Dominions, worin er zu Maßnahmen gegen die türkische Drohung aufrief. Damit zog er sich nicht nur den Unwillen der Dominions, sondern auch den der Verbündeten Frankreich und Italien (sie unterstützen die Türkei) zu und drohte so, Großbritannien in die Isolation zu drängen.

Oktober 1922

Straßenkämpfe nach der Auflösung der Versammlung des rechten Bundes

Polizei, beauftragt mit dem Veranstaltungsschutz, jagt Kommunisten.

Straßenschlachten zwischen Kommunisten und Rechten in Berlin

15. Oktober. *Bei gewalttätigen Auseinandersetzungen zwischen Kommunisten und Mitgliedern des rechtsgerichteten Bundes für Freiheit und Ordnung sowie der Schutzpolizei gibt es in Berlin über 100 Verletzte und einen Toten. Die Unruhen beginnen am Vormittag, als Anhänger der KPD versuchen, eine im Zirkus Busch geplante Versammlung des Bundes zu verhindern. Noch vor Beginn der Tagung besetzen sie den Innenraum. Als sie ihn trotz Aufforderung nicht verlassen, kommt es zu Schlägereien, bei denen mehrere Personen mit Totschlägern, Eisengegenständen, Knüppeln und Messern verletzt werden. Die Kämpfe setzen sich in der Umgebung des Zirkus' fort und dehnen sich im Laufe des Tages auf die Innenstadt aus.*

Helfer der Rathenau-Mörder vor Gericht

14. Oktober. Der Leipziger Staatsgerichtshof spricht die Urteile im Prozeß gegen 13 am Rathenau-Mord beteiligte Männer (→ 24. 6./S. 92). 15 Jahre Zuchthaus erhält Hans Werner Techow. Er fuhr das Auto, von dem aus die beiden Attentäter Erwin Kern und Hermann Fischer die tödlichen Schüsse abgaben. Sie starben im August auf der Burg Saaleck, wo sie sich während der Flucht versteckt hielten. Ernst von Salomon stellte das Mordauto zur Verfügung, er bekommt fünf Jahre. Wichtiges Thema der Verhandlung ist die Frage, ob es bei diesem Attentat Hintermänner gegeben hat. Vor allem der Einfluß der Geheimorganisation Consul, der rechtsextremistischen Nachfolgeorganisation der Brigade Ehrhardt, soll geklärt werden. Zwar gibt es kaum Zweifel an einer Verbindung der Attentäter zu der republikfeindlichen Vereinigung, doch ist das nicht zu beweisen. Dies gelingt auch nicht im Prozeß gegen Hans Hustert und Karl Oehlschläger am 6. Dezember, die am → 4. Juni (S. 95) ein Attentat auf Philipp Scheidemann (SPD) verübten. Sie erhalten zehn Jahre Zuchthaus.

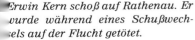

Erwin Kern schoß auf Rathenau. Er wurde während eines Schußwechsels auf der Flucht getötet.

Hermann Fischer warf die Handgranate auf Rathenau. Er erschoß sich selbst während der Flucht.

Ernst von Salomon setzt sich später als Schriftsteller mit dem Rechtsradikalismus auseinander.

Thomas Mann für die Republik

13. Oktober. Thomas Mann hält im Berliner Beethovensaal seine Rede »Von deutscher Republik«, die er für das Gerhart-Hauptmann-Heft der »Neuen Rundschau« schrieb. Da Thomas Mann bisher in der Öffentlichkeit noch nie so eindeutig wie hier zur Weimarer Republik Stellung bezogen hatte, findet die Rede überaus große Beachtung. Folgende Auszüge entstammen einem Beitrag aus der »Vossischen Zeitung« vom 14. Oktober:

»Es war politisch, und man kam ein wenig neugierig, was der Verfasser der ›Betrachtungen eines Unpolitischen‹ nun von der deutschen Republik zu sagen wisse, da sein Republikanertum bisher nicht eben seine stärkste Seite gewesen war. Er selber [Mann] gab der Frage Worte: ›Die Republik, wie gefällt euch das Wort in meinem Munde?‹ Er müsse ja fürchten, aus geistigem Freiheitsgefühl den Obskuranten Waffen geliefert zu haben. Heute, um es gleich zu sagen, habe er sich vorgesetzt, die Hörer für die Republik zu gewinnen, soweit das

Thomas Mann, Sohn einer wohlhabenden Patrizierfamilie (* Lübeck, 6. 6. 1875), veröffentlichte bereits 1901 die »Buddenbrooks«, seinen ersten großen Roman, der ihn weltberühmt machte.

nötig sei. Und in der Tat, in den vier Jahren, die seit jenem Buche verflossen sind, ist dieser intellektuelle Dichter ein sehr wertvoller geistiger Nothelfer des neuen Staats geworden... Ihm selber ist Demokratie gleichbedeutend mit Humanität. Die deutsche Republik sei entstanden nicht als Ergebnis der Niederlage, sondern der Erhebung, denn sie habe sich innerlich im August 1914 gebildet. Heute sind, wie er mit Nachdruck feststellte, Demokratie und Republik in jedem von uns eine innere Tatsache, nicht bloß eine äußerliche Wirklichkeit... Bei alledem bekannte Thomas Mann, er bleibe auch weiterhin konservativ; denn seine Aufgabe sei erhaltender Art. Aber erhalten wolle er nicht um der Vergangenheit, sondern um der Zukunft willen.«

Oktober 1922

Friedrich Ebert bis 1. Juli 1925 Präsident

18. Oktober. Reichskanzler Joseph Wirth (Zentrum) und die Fraktionsvorsitzenden der Koalitionsparteien sowie der DVP und BVP beschließen die Verlängerung der Amtszeit für

Der sozialdemokratische Politiker Friedrich Ebert (* Heidelberg, 4. 2. 1871) wurde am 11. Februar 1919 von der Nationalversammlung in Weimar zum ersten Reichspräsidenten gewählt.

Reichspräsident Friedrich Ebert (SPD) bis zum 1. Juli 1925.
Nach der im August 1919 verabschiedeten Weimarer Verfassung dauert die Amtszeit des Reichspräsidenten sieben Jahre. Da Ebert jedoch vorher, im Februar 1919, Präsident geworden war, waren Neuwahlen im Dezember vorgesehen. Wegen der schwierigen politischen und wirtschaftlichen Lage fürchten die bürgerlichen Parteien die Unruhe eines Wahlkampfes und stellen deshalb den Antrag auf Verlängerung, dem schließlich auch die Sozialdemokraten zustimmen.

Ausländerverordnung wird verschärft

15. Oktober. Das thüringische Innenministerium erläßt eine neue Verordnung für den Aufenthalt von Ausländern. Die darin fixierten Bestimmungen bedeuten eine wesentliche Einschränkung der im Deutschen Reich allgemein üblichen Freiheiten für fremde Staatsbürger. So soll verhindert werden, daß immer mehr Ausländer, die im Besitz günstiger Währungen sind, auf Kosten der einheimischen Bevölkerung wirtschaftliche Reichtümer erwerben können.
Nach der neuen Verordnung müssen Ausländer, die sich länger als 14 Tage im Land aufhalten, eine Aufenthaltsgenehmigung bei dem zuständigen Kreis- oder Stadtdirektor beantragen. Für die Aufenthaltserlaubnis sind Gebühren zu entrichten. Für Russen oder Österreicher, deren Valuta noch ungünstiger liegen als die deutsche, gilt eine gesonderte Gebühr.

Zuchthaus für Landesverrat

20. Oktober. Der Münchner Volksgerichtshof verurteilt den Sozialisten Felix Fechenbach zu zehn Jahren Zuchthaus und fünf Jahren Festungshaft.
Der Vorwurf des Landesverrats stützt sich auf die Tatsache, daß Fechenbach bei seiner Tätigkeit als Journalist während des Weltkrieges und in der Folgezeit Berichte für ausländische Zeitungen verfaßte und in seinen Artikeln u. a. über illegale Waffenlager von Geheimbünden schrieb. Das Argument der Verteidigung, daß Fechenbach sich aufgrund seiner antimilitaristischen Haltung für den Internationalismus und eine friedliche Verständigung der Völker engagierte, akzeptiert das Gericht nicht.
Die Höhe des Urteils sowie die gesamte Verhandlungsführung der Münchner Justiz werden in der liberalen und linken Presse des Deutschen Reichs heftig kritisiert. Nicht zu unrecht hatten Prozeßbeobachter den Eindruck, daß die Richter sich weniger auf Fakten, denn auf ihre eigene Ablehnung sozialistischer Ideen stützten. Felix Fechenbach war Sekretär von Kurt Eisner, dem Ministerpräsidenten der bayerischen Räterepublik und nach dessen Ermordung bis zur Niederschlagung

Verurteilt: Felix Fechenbach, früherer Sekretär von Kurt Eisner

der Republik im Mai 1919 Geheimsekretär im Ministerium des Äußeren. Die Härte des Urteils spiegelt die in der bayerischen Regierung und Justiz verbreitete reaktionäre und antidemokratische Haltung wider. So vergleicht der sozialdemokratische »Vorwärts« die Verhandlung mit mittelalterlichen Hexenprozessen, in der an die Stelle religiösen Aberglaubens politischer Fanatismus getreten sei. Er fordert eine nochmalige Überprüfung der Anklagepunkte durch Sachverständige.

Inflation: Sortieren und Zählen des Geldes in der Oesterreich-Ungarischen Bank in Wien

650 Millionen Goldkronen für die Österreicher

4. Oktober. *In Genf unterzeichnen Österreich, Frankreich, Italien und die Tschechoslowakei das Protokoll über die Völkerbundanleihe für Österreich. Sie verpflichten sich gleichzeitig zur Wahrung politischer Unabhängigkeit und territorialer Unverletzlichkeit Österreichs. Die Höhe des Kredits an das von der Inflation geschwächte Land beträgt 650 Mio. Goldkronen. Vor der Unterzeichnung legte die Regierung in Genf ein Sanierungskonzept für die österreichischen Finanzen vor, dementsprechend werden die Notenpressen in Wien am 18. November stillgelegt.*

Devisenordnung gegen Markabwertung

12. Oktober. Die deutsche Reichsregierung veröffentlicht den Wortlaut einer neuen Devisenordnung.
Mit diesen Richtlinien hofft die Regierung, der seit August (→ 21. 8./S. 126) fortschreitenden Abwertung der Mark wenigstens im Inland entgegenwirken zu können. Immer mehr deutsche Geschäftsleute stützen sich auch im Binnenhandel auf ausländische Zahlungsmittel; ein Verhalten, das der Wirtschaft schadet und die Bevölkerung benachteiligt.
Mit Bezug auf den Artikel 48 der Verfassung verordnet die Regierung »zur Wiederherstellung der öffentlichen Sicherheit und Ordnung für das Reichsgebiet« u. a. die beiden folgenden ersten zwei Paragraphen:
▷ Die Zahlung in ausländischen Zahlungsmitteln darf bei Inlandsgeschäften nicht gefordert, angeboten, ausbedungen, geleistet oder angenommen werden. Im Kleinhandelsverkauf ist auch die Preisstellung in ausländischen Zahlungsmitteln auf der Grundlage einer ausländischen Währung verboten.
▷ Der Erwerb ausländischer Zahlungsmittel ist nur nach vorheriger Genehmigung örtlicher Prüfungsstellen zulässig.

Engagement für Sexualaufklärung

5. Oktober. In Berlin beginnt ein bis zum 14. Dezember alle 14 Tage stattfindender Kurs über die Psychoanalyse, durchgeführt von der Gesellschaft für Sexualreformen.
Der Kurs ist Bestandteil eines umfassenden Programms des erst in diesem Jahr gegründeten Bundes für Mutterschutz und Sexualreform. Er arbeitet eng mit dem Institut für Sexualwissenschaft in Berlin-Tiergarten zusammen, dessen Leiter der bekannte Sexualforscher Magnus Hirschfeld ist. Ihre wesentliche Aufgabe sehen die Mitglieder der Vereinigung, die »auf dem Boden der sozialistischen Weltanschauung steht«, in der Einrichtung von Ehe- und Sexualberatungsstellen. Sie entstehen vor allem in den Arbeitervierteln der großen Städte. Neben dieser Beratungsarbeit kümmern sich die Sexualreformer auch um Aufklärung und Weiterbildung in sexualwissenschaftlichen Fragen.

Oktober 1922

Kufsteiner Gäste auf dem Münchner Oktoberfest, das man zur Hochzeit des Kronprinzen Ludwig mit Prinzessin Therese 1810 erstmals feierte

Bavaria von Ludwig von Schwanthaler auf der Theresienwiese

50 Mark für ein Bier auf dem 100. Oktoberfest

1. Oktober. Unter keinem guten Stern steht das diesjährige Münchner Oktoberfest, das nach seinem ersten Stattfinden im Jahr 1810 nun zum 100. Mal auf der Theresienwiese der Bayernhauptstadt gefeiert wird. Gleich zu Beginn dieses inzwischen populärsten deutschen Volksfestes treten die Budenbesitzer in einen Streik gegen die ihrer Meinung nach zu hohe Vergnügungssteuer. Ihre Beschäftigten folgen mit einem Ausstand wegen zu niedriger Löhne. Als beide Protestaktionen endlich beigelegt sind, lassen die Einnahmen trotzdem zu wünschen übrig, denn nur wenige Besucher können sich die teuer gewordenen Vergnügen leisten. 50 Mark kostet z. B. ein Wies'n-Bier, 500 Mark ein Hendl.

Königskrönung im rumänischen Alba Julia

15. Oktober. In der rumänischen Stadt Alba Julia (ehem. Karlsburg) in Siebenbürgen wird Ferdinand I. zum »ersten König aller Rumänen« gekrönt.

Ferdinand, ein Sohn Leopolds von Hohenzollern-Sigmaringen und 1865 in dessen Fürstentum geboren, wurde 1889 von seinem kinderlosen Onkel, Karl I. von Rumänien, als Thronerbe adoptiert. 1913 führte er im zweiten Balkankrieg die rumänische Armee und übernahm 1914 den Thron. Mit der Kriegserklärung an Österreich-Ungarn trat er 1916 in den Weltkrieg ein, was schließlich den Anschluß Siebenbürgens und anderer Gebiete Ungarns mit großem rumänischem Bevölkerungsanteil an Rumänien zur Folge hatte. Mit der jetzigen Zeremonie wird Ferdinand nun als Herrscher auch dieser Gebiete bestätigt.

Die Krönungsfeierlichkeiten finden unter großen Sicherheitsvorkehrungen statt, da Angriffe ungarischer Nationalisten befürchtet werden. Mehrere tausend Gäste aus dem Ausland und Rumänien nehmen an den prunkvollen Festlichkeiten in Alba Julia teil. Nach dem Gottesdienst in der Kathedrale versammeln sich die jubelnden Gäste um einen Baldachin, unter dem Ferdinand I. sich die eiserne und seiner Frau eine goldene Krone aufsetzt. Den Abschluß der Zeremonie bildet eine Militärparade.

Unter einem rotvioletten Baldachin, versehen mit weißen und goldenen Verzierungen, setzt der gekrönte König seiner Frau die Krone aufs Haupt.

Die Siemens-Werke feiern 75jähriges

12. Oktober. In Berlin begehen die Siemens-Schuckert-Werke die 75. Wiederkehr des Gründungstags ihres Unternehmens. Am 12. Oktober 1847 eröffneten in einem Berliner

Werner von Siemens (* Lenthe/Gehrden 13. 12. 1816, † Berlin 6. 12. 1892) produzierte in seinem Werk u. a. 1879 die erste brauchbare Elektrolokomotive, 1880 den ersten elektrischen Aufzug und 1881 die erste elektrische Straßenbahn.

Hinterhaus Werner Siemens und Johann Georg Halske eine Werkstatt für den Bau von Telegrafenapparaten. Dank ihres Erfindungsgeistes und geschäftlichen Engagements entwickelte sich ihre Werkstatt innerhalb weniger Jahre zu einem bedeutenden Unternehmen der Elektroindustrie. 1907 übernahm ihre AG die Werke der Elektrizitäts AG, vormals Schuckert & Co. Das mittlerweile in Berlin-Siemensstadt existierende Werk hat 52 000 Beschäftigte.

»Weg mit der Pagenfrisur!«

1. Oktober. Unter der obigen Überschrift zitiert die »Vossische Zeitung« einen Artikel aus der Zeitschrift »Die Dame«, in dem es u. a. heißt: »Der Pagenkopf hat bei ganz jungen Mädchen manchmal seinen

Der Bubikopf – Ausdruck eines sich radikal verändernden weiblichen Schönheitsideals zu Beginn der 20er Jahre, das einhergeht mit einem neuen Selbstbewußtsein der unabhängigen Frauen

Reiz. Dennoch hat er nicht viel Daseinsberechtigung. Er stammt aus der Kriegszeit, in der die Frauen in jeder Hinsicht trachteten, die Männer zu ersetzen, auch im äußeren Bilde. Die Annäherung des weiblichen und männlichen Typs ist eine Dekadenzerscheinung. Das kurze Haar ist bequem ... die Frauen machen es sich überhaupt bequem ...«

Oktober 1922

Wissenschaft und Technik 1922:
Wichtige Entdeckungen für die moderne Kunststoffchemie

Wie in allen übrigen Bereichen hat die schwierige wirtschaftliche Lage des Deutschen Reiches auch Auswirkungen auf die technischen und wissenschaftlichen Gebiete.
Adolf von Harnack, Theologe und Präsident der Kaiser-Wilhelm-Gesellschaft zur Förderung der Wissenschaften, wendet sich deshalb im Dezember in einem in London erscheinenden Appell an die internationale Öffentlichkeit. Er schildert die katastrophalen Zustände in der deutschen Wissenschaft, erwähnt, daß mangels Devisen keine ausländischen Zeitschriften und Bücher mehr eingeführt und kaum mehr wissenschaftliche Artikel gedruckt werden, daß Wissenschaftler, statt zu forschen, sich einen Broterwerb suchen und bereits laufende Projekte abgebrochen werden müssen. Er fordert das Ausland zur Unterstützung auf, denn in der Wissenschaft gäbe es keine Pause. Jeder Wissenszweig könne nur fortleben, wenn er fortschreitet, Stagnation sei gleichbedeutend mit Tod.

Auf technischem Gebiet ist das wohl einschneidendste Ereignis des Jahres die Kommerzialisierung des Rundfunks in Europa (→ 14. 11./S. 186). Neu ist hierbei allerdings nur der eigentliche Rund»funk«. Kommerzielle Radioprogramme über Telefonkabel gab es bereits in den 90er Jahren des vorigen Jahrhunderts. Zur Weiterentwicklung der Rundfunktechnik trägt entscheidend der US-amerikanische Radiotechniker Edwin Howard Armstrong durch die Erfindung des Pendelrückkopplungsempfängers bei. Die Rückkopplung betrifft die Signalverstärkung im Empfänger. Ein Teil der Ausgangsleistung des Verstärkers wird wieder an seinen Eingang gelegt. Geschieht das phasengleich (positive Rückkopplung), dann steigt damit der Verstärkungsgrad,

Der italienische Physiker Guglielmo Marchese Marconi (* Bologna 25. 4. 1874) ist Mittelpunkt des 25. Jubiläums der drahtlosen Telegrafie. Am 10. Mai 1897 gelang dem Italiener erstmals die drahtlose telegrafische Übermittlung über fünf Kilometer. Grundlage dafür war die Marconi-Antenne, die Erdung der Sende- und Empfangsantenne, sowie die Trennung der geschlossenen Schwingkreise von den Antennenkreisen. 1922 schlägt der Physiker die Verwendung von Funkechos für Ortungssysteme (Radar) vor.

und die Trennschärfe zwischen den empfanggebenden Sendern wächst. Armstrong benutzt aber erstmals gegenphasige (negative) Rückkopplung. Damit dämpft er den Schwingkreis und stabilisiert ihn so. Das führt zur Unterdrückung von Nichtlinearitäten in der Verstärkercharakteristik und damit zur besseren Empfangsqualität.
Eine weitere technische Entwicklung erreicht bald eine breite Öffentlichkeit: In Berlin drehen deutsche Ingenieure den ersten Spielfilm mit Lichttonspur (→ 17. 9./S. 154). Eine Grundlagenerkenntnis betrifft auch die Elektrotechnik. Im September entdecken zwei US-amerikanische Forscher die Reflexion von Funksignalen bestimmter Wellenlänge an Eisenbetongebäuden. Diese Feststellung hat Auswirkung auf die Entwicklung des Radar. Für die technische Realisierung von Radarortungssystemen bieten sich im Vorjahr von dem US-Amerikaner Albert Wallace Hull erfundenen elektronischen Laufzeitröhren, die Magnetrons, an.
Für einen Fortschritt in der Werkstoffbearbeitung sorgt der sowjetrussische Ingenieur Kapeljuschnikow: Er erfindet den Turbinenbohrer. Weil die Einheit aus Bohrer und luftstrombeaufschlagtem Turbinenläufer sehr klein gehalten werden kann, ist die bewegte Masse gering. Hohe Drehzahlen lassen sich problemloser erreichen als bei elektrischem Antrieb.
Von größter Tragweite für die organische Chemie ist eine Grundsatzarbeit des deutschen Chemikers Hermann Staudinger, eine Theorie der Polymere, die als Begründung der wissenschaftlichen Makromolekularchemie anzusehen ist und auf der die gesamte moderne Kunststoffchemie fußt. Staudinger lehrt z. Z. in Zürich.

Plädoyer für die Kohlekraftwerke

Auf der Hauptversammlung der deutschen Ingenieure, die im Juni in Dortmund stattfindet, hält Georg Klingenberg einen Vortrag über »Die Zukunft der Energiewirtschaft in Deutschland«. Darin wendet er sich gegen die weit verbreitete Tendenz, wegen der gegenwärtig geforderten »Kohleersparnis« den Bau von Kohlekraftwerken nicht zu fördern. Klingenberg weist auf einen künftig immer größer werdenden Energiebedarf hin und vertritt die Ansicht, daß die derzeit vorherrschende Sparpolitik kurzsichtig sei. Um gewonnene Energien rationell nutzen zu können, schlägt er eine Koppelung der im Deutschen Reich bestehenden und geplanten Kraftwerke untereinander vor und erläutert Projekte zur Stromspeicherung.

Eines der größten Kohlekraftwerke der Welt in Zschornewitz bei Bitterfeld; es versorgt Berlin, Leipzig, Halle und Magdeburg mit Strom. Die Kohle wird von den nahen Fördergruben in diesen Loren direkt ins Werk transportiert.

Oktober 1922

Messungen am Modell eines Zeppelin-Luftschiffes, dessen günstigste Form in der Aerodynamischen Versuchsanstalt Göttingen ermittelt wurde

△ *Winddruckmessungen an einem im Windkanal aufgehängten Doppelmodell eines D-Zuges in der Göttinger Aerodynamischen Versuchsanstalt*

◁ *Die deutschen Ingenieure Walther Bauersfeld und Franz Dischinger entwickeln 1922 die Schalenkonstruktion für Stahlbetonbauten. Ein stählernes, mit Drahtgewebe überzogenes und mit Spritzbeton versehenes Netzwerk erlaubt die Herstellung dünnwandiger Tragwerke mit einfach oder doppelt gekrümmten Oberflächen. Diese Bauweise erlaubt kuppelförmige Großbauten, z. B. bei der Errichtung von Planetariumsgebäuden.*

Ein Wasserflugzeug ohne Motorantrieb

Einem Marinebaumeister aus Stralsund gelingt erstmals der Flug mit einem Wassersegelflugzeug. In seinem »Phönix« startet er am Ostseestrand und erreicht kurz darauf eine Höhe von etwa zwölf Metern. Nach einem einwandfreien Segelflug geht er sanft auf dem Wasser nieder. Das Flugzeug hat eine Spannweite von 16 m und eine Flächenbelastung, die ihm gestattet, ohne jede Schleppvorrichtung zu starten. Nach diesem Erfolg im Juni berichten die US-Amerikaner ebenfalls von einem gelungenen Flugversuch eines motorlosen Wasserflugzeugs. Es wurde im Schlepp eines Motorbootes gestartet und erreichte ein Höhe von etwa vier Metern. Nach 40 sec landete es wieder auf der Wasseroberfläche.

Der erste Probeflug mit dem Wassersegelflugzeug »Phönix« über der Ostsee bei Stralsund; mit Hilfe des Windes kann es sich senkrecht in die Luft erheben. Das setzt intensive Kenntnis der Windverhältnisse über dem Meer voraus.

Oktober 1922

Berlin – ein Magnet für Freunde der russischen Kunst

15. Oktober. Die Berliner Galerie van Diemen eröffnet die Erste Russische Kunstausstellung. Aufgrund des großen Publikumsinteresses wird die ohne feste Laufzeit geplante Ausstellung mehrfach bis Ende Dezember verlängert und von insgesamt 15 000 Interessierten besucht. Gezeigt werden 237 Gemälde, 291 Arbeiten auf Papier, 40 Plakate, 32 Skulpturen, 100 Porzellane sowie dekorative Arbeiten aus allen Bereichen der angewandten Kunst.

Die Entstehungsgeschichte der Kunstausstellung reicht zurück bis in das Jahr 1918. Russische Künstler der Abteilung Bildende Kunst beim Volkskommissariat für Bildungswesen starteten ihre Kontaktaufnahme zu westeuropäischen Kollegen seinerzeit mit einem Aufruf »zum internationalen Zusammenschluß beim Aufbau einer neuen Kunst und Kultur«. Der vor allem von Volksbildungskommissar Anatoli W. Lunatscharski, dem Kunstkritiker Nikolai Punin sowie den Malern David Sterenberg und Wassily Kandinsky initiierte Aufruf stieß bei den Adressaten auf große Resonanz. In der Antwort Adolf Behnes und Walter Gropius' – beide führende Vertreter des Berliner Arbeitsrates für Kunst – wird die politische Bedeutung sichtbar, die man einem solchen Projekt beimaß: »Wir sind bereit, Abgeordnete von uns zu einer Konferenz zu senden, auf der wir gemeinsam beraten können, was wir als Künstler tun müssen, um die Völker zu versöhnen...« Nach langwierigen und oft unterbrochenen Verhandlungen zwischen den letztlich für das Unternehmen verantwortlichen staatlichen Stellen kommt nun endlich im Herbst 1922 die Ausstellung im Rahmen der weltweiten Spendenaktion für die Hungernden in Rußland zustande. Die Exponate, deren Gesamtwert auf etwa 9,3 Mio. Mark geschätzt wird, repräsentieren das Spektrum der russischen Kunst seit 1905 und vermitteln einen Überblick über die russische Moderne. Neben den Konstruktivisten Wladimir Tatlin und Alexandr Rodtschenko, den Suprematisten El Lissitzky und Kasimir Malewitsch, dem im Katalog als Expressionisten klassifizierten Marc Chagall, neben Wassily Kandinsky und Alexander Archipenko, ist die gesamte sowjetrussische Avantgarde vertreten.

Im Ausstellungsraum der Ersten Russischen Kunstausstellung in der Filiale »Gemälde Neuer Meister« der Galerie van Diemen in Berlin, Unter den Linden: V. l. Maler David Sterenberg, der sowjetrussische Propaganda-Beauftragte Dmitri Marianow, die Künstler Nathan Altmann, Naum Gabo und Galerist Friedrich Adolf Lutz, Leiter der Exposition. Die hier abgebildeten Personen gehören zu den Organisatoren der Ausstellung. Auf dem Foto zu erkennen sind Werke von Gabo, Alexander Archipenko und Sterenberg.

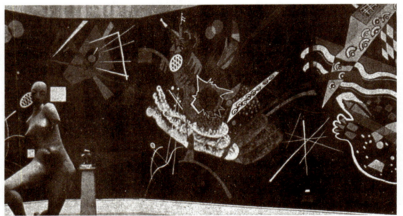

Wandbild von Kandinsky auf der Juryfreien Kunstausstellung in Berlin

Wassily Kandinsky auf der Juryfreien

14. Oktober. Im Glaspalast am Lehrter Bahnhof beginnt die diesjährige Berliner Juryfreie Kunstausstellung. Attraktion sind die Wandbilder des russischen Künstlers Wassily Kandinsky. Er schuf ein Werk auf schwarzem Grund mit dem Titel »Versinnbildlichung der Musik«, in dem er, wie Max Osborn schreibt, mit den »Formen seiner abstrakten Malerei in wunderbar gewählten Farbharmonien ein zauberhaftes, rätselvolles, ungemein phantasieanregendes Spiel veranstaltet hat«.

Von Ljubov Popowa sind auf der Ersten Russischen Kunstausstellung in Berlin vier Arbeiten auf Papier zu sehen, von denen jedoch keine Abbildungen mehr vorhanden sind. Das Bild l. von Popowa entstand im Jahr 1921. R.: Entwurf für den Katalog der Ausstellung in der Berliner Galerie van Diemen von El Lissitzky.

Oktober 1922

Ausdruckstanz kontra klassisches Ballett

Der 36jährige Wilhelm Furtwängler leitet die Berliner Philharmoniker.

Furtwänglers Debüt mit Anton Bruckner

9. Oktober. Als Nachfolger des verstorbenen Chefdirigenten der Berliner Philharmoniker, Arthur Nikisch, gibt Wilhelm Furtwängler sein erstes Konzert in Berlin.

Der Konzertabend beginnt mit Anton Bruckners siebenter Sinfonie. Die Kritik reagiert wohlwollend, aber etwas verhalten, da Furtwängler mit seinem sonst charakteristischen, das Orchester mitreißenden Temperament äußerst sparsam verfährt. Dennoch zeigt der Beifall des Publikums, daß es in Furtwängler einen würdigen Erben Nikischs anerkennt (→ 13. 3./S. 57).

3. Oktober. Öffentliche Sympathiekundgebungen der US-amerikanischen Tänzerin Isadora Duncan für das kommunistische Sowjetrußland veranlassen die Einreisebehörden der USA, die Künstlerin und ihren Ehemann, den russischen Dichter Sergei A. Jessenin, bei ihrer Einreise in die USA vorübergehend festzuhalten. Erst als die beruflichen Gründe des Aufenthaltes nachgewiesen sind, geben die Behörden nach.

Isadora Duncan ist eine der berühmtesten Vertreterinnen des modernen Tanzes und wird vom Publikum in Paris, Berlin und Moskau begeistert gefeiert. Seit dem ersten Gastspiel der damals 28jährigen in Rußland, 1905, kehrte die Amerikanerin immer wieder nach Moskau zurück, wo sie 1921 eine Tanzschule gründete. Schon in jungen Jahren, während ihres Unterrichts bei der Tänzerin Maria Bonfanti in New York, wandte sie sich gegen die Tradition des klassischen Balletts. Mit einem eigenen, instinktiven, wilden und mystischen Tanzstil emotional-expressionistischen Ursprungs will sie den Tanz der griechischen Antike wiederbeleben. Programmatisch verkündet sie: »Der Tanz, vereint mit der Poesie und der Musik, muß wieder die Funktion des Chaos im griechischen Drama übernehmen. Dies ist die wahre Rolle des Tanzes. Er gehört ins Zentrum des Schauspiels. Alles andere ist die pure Dekadenz.« Diesem Konzept entspricht auch die Kleidung, in der sie auftritt:

Die deutsche Tänzerin Anita Berber in einem exotischen Kostüm

Das Trikot und Tanzschuhe ablehnend, tanzt sie nur barfuß und mit einer losen Tunika bekleidet.

Die ästhetischen und weltanschaulichen Positionen von Isadora Duncan stellen eine ständige Provokation dar, die sie durch skandalträchtige Affären mit Millionären oder Bohemiens noch verstärkt.

Die Bedeutung der Duncan liegt neben der tänzerischen Innovation vor allem in ihrem Wirken für ein neues weibliches Körpergefühl und in der Überwindung traditioneller Tabus. Ein Echo findet diese Entwicklung in dem verbreiteten Nacktanz dieser Jahre mit der deutschen Tänzerin Anita Berber als exponiertester Vertreterin.

Der Durchbruch als Tänzerin gelang Isadora Duncan 1900/01 in Paris. Das Foto zeigt die Künstlerin (4. v. l.) im Kreis von einigen ihrer Schülerinnen.

Angeklagt wegen Gotteslästerung: Einstein und Rowohlt

10. Oktober. Vor dem Landgericht Moabit in Berlin wird gegen den Schriftsteller Carl Einstein und seinen Verleger Ernst Rowohlt Anklage wegen Gotteslästerung erhoben.

Gegenstand des Prozesses ist Einsteins kurze Szenenfolge »Die schlimme Botschaft«, die 1921 erschien. Darin konfrontiert Einstein Jesus mit Repräsentanten der modernen Gesellschaft und zeigt den Widerspruch zwischen der Botschaft Jesu und der gesellschaftlichen Pragmatik bzw. nichtreligiöser Rationalität. Einsteins Provokation besteht in der Quintessenz, daß die Forderung »Kreuzigt ihn!«

Ernst Rowohlt gründete seinen jetzigen Verlag 1919 in Berlin.

auch in der gegenwärtigen Zeit ohne weiteres denkbar wäre.

Anlaß für die Gerichtsverhandlung ist der Strafantrag eines schwäbischen Fabrikanten, der ohne Kenntnis des Textes, lediglich aufgrund einer Zeitungsmeldung, durch das Buch Einsteins seine religiösen Gefühle verletzt sieht. Die Kontroverse verschiedener Sachverständiger während der Verhandlung weitet sich – von der Öffentlichkeit mit Interesse verfolgt – zu einer grundsätzlichen Problematisierung des Verhältnisses von Religion und Gesellschaft aus.

Dem Vorwurf des Staatsanwalts, daß Einstein durch seine aktualisierte Figur des Jesus Christus religiöse Empfindungen verhöhnt habe, widersprechen neben Theologen auch Schriftsteller wie Thomas Mann. Er schreibt: »Das öffentliche Ausstoßen von Gotteslästerung ist ein Ordnungsdelikt, das unter den Paragraphen fallen sollte, der das Verüben ›groben Unfugs‹ mit Disziplinierung bedroht. Gedanke und Dichtung hätten den Nutzen davon. Gegen ein Werk von dem bitteren Ernst des Einsteinschen mit dem Unfugparagraphen vorzugehen, könnte die Behörde doch wohl eher Abstand nehmen.«

Der Prozeß endet mit einer Geldstrafe für die Angeklagten.

November 1922

Mo	Di	Mi	Do	Fr	Sa	So
		1	2	3	4	5
6	7	8	9	10	11	12
13	14	15	16	17	18	19
20	21	22	23	24	25	26
27	28	29	30			

1. November, Mittwoch

Auf ihrer Tagung in Angora (Ankara) beschließt die türkische Nationalversammlung unter Mustafa Kemal Pascha die Abschaffung des monarchischen Systems und zwingt damit Sultan Muhammad VI. zum Rücktritt. Er dankt am 17. November offiziell ab. → S. 179

Eine vom Völkerbund bestätigte Anordnung begünstigt die sog. Polonisierung des Danziger Hafengeländes, da bei eventuellen Landkäufen auf diesem Gebiet Polen bevorzugt werden sollen. Die Freie Stadt Danzig sieht darin eine Mißachtung ihrer Interessen.

Bei den Gemeinderatswahlen in England und Wales können die Konservativen große Gewinne auf Kosten der Labour Party erzielen.

In Stuttgart wird der neue Hauptbahnhof offiziell dem Verkehr übergeben. Mit dem Bau begann man 1914. → S. 187

Ein Junkers-Ganzmetall-Eindecker überfliegt als erstes Flugzeug den 3797 m hohen Großglockner. → S. 187

2. November, Donnerstag

In Berlin findet eine internationale Währungskonferenz statt, deren Teilnehmer im Auftrag der deutschen Reichsregierung Konzepte für eine Stabilisierung der Mark erarbeiten sollen. → S. 183

Zum ersten Mal in der Geschichte der englischen Politik spricht ein Premierminister ausschließlich vor Frauen. Im Londoner Drury-Lane-Theater hält Andrew Bonar Law einen politischen Vortrag. Ungewöhnlich ist auch, daß ein Politiker seines Ranges nicht wie sonst üblich mit Hochrufen, sondern Beifallklatschen empfangen wird.

In Athen beginnt ein Außerordentlicher Kongreß der Sozialistischen Arbeiterpartei Griechenlands (Kommunisten), auf dem die Delegierten über ihre außenpolitische Haltung beraten. Des weiteren diskutieren sie die internationalen Richtlinien der in Moskau tagenden Dritten Internationale (bis 13. 11.).

3. November, Freitag

Der junge deutsche Schriftsteller Bertolt Brecht heiratet in München die Augsburger Sängerin Marianne Zoff.

Die in Berlin erscheinende »Vossische Zeitung« veröffentlicht einen Bericht über die Erfindung eines radlosen Lastkraftwagens.

4. November, Samstag

Auf dem Kongreß der republikanisch-demokratischen Partei Frankreichs in Marseille fordern die Teilnehmer die Beschlagnahme deutschen Gebiets, falls das Deutsche Reich seine Reparationen nicht zahlen sollte (→ 27. 11./S. 181).

Im Tal der Könige bei der oberägyptischen Stadt Luxor entdeckt der britische Archäologe Howard Carter den Eingang zum Grab des altägyptischen Pharao Tutanchamun. → S. 185

In der Londoner Olympic Hall wird die 16. Automobilausstellung der Society of Motor Manufacturers and Trades eröffnet. Auf der bis zum 11. November dauernden Ausstellung sind 515 Firmen vertreten; insgesamt werden 140 Wagen, 50 Karosserien und 326 Reifen sowie Zubehörteile gezeigt.

5. November, Sonntag

Bei den Landtagswahlen in Sachsen erringen die Sozialdemokraten und Kommunisten eine klare Mehrheit gegenüber den bürgerlichen Parteien.

Durch einen Vertrag mit Vertretern der Räteregierung aus der Ukraine wird der im April zwischen dem Deutschen Reich und Sowjetrußland geschlossene Rapallo-Vertrag auf die mit der Räterepublik verbündeten Staaten (Weißrußland, Ukraine, kaukasische föderative Republiken sowie die Fernöstliche Republik) ausgedehnt (→ 16. 4./S. 63).

In Petrograd (Leningrad) beginnt der IV. Kongreß der Kommunistischen Internationale, der am 9. November in Moskau fortgesetzt wird (bis 5. 12.). Höhepunkt der Konferenz ist die Rede Wladimir I. Lenins, worin er u. a. auf die fünfjährige Geschichte Sowjetrußlands zurückblickt. → S. 183

Bei den Wahlen zum Sejm, dem polnischen Parlament, erleiden die minderheitenfeindlichen, radikal-nationalistischen Gruppen Stimmenverluste.

In dem niederländischen Ort Doorn heiratet der ehemalige deutsche Kaiser Wilhelm II. Hermine von Schönaich-Carolath. Es ist die zweite Ehe des Ex-Kaisers. → S. 183

6. November, Montag

In Paris geht Radiola, der erste regelmäßig sendende französische Radiosender, in Betrieb (→ 14. 11./S. 186).

Einen neuen Weltrekord im Weitflug melden zwei US-amerikanische Flieger. Sie starteten in San Diego an der Westküste zu einem Flug nach New York. Ohne Zwischenlandung kamen sie bis nach Indianapolis, das sind 3250 km.

7. November, Dienstag

Bei den Kongreßwahlen in den Vereinigten Staaten erringen die Republikaner 225 und die Demokraten 207 Sitze im Repräsentantenhaus.

8. November, Mittwoch

Mit den Stimmen der Bayerischen Volkspartei (BVP) und des Bauernbunds wählt der bayerische Landtag in München Eugen Ritter von Knilling (BVP) zum neuen bayerischen Ministerpräsidenten. Er löst Hugo Max Graf von Lerchenfeld ab. → S. 181

9. November, Donnerstag

Vor dem sozialistischen Volkshaus in Leipzig kommt es zu einer Bombenexplosion, bei der jedoch keine Menschen zu Schaden kommen. Als Hintergrund des Anschlags vermuten die Behörden eine Aktion rechter Gruppen aus Protest gegen die Tatsache, daß in Sachsen und Thüringen der 9. November in Erinnerung an die Revolution von 1918 zum Feiertag erklärt worden ist.

Im finanzpolitischen Ausschuß des vorläufigen deutschen Reichswirtschaftsrates wendet sich der Industrielle Hugo Stinnes gegen die Aufnahme von Anleihen zum Zweck der Markstabilisierung (→ 2. 11./S. 183).

Auf einem Bankett in London erklären der neue britische Premierminister Andrew Bonar Law und sein Außenminister George Nathaniel Curzon, daß in der Frage der Reparationszahlungen die Einigkeit der Verbündeten an erster Stelle stehe. Dem Deutschen Reich können aus diesen Gründen keine Vergünstigungen auf Kosten Frankreichs eingeräumt werden (→ 27. 11./S. 181).

Frankreichs Ministerpräsident Raymond Poincaré erklärt in Paris, daß er auf die im Versailler Vertrag vorgesehenen Sanktionen nicht verzichten werde, falls das Deutsche Reich die geforderten Goldmilliarden nicht aufbringen sollte (→ 27. 11./S. 181).

10. November, Freitag

Wegen Differenzen über die Rückzahlung eines Vorschusses entschließen sich die Metallarbeiter in Rath zum Streik, dem sich in den nächsten Tagen auch Arbeiter in anderen Städten wie Düsseldorf und Köln anschließen. Am 14. November wird in Düsseldorf der Generalstreik als eintägiger Warnstreik ausgerufen.

Im Staatlichen Schauspielhaus in Berlin hat die vielbeachtete Aufführung des Dramas »Macbeth« von William Shakespeare unter der Regie von Leopold Jessner Premiere (→ S. 188).

11. November, Samstag

Die schwedische Akademie der Wissenschaften hat beschlossen, Albert Einstein den Nobelpreis des Jahres 1921 für Physik zu verleihen. Für 1922 erhält ihn Niels Bohr und für Literatur der Spanier Jacinto Benavente (→ 10. 12./S. 204).

Der norwegische Polarforscher Roald Amundsen veröffentlicht in der in Kristiania (Oslo) erscheinenden Zeitung »Tidens Tagn« eine Artikelserie über seine bisherigen Erlebnisse im Polareis und über sein nun geplantes Vorhaben, den Nordpol mit einem Flugzeug zu erreichen (→ 19. 6./S. 103).

12. November, Sonntag

Ein Gastspiel der Tänzerin Valeska Gert im Berliner Schwechtensaal ruft unter dem Publikum Begeisterung, aber auch massive Proteste hervor; man wirft der exzentrischen Künstlerin Schamlosigkeit vor (→ 3. 10./S. 173).

Der deutsche Schwimmer Erich Rademacher vom Schwimmklub Hellas Magdeburg erreicht in Amsterdam einen Weltrekord über 200 m Brust. → S. 191

13. November, Montag

Der Oberste Gerichtshof der Vereinigten Staaten von Amerika verbietet die Einbürgerung von in die USA eingewanderten Japanern. Diese Verordnung ist eine Folge der zunehmenden Einwanderungsfeindlichkeit in den USA. Breite Bevölkerungskreise fördern starke Beschränkungen, insbesondere für Asiaten und Süd- bzw. Mittelamerikaner.

Im Berliner Ufa-Palast am Zoo findet die Uraufführung des Films »Phantom« statt. Die Regie führte Friedrich Wilhelm Murnau; als Vorlage diente das gleichnamige Werk von Gerhart Hauptmann.

Mit einer Galavorstellung wird in der ehemaligen Eisarena des Berliner Admiralspalastes das »Admirals-Welt-Varieté« eröffnet.

Ein schweizerisch-deutsches Hilfskomitee überreicht Reichspräsident Friedrich Ebert (SPD) 25 Mio. Mark zur Linderung der Not deutscher Journalisten und Schriftsteller (→ 20. 11./S. 190).

Die bayerische Regierung gibt für die beginnende Faschingszeit wesentliche Einschränkungen bekannt. Demnach werden alle öffentlichen Faschingslustbarkeiten unter freiem Himmel, ferner solche, bei denen die Teilnehmer in Masken erscheinen, verboten. Diese Maßnahmen stehen in Verbindung mit der immer stärker werdenden Tätigkeit Rechtsradikaler in Bayern.

14. November, Dienstag

In Berlin gibt Reichskanzler Joseph Wirth (Zentrum) den Rücktritt der deutschen Regierung bekannt. → S. 180

Zum neuen österreichischen Finanzminister wird Viktor Kienböck ernannt. Er löst seinen christlichsozialen Parteifreund August Ségur ab.

In London wird die BBC (British Broadcasting Company) gegründet. → S. 184

15. November, Mittwoch

Bei den Unterhauswahlen in Großbritannien können die Konservativen ihre Mehrheit behaupten; die Liberalen verlieren 70 Sitze an die Labour Party.

Anläßlich der Verleihung der Rektoratswürde der Prager Universität an einen jüdischen Wissenschaftler kommt es zu heftigen Studentenkrawallen, ausgelöst durch den Protest deutschnationaler Studentengruppen. → S. 182

Anläßlich des 60. Geburtstages von Gerhart Hauptmann überreicht Reichspräsident Friedrich Ebert (SPD) dem Künstler eine Ehrenmedaille. → S. 190

November 1922

In Berlin beginnt am 2. November eine internationale Währungskonferenz. Auf ihr beraten gemeinsam mit der Reichsregierung Finanzexperten aus sechs Ländern über Möglichkeiten einer Sanierung der Mark. Das Titelfoto der Beilage zur »Woche« zeigt den Präsidenten der Niederländischen Bank, Gerard Vissering (l.), auf dem Weg zum Reichskanzler.

Die Woche – Bilder vom Tage

Präsident Vissering (links) auf dem Wege zum Reichskanzler.
Neben andern Sachverständigen ist der Präsident der Niederländischen Bank, Direktor Vissering, in Berlin eingetroffen, um mit der deutschen Regierung über die Stabilisierung der Mark zu beraten.

DIE WÄHRUNGSKONFERENZ IN BERLIN

November 1922

16. November, Donnerstag

Nach der Erläuterung seines Regierungsprogramms erhält der neue italienische Ministerpräsident Benito Mussolini von der Mehrheit des italienischen Parlaments diktatorische Vollmachten (→ 28. 10./S. 164).

17. November, Freitag

Nach einer Rede vor dem französischen Parlament, in der Frankreichs Ministerpräsident Raymond Poincaré Deutschlands Wirtschaftspolitik heftig kritisiert, billigen die Abgeordneten den Antrag Poincarés auf Vertagung der notwendigen Debatte um einen Monat mit 462 gegen 71 Stimmen. Im Dezember soll dann über Strafmaßnahmen gegenüber dem Deutschen Reich entschieden werden (→ 27. 11./S. 181).

Ein von der italienischen Regierung verabschiedetes Dekret beinhaltet die Abschaffung des Achtstundentages im Land und kündigt eine Neuregelung der Arbeitszeit an (→ 28. 10./S. 164)

Sultan Muhammad VI., der vom Parlament in Angora (Ankara) zum Rücktritt gezwungen wurde, verläßt auf einem britischen Kriegsschiff die Türkei in Richtung Malta (→ 1. 11./S. 179).

Unter der Regie von Erwin Piscator wird im Berliner Central-Theater zum ersten Mal in deutscher Sprache Romain Rollands dramatische Predigt »Die Zeit wird kommen« aufgeführt (→ S. 188).

18. November, Samstag

Der ehemalige französische Ministerpräsident Georges Clemenceau beginnt eine zweiwöchige Propagandareise durch die USA. → S. 184

In einer offiziellen Note protestiert die sowjetische Regierung gegen die Besetzung des Nordteils der Insel Sachalin durch japanische Truppen.

Im Alter von 51 Jahren stirbt in Paris der französische Schriftsteller Marcel Proust. Er wurde vor allem durch sein umfangreiches Werk »Auf der Suche nach der verlorenen Zeit« international bekannt.

Unter der Regie von Johannes Tralow hat am Frankfurter Schauspielhaus »Hannibal« von Christian Dietrich Grabbe Premiere.

19. November, Sonntag

In einem Manifest nimmt die deutsche Regierung Stellung zu den Vorwürfen des französischen Ministerpräsidenten Raymond Poincaré über die »skandalöse Prosperität« der deutschen Wirtschaft und verwahrt sich darin gegen die einseitige und unrichtige Sichtweise der Franzosen (→ 9. 12./S. 199).

Bei den Gemeindewahlen in Hessen erringen die rechtsgerichteten Parteien Gewinne gegenüber den Sozialdemokraten und Demokraten.

Die Große Nationalversammlung der Türkei in Ankara wählt den Thronfolger

Abd Al Madschid II. Effendi einstimmig zum Kalifen (→ 1. 11./S. 179).

Das traditionelle Autorennen um die Coppa Florio auf der sizilianischen Madonia-Rundstrecke gewinnt der Franzose Georges Boillot auf Peugeot. → S. 191

20. November, Montag

In seiner Rede vor dem österreichisch-deutschen Volksbund in der Frankfurter Paulskirche gibt Reichstagspräsident Paul Löbe (SPD) der Hoffnung Ausdruck, daß ein Zusammenschluß des Deutschen Reichs und Österreichs auf friedlichem Wege erreicht werden könne.

In Lausanne eröffnet der schweizerische Bundespräsident Robert Haab die internationale Orientkonferenz. Der türkische Vertreter Ismet Pascha (Ismet İnönü) fordert in seiner Rede die völlige Gleichberechtigung der Türkei mit den anderen Mächten. → S. 178

Die bolivianische Heeresführung stellt mehrere ehemalige deutsche Offiziere in die Armee ein. Ein Einspruch Frankreichs dagegen wird abgewiesen.

Zum ersten Mal wird der französische Film »Der Traum« nach dem gleichnamigen Roman Émile Zolas im Berliner Kino am Nollendorfplatz vor deutschem Publikum gezeigt.

Anläßlich der Bildung der Notgemeinschaft für die Künste spricht der Theaterkritiker Alfred Kerr in einer Festveranstaltung im Berliner Ufa-Palast am Zoo. → S. 190

21. November, Dienstag

Vor dem französischen Parlament in Paris wendet sich Frankreichs Arbeitsminister gegen den deutschen Plan, 18 Wasserstraßen im Wert von 4 Mrd. Goldmark innerhalb des Deutschen Reiches auszubauen. Bevor diese Unternehmungen beginnen, solle das Deutsche Reich zunächst entsprechende Arbeiten in Frankreich leisten (→ 27. 11./S. 181).

Der französische Senat in Paris lehnt mit 156 gegen 134 Stimmen das Frauenwahlrecht ab.

Im Berliner Vox-Haus wird die Casa-Ibero-Americana gegründet. Ziel der Gesellschaft ist die Errichtung eines Hochhauses in Berlin, in dem südamerikanische, portugiesische und spanische Unternehmen Platz finden sollen.

Der Schriftsteller Bertolt Brecht erhält den Kleist-Preis für sein bisheriges dramatisches Werk (»Trommeln in der Nacht«, »Baal«, »Im Dickicht der Städte«) verliehen (→ 23. 9./S. 158).

22. November, Buß- und Bettag

Der parteilose deutsche Industrielle Wilhelm Cuno bildet das siebte Kabinett der Weimarer Republik. Der »Regierung der Wirtschaft« gehören Mitglieder der Deutschen Volkspartei (DVP), der Bayerischen Volkspartei (BVP), der Demokraten (DDP), des Zentrums und Parteilose an (→ 14. 11./S. 180).

23. November, Donnerstag

Hauptthemen der anläßlich der Eröffnung des britischen Unterhauses gehaltenen Thronrede sind die Unruhen in Irland (→ 22. 8./S. 129) und die Forderung nach Wiederherstellung normaler Verhältnisse in Österreich (→ 4. 10./S. 168).

Über 100 Tote fordert ein Grubenunglück in der Nähe von Bessemer (US-Bundesstaat Ohio).

In einer Urabstimmung an den Berliner Bühnen lehnt die Mehrheit die durch einen Schiedsspruch der Oberschlichtungsstelle festgelegte Mindestgage als zu niedrig ab. In den Berliner Theatern beginnt daraufhin ein Streik der Schauspieler, der erst Mitte Dezember beendet wird. Als Streikposten nehmen daran u. a. so bekannte Schauspieler wie Paul Bildt und Paul Hartmann teil. Prominente Stars wie Käthe Dorsch, Max Pallenberg, Fritzi Massary und Alexander Moissi verpflichten sich, an den bestreikten Theatern nicht aufzutreten.

24. November, Freitag

Der österreichische Nationalrat genehmigt mit 103 Stimmen der Christlich-Sozialen, Großdeutschen und der Bauernpartei die Genfer Protokolle über die Völkerbundanleihe (→ 4. 10./S. 168).

25. November, Samstag

Drei Tage nach seinem Amtsantritt erklärt der deutsche Reichsernährungsminister Karl Müller (Zentrum) seinen Rücktritt. → S. 183

26. November, Sonntag

Ein außerordentlicher Rat des österreichischen Kabinetts beschließt radikale Sparmaßnahmen. U. a. sollen 100 000 Staatsbeamte bis Mitte 1924 abgebaut werden.

Auf der internationalen Orientkonferenz in Lausanne kommt es zu Meinungsverschiedenheiten zwischen der türkischen und der britischen Delegation um die Rechte im Erdölgebiet von Mosul (→ 20. 11./S. 178).

Die Oberste Behörde für Vollblutzucht in Berlin verabschiedet eine Denkschrift, worin sie die deutsche Regierung zur Unterstützung des Pferderennsports auffordert. → S. 191

27. November, Montag

Paris kündigt die Besetzung des Ruhrgebiets an. → S. 181

In Wien endet die vor zwei Tagen begonnene Sitzung des österreichischen Bundesrates. Er genehmigt die Bildung des außerordentlichen Kabinettsausschusses zur Durchsetzung der Sparmaßnahmen und lehnt die Völkerbundanleihe mit sozialdemokratischer Mehrheit ab, da die damit verbundenen Auflagen die Souveränität Österreichs einschränken. Regierung und Parlament jedoch entscheiden für die Annahme.

Italiens neuer Ministerpräsident Benito Mussolini bestimmt, daß in allen Schul-

räumen des Landes ein Bildnis des Königs Viktor Emanuel III. sowie ein Kruzifix und auf allen Botschafts- oder Gesandtschaftswappen das Bildnis des Dichters Dante Alighieri angebracht werden.

28. November, Dienstag

Am letzten Tag des am 15. November in Athen begonnenen Hochverratsprozesses werden sechs ehemalige Minister und Generale zum Tode verurteilt. Sie werden noch am gleichen Tag erschossen. → S. 179

Die sowjetrussische Verwaltung führt für die städtische Bevölkerung eine stark progressive Einkommen- und Vermögenssteuer ein, deren Höhe halbjährlich neu bestimmt werden soll.

Nach Protesten deutschnationaler Studentengruppen gegen jüdische Professoren und Studenten in Prag kommt es an der Wiener Universität zu ähnlichen Vorfällen (→ 15. 11./S. 182).

29. November, Mittwoch

Nach heftigen Debatten lehnt das tschechoslowakische Abgeordnetenhaus in Prag den Antrag der Deutschnationalen, Christlich-Sozialen und der Nationalsozialisten über die Einführung eines Numerus clausus für jüdische Professoren und Studenten an allen Hochschulen des Landes ab (→ 15. 11./S. 182).

Der preußische Innenminister Carl Severing (SPD) nimmt vor dem preußischen Landtag Stellung zum Problem der großen Zahl von Einwanderern aus Osteuropa. → S. 182

30. November, Donnerstag

In München wird Korvettenkapitän Hermann Ehrhardt als einer der führenden Teilnehmer des Kapp-Putsches von 1920 verhaftet. → S. 181

An einer Massenkundgebung der Nationalsozialisten in München nehmen etwa 50 000 Menschen teil. Hauptredner auf der Veranstaltung ist Adolf Hitler.

In London beginnt eine Unterhausdebatte über Arbeitslosigkeit, Reparationen und Kriegsschulden. Sie dauert bis zum 12. Dezember. Zu Beginn der Sitzung genehmigt das Parlament in dritter Lesung einstimmig die Verfassung für den irischen Freistaat (→ 16. 6./S. 96).

Aufgrund der Drohung Frankreichs, das Ruhrgebiet zu besetzen, gibt die US-amerikanische Regierung bekannt, daß sie ihre im Rheinland stationierten Truppen nun doch nicht wie vorgesehen abziehen werde (→ 27. 11./S. 181).

Das Wetter im Monat November

Station	Mittlere Lufttemperatur (°C)	Niederschlag (mm)	Sonnenscheindauer (Std.)
Aachen	4,0 (6,0)	105 (67)	– (62)
Berlin	3,0 (3,9)	61 (46)	– (50)
Bremen	4,1 (5,3)	68 (60)	– (50)
München	1,9 (3,0)	70 (53)	– (54)
Wien	– (4,5)	– (53)	– (58)
Zürich	2,6 (3,3)	83 (72)	61 (51)

( ) Langjähriger Mittelwert für diesen Monat
– Wert nicht ermittelt

November 1922

Das Flugzeug als Werbemittel: Über Manhattan »schreibt« ein Doppeldecker Reklame aus Rauchbuchstaben. Links ist das an eine Kathedrale erinnernde Woolworth Building zu erkennen. Es wurde 1911 bis 1913 gebaut und ist mit 260 m derzeit das höchste Gebäude der Welt (Titelblatt der »Berliner Illustrirten Zeitung« vom 19. 11. 1922).

November 1922

Fahnen Japans, Frankreichs und der Türkei am Gebäude, in dem die Delegationen untergebracht sind; die Konferenz findet im Kasino von Lausanne statt.

Konferenz in Lausanne über das Schicksal der Türkei

20. November. In Lausanne eröffnet der schweizerische Bundespräsident Robert Haab die von den Alliierten einberufene Orientkonferenz. Ziel der Verhandlungen ist der Abschluß eines Friedensvertrages zwischen Griechenland und der Türkei und damit verbunden eine für alle Staaten befriedigende Lösung der Verhältnisse am Bosporus.

Teilnehmer sind neben den Delegierten Großbritanniens, Frankreichs, Italiens, Griechenlands und der Türkei Beobachter und Gesandte der USA, Japans, Rumäniens, Jugoslawiens und auch Sowjetrußlands. Gleich zu Beginn betont Ismet Pascha (Ismet Inönü), der Leiter der türkischen Delegation, daß für sein Land die Wiederherstellung der völligen Souveränität Grundlage aller Gespräche sei und er es deshalb ablehne, den Vertrag von Sèvres vom August 1920 als Verhandlungsbasis zu akzeptieren. In diesem Vertrag bestimmten die Alliierten die Demobilisierung des ehemals so mächtigen Osmanischen Reiches, die Internationalisierung der Meerengen und die Errichtung eines eigenständigen armenischen Staates in Ostanatolien.

Entscheidend beeinflußt wurde der Vertrag, der die Kapitulation der Türkei am Ende des Weltkrieges festschrieb, vor allem von den Interessen Frankreichs und Großbritanniens im arabischen Raum. Ihr Engagement gründet sich auf die strategische Bedeutung dieses Gebiets, zu dem die Zufahrt zum Sueskanal und die Meerenge am Bosporus, der die Öffnung zum Schwarzen Meer und damit zu Rußland bildet, gehören. Beide Großmächte versuchten jeweils, ihren Machtbereich auszuweiten, indem sie Mandatsgebiete einrichteten. Zwar wurden das Gebiet an der Meerenge und Konstantinopel im Vertrag von Sèvres zum neutralen Gebiet erklärt, doch waren die Briten, die den griechischen Einmarsch in die Türkei zunächst unterstützten, die eigentlichen Herrscher. Das wiederum veranlaßte Frankreich, der Türkei im griechisch-türkischen Krieg beizustehen. Diese Konstellation führte nach der Niederlage der Griechen am → 9. September (S. 146) zu ernsthaften Differenzen zwischen Frankreich und Großbritannien, in deren Folge David Lloyd George am → 19. Oktober (S. 166) zurücktreten mußte.

Auf der Konferenz in Lausanne kommt es zu Auseinandersetzungen zwischen den Alliierten und der Türkei, da Frankreich und Großbritannien darauf bestehen, die Bestimmungen des Sèvres-Vertrages im wesentlichen beizubehalten. Konflikte treten auch zwischen Sowjetrußland, das die türkischen Interessen unterstützt, und den Westmächten auf, da jene sich weigern, Moskau als gleichberechtigten Partner anzuerkennen. Die russische und später auch die türkische Delegation verlassen deshalb die Konferenz vorzeitig. Erst nachdem sie aufgrund der Bitte der Alliierten im Frühjahr 1923 wieder an den Verhandlungstisch zurückkehren, gehen die Gespräche weiter. Am 24. Juli 1923 kommt es zur Unterzeichnung des Friedensvertrages. Er bestätigt u. a. die Souveränität der Türkei und die Annullierung des Armenierstaates. Die Türkei akzeptiert im Gegenzug die entmilitarisierte Zone am Bosporus. Keine Einigung wird über das im Südosten an die Türkei grenzende Mosul erzielt. Das erdölreiche Gebiet beanspruchen sowohl die Türkei als auch Großbritannien, das es seinem Verbündeten Irak zuschlagen möchte.

Vor dem Eingang zum Lausanner Hotel »Beaurivage«: Großbritanniens Außenminister Curzon (1. R. l.), Italiens Regierungschef Mussolini (1. R. M.), dem das Parlament in Rom noch vor seiner Abreise diktatorische Vollmachten erteilte, und der französische Ministerpräsident Poincaré (1. R. r.).

November 1922

Fünf Minister in Athen hingerichtet

28. November. Ein Athener Kriegsgericht verurteilt die früheren Minister Dimitrios Gunaris, Nikolas Stratos und Peter E. Protopapadakis, Theotokis, Georg Baltatzis sowie General Hadjiannesti zum Tode. Sie werden noch am gleichen Tag hingerichtet.

Den Angeklagten wird vorgeworfen, die Niederlage Griechenlands im griechisch-türkischen Krieg (→ 9. 9./S. 146) verursacht zu haben. Sie werden des Hochverrats für schuldig befunden, denn sie hätten dem Volk bewußt die wirkliche Lage in der Türkei verschwiegen, um die Macht des am → 27. September (S. 147) zurückgetretenen Königs Konstantin I. zu festigen.

Hintergrund dieser extremen politischen Maßnahme ist die Rivalität zwischen König Konstantin I. und

Der ehemalige Rechtsanwalt und Politiker Dimitrios Gunaris (* 17. 1. 1867 in Patras) war seit 1902 Abgeordneter im griechischen Parlament und 1915, 1921 und bis 16. Mai 1922 Ministerpräsident.

General Eleftherios Wenisolos. Wenisolos hatte König Konstantin 1917 zum Rücktritt gezwungen und die griechische Republik ausgerufen. Sein Ziel war eine Erweiterung des griechischen Territoriums; er leitete 1919 auch die militärische Expansion in der Westtürkei ein. Allerdings wandte er sich aus taktischen Gründen gegen den Vorstoß der griechischen Armee nach Angora (Ankara), den dann Konstantin I. durchsetzte. Aufgrund des folgenden militärischen Fiaskos mußte die den König unterstützende Regierung zurücktreten. Seit dem 24. November herrscht Stilianos Gonatas an der Spitze einer Militärregierung. Sie ordnet die Vollstreckung der Urteile trotz ausländischer Proteste an. Großbritannien zieht seinen Botschafter zurück. Die »Vossische Zeitung« in Berlin schreibt: »Wenn es einen Schuldigen in der Tragödie des kleinasiatischen Feldzuges gibt, so ist er nicht in Athen zu suchen, sondern in London, das mit griechischem Blut seine Orientpolitik betrieb« (→ 20. 11./S. 178).

Muhammad VI. (sitzend), letzter Sultan der Türkei, muß abdanken.

Türkei schafft Monarchie ab

1. November. Unter dem Vorsitz von Mustafa Kemal Pascha (ab 1934 Atatürk = Vater der Türken) beschließt die türkische Große Nationalversammlung in Angora (Ankara) die Abschaffung des Sultanats und damit das Ende der osmanischen Monarchie.

Der Antrag, von Kemal Pascha mit Unterstützung seiner Anhänger am 30. Oktober in der Versammlung eingebracht, stößt zunächst bei einem großen Teil der Delegierten auf Ablehnung. Obwohl der in Konstantinopel (Istanbul) residierende Muhammad VI. über keinen politischen Einfluß mehr verfügt, sehen die traditionell den Osmanen verbundenen Oppositionellen in einer Trennung von Sultanat und Kalifat – gleichbedeutend einer Aufspaltung der Einheit Staat/Religion – eine Verletzung der islamischen Gesetze. Demgegenüber begründet Kemal aufgrund eines bis ins 16. Jahrhundert zurückreichenden historischen Exkurses die Rechtmäßigkeit einer Nationalversammlung, der Trägerin nationaler Souveränität eines türkischen Staates. In die daraufhin nicht enden wollenden Diskussionen greift Kemal schließlich mit einer Rede ein, er selbst schildert diesen Moment in seinen Aufzeichnungen: »Ich sprang auf die Bank vor mir und gab mit erhobener Stimme folgende Stellungnahme ab: Meine Herren, sagte ich, Souveränität und Sultanat werden niemandem durch irgend jemanden verliehen, weil man wissenschaftlich beweisen kann, daß dem so sein müßte; auch nicht durch Diskussion oder Debatte. Souveränität und Sultanat werden ergriffen durch Stärke, Macht und Gewalt. Durch Gewalt nahmen sich die Söhne Osmans die Souveränität und das Sultanat über die türkische Nation, und über sechs Jahrhunderte hinweg haben sie diese Usurpation aufrechterhalten. Jetzt ist die türkische Nation aufgestanden, hat diesen Räubern Einhalt geboten und Souveränität und Sultanat wirksam in ihre eignen Hände genommen ... Wenn dieser Ausschuß, die Nationalversammlung oder jedermann sonst diese Angelegenheit ganz natürlich betrachten könnte, dann, denke ich, würden sie mir zustimmen. Und wenn nicht, dann wird die Wahrheit sich doch durchsetzen, aber dabei mögen einige Köpfe rollen ...« Noch am selben Tag setzt Kemal Pascha die Annahme seines Antrags mit nur einer Gegenstimme durch. Der Sultan verläßt daraufhin am 17. November Konstantinopel auf dem britischen Schlachtschiff »Malaya« in Richtung französische Riviera. Am nächsten Tag erklärt die Nationalversammlung Muhammad VI. für abgesetzt und bestimmt dessen Cousin Abd Al Madschid II. zum Kalifen »ohne jegliche Herrschaftsrechte«.

Den Erfolg bei seinen Anhängern in der Nationalversammlung und in der Öffentlichkeit hat Kemal Pascha in erster Linie seiner führenden Rolle im griechisch-türkischen Krieg (→ 9. 9./S. 146) und seiner konsequenten Verhandlungstaktik in den darauffolgenden Konferenzen mit den Alliierten zu verdanken. Sein Ziel ist eine unabhängige Türkei als Voraussetzung für die Schaffung eines modernen türkischen Staates nach europäischem Vorbild. Mit der Abschaffung des Sultanats ist ihm auf dem Weg dorthin ein entscheidender Schritt gelungen.

Nach dem Abschluß des Lausanner Vertrages im Juli 1923, der die Souveränität der Türkei garantiert, kann Kemal Pascha weitere Maßnahmen ergreifen. Im August 1923 gründet er die Volkspartei und wird als ihr Führer am 29. Oktober 1923 zum ersten Präsidenten der Republik gewählt. Im März des Jahres 1924 folgt dann auch die Abschaffung des Kalifats.

Der 41 Jahre alte Mustafa Kemal Pascha, Held der jungen Türkei

November 1922

Wirth-Regierung durch Wirtschaftskabinett abgelöst

14. November. Der deutsche Reichskanzler Joseph Wirth (Zentrum) gibt in Berlin den Rücktritt seines Kabinetts bekannt. Ursache für die Regierungskrise ist das Scheitern der von Wirth betriebenen »Erfüllungspolitik« gegenüber den Alliierten. Trotz seiner Bereitschaft zur Zahlung im Rahmen des für das Deutsche Reich Möglichen, sind diese weiterhin nicht zu Zugeständnissen gegenüber dem Deutschen Reich bereit. Das zeigte sich erst jüngst nach der Währungskonferenz in Berlin (→ 9. 11./S. 183).

Minister der neuen Regierung:
Wilhelm Cuno (parteilos): Kanzler
Friedrich Hans von Rosenberg (parteilos): Äußeres
Rudolf Oeser (DDP): Inneres
Johannes Becker (DVP): Wirtschaft
Rudolf Heinze (DVP): Justiz
Karl Stingl (BVP): Postminister
Heinrich Albert (parteilos): Schatzminister
Karl Müller (Zentrum): Ernährung und Landwirtschaft (→ 25. 11./S. 183)
In den bisherigen Ämtern bestätigt:
Andreas Hermes (Zentrum): Finanzen
Heinrich Brauns (Zentrum): Arbeit
Wilhelm Groener (parteilos): Verkehr
Otto Geßler (DDP): Wehrminister

Aufgrund solcher Niederlagen verstärkte sich das von Beginn an vorhandene Mißtrauen gegenüber Wirths Politik bei den übrigen Regierungsmitgliedern und dem Parlament. Die bürgerlichen Parteien forderten eine Erweiterung der Wirthschen Minderheitsregierung um Mitglieder aus der Volkspartei (DVP). Die Verhandlungen über eine Regierungsneubildung mit Vertretern einer großen Koalition scheiterten jedoch am Widerspruch der sozialdemokratischen Reichstagsfraktion, die sich weigert, mit der »Stinnes-Partei« (DVP) zusammenzuarbeiten. Daraufhin demissioniert Joseph Wirth.
Am 22. November beauftragt Reichspräsident Friedrich Ebert (SPD) den parteilosen Industriellen Wilhelm Cuno mit der Regierungsneubildung. Der neue Kanzler, bisher Generaldirektor der Hamburg-Amerika-Linie (Hapag) bildet ein bürgerliches Minderheitskabinett aus der

Mitglieder der neuen Regierung vor dem Reichstagsgebäude in Berlin: V. l. der parteilose Schatzminister Heinrich Albert, Kanzler Wilhelm Cuno und Außenminister von Rosenberg sowie Postminister Karl Stingl aus Bayern

Demokratischen Partei (DDP), dem Zentrum, der Bayerischen und der Deutschen Volkspartei (BVP, DVP). Das »Beamtenkabinett« eines Industriemanagers, von der deutschen Wirtschaft einhellig begrüßt, stößt bei den linken Parteien auf Mißtrauen. Viele der SPD-Fraktionsmitglieder sehen Cuno als die personifizierte Gegenrevolution. Dabei hätte die SPD, wie spätere Kritiker feststellen, dieses Dilemma wahrscheinlich verhindern können. Sie seien, wie z. B. Historiker Hagen Schulze meint, Opfer einer eigenen, hinter den Kulissen geplanten Intrige geworden. Führende SPD-Politiker hätten, wie später bekannt werdende Berichte bezeugen, bereits im Spätsommer mit Parteispitzen der DVP Gespräche über eine große Koalition ohne die Beteiligung Wirths geführt. Gegen Wirth wandte sich die DVP u. a. wegen dessen Erfüllungspolitik und die SPD z. B. aufgrund seiner Ostpolitik. Die sozialdemokratische Führung hatte dabei aber offensichtlich nicht die ablehnende Haltung ihrer eigenen Fraktion einkalkuliert, so daß sie sich schließlich selbst in die Opposition hineinmanövrierte.

Hapag-Direktor wird Kanzler

Wilhelm Cuno, geboren am 2. Juli 1876 in Suhl, trat nach seinem Jurastudium im Jahr 1907 in das Reichsschatzamt ein. Während des Weltkriegs war er an der Organisation der Kriegswirtschaft beteiligt und übernahm nach dem Tod von Albert Ballin die Generaldirektion der Hapag (Hamburg-Amerika-Linie) in Hamburg. Als Wirtschaftsexperte für die Reichsregierung nahm er an den Waffenstillstands- und Friedensverhandlungen sowie an Reparationskonferenzen teil. Seine Aufgabe als Kanzler sieht Wilhelm Cuno in der Lösung der Reparationsfrage, nach Möglichkeit durch eine Revision des Versailler Vertrags.

Cuno modifiziert Reparationspläne

24. November. Reichskanzler Wilhelm Cuno hält seine Antrittsrede vor dem deutschen Reichstag, in der das Problem der Reparationszahlungen breiten Raum einnimmt. Er betont, das Deutsche Reich sei willens, den ihm auferlegten Verpflichtungen nachzukommen – jedoch nur im Rahmen seiner Möglichkeiten. Diese Einschränkung begründet er wie folgt:

»... sie [eine Begrenzung] entspricht endlich der in den Wirtschaftsgesetzen begründeten Notwendigkeit, daß der Schuldner von seinem Acker erst selbst leben muß mit Familie, Gesinde und Gespann, daß er die Mittel haben muß, den Acker zu bestellen und zu ernten, und dann erst vom Ertrag seiner Wirtschaft den Gläubigern bezahlen kann. Das Wort ›Erst Brot, dann Reparation‹ fügt die Politik der alten und der neuen Regierung ohne Bruch ineinander. Diese Politik ist die der Selbsterhaltung der Nation, der Stärkung der deutschen Wirtschaft und der bestmöglichsten Leistung aus den Überschüssen, die sich nach Deckung des dringenden deutschen Bedarfs ergeben. Kein Gläubiger, dem die Reparationsfrage eine Wirtschaftsfrage ist, kann dieser Politik entgegentreten.«

November 1922

Knilling: Mehr Unabhängigkeit für Bayern

8. November. Mit 86 Stimmen der Bayerischen Volkspartei (BVP), der Mittelpartei und des Bauernbundes wählt die Mehrheit des bayerischen Landtags in München Eugen Ritter von Knilling von der BVP zum neuen bayerischen Ministerpräsidenten. Der gelernte Jurist tritt damit die Nachfolge des vor sechs Tagen zurückgetretenen Hugo Max Graf von Lerchenfeld an.

Lerchenfeld, der ebenfalls der BVP angehört, demissionierte, da er nicht mehr das Vertrauen der Mehrheit seiner eigenen Partei genießt. Seine Politik einer möglichst großen Übereinstimmung mit der Reichsregierung in Berlin war zunehmend auf Widerstand in Bayern gestoßen. Den Höhepunkt erreichte diese Auseinandersetzung in der Diskussion über die Annahme des Republikschutzgesetzes in Bayern (→ 9. 8./S. 130), gegen die sich breite reaktionäre Kreise wenden. Ihr Einfluß ist hier größer als in jedem anderen Land des Deutschen Reiches. Viele rechtsextreme Organisationen, die andernorts verboten sind, können hier ungehindert existieren, so daß Bayern ein Anziehungspunkt für antidemokratische Kräfte ist. Zunehmend werden auch innerhalb der Parteien Stimmen laut, die einen vom Reich separaten bayerischen Staat befürworten (→ 4. 7./S. 113).

In München zurückgetreten: Ministerpräsident Graf von Lerchenfeld

Bayerns neuer Ministerpräsident: BVP-Politiker Eugen von Knilling

Putschistenführer Ehrhardt verhaftet

30. November. In München wird der ehemalige Korvettenkapitän Hermann Ehrhardt verhaftet und auf Ersuchen des Oberreichsanwalts nach Leipzig gebracht, wo die Ermittlungen gegen ihn eingeleitet werden. Ehrhardt führte das nach ihm benannte Freikorps im Kapp-Putsch 1920 gegen die junge Republik. Nach dem Mißlingen des Putsches floh er zunächst nach Ungarn, kehrte aber schon bald nach München zurück, wo er unter falschem Namen lebte und sein Ziel, den Sturz der Republik, weiter aktiv verfolgte. Er gründete z. B. ausländische Banken zur Finanzierung seiner geplanten Unternehmen und schuf die rechtsextreme Organisation Consul, deren Mitglieder und Sympathisanten u. a. für den Mord an Walther Rathenau (→ 24. 6./S. 92) verantwortlich sind. Nach dem Mord an Rathenau floh Ehrhardt nach Ungarn, kehrte aber nach München zurück.

Frankreich droht mit einer Besetzung des Ruhrgebiets

27. November. Der französische Ministerpräsident Raymond Poincaré teilt nach einer längeren Beratung mit Regierungsmitgliedern in Paris mit, daß Frankreich in Zukunft bei Nichtzahlung von Reparationen durch das Deutsche Reich schärfere Maßnahmen ergreifen wird.

Wie die Presseagentur Havas meldet, wurde bei der Sitzung im Elyseé-Palast ein Aktionsplan vorbereitet, den Poincaré seinen britischen, italienischen und belgischen Kollegen auf einer Anfang des nächsten Jahres in Brüssel stattfindenden Reparationskonferenz vorlegen möchte. Der Plan soll realisiert werden, wenn das Deutsche Reich wiederum seine Reparationsleistungen nicht erfüllt. In diesem Fall würden die Alliierten zu Maßnahmen der »produktiven Pfändung« greifen und so das Reich zur Durchführung des Versailler Vertrages zwingen. Wichtige Punkte des Plans sind:
▷ Eine vollständige Beschlagnahme der Rheinlande, die Frankreich jetzt besetzt hält, sie könnte vor allem in der Ersetzung von deutschen durch französische Beamte zum Ausdruck kommen
▷ Besetzung von zwei Dritteln des Ruhrgebiets einschließlich Essens und Bochums, so daß die an Frankreich vom Deutschen Reich zu liefernden Kohlen und der für die französische Industrie erforderliche Hüttenkoks gesichert seien.

Diese Ankündigung einer Ruhrgebietsbesetzung ist eine Reaktion auf die Regierungserklärung von Wilhelm Cuno vom → 24. November (S. 180), in dieser u. a. erläutert, daß das Deutsche Reich zwecks Sanierung seiner Finanzen auf drei bis vier Jahre von allen sich aus dem Versailler Vertrag ergebenden Bar- und Sachleistungen befreit werden müßte. Poincaré ist der Auffassung, daß die schlechte Finanzlage des Reiches nur vorgetäuscht und die Inflation hausgemacht sei.

Die Alliierten, insbesondere Großbritannien, zeigen sich beunruhigt über diesen französischen Vorstoß, jedoch vermeiden sie zunächst jede offizielle Stellungnahme. Bei der Reichsregierung und in der deutschen Öffentlichkeit ruft die französische Drohung Empörung hervor. Sie führt zu einer verstärkten Protesthaltung innerhalb reaktionärer nationalistischer Kreise gegenüber Frankreich, aber auch zu einer von Hoffnungslosigkeit geprägten Haltung in der Frage der Völkerverständigung unter Demokraten.

Der französische Regierungschef Poincaré mißtraut den Deutschen.

Bei seiner Forderung nach »produktiver Pfändung« denkt Frankreichs Ministerpräsident Poincaré an die Beschlagnahme der Ruhrgebietsindustrie.

November 1922

Antisemitismus an europäischen Universitäten wächst

15. November. An der Prager Universität kommt es zu Krawallen, ausgelöst von deutschnationalen Studenten, die gegen die vor kurzem erfolgte Berufung eines jüdischen Rektors protestieren.

Zu Beginn des Semesters war der Historiker Steinherz zum Rektor gewählt worden. Während in früheren Fällen, in denen die Wahl des Professorenkollegiums auf einen Juden gefallen war, die Betreffenden wegen eventueller unangenehmer Folgen auf die Würde verzichtet hatten, brach Steinherz erstmals mit dieser unrühmlichen Tradition und nahm die Wahl an. Als er trotz der Aufforderung deutschnationaler Studenten nicht von seinem Amt zurücktritt, wird ein Universitätsstreik proklamiert und in einem Flugblatt zum Kampf gegen die »Verjudung der Universität« aufgerufen. Im Verlauf des Streiks kommt es zu Auseinandersetzungen mit Studenten, die sich gegen den Antisemitismus in der Hochschule zur Wehr setzen. Ihre Unterstützung bestimmt letztlich die Entscheidung des Rektors, sein Amt nicht niederzulegen.

Zu ähnlichen Vorfällen kommt es auch an anderen Hochschulen, z. B.

Auseinandersetzung zwischen Teilnehmern einer antisemitischen Studentendemonstration und der Wiener Polizei

Berittene Einheiten der Polizei von Wien drängen die zumeist jungen antisemitischen Demonstranten zurück.

in Budapest, wo der unter der akademischen Jugend weit verbreitete Antisemitismus die Einführung des Numerus clausus für Juden zur Folge hat. Das erschreckende Ausmaß der antijüdischen Stimmung in Ungarn zeigt auch die Vertreibung von Tausenden von Juden aus Ungarn aufgrund einer vom Staat verordneten Ausweisung.

Auch in Wien fordern nationalistische Gruppen die Einführung des Numerus clausus an der Universität. Am 25. November verabschiedet die deutschvölkische Studentenschaft eine Entschließung, wonach kein Jude das Amt eines Rektors oder Dekans bekleiden darf. Den maximalen Anteil jüdischer Mitglieder des akademischen Lehrkörpers sowie der Studentenschaft wollen sie auf 10% beschränken. Zur Durchsetzung der antisemitischen Ziele beginnt an der Wiener Universität am 28. November ein Streik, dem sich sämtliche Wiener Hochschulen anschließen.

Zu diesen auch von der österreichischen Regierung kritisierten Vorgängen bemerkt die Berliner »Vossische Zeitung« in ihrer Ausgabe vom 30. November: »Der Ungeist, der aus diesen deutschvölkischen Wünschen spricht, wird den Fortschritt wahrer Wissenschaft nicht aufzuhalten vermögen.«

Das Problem der Ostjuden vor dem preußischen Parlament

29. November. Thema der in Berlin stattfindenden preußischen Landtagssitzung ist die verstärkte Zuwanderung von Ostjuden in preußische Großstädte.

Auf eine große Anfrage der DNVP nach wirksamen Maßnahmen dagegen antwortet Innenminister Carl Severing (SPD): »Ich verkenne die Bedeutung der Frage nicht, die Argumente des deutschnationalen Redners aber kann ich mir nicht zu eigen machen. Er hat einleitend auf ›Stimmungen und Verstimmungen in weitesten Volkskreisen‹ hingewiesen. Auch Stimmungen im Volksleben sind ein in der Politik zu beachtender Faktor, aber doch nur dann, wenn diese Stimmungen natürlich und nicht unnatürlich sind. Viele Zeitungen und Versammlungsredner besonders rechtsradikaler Organisationen legen es aber darauf an, die Juden für alles wirtschaftliche und politische Elend in Deutschland verantwortlich zu machen.« In seinen weiteren Ausführungen erläutert Severing die sachlich zu lösenden Probleme, die sich aus der Einwanderung der

Innenminister Carl Severing

Juden ergeben und weist auf Ursachen dieser Entwicklung hin.

Eine verstärkte Immigration der Juden aus dem galizischen Raum setzte nach der russischen Revolution von 1905 ein, als im Zarismus die Pogrome begannen. Tausende verließen ihre Heimat und gingen in andere Länder, viele in die USA, andere ins Deutsche Reich und nach Österreich. Wien und Berlin wurden zu Zentren ostjüdischer Flüchtlinge. Während des Weltkriegs wuchs ihre Zahl sprunghaft, als über 35 000 Juden aus Galizien häufig zwangsverpflichtet nach Deutschland transportiert wurden, um hier in Rüstungsbetrieben zu arbeiten.

Nach dem Weltkrieg und dem Zerfall Österreich-Ungarns setzte in Osteuropa als eine Folge des in den neu entstandenen Staaten sich verstärkenden Nationalismus eine weitere Welle von Pogromen und Vertreibungen ein. Zehntausende von Juden, plötzlich obdach-, heimat- oder auch staatenlos, versuchen trotz zeitweiliger Grenzsperren – die z. B. auch in der Debatte im preußischen Landtag gefordert werden – in Ländern unterzukommen, wo sie meinen, vor Verfolgung sicher zu sein.

In Berlin werden bei der Volkszählung von 1925 offiziell 170 000 ansässige Juden gezählt, von denen 40 000 Ausländer sind. Diese ausländischen Ostjuden gehören allerdings auch in ihrer neuen Heimat zumeist zu den Unterprivilegierten, da sie ohne jedes Vermögen sind. Hinzu kommt die abschätzige Behandlung durch viele bessergestellte Juden. Auf diese Weise doppelt zur Chancenlosigkeit verurteilt, wachsen die sozialen Probleme in der von Wirtschaftskrise und Not gekennzeichneten Zeit unter den Ostjuden schneller als in der übrigen Bevölkerung, was zu noch stärkerer Isolation führt.

November 1922

Währungsexperten konferieren in Berlin

Minister nach drei Tagen abgetreten

2. November. Die deutsche Reichsregierung empfängt sieben Finanzsachverständige aus sechs Ländern zu einer Währungskonferenz, auf der die Teilnehmer im deutschen Auftrag Gutachten über Möglichkeiten zur Sanierung der deutschen Währung erarbeiten wollen.

Es soll geprüft werden, ob unter den gegenwärtigen Umständen die Stabilisierung der Mark möglich ist und wenn nicht, welche Voraussetzungen dafür geschaffen werden müssen. Zum Abschluß ihrer einwöchigen Arbeit legen die Sachverständigen am 9. November Gutachten vor, die im wesentlichen folgende Vorschläge beinhalten:
▷ Sofortige Stabilisierung, wenn möglich aus eigenen Mitteln
▷ Ausländische Anleihen würden die Stabilisierung unterstützen
▷ Endgültige Lösung der Reparationsfrage, da ohne sie eine Stabilisierung erfolglos bliebe
▷ Befreiung des Deutschen Reiches von den Reparationszahlungen, sowohl von den Gold- als auch den Sachlieferungen für die Dauer von zwei Jahren.

In internationalen Finanzkreisen gelten die Folgerungen der Sachverständigen als nützliche Basis für eine Sanierung der deutschen Währung. Bei der Reichsregierung und der Reparationskommission finden die Vorschläge allerdings weniger Resonanz, da sie eine Abkehr von den inzwischen verhärteten Positionen bedeuten würden.

Zu bezweifeln ist auch, ob die deutsche Industrie überhaupt an einer Beendigung der Inflation interessiert ist. So wendet sich z. B. Unternehmer Hugo Stinnes, einer der größten Inflationsgewinnler, in einer geheimen Sitzung des wirtschaftspolitischen Ausschusses des Reichswirtschaftsrates am 9. November gegen die Aufnahme von Krediten zum Zweck der Markstabilisierung. Auf der Gläubigerseite des Reiches ist es vor allem Frankreich, das sich auf eine Veränderung der Reparationsbedingungen keinesfalls einlassen möchte.

Die Teilnehmer der Währungskonferenz in Berlin: Finanzfachleute aus Basel, Amsterdam, London, Stockholm, Paris und New York (3. v. l. J. M. Keynes)

25. November. Ein Tag nachdem der neue Reichskanzler Wilhelm Cuno (parteilos) seine Regierungserklärung abgegeben hat (→ 24. 11./S. 180), tritt der erst am 22. November zum Ernährungsminister ernannte Karl Müller zurück.

Der Zentrumspolitiker reagiert damit auf die Angriffe, die aus den Reihen der sozialdemokratischen Fraktion gegen ihn gerichtet wurden. Die Sozialdemokraten hegen Zweifel an der Aufrichtigkeit seines Bekenntnisses zum Deutschen Reich. Ursache dafür sind Müllers Kontakte zu Hans Adam Dorten, dem Führer der rheinischen Separatistenbewegung. Müller, vor seinem Wechsel nach Berlin Syndikus der Rheinischen Landwirtschaftskammer, hatte 1919 mit Politikern sympathisiert, deren Ziel die Errichtung einer Rheinischen Republik war. In seiner Rücktrittserklärung weist Müller auf die damalige Nachkriegssituation hin und betont, daß seine frühere Haltung nichts mehr mit seinem heutigen politischen Engagement zu tun habe. Zum neuen Ernährungsminister ernennt Cuno am 1. Dezember den parteilosen Hans Luther.

Komintern bestätigt die Führungsrolle der Bolschewiki

5. November. In Petrograd (Leningrad) treffen die Delegierten der Kommunistischen Internationale (Komintern) zu ihrem IV. Kongreß zusammen. Er endet am 5. Dezember in Moskau mit der Wahl Grigori J. Sinowjews zum Vorsitzenden.

Nach den Feierlichkeiten anläßlich des fünften Jahrestages der Oktoberrevolution setzen die Abgeordneten ihr Treffen in Moskau fort, wo die Arbeitssitzungen am 9. November beginnen. 408 Delegierte aus 66 kommunistischen Parteien und Organisationen beraten bis zum 5. Dezember über künftige Strategien und Taktiken in der Parteiarbeit. Schwerpunkte sind u. a. die Perspektiven der Weltrevolution, die Aufgaben der Kommunisten innerhalb der Gewerkschaften und die Internationale Arbeiterhilfe (IAH).

Einen Höhepunkt des Treffens bildet die Rede Wladimir I. Lenins – die letzte, die er vor der Komintern hält. Neben einer Einschätzung der Entwicklung seit 1917 betont Lenin die führende Rolle Sowjetrußlands im weltweiten revolutionären Prozeß. Wie schon bei vorausgegangenen Sitzungen des EKKI (Exekutivkomitees der Komintern) ist der Führungsanspruch der russischen Bolschewiken Anlaß zur Kritik durch Funktionäre aus verschiedenen Parteien. Leo D. Trotzki wehrt sich gegen diesen Führungsanspruch, da sich damit eine Abkehr von der Theorie der Weltrevolution andeutet. Die Tagung endet mit der Einschwörung aller Teilnehmer auf den sowjetischen Kurs und der Anerkennung der Moskauer Führungsrolle.

Der Führer der Roten Armee, Leo D. Trotzki (2. v. l.), nimmt anläßlich einer Militärparade auf dem Roten Platz in Moskau die Meldung eines Soldaten entgegen. Zum fünften Jahrestag der Oktoberrevolution finden überall Feiern statt.

November 1922

Eine Rose für Clemenceau – Geste der Verehrung in New York | Sympathiekundgebung auf der Fahrt durch Bostons Straßen am 23. 11. | Der 81jährige Politiker bei einer Rede im New Yorker Handelsklub

Das amerikanische Volk umjubelt den großen französischen Politiker Georges Clemenceau

18. November. In New York trifft der französische Politiker Georges Benjamin Clemenceau zu einer längeren Reise durch die Vereinigten Staaten von Amerika ein. Während seines Besuchs, der ihn bis zum 13. Dezember in mehrere große Städte führt, spricht er vor politischen und wirtschaftlichen Gremien, wobei er die gegenwärtige wirtschaftliche Lage Frankreichs erläutert und um Verständnis für die politische Haltung seiner Regierung wirbt. Clemenceau, der als ehemaliger französischer Ministerpräsident bei der US-amerikanischen Bevölkerung hohes Ansehen genießt, betrachtet seinen Aufenthalt in den USA als eine Art Mission für sein Heimatland, mit der er die Bereitschaft zur finanziellen und wirtschaftlichen Unterstützung Frankreichs in der US-amerikanischen Geschäftswelt und bei der dortigen Regierung fördern will.

Der 81jährige Politiker war bereits 1876 Mitglied der Deputiertenkammer im damaligen Kaiserreich und Führer der radikalsozialistischen Linken. Sein Programm war die »Vollendung der großen Erneuerung von 1789«, er trat für das Streikrecht ein und forderte soziale Gerechtigkeit.
Seine Hoffnungen auf die Begründung einer sozialen Demokratie zerschlugen sich während seiner Zeit als Ministerpräsident von 1906 bis 1909 aufgrund der Uneinigkeit der linken Parteien und Gewerkschaften. In seiner zweiten Amtsperiode von 1917 bis 1920 trat er, überzeugt von der Kriegsschuld der Deutschen, vehement für harte Friedensbedingungen gegenüber dem Deutschen Reich ein. Diese Haltung, die er auch während seiner Vorträge in den USA propagiert, stößt z. T. auf Ablehnung bei US-amerikanischen Politikern und Wirtschaftsfachleuten.

Ex-Kaiser Wilhelm II. heiratet im niederländischen Exil

5. November. In Doorn, seinem niederländischen Exilaufenthalt, heiratet Wilhelm II., der frühere deutsche Kaiser (1888–1918), die Prinzessin Hermine von Reuß.
Die Vermählung im Haus Doorn findet ohne die Anwesenheit von Fotografen, Journalisten und Schaulustigen im engen Kreise statt. Zur Ziviltrauung kommen lediglich die nach niederländischem Gesetz notwendigen sechs Trauzeugen. Als Amtspersonen sind anwesend der Bürgermeister von Doorn sowie sein Sekretär. Anschließend fährt das Paar in einem geschlossenen Auto mit verhängten Scheiben durch die Hauptallee zum Schloß Doorn, in dessen großer Halle die Hochzeitsgäste warten. Zu ihnen gehören u. a. zwei Schwestern des Kaisers, Prinz Heinrich und Helmuth von Moltke. Vor einem in der Halle errichteten Altar vollzieht der Hofprediger von Potsdam die Einsegnung des Brautpaares. In der Hochzeitskleidung – der Ex-Kaiser trägt die feldgraue Generalsuniform und die zur Fürstin Liegnitz ernannte Braut eine hochgeschlossene, mauvefarbene Toilette, dazu einen Hermelinpelz und einen schwarzen Seidenhut – eröffnen die frisch Vermählten die üppige Hochzeitstafel.
Für beide Brautleute ist es die zweite Ehe. Wilhelm II. hatte erst am 27. Februar 1921 mit seiner ersten Frau, der Kaiserin Auguste Viktoria, hier in Doorn seinen 40. Hochzeitstag feiern können. Das Kaiserpaar hatte das Schloß, etwa zehn Kilometer von Amerongen entfernt, im Mai 1920 bezogen. Am 11. April 1921 starb Auguste Viktoria. Wilhelms 35jährige neue Frau, Hermine, ist die Witwe des Prinzen Johann Georg Schönaich-Carolath, der im April 1920 gestorben war. Hermine bringt drei Söhne und vier Töchter im Alter von vier bis 15 Jahren mit in die Ehe. Der 63jährige Ex-Kaiser hat mit Auguste Viktoria sechs Söhne und eine Tochter.

Eines der wenigen Fotos von Wilhelm II. mit seiner zweiten Frau Hermine aus der frühen Zeit ihrer Ehe

Prinzessin Hermine von Schönaich-Carolath mit ihrer ältesten Tochter, der 13jährigen Hermine Karoline

November 1922

Carter entdeckt Grab des Tutanchamun im Tal der Könige

4. November. Der britische Archäologe Howard Carter entdeckt im Tal der Könige das Grab des ägyptischen Königs Tutanchamun (um 1346 – 1336 v. Chr.), eines Herrschers aus der Zeit der 18. Dynastie des altägyptischen Neuen Reiches.

Seit Ende des vorigen Jahrhunderts war das gegenüber der oberägyptischen Stadt Luxor gelegene Tal der Könige nach etwa 75jähriger Forschungspause wieder nach Gräbern abgesucht worden. Luxor liegt auf dem Gelände der ehemaligen pharaonischen Hauptstadt Theben. Carter, der im Auftrag des britischen Kunstsammlers Lord Carnarvon arbeitet, hatte im Tal bisher sechs Jahre vergeblich nach dem Grab Tutanchamuns geforscht. Im November 1921 entschieden sich Carter und Carnarvon deshalb für die siebente und zugleich letzte Grabungskampagne im Rahmen dieses archäologischen Projektes. Die Untersuchungen werden im Gebiet des Grabes von Ramses VI. (um 1157 – 1149 v. Chr.) durchgeführt. Carter glaubt, daß sich darunter das noch unangetastete Grab befinden müßte, obwohl alle anderen Fachleute inzwischen aufgegeben haben. Carter läßt die Überreste von Bauhütten aus der Zeit Ramses VI. entfernen und stößt am 4. November auf eine in die Tiefe führende Treppe. Sie endet an einer vermauerten Tür. Hier unterbricht Carter die Arbeiten und informiert umgehend seinen Auftraggeber Lord Carnarvon. Nach dessen Ankunft legt Carter die Mauerblockierung frei, und die Siegel des ägyptischen Königs Tutanchamun werden sichtbar. In den folgenden Tagen wird die Tür geöffnet, und in fiebriger Tätigkeit werden Schuttmassen aus dem dahinter gelegenen sieben Meter langen Gang entfernt. Hierbei gefundene Scherben von Alabastergefäßen lassen zunächst auf eine schon vor langer Zeit erfolgte Grabschändung und -plünderung schließen. Am 26. November öffnet Carter eine sich am Ende des Gangs befindende Tür – es ist die zur Grabkammer des Königs. Noch am gleichen Tag betreten Lord Carnarvon und dessen Tochter Evelyn das über 3000 Jahre alte Grab, das, wie nun zu erkennen ist, völlig unversehrt ist. Die 3,66 m breite, 7,92 m lange und etwa 2,60 m hohe Vorkammer der Totenstätte enthält u. a. den Thron des Königs.

Mahlzeit mit Gästen Carnarvons vor der Besichtigung der Grabstätte

Carter (l.) und Lord Carnarvon (M.) auf einem Platz neben dem Gang zur Grabkammer von Tutanchamun

◁ *Öffnung zum Eingang des Tutanchamungrabes (vorn) auf dem Gelände der Ruhestätte Ramses VI.*

Die Finanzierung durch den Lord
George Edward Stanhope Molyneux Herbert Earl of Carnarvon (l.), britischer Kunstsammler und Amateurarchäologe, kommt seit 1907 regelmäßig nach Oberägypten. Dort traf er mit dem britischen Forscher Howard Carter zusammen, der fest davon überzeugt war, daß sich im Tal der Könige noch nicht geplünderte Gräber von altägyptischen Königen befänden. Von dessen Optimismus angesteckt, finanzierte Carnarvon die sechs Jahre dauernde und letztlich erfolgreiche Suche, an der er häufig auch selbst teilnahm.

November 1922

Das Autoradio, eine Sensation aus den Vereinigten Staaten; die Antenne vorn ermöglicht den Radioempfang während der Fahrt.

Präsident Harding vor Aufnahmegeräten, die seine Rede übertragen

Tanz nach Radiomusik in einem Studio der USA

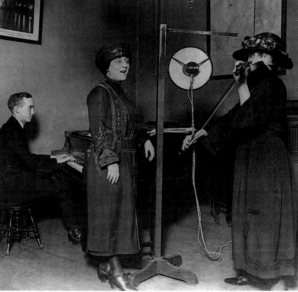

Musikaufnahme in einer New Yorker Rundfunkstation für ein Wohltätigkeitsfest

Trompetenkonzert vor dem Mikrofon im New Yorker Tonstudio (1923)

Sechs Radiofirmen gründen in London die BBC, den dritten kommerziellen Rundfunksender Europas

14. November. *Mit der Gründung der BBC, der British Broadcasting Company (später British Broadcasting Corporation) nimmt in Europa der dritte kommerzielle Rundfunksender seinen Betrieb auf. Vor ihm hatten bereits am 1. September der russische Sender Komintern in Moskau und am 6. November der französische Sender Radiola mit ihrer Arbeit begonnen. Im Deutschen Reich wird zwar auch schon gesendet – z. B. vom Sender Königswusterhausen –, doch erfolgt die Gründung des öffentlichen Rundfunks hier erst am 29. Oktober 1923. Diese Daten markieren den Anfang des sich in den kommenden Jahren schnell verbreitenden Rundfunkwesens in Europa. In den auf diesem Gebiet fortschrittlicheren Vereinigten Staaten existieren bereits 600 Stationen und etwa eine Mio. Empfangsgeräte. Gesendet werden Opern, Konzerte, Nachrichten und auch die Reden des Präsidenten, die von privaten Empfängern, in öffentlichen Einrichtungen und z. B. in Eisenbahnwaggons gehört werden können.*

Zwar gibt es auch in Großbritannien bereits einzelne kleine Sender, doch sie können kein Programm entwickeln, da sie alle zehn Minuten Sendepausen einlegen müssen, um z. B. wichtige Meldungen auffangen zu können, die von der Regierung auf der gleichen Wellenlänge ausgestrahlt werden.

Zur Gründung der BBC schließen sich sechs große Radiofirmen – Marconi, Radio Communications Company, Metropolitan Vickers, British Thomson-Houston, General Electric und Western-Electric – zusammen. Jede Gesellschaft zahlt 10 000 Pfund Sterling (rund 361,8 Mio. Mark) ein und stellt einen Direktor. Insgesamt startet die BBC mit einem Kapital von 100 000 Pfund Sterling (rund 3,6 Mrd. Mark). Das restliche Geld stammt von mehreren kleineren Partnern. Die Gesellschaft erhält die Lizenz des britischen Postministeriums am 18. Januar 1923 rückwirkend für den Zeitraum ab dem 1. November 1922. Damit ist die BBC berechtigt, acht Stationen einzurichten. Die Lizenz ist geknüpft an eine Anzahl von Bedingungen:

▷ *An Wochentagen ist die Sendezeit im Gegensatz zu den Sonntagen, an denen zu jeder beliebigen Tageszeit gesendet werden darf, auf den Zeitraum von 15 bis 23 Uhr beschränkt, ausgestrahlt werden darf das Programm weiterhin nur auf zwei Wellenlängen*

▷ *Das Material für Nachrichtensendungen darf nur von den bestehenden britischen Nachrichtenagenturen bezogen werden*

▷ *Für die Verbreitung irgendwelchen Materials darf keinerlei Vergütung angenommen werden, wodurch u. a. die Werbung als Einnahmequelle entfällt und auch andere Möglichkeiten der Beeinflussung fehlen*

▷ *Einflußnahme auf die Programmgestaltung von außen ist nur der Regierung oder deren Behörden gestattet.*

Mit dem regelmäßigen Programm beginnt die BBC im Januar 1923.

November 1922

Junkers-Flugzeug über dem Großglockner

1. November. Eine Junkers F 13 mit sechs Passagieren an Bord überfliegt als erstes Verkehrsflugzeug den in Österreich gelegenen Großglockner und den Großvenediger. Die Öffentlichkeit schenkt dem Großglockner-Flug besondere Aufmerksamkeit, da ein Höhenflug im Gebirge mit großer Belastung und bei ungünstigen meteorologischen Bedingungen für die zivile Luftfahrt von größter Bedeutung ist.

Der vierstündige Flug beginnt in München, von wo aus sich der 185-PS-Kabinendecker Richtung Hohe Tauern in die Lüfte erhebt. Trotz heftiger Sturmböen erreicht er ohne große Schwierigkeiten die Hochgebirgsgipfel; er überfliegt zunächst den 3797 m hohen Großglockner, umrundet ihn viermal und passiert anschließend den 3660 m hohen Großvenediger. Nach vier Stunden landet die Maschine wieder in der bayerischen Hauptstadt.

Das Bemerkenswerte dieses Unternehmens liegt in der Traglast, mit der das Metallflugzeug sich in das hohe Gebirgsmassiv wagt. Sie übertrifft die des Zugspitzfluges vom → 20. März (S. 53) um das Doppelte.

Die F 13 ist eine der am häufigsten gebauten Junkersmaschinen. Der einmotorige freitragende Ganzmetall-Eindecker wurde 1919 von Hugo Junkers entwickelt und gehört in den folgenden Jahren zu den meistgeflogensten Verkehrsflugzeugen in Europa. Es ist das erste Passagierflugzeug mit geschlossener Kabine – bis zu dieser Zeit saßen die Fluggäste in offenen Maschinen. Am 25. Juni 1919 war die F 13 zu ihrem Jungfernflug gestartet, und schon am 13. September des gleichen Jahres stellte sie einen Höhenrekord von über 6750 m auf.

Die Geschichte der Gebirgsflüge begann schon 1910 mit einer französischen Landung auf dem 1500 m hohen Puy de Dôme, zehn Jahre später gelang einem Schweizer Piloten die Landung auf einem 4800 m hoch gelegenen Landeplatz auf dem Mont Blanc, von wo er sogar wieder starten konnte.

Das Junkers-Verkehrsflugzeug mit sechs Passagieren an Bord über dem Felsmassiv der Hohen Tauern, wo es in 4500 m Höhe den Großglockner passiert

Telefonkabel unter der Erde geplant

11. November. Die »Vossische Zeitung« veröffentlicht einen Beitrag über geplante Fernkabelstrecken der deutschen Post.

Anlaß für diesen Artikel sind die sich häufenden Klagen über die mangelhafte Qualität im Fernsprechverkehr. Im Gegensatz zu den innerstädtischen Telefonleitungen befindet sich der größte Teil der Fernleitungen noch über der Erde; sie werden von Telegrafenmast zu Telegrafenmast Hunderte Kilometer weit übers Land geführt. Häufige Störungen durch Witterungseinflüsse und auch mutwillig hervorgerufene Beschädigungen – z. B. Kabeldiebstahl – sind die Folge. Frei von atmosphärischen Störungen ist lediglich die Rheinlandstrecke, die bisher einzig unterirdisch verlegte Fernleitung im Reich. Sie führt von Berlin über Magdeburg, Hannover, Dortmund nach Köln bzw. Düsseldorf. Die Postverwaltung plant schon seit längerem deren Weiterführung nach Mönchengladbach und Frankfurt am Main. Dieses Projekt scheiterte bisher an der Zustimmung der Alliierten, die nun verlauten lassen, daß mit einer Genehmigung im Interesse des internationalen Telefonnetzes zu rechnen sei.

Stuttgarts Hauptbahnhof nach sechs Jahren vollendet

1. November. Der neue Stuttgarter Hauptbahnhof wird dem Verkehr übergeben. Zum gleichen Termin schließt der alte Bahnhof in der Bolzstraße für die Öffentlichkeit, und am 23. Dezember verläßt der letzte Zug das dortige Gelände.

Der neue muschelkalkverkleidete Bahnhofsbau beeindruckt durch seine riesigen Dimensionen und seine moderne, blockhafte Architektur. Markanter Blickpunkt ist der 56 m hohe Turm, in dem in den obersten fünf Stockwerken Cafés und Restaurants einen Platz finden. Der 160 m langen Querhalle schließen sich acht Bahnsteige für den Personenverkehr an. Zwischen jeweils zwei Personenbahnsteigen befindet sich ein Bahnsteig für die Gepäckabfertigung. Der Transport des Gepäcks soll nach Fertigstellung des zweiten Bauabschnittes unterirdisch erfolgen. Diese Arbeiten werden allerdings erst im Jahr 1927 abgeschlossen sein.

Der Entwurf für den Hauptbahnhof entstand bereits 1911 anläßlich eines Architekturwettbewerbs, bei dem Paul Bonatz und Fritz Scholer den ersten Preis erhielten. Nach ihren Plänen wurde mit dem Bau 1914 begonnen. Nach Fertigstellung des Rohbaus 1916 mußten die Arbeiten an dem Bahnhofsgebäude aufgrund des Weltkriegs unterbrochen werden und konnten erst im Jahr 1919 weitergeführt werden.

Wegen seiner modernen Architektur erregt der Stuttgarter Hauptbahnhof auch außerhalb der Stadt Aufsehen.

November 1922

Theater 1922:
Experimente und Skandale

Stärker noch als andere kulturelle Bereiche reflektiert die Institution Theater zu Beginn der 20er Jahre die politischen Veränderungen nach der Revolution von 1918.
Mit der Errichtung der Weimarer Republik rückt das staatlich oder kommunal betriebene, gemeinnützige Theater in den Vordergrund, da die öffentlichen Organe der Republik die kulturelle Förderung als eine Verpflichtung anerkennen. In Zusammenarbeit mit großen Besucherorganisationen, z. B. der Volksbühnenbewegung, wird im Deutschen Reich eine breitgefächerte kontinuierliche und vielfach experimentelle Theaterarbeit ermöglicht – so am Schauspielhaus Frankfurt, das im Rahmen eines »Zyklus moderner Dramen« Werke junger expressionistischer Autoren wie Friedrich Wolf (»Tamar«; 20. 4.) und Arnolt Bronnen (»Vatermord«; 22. 4.) zur Uraufführung bringt.

Trotz der enormen finanziellen Schwierigkeiten im ersten Inflationsjahr existieren im Deutschen Reich etwa 150 von öffentlicher Hand gestützte Bühnen. Zumeist befinden sie sich in der Provinz mit einigen Zentren wie Frankfurt am Main, Dresden, Darmstadt, Hamburg, Düsseldorf und München. Die bedeutendste staatliche Bühne ist das preußische Staatstheater am Gendarmenmarkt unter der Leitung von Leopold Jessner in der z. Z. wichtigsten Theaterstadt, in Berlin. Im Gegensatz zu Max Reinhardt (→ S. 189), dessen Bestreben eine geistvolle und spielerische Theaterkultur auf sehr hohem Niveau ist, verfolgt Jessner nicht das Ziel, das Publikum in eine Welt des schönen Scheins zu entführen, sondern es gesellschaftlich zu aktivieren. Das Repertoire des Staatstheaters enthält neben Dramen von William Shakespeare und den deutschen Klassikern, von anerkannten zeitgenössischen Autoren wie Henrik Ibsen, Gerhart Hauptmann, Frank Wedekind, George Bernard Shaw, Georg Kaiser, Werke der jüngsten Dramatikergeneration wie Ernst Barlach, Hans Henny Jahnn, Paul Kornfeld und Ernst Toller.
Jessners hervorragende Inszenierungsarbeit wirkt nicht nur stilbildend für die kommenden Jahre, sondern ist zugleich Ermutigung für junge Regisseure, an den vielen Experimentierbühnen neue Formen auszuprobieren. Zu ihnen gehören Jürgen Fehling, der im März Gerhart Hauptmanns »Ratten« an der Volksbühne inszeniert und an Jessners Haus als Regisseur seine Arbeit beginnt, Karl Heinz Martin, der als Sommer-Direktor am → 30. Juni (S. 54) im Großen Berliner Schauspielhaus Ernst Tollers »Maschinenstürmer« auf die Bühne bringt, und Erwin Piscator, der mit Hans José Rehfisch die Proletarische Volksbühne eröffnet. Berthold Viertel inszeniert an der 1922 gegründeten Jungen Bühne in Berlin am 14. Mai Bronnens »Vatermord« (UA 22. 4. Frankfurt am Main). Die Geschichte des durch Drangsal, Leidenschaft und Alkoholismus bis zum Mord verschärften Generationskonflikts provoziert einen Skandal. Der Schriftsteller Alfred Döblin beschreibt den Aufruhr unter den Zuschauern: »Plötzlich hält einer vom Balkon eine Ansprache; er protestiert gegen das Stück; protestiert, daß er mit seinen grauen Haaren sich hier derartige Schweinereien bieten lassen müsse. Halloh, Gegenreden von Herren, die unten die Sessel besteigen ... Ein grauer Schutzpolizist erscheint. Endlich ... das, worauf schon lange zu rechnen war: Schlägerei und antisemitisches Gebrüll.« Bronnens Text, der diesen Krawall ausgelöst hat, ist härter, ja, brutaler als die expressionistischen Dramen der Zeit. Er steht am Anfang einer neuen, nachexpressionistischen Dramatik, die Bertolt Brecht mit »Trommeln in der Nacht« (→ 23. 9./S. 158) fortsetzt. Dieses Stück, das zum ersten Mal die Wirren der Nachkriegszeit auf der Bühne zeigt, ist auch das erste von Brechts Stücken, das zur Aufführung gelangt. Für den 24jährigen Autor bringt es den Durchbruch: Er wird dafür mit dem Kleistpreis ausgezeichnet.
Ein Ereignis, das auf fast allen deutschen Bühnen seinen Niederschlag findet, ist der 60. Geburtstag (→ 15. 11./S. 190) von Gerhart Hauptmann. Aus diesem Anlaß finden in Breslau die Hauptmann-Festspiele statt (→ 12. 8./S. 136).
(Siehe auch die Übersicht »Uraufführungen« im Anhang.)

Die erste Aufführung eines Stückes von Bertolt Brecht findet am 23. September in den Münchner Kammerspielen statt: Die Premiere von »Trommeln in der Nacht« wird ein Erfolg bei Zuschauern und Kritikern.

Deutsche Erstaufführung des Dramas »Der Tausch« von Paul Claudel in Frankfurt/M.; v. l.: Jakob Feldhammer, Robert Taube, Fritta Brod, Gerda Müller. Das Bühnenbild für das Stück von 1900 stammt von Ludwig Sievert.

Robert Taube als Vater, Hans Baumann in der Rolle des Sohnes und Gerda Müller als Mutter in der Uraufführung des expressionistischen Dramas »Vatermord« von Arnolt Bronnen im Frankfurter Schauspielhaus am 22. April

Reinhardttheater in der Wiener Hofburg

29. September. Im Redoutensaal der Wiener Hofburg findet die Premiere des Schauspiels »Stella« von Johann Wolfgang von Goethe statt. Regisseur Max Reinhardt, der 1922 von Berlin nach Wien zurückkehrt, hatte einige Wochen zuvor hier in dem ehemaligen Ballsaal des kaiserlichen Schlosses Goethes Stück »Clavigo« zur Aufführung gebracht. Reinhardt reizt an diesem Saal das Ineinanderfließen von Bühne und Zuschauerraum, die Nähe von Schauspieler und Publikum. In dem luxuriösen Raum mit seinen Lüstern und Gobelins sollen sich die festlich gekleideten Besucher wie Gäste fühlen, Gäste in der Zeit des jungen Goethe – eine perfekte Illusion des Theaters.

▷ Historisches Interieur als Bühnenbild; »Stella« mit Lina Lossen (l.) und Helene Thimig (M.)

△ In den Kammerspielen des Deutschen Theaters in Berlin findet am 15. Februar die Uraufführung der Tragikomödie »Kanzlist Krehler« des expressionistischen Autors Georg Kaiser statt. Das Stück beinhaltet die Ernüchterung, das Aufwachen des Bürokraten im Alltäglichen und sein Scheitern in der ihm fremden Welt. Im Vergleich zu anderen Dramen Kaisers wird der Kanzlist selten gespielt.

◁△ Mit einer Aufführung des selten gespielten Dramas »Miss Sara Sampson« von Gotthold Ephraim Lessing wird in Berlin am 18. Oktober das Lessing-Theater eröffnet. In der Premierenvorstellung spielen unter der Regie von Ludwig Berger (v. l.) Theodor Loos den Mellefont, Lucie Höflich die Marwood, Marie Zimmermann deren Tochter sowie Emmy Wyda. Die Leitung der neuen kleinen Bühne übernimmt Schriftsteller Theodor Tagger.

◁ Am 14. Dezember hat im Lessing-Theater in Berlin August Strindbergs »Königin Christine« in der Regie von Fritz Wendhausen Premiere. Elisabeth Bergner spielt die Rolle der Christine (l., neben ihr Bruno Decarli als Oxenstjerna). Elisabeth Bergner gelingt damit der Durchbruch beim Berliner Publikum und den Kritikern.

November 1922

Auszeichnung für Hauptmann zum 60.

15. November. Anläßlich seines 60. Geburtstages wird dem Dichter Gerhart Hauptmann von Reichspräsident Friedrich Ebert (SPD) eine Medaille überreicht. Sie trägt die Inschrift: »Gerhart Hauptmann. Dem Dichter und Seher, in dessen Werk die Seele des deutschen Volkes zum Lichte rang. Der Reichspräsident.«
Es ist dies das erste Mal, daß der höchste Repräsentant der noch jungen Republik eine Ehrung über ein äußeres Zeichen der Anerkennung vornimmt. Mit dem im wilhelminischen Deutschland einst üblichen Brauch der Ordensauszeichnungen hat das neue System erklärtermaßen gebrochen. Ebert nimmt denn auch in einem Begleitschreiben zu der gewählten Form der Ehrung Stellung und weist auf die Unterschiede zwischen einem auf die Regierungsmacht verpflichteten Ordenskult im alten Regime und einer »Auszeichnung« hin, in der der Dank des Volkes sichtbar gemacht werden soll.
Zu seinem Jubiläum erhält Hauptmann von überall her Glückwünsche. Den Höhepunkt der Geburtstagsfeiern bildet die Veranstaltung in der neuen Aula der Berliner Universität, an der neben Ebert weitere Politiker des In- und Auslandes sowie bedeutende Persönlichkeiten des Theaterlebens, der Kunst und der Wissenschaften teilnehmen (→ 12. 8./S. 136).

△ Schlußszene des ersten Aktes aus Gerhart Hauptmanns Stück »Indipohdi. Das Opfer«, das im Geburtstagsjahr in der Inszenierung des Autors am Landestheater Dresden uraufgeführt wird

◁ Gerhart Hauptmann, 1862 in dem schlesischen Ort Ober-Salzbrunn geboren, Mitbegründer des Naturalismus, gehört auf den deutschen Bühnen zu den meistgespielten zeitgenössischen Autoren.

▽ Das Arbeitszimmer von Hauptmann in dessen Villa in dem schlesischen Ort Agnetendorf; den Grundstein für sein »Haus Wiesenstein« legte er im Jahr 1900, und ein Jahr später zog er hier mit seiner Frau Margarete Marschalk ein.

Künstler gründen Notgemeinschaft

20. November. Im Berliner Ufa-Palast am Zoo beschließen Vertreter der Regierung, Schriftsteller und Künstler die Gründung einer Notgemeinschaft der Künste.
Geplant sind je eine Abteilung für Bildende Kunst, für Literatur und für Musik. Die Literaturabteilung

Alfred Kerr (* Breslau 25. 12. 1867) gehört zu den renommiertesten Theaterkritikern in den 20er Jahren. Seit 1919 schreibt er regelmäßig Kritiken für das »Berliner Tageblatt«.

kann bereits ihre Arbeit aufnehmen, da sie finanzielle Mittel vom deutsch-schweizerischen Hilfswerk für notleidende Schriftsteller erhalten hat.
Aufgabe der Notgemeinschaft wird es sein, künstlerische Projekte, aber auch einzelne Künstler wirtschaftlich zu stützen.
Zu Beginn der Veranstaltung spricht der bekannte Theaterkritiker Alfred Kerr über die Tradition des mittellosen Schriftstellers und rät, da es heute ein paar tausend Schriftsteller zuviel gäbe, zur Umstellung auf den Nebenberuf. Für die damit verbundene Übergangszeit sollte den Betroffenen Hilfe gewährt werden. In seiner nachfolgenden Rede sagt er zur Schriftstellernot u. a.: »... Aber die Notlage der Schriftsteller ist im Grunde so alt wie die Schriftstellerei. Schon Homer, Barde im Umherziehen, macht nicht den Eindruck eines Kapitalisten...
Ich glaube, wer von seiner Feder nicht leben kann, soll einen Nebenberuf ergreifen. Das ging in einigen Fällen schon ganz gut. Unser Volkspoet Friedrich Schiller war im Nebenberuf Geschichtsforscher. Unser Ehrenmitglied v. Goethe war im Nebenberuf Minister. Zuvor hat der Schriftsteller Spinoza im Nebenberuf Brillen geschliffen. Das ging. Es muß heute gehn. Viele Schriftsteller haben umzusatteln. Aber was sollen sie ergreifen?
... In jedem Fall gilt für den Schriftsteller heute das Wort aus dem Armen Heinrich von Hauptmann: ›Sucht ein Obdach! – Wählt einen zweiten Beruf.‹«

November 1922

Rademacher – Weltrekord über 200 m

12. November. In Amsterdam schwimmt der Deutsche Erich Rademacher über 200 m Brust mit 2:54,4 min Weltrekord.

Das ist die zweite Weltbestenleistung des 21jährigen Magdeburgers nach seinem Weltrekord über die 400-m-Strecke im Brustschwimmen, für die er im Vorjahr in Wien 6:12,8 min benötigte. Rademacher, genannt »Ete« oder später von den Sportjournalisten auch als »Nurmi« des deutschen Schwimmsports bezeichnet, trat im Alter von zehn Jahren dem Schwimm- und Wasserballverein Hellas Magdeburg bei. Der Verein gehört zu den renommiertesten Organisationen des Deutschen Schwimmverbandes, der am 7. August 1886 in Berlin gegründet wurde. In seiner Spezial-Stilart, dem Brustschwimmen, galt Rademacher bald als »unschlagbar«. 1919 bis 1921 dreimal hintereinander Deutscher Meister im Brustschwimmen – nur die 100-m-Strecke gehört zum Deutschen-Meisterschaftsprogramm –, konnte er in diesem Jahr nicht an den Start gehen und den Titel verteidigen. Mit dem Rekord von Amsterdam unterstreicht Erich Rademacher seinen Ruf als weltbester Brustschwimmer, der ihn in eine Reihe stellt mit den Schwimmgrößen Johnny Weissmuller und Arne Borg.

Erich Rademacher, der populärste deutsche Schwimmer in den 20er Jahren; im Brustschwimmen erringt er mehrere Weltrekorde und Medaillen.

Erich Rademacher gelingt der Aufstieg in die Reihe der Weltbesten.

Johnny Weissmuller (USA) beherrscht die kurzen Kraulstrecken.

Der Schwede Arne Borg erreicht 1922 Weltrekord über 500 m Kraul.

Finanzmisere im Pferderennsport

26. November. Auf einer Sitzung der Obersten Behörde für Vollblutzucht verabschieden die Teilnehmer eine Denkschrift an die zuständigen staatlichen Behörden, in der sie auf die schlechte finanzielle Situation des Pferderennsports hinweisen und entsprechende Maßnahmen von der Regierung fordern.

Aus der Denkschrift geht hervor, daß die Negativbilanzen der Rennställe und Gestütsbetriebe inzwischen eine solche Höhe erreicht haben, daß ein Weiterbestehen in Frage gestellt ist. So hat im vergangenen Jahr jeder der großen Rennställe mindestens 10 Mio. Mark zugesetzt. Die Ursachen dafür liegen in den sprunghaft angestiegenen Preisen. So kosteten vor 1914 Training und Unterhalt eines Pferdes 125 Mark pro Monat, heute hingegen 125 000 Mark. Während dementsprechend die Dotierung eines mittleren Rennens 1 500 000 Mark betragen müßte, ist sie nur auf etwa 50 000 Mark gestiegen. Die Rennställe sind sich darüber einig, daß sie nur weiterbestehen können, wenn wenigstens ein Viertel der Kosten des Pferdes in Rennen zu gewinnen ist. Sie fordern deshalb von der Regierung den Verzicht auf ihren bisher geforderten Anteil aus den Rennerträgen.

Triumph für Peugeot auf den sizilianischen Straßen

19. November. Das Automobilrennen um die Coppa Florio auf der Insel Sizilien gewinnt der französische Fahrer Georges Boillot auf Peugeot.

Das Rennen wird auf der Madonia-Rundstrecke ausgetragen, die viermal zurückzulegen ist, das sind insgesamt 432 km. Boillot benötigt dafür 7:09:07 h, das entspricht einer Durchschnittsgeschwindigkeit von 60,4 km/h. Von den 15 gemeldeten Wagen sind acht gestartet, von denen wiederum nur drei das Ziel erreichen. Die übrigen fünf müssen den Kampf aufgrund der sehr schlechten Straßenverhältnisse vorzeitig abbrechen. Der Wettbewerb um die Coppa Florio findet auf der gleichen Strecke wie der um den Targa Florio statt (→ 2. 4./S. 71). Sie wurden erstmals 1906 veranstaltet, als der sizilianische Graf Vicenzo Florio im Jahr 1906 einen Silberschild (italienisch: targa) als Siegestrophäe eines Automobilrennens stiftete. Damals hatte der Kurs, der durch die Ländereien des Gutsbesitzers Florio führt, noch eine Länge von 146 km. 1919 wurde er verkürzt auf 108 km – trotzdem gilt er aufgrund der bergigen, kurvenreichen und sehr schlechten Straßen noch immer als eine der schwierigsten Rennstrecken Europas. Das jetzige Rennen um die Coppa wird noch zusätzlich erschwert durch einen sechs Tage andauernden Regen, und so entschloß sich fast die Hälfte der Fahrer schon nach den ersten Trainingsrunden zu einem Teilnahmeverzicht.

Der erfolgreiche Peugeot-Rennwagen während des Rennens um die Coppa; im Auto Boillot mit dem Beifahrer

Die Karte zeigt den Madonia-Rundkurs auf der Insel Sizilien, der im Jahr 1922 eine Länge von 108 km hat.

Dezember 1922

Mo	Di	Mi	Do	Fr	Sa	So
				1	2	3
4	5	6	7	8	9	10
11	12	13	14	15	16	17
18	19	20	21	22	23	24
25	26	27	28	29	30	31

1. Dezember, Freitag

Der parteilose Hans Luther, bisher Oberbürgermeister von Essen, wird zum neuen Ernährungsminister des Deutschen Reiches ernannt (→ 22. 11./S. 183).

Der preußische Landtag lehnt den Antrag der Deutschnationalen auf Wiederzulassung des Jungdeutschen Ordens mit 185 gegen 97 Stimmen ab. → S. 200

Den Einspruch des österreichischen Bundesrates gegen die Unterzeichnung des Genfer Protokolls lehnt der österreichische Nationalrat ab, so daß die Annahme der Völkerbundanleihe gesichert ist (→ 4. 10./S. 168).

In der US-amerikanischen Stadt Chicago beginnt »King« Olivers Jazz-Band eine Konzertreihe, an der erstmals der aus New Orleans kommende Louis Daniel Armstrong, genannt »Satchmo«, als zweiter Trompeter teilnimmt. → S. 204

2. Dezember, Samstag

Der griechische Prinz Andreas, Bruder des emigrierten Konstantin I., König von Griechenland, wird wegen Versagens während des griechisch-türkischen Krieges degradiert und verbannt (→ 28. 11./S. 179).

Vor dem Berliner Kriminalgericht beginnt ein Prozeß gegen den Hochstapler und Kreditgeber Max Klante, der als der Prototyp des kleineren Inflationsgewinners gilt. → S. 200

Die Sportkommission des Vereins Deutscher Motorfahrzeugindustrieller veröffentlicht einen Entwurf für Auto- und Motorradrennen, worin u. a. festgelegt wird, welche Rennen ausschließlich sportlichen bzw. Reklamezwecken dienen sollen. Anlaß für den Entwurf ist die Tatsache, daß die Rennen mittlerweile in der Hauptsache der Werbung für die Herstellerfirmen dienen und der sportliche Aspekt von den Veranstaltern häufig dabei vernachlässigt wird.

3. Dezember, Sonntag

In der Schweiz wird ein von den Sozialdemokraten initiiertes Volksbegehren auf Erhebung einer einmaligen Vermögensabgabe verworfen. Der Erlös sollte der Finanzierung einer Invaliden- und Sozialversicherung dienen.

Den Ertrag aus einer Weihnachtssammlung der »New Yorker Staatszeitung« für die Linderung der Not in Deutschland – insgesamt 12 000 US-Dollar (z. Z. etwa 84 Mio. Mark) – überreicht der Berliner Korrespondent der Zeitung dem Reichspräsidenten.

Großen Erfolg vor ungewohntem Publikum ernten die Schauspieler des Berliner Schiller-Theaters für ihre Aufführung von Friedrich von Schillers »Kabale und Liebe« vor Arbeitern im großen Saal der Bötzow-Brauerei im Nordosten der Stadt.

4. Dezember, Montag

Die ungarische Regierung legt dem Parlament in Budapest einen Gesetzentwurf zum Schutz des Staates vor. Der Entwurf enthält u. a. die Meldepflicht und das Recht des Staates, Personen, deren Verhalten für die innere Ordnung bedenklich scheint, in einem Arbeitshaus unterzubringen.

In Rom beschließen der Vertreter der sowjetrussischen Regierung, Leonid Krassin, und Italiens Ministerpräsident Benito Mussolini ein vorläufiges Abkommen über gegenseitige Wirtschaftsvertretungen.

Etwa 130 Delegierte aus 42 Ländern treffen in Moskau zum III. Kongreß der Kommunistischen Jugendinternationale (KJI) zusammen (bis 16. 12.).

Das Uraufführungstheater am Berliner Kurfürstendamm zeigt erstmals in Deutschland einen Film über »Das neue jüdische Palästina«. Den Erlös der Veranstaltung erhält der jüdische Nationalfonds, der für jüdische Einwanderer in Palästina Land kauft (→ 11. 9./S. 148).

5. Dezember, Dienstag

Nach einer lebhaften Diskussion über die Schuld von Ministern der gegenwärtigen Regierung an der Niederlage in Marokko im 1921 tritt das spanische Kabinett unter José Sánchez Guerra zurück. Manuel Garcia-Prieto übernimmt die Regierungsbildung.

In einem Schreiben an die Orientkonferenz in Lausanne protestiert Papst Pius XI. gegen die Gefährdung der Christen in Konstantinopel. → S. 199

Die japanische Regierung sagt zu, daß sie die seit dem Weltkrieg unter ihrer Verwaltung stehende Shantungbahn ab 1. Januar wieder an China zurückgeben werde.

In Berlin wird das Kaiser-Wilhelm-Institut für Faserstoffchemie feierlich eröffnet. → S. 201

6. Dezember, Mittwoch

Der Staatsgerichtshof in Leipzig verurteilt die Scheidemann-Attentäter (→ 4. 6./S. 95) zu zehn Jahren Zuchthaus.

König Georg V. von Großbritannien proklamiert formell den irischen Freistaat (→ 16. 6./S. 96).

In Washington beginnt eine Abrüstungskonferenz der Mittelamerika-Staaten, die sich jedoch über mehrere Monate hinzieht, ohne zunächst konkrete Ergebnisse zu erzielen.

Auf dem beginnenden Kongreß der internationalen Frauenliga für Frieden und Freiheit (bis 9. 12.) verurteilen die Teilnehmerinnen in scharfer Form den Friedensvertrag von Versailles. Unter ihnen befinden sich auch französische Delegierte.

7. Dezember, Donnerstag

Aus Marokko wird bekannt, daß sich der Rebellenführer Caid Raysuli den spanischen Truppen unterworfen hat und nun an deren Seite gegen die Rifkabylen kämpfen soll (→ 29. 8./S. 129).

8. Dezember, Freitag

In einer Botschaft an den US-amerikanischen Kongreß betont US-Präsident Warren G. Harding die Eigenverantwortlichkeit und Selbständigkeit der europäischen Nationen. → S. 198

Der Moskauer Sender »Komintern« strahlt erstmals folgende auf Grammophonplatten aufgenommene Reden Wladimir I. Lenins aus: »Was heißt Sowjetmacht?«, »Über Arbeitsdisziplin« und »Aufruf an die Rote Armee«.

Die Stadtverwaltung von New York plant den Bau weiterer Wasserkraftwerke an den Niagara-Fällen und einer etwa 500 km langen Hochspannungsfernleitung, um die Energie in die Mehrmillionenstadt transportieren zu können. Das z. Z. im Bau befindliche Dampfkraftwerk in Brooklyn, das eine Leistung von 400 000 kW erbringen soll, kann den steigenden Bedarf der US-Metropole nicht decken.

Nach den heftigen Schneefällen der vergangenen Nacht in Norddeutschland sind etwa 35 000 Beschäftigte der Post unterwegs, um Störungen im Telefonverkehr zu beseitigen.

9. Dezember, Samstag

Die Teilnehmer der Zweiten Londoner Konferenz (bis 11. 12.) lehnen den Antrag der deutschen Regierung auf Bewilligung eines internationalen Bankkredits ab. Zwar widersetzen sich die USA und Großbritannien der französischen Rheinpolitik, doch kann kein für das Deutsche Reich günstiges Ergebnis erzielt werden. → S. 199

Nachdem der bisherige polnische Staatspräsident Jósef Piłsudski auf seine Wiederwahl verzichtet hat, wird in Warschau nach vier vergeblichen Wahlgängen Gabriel Narutowicz in das Amt gewählt (→ 16. 12./S. 200).

Nach zwölfstündigen Verhandlungen einigen sich die Vertreter der Berliner Bühnenschauspieler und der Vertreter des Deutschen Bühnenvereins über die Höhe der Mindestgage. Die Streikleitung beschließt anschließend das Ende des seit Mitte November andauernden Streiks der Berliner Bühnenschauspieler zum 10. Dezember.

»Der Firmling«, ein Bühnenstück von Karl Valentin, wird mit dem Autor und Liesl Karlstadt in den Hauptrollen im Münchner Germaniabrettl uraufgeführt. → S. 204

10. Dezember, Sonntag

Die Mitglieder der Exekutiven der Londoner Internationale und der Internationalen Arbeitsgemeinschaft Sozialistischer Parteien (II. Internationale und Internationale Zweieinhalb) beschließen auf einem Treffen in Den Haag die Vereinigung beider Organisationen. Ein Aktionskomitee wird beauftragt, den Gründungskongreß der Sozialistischen Arbeiter-Internationale im Mai des kommenden Jahres vorzubereiten (→ 5. 4./S. 66).

Unter der Schirmherrschaft des Internationalen Gewerkschaftsbundes beginnt in Den Haag ein Internationaler Friedenskongreß (bis 15. 12.).

In Bukarest und anderen rumänischen Universitäten kommt es zu Krawallen unter den Studenten, die sich gegen Juden richten (→ 15. 11./S. 182).

In der britischen Zeitschrift »The Nation and The Athenaeum« veröffentlicht Adolf von Harnack, Präsident der Kaiser-Wilhelm-Gesellschaft zur Förderung der Wissenschaften in Berlin, einen Aufsatz über die Not der deutschen Wissenschaften.

Im Nobelinstitut von Christiania (Oslo) erhält Fridtjof Nansen den Friedenspreis. Zur gleichen Zeit werden in Stockholm in Anwesenheit des schwedischen Königs die Nobelpreise für Chemie, Physik, Literatur und Medizin überreicht. U. a. gehört Albert Einstein zu den Ausgezeichneten. → S. 204

11. Dezember, Montag

Der Chefdirigent des Orchesters der Mailänder Scala, Arturo Toscanini, reicht seine Demission ein. Ursache seines Rücktritts ist eine Auseinandersetzung des Musikers mit faschistischem Publikum während eines Konzerts. → S. 204

Richard Fleischer, Herausgeber der »Deutschen Revue«, gibt bekannt, daß das Erscheinen dieser seit 47 Jahren bei der Deutschen Verlags-Anstalt in Stuttgart verlegten Politik- und Literaturzeitschrift aus wirtschaftlichen Gründen eingestellt wird.

12. Dezember, Dienstag

Vor französischen Journalisten erklärt der französische Ministerpräsident Raymond Poincaré, daß Frankreich keinesfalls vor dem 15. Januar etwas gegen Deutschland unternehmen werde. Jeder von der deutschen Regierung bis dahin eingehende Vorschlag für die Zahlung von Reparationen würde von den Alliierten sorgfältig geprüft.

13. Dezember, Mittwoch

In Moskau endet die am 3. Dezember begonnene Abrüstungskonferenz zwischen Sowjetrußland und seinen Randstaaten. Die sowjetische Regierung erklärt sich zur Demobilisation von 60 000 Soldaten in eineinhalb Jahren bereit, wenn die übrigen Länder dasselbe täten.

14. Dezember, Donnerstag

Die Aufführung des Stückes »Königin Christine« von August Strindberg im Berliner Lessing-Theater wird ein triumphaler Erfolg für die Hauptdarstellerin Elisabeth Bergner (→ S. 189).

Dezember 1922

Fünf Jahre nach der Oktoberrevolution und zwei Jahre nach dem Ende des Bürgerkriegs wird am 30. Dezember 1922 die Union der Sozialistischen Sowjetrepubliken (UdSSR) gegründet. »Ich glaube, daß wir den 100. Geburtstag begehen werden«, lautet der Text zu diesem Plakat von Juri M. Bondi für ein Fenster der ROSTA (sowjetrussische Nachrichtenagentur 1917–1925). Der Linolschnitt stammt aus der ersten Hälfte der 20er Jahre.

Dezember 1922

Das Schwurgericht am Leipziger Staatsgerichtshof spricht die Urteile gegen die beiden Männer, die den Publizisten Maximilian Harden am → 3. Juli (S. 113) überfallen hatten. Die beiden Angeklagten werden wegen schwerer Körperverletzung zu zwei Jahren und neun Monaten bzw. vier Jahren und neun Monaten Gefängnis verurteilt.

15. Dezember, Freitag

Auf einer Tagung der deutschen Ärzteschaft in Berlin verabschieden die Teilnehmer eine Resolution, in der sie auf die negativen Auswirkungen der gegenwärtigen Not unter der Bevölkerung auf den physischen und psychischen Zustand der ganzen Nation hinweisen.

Das tschechoslowakische Abgeordnetenhaus genehmigt eine Regierungsvorlage über den Abbau von Staatsbeamtengehältern.

16. Dezember, Samstag

Der deutsche Reichstag beschließt die Einführung der Zwangsanleihe für Besserverdienende. Personen mit einem Einkommen ab 30 000 Mark jährlich und Besitzer von Vermögen über 250 000 Mark werden durchschnittlich mit 5% belastet.

Mitglieder des rechtsradikalen Flügels der Deutschnationalen Volkspartei (DNVP) gründen die rechtsradikale Deutschvölkische Freiheitspartei.

In Warschau wird der polnische Staatspräsident Gabriel Narutowicz von einem Nationalisten erschossen. Da bei seinem Amtsantritt die Regierung zurückgetreten war, übernimmt Wladyslaw Eugeniusz Sikorski die Führung, Józef Pilsudski wird Generalstabschef. Zwei Tage darauf wird über Warschau der Belagerungszustand verhängt. → S. 200

17. Dezember, Sonntag

In München veranstalten die nationalsozialistischen Sturmtruppen einen Generalappell, auf dem Adolf Hitler einer der Hauptredner ist.

Bei der Deutschen Verlagsgesellschaft erscheint eine neue historisch-politische Zweimonatsschrift mit dem Titel »Archiv für Politik und Geschichte«.

Ohne jede Feierlichkeiten verkehrt auf der Strecke Fürth – Nürnberg der letzte Zug der Ludwigsbahn. Hier fuhr am 7. Dezember 1835 die erste deutsche Eisenbahn. → S. 201

18. Dezember, Montag

Die Direktion der US-amerikanischen Morganbank lehnt eine Anleihe für das Deutsche Reich ab, da aufgrund der gegenwärtigen deutschen Wirtschaftspolitik keine Sicherheiten vorhanden seien (→ 9. 12./S. 199).

19. Dezember, Dienstag

Während einer Sitzung des thüringischen Landtages in Weimar kommt es zu Ausschreitungen aufgrund des Antrages von Sozialdemokraten und Kommunisten auf Erhöhung der Erwerbslosenunterstützung.

Reichskanzler Wilhelm Cuno (parteilos) empfängt den Berliner Oberbürgermeister Gustav Böß zu einem längeren Gespräch über die Notlage der armen Bevölkerung in der Stadt. Böß erhofft sich vom Reich durchgreifende Maßnahmen und Hilfen für Berlin.

20. Dezember, Mittwoch

Das polnische Parlament wählt den Kandidaten der Linken, Stanislaw Wojciechowski, zum neuen Staatspräsidenten Polens (→ 16. 12./S. 200).

Mit großem Erfolg führt das Berliner Deutsche Theater das im September in München uraufgeführte Drama »Trommeln in der Nacht« von Bertolt Brecht auf (→ 23. 9./S. 158).

Im Pariser Téâtre de l'Atelier wird »Antigone« von Jean Cocteau uraufgeführt.

Auf der Fahrt von Mürwick nach Kiel verunglückt die »Antrax«, ein Hilfsschiff der deutschen Kriegsmarine, im dichten Nebel. Zwei Unteroffiziere und zehn Mannschaftsmitglieder finden dabei den Tod.

21. Dezember, Donnerstag

Vor dem französischen Senat in Paris fordert Frankreichs Ministerpräsident Raymond Poincaré eine effektive Kontrolle über das Deutsche Reich, da es alle Reparationszahlungen hinauszögere (→ 27. 11./S. 181).

Italiens Ministerpräsident Benito Mussolini und sein enger Vertrauter, der Dichter Gabriele D'Annunzio, einigen sich über die Auflösung der überall in Italien existierenden Vereine der Legionäre D'Annunzios. Diese Vereine gründeten sich nach der Besetzung Fiumes (Rijeka) durch D'Annunzios Freischärler im Jahr 1919 (→ 28. 10./S. 164).

Die Goldwäscherei an der Eder soll in Kürze wieder aufgenommen werden, da Fachleute in Eisenberg bei Korbach, einer Kleinstadt in Waldeck, Goldfunde bestätigten.

Die US-amerikanische Wohlfahrtsorganisation für deutsche Kinder in Chicago veranstaltet für etwa 100 Berliner Kinder in den Räumen des Cäcilienhauses des Deutschen Roten Kreuzes eine Weihnachtsfeier.

In In-Salah (Algerien) endet die erste Etappe einer französischen Automobilexpedition, bei der erstmals Raupenfahrzeuge die Wüste Sahara durchqueren. → S. 205

22. Dezember, Freitag

Die Notgemeinschaft Deutscher Wissenschaft wendet sich an den Reichstag mit der Bitte um Bereitstellung von mehr finanziellen Mitteln, um Schaden für die deutsche Wissenschaft und Forschung vermeiden zu können (→ S. 170).

Das belgische Parlament bestimmt mit 89 gegen 85 Stimmen, daß an der Universität Gent künftig die Vorlesungen in flämischer Sprache gehalten werden.

23. Dezember, Samstag

Die Regierung des irischen Freistaates beschließt eine Amnestie der politischen Gefangenen gegen das Versprechen, künftig auf Gewalt gegen den Staat zu verzichten (→ 16. 6./S. 96).

24. Dezember, Sonntag

In einer von den deutschen Zeitungen veröffentlichten Weihnachtsbotschaft stellt Reichskanzler Wilhelm Cuno (parteilos) fest, daß die Welt vom Frieden, an den dieses Fest gemahnt, noch weit entfernt ist. → S. 208

Die in Berlin erscheinende »Vossische Zeitung« veröffentlicht eine Stellungnahme des Reichskunstwarts zu den neu herausgegebenen Geldscheinen. Mangelnde künstlerische Gestaltung führt er auf ein »Durcheinander« bei der Reichsbank und Reichsdruckerei zurück.

Bei einem Zugunglück in der Nähe des Hauptbahnhofes Köln kommen zwei Menschen ums Leben, 14 Personen werden schwer verletzt.

25. Dezember, 1. Weihnachtstag

Vertreter anarchosyndikalistischer Organisationen aus 13 Ländern gründen auf ihrem Kongreß in Berlin (bis 2. 1. 1923) die Internationale Arbeiter-Assoziation (Berliner Internationale). Ihr Ziel ist die Errichtung einer Ordnung »sich selbst verwaltender Produzenten«.

Das spanische Kabinett beschließt die vorläufige Einstellung der Kämpfe in Marokko gegen die aufständischen Rifkabylen (→ 29. 8./S. 129).

In Moskau beginnt der X. Allrussische Rätekongreß. Er endet am 31. Dezember (→ 30. 12./S. 196).

26. Dezember, 2. Weihnachtstag

Die Reparationskommission stellt die »vorsätzliche Nichterfüllung« der deutschen Lieferungsverpflichtungen fest (→ 9. 12./S. 199).

27. Dezember, Mittwoch

Die italienische Regierung erläßt ein Dekret, das den Zusammenschluß von faschistischer Miliz und staatlicher Wehrmacht anordnet, außerdem wird die Dienstpflicht von acht bzw. zwölf Monaten auf 18 Monate erhöht.

Große Schäden verursachen starke Stürme über dem Atlantik und an der englischen Küste. Vor der Waliser Küste sinkt die »Maid of Delos« mit 28 Mann Besatzung.

28. Dezember, Donnerstag

In Köln werden mehrere Mitglieder der Rheinisch-Republikanischen Volkspartei, Anhänger der rheinischen Separatistenbewegung von Joseph Smeets, verhaftet. Sie hatten für die Einführung eigenen rheinischen Geldes Propaganda gemacht (→ 23. 7./S. 113).

In Rom kündigt Italiens Ministerpräsident Benito Mussolini eine grundlegende Änderung des Schulwesens an. Der religiöse Unterricht soll künftig Grundlage an den öffentlichen Bildungseinrichtungen sein.

In Wien werden die Tänzerin Anita Berber und ihr Partner Sebastian Droste verhaftet. Ursache dafür ist eine Auseinandersetzung zwischen zwei Theatern der Stadt, von denen sich die beiden Künstler gleichzeitig engagieren ließen.

29. Dezember, Freitag

Die Stadtverwaltung von New York ordnet konsequente Sparmaßnahmen für den Kohleverbrauch an. Infolge starker Schneestürme sind die Verkehrswege unterbrochen, so daß die Stadt nur noch Kohlevorräte für zwei Tage besitzt.

30. Dezember, Samstag

Die Fraktionen von Liberaler Volkspartei, Sozialdemokratischer und Demokratischer Partei sowie des Zentrums im saarländischen Landtag richten eine Denkschrift an den Völkerbund, worin sie gegen die Anwesenheit französischer Truppen im Saarland protestieren.

In Moskau wird die Union der Sozialistischen Sowjetrepubliken (UdSSR) gegründet. Der I. Sowjetkongreß der UdSSR bestätigt die Deklaration und den Vertrag über die Bildung der UdSSR, die verfassungsmäßige Grundlagen des einheitlichen multinationalen Bundesstaates darstellen. → S. 196

31. Dezember, Sonntag

Die Berliner »Vossische Zeitung« veröffentlicht anläßlich des bevorstehenden Jahreswechsels Berichte von elf Auslandskorrespondenten, die einen Überblick über die politische Lage in den Ländern vermitteln. → S. 210

Eine aus dem Nordpolarmeer zurückgekehrte russische Expedition berichtet von den Erfolgen ihres dreijährigen Unternehmens in Petrograd (Leningrad). U. a. entdeckten sie auf der Halbinsel Kola umfangreiche Erz- und Mineralvorkommen.

Der deutsche Einzelhandel beschließt am 2. Januar mit Inventurausverkäufen zu beginnen. Die anfänglichen Bedenken einer Mehrheit der Einzelhändler gegen die Durchführung wurden infolge des äußerst schlechten Weihnachtsgeschäftes rasch zerschlagen.

Die Berliner Kriminalpolizei veröffentlicht einen Überblick über die Verbrechensentwicklung in den vergangenen zwölf Monaten. → S. 201

Das Wetter im Monat Dezember

Station	Mittlere Lufttemperatur (°C)	Niederschlag (mm)	Sonnenscheindauer (Std.)
Aachen	4,3 (3,1)	92 (62)	– (49)
Berlin	2,6 (0,7)	56 (41)	– (36)
Bremen	4,6 (2,2)	47 (54)	– (33)
München	1,6 (–0,7)	62 (44)	– (41)
Wien	– (0,9)	– (51)	– (41)
Zürich	1,0 (0,2)	81 (73)	23 (37)

( ) Langjähriger Mittelwert für diesen Monat
– Wert nicht ermittelt

Titelbild von Karl Arnold für die Weihnachtsnummer der Zeitschrift »Jugend«

Dezember 1922

Allunions-Sowjetkongreß beschließt Gründung der UdSSR

30. Dezember. In Moskau beschließen 2215 Delegierte der Sowjetrepubliken Rußland, Ukraine, Weißrußland und Transkaukasien (Georgien, Armenien und Aserbaidschan) im Rahmen des X. allrussischen Rätekongresses und des I. Allunions-Sowjetkongresses die Gründung der Union der Sozialistischen Sowjetrepubliken (UdSSR). Damit sind jetzt etwa 134 Mio. Menschen Bürger der Sowjetunion.

Ihr politisches Schicksal wird in Zukunft in der Hand eines Zentralexekutivkomitees liegen, das aus 371 Mitgliedern und 138 Kandidaten besteht. Das Zentralexekutivkomitee ist der Einwohnerzahl der vier beteiligten Sowjetrepubliken entsprechend paritätisch besetzt: 270 Delegierte aus Rußland, 68 aus der Ukraine, 26 aus Transkaukasien und 7 aus Weißrußland. Per Vertrag wird abgesichert, daß alle Sowjetrepubliken gleichberechtigt sind und das Recht haben sollen, sich aus der UdSSR wieder auszugliedern.

Zum Ehrenpräsidenten des 25köpfigen Präsidiums wird der Vorsitzende der Kommunistischen Partei Rußlands (KPR; Bolschewiki), Wladimir I. Lenin, gewählt. Er selbst nimmt an dem Gründungskongreß nicht teil, da er wenige Tage zuvor, am 16. Dezember, einen zweiten Schlaganfall erlitten hat.

Die Verfassung der UdSSR orientiert sich im wesentlichen an der Verfassung der Russischen Sozialistischen Föderativen Sowjetrepublik (RSFSR), die am 10. Juli 1918 verabschiedet worden war. Alle Einwohner der UdSSR ab dem 18. Lebensjahr erhalten das Wahlrecht, sofern sie nicht dem Besitzbürgertum oder dem Klerus angehören. Direkt gewählt werden aber nur die Dorf- und Stadtsowjets. Das oberste Staatsorgan, der Allunions-Sowjetkongreß, setzt sich aus indirekt gewählten Delegierten zusammen. Sie wählen einen Nationalitätensowjet und den gesetzgebenden Unionssowjet. Permanente Regierungsinstanz ist das Zentrale Exekutivkomitee. Die laufenden Regierungsgeschäfte liegen in der Hand der Volkskommissare.

Josef W. Stalin, seit dem → 3. April (S. 65) Generalsekretär der Bolschewiki, hält auf dem Kongreß das Grundsatzreferat über die Vereinigung der Sowjetrepubliken. Formell bekennt er sich darin zu der von Lenin propagierten Autonomie der einzelnen Sowjetrepubliken, doch macht Stalin auch deutlich, daß der staatliche Verwaltungsapparat der UdSSR streng den Prinzipien des demokratischen Zentralismus gehorchen wird. Dieses Organisationsprinzip der kommunistischen Partei bedeutet in der Praxis, daß die Leitungsebene der Partei zwar demokratisch gewählt wird, aber während der Wahlperiode die absolute Befehlshoheit über die unteren Parteiorgane ausübt. Übertragen auf die föderative Organisation der vereinigten Sowjetrepubliken kommt das der eindeutigen Dominanz der Russischen über die anderen Sowjetrepubliken gleich. Trotz der staatsvertraglichen Klauseln über die demokratische Repräsentanz aller Sowjetrepubliken und ihrer ethnischen Gruppen wird sich letztlich immer nur der Beschluß durchsetzen können, der von der russischen Mehrheit des Zentralexekutivkomitees mitgetragen wird. Der demokratische Zentralismus auf Staatsebene ist also von Beginn an ein Russozentrismus. Der darin enthaltene politische Sprengstoff wird durch die Tatsache deutlich, daß nahezu die Hälfte der Einwohner in der UdSSR nicht-russischer Nationalität ist.

Lenin sieht dieses Problem und äußert sich deshalb auch besorgt über die chauvinistische Haltung Stalins in der Nationalitätenfrage. Im Februar 1921 waren auf Befehl des Georgiers Stalin russische Sowjettruppen in das menschewistisch (Menschewiki = Bez. für russische Sozialdemokratie) regierte Georgien eingedrungen und hatten die Regierung mit Hilfe georgischer Bolschewisten blutig gestürzt. Am 25. Februar 1922 war dann die georgische Sowjetrepublik proklamiert worden. Nach Stalins Auffassung sollte die bolschewistische Partei im Zweifelsfall die notwendigen politischen Entscheidungen immer nach dem Dogma »National in der Form, sozialistisch im Inhalt« treffen.

Josef W. Stalin, Generalsekretär der Partei und einflußreichster Politiker der Sowjetunion neben Lenin

Leo D. Trotzki, Organisator der siegreichen Roten Armee und Volkskommissar für Kriegswesen der UdSSR

Wladimir I. Lenin, Gründer und Präsident der neuen Union der Sozialistischen Sowjetrepubliken

Die UdSSR zum Zeitpunkt ihrer Gründung, Dezember 1922

Dezember 1922

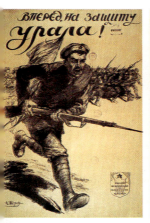   

Nach der Oktoberrevolution spielt das politische Plakat in der Propaganda Sowjetrußlands eine entscheidende Rolle.

Der Sowjetstaat kämpft um sein Überleben

Fünf Jahre nach dem bolschewistischen Umsturz vom November 1917, der Oktoberrevolution, ist die am 30. Dezember (S. 196) proklamierte UdSSR weit entfernt davon, die Ziele des Sozialismus erreicht zu haben.

Die Auswirkungen des Bürgerkriegs kennzeichnen die innere Situation des Staates ebenso wie die aus den Ereignissen der vergangenen Jahre resultierende Hungersnot und die ungenügende Produktivität der Wirtschaft. Sowjetrußland unterlag bis 1921 dem Wirtschaftsboykott der ehemals mit dem zaristischen Rußland verbündeten Staaten Großbritannien, Frankreich und den USA, da der Sowjetstaat sämtliche Auslandsschulden annullierte. Der von März bis Oktober 1920 andauernde russisch-polnische Krieg tat ein übriges.

Mit der Deklaration der Neuen Ökonomischen Politik (NEP) im März 1921 wollte der Führer der KPR, Wladimir I. Lenin, die landwirtschaftliche und industrielle Produktion einerseits mit Hilfe ausländischer Investoren und andererseits durch eine teilweise Rücknahme der Ablieferungspflicht sowie eine gemäßigte Reprivatisierung ankurbeln. Doch greifen die Maßnahmen nur langsam.

Für den mitteleuropäischen Betrachter zu Beginn der 20er Jahre ein ungewöhnlicher Anblick: Arbeiter, hemdsärmelig, ohne Schlips und Kragen, im Glitzer des Großen Moskauer Theaters

Sowjets seit fünf Jahren an der Macht

Die Oktoberrevolution von 1917 (nach westeuropäischer Zeitrechnung am 7. November) leitete ein neues Zeitalter ein. Das Russische Reich ist das erste Land der Welt, in dem eine kommunistische Partei die Macht erringt. Doch die Revolution, die ein zweifellos marodes und ausbeuterisches politisches System, den Zarismus, beseitigt hat, ist nur der hoffnungsvolle Beginn einer äußerst problematischen und schwierigen Zeit. Im folgenden die wichtigsten Daten seit 1917:

▷ März 1917: Februarrevolution. Der in Petrograd (später Leningrad) gebildete Sowjet der Arbeiter- und Soldatendeputierten beteiligt sich nach der Abdankung des Zaren nicht an der bürgerlichen Regierung.
▷ 7. 11. 1917: Oktoberrevolution. Sturz der provisorischen Regierung, Bildung einer Arbeiter- und Bauernregierung unter Leitung des Rates der Volkskommissare, Vorsitz Wladimir I. Lenin
▷ April 1918: Leo D. Trotzki wird Verteidigungskommissar und baut die Rote Armee auf, die den sich verschärfenden Bürgerkrieg unter bolschewistische Kontrolle bringen soll.
▷ Juli 1918: Verfassung der Russischen Föderativen Sowjetrepublik (RSFSR) verabschiedet
▷ März bis Oktober 1920: Russisch-polnischer Krieg
▷ 1920 bis 1922: Extreme Hungersnot und sinkende Produktivität
▷ März 1921: Kronstädter Aufstand. 16 000 Matrosen der Kriegsmarine verbünden sich mit streikenden Arbeitern und fordern geheime Neuwahl des Sowjets.
▷ 8. bis 16. 3. 1921: Beschluß zur Neuen Ökonomischen Politik (NEP) wird gefaßt.
▷ 3. 4. 1922: Josef W. Stalin wird Generalsekretär der KPR und damit mächtigster Mann im Staat (→ S. 65).
▷ 30. 12. 1922: Bildung der UdSSR (→ S. 196).

Dezember 1922

Wenig Zustimmung für US-amerikanische Kreditvergabe

8. Dezember. In einer Rede vor dem US-amerikanischen Kongreß in Washington gibt US-Präsident Warren G. Harding einen Überblick über die gegenwärtige innen- und außenpolitische Situation der USA. Hauptthemen seiner Ausführungen sind das Alkoholverbot in den USA, Probleme des inneramerikanischen Transports, die sich aus dem monatelangen Ausstand der Eisenbahner ergaben, die Kinderarbeit, mögliche Beschränkungen von Einwanderungen, insbesondere aus dem asiatischen Raum, sowie die Frage der auswärtigen Kredite.

In den deutschen Zeitungen finden vor allem Hardings Bemerkungen zu dem Punkt der Kreditvergabe Interesse, da die deutsche Reichsregierung schon seit längerer Zeit über eine mögliche Anleihe aus den Vereinigten Staaten verhandelt. Harding erklärt hierzu, ihm sei wohl bewußt, daß sich die Zivilisation in einer großen Krise befinde, jedoch, so führt er aus, »wir verlangen von niemandem, daß er die Verantwortung für uns übernehme, und wir übernehmen auch keine Verantwortung, die die anderen selbst tragen müssen. Denn andernfalls werden die Nationen hoffnungslos im Internationalismus versinken. Der Krieg hat Amerika zu einer Gläubigernation gemacht. Wir haben nicht danach gestrebt, einen übertriebenen Teil des Goldes der Welt zu haben; wir trachten nicht danach, ein internationaler Diktator zu werden. Wir werden uns freuen, die Währungssysteme wieder herzustellen, den Handel in jeder Beziehung wieder zu erleichtern, aber nur so, daß wir nicht auf die Stufe derer herabsinken, die wir emporzuheben suchen.« Diese Stellungnahme reflektiert eine widersprüchliche Haltung zur Anleihefrage innerhalb der US-Regierung. Wenn Washington auf der einen Seite auch mit Vertretern des Deutschen Reichs über Milliardenkredite spricht, so muß es doch andererseits auf die innenpolitische Lage Rücksicht nehmen, denn weite Kreise in den USA lehnen Kredite für das Deutsche Reich ab. Aus diesem Grunde warnt Außenminister Charles Evans Hughes am 19. Dezember die deutsche Regierung vor übertriebenen Hoffnungen, wenn er erklärt, »Amerika befindet sich erst am Anfang von langen schwierigen Verhandlungen«.

Der US-amerikanische Präsident Warren G. Harding (am Rednerpult) während seiner Regierungserklärung am 8. 12. vor dem US-amerikanischen Kongreß in Washington, in der er u. a. auf das Problem ausländischer Kredite eingeht

Hardings Isolationspolitik gegenüber Europa

Die Regierungszeit des US-Präsidenten Warren G. Harding ist geprägt von den Auswirkungen des Weltkrieges. Im Vergleich zu den Jahren vor 1914 hat sich das internationale Verhältnis wirtschaftlicher Leistungsfähigkeit zugunsten der USA verschoben und damit auch die Struktur des internationalen Handels. Die Vereinigten Staaten sind nun größte Wirtschaftsmacht und infolge der während des Weltkriegs gegebenen Unterstützungen an die europäischen Verbündeten auch größte Gläubigernation. Als Reaktion auf diese Veränderungen bildeten sich in der US-amerikanischen Außenpolitik zwei wesentliche Tendenzen heraus: Eine »isolationistische«, auf den Abbau bestehender internationaler Verpflichtungen und Vermeidung neuer gerichtet, und eine der »Offenen Tür«, die zum Nutzen einer expansiven Außenwirtschaft auf eine möglichst weitgehende Freizügigkeit der wirtschaftlichen Beziehungen hinarbeitet. Nach dem Ende der Versailler Verhandlungen 1919, wo die USA ihre Vorstellungen eines Friedensvertrages mit dem Deutschen Reich nicht durchsetzen konnten – die USA hatten geringere Belastungen gefordert –, bestimmen die Isolationisten im wesentlichen die Beziehungen zu Europa. Dies zeigt sich z. B. in der Weigerung der US-Regierung, dem Völkerbund in Genf und dem Internationalen Gerichtshof in Den Haag beizutreten. Folgen sind die ablehnende Haltung in der Frage eines Schuldenerlasses (→ 1. 8./S. 128) und die Kreditverweigerung.

Der 57jährige Warren Gamaliel Harding trat im Jahr 1921 das Amt des Präsidenten der Vereinigten Staaten von Amerika an, nachdem er sich als Gegner der Politik des Demokraten Woodrow Wilson in der Präsidentschaftswahl von 1920 durchsetzen konnte. Seit 1915 war Harding republikanischer Senator.

Dezember 1922

Reparationskonferenz in London wiederum gescheitert

9. Dezember. In London beginnt unter Teilnahme der Ministerpräsidenten Großbritanniens, Frankreichs, Belgiens und Italiens eine Konferenz über die Reparationszahlungen des Deutschen Reiches.

Grundlage der Gespräche ist eine von der deutschen Reichsregierung überreichte Note vom 14. November, in der, wie im Laufe des Jahres schon mehrmals geschehen, das Deutsche Reich seine gegenwärtige Zahlungsunfähigkeit erklärt und um ein Moratorium bittet. Am 10. Dezember wird den vier Ministern in London nochmals eine deutsche Note übergeben, in der Reichskanzler Wilhelm Cuno (parteilos) verspricht, sofort die Stabilisierung der Mark in Angriff zu nehmen unter der Bedingung einer Goldanleihe. Bereits einen Tag darauf erklären die Teilnehmer der Konferenz die Ablehnung der Vorschläge Cunos und beschließen eine Vertagung auf den 2. Januar 1923 nach Paris.

Das überraschende Ende des Londoner Treffens ist eine Folge von Unstimmigkeiten zwischen Frankreichs Ministerpräsident Raymond Poincaré und seinem britischen Amtskollegen Andrew Bonar Law. Im Gegensatz zu Bonar Law, der zu einer Lösung des Reparationsproblems gemeinsam mit dem Deutschen Reich bereit ist, zeigt sich Poincaré weiterhin unnachgiebig. Frankreich befürwortet einen Schuldenerlaß, wenn die USA ihrerseits einem allgemeinen Schuldenerlaß gegenüber den europäischen Gläubigern zustimmen. Da sich Washington jedoch weigert, bleibt Frankreich bei seinem Plan der »produktiven Pfändung« und besetzt in der Verfolgung dieser Politik im Januar 1923 das Ruhrgebiet.

Die Teilnehmer der Londoner Konferenz im Sitzungszimmer der Downing Street: V. l. die Ministerpräsidenten Raymond Poincaré (Frankreich), Andrew Bonar Law (Großbritannien), Benito Mussolini (Italien) und Georges Theunis (Belgien)

Griechische Bevölkerung muß Kleinasien verlassen

5. Dezember. Papst Pius XI. nimmt in einem Schreiben an die seit → 20. November (S. 178) tagende Orientkonferenz in Lausanne Stellung zu der von der Türkei geforderten Ausweisung der Griechen aus Konstantinopel (Istanbul).

Aufgrund der Niederlage der Griechen im griechisch-türkischen Krieg → 9. 9./S. 146) verlangen die Türken bei den Friedensverhandlungen in Lausanne die Ausweisung von 250 000 Griechen aus Konstantinopel sowie einen Bevölkerungsaustausch zwischen den in Griechenland lebenden Türken und den Griechen in Kleinasien. Von der Maßnahme wären etwa 1,2 Mio. Griechen und 330 000 Türken betroffen. In seiner Note an die Konferenz spricht der Papst von alarmierenden Nachrichten aus Konstantinopel. Unter den Griechen und auch unter den dort lebenden Armeniern – beide Volksgruppen sind christlichen Glaubens – herrsche Panik. Ihr Leben, Hab und Gut seien bedroht, und der Papst flehe den Präsidenten der Konferenz an, die raschesten und wirksamsten Maßnahmen zum Schutze der ohnehin schon so schwer geprüften Bevölkerung zu ergreifen.

An der nach der Verlesung der Papst-Note einsetzenden Debatte nimmt auch der britische Außenminister George Nathaniel Curzon teil. Er weist auf die ungeheuren wirtschaftlichen und politischen Folgen »der durch den türkischen Krieg eingeleiteten Völkerwanderung« hin, die ohne Beispiel in der Geschichte der letzten Jahrhunderte dastehe. Für den Schutz der türkischen und griechischen Minderheiten schlägt Curzon folgende Maßnahmen vor:

▷ Allgemeine Amnestie für alle Vergehen, die mit den Ereignissen der letzten neun Jahre zusammenhängen
▷ Befreiung der Christen in der Türkei und der Moslems in Westthrakien vom allgemeinen Militärdienst
▷ Vollkommene Freizügigkeit und Verfügungsrecht im Fall des Wegzugs aus ihrem Heimatort über ihren Besitz für beide Minderheiten
▷ Einsatz einer Völkerbundkommission zum Schutz der Minderheiten in Konstantinopel.

Ismet Pascha, der Leiter der türkischen Delegation, erklärt daraufhin, daß der neue türkische Nationalstaat jede fremde Einmischung in seine Angelegenheiten ablehne und deshalb den Vorschlägen Curzons nicht zustimmen könne. Der Bevölkerungsaustausch wird in dem 1923 zustande kommenden Friedensvertrag bestätigt.

Aus Angst vor den türkischen Soldaten fliehen nach dem Ende des Krieges Tausende von christlichen Griechen und Armeniern aus Ostthrakien.

Dezember 1922

Polnischer Staatspräsident wird ermordet

16. Dezember. Während der Eröffnung einer Kunstausstellung in Warschau wird der polnische Staatspräsident Gabriel Narutowicz von einem rechtsradikalen Nationalisten erschossen.

Bereits am Tag der Wahl Narutowicz' zum Staatsoberhaupt, am 9. Dezember, hatte es unter den rechten Parteien heftige Proteste gegeben, die in seitdem fast täglich stattfindenden Straßenkundgebungen fortgesetzt wurden.

Narutowicz' Ziel war die Versöhnung und ein friedliches Zusammenleben der in Polen lebenden Angehörigen verschiedener Nationalitäten. Mit dem Amtsantritt Narutowicz' verband sich neben der Aussicht auf eine Politik der Verständigung auch die Hoffnung auf ein Ende der seit Monaten schwelenden Regierungskrise in Polen. Unter Staatspräsident Jósef Piłsudski, der nach den Sejm-Wahlen im November auf eine Wiederwahl verzichtete, kam es seit Juni in Auseinandersetzung mit dem selbstherrlichen Piłsudski zu mehrmaligen Regierungswechseln. Das noch amtierende Kabinett unter Julian Nowak war dann infolge des Amtsantritts Narutowicz' zurückgetreten.

Am Tag nach dem Attentat übernimmt Piłsudski das Amt des Generalstabschefs, da das Militär dringend verdächtig ist, in den Mordanschlag verwickelt zu sein, und verhängt über Warschau den Belagerungszustand. Am 20. Dezember wählen die Mitglieder den politisch nach links orientierten Führer der Bauernpartei, Stanislaw Wojciechowski, zum Staatspräsidenten. Ministerpräsident wird Wladyslaw Eugeniusz Sikorski (→ 6. 6./S. 99).

Julian Nowak, polnischer Ministerpräsident vom 31. 7. bis 17. 12. 1922

Ermordet: Der polnische Staatspräsident Gabriel Narutowicz

Betrüger Max Klante, einer der Gewinner in der Inflationszeit

Diskussion um politische Jugendarbeit

1. Dezember. Aufgrund eines Antrags der Deutschnationalen Partei (DNVP) findet im preußischen Landtag eine Debatte über die Wiederzulassung des Jungdeutschen Ordens statt. Der Orden, eine nationalistische Jugendvereinigung, war nach Inkrafttreten des Republikschutzgesetzes verboten worden (→ 18. 7./S. 112). Nach dem Abschluß einer mehrere Stunden dauernden Kontroverse im Abgeordnetenhaus verkündet Innenminister Carl Severing (SPD) die Beibehaltung des Verbots. Damit trifft er zugleich eine Grundsatzentscheidung in Hinblick auf eine seit einigen Wochen in der Öffentlichkeit geführte Diskussion über das ebenfalls im Sommer verabschiedete Verbot von Aktivitäten politischer Jugendvereine an den Lehranstalten. Es stößt auf den Widerspruch vieler Pädagogen. Unabhängig von den völkischen Parteien, die prinzipiell gegen jede Einschränkung ihrer Aktivitäten auftreten, argumentieren auch demokratische Kräfte für die Wiederzulassung, da sie es für noch gefährlicher halten, die politischen Vereine völlig aus dem Einflußbereich der Schulen zu verdrängen und sie somit einer möglichen Beobachtung zu entziehen. Zudem sehen sie im »Reiz des Verbotenen« gerade bei Jugendlichen eine weitere Gefahr. Andere Erzieher wiederum wollen den Jugendlichen generell jegliche politische Betätigung untersagen. Dagegen allerdings wenden sich nicht nur die rechten, sondern auch linke Parteien, denn der SPD und KPD sind ebenfalls Jugendorganisationen angeschlossen (→ 10. 8./S. 131).

Kurzer Erfolg für Betrüger Klante

2. Dezember. In Berlin beginnt der Prozeß gegen Max Klante, Betreiber eines Wett- und Geldunternehmens, das durch unlautere Geschäftsmethoden etwa 260 000 Menschen um ihr Vermögen brachte. Die enorme Anziehungskraft, die der gerissene und zugleich Vertrauen einflößende ehemalige Bürstenmacher auf viele ausübt, zeigt sich auch in der Flut veröffentlichter Gerichtsberichte. Die »Berliner Illustrirte« startet mit der Schlagzeile »Klantes Werdegang« einen Werbefeldzug.

Max Klante gründete 1920 die Max Klante & Co. GmbH. Seinen Kunden bot Klante, ein leidenschaftlicher Rennplatzbesucher, ein »garantiert erfolgreiches« Wettsystem. Damit wollte er in der Lage sein, denjenigen, die ihm kurzfristig Geld zur Verfügung stellten, bis zu 100% Zinsen zu zahlen. Klantes überzeugende Art, aber auch die aussichtslose wirtschaftliche Lage des Mittelstandes führten dazu, daß so viele Menschen sich von ihm – leider vergeblich – das große Glück erhofften. Der Prozeß wird auf 1923 vertagt.

Wie hier beim Jugendtag der Sozialistischen Arbeiterjugend in Halle bemühen sich alle großen Parteien, die Jugendlichen in ihrem Sinn zu beeinflussen.

Dezember 1922

Ein Chemie-Institut für Faserstoffe

5. Dezember. In Anwesenheit von Reichspräsident Friedrich Ebert (SPD) eröffnet Karl Gustav Adolf von Harnack, Präsident der Kaiser-Wilhelm-Gesellschaft zur Förderung der Wissenschaften, die Jahresversammlung der Institution. Sie findet erstmals in eigenen Räumen im Berliner Schloß statt.

Anläßlich der Veranstaltung gibt Harnack auch die Gründung eines Instituts für Faserstoffchemie bekannt, das sein Domizil in einer Villa in Dahlem bezogen hat. Der Direktor des Instituts, Oliver Herzog, erläutert den Anwesenden anschließend die Aufgaben dieser Einrichtung. Ihre Forschungen stehen in unmittelbarem Zusammenhang mit Erfordernissen der Textilindustrie. Bisher wisse man z. B. nur wenig über Aufbau und Einzelbestandteile der Woll- und Seidenfaser. Erkenntnisse darüber könnten einerseits zu günstigeren Bearbeitungsverfahren führen, andererseits aber auch die Forschung und Erkenntnis über Herstellung von Fasern aus Zellulose vertiefen.

Stilles Ende der ersten Eisenbahn

7. Dezember. Ohne besondere Aufmerksamkeit in der Öffentlichkeit verkehrt der letzte Zug der Ludwigsbahn auf den historischen Schienen von Nürnberg nach Fürth. Auf der ersten deutschen Eisenbahnlinie wird der Betrieb eingestellt.

Am 7. Dezember 1835 war die sechs Kilometer lange Strecke mit großem Aufwand eröffnet worden. Mit der Dampflokomotive Adler feierte hier die moderne Technik einst Triumphe. Nun läßt sich der Betrieb aus wirtschaftlichen Gründen nicht mehr aufrechterhalten, die Anlagen sind im Lauf der fast 100 Jahre trotz vorgenommener Modernisierungsmaßnahmen hoffnungslos veraltet. Neue Einrichtungen haben der »Ludwigsbahn« in den inzwischen zu einer Einheit zusammengewachsenen Städten Nürnberg und Fürth längst den Rang abgelaufen. Im innerstädtischen Verkehr war seit einigen Jahren schon nicht mehr das Vehikel aus der Biedermeierzeit meistbenutztes Verkehrsmittel, sondern die billigere und praktischere Straßenbahn.

Selbstverteidigungsunterricht von Berliner Beamten in der Polizeischule Groß-Berlin, Brandenburg/Havel   *Abhärtungsprogramm für Schutzpolizisten bei 5° Kälte in der Polizeischule für Leibesübungen, Berlin-Spandau*

Erhöhter Polizeieinsatz gegen Kriminalität

1. Dezember. Unter der Überschrift »Der Kampf gegen das Verbrechen 1922« veröffentlicht die Berliner »Vossische Zeitung« einen Bericht der Polizei über ihre Arbeit in den vergangenen zwölf Monaten.

Demnach haben vor allem die Delikte im Bereich der »Kleinkriminalität« stark zugenommen. Allein 2000 Straßenüberfälle und 1000 Hotel- und Pensionsdiebstähle wurden gezählt. Die Verantwortlichen führen diesen Zuwachs in der Hauptsache auf die sich stark verschlechternde wirtschaftliche Lage großer Bevölkerungsteile zurück. In diesem Zusammenhang sehen sie auch die erschreckend hohe Zahl von Selbstmorden: 1200 wurden allein in Berlin registriert. Gestiegen sind neben Taschendiebstählen auch Museums- und Kunstdiebstähle, Falschmünzerei, illegales Spiel und vor allem Wucherdelikte. Als problematisch wird die Zunahme im Bereich des politischen Verbrechens angesehen.

In den Erläuterungen der einzelnen Dezernatsleiter nimmt außer der Bestandsaufnahme die Verbrechensbekämpfung breiten Raum ein. Neben dem Bemühen um eine höhere Aufklärungsquote durch den Einsatz neuer wissenschaftlicher Methoden in der kriminalistischen Untersuchung wird insbesondere einer verbesserten Ausbildung der Polizeikräfte große Aufmerksamkeit geschenkt. Dazu gehört verstärkt auch die Vermittlung theoretischer Kenntnisse.

Solche Anschläge an den Berliner Litfaßsäulen spiegeln die gestiegenen Kriminalitätsziffern wider.   *Ein New Yorker Polizist demonstriert einen neuen Brustpanzer, der gegen Schüsse schützen soll.*

Diesen »Streifenwagen« testet gegenwärtig die Berliner Schutzpolizei. Vom Einsatz dieses Fahrzeugs, das schneller als ein Fahrrad und flexibler als ein Auto ist, erhofft man sich mehr Erfolg bei Verbrecherjagden.

Dezember 1922

Essen und Trinken 1922:
40 Mark für ein Pfund Brot

Die Ernährungslage im Deutschen Reich ist geprägt von einer Verknappung bzw. Verteuerung der Grundnahrungsmittel. So steigt schon im März durch Beschluß der Reichsregierung der Brotpreis um 75% im Vergleich zum Vorjahr. Der Wertverlust der deutschen Währung zwingt zur Drosselung der Getreideeinfuhr; sie geht von 322 370 t im September 1921 auf 31 243 t im Januar diesen Jahres zurück. Mittlerweile müssen 13 000 Mark für eine Tonne inländischen Getreides bezahlt werden, und ein Ende der Teuerung ist nicht abzusehen. Um die Brotpreise nicht noch weiter emporschnellen zu lassen, wird beim Brotbacken das Weizenmehl mit Maismehl gestreckt.

Ein weiteres Ernährungsproblem besteht in der mangelhaften Versorgung der Bevölkerung mit dem zweitwichtigsten Nahrungsmittel, der Kartoffel. Die festgesetzten Richtpreise werden häufig von den landwirtschaftlichen Erzeugern auf dem Weg des Naturaltauschs umgangen oder schlichtweg mißachtet. Bei einem Richtpreis von 110 bis 135 Mark für den Zentner Kartoffeln muß der Endverbraucher mindestens 350 Mark dafür zahlen.

Erheblich ist auch der Mangel an Zucker. Die rapide Entwertung der Mark, eine schlechte Rübenernte im Herbst 1921 sowie Schwierigkeiten beim Eisenbahntransport führen zu Hamster- und Angstkäufen bei der zuckerverarbeitenden Industrie und beim Verbraucher. Infolgedessen erläßt das Reichsministerium für Ernährung und Landwirtschaft eine Verordnung, wonach die Verwendung inländischen Zuckers für die Herstellung von Schokolade, Süßigkeiten, Likör, Schaumwein, Branntwein und branntweinhaltiger Getränke verboten ist, desgleichen die Herstellung von Starkbier. Produziert werden darf lediglich Einfach-, Schank- und Vollbier, dessen Herstellungsmengen jedoch ebenfalls strengen Regelungen unterliegen. Gleichzeitig wird im Mai das Zuckerimportverbot aufgehoben, so daß die Zeitungen nun optimistisch auf eine künftige Versorgung des Kleinhandels mit einer »lange und schmerzlich entbehrten Ware« hoffen.

Wird hier zur besseren Bedarfsdeckung eine Handelsschranke eingerissen, so wird sie auf anderem Gebiet zum gleichen Zweck errichtet: Das Ende letzten Jahres von der bayerischen Landesregierung erlassene Ausfuhrverbot für Milch, Butter und Käse wird von der Reichsregierung bestätigt.

Die Verringerung des Lebensstandards im Vergleich zur unmittelbaren Vorkriegszeit zeigt sich besonders deutlich im Fleischverbrauch. Gegenüber 1913 sank er bereits 1921 um die Hälfte. Welche Bedeutung das Problem des unzureichenden Fleischangebots einnimmt, versuchen u. a. ernährungsphysiologische Studien zu beweisen, die den Fleischbedarf von Mitgliedern unterschiedlicher Berufszweige ermitteln. Eine an Hochschulangehörigen vorgenommene Untersuchung ergibt, daß deren Nahrungsbedarf insgesamt zwar weit geringer ist als der von körperlich Arbeitenden, jedoch kann die bei geistiger Arbeit entstehende Zunahme des Phosphorsäuregehalts im Blut besonders wirksam durch Fleischverzehr neutralisiert werden. Die Studie schließt mit der Forderung nach einer den notwendigen Fleischkonsum finanzierbar machenden Entlohnung geistiger Arbeiter.

Der größte Teil der Bevölkerung – ob nun körperlich oder geistig arbeitend – kann sich allerdings höchst selten Fleisch leisten. Angesichts dieser Misere scheint das Ausweichen auf billigeres Gefrierfleisch ein Ausweg zu sein. Noch steht dem jedoch eine weit verbreitete Abneigung der Verbraucher gegenüber. Dennoch wird die Fleischeinfuhr aus überseeischen Produktionsländern in größerem Umfang betrieben. Vorreiter ist die Firma Frigus in Bremerhaven, die auf eine Veränderung der öffentlichen Meinung hofft und in diesem Jahr Europas modernste Gefrier- und Kühlanlage in Betrieb nimmt.

Preise im Vergleich (in Mark)

	1920	1921	1922 Jan.	1922 Dez.
Brot, 1500 g	4,–	4,–	6,25	120
Teigwaren, 500 g	8,–	7,40	8,80	180 – 280
Schmalz, 500 g	17,–	13,–	31,–	800
Vollreis, 500 g	4,70	3,40	6,60	200 – 300
1 Dose Vollmilch	7,75	5,75	18,–	900

Privaten Groß- und Einzelhändlern gelingt es häufig, festgelegte Richtpreise für Lebensmittel zu umgehen. Um dem entgegenzuwirken, werden in Berlin städtische Verkaufsstellen mit niedrigen Preisen eingerichtet.

Anton Fehr vom Bayerischen Bauernbund wurde im März 1922 Reichsernährungsminister (bis Nov.).

Der parteilose Hans Luther wird unter der Regierung Cuno im Dezember 1922 Ernährungsminister.

Nach dem rapiden Verfall der Währung können viele der Armen, zu denen ein Großteil der alten Menschen gehört, die hohen Lebensmittelpreise nicht mehr bezahlen. In Abfällen suchen sie nach eßbaren Nahrungsresten.

Dezember 1922

Aus dem Werbefilm für Auslandshilfe: Unterernährte Kinder und Essenausgabe an Schulen (r.)

Inflation: Eine Arbeiterfrau heizt mit Geldscheinen den Küchenherd, da man bei den unaufhörlich steigenden Lebensmittelpreisen für Hunderter nichts mehr kaufen kann.

Münchner »Fastenspeise« für die Reichen: Froschschenkelverkauf auf dem Viktualienmarkt – die Preise sind nicht überliefert (l.). Hunger dagegen bestimmt das Leben der meisten Bürger auch in Wien, wo die Inflation schon im Jahr 1922 ihren Höhepunkt hat (r.).

Mit Verordnungen gegen Schlemmerei

5. September. Das preußische Innenministerium erläßt eine Verfügung, die eine Bekämpfung des »Schlemmerunwesens« zum Inhalt hat. Im Zentrum der beschlossenen Maßnahmen steht die beabsichtigte Einschränkung übermäßigen Konsums von Speisen und Getränken in Gasthäusern, Bars usw. Der über eine von den örtlichen Behörden festzusetzende Höchstgrenze hinausgehende Konsum wird entsprechend der neuen Verordnung in gestaffeltem System besteuert. Die so erzielten zusätzlichen Steuereinnahmen sollen über einen speziellen Fonds für die Lebensmittelversorgung der bedürftigen Bevölkerung verwendet werden. Da der Begriff »Schlemmerei« nicht exakt definiert ist, ergeben sich bei der Anwendung der Verordnung bei den Behörden jedoch Probleme.

◁ *Anzeige eines Speiserestaurants, wo auch das Schlemmergesetz gilt*

Dezember 1922

Nobelpreis an Albert Einstein verliehen

10. Dezember. In Anwesenheit von König Gustav V. von Schweden findet in Stockholm die Verleihung der Nobelpreise statt.

Die Auszeichnung des Jahres 1921 erhalten der deutsche Wissenschaftler Albert Einstein für Physik und Frederick Soddy aus Großbritannien für Chemie. Da der 43jährige Einstein sich gegenwärtig auf einer Japanreise befindet, nimmt der deutsche Botschafter die Ehrung in seinem Auftrag entgegen. Die Preise für das Jahr 1922 erhalten für Physik der dänische Atomwissenschaftler Niels Bohr und für Chemie der Brite Francis William Aston für seine Isotopenforschung. Der Nobelpreis für Literatur wird dem 1866 geborenen spanischen Dramatiker Jacinto Benavente verliehen. In Christiania (Oslo) nimmt der norwegische Polarforscher und Diplomat Fridtjof Nansen den Friedensnobelpreis für sein Engagement in der Flüchtlingsfrage sowie bei der Hilfe für die Hungernden in Rußland entgegen.

Toscanini empört über Faschisten

11. Dezember. Während eines Konzerts in der Mailänder Scala findet zwischen Chefdirigent Arturo Toscanini und Anhängern von Faschisten im Publikum eine Auseinandersetzung statt, in deren Folge Toscanini seinen Rücktritt – allerdings nur vorübergehend – erklärt.

Zu dem Skandal kommt es, als ein Mitglied der königlichen Familie den Saal betritt und Toscanini traditionell das Musikstück unterbricht, um die Königshymne zu spielen. Daraufhin fordern die anwesenden Faschisten von Toscanini, das Orchester nun auch ihre Hymne spielen zu lassen. Mit dem Argument, dieses Stück wäre nicht eingeübt, will der Dirigent mit dem Konzert fortfahren, worauf im Publikum laut protestiert wird. So am weiteren Spielen gehindert, wirft Toscanini den Dirigentenstab auf den Boden und verläßt mit den Worten »Zeigen Sie doch mehr Erziehung, meine Herren!« wütend das Podium.

Forscht in Berlin: Albert Einstein

Der 37 Jahre alte Däne Niels Bohr

Lehrt in Oxford: Frederick Soddy

»Firmling« mit Valentin

9. Dezember. In München hat das Stück »Der Firmling« von Karl Valentin im Germaniabrettl Premiere. In der Uraufführung seiner neuen Komödie agieren wie gewohnt Valentin selbst und seine Partnerin Liesl Karlstadt auf der Bühne.

Dem begeisterten, von Lachanfällen geschüttelten Publikum, führen sie eine feuchte und chaotische Firmfeier eines Vaters mit seinem Sprößling vor. Ort des Geschehens ist ein feines Weinlokal – für beide Protagonisten eine von ihrem Alltag sehr verschiedene Welt, mit deren Sitten sie ihre Probleme haben.

Der 1882 geborene Valentin trat seit 1899 als wenig erfolgreicher Musikclown und Vereinskomiker auf, bis ihm 1907 mit dem Stegreifsolo »Badewirt« der Durchbruch gelang. Mit Liesl Karlstadt, die sich ihm 1911 anschloß, wurde er inzwischen zum bedeutendsten Komiker im deutschen Sprachraum. Einer seiner Bewunderer ist der z. Z. in München lebende Bertolt Brecht, der mit Valentin schon einige Male gemeinsam aufgetreten ist. Brecht sagt u. a. über ihn: »Wenn Karl Valentin in irgendeinem lärmenden Bierrestaurant todernst zwischen die zweifelhaften Geräusche der Bierdeckel, Sängerinnen, Stuhlbeine trat, hatte man sofort das scharfe Gefühl, daß dieser Mensch keine Witze machen würde. Er selbst ist ein Witz.«

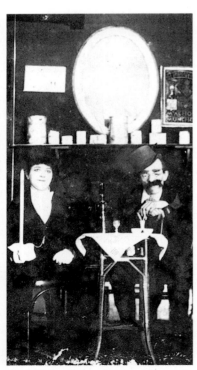
Karl Valentin und seine Partnerin Liesl Karlstadt in »Der Firmling«

Armstrong spielt in Chicago

1. Dezember. In den ersten Dezembertagen strömen die jazzbegeisterten Chicagoer allabendlich in den Lincoln Garden, wo seit Beginn des Monats »King« Olivers Jazz-Band das Publikum mit ihrer Musik in Atem hält. Besonders angetan sind die Fans von Joe Olivers Zusammenspiel mit dem neuen schwarzen Musiker Louis Daniel Armstrong, der seit kurzem Mitglied der siebenköpfigen Musikgruppe ist und die zweite Trompete spielt.

Louis Armstrong, auch »Satchmo« genannt, war bislang in der US-amerikanischen Stadt New Orleans zu Hause, wo er im Juli des Jahres 1900 geboren wurde. Dort, in der Geburtsstadt des Jazz, spielte er schon seit einigen Jahren in den verschiedensten Bands: Auf Mississippi-Dampfern, in der Tuxedo Brass Band und kleinen, wechselnden Gruppen. Sein Gefühl für den Rhythmus des Jazz und sein Können auf seinem Instrument, der Trompete, machten ihn schon bald über die Stadtgrenzen hinaus bekannt. Im vergangenen Monat dann bat ihn »King« Oliver in seine schon berühmte Band.

Die »Creole Jazz Band« von »King« Oliver, mit der Louis Armstrong erstmals 1922 im Lincoln Garden von Chicago auftritt und Triumphe feiert

Dezember 1922

Eine große Hilfe bei der Sahara-Durchquerung sind die neuentwickelten Kettenräder (ganz oben). Im Schutz der Fahrzeuge, die zu einer Wagenburg aufgestellt werden, schlägt die Expedition ihr Nachtlager auf (l., am Fuße des Gara Krima). Hin und wieder kommt es zu Begegnungen mit Beduinen (r.).

Sahara-Durchquerung per Geländewagen gestartet

21. Dezember. In In-Salah (Algerien) trifft nach viertägiger Fahrt eine aus vier speziell ausgerüsteten Kraftwagen bestehende Automobil-Expedition aus Tuggurt ein, wo sie zu einer Fahrt quer durch ein bisher nur durchrittenes und noch niemals befahrenes Saharagebiet gestartet war. Ziel der Expedition ist die vom Ausgangsort etwa 2400 km entfernte Stadt Timbuktu in Französisch-Westafrika (später Mali).

Sponsor der Expedition ist der französische Automobilhersteller André Citroën; dessen Generaldirektor George-Marie Haardt leitet das risikoreiche Unternehmen.

Sowohl das Fahrverhalten der Automobile im Sand und die Maschinenkühlung als auch die ausreichende Versorgung mit Wasser und Benzin erwiesen sich bei vorausgegangenen kurzen Testfahrten in den letzten Monaten immer wieder als problematisch.

Die fünf Citroën-Wagen entsprechen in ihrer Spezialausrüstung dem neuesten Erkenntnisstand. Für die Kfz-Techniker geht es darum, die Automobile den schwierigen, unbefestigten Sandstrecken anzupassen. Vor allem müssen die Reifen auf dem lockeren und trockenen Untergrund haften und so breit sein, daß sie nicht versacken. Versuche mit einer Weiterentwicklung der 1919 schon ausprobierten Schneeketten zu hintereinander geschalteten Kettenrädern waren so vielversprechend verlaufen, daß die Wagen damit versehen wurden, was aber in der Praxis zu hohem Abriebverschleiß führt. Auch die Anbringung mehrerer Reifen an einer Achse zur Verbreiterung der Auflagefläche wurde für die Technik der modernen Geländewagen genutzt.

Am 7. Januar 1923 erreicht die Expedition Timbuktu und trifft am 6. März wieder in Tuggert ein.

Die Sahara ist eine der Landschaftsformen der Erde, die sich den modernen Verkehrsmitteln bislang weitgehend verweigern. Noch immer sind Kamele das optimale Transportmittel. Im Januar 1920 hatten erstmals zwei französische Piloten einen Langstreckenflugversuch über der Sahara unternommen. Einer von ihnen stürzte jedoch ab und wurde dabei getötet, der andere kam vom Kurs ab und mußte wegen Benzinmangels notlanden. Eine Erschließung der Sahara durch Schienenwege und Straßen scheint noch in weiter Ferne zu liegen.

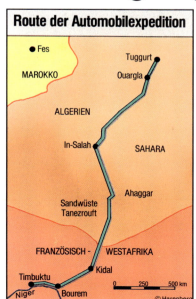

Dezember 1922

Kunst 1922:

Kunstproduktion als Konstruktion

Neben suprematistischen und futuristischen Einflüssen wird die internationale Kunstszene in der Hauptsache beherrscht von Konstruktivismus und Dadaismus.

Nahezu missionarisch propagiert Kurt Schwitters das dadaistische Konzept während eines »Dada-Feldzugs in Holland«, den er gemeinsam mit den De-Stijl-Künstlern Theo und Petro van Doesburg unternimmt. Dabei wird ein Wandel gegenüber der Berliner Dada-Richtung sichtbar. Während dort die künstlerische Radikalität politisch motiviert war und Schwitters' Merzbühne noch eine inhaltliche Aktivierung des Publikums intendierte, überwiegen im »Holland-Feldzug« rein provokatorische Absichten. So heißt es darin programmatisch: »DADA ist das Bekenntnis zur Stillosigkeit. Unser Publikum gab der Bewegung die Richtung. Wir spiegelten und waren das Echo des vor uns in dadaistischer Begeisterung lärmenden Publikums. Der Spiegel, der Dein wertes Antlitz empört zurückweist und hinwegspiegelt, dieser Spiegel will Dich nicht, er will das Gegenteil.« Die Kunst also soll sich der bloßen Konsumierung durch das Publikum verweigern.

Neben dem Dadaismus präsentiert sich mit dem Konstruktivismus eine von der russischen Avantgarde entscheidend geprägte Kunstrichtung, die sich über ganz Europa ausdehnt. Im Mai findet in Düsseldorf ein internationaler Kongreß fortschrittlicher Künstler statt, der als »Konstruktivistische Internationale« einen Selbstverständigungsprozeß der künstlerischen Avantgarde in Bewegung setzt. In seiner Schrift »Von der Staffelei zur Maschine« beschäftigt sich der Russe Nikolai Tarabukin grundsätzlich mit dem Begriff der Konstruktion: »In der Flächenmalerei und in der räumlichen Malerei hat die Idee des Konstruktivismus eine Lösung gefunden. In der Malerei betrifft der Begriff der Konstruktion Elemente, die gänzlich verschieden sind von denen, die sich in der Technik finden. Unter Konstruktion verstehen wir ein Ensemble von Elementen, die ein bestimmtes Prinzip zu einem Ganzen verbindet.«

△ Max Ernst: »Zum Rendezvous der Freunde«, 1922 (Museum Ludwig, Köln). Der Maler Max Ernst, auch Dada-Max genannt, begründete 1919 zusammen mit Jean Arp und Johannes Baargeld den Dada in Köln. Ab 1919 gehört er auch der Pariser Gruppe der Surrealisten an. Diese Bewegung will durch ungewöhnliche und widersprüchliche Kombinationen von Traumwelt und Realität bisherige Denk- und Wahrnehmungsmuster aus sprengen. Auf dem Gemälde sind die Freunde aus der Pariser Gruppe der Surrealisten abgebildet: René Crevel (1), Philippe Soupault (2), Jean Arp (3), Max Morise (5), Théodore Frenkel (8), Paul Eluard (9), Jean Paulhan (10), Benjamin Péret (11), Louis Aragon (12), André Breton (13), Johannes Baargeld (14), Giorgio de Chirico (15), Gala Eluard (16), Robert Desnos (17) – sowie als »Ahnherren« Raffael (7) und Fjodor Dostojewski.

◁ Francis Picabia: »Die spanische Nacht«, 1922 (Städtische Kunsthalle Düsseldorf). Der französische Künstler Francis Picabia, 1879 in Paris geboren, begann noch als Impressionist, wurde jedoch schon bald vom Kubismus beeinflußt und entwickelte sich nach seinem Zusammentreffen mit Marcel Duchamp im Jahr 1915 hin zum Dadaismus, dessen führender Vertreter er in Frankreich wird. 1922 wird Picabia Gestalter des Titelblatts der von André Breton geleiteten Zeitschrift »Littérature«. Durch die Zusammenarbeit mit Breton wird der Weg Picabias entscheidend geprägt – allerdings ohne daß Picabia eindeutig den Surrealisten zuzuordnen ist.

Dezember 1922

László Moholy-Nagy: »Licht-Raum-Modulator« mit Elektromotor, 1922/30; Moholy-Nagy, beeinflußt vom Dadaismus und auch von der Malerei El Lissitzkys, ist mit seinen Objekten ein Vorreiter der kinetischen Kunst.

»Of 2 Squares« des Konstruktivisten El Lissitzky, 1922, aus »De Stijl«

Stationen moderner Kunstentwicklung in Europa seit dem Jahr 1917

▷ Januar 1917: Erste Dada-Ausstellung in Zürich
▷ Oktober 1917: Erste Konferenz der proletarischen Institutionen für Kultur und Volksaufklärung in Petrograd (Leningrad) gründet den Proletkult
▷ Dezember 1918: Erste Puristenausstellung in Paris
▷ März 1919: Walter Gropius gründet in Weimar das Bauhaus
▷ April 1919: Staatliche Kunstausstellung in Moskau über den Suprematismus
▷ Juni 1920: Dada-Messe in Berlin
▷ Dezember 1920: Wladimir Tatlins Turm der Dritten Internationale erstmals in Moskau gezeigt; Francis-Picabia-Ausstellung in Paris mit »Pariser Jazz«, arrangiert von Jean Cocteau
▷ Dezember 1921: Man-Ray-Ausstellung in Paris
▷ Oktober 1922: Erste Russische Kunstausstellung in Berlin
Das Berliner »Kunstblatt« veröffentlicht eine Umfrage zum Neuen Naturalismus, aus dem sich später die Neue Sachlichkeit entwickelt.

1. Kandinsky-Ausstellung nach 7 Jahren

Nachdem das deutsche Publikum sieben Jahre lang keine Gelegenheit hatte, die künstlerische Entwicklung des russischen Malers Wassily Kandinsky zu verfolgen, zeigt die Berliner Galerie Goldschmidt-Wallenstein im Mai erstmals die neuen Arbeiten des Künstlers, der im Herbst seine Lehrtätigkeit am Weimarer Bauhaus (→ 24. 7./S. 119) antritt. In den gezeigten Bildern setzt Kandinsky seine künstlerische Tradition fort: Kreise, Dreiecke, Balken, geometrische Muster sind verbunden mit unregelmäßigen Figurationen in getupfter oder durchbrochen aufgetragener Farbe, wodurch die geometrische Strenge gemildert wird. In einem Vortrag zur Ausstellungseröffnung erläutert Kandinsky die Grundelemente seiner Gestaltung und ihre formale Organisation im Kunstwerk. So bietet Kandinsky in einer gleichsam physiologischen Studie den Zuhörern eine eindrucksvolle Einführung in sein Schaffen. Kandinsky empfiehlt: »Jeder entnehme dem Kunstwerk (wie der Natur), was er davon gebrauchen kann« (→ 14. 10./S. 172).

◁ Plakat Kandinskys für eine Stockholmer Ausstellung

Dezember 1922

Im Berliner Lustgarten veranstaltet auf Veranlassung der Amerikahilfsstelle das Deutsche Rote Kreuz eine Weihnachtsfeier für die Ärmsten in der Stadt.

Ein Weihnachtsfest, mit wenig Hoffnung verbunden

24. Dezember. Angesichts der außenpolitischen Situation der drohenden Ruhrbesetzung, der innenpolitischen Spannungen, geprägt von den rechtsextremistischen Angriffen auf die Republik und der wirtschaftlichen Misere im ersten Inflationsjahr bietet Weihnachten 1922 kaum Anlaß für ein Freudenfest. Diese Krisensituation spiegelt sich in den unzähligen Weihnachtsansprachen und den zum Heiligen Abend erscheinenden Artikeln wider.

Unter der Überschrift »Frieden und Gerechtigkeit« veröffentlichen die Zeitungen des Deutschen Reiches die Weihnachtsrede des Reichskanzlers Wilhelm Cuno (parteilos). Er sagt darin u. a.: »Wenn ich ein Wort zum Fest sagen soll, so kann es kein anderes sein, als ein Wort vom Frieden und zum Frieden der Menschen und der Völker. Die Welt ist von diesem Frieden noch weit entfernt; auch dieses Weihnachten 1922 ist mehr ein Tag der Mahnung an ihn, als seiner Erfüllung.

Es gibt kaum ein Volk der Erde, das tiefer Sehnsucht nach Frieden hat, als das deutsche Volk. Inmitten der qualvollen Unsicherheit der Wirtschaft, die Millionen dem Schicksal der Ungewißheit preisgibt, will es sich mit den äußersten Notwendigkeiten des Lebens abfinden, nur Frieden will es und Gerechtigkeit. Das gilt nach innen wie nach außen ...« Ausgesprochen polemisch reagiert die kommunistische Zeitung »Die Rote Fahne« auf Cunos Rede, die das vor Kälte zitternde arme Kind aus dem Märchen »Das Schwefelhölzchen« zum Wahrzeichen der Elendsweihnacht 1922 erhebt. Sein Frieden sei der Frieden mit dem französischen Kapital zur gemeinsamen Ausbeutung der deutschen Arbeiterschaft, und weiter: »Der Vertreter des Großkapitals, von christlicher Liebe und Frieden auf Erden predigend, während die deutsche Arbeiterschaft im Elend verkommt, das ist das Symbol einer Weihnacht, deren Erniedrigung und Qual die Arbeiterschaft zum Kampf zusammenführen muß.«

10 000 Mark für einen Teddybär

Für das wenige Geld, über das die meisten deutschen Familien verfügen, wird in den meisten Fällen Spielzeug für die Kinder gekauft. Auf deren Wunschzetteln stehen neben Puppen (eine Zelluloidpuppe kostet etwa 1000 Mark), Plüschtieren (einen normalen Teddybären gibt es für etwa 10 000 Mark) und Schaukelpferden für etwa 17 000 Mark traditionell die Eisenbahn sowie Kraft- und Werkzeugmaschinen en miniature. Für eine mit Dampf, Elektrizität oder mit einem Uhrwerk betriebene Spielzeuglokomotive müssen 1300 bis 48 000 Mark bezahlt werden, für die ebenso begehrten Modellbaukästen bis zu 90 000 Mark. Ganz aktuell (wie schon in den Kriegsjahren) ist selbstgebasteltes Spielzeug.

Wucherpreise für Weihnachtsbäume

Zu einem Problem wird für etliche Familien in diesem Jahr die Anschaffung eines Weihnachtsbaumes. So manch einer muß sich mit etwas Tannengrün als Ersatz begnügen – und selbst das wird von Tag zu Tag teurer: Ein einziger Zweig kostet am Weihnachtstag bereits 50 Mark. Einen normalen Baum soll man schon für 400 Mark erhalten, doch kommt es vielerorts zu Beschwerden, da Wucherer diese Preise noch in die Höhe treiben. In Berlin muß die Schutzpolizei eingreifen, als empörte Kunden den Verkaufsstand eines Händlers stürmen, weil dieser für eine Fichte über 700 Mark verlangte. Die Schupo konfisziert daraufhin den Stand und verkauft die Bäume für je 373 Mark.

Feiertage ohne Hektik und ohne Streß

Unter der Überschrift »Weihnachtsfriede« zieht die »Vossische Zeitung« am 27. Dezember eine Bilanz der Festtage. Im Gegensatz zu den ein wenig höher gelegenen Orten im Deutschen Reich, wo die Schneeverhältnisse glänzend, die Rodelbahnen günstig und das Skigelände über jede Kritik erhaben gewesen seien, regnete es in Berlin und auf dem flachen Land die meiste Zeit. So blieben die Leute zu Hause und genossen die drei freien Tage. Das taten sie auch schon am letzten verkaufsoffenen Sonntag vor Weihnachten, der in diesem Jahr mit dem Heiligen Abend auf einen Tag fiel – zum Kummer der Geschäftsleute, für die so das flaue Weihnachtsgeschäft einen noch schlechteren Ausklang hatte.

Dezember 1922

Soeben erschien
Das Weihnachtsbuch!!!
WALTER SCHMIDKUNZ
DAS KIND
Märchen und Legenden um Christus

Geheftet etwa Mk. 3.—, Gebunden etwa Mk. 4.—
Teuerungszahl 100 fach

Dieses Legendenbuch von Jesu Geburt, Flucht und Kindheit wird man in einem Atem mit den unsterblichen Märchen der Gebrüder Grimm nennen. Walter Schmidkunz hat für sein grosses Legendenwerk die vergessenen und verlorenen Stoffe in der folkloristischen und apokryphen Literatur fast aller europäischen Völker gesammelt und gibt nun in diesem ersten Band das Beste aus seinen Schätzen heraus, in dem er es zu diesen entzückend schönen, gänzlich unbekannten Christusmärchen formt, die in der wundervoll innigen Sprache eines wahren Dichters erzählt sind. — So ist ein wirklich einzigartiges Buch für grosse und kleine Menschen entstanden, ein Buch für Frohe und Ernste, für Gesellige und Einsame, ein tendenzloses Buch für Christen und Heiden, das Buch für die Mütter und Lehrer. Man wird „Das Kind" dem liebsten Menschen auf den Tisch legen, denn es ist wirklich

**das Buch zum Schenken,
es ist das Weihnachtsbuch!**

— WALDEMAR BONSELS URTEILT: —
.... ein eigenartiges und
einzigartiges Kulturdokument

Das Werk ist durch jede Buchhandlung zu beziehen
oder direkt vom
PAUL STANGL-VERLAG
MÜNCHEN-PULLACH

Zeitschriftenanzeige aus der Dezembernummer des Jahres 1922; Grundlage für die Preisangabe sind die Preise aus der vorinflationären Zeit, die jeweils mit der gültigen Teuerungszahl multipliziert werden müssen.

Zeichnung von Berliner Kindern, mit der sie sich für eine vom amerikanisch-deutschen Hilfswerk organisierte Weihnachtsspeisung bedanken; für viele Kinder ist eine solche Mahlzeit oft die einzige Weihnachtsgabe.

△ Wohltätigkeitsveranstaltung in den USA: Kinder nach der Weihnachtsfeier beim Präsidenten

▷ Metallbaukästen kosten zwischen 3000 und 96 000 Mark (l.); Anzeige für traditionelle »Steiff«-Tiere (r.)

Dezember 1922

Auslandskorrespondenten ziehen ihre Bilanz: Sehnsucht nac

31. Dezember. Zum Ausklang des Jahres 1922 veröffentlicht die »Vossische Zeitung« in ihrer Morgenausgabe Berichte von Auslandskorrespondenten aus allen Teilen der Erde. Die Journalisten geben darin aus ihrer Sicht eine Einschätzung der dortigen politischen Ereignisse in den vergangenen zwölf Monaten. Zusätzlich zu diesen meist von bürgerlich-liberalen Anschauungen geprägten Bestandsaufnahmen läßt die Redaktion auch im Deutschen Reich lebende Gesandte einzelner Länder zu Wort kommen. Ihre Beiträge entsprechen den offiziellen Einschätzungen der herrschenden Regierung in den jeweiligen Heimatländern (nachfolgend Auszüge).

»Österreich:
Gesundbeten
Wiens Ereignis anno 1922 war die Entdeckung des Völkerbundes. Zwei von den besiegten Staaten haben sich von ihren Friedensverträgen einigermaßen befreit. Die Türkei, die losschlug, und Deutschösterreich, dessen Sklavenketten der Oberste Rat in Paris etwas gelockert hat, um sich eine Art humanen Alibis zu verschaffen ... Damit die Sanierung des ›unmöglichen Staates‹ auf die eleganteste Weise vollzogen werde, berief man das Völkerkonzil in Genf. Das klappte nicht. Seipel wollte (daraufhin) die Nachbarstaaten veranlassen, das österreichische Defizit unter internationaler Kontrolle zu bezahlen und hätte dabei wieder so etwas wie sein altes geliebtes apostolisches Österreich unter einen Hut gebracht. Alle jene, die Teile von ihm geschluckt haben, sollten voll Stolz Wien wie dereinst ›aushalten‹. Weil aber hierbei Italien, dem der Kanzler in Verona sogar eine Zollunion angetragen hatte, zu vorherrschend an der Donau geworden wäre, gewann Frankreich in Eile auch England für eine neue große internationale Kreditversprechung mit Völkerbundetikette ...
Karl Lahm

Hellas:
Klassisches Elend
Im Hafen von Athen, in Piräus, lagern Tausende und Tausende halbverhungerter, halbnackter Menschengestalten. Sie sind Griechen, Armenier, Christen, die sich vor dem aufgehenden roten Halbmond unter den klassischen Himmel von Hellas gerettet haben. Sie kamen im letzten Kleid, wie sie aus dem Feuermeer des brennenden Smyrna entflohen oder aus Thrakiens gefährdeten Gegenden landeinwärts wanderten. Leute, deren Reichtum Millionen Goldpfunde betrug, sind

heute Bettler; Hunger und Krankheiten fordern ihre Opfer. Selbst derjenige, der das Elend in den Sammelstätten der menschlichen Leiden, in Kriegsbaracken und Massenwohnungen der Weltstädte kennengelernt, ist erschüttert angesichts der Massen unglücklicher Flüchtlinge. Dieses Problem Griechenlands ist härter als jede militärische und Zivildiktatur, schrecklicher als jedes Todesurteil.
V. Michael

Italien:
Der Diktator
Der Wendepunkt im Werdegang Italiens nach dem Kriege ist im Jahre 1922 zweifelsohne die faschistische Revolution gewesen, die in den ersten Novembertagen ausbrach und nach anfänglich vorsichtigem Tasten nunmehr entschieden an die Durchführung des radikalen Erneuerungsprogrammes schreitet. Für die innere Entwicklung stellt sie zunächst eine endgültige Ausschaltung der Möglichkeit einer Koalitionsregierung dar, die die Linksdemokraten mit den Katholiken und Sozialisten ans Ruder führen sollte, also ein klares Abbrechen mit der seit dem Kriegsende eingeschlagenen Linie.
Mario Passarge

Rußland:
Brot für die Städte
1. Die Hungersnot ist überstanden. Eine gute Ernte gab nicht nur den Bauern Brot, sondern auch der städtischen Bevölkerung, die sich zum ersten Mal seit der Revolution satt ißt. Die Erweiterung des inneren Marktes belebte die verarbeitende Industrie. Die Beziehungen zwischen der Sowjetregierung und dem Bauerntum sind auf neuer Grundlage stabilisiert, was im reibungslosen Einlaufen der Naturalsteuer Ausdruck findet.
2. Die Versuche der kapitalistischen

Mächte, die Hungersnot auszunützen, um Sowjetrußland in eine Kolonie zu verwandeln, wurden in Genua und Haag abgewiesen. Im Rapallovertrag wurde der Versuch der Entente vereitelt, den § 116 des Versailler Friedensvertrages zu einem Schützengraben zwischen dem deutschen und dem russischen Volke zu machen. Der Zusammenbruch der japanischen Politik in Sibirien vereinigt ganz Rußland von der Beresina bis zum Stillen Ozean unter der Herrschaft der Sowjets ... Der Sieg der Türken über die Griechen bedeutet eine Niederlage der Entente und wird sich durch alle diplomatischen Wirrnisse als großer revolutionärer Faktor erweisen. Die mohammedanische Welt wird aufgerüttelt, und das Verhältnis Sowjetrußlands wird noch enger, weil sie sehen wird, daß letzten Endes nur Sowjetrußland keine Ausbeutungspolitik treibt. Die Ablehnung der russischen Abrüstungsvorschläge in Genua und Moskau sowie die Lösung der Dardanellenfrage in Lausanne sagt den russischen Volksmassen, daß die kapitalistischen Staaten ihnen zwar eine Atempause zu geben gewillt waren, ihnen aber keinen Frieden geben wollen.
3. Der Ausbau der Föderation wird die Bande unter den Völkern Rußlands stärken.
4. Der geistige Aufschwung Rußlands, die Belebung der literarischen, naturwissenschaftlichen, ökonomischen Literatur, des Parteilebens der Kommunistischen Partei sind nur Teilerscheinungen des Aufschwunges des russischen Volkes, das trotz aller Nöte vorwärts marschiert.
Übersicht über die wichtigsten Ereignisse des Jahres, gegeben von der russischen Botschaft

Ungarn:
Die Habsburger
Das Ereignis, dem für die weitere Entwicklung der Dinge in Ungarn, ja in ganz Osteuropa und einem Teil Mitteleuropas die größte Bedeutung zukommt, hat sich fern von diesem Winkel Europas auf einer afrikanischen Insel (Madeira) abgespielt: der Tod Karls I. von Habsburg. Karl war in Ungarn sehr volkstümlich, weil er den ungarischen Wünschen

nach einer stärkeren Betonung der ungarischen Selbständigkeit in der Armee und den übrigen k. u. k. Einrichtungen entgegenkam und auch sonst sein ungarisches Königtum dem österreichischen Kaisertum nicht unterordnete. Karl – predigte man – werde die Niederlage in Sieg verwandeln und Ungarns Macht wiederherstellen ... Mit anderen Worten: Krieg, Wiedererweckung der Politik, die zu 1914 und 1918 geführt hat. Im Frühjahr starb Karl. Der ›Thronerbe‹ ist ein Knabe, dem man schwer die Fähigkeit zur Wiederherstellung Ungarns zuschreiben kann. Die Kampffront lockert sich und wird sich bald ganz auflösen, da der Kommandant tot ist.
Walther Burg

China:
Einigkeit und Heeresabbau
Trotzdem der Weltkrieg nun schon seit einer Reihe von Jahren beendet ist, kann man doch von einem Weltfrieden noch nicht sprechen. Die Lage aller Völker ist auch heute noch so schwer wie vor vier Jahren ...
Das wichtigste Ereignis im Jahre 1922 war für China unbedingt die Wiederherstellung des alten Parlaments durch den Präsidenten Li Huang Hung, welches im Jahre 1917 aufgelöst worden war. Durch die Wiedereröffnung desselben wurde die angebliche Regierung in Kanton beseitigt und hierdurch die Einigkeit in China wiederhergestellt. Es kann nunmehr mit aller Kraft an die Reorganisation der Finanzen und an die Verminderung der Ausgaben für militärische Aufwendungen geschritten werden.
Suntschou Wei, Außerordentlicher Gesandter und bevollmächtigter Minister des chinesischen Volksreiches

Polen:
Friedlicher Ausbau
Trotzdem an der Neige des Jahres eine ruchlose Tat das junge konstitutionelle Leben Polens verdüstert hat, wird die Erstarkung und Lebenskraft des wiedererstandenen polnischen Staates selbst von mißgünstiger Seite, wenn sie nur ernst und reell denkt, heute nicht mehr in Zweifel gezogen. Die Festlegung der Grenzen Polens, die viel zu lange auf sich warten ließ, hat im abgelaufenen Jahre den inneren Ausbau

...rieden in allen Ländern

des Staatswesens und seine wirtschaftliche Entwicklung, ungeachtet schwieriger valutarischer Verhältnisse, in ergiebigem Maße beschleunigt und die Polen zufallenden Aufgaben innerhalb der Staaten Europas klar umrissen. Polen ist sich dieser Aufgaben voll bewußt und bestrebt, ihnen durch friedliche Arbeit gerecht zu werden. Zersetzender Parteihader ist leider heutzutage keine vereinzelte und am allerwenigsten ist er eine rein polnische Erscheinung. Wohl aber darf Polen für sich in Anspruch nehmen, wieder einmal den Beweis erbracht zu haben, daß es ihm im Notfalle nicht an der inneren Willenskraft fehlt, drohende Gefahren abzuwenden und unumgänglichen Anforderungen des Staatsinteresses auf kategorische Art zum Durchbruche zu verhelfen. In solchen Augenblicken verschwinden die Parteiunterschiede, die Gebote des Gemeinwohls kommen zur Geltung, und darin liegt für den polnischen Staat ... die sichere Bürgschaft für ein geregeltes wirtschaftliches und politisches Zusammenleben. Sie ist insbesondere vorgezeichnet durch das aus dem verflossenen Jahre übernommene redliche Bestreben Polens, alle inneren Einrichtungen des Gemeinwesens auf den Grundsätzen der neuen fortschrittlichen Verfassung aufzubauen ... nach außen dagegen durch vom Geiste der Versöhnlichkeit getragene Verhandlungen mit seinen Nachbarn eine restlose Erledigung der aus den Friedensverträgen resultierenden Fragen herbeizuführen.
J. Madeyski, polnischer Gesandter in Berlin

Schweiz:
Gegen die Vermögensabgabe
Im zwölften Monat dieses Jahres fand in der Schweiz ein Volksgericht statt, wie es einzig ist in der politischen Geschichte. Der Gegenstand war recht alltäglich: eine Steuerfrage. Die sozialistische Partei hat eine Vermögensabgabe beantragt und entsprechend den demokratischen Lebensformen des Landes dem Volke zur Abstimmung vorgelegt. ›Bewundert viel und viel gescholten‹ von den einen als Allheilmittel gepriesen, von den anderen als der ›Böllmann‹ oder das rote Tuch verabscheut. Nicht ungeschickt stellten die Urheber des Entwurfes die Abgabe als Akt ausgleichender Gerechtigkeit dar. Die größeren Vermögen erheblich zu beschneiden, um aus dem Ertrag eine Alters- und Invaliditätsversorgung größten Stiles zu schaffen, das war ihr ausgesprochenes Ziel. Unausgesprochen scheint dagegen Abneigung gegen das Kapital als Wirtschaftsfaktor und der Wunsch, dem neuen kapitallosen Zeitalter den Weg zu bereiten. So wurde der Kampf um die Vermögensabgabe in der Schweiz zur Schicksalsfrage um die soziale Stellung unserer Zeit. Die wenig mehr als drei Millionen Schweizer Bürger waren zur Entscheidung aufgerufen. Die großen Vermögen begannen aus der Schweiz abzuwandern. Der Schweizer Franken, bisher auf der Höhe der Schweizer Berge, begann langsam und stetig zu sinken. Die Gegner wiesen drohend auf diese Zeichen der Wirtschaftsverschlechterung hin, die zudem in eine Zeit der schwersten Krisen fiel: 100 000 Arbeitslose in diesem kleinen Lande. Das geringste ersparte Vermögen wird nicht mehr sicher sein vor der drohenden Aufhebung des Geheimnisses des Bankwesens und der Sparkassenbücher, und bald wird der große Anonymus Staat seinen Kontrollstempel auf jeden erübrigten Hundertfrankenschein drücken ... Das Urteil vom 3. Dezember war eindeutig und klar, wie nur ein Urteil sein kann: bei einer Stimmbeteiligung von nahezu 90% hatte das Schweizer Volk mit mehr als 700 000 gegen 100 000 Stimmen entschieden, daß es dem Lande die befruchtende Wirkung des Kapitals erhalten wolle, statt sich in so kritischer Zeit sozialistischen Experimenten anzuvertrauen. Die Partei, die bei den vergangenen Wahlen noch mehr als ein Drittel der Stimmen auf sich vereinigt hatte, war auf weniger als ein Achtel zurückgeworfen. Reaktion? Niemand wird glauben, daß es in der Schweiz 700 000 reaktionäre Sozialisten gibt ... Was war also das Volksgericht? Der einmütige Wille zur Abwehr bolschewisierender Versuche, das einmütige Bekenntnis der Schweizer zum gesunden Menschenverstand.
Julius Becker«

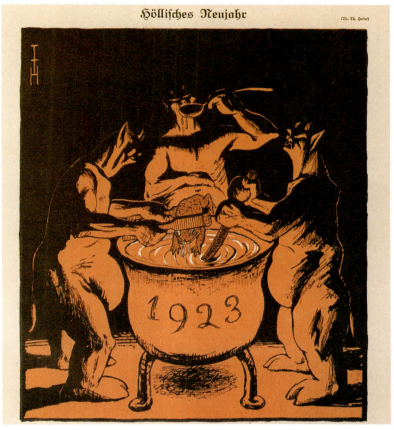

»*Die Mischung ist ausgezeichnet! Es geht doch nichts über die französischen Rezepte!«. Die äußerst polemische und franzosenfeindliche »Simplicissimus«-Karikatur verdeutlicht, wie gespannt die gegenwärtigen Beziehungen zwischen den Nachbarländern Deutsches Reich und Frankreich sind.*

Pessimistischer Ausblick

31. Dezember. In den Kommentaren der deutschen Zeitungen und den offiziellen Stellungnahmen von Regierungsmitgliedern zum Jahreswechsel fehlen die gewöhnlich sonst zu diesem Anlaß geäußerten optimistischen Hoffnungen für die Zukunft. Zu schwer wiegt die Last wirtschaftlicher Not und politischer Unsicherheit in Europa.

Der in den ersten Januartagen 1923 beginnenden Konferenz der Alliierten in Paris sieht die deutsche Öffentlichkeit mit berechtigter Skepsis entgegen. Die Tagung, bei der nochmals über das Reparationsproblem debattiert werden soll, bringt die Entscheidung über die Besetzung des Ruhrgebiets am 11. Januar 1923 durch französische und belgische Truppen. Die im November ausgesprochene Drohung Frankreichs, sich mit dem Ruhrgebiet ein »Pfand« für die deutschen Reparationszahlungen zu verschaffen (→ 27.11./S. 181), hatte das seit dem Versailler Vertrag äußerst gespannte Verhältnis der Nachbarländer zusätzlich belastet. Obwohl die Politiker beider Länder immer wieder die Völkerverständigung als Voraussetzung für einen dauerhaften Frieden in Europa bezeichnen, geben sie den wirtschaftlichen Interessen eindeutig Vorrang.

Ebenso beunruhigend wie die außenpolitische Situation des Deutschen Reiches sind die Verhältnisse im Innern. Rapide ansteigende Inflation – inzwischen erhält man für einen US-Dollar 7290 Mark – und das damit einhergehende Wachsen der allgemeinen Not bilden eine Gefahr für die Errungenschaften der Revolution vom November 1918. So wird von der Industrie die Aufhebung des Achtstundentages gefordert und 1923 auch durchgesetzt. Vor allem aber sind es die verstärkten Aktivitäten rechtsextremer nationalistischer Kreise, von denen eine Bedrohung der jungen Weimarer Republik ausgeht; deren Ziel ist die Wiedererrichtung monarchischer und hierarchischer Verhältnisse in Deutschland wie einst im Kaiserreich.

Postwertzeichen 1922

Neue Postwertzeichen 1922 im Deutschen Reich

Flugpostausgabe vom Juli; das Motiv Holztaube stammt von Professor Aufsesser

Sonderausgabe vom 2. April zur Deutschen Gewerbeschau in München mit dem Münchner Stadtwappen als Motiv (6 Werte)

Freimarken-Ergänzungswerte vom März mit der Germania mit Kaiserkrone als Motiv

Freimarken-Ergänzungswerte in Posthornzeichnung ab Mai 1922

Wohltätigkeitsausgabe vom 11. Dezember mit dem Motiv Mädchen pflanzt Bäumchen von Professor J. V. Cissarz

Freimarkenausgabe mit dem Motiv Posthorn ohne Unterdruck (6 Werte 1922, 3 Werte 1923)

Freimarken-Ergänzungswerte mit Ziffern als Motiv von Oktober bis Dezember (5 Werte)

Freimarkenausgabe mit den Motiven (v. l.): Ziffern, Schmied, Bergarbeiter, Schnitter, Posthorn, Ziffer, Pflüger (20 Werte)

Anhang

Die Regierungen des Deutschen Reichs, Österreichs und der Schweiz 1922

Neben den Staatsoberhäuptern des Deutschen Reichs, Österreichs und der Schweiz sind in der Zusammenstellung die einzelnen Kabinette des Jahres 1922 in chronologischer Reihenfolge enthalten. Hinter den Namen der wichtigsten Regierungsmitglieder steht in Klammern die Parteizugehörigkeit und der Zeitraum ihrer Tätigkeit.

Deutsches Reich

Staatsform:
Republik
Reichspräsident:
Friedrich Ebert (MSPD; 1919–1925)

2. Kabinett Wirth, Koalition aus Zentrum, MSPD und DDP (1921–14. 11. 1922):
Reichskanzler:
Joseph Wirth (Zentrum: 1921–14. 11. 1922)
Vizekanzler:
Gustav Bauer (MSPD; 1921–14. 11. 1922)
Auswärtiges:
Joseph Wirth (Zentrum; 1921–31. 1. 1922; 24. 6.–14. 11. 1922); Walther Rathenau (DDP; 31. 1.–24. 6. 1922)
Inneres:
Adolf Köster (MSPD; 1921–14. 11. 1922)
Finanzen:
Andreas Hermes (Zentrum; 1921–1923)
Wirtschaft:
Robert Schmidt (MSPD; 1919/20, 1921–14. 11. 1922)
Arbeit:
Heinrich Brauns (Zentrum; 1920–1928)
Justiz:
Gustav Radbruch (MSPD; 1921–14. 11. 1922)
Wehr:
Otto Geßler (DDP; 1920–1928)
Post:
Johannes Giesberts (Zentrum; 1919/20, 1920–14. 11. 1922)
Verkehr:
Wilhelm Groener (parteilos; 1920–1923)
Ernährung:
Andreas Hermes (Zentrum; 1920–10. 3. 1922); Anton Fehr (Bayrischer Bauernbund; 31. 3.–14. 11. 1922)
Schatz:
Gustav Bauer (MSPD; 1920, 1921–14. 11. 1922)
Staatssekretär der Reichskanzlei:
Hemmer (Zentrum; 1921–14. 11. 1922)
Pressechef:
Oskar Müller (parteilos; 1921–14. 11. 1922)

Kabinett Cuno, »Wirtschaftskabinett« 22. 11. 1922–1923)
Reichskanzler:
Wilhelm Cuno (parteilos; 22. 11. 1922–1923)
Auswärtiges:
Friedrich von Rosenberg (parteilos; 22. 11. 1922–1923)
Inneres:
Rudolf Oeser (DDP; 22. 11. 1922–1923)
Finanzen:
Andreas Hermes (Zentrum; 1921–1923)
Wirtschaft:
Johannes Becker (DVP; 22. 11. 1922–1923)
Arbeit:
Heinrich Brauns (Zentrum; 1920–1928)
Justiz:
Rudolf Heinze (DVP; 22. 11. 1922–1923)
Wehr:
Otto Geßler (DDP; 1920–1928)
Post:
Karl Stingl (BVP; 22. 11. 1922–1923)
Verkehr:
Wilhelm Groener (parteilos; 1920–1923)
Ernährung:
Karl Müller (Zentrum; 22.–25. 11. 1922); Hans Luther (parteilos; 1. 12. 1922–1923)
Schatz:
Heinrich Albert (parteilos; 22. 11. 1922–1923)
Staatssekretär der Reichskanzlei:
Eduard Hamm (DDP; 22. 11. 1922–1923)
Pressechef:
Friedrich Heilbronn (parteilos; 1920/21, 22. 11. 1922–1923)

Regierungen der deutschen Länder und Freien Hansestädte

Anhalt:
Heinrich Deist (MSPD), Ministerpräsident (1919–1924, 1924–1932)
Baden:
Hermann Hummel (DDP), Staats- und Ministerpräsident (1921–23. 11. 1922); Adam Remmele (SPD), Staats- und Ministerpräsident (23. 11. 1922–1923, 1927/28)
Bayern:
Hugo von und zu Graf Lerchenfeld auf Köfering und Schönburg (BVP), Ministerpräsident und Außenminister (1921–2. 11. 1922); Eugen Ritter von Knilling (parteilos), Ministerpräsident und Außenminister (8. 11. 1922–1924)
Braunschweig:
August Junke (USPD), Ministerpräsident (1920–23. 3. 1922); Otto Antrick (MSPD), Ministerpräsident (23. 2.–23. 5. 1922); Heinrich Jasper (MSPD), Ministerpräsident (1919/20; 23. 5. 1922–1924, 1927–1930)
Bremen:
Martin Donandt (DNVP), Erster Bürgermeister (1920–1933)
Hamburg:
Arnold G. F. Diestel, Erster Bürgermeister (1920–1924)
Hessen:
Karl Ulrich (MSPD), Ministerpräsident (1918–1928)
Lippe:
Heinrich Drake (MSPD), Ministerpräsident (1920–1933)
Lübeck:
Johannes Neumann, Regierender Bürgermeister (1920–1927)
Mecklenburg-Schwerin:
Johannes Stelling (MSPD), Ministerpräsident und Außenminister (1921–1924)
Mecklenburg-Strelitz:
Kurt Artur Freiherr von Reibnitz (MSPD), Minister (1919–1923, 1928–1929, 1929–1931)
Oldenburg:
Theodor Tantzen (DDP), Ministerpräsident (1919–1923, 1945/46)
Preußen:
Otto Braun (MSPD), Ministerpräsident (1920–1921, 1921–1925, geschäftsführend 1925–1932)

Sachsen:
Wilhelm Buck (MSPD), Ministerpräsident (1920–1923)
Schaumburg-Lippe:
O. Bönners (parteilos), Ministerpräsident (1919–22. 5. 1922); K. Wippermann (parteilos), Ministerpräsident (22. 5. 1922–1925)
Thüringen:
August Frölich (MSPD), Ministerpräsident (1921–1923/24)
Württemberg:
Johannes von Hieber (DDP), Ministerpräsident (1920–1924)

Österreich

Staatsform:
Republik
Bundespräsident:
Michael Hainisch (christlichsozial; 1920–1928)

1. Kabinett Schober (1921–26. 1. 1922):
Bundeskanzler:
Johannes Schober (parteilos; 1921–24. 5. 1922, 1929/30)
Vizekanzler:
Walter Breisky (christlichsozial; 1920–24. 5. 1922)
Äußeres:
Johannes Schober (parteilos; 1921–26. 1. 1922)
Inneres:
Leopold Waber (großdeutsch; 1921–26. 1. 1922)
Unterricht:
Walter Breisky (christlichsozial; 1920–24. 5. 1922)
Finanzen:
Alfred Gürtler (christlichsozial; 1921–10. 5. 1922)
Justiz:
Rudolf Paltauf (1920–24. 5. 1922)
Handel und Volksernährung:
Alfred Grünberger (parteilos; 1921–24. 5. 1922)
Land- und Forstwirtschaft:
Leopold Hennet (christlichsozial; 1921–24. 5. 1922)
Heerwesen:
Josef Wächter (parteilos; 1921–24. 5. 1922)
Soziale Verwaltung:
Franz Pauer (parteilos; 1921–24. 5. 1922)
Verkehr:
Walter Rodler (1921–24. 5. 1922)

2. Kabinett Schober (27. 1.–24. 5. 1922)
Bundeskanzler:
Johannes Schober (parteilos; 1921–24. 5. 1922, 1929/30)
Vizekanzler:
Walter Breisky (christlichsozial; 1920–24. 5. 1922)
Äußeres:
Leopold Hennet (christlichsozial; 27. 1.–24. 5. 1922)
Inneres:
Johannes Schober (christlichsozial; 27. 1.–24. 5. 1922)
Unterricht:
Walter Breisky (christlichsozial; 1920–24. 5. 1922)
Finanzen:
Alfred Gürtler (christlichsozial; 1921–10. 5. 1922); Johannes Schober (christlichsozial; 10.–24. 5. 1922)
Justiz:
Rudolf Paltauf (1920–24. 5. 1922)

Handel und Volksernährung:
Alfred Grünberger (parteilos; 1921–24.5. 1922)
Land- und Forstwirtschaft:
Leopold Hennet (christlichsozial; 1921–24.5. 1922)
Heerwesen:
Josef Wächter (parteilos; 1921–24. 5. 1922)
Soziale Verwaltung:
Franz Pauer (parteilos; 1921–24.5. 1922)
Verkehrswesen:
Walter Rodler (1921–24.5. 1922)

1. Kabinett Seipel (31. 5. 1922–1923):
Bundeskanzler:
Ignaz Seipel (christlichsozial; 31. 5. 1922–1924, 1926–1929)
Vizekanzler:
Felix Frank (großdeutsch; 31. 5. 1922–1924)
Äußeres:
Alfred Grünberger (parteilos; 31. 5. 1922–1924)
Inneres:
Felix Frank (großdeutsch; 31. 5. 1922–1923)
Unterricht:
Emil Schneider (christlichsozial; 31. 5. 1922–1926)
Finanzen:
August Ségur (31. 5.–14. 11. 1922); Viktor Kienböck (christlichsozial; 14. 11. 1922–1924, 1926–1929)
Justiz:
Leopold Waber (großdeutsch; 31. 5. 1922–1923, 1924–1926)
Handel:
Emil Kraft (großdeutsch; 31. 5. 1922–1923)
Soziale Verwaltung:
Richard Schmitz (christlichsozial; 31. 5. 1922–1924)
Heerwesen:
Karl Vaugoin (christlichsozial; 1921, 31. 5. 1922–1933)
Land- und Forstwirtschaft und Volksernährung:
Rudolf Buchinger (christlichsozial; 31. 5. 1922–1926)
Verkehrswesen:
Franz Odehnal (christlichsozial; 31. 5. 1922–1923)

Schweiz

Staatsform:
Republik
Bundespräsident:
Robert Haab (freisinnig; 1922, 1929)

Politisches Departement (Äußeres):
Giuseppe Motta (katholisch-konservativ; 1920–1940)
Inneres:
Ernest Louis Chuard (freisinnig; 1920–1928)
Justiz und Polizei:
Heinrich Häberlin (freisinnig; 1920–1934)
Finanzen und Zölle:
Jean-Marie Musy (katholisch-konservativ; 1919–1934)
Militär:
Karl Scheurer (freisinnig; 1919–1935)
Volkswirtschaft:
Edmund Schultheß (freisinnig; 1912–1935)
Post und Eisenbahn:
Robert Haab (freisinnig; 1918–1929)

213

Statistische Zahlen 1922

Deutsches Reich, Österreich und Schweiz 1922 in Zahlen

Die Statistiken für die drei deutschsprachigen Länder umfassen eine Auswahl von grundlegenden Daten. Es wurden vor allem Daten aufgenommen, die innerhalb der einzelnen Länder vergleichbar sind. Maßgebend für alle Angaben waren die amtlichen Statistiken. Die Zahlen beziehen sich, soweit nicht anders angemerkt, auf die jeweiligen Staatsgrenzen von 1922. Nicht in allen gesellschaftlichen Bereichen finden jährliche Erhebungen statt, so daß mitunter Daten aus früheren Jahren aufgenommen werden mußten. Das Erhebungsdatum ist jeweils angegeben (unter der Rubrik »Stand«). Die aktuellen Zahlen des Jahres 1922 werden – wo möglich – durch einen Vergleich zum Vorjahr relativiert. Wichtige Zusatzinformationen zum Verständnis einzelner Daten sind in den Fußnoten enthalten.

Deutsches Reich

Erhebungsgegenstand	Wert	Vergleich Vorjahr (%)	Stand
Fläche			
Fläche (km²)	472 082,1	–	30. 6. 1922
Bevölkerung			
Wohnbevölkerung[2]	61 900 000	− 0,9	1922
männlich[3]	28 496 496	–	8. 10. 1919[1]
weiblich[3]	31 356 363	–	8. 10. 1919[1]
Einwohner je km²	131,1		1922
Ausländer und Personen mit unbekannter Staatsangehörigkeit	1 270 342	–	1. 12. 1916[1]
Privathaushalte	14 283 000	–	1. 12. 1910[1]
Einpersonenhaushalte	1 045 000	–	1. 12. 1910[1]
Mehrpersonenhaushalte	13 238 000	–	1. 12. 1910[1]
Lebendgeborene	1 404 215	− 10,0	1922
Gestorbene	927 304	+ 1,8	1922
Eheschließungen	681 891	− 6,7	1922
Ehescheidungen	36 219	− 7,6	1922
Familienstand der Bevölkerung[2]			
Ledige insgesamt	35 941 510	–	1. 12. 1916[1]
männlich	16 398 807	–	1. 12. 1916[1]
weiblich	19 542 703	–	1. 12. 1916[1]
Verheiratete	21 023 944	–	1. 12. 1916[1]
Verwitwete und Geschiedene	3 861 219	–	1. 12. 1916[1]
männlich	860 485	–	1. 12. 1916[1]
weiblich	3 000 734	–	1. 12. 1916[1]
Familienstand unbekannt	90 185	–	1. 12. 1916[1]
Religionszugehörigkeit			
Christen insgesamt	57 439 326	–	1. 12. 1920[1]
katholisch	19 322 031	–	1. 12. 1910[1]
evangelisch	39 117 295	–	1. 12. 1910[1]
Juden	538 909	–	1. 12. 1910[1]
andere, ohne Konfession	472 108	–	1. 12. 1910[1]
Altersgruppen			
unter 5 Jahren	6 331 514	–	1. 12. 1916[1]
5 bis unter 10 Jahren	7 423 480	–	1. 12. 1916[1]
10 bis unter 15 Jahren	7 321 959	–	1. 12. 1916[1]
15 bis unter 20 Jahren	6 567 397	–	1. 12. 1916[1]

Erhebungsgegenstand	Wert	Vergleich Vorjahr (%)	Stand
20 bis unter 30 Jahren	8 078 695	–	1. 12. 1916[1]
30 bis unter 40 Jahren	7 231 926	–	1. 12. 1916[1]
40 bis unter 50 Jahren	6 873 484	–	1. 12. 1916[1]
50 bis unter 60 Jahren	5 549 943	–	1. 12. 1916[1]
60 bis unter 70 Jahren	3 453 498	–	1. 12. 1916[1]
70 bis unter 80 Jahren	1 641 122	–	1. 12. 1916[1]
80 bis unter 90 Jahren	334 214	–	1. 12. 1916[1]
90 bis unter 100 Jahren	16 409	–	1. 12. 1916[1]
100 Jahre und darüber	170	–	1. 12. 1916[1]
unbekannt	93 047	–	1. 12. 1916[1]
Die zehn größten Städte			
Berlin	3 803 785	–	8. 10. 1919[1]
Hamburg	985 779	–	8. 10. 1919[1]
Köln	640 940	–	8. 10. 1919[1]
Leipzig	636 485	–	8. 10. 1919[1]
München	630 711	–	8. 10. 1919[1]
Dresden	587 748	–	8. 10. 1919[1]
Breslau	528 260	–	8. 10. 1919[1]
Essen	439 257	–	8. 10. 1919[1]
Frankfurt am Main	433 002	–	8. 10. 1919[1]
Düsseldorf	407 338	–	8. 10. 1919[1]
Erwerbstätigkeit			
Erwerbstätige	21 830 549	–	1. 12. 1916[1]
männlich	13 026 245	–	1. 12. 1916[1]
weiblich	8 804 304	–	1. 12. 1916[1]
nach Wirtschaftsbereichen			
Land- und Forstwirtschaft, Tierhaltung und Fischerei	5 514 549	–	1. 12. 1916[1]
Produzierendes Gewerbe	7 376 364	–	1. 12. 1916[1]
Handel und Verkehr	2 574 057	–	1. 12. 1916[1]
Häusliche Dienste	1 528 272	–	1. 12. 1916[1]
Militär und freie Berufe	3 900 529	–	1. 12. 1916[1]
Sonstige	936 778	–	1. 12. 1916[1]
Ausländische Arbeitnehmer	428 863	–	1. 12. 1916[1]
Betriebe			
Landwirtschaftliche Betriebe	5 736 082	–	1907[1]
Bergbau und Baugewerbe	339 041	–	1922
Handel, Gastgewerbe, Reiseverkehr	1 260 033	–	1922
Verkehr			
Eisenbahnnetz (km)	51 685,1	− 7,1	1922
Beförderte Personen (in Mio.)	2 780,5	–	1922
Beförderte Güter (in Mio. t)	369,5	+ 4,5	1922
Bestand an Kraftfahrzeugen	166 187	+ 40,0	1922
davon Pkw	82 692	+ 36,4	1922
davon Lkw	43 711	+ 44,4	1922
Auf Binnenschiffen beförderte Güter (t)	44 352 000	+ 6,4	1922
Luftverkehr			
Beförderte Personen	7 733	+ 13,7	1922
Beförderte Güter (kg)	617 553	+ 14,0	1922
Bildung			
Schüler an			
Volksschulen	8 930 070	–	1921/22
Mittelschulen	329 344	–	1921/22
Höheren Schulen	751 442	–	1921/22
Studenten[4]	120 557	+ 0,3	1922
Gesundheitswesen			
Ärzte	30 558	–	1909[1]
Zahnärzte	11 213	–	1909[1]
Krankenhäuser	4 501	− 0,02	1922
Sozialleistungen			
Mitglieder der gesetzlichen Krankenversicherung	18 361 930	+ 5,3	1922
Rentenversicherung der Arbeiter	1 994 868	–	1922

1) Letzte verfügbare Angabe
2) Jahresdurchschnitt
3) Ortsanwesende Bevölkerung
4) Alle Hochschulen

Statistische Zahlen 1922

Erhebungsgegenstand	Wert	Vergleich Vorjahr (%)	Stand
Finanzen und Steuern			
Gesamtausgaben des Staates (Mio. M)	2 385 162,9	+ 1549,7	1922
Gesamteinnahmen des Staates (Mio. M)	1 024 312,3	+ 584,8	1922
Schuldenlast des Staates (Mio. M)	337 962,8	+ 35,8	1922

Erhebungs-gegenstand	Bremen	Berlin	Breslau	Aachen	Stuttgart	München
Klimatische Verhältnisse						
Mittlere Lufttemperatur (°C)						
Januar	− 1,6	− 3,5	− 5,2	0,8	− 0,1	− 2,0
Februar	0,1	− 1,8	− 3,0	2,5	1,2	− 0,1
März	4,0	4,0	3,7	4,4	5,3	5,0
April	6,2	6,2	7,2	5,9	7,3	6,7
Mai	14,3	14,2	13,8	14,8	15,7	14,5
Juni	15,5	16,5	16,5	15,5	17,6	17,3
Juli	15,9	16,8	17,7	15,4	17,8	16,7
August	15,8	15,8	16,2	15,7	17,6	17,2
September	11,9	12,0	11,6	11,9	12,9	11,5
Oktober	5,5	5,0	5,0	5,8	7,1	5,9
November	4,1	3,0	2,2	4,0	3,7	1,9
Dezember	4,6	2,6	1,7	4,3	3,0	1,6
Niederschlagsmengen (mm)						
Januar	59	51	68	112	35	53
Februar	29	18	7	65	43	38
März	49	34	49	53	75	51
April	42	48	35	102	114	121
Mai	52	41	43	43	37	93
Juni	60	31	74	70	101	101
Juli	97	171	81	74	106	167
August	52	43	125	73	67	122
September	52	63	46	106	98	126
Oktober	39	24	90	58	65	108
November	68	61	54	105	56	70
Dezember	47	56	48	92	73	62

1) Letzte verfügbare Angabe
2) Jahresdurchschnitt
3) Schätzung
4) Die erste Volkszählung in Nachkriegsösterreich findet 1923 statt; bis dahin liegen in dieser Rubrik nur Vorkriegszahlen für das Gebiet von Österreich-Ungarn vor.

Österreich

Erhebungsgegenstand	Wert	Vergleich Vorjahr (%)	Stand
Fläche			
Fläche (km²)	83 833	± 0	1922
Bevölkerung			
Wohnbevölkerung[2]	6 527 708	+ 0,4	1922
männlich	3 081 721	−	1920[1]
weiblich	3 344 573	−	1920[1]
Einwohner je km²	77,9	+ 0,4	1922
Ausländer	423 487	−	1920[1]
Lebendgeborene	150 958	− 0,1	1922
Gestorbene	113 467	+ 2,7	1922
Eheschließungen	74 274	− 8,6	1922
Ehescheidungen	5 350	−	1922
Familienstand der Bevölkerung			
Ledige insgesamt	3 587 774	−	1920[1]
männlich	1 783 063	−	1920[1]
weiblich	1 804 711	−	1920[1]
Verheiratete	2 072 203	−	1920[1]
Verwitwete und Geschiedene	471 471	−	1920[1]
männlich	124 848	−	1920[1]
weiblich	346 623	−	1920[1]
Religionszugehörigkeit			
Christen insgesamt	6 451 400	−	1920[1]
katholisch	6 225 843	−	1920[1]
evangelisch	206 505	−	1920[1]
Juden	194 584	−	1920[1]
andere, ohne Konfession	19 052	−	1920[1]
Altersgruppen			
unter 20 Jahren	1 081 695	−	1920[1]
20 bis unter 30 Jahren	559 800	−	1920[1]
30 bis unter 40 Jahren	491 747	−	1920[1]
40 bis unter 50 Jahren	416 478	−	1920[1]
50 bis unter 60 Jahren	310 885	−	1920[1]
60 Jahre und darüber	335 110	−	1920[1]
Die zehn größten Städte			
Wien	1 841 326	−	1920[1]
Graz	157 032	−	1920[1]
Linz	99 527	−	1920[1]
Innsbruck	55 659	−	1920[1]
Salzburg	36 450	−	1920[1]
Wiener Neustadt	35 023	−	1920[1]
St. Pölten	30 342	−	1920[1]
Klagenfurt	26 111	−	1920[1]
Baden	21 095	−	1920[1]
Steyr	20 234	−	1920[1]
Erwerbstätigkeit			
Erwerbstätige	16 020 405	−	1910[4]
nach Wirtschaftsbereichen			
Land- und Forstwirtschaft, Tierhaltung und Fischerei	8 506 466	−	1910[4]
Industrie und Gewerbe	3 627 816	−	1910[4]
Handel und Verkehr	1 576 623	−	1910[4]
Öffentlicher Dienst und freie Berufe	2 309 500	−	1910[4]
Betriebe			
Landwirtschaftliche Betriebe	780	−	1922
Bergbau	128	−	1922
Baugewerbe	12 557	−	1922
Handel, Gastgewerbe, Reiseverkehr	8 719	−	1922
Sonstige	39 466	−	1922

Statistische Zahlen 1922

Erhebungsgegenstand	Wert	Vergleich Vorjahr (%)	Stand
Verkehr			
Eisenbahnnetz (km)[2]	7 038	–	1922
Bestand an Kraftfahrzeugen	12 375	–	1922
davon Pkw	8 714	–	1922
davon Lkw	3 665	–	1922
Luftverkehr			
Beförderte Personen	1 367	–	1922
Beförderte Güter (kg)	28 554	–	1922
Bildung			
Schüler an			
Volks- und Bürgerschulen	872 758	–	1922/23
Realschulen, Deutschen Mittelschulen	16 748	+ 0,3	1922/23
Gymnasien, Realgymnasien	22 871	+ 4,4	1922/23
Studenten	14 153	–	Sommer 22
Sozialleistungen			
Mitglieder der gesetz- lichen Krankenversicherung	1 203 014	–	1922
Empfänger von Arbeitslosen- unterstützung[3]	70 830	–	1922

1) Letzte verfügbare Angabe
2) Mit Kleinbahnen
3) Jahresdurchschnitt

Schweiz

Erhebungsgegenstand	Wert	Vergleich Vorjahr (%)	Stand
Fläche			
Fläche (km²)	41 294,9	±0	1922
Bevölkerung			
Wohnbevölkerung	3 873 900	− 0,04	1922[3]
männlich	1 871 123	–	1920[1]
weiblich	2 009 197	–	1920[1]
Einwohner je km²	93,8	− 0,1	1922[3]
Ausländer	402 385	–	1920[1]
Privathaushalte	886 874	–	1920[1]
Lebendgeborene	76 290	− 5,6	1922
Gestorbene	50 292	+ 1,6	1922
Eheschließungen	30 063	− 7,9	1922
Ehescheidungen	2 108	+ 6,5	1922
Familienstand der Bevölkerung			
Ledige insgesamt	2 281 170	–	1920[1]
männlich	1 127 467	–	1920[1]
weiblich	1 153 703	–	1920[1]
Verheiratete	1 337 653	–	1920[1]
Verwitwete und Geschiedene	265 497	–	1920[1]
männlich	78 844	–	1920[1]
weiblich	186 653	–	1920[1]
Religionszugehörigkeit			
Christen insgesamt	3 815 908	–	1920[1]
katholisch	1 585 311	–	1920[1]
evangelisch	2 230 597	–	1920[1]
Juden	20 979	–	1920[1]
andere, ohne Konfession	43 433	–	1920[1]
Altersgruppen			
unter 5 Jahren	328 866	–	1920[1]
5 bis unter 10 Jahren	346 063	–	1920[1]
10 bis unter 15 Jahren	390 365	–	1920[1]
15 bis unter 20 Jahren	386 901	–	1920[1]
20 bis unter 30 Jahren	653 485	–	1920[1]
30 bis unter 40 Jahren	543 828	–	1920[1]
40 bis unter 50 Jahren	488 576	–	1920[1]
50 bis unter 60 Jahren	363 569	–	1920[1]
60 bis unter 70 Jahren	227 417	–	1920[1]
70 bis unter 80 Jahren	108 445	–	1920[1]
80 Jahre und darüber	24 804	–	1920[1]
Die zehn größten Städte			
Zürich	199 250	− 1,6	1922
Basel	135 690	±0	1922
Genf	133 500	− 1,8	1922
Bern	103 380	− 0,2	1922
Lausanne	67 680	− 0,6	1922
St. Gallen	67 480	− 2,2	1922
Winterthur	49 560	− 0,4	1922
Luzern	43 010	− 1,2	1922
La Chaux-de-Fonds	36 550	− 2,0	1922
Biel	33 910	− 1,4	1922
Erwerbstätigkeit			
Erwerbstätige	1 871 725	–	1920[1]
männlich	1 236 281	–	1920[1]
weiblich	635 444	–	1920[1]
nach Wirtschaftsbereichen			
Land- und Forstwirtschaft, Tierhaltung und Fischerei	482 758	–	1920[1]
Industrie, Handwerk, Baugewerbe	802 876	–	1920[1]
Dienstleistungen	586 091	–	1920[1]
Ausländische Arbeitnehmer	216 224	–	1920[1]
Stellensuchende	614 954	+ 109,0	1922

Statistische Zahlen 1922

Erhebungsgegenstand	Wert	Vergleich Vorjahr (%)	Stand
Außenhandel			
Einfuhr in Mio. sFr (Mrd. M)	1914,5 (68 117,9)	− 16,6	1922
Ausfuhr in Mio. sFr (M)	1761,8 (62 656,4)	− 17,6	1922
Einfuhrüberschuß in Mio. sFr (M)	152,9 (5440,2)	− 2,1	1922
Verkehr			
Eisenbahnnetz (km)[2]	3 038	+ 1,8	1922
Beförderte Personen[3] (in 1000)	119 266	− 0,7	1922
Beförderte Güter (in 1000 t)	17 877	+ 5,8	1922
Bestand an Kraftfahrzeugen	30 554	−	1922
davon Pkw	15 011	−	1922
davon Lkw	5 790	−	1922
Bildung			
Schüler an			
Primarschulen	522 430	−1,6	1922/23
Sekundarschulen	56 011	+2,6	1922/23
Gymnasien, Kantonsschulen, höheren Töchterschulen	13 252	−	1922/23
Studenten	5 974	−8,2	1922/23
Gesundheitswesen			
Ärzte	2 759	−	1920[1]
Sozialleistungen			
Mitglieder der gesetzlichen Krankenversicherung	1 023 057	+ 3,5	1922
Finanzen und Steuern			
Gesamtausgaben des Staates in Mio. sFr (Mio. M)	314,9 (11 204,1)	− 13,6	1922
Gesamteinnahmen des Staates in Mio. sFr (Mio. M)	340,4 (12 111,4)	+37,7	1922
Schuldenlast des Staates in Mio. sFr (Mio. M)	1902,5 (67 690,9)	+ 8,2	1922
Löhne und Gehälter			
Mittlerer Stundenverdienst männlicher Arbeiter in sFr (M)	1,45 (5159,10)	− 10,5	1922
Preise			
Einzelhandelspreise ausgewählter Lebensmittel in sFr (M)			
Butter, 1 kg	5,62 (19 995,96)	− 21,9	1922
Weizenmehl, 1 kg	0,68 (2419,44)	− 13,9	1922
Schweinefleisch, 1 kg	4,08 (14 516,64)	− 29,2	1922
Rindfleisch, 1 kg	3,43 (12 203,94)	− 27,2	1922
Eier, 1 Stück	0,20 (711,60)	− 16,7	1922
Kartoffeln, 1 kg	0,24 (953,92)	− 4,3	1922
Vollmilch, 1 l	0,37 (1316,46)	−24,5	1922
Kaffee, 1 kg	3,32 (11 812,56)	−	1922

Erhebungsgegenstand	Zürich	Basel	Bern	Genf	Davos	Lugano
Klimatische Verhältnisse						
Mittlere Lufttemperatur (°C)						
Januar	− 0,3	0,6	− 1,0	0,8	− 7,4	1,0
Februar	0,2	1,3	0,1	2,6	− 4,9	2,8
März	5,1	5,5	4,3	5,9	− 0,9	7,7
April	6,5	7,6	5,9	7,7	1,2	9,8
Mai	15,0	15,8	15,2	16,2	8,4	17,8
Juni	16,7	17,3	16,2	18,1	10,9	19,8
Juli	16,4	17,3	16,1	17,8	10,7	20,7
August	16,8	17,0	16,3	17,9	11,8	20,5
September	11,7	12,7	11,2	12,9	6,1	14,7
Oktober	6,8	7,3	6,4	8,7	3,0	10,5
November	2,6	3,8	1,6	3,7	− 4,2	5,6
Dezember	1,0	2,9	− 0,5	1,7	− 6,2	2,6
Niederschlagsmengen (mm)						
Januar	108	72	79	146	165	40
Februar	107	83	85	66	62	19
März	74	82	90	89	53	197
April	176	179	183	244	73	148
Mai	69	53	47	22	60	112
Juni	142	107	144	84	117	118
Juli	148	123	142	131	184	117
August	139	102	159	113	99	121
September	94	86	86	55	129	306
Oktober	138	96	111	109	65	191
November	83	67	82	68	106	13
Dezember	81	93	104	145	105	175
Sonnenscheindauer (Std.)						
Januar	32	43	28	38	65	105
Februar	84	92	86	112	91	152
März	114	97	102	128	130	116
April	88	80	82	94	105	140
Mai	265	290	278	311	226	277
Juni	210	226	218	280	161	216
Juli	227	233	239	303	199	274
August	222	232	222	270	212	252
September	101	111	134	187	101	164
Oktober	38	64	58	84	83	109
November	61	69	68	75	96	187
Dezember	23	51	57	59	62	94

[1] Letzte verfügbare Angabe
[2] Schweizerische Bundesbahnen
[3] Bahnen des allgemeinen Verkehrs

Staatsoberhäupter und Regierungen ausgewählter Länder 1922

Die Einträge zu den wichtigsten Ländern des Jahres 1922 informieren über die Staatsform, Titel und Namen des Staatsoberhaupts sowie in Klammern dessen Regierungszeit. Es folgen – soweit vorhanden – die Regierungschefs, bei wichtigeren Ländern auch die Außenminister des Jahres 1922; jeweils in Klammern stehen die Zeiträume der Amtsausübung. Eine Kurzdarstellung gibt – wo es sinnvoll erscheint – einen Einblick in die innen- und außenpolitische Situation des Landes. Über bewaffnete Konflikte und Unruhegebiete, auf die hier nicht näher eingegangen wird, informiert der Anhang »Kriege und Krisenherde des Jahres 1922« gesondert.

Abessinien/Äthiopien

Kaiserreich; *Kaiserin:* Woisero Zäudito (1916–1928)
Regent und Thronfolger: Täfäri Mäkwännen (1916–1928, danach König 1928–1930 und Kaiser 1930–1974 unter dem Namen Haile Selassie I.)

Afghanistan

Emirat; *Emir:* Aman Ullah (1919–1929, König ab 1926)
Seit 1879 erkennt das Land die britische Oberhoheit über seine Außenpolitik an.

Ägypten

Sultanat/Königreich ab 16. März 1922; seit Ausbruch des Ersten Weltkriegs britisches Protektorat unter Aufhebung der osmanischen Oberhoheit
Britischer Oberkommissar: Edmund Henry Hynmann Allenby Viscount of Megiddo and Felixstowe (1919–1925)
Sultan: Fuad I. (1917–16. 3. 1922, dann König 16. 3. 1922–1936)

Albanien

Republik; *Staatspräsident:* Turchan Pascha (1918–1924)

Algerien

Französisches Generalgouvernement; *Generalgouverneur:* Théodore Steeg (1921–1925)
Algerien ist politisch und wirtschaftlich dem Mutterland angegliedert.

Annam

Königreich/Kaiserreich ab 1922; de facto französisches Protektorat; *König:* Khwai Dinh (1916–1925, Kaiser ab 1922)

Argentinien

Republik; *Präsident:* Hipólito Irigoyen (1916–12. 10. 1922, 1928–1930), Marcelo Torcuato de Alvear (12. 10. 1922–1928)

Äthiopien

Siehe Abessinien

Australien

Bundesstaat im Britischen Empire; *Ministerpräsident:* William Morris Hughes (1915–1923)
Britischer Generalgouverneur: Henry William Forster (1920–1925)

Belgien

Königreich; *König:* Albert I. (1909–1934)
Ministerpräsident: Georges Theunis (1921–1925, 1934/35)
Außenminister: Henri Jaspar (1920–1924, 1934)

Bhutan

Königreich; *König:* Ugyen Wangchuk (1907–1926)
Das Land erkennt die britische Vormacht an, regelt seine inneren Angelegenheiten jedoch selbständig.

Birma

Provinz von Britisch-Indien
Birma wurde 1886 von Großbritannien annektiert.

Bolivien

Republik; *Präsident:* Bautista Saavedra (1920–1925)

Brasilien

Bundesrepublik; *Präsident:* Epitacio da Silva Pessôa (1919–15. 11. 1922), Arturo da Silva Bernardes (15. 11. 1922–1926)

Bulgarien

Königreich; *König bzw. Zar:* Boris III. (1918–1943)
Ministerpräsident: Alexandar Stamboliski (1919–1923)

Chile

Republik; *Präsident:* Arturo Alessandri y Palma (1920–1925)

China

Republik; *Präsidenten:* Hsü Shih-ch'ang (1918–2. 6. 1922), Sun Yat-sen (Gegenregierung 1921–1925), Li Yüan-hung (1916/17, 11. 6. 1922–1923)
China ist zersplittert in die Machtbereiche regionaler Militärcliquen.

Costa Rica

Republik; *Präsident:* Julio Acosta Carcía (1919, 1920–1924)

Dänemark

Königreich; *König:* Christian X. (1912–1947)
Ministerpräsident: Niels Thomas Neergaard (1920–1924)

Danzig

Freie Stadt unter dem Schutz des Völkerbunds; *Völkerbundskommissar:* Richard Cyril Byrne Haking (Brite; 1921–1923)
Senatspräsident: Heinrich Sahm (1920–1931)

Dominikanische Republik

1916 bis 1924 von den USA besetztes Land; *Präsident:* Frederico Henríquez y Carvajal (1916–6. 10. 1922), Juan Bautista Vicini Burgos (Oktober 1922–1924)
Die Regierungsgewalt liegt bei einem US-Militärgouverneur.

Ecuador

Republik; *Präsident:* José Luis Tamayo (1920–1924)

El Salvador

Republik; *Präsident:* Jorge Meléndez (1919–1923)

Estland

Republik; *Ministerpräsident und »Staatsältester«:* Piip (1920–1922), Johann Kukk (1922/23)

Finnland

Republik; *Staatspräsident:* Kaarlo Juho Stählberg (1919–1925)
Ministerpräsident: Juho Vennola (1919/20, 1921–2. 6. 1922, 1931), Aimo Kaarlo Cajander (2. 6.–14. 11. 1922), Kyösti Kallio (14. 11. 1922–1924)

Frankreich

Republik; *Präsident:* Alexandre Millerand (1920–1924)
6. Kabinett Briand (1921–12. 1. 1922):
Ministerpräsident: Aristide Briand (1909–1911, 1913, 1915–1917, 1921–12. 1. 1922, 1925/26, 1929)
Außenminister: Aristide Briand (1915–1917, 1921–12. 1. 1922, 1925–1932)
2. Kabinett Poincaré (15. 1. 1922–1924):
Ministerpräsident: Raymond Poincaré (1912/13, 15. 1. 1922–1924, 1926–1928, 1928/29)

Griechenland

Königreich; *König:* Konstantin I. (1913–1917, 1920–28. 9. 1922), Georg II. (28. 8. 1922–1924, 1935–1947)
Ministerpräsident: Demetrios Gunaris (1915, 1921–16. 5. 1922), Nikolaus Stratos (16. – 22. 5. 1922), Peter E. Protopapadakis (22. 5.–9. 9. 1922), Nikolaus Triandaphyllakos (10.–26. 9. 1922), Stilianos Gonatas (24. 9. 1922–1924)
Außenminister: Georg Baltatzis (1921–8. 9. 1922), Nikolaus Kalojeropulos (10.–30. 9. 1922), Nikolaus Politis (30. 9.–24. 11. 1922), Apostolos Alexandris (27. 11. 1922–1923)

Großbritannien

Königreich; *König:* Georg V. (1910–1936)
2. Kabinett Lloyd George (Koalition liberal-konservativ; 1919–19. 10. 1922):
Premierminister: David Lloyd George (1916–19. 10. 1922)
Außenminister: George Nathaniel Curzon (1919–1924)
Kabinett Bonar Law (konservativ; 24. 10. 1922–1923):
Premierminister: Andrew Bonar Law (24. 10. 1922–1923)
Außenminister: George Nathaniel Curzon (1919–1924)

Guatemala

Republik; *Präsident:* Carlos Herrera y Luna (1920–4. 3. 1922), José María Orellana (4. 3. 1922–1926)

Haiti

Von den USA besetzte Republik; *Präsident:* Philippe Sudre Dartiguenave (1915–15. 5. 1922), Joseph Louis Bornó (15. 5. 1922–1930)
Seit 1915 ist Haiti von den USA besetzt (bis 1934), die das politische Geschehen, die Finanzen und die Zölle kontrollieren. Der Präsident ist mit Hilfe der USA an die Macht gekommen.

Honduras

Republik; *Präsident:* López Gutiérrez (1919–1924)
Honduras ist eine der wichtigsten Wirtschaftsprovinzen des US-Bananentrusts United Fruit Company.

Indien (Britisch-Indien)

Britisches Vizekönigreich; *Vizekönig:* Rufus Daniel Isaacs (ab 1926 Viscount Reading; 1921–1925)

Indochinesische Union

Französisches Protektorat; *Generalgouverneur:* Maurice Long (1920 bis April 1922), Paul Baudouin (provisorisch April–August 1922), Merlin (August 1922–1925)
Die Indochinesische Union ist ein französisches Protektorat, bestehend aus den 1887 vereinigten französischen Protektoraten Annam, Tonkin, Kambodscha, der Kolonie Kotschinchina und ab 1893 Laos.

Irak

Königreich: *König:* Faisal I. (1921–1933)

Iran

Siehe Persien (amtlich »Iran« ab 1934)

Irland

Freistaat ab 8. Januar 1922 (innerhalb des Britischen Empire); *Ministerpräsident:* Arthur Griffith (10. 1.–12. 8. 1922), Liam T. Mac Cosgair = William Cosgrave (9. 9. 1922–1930)
Außenminister: Desmond Mac Gearailt = D. Fitzgerald (September 1922–1927)
Britischer Generalgouverneur: Timothy Michael Healy (6. 12. 1922–1927)

Island

Republik; *Ministerpräsident:* Jon Magnusson (1917 bis März 1922), Sigurd Eggerz (7. 3. 1922–1924)
Island ist von 1918 bis 1944 ein selbständig in Personalunion mit Dänemark.

Italien

Königreich; *König:* Viktor Emanuel III. (1900–1946)
1. Kabinett Bonomi (1921–2. 2. 1922):
Ministerpräsident: Ivanoe Bonomi (1921–2. 2. 1922, 1944/45)
Außenminister: Pietro Paolo Tomasi Marchese della Torretta (1921–2. 2. 1922)
Innenminister: Ivanoe Bonomi (1921–2. 2. 1922, 1944/45)
1./2. Kabinett Facta (25. 2.–27. 10. 1922):
Ministerpräsident: Luigi Facta (25. 2.–27. 10. 1922)
Außenminister: Carlo Schanzer (25. 2.–27. 10. 1922)
Innenminister: Luigi Facta (25. 2. – 27. 10. 1922)
Faschistische Regierung:
Ministerpräsident: Benito Mussolini (27. 10. 1922–1943, 1943/44)
Außenminister: Benito Mussolini (27. 10. 1922–1929, 1932–1936, 1943)
Innenminister: Benito Mussolini (27. 10. 1922–1924, 1926–1943)

Japan

Kaiserreich; *Kaiser:* Joschihito (1912–1926)
Ministerpräsident: Korekijo Graf Takahaschi (1921–9. 6. 1922), Tomosaburo Kato (9. 6. 1922–1923)
Außenminister: Yasuya Graf Uchida (1918–1923)

Jemen

Königreich; *König:* Hamid Ad Din Jahja (1918–1948, zuvor Imam 1904–1918)

Jordanien

Siehe Transjordanien

Jugoslawien

Siehe Königreich der Serben, Kroaten und Slowenen

Kambodscha

Königreich unter französischem Protektorat; *König:* Sisovath (1904–1927)
Kambodscha ist ein zur Indochinesischen Union gehörendes Protektorat.

Regierungen 1922

Kanada
Königreich im Britischen Empire; *Premier- und Außenminister:* William Lyon Mackenzie King (1921–1926, 1926–1930, 1935–1948)
Britischer Generalgouverneur: Julian Byng of Vimy of Thorpe-le-Soken (1921–1926)

Kirchenstaat
Siehe Papst

Kolumbien
Republik; *Präsident:* Jorge Holguín (1909, 1921–7. 8. 1922), Pedro Nel Ospina (7. 8. 1922–1926)

Königreich der Serben, Kroaten und Slowenen
Königreich; *König:* Alexander I. (1921–1934)
Ministerpräsident: Nikola Pašić (1918, 1921–1924, 1924–1926)
Das Land wird 1929 in Königreich Jugoslawien umbenannt.

Korea
Japanisches Generalgouvernement Chosen (1910–1945); *Generalgouverneur:* Makoto Graf Saito (1919–1927, 1929–1931)

Kuba
Republik; *Präsident:* Alfredo Zayas y Alonso (1921–1925)
Das Land ist wirtschaftlich (Zucker, Tabak) und politisch völlig abhängig von den USA, die sich seit der Räumung der Insel 1902 auch das Interventionsrecht vorbehalten haben.

Kuwait
Emirat unter britischem Protektorat; *Emir:* Scheich Ahmad (1921–1950)

Laos
Königreich unter französischem Protektorat; *König:* Sisavong Vong (1904–1959)
Laos ist seit 1893 ein zur Indochinesischen Union gehörendes französisches Protektorat.

Lettland
Republik; *Staatspräsident:* Janis Cakste (7. 9. 1922–1927)
Ministerpräsident: Siegfried Meierovič (1921–1923)

Libanon
Französisches Völkerbundsmandat

Liberia
Republik; *Präsident:* Charles Dunbar Burgess King (1920–1930)

Liechtenstein
Fürstentum; *Fürst:* Johann II. (1858–1929)

Litauen
Republik; *Präsident:* Antanas Smetona (1919–Dezember 1922, 1926–1940), Alexander Stulginskis (21. 12. 1922–1926)
Ministerpräsident: Kasimir Grinius (1920–1923)

Luxemburg
Großherzogtum; *Großherzogin:* Charlotte (1919–1964)
Ministerpräsident und Außenminister: Emil Reuter (1918–1925)

Marokko
Sultanat unter französischem Protektorat; *Sultan:* Jusuf (1912–1927)

Französischer Generalresident: Louis Hubert Lyautey (1912–1925)

Memelgebiet
Autonomer Staat unter gemeinsamer Verwaltung der alliierten Hauptmächte; *Alliierter Oberkommissar:* Christian Odry (Franzose; 1920–1922), Petisné (Franzose; 1922)

Mexiko
Bundesrepublik; *Präsident:* Alvaro Obregón (1920–1924)

Monaco
Fürstentum; *Fürst:* Albert (1889–26. 6. 1922), Ludwig II. (26. 6. 1922–1949)

Nepal
Königreich; *König:* Tribhuvana (1911–1950, 1952/53)
Ministerpräsident: Maharadscha Sri Tschandra Schah Rana (1901–1929)

Neuseeland
Dominion im Britischen Empire; *Premierminister:* William Ferguson Massey (1912–1925)
Generalgouverneur: John Rushworth Jellicoe, Viscount Jellicoe of Scapa (1920–1924)

Nicaragua
Republik; *Präsident:* Diego Manuel Chamorro (1921–1923)
1912 sind US-Marinetruppen in Nicaragua gelandet, die bis 1933 im Land bleiben.

Niederlande
Königreich; *Königin:* Wilhelmina (1890–1948)
Ministerpräsident: Charles Joseph Maria Ruys de Beerenbrouck (katholisch; 1918–1925, 1929–1933)
Außenminister: Herman Adriaan van Karnebeeck (1918–1927)

Nordirland
Teil von Großbritannien; *Ministerpräsident:* James Craig Viscount Craigavon (1921–1940)

Norwegen
Königreich; *König:* Håkon VII. (1905–1957)
Ministerpräsident: Otto Albert Blehr (1902/03, 1921–1924)

Palästina
Britisches Völkerbundsmandat; *Oberkommissar:* Herbert Louis Samuel (1920–1925)

Panama
Republik unter faktischem Protektorat der USA; *Präsident:* Belisario Porras (1912–1916, 1918–1924)
Die Verfassung von 1904 sieht das Interventionsrecht der USA vor, die davon mehrmals Gebrauch machen.

Papst
Absoluter Monarch; *Papst:* Benedikt XV., vorher Giacomo Marchese della Chiesa (1914–22. 1. 1922), Pius XI., vorher Achille Ratti (6. 2. 1922–1939)
Kardinalstaatssekretär: Kardinal Pietro Gasparri (1914–1930)
Der frühere Kirchenstaat ist seit 1870 dem italienischen Nationalstaat eingegliedert. 1929 wird durch die Lateranverträge der autonome Stadtstaat Vatikanstadt geschaffen.

Paraguay
Republik; *Präsident:* Eusebio Ayala (1921–1923)

Persien
Kaiserreich; *Kaiser/Schah:* Ahmad Schah (1909–1925)

Peru
Republik; *Präsident:* Augusto Bernardino Leguía (1908–1912, 1919–1930)

Philippinen
Gouvernement der USA; *Generalgouverneur:* Leonard Wood (1921–1927)
Durch die 1916 vom US-Kongreß verabschiedete Jones-Akte ist den Philippinen die staatliche Unabhängigkeit in Aussicht gestellt worden (realisiert erst im Jahr 1946).

Polen
Republik; *Staatspräsident:* Jósef Klemens Piłsudski (1918–9. 12. 1922), Gabriel Narutowicz (9.–16. 12. 1922), Stanislaw Wojciechowski (20. 12. 1922–1926)
Ministerpräsident: Anton Ponikowski (1918, 1921–6. 6. 1922), Artur Sliwiński (25. 6.–8. 7. 1922), Wojciech Korfanty (14.–29. 7. 1922), Julian Nowak (31. 7.–17. 12. 1922), Władysław Eugeniusz Sikorski (17. 12. 1922–1923)

Portugal
Republik; *Staatspräsident:* Antonio José de Almeida (1919–1923)
Ministerpräsident: Francisco Punto da Cunha Leal (1921–8. 2. 1922), António Maria da Silva (1920, 8. 2. 1922–1924, 1925, 1925/26)

Rumänien
Königreich; *König:* Ferdinand I. (1914–1927)
Ministerpräsident: Take Ionescu (1921–17. 1. 1922), Ion Brătianu (1909/10/11, 1914–1918, 1918/19, 17. 1. 1922–1926, 1927)

Sansibar
Sultanat unter britischem Protektorat; *Sultan:* Chalifa II. (1911–1960)

Saudi-Arabien
Königreich; *König:* Husain Ibn Ali (»König der Araber«, 1916–1924)

Schweden
Königreich; *König:* Gustav V. (1907–1950)
Ministerpräsident: Hjalmar Branting (1920, 1921–1923, 1924/25)

Siam
Siehe Thailand

Sowjetunion
Siehe UdSSR

Spanien
Königreich; *König:* Alfons XIII. (1886–1931)
Ministerpräsident: António Maura y Montaner (1903/04, 1907–1909, 1918, 1919, 1921–8. 3. 1922), José Sánchez Guerra (8. 3.–5.12. 1922), Manuel García-Prieto (1917, 1917/18, 1918, 5. 12. 1922–1923, 1923)

Südafrikanische Union
Dominion im Britischen Empire; *Ministerpräsident:* Jan Christiaan Smuts (1919–1924)
Generalgouverneur: Arthur Herzog von Connaught (1920–1924)

Syrien
Französisches Völkerbundsmandat; *Oberkommissar:* Henri Joseph Gouraud (1919–1923)

Thailand
Königreich; *König:* Rama VI. (1910–1925)

Tibet
Autonomer Staat seit 1914; *Dalai-Lama:* Thupten Gjatso (1876/95–1933)
Pantschen-Lama: Tschökji Njima (1883–1937)

Transjordanien
Emirat; *Emir:* Abd Allah Ibn Al Husain (1921–1946, König 1946–1950, König von Jordanien 1950/51)

Tschechoslowakei
Republik; *Staatspräsident:* Tomáš Garrigue Masaryk (1918 bzw. 1920–1935)
Ministerpräsident: Eduard Beneš (1921–5. 10. 1922), Anton Svehla (7. 10. 1922–1929)
Außenminister: Eduard Beneš (1918–1935)

Tunis
Französisches Protektorat; *Bei:* Muhammad V. (1906–1922), Muhammad VI. (10. 7. 1922–1929)
Generalresident: Lucien Saint (1921–1929)

Türkei
Sultanat/Kalifat; *Sultan:* Muhammad VI. (1918–2. 11. 1922, Ende des Sultanats)
Kalif: Muhammad VI. (2.–7. 11. 1922, zuvor Sultan), Abd Al Madschid II. (18. 11. 1922–1924)
Großwesir: Ahmad Taufik Pascha (1909, 1918–1919, 1920–17. 11. 1922)

UdSSR
Republik; *Vorsitzender des Allrussischen Zentralvollzugsausschusses (Staatsoberhaupt):* Michail I. Kalinin (1919–1946)
Parteichef: Wladimir I. Lenin (bis April 1922), Josef W. Stalin (1922–1953)
Vorsitzender des Rats der Volkskommissare (Ministerpräsident): Wladimir I. Lenin (1917–1924)
Volkskommissar des Äußeren: Georgi W. Tschitscherin (1918–1930)
Volkskommissar für Verteidigung: Leo D. Trotzki (1918–1924)
Volkskommissar für Volksbildung: Anatoli W. Lunatscharski (1917–1930)

Ungarn
Monarchie; *Reichsverweser:* Miklós Horthy (1920–1944)
Ministerpräsident: István Graf Bethlen von Bethlen (1921–1931)

Uruguay
Republik; *Präsident:* Baltasar Brum (1919–1923)

USA
Bundesstaat; *29. Präsident:* Warren G. Harding (Republikaner; 1921–1923)
Vizepräsident: Calvin Coolidge (1921–1923, dann 29. Präsident)
Außenminister: Charles Evans Hughes (1921–1925)

Vatikanstadt
Siehe Papst

Venezuela
Diktatur; *Präsident:* Juan Vicente Gómez (1908–1929, 1931–1935)

Kriege und Krisenherde des Jahres 1922

Die herausragenden politischen und militärischen Krisensituationen des Jahres 1922 werden – alphabetisch nach Ländern geordnet – im Überblick dargestellt. Internationale Kriege und Krisenherde sind dem alphabetischen Länderverzeichnis vorangestellt.

Machtkämpfe in China

Sun Yat-sen, Führer der nationalen Volkspartei (Kuomintang) und Präsident einer Oppositionsregierung in Südchina, versucht durch ein Bündnis mit den Truppen des Generals Chang Tso-lin, die Zentralregierung in Peking zu stürzen und in China eine demokratische Regierung zu bilden. Dieses Vorhaben scheitert an den Eigeninteressen und Machtkämpfen der Militärs, die von ausländischen Mächten unterstützt werden. Chang Tso-lin beginnt am 5. Mai zwar eine Offensive gegen die Truppen der Zentralregierung von Hsü Shih-ch'ang, ohne dabei jedoch ernsthaft die Errichtung einer Demokratie zu erwägen. In der Folge sucht Sun Yat-sen deshalb das Bündnis mit den chinesischen Kommunisten, um die Machtkämpfe der »Warlords« zu beenden und China zu einen.

Spannungen Paris—Berlin

Die Beziehungen zwischen dem Deutschen Reich und den alliierten Mächten sind vom Reparationsproblem geprägt. Auf den Konferenzen in Cannes, Genua, Paris und London stehen die Finanzprobleme des Deutschen Reiches auf der Tagesordnung. Insbesondere Frankreich fordert von der deutschen Regierung die Einhaltung der Zahlungsverpflichtungen aufgrund der Vereinbarungen des Versailler Friedensvertrages. Als das Deutsche Reich immer wieder um Aufschub und Verringerung der Zahlungen nachsucht und den Verpflichtungen nicht mehr in voller Höhe nachkommt, droht Frankreich am 27. November mit der Besetzung des Ruhrgebiets. Im Januar 1923 marschieren französische Truppen ins Ruhrgebiet ein.

Griechisch-türkischer Krieg

Durch den Sieg der Türken über die griechische Armee bei Smyrna (Izmir) am 9. September endet der griechisch-türkische Krieg. Er hatte 1919 mit dem Widerstand gegen die griechische Besetzung Kleinasiens begonnen. Die Griechen waren nach dem Ende des Weltkriegs und der damit einhergehenden Niederlage des Osmanischen Reiches mit Zustimmung Großbritanniens in der Türkei eingedrungen. In der Konkurrenz um die strategisch bedeutenden Gebiete am Übergang vom Mittelmeer zum Schwarzen Meer unterstützte Frankreich die türkische Armee unter Mustafa Kemal Pascha im Krieg gegen Griechenland. Infolge der griechischen Niederlage wird König Konstantin I. von der Regierung in Athen am 27. September zum Rücktritt zugunsten seines Sohnes Georg II. gezwungen. Die Regierungsgewalt übernehmen die Militärs. Sie lassen am 28. November sechs ehemalige Generale und Minister hinrichten.

Nach Abschluß des Waffenstillstands am 3. Oktober beginnen in Lausanne am 20. November die Friedensverhandlungen, die erst im Juli 1923 beendet werden.

Als Folge des verlorenen Krieges müssen Hunderttausende Griechen ihre bisherige Heimat Kleinasien verlassen.

Der Sieg im griechisch-türkischen Krieg bildet die Grundlage für die Souveränität der Türkei und die Schaffung einer Republik unter der Führung von Mustafa Kemal Pascha (Kemal Atatürk) im Jahr 1923. Unter dessen Leitung beschließt die Große Nationalversammlung in Ankara am 1. November 1922 die Abschaffung des Sultanats in der Türkei. Sultan Muhammad VI. verläßt am 17. November das Land.

Bürgerkrieg in Irland

Der Sieg der gemäßigten Sinn-Fein-Bewegung bei den Wahlen am 16. Juni ist gleichbedeutend mit der Zustimmung einer breiten irischen Mehrheit zu einem Kompromiß mit Großbritannien. Gegen diese von Arthur Griffith und Michael Collins vertretene Politik, die ihren Ausdruck in dem 1921 geschlossenen Friedensvertrag mit Großbritannien findet, wenden sich radikale Kreise der irischen Freiheitsbewegung. Sie fordern die völlige Unabhängigkeit der Insel, einschließlich Nordirland, von Großbritannien. Seit Juni kommt es zu bewaffneten Auseinandersetzungen zwischen den politischen Gruppierungen.

Italien: Faschisten an der Macht

Am 28. Oktober marschieren 40 000 italienische Faschisten in die Hauptstadt Rom. Ihr Ziel ist die Übernahme der Regierungsgewalt. Bereits einen Tag darauf erhält ihr Führer Benito Mussolini von König Viktor Emanuel III. die Regierungsvollmacht übertragen. Der Machtergreifung vorausgegangen waren von den Faschisten vor allem in den sozialistisch und kommunistisch regierten Kommunen durchgeführte Terrormaßnahmen, die von den bürgerlichen Regierungen geduldet wurden.

Spaniens Krieg in Marokko

Spanische Truppen können am 29. August in Marokko einen Teilsieg gegen die Rifkabylen erringen. Seit 1919 führen die Rifkabylen, ein Berberstamm aus dem nordmarokkanischen Rifgebirge, einen Unabhängigkeitskrieg gegen die spanischen Kolonialtruppen. Spanien und Frankreich hatten Marokko 1912 in zwei ihnen unterstellte Protektoratsgebiete aufgeteilt. Ziel der Rifkabylen unter Abd El Krim ist die Errichtung einer souveränen Rif-Republik.

Ausgewählte Neuerscheinungen auf dem Buchmarkt 1922

Die Auswahl berücksichtigt nicht nur Neuerscheinungen von literarischem oder wissenschaftlichem Wert, sondern auch vielgelesene Bücher des Jahres 1922. Die Werke sind im Länderalphabet entsprechend der Nationalität der Autoren und hier wiederum alphabetisch nach den Namen der Schriftsteller aufgeführt (siehe auch den Übersichtsartikel auf S. 156).

Deutsches Reich

Hans Carossa
Eine Kindheit
Roman
Beim Verlag Insel in Leipzig erscheint der autobiographische Roman »Eine Kindheit« von Hans Carossa (1878–1956). Carossa bezeichnet sich selbst als Herausgeber von Aufzeichnungen, die ihm 1915 ein »Kriegsgenosse« anvertraut hat. Geschildert werden die entscheidenden Erlebnisse in den ersten zehn Lebensjahren eines bayerischen Arztsohnes. Das Ziel von Carossas autobiographischem, an Johann Wolfgang von Goethes »Dichtung und Wahrheit« und »Wilhelm Meister« orientiertem Werk ist es, »anderen ein Licht auf ihre Bahn zu werfen, indem ich die meinige aufzeigte«. Die Fortsetzung von »Eine Kindheit« erscheint 1928 unter dem Titel »Verwandlungen einer Jugend«.

Hermann Hesse
Siddharta
Eine indische Dichtung
Roman
Dem zu einem großen Teil legendären Lebensweg des indischen Religionsstifters Siddharta Gautama Buddha nachgezeichnet ist die Geschichte der Titelgestalt von Hermann Hesses (1877–1962) Roman »Siddharta. Eine indische Dichtung«, der beim Verlag Fischer in Berlin erscheint. Auf der Suche nach dem Atman, dem Ich, dem Welt-Ich, durchläuft Siddharta die Stufen des Schülers, des Liebenden und des Ansehen und Reichtum Genießenden, ohne daß er Erfüllung findet. Alles ist für ihn »Sansara«, ein ewiger Kreislauf, der ihn im Inneren nicht berührt. Als einsamer Fährmann gelangt er in die Welt neuen geistigen Seins, nach der er gestrebt hat. Kein Lehrbuch, keine Meditationsübung konnte ihn dorthin bringen, sondern erst die »Lehre« des Flusses, an dem er den Fährdienst verrichtet. Hesse demonstriert konsequent den »Weg nach innen« bei völliger sozialer Indifferenz.

Ernst Jünger
Der Kampf als inneres Erlebnis
Schrift
Als »Ekstase«, »Zustand des Rausches«, »Wollust des Blutes« und »brünstiges Gebet« beschreibt Ernst Jünger (* 1895) den Krieg in der Schrift »Der Kampf als inneres Erlebnis«, die beim Verlag Mittler in Berlin erscheint. Der Kriegsausbruch wird als der Beginn wahren Menschseins gefeiert: »Da entschädigte sich der Mensch in rauschender Orgie für alles Versäumte. Da wurden seine Triebe, zu lange schon durch Gesellschaft und ihre Gesetze eingedämmt, wieder das Einzige und Höchste und die letzte Vernunft.« Der Krieg erscheint völlig kritiklos als »ein prächtiges, blutiges Spiel«, als ein »wildes Auffluten des Lebens«.

Lulu von Strauß und Torney
Der Jüngste Tag
Roman
Beim Verlag Diederichs in Jena erscheint der historische Roman »Der Jüngste Tag« von Lulu von Strauß und Torney (1873–1956). Chronikartig werden die Begebenheiten in einem Dorf bei Münster im 16. Jahrhundert geschildert, als die Wiedertäufer das Land durchziehen und den Jüngsten Tag prophezeien. Die aufgestauten Aggressionen der Dorfbewohner entladen sich angesichts des nahenden Endes gegen den Mann, vor dem sich bisher alle gefürchtet haben. Sein Wirtshaus wird gestürmt, die Männer betrinken sich, die Frauen beten, die Kinder spielen Jüngstes Gericht und zerwühlen die Gräber. Doch das Jüngste Gericht tritt nicht ein. Der »Lugprophet«, der es angekündigt hat, wird von den Dorfbewohnern gesteinigt. Lulu von Strauß und Torney stellt in ihren Romanen häufig gesellschaftliche Konflikte vom Standpunkt eines volksverbundenen Konservatismus dar, ohne der Nationalismus zu huldigen. Doch werden ihre Werke später von der Blut-und-Boden-Ideologie vereinnahmt.

Josef Winckler
Der tolle Bomberg
Ein westfälischer Schelmenroman
Schlagartig bekannt wird Josef Winckler (1881–1966) durch den westfälischen Schelmenroman »Der tolle Bomberg«, der bei der Deutschen Verlags-Anstalt in Stuttgart erscheint. In teils verbürgten, teils erfundenen Geschichten berichtet Winckler von den Tollheiten und phantastischen Streichen des reichen Großgrundbesitzers Baron Bomberg in der zweiten Hälfte des 19. Jahrhunderts.

Frankreich

Francis Carco
Der Gehetzte
(L'Homme traqué)
Roman
Mit dem Großen Preis der Académie française ausgezeichnet wird der in Paris erscheinende Roman »Der Gehetzte« von Francis Carco (1886–1958), die Geschichte eines Mannes, der sich verfolgt glaubt und an diesem Wahn zugrunde geht. Der Bäcker Lampieur hat eine Concierge erschlagen und glaubt, eine Prostituierte sei Zeugin der Tat. Er wird widerwillig der Geliebte des Mädchens, von dem er glaubt, sie werde ihn verraten, wenn er sie verläßt. Doch das Mädchen weiß nichts von seiner Tat und sieht in Lampieur ihren »Retter«, einen Mann, der sie nicht nur als Dirne betrachtet. Doch seine Andeutungen verraten Lampieur schließlich; als sich das Mädchen weigert, mit ihm zu fliehen, werden beide verhaftet. – Die deutsche Übersetzung erscheint 1924.

Jean Giraudoux
Siegfried und das Limousin
Siegfried oder die zwei Leben des Jacques Forestier
(Siegfried et le Limousin)
Roman
In dem in Paris erscheinenden Roman »Siegfried und das Limousin« behandelt Jean Giraudoux (1882–1944) das Thema des deutsch-französischen Ausgleichs nach dem Ersten Weltkrieg. Erzählt wird die Geschichte eines Mannes (Jacques Forestier), der zugleich Franzose und Deutscher ist. Infolge einer Kriegsverletzung löscht ein partieller Gedächtnisverlust die Existenz des französischen Dichters Forestier aus, das deutsche Milieu, in dem er gepflegt wird und das seine neue Identität als Siegfried konstituiert, ermöglicht ihm eine glänzende Karriere als Minister und Verfechter des deutschen Nationalismus in der jungen Weimarer Republik. Ein alter Freund kommt hinter das Geheimnis dieser Doppelexistenz und holt Jacques-Siegfried in die Heimat zurück. – Die deutsche Übersetzung erscheint 1962.

Jacques de Lacretelle
Silbermann
(Silbermann)
Roman
Antisemitismus bei Schülern ist das Thema des in Paris erscheinenden Romans »Silbermann« von Jacques de Lacretelle (1888–?). Der Erzähler des während der Dreyfus-Affäre spielenden Romans, ein puritanisch erzogener Protestant, wählt sich den einzigen Juden seiner Klasse, den genialischen Silbermann, zum Freund und wird deswegen wie Silbermann aus der Klassengemeinschaft ausgestoßen. Zur Krise kommt es, als der Vater des Erzählers, ein Untersuchungsrichter, mit der Untersuchung eines Diebstahls betraut wird, den die Eltern Silbermanns begangen haben sollen. Die Eltern des Erzählers verbieten die Freundschaft, Silbermann und seine Familie wandern in die Vereinigten Staaten aus. Der Erzähler erkennt, daß er in Wirklichkeit dieselben antisemitischen Vorurteile hat wie seine Eltern. – Die deutsche Übersetzung erscheint 1924.

Roger Martin du Gard
Die Thibaults
(Les Thibaults)
Romanzyklus
In Paris erscheint unter dem Titel »Das graue Heft« der erste Teil des Romanzyklus »Die Thibaults« von Roger Martin du Gard (1881–1958). In diesem von der Jahrhundertwende bis zum Ersten Weltkrieg spielenden (Familien-)Roman beleuchtet Martin du Gard eine Gesellschaft, die gespalten ist durch Konventionen und Emanzipationsversuche, durch Nationalismus und internationalen Sozialismus, Kapital und Arbeit. Mit Leo N. Tolstoi, den der Autor als Vorbild nennt, verbinden Martin du Gard psychologischer Scharfblick und die Fähigkeit zur Gestaltung individueller Schicksale. Die Hauptfiguren, die gegensätzlichen Brüder Antoine und Jacques Thibault, entstammen wie der Autor einem patriarchalischen, streng katholischen Elternhaus: Während der konformistische und materialistisch denkende Antoine als Arzt Karriere macht, rebelliert Jacques schon sehr früh gegen das Elternhaus, zumal er durch seinen protestantisch erzogenen Freund den Kontrast zum fortschrittlichen Bürgertum vor Augen hat. Bei Kriegsausbruch stirbt Jacques als sozialistischer Revolutionär einen Märtyrertod, als er mit pazifistischen Pamphleten die Soldaten zum Desertieren bewegen will. – Die deutsche (Teil-)Übersetzung des Zyklus erscheint 1949.

François Mauriac
Der Aussätzige und die Heilige
(Le Baiser au lépreux)
Roman
Schlagartig bekannt wird François Mauriac (1885–1970) durch den Roman »Der Aussätzige und die Heilige«, der in Paris erscheint. Jean, der mißgestaltete und von allen gemiedene Sohn eines reichen Grundbesitzers, hat sich damit abgefunden, sein Leben in Einsamkeit verbringen zu müssen. Doch durch Vermittlung eines Pfarrers kommt eine Ehe zwischen Jean und der jungen hübschen Noémi, der Tochter armer Leute, zustande. Noémi erfüllt ihre Aufgabe an der Seite eines Mannes, für den sie Zuneigung, aber keine Liebe empfindet, mit größter Opferbereitschaft, doch Glück bleibt den beiden versagt. Erst als Jean stirbt, verwandelt sich Noémis Zuneigung in Liebe: Jean will sterben, um Noémi von sich zu befreien, durch seinen Tod bindet er sie jedoch nur noch enger an sich. Noémi bleibt ihm auch nach seinem Tod »treu«. – Die deutsche Übersetzung erscheint 1928.

Henry de Montherlant
Der Traum
(Le Songe)
Roman
Der in Paris erscheinende Roman »Der Traum« von Henry de Montherlant (1896–1972) zählt zu den Werken, die mit ihrem Kult aristokratischer Tugenden, körperlicher Schönheit und Kraft dem Faschismus das Rüstzeug liefern. Ein junger Adliger meldet sich im Sommer 1918 zur Front, weil er im Krieg seinen sportlich-kämpferischen Geist erproben will. Das Massensterben, selbst der Tod seines Freundes können seine auf antiken Idealen basierende Meinung nicht umstoßen, daß der Krieg ein Mittel der Läuterung für Auserwählte sei.

Großbritannien

Thomas Stearns Eliot
Das wüste Land
(The Waste Land)
Gedicht
In New York erscheint das fünfteilige Gedicht »Das wüste Land« von Thomas Stearns Eliot (1888–1965). Es gilt als das bedeutendste und einflußreichste englische Gedicht in der ersten Hälfte des 20. Jahrhunderts. Auf einen Erzählzusammenhang verzichtend, entwickelt Eliot eine Kritik der zeitgenössischen Kultur in der Allegorie des »Waste Land«, in dem es Liebe, Tradition und Glauben nicht mehr gibt. – Die deutsche Übersetzung erscheint 1927.

Horace Walpole
Die Kathedrale
(The Cathedral)
Roman
Die These, daß ein Mensch nicht auf sich selbst gestellt leben kann, sondern nur als soziales, mitfühlendes Wesen lebens-

Buchneuerscheinungen 1922

fähig ist, ist das Thema des in London erscheinenden Romans »Die Kathedrale« von Horace Walpole (1884–1941). Die wohlgefügte Welt des despotischen Archidiakons Brandon bricht nach und nach zusammen, als ein fortschrittlicher Geistlicher zum Kanonikus ernannt wird. Viele der anderen Priester, die bisher nicht gewagt hatten, gegen Brandon zu opponieren, bekennen sich nun zu den Ansichten des Kanonikus. Brandon vereinsamt völlig, seine Frau – die er bisher immer als Dienstmagd betrachtet hat – verläßt ihn, sein Sohn wird von der Universität verwiesen. Als Brandon bei einer Wahl dem fortschrittlichen Kanonikus unterliegt, stirbt er wenig später an einem Herzanfall. – Die deutsche Übersetzung erscheint 1952.

Irland

James Joyce
Ulysses
(Ulysses)
Roman
In Paris erscheint die Erstausgabe des Romans »Ulysses« von James Joyce (1882–1941). Das Werk gilt als stilbildend für den modernen Roman, der die kontinuierliche Erzählweise des psychologischen Romans auflöst. »Ulysses« erzählt die Erlebnisse und Erfahrungen der auftretenden Figuren nicht in der Schilderung der Geschehnisse, sondern als Bewußtseinsstrom, als inneren Monolog, als Flut von Assoziationen, die dem normalen Zeit- und Kausalablauf nicht folgen. Joyce, der besonderen Wert auf die Darstellung psychischer und unbewußter Vorgänge legt, greift auch die tiefenpsychologische Methode Sigmund Freuds auf. Der Handlungszeitraum umfaßt einen einzigen Tag. Die Schilderung der Geschicke der drei Haupt- und zahlreicher Nebenfiguren entwickelt ein Bild vom Leben in der Großstadt Dublin. – Aus Zensurgründen erscheint der Roman erst 1933 in den USA, 1936 in Großbritannien. – Deutsche Übersetzungen erscheinen 1927 und 1976.

Österreich

Stefan Zweig
Amok
Novellen einer Leidenschaft
Beim Verlag Insel in Leipzig erscheint der Band »Amok. Novellen einer Leidenschaft« von Stefan Zweig (1881–1942). In diesen Erzählungen, die von Menschen handeln, die jeweils von einer einzigen, meist selbstzerstörerischen Leidenschaft erfaßt sind, verbindet Zweig eine an der Psychoanalyse Sigmund Freuds geschulte Kunst der Psychologisierung mit der von Theodor Storm überkommenen Gattung der Rahmen- und Bekenntnisnovellen. Außer der Titelnovelle enthält der Band die Geschichten »Die Frau und die Landschaft«, »Phantastische Nacht«, »Brief einer Unbekannten« und »Die Mondscheingasse«.

Rumänien

Liviu Rebreanu
Der Wald der Gehenkten
(Padurea spinzuratilor)
Roman
Schonungslos naturalistische Darstellung und feinfühlige psychologische Zeichnung verbindet Liviu Rebreanu (1885–1944) in dem in Bukarest erscheinenden Antikriegsroman »Der Wald der Gehenkten«. Bologa, die Hauptfigur des Romans, gehört zu einem Exekutionskommando, das während des Ersten Weltkriegs antiösterreichische Patrioten erschießt. Als Rumäne Siebenbürgens gehört Bologa zwar staatsrechtlich zur österreichisch-ungarischen Doppelmonarchie, weigert sich jedoch, weiterhin an der Exekution von Landsleuten teilzunehmen, die für ihre nationale Freiheit kämpfen. Dieser Umschwung im Denken Bologas führt zu seiner radikalen Ablehnung des Krieges. Als er wieder an einer Exekution teilnehmen soll, desertiert er, wird gefangengenommen und standrechtlich erschossen. – Die deutsche Übersetzung erscheint 1966.

UdSSR

Ilja G. Ehrenburg
Die ungewöhnlichen Abenteuer des Julio Jurenito und seiner Jünger Monsieur Delhaie, Mister Cool, Karl Schmidt, Ercole Bambucci, Alexej Tischin, Ilja Ehrenburg und des Negers Ayscha in den Tagen des Friedens, des Krieges und der Revolution in Paris, Mexiko, Rom, am Senegal, in Moskau, Kineschma und anderen Orten, ebenso verschiedene Urteile des Meisters über Pfeifen, über Leben und Tod, über Freiheit, über Schachspiel, das Volk der Juden und einige andere Dinge
(Neobycajnye pochozdenija Chulio Churenito . . .)
Roman
Schlagartig bekannt wird Ilja G. Ehrenburg (1891–1967) mit dem in Moskau erscheinenden satirisch-grotesken Zeitroman »Die ungewöhnlichen Abenteuer des Julio Jurenito . . .«. In der Form einer Lebensbeschreibung wird das Schicksal eines mexikanischen Revolutionärs und Anarchisten geschildert: Julio Jurenito ist ein »Mensch ohne Überzeugung«, der ohne ideologisches Konzept, als »großer Provokateur«, gegen Gesellschaft, Kultur und Anschauungen seiner Zeit ankämpft, ein »Zersetzer« einer Welt, in der Krieg und Waffenhandel, Rassismus und Nationalismus, Brutalität und verlogene Ideologien herrschen. Mit seiner kleinen Anhängerschar reist er – während und nach dem Ersten Weltkrieg – durch die Hauptstädte der Welt und inszeniert Provokationen. – Die deutsche Übersetzung erscheint 1923.

Wsewolod W. Iwanow
Panzerzug Nr. 14–69
(Bronepoezd No. 14–69)
Roman
Ohne sich dem Zwang einer Doktrin unterzuordnen, schildert Wsewolod W. Iwanow (1895–1963) in dem in Moskau erschienenen Roman »Panzerzug Nr. 14–69« ein historisches Ereignis aus dem russischen Bürgerkrieg im Jahr 1919. Rotarmisten jagen im Fernen Osten einen Panzerzug von Konterrevolutionären. Dabei wird die Partisanentätigkeit nicht als Kampf im Dienst der Kommunistischen Partei geschildert, sondern erscheint als Ausbruch elementarer menschlicher Leidenschaften: »Gib ihm, hau zu, vernichte!« – Die deutsche Übersetzung erscheint 1923.

Boris A. Pilnjak
Das nackte Jahr
(Golyj god)
Roman
Die chaotischen Zustände während des Bürgerkriegs in Sowjetrußland im Jahr 1919 schildert Boris A. Pilnjak (1894–1937) in dem vom Imagismus beeinflußten Roman »Das nackte Jahr«, der in Moskau erscheint. Thema ist das Chaos – auf eine Handlung wird ebenso verzichtet wie auf eine Hauptperson. In zahlreichen, sich vielfach überlagernden Episoden entsteht ein Mosaik vom Leben in einem bürgerkriegsgeschüttelten Land. – Die deutsche Übersetzung erscheint 1964.

Alexei N. Tolstoi
Der Leidensweg
(Chozdenie po mukam)
Roman
In Berlin erscheint erstmals in Buchform der Roman »Die Schwestern« von Alexei N. Tolstoi (1883–1945), der erste Teil der Trilogie »Der Leidensweg«. Geschildert wird der Untergang der vorrevolutionären russischen Oberschicht in den Revolutions- und Bürgerkriegsjahren. 1927 erscheint als Fortsetzung »Das Jahr Achtzehn«, 1941 »Trüber Morgen«. – Die deutsche Übersetzung der Trilogie, die als bedeutendste Darstellung dieser Umbruchszeit russisch-sowjetischer Geschichte gilt, erscheint 1946/47.

USA

Edward Estlin Cummings
Der ungeheure Raum
(The Enormous Room)
Roman
In New York erscheint der autobiographische Antikriegsroman »Der ungeheure Raum« von Edward Estlin Cummings (1894–1962). Geschildert wird das Schicksal eines US-amerikanischen Soldaten (Cummings), der im Ersten Weltkrieg in einem Ambulanzkorps in Frankreich dient. Er und ein Freund werden wegen des Verdachts des Landesverrats verhaftet, weil u. a. in ihren Feldpostbriefen zu wenig Deutschenhaß und zuviel Abneigung gegen den Krieg zum Ausdruck kommt. Die Irrfahrt durch verschiedene Gefängnisse endet im Konzentrationslager La Ferté Nacé, wo die beiden mit 50 anderen Verhafteten zusammengepfercht leben müssen. Nach einem Gnadengesuch seines Vaters wird Cummings einer Kommission vorgeführt und als nicht schuldig, aber »verdächtig«, entlassen. Sein Freund muß im Konzentrationslager bleiben. – Die deutsche Übersetzung erscheint 1961.

Sinclair Lewis
Babbitt
(Babbitt)
Roman
Ein Bestseller wird der in New York erscheinende Roman »Babbitt« von Sinclair Lewis (1885–1951). Der Protagonist, ein typischer Durchschnittsamerikaner, lebt in einem Vorort von Zenith City, einer Stadt des US-amerikanischen Mittelwestens, inmitten der Statussymbole seiner Zeit, fixiert auf sein Auto, konform mit kleinbürgerlichen Konventionen. Durch unermüdliche Arbeit versucht er, in seiner Umwelt eine Rolle zu spielen. Eines Tages bricht er aus seinem Wohlstandsgefängnis aus, doch dieser Ausflug ist nur von kurzer Dauer: Die Realität von Zenith City holt ihn rasch wieder ein, und Babbitt ist wieder Gefangener des amerikanischen Traums vom großen Glück. – Für die Schwedische Akademie ist dieser Roman entscheidend für die Zuerkennung des Nobelpreises an den Autor im Jahr 1930. Die deutsche Übersetzung erscheint 1925.

Uraufführungen Schauspiel, Oper, Operette und Ballett 1922

Die bedeutendsten Uraufführungen in den Bereichen Schauspiel, Oper, Operette und Ballett sind im Länderalphabet nach der Nationalität der Autoren/Komponisten geordnet (siehe auch die Übersichtsartikel auf S. 104 und S. 188).

Deutsches Reich

Bertolt Brecht
Trommeln in der Nacht
Drama
Das von Bertolt Brecht später als »Komödie« bezeichnete Drama »Trommeln in der Nacht« wird am 23. September in den Münchner Kammerspielen uraufgeführt. Es ist die Geschichte des Kriegsheimkehrers Kragler, der während der Revolution in Berlin seine Braut als Verlobte des Emporkömmlings Murk wiederfindet. Doch Anna bekennt sich, obwohl sie von Murk ein Kind erwartet, zu Kragler, dem »Habenichts«, dem »Anarchisten«, dem »Frontsoldaten«. Von diesem Augenblick an ist Kragler die Revolution gleichgültig, er hat seine Braut wieder. Ist sie auch ein wenig ramponiert, so ist er doch am Ziel seiner jahrelangen Wünsche: »Das Geschrei ist alles vorbei, morgen früh, aber ich liege im Bett morgen früh und vervielfältige mich, daß ich nicht aussterbe.« Brecht wird für dieses Stück mit dem Kleistpreis ausgezeichnet.

Arnolt Bronnen
Vatermord
Schauspiel
Knapp drei Wochen nach der Uraufführung am 22. April im Schauspielhaus von Frankfurt am Main löst die Berliner Premiere des Schauspiels »Vatermord« von Arnolt Bronnen am 14. Mai im Deutschen Theater einen Skandal aus. Die Darstellung des Vater-Sohn-Konflikts – generell ein Thema des deutschen Expressionismus – gipfelt in der Paarung von Mutter und Sohn mit der Ermordung des Vaters als orgiastischem Höhepunkt. Das Aufbegehren des Sohns wird nicht sozialkritisch, sondern psychopathologisch interpretiert.

Ernst Toller
Die Maschinenstürmer
Drama aus der Zeit der Ludditenbewegung in England
Das Schauspiel »Die Maschinenstürmer« von Ernst Toller (1893–1939), das der Autor 1920/21 im Gefängnis schrieb, wird am 30. Juni im Großen Schauspielhaus in Berlin uraufgeführt. Wie schon in »Masse Mensch« (1920) stellt Toller die Frage nach dem Verhältnis der Masse zum Einzelnen. Die Arbeiter in Nottingham in der Zeit um 1820 wollen die Maschinen zerstören, die sie brotlos machen. Als ihr geistiger Führer erkennt, daß es nicht darum gehen kann, die Maschinen zu zerstören, sondern sie sich dienstbar zu machen, wird er von der Menge erschlagen.

Italien

Luigi Pirandello
Heinrich IV.
(Enrico IV)
Drama in drei Akten
Als sein Meisterwerk bezeichnet Luigi Pirandello (1867–1936) das Drama »Heinrich IV.«, das am 24. Februar im Teatro Manzoni in Mailand uraufgeführt wird. Wie in »Sechs Personen suchen einen Autor« (1921) geht es um das Problem von Sein und Schein: Ein Mann ist während einer Maskerade, bei der er sich als Heinrich IV. verkleidet hatte, vom Pferd gestürzt, hat eine Kopfverletzung davongetragen und hält sich nun für den deutsch-römischen Kaiser Heinrich IV. Seine Freunde sind auf diese Wahnvorstellung eingegangen, kleiden sich mittelalterlich usw. Nach 20 Jahren schlägt ein Arzt eine Schocktherapie vor. Dabei stellt sich heraus, daß der Kranke das Spiel längst durchschaut hat, aber weiterspielen wollte, weil er nicht mehr in der Lage ist, ein normales Leben zu führen. Während der Therapie fällt er plötzlich in die Rolle des Wahnsinnigen zurück und verletzt einen »Nebenbuhler« mit dem Degen. Niemand weiß mehr, ob »Heinrich IV.« noch wahnsinnig ist oder nicht. Um sich gerichtlicher Verfolgung zu entziehen, muß er die Rolle des Unzurechnungsfähigen weiterspielen.

Österreich

Hugo von Hofmannsthal
Das Salzburger Große Welttheater
Moralitätenspiel
In der Salzburger Kollegienkirche wird am 12. August das Moralitätenspiel »Das Salzburger Große Welttheater« von Hugo von Hofmannsthal (1874–1929) uraufgeführt. Es handelt sich um eine Bearbeitung von Pedro Calderón de la Barcas »Das große Welttheater« (1875) mit folgender Einschränkung: »Von diesem [Calderón] ist hier die das Ganze tragende Metapher entlehnt: Daß die Welt ein Schaugerüst aufbaut, worauf die Menschen in ihren von Gott ihnen zugeteilten Rollen das Spiel des Lebens aufführen; ferner der Titel dieses Spiels und die Namen der sechs Gestalten, durch welche die Menschheit vorgestellt wird – sonst nichts.« Das Stück ist ein Beispiel für ein modernes, an Mittelalter und Barock geschultes religiöses Theater, das die kulturellen Traditionen der Vergangenheit mit der christlichen Lehre des Leidens verbindet.

Ungarn

Franz Lehár
Frasquita
Operette in drei Akten
Die Operette »Frasquita« von Franz Lehár (1870–1948) wird am 12. Mai in Wien uraufgeführt. Das in Spanien im Zigeuner- und Lebeweltmilieu spielende Werk wird weniger bekannt als andere Lehár-Operetten, trägt jedoch unverkennbar den Stempel des seiner Wirkung sicheren Könners. Am populärsten wird das Tenorlied vom blauen Himmelbett (»Schatz ich bitt dich, kommt heut Nacht«). – Lehár begann mit der Militärkapellmeister. Durch die Einführung des Tanzliedes schuf er die Tanzoperette, die ihn zum prominentesten Vertreter der heiteren österreichischen Musik im 20. Jahrhundert macht. Viele Lieder aus seinen Operetten werden volkstümlich.

USA

Eugene O'Neill
Der haarige Affe
(The Hairy Ape)
Eine Komödie vom alten und modernen Leben in acht Szenen
Am 9. März wird das Schauspiel »Der haarige Affe« von Eugene O'Neill (1888–1953) im Playwright's Theater in New York uraufgeführt. Es ist die Tragikomödie eines Mannes, der vergeblich nach »Zugehörigkeit« in der Gesellschaft sucht. Als Schiffsheizer verunsichert ihn das Schimpfwort »haariger Affe«. Die Reichen, die er zu provozieren versucht, nehmen ihn nicht einmal wahr. Im Gefängnis wird er politisiert; als er sich einer Gewerkschaft anzuschließen versucht, wird er für einen Provokateur gehalten und zusammengeschlagen. Zuletzt steht er vor einem Gorilla, bricht den Käfig auf und will sich mit dem haarigen Affen verbrüdern; der Gorilla tötet ihn. – Die deutsche Erstaufführung findet 1923 in Berlin statt.

Filme 1922

Die wichtigsten neuen Filme des Jahres 1922 sind im Länderalphabet entsprechend der Nationalität der Regisseure und hier wiederum alphabetisch nach den Namen aufgeführt. Bei ausländischen Filmen steht unter dem deutschen Titel der Originaltitel (siehe auch Übersichtsartikel auf S. 140).

Deutsches Reich

Arzen von Cserépy
Fridericus Rex
Am 31. Januar werden die beiden ersten Teile des Films »Fridericus Rex« im Ufa-Palast in Berlin uraufgeführt (Teil 3 und 4 kommen 1923 in die Kinos). Der Film, der das Leben des preußischen Königs Friedrich II. (Otto Gebühr) schildert, wird wegen seiner nationalistischen Tendenz vom Publikum begeistert aufgenommen.

Fritz Lang
Dr. Mabuse, der Spieler
I: Der große Spieler, ein Bild unserer Zeit
II: Inferno, ein Spiel vom Menschen unserer Zeit
Am 27. April wird der erste Teil des Films »Dr. Mabuse, der Spieler« von Fritz Lang in Berlin uraufgeführt. Der Psychoanalytiker Dr. Mabuse (Rudolf Klein-Rogge) verspricht haltlosen, verzweifelten Menschen Heilung, treibt sie jedoch immer weiter in ihr Verderben und ist in Wirklichkeit ein Verbrecher. Dr. Mabuse erscheint als Personifikation des Bösen, die Gesellschaft als Chaos. Der Film fängt die hektische Genußsucht des Großstadtlebens ein und zeichnet Politik und Gesellschaft als Lebensbedrohung. Der zweite Teil des Films kommt mit dem Untertitel »Inferno, ein Spiel vom Menschen unserer Zeit« ins Kino.

Friedrich Wilhelm Murnau
Nosferatu – Eine Symphonie des Grauens
In Berlin findet am 5. März die Uraufführung des expressionistischen Films »Nosferatu – Eine Symphonie des Grauens« von Friedrich Wilhelm Murnau statt. Das Drehbuch entstand nach Motiven des Romans »Dracula« von Bram Stoker. Der Horrorfilm schildert die Geschichte des Vampirs Nosferatu (Max Schreck), der die Pest nach Bremen einschleppt. Nur das Selbstopfer eines Mädchens (Greta Schröder) rettet die Stadt. Die bedrohliche Atmosphäre des Films entsteht u. a. durch Negativbilder und veränderte Aufnahmegeschwindigkeit. Der Film zeigt eine unheimliche Welt, aus der es kein Entrinnen zu geben scheint.

Friedrich Wilhelm Murnau
Phantom
Aus Anlaß des 60. Geburtstags von Gerhart Hauptmann am 15. November wird im Rahmen einer Feier zu Ehren des Dichters am 13. November im Berliner Ufa-Palast am Zoo der nach Motiven eines Romans von Hauptmann entstandene Film »Phantom« von Friedrich Wilhelm Murnau uraufgeführt. Erzählt wird die Geschichte eines in ärmlichen Verhältnissen lebenden Mannes (Alfred Abel), der sich in ein leichtlebiges Mädchen (Lya de Putti) verliebt, weil es einer Frau ähnlich sieht, die er liebt, die aber für ihn unerreichbar ist. Für dieses Mädchen wird er zum Betrüger. Im Gefängnis schreibt er alles nieder, um von seiner Leidenschaft geheilt zu werden.

Frankreich

Louis Delluc
Die Frau von nirgendwo
(La Femme de nulle part)
Vergangenheit und Gegenwart vermischen sich in Louis Dellucs Film »Die Frau von nirgendwo«. Eine Frau (Eve Francis) wird Zeugin der gleichen Situation, die sie vor 30 Jahren selbst erlebt hat: Während der Abwesenheit ihres Ehemanns (Roger Karl) droht eine junge Ehefrau (Gine Avril) dem Werben eines anderen Mannes (André Daven) zu erliegen. In Rückblenden erlebt die ältere Frau ihre eigene Geschichte von vor 30 Jahren noch einmal.

Abel Gance
Rollende Räder – rasendes Blut
(La Roue)
Eines der bedeutendsten und zugleich umstrittensten Werke des französischen Stummfilms ist der monumentale 382-Minuten-Film »Rollende Räder – rasendes Blut« von Abel Gance. Erzählt wird die Geschichte eines Lokomotivführers (Séverin Mars), der sich in seine Adoptivtochter Norma (Ivy Close) verliebt. Als sie heiratet, erblindet er, muß seinen Beruf aufgeben und zieht mit seinem Sohn, der ebenfalls in Norma verliebt ist, in die Berge. Bei einem Besuch Normas kommt es zur Katastrophe: Der Sohn und Normas Mann, in erbitterter Rivalität um Norma entbrannt, stürzen bei einem Streit tödlich ab. Norma bleibt bei ihrem Adoptivvater. Die Filmmusik komponierte Arthur Honegger. – Jean Cocteau vergleicht die Bedeutung des Films mit der Malerei Pablo Picassos.

Schweden

Benjamin Christensen
Hexen
(Häxan)
Auf Proteste vor allem der katholischen Kirche stößt Benjamin Christensens »Hexen«, ein filmischer Essay über den mittelalterlichen Hexenwahn. In mehreren Episoden werden die Hexen als im Grunde harmlose Hysterikerinnen dargestellt, die von der Kirche grausam verfolgt werden. In den Hauptrollen spielen Emmy Schönfeld, Tora Teje und der Regisseur Benjamin Christensen.

USA

Allan Dwann
Robin Hood
(Robin Hood)
Das mit riesigem Aufwand in Hollywood inszenierte Monumentalepos »Robin Hood« von Alan Dwann gilt als der Film auf den sich alle späteren Ritterfilme beziehen. Douglas Fairbanks schrieb das Drehbuch und spielt die Titelrolle als der »edle Räuber«, der die Reichen verfolgt und den Armen hilft.

Robert Flaherty
Nanuk, der Eskimo
(Nanook of the North)
Einen sensationellen Kinoerfolg erringt Robert Flaherty mit dem dokumentarischen Spielfilm »Nanuk, der Eskimo«, in dem das Leben einer Eskimofamilie während der Jagdwanderung geschildert wird. 16 Monate hatte Flaherty bei den Eskimos gelebt, um diesen Film zu drehen, in dem romantisierend Menschen gezeigt werden, die im Einklang mit der Natur leben. – Schon in seiner Jugend hatte Flaherty die kanadische Wildnis erforscht. Seine ersten Filme fingen das Leben der Pelzhändler, Indianer und Eskimos des Nordens ein.

Erich von Stroheim/Rupert Julian
Karussell
(Merry-go-Round)
In dem Film »Karussell« inszeniert Erich von Stroheim eine Liebesgeschichte aus der Adelswelt Wiens, wobei die Kritik an dieser auf Standesdünkel und Heuchelei basierenden Gesellschaftsschicht im Vordergrund steht. Ein Graf (Norman Kerry) verliebt sich während seiner Verlobung mit einer Prinzessin (Dorothy Wallace) in ein bürgerliches Mädchen (Mary Philbin). Kaiser Franz Joseph (Anton Wawerka) verhindert persönlich, daß der Graf die Bürgerliche heiratet. – Nach einer Auseinandersetzung mit dem Produzenten Irving Thalberg wurde Stroheim die Regieleitung entzogen und Rupert Julian übertragen.

Sportereignisse und -rekorde des Jahres 1922

Die Aufstellung erfaßt Rekorde, Sieger und Meister in wichtigen Sportarten. Aufgenommen wurden nur solche Wettbewerbe, die in den vergangenen Jahren bereits regelmäßig ausgetragen worden sind oder ab 1922 kontinuierlich zu den Sportprogrammen gehören. Die Sportarten erscheinen in alphabetischer Reihenfolge.

Automobilsport

Grand-Prix-Rennen

Großer Preis von (Datum) Kurs/Strecke (Länge)	Sieger (Land)	Marke	Ø km/h
Frankreich (15. 7.) Straßburg (802,8 km)	Felice Nazarro (ITA)	Fiat	127,670
Coupe Georges Boillot (30. 7.) Boulogne (373,75 km)	Paul Bablot (FRA)	Hispano-Suiza	103,739
Italien (10. 9.) Monza (800 km)	Pietro Bordino (ITA)	Fiat	139,853
Coppa Florio (19. 11.) Sizilien (432 km)	Georges Boillot (FRA)	Peugeot	60,401

Langstreckenrennen

Kurs/Dauer (Datum)	Sieger (Land)	Marke	Ø km/h
Indianapolis/500 ms (30. 5.)	Murphy (USA)	Duesenberg-Miller	152,057
Targa Florio (2. 4.) Sizilien (432 km)	Giulio Masetti (ITA)	Mercedes	63,090
Tourist Trophy (22. 6.) Isle of Man (482,6 km)	Jean Chassagne (FRA)	Sunbeam	89,147

Rallyes

Monte Carlo	nicht ausgetragen

Boxen/Schwergewicht

Weltmeister (Land)	
Jack Dempsey (USA)	1922 keine Titelkämpfe

Eiskunstlauf

Turnier	Ort	Datum
Weltmeisterschaften	Stockholm (Einzel)	4.–6. 2.
	Davos (Paare)	29. 1.
Europameisterschaften	Davos	28./29. 1.
Deutsche Meisterschaften	Rießersee	21./22. 1.

Einzel	Herren	Damen
Weltmeister	Gillis Grafström (SWE)	Herma Plank-Szábo (AUT)
Europameister	Willy Böckl (AUT)	noch nicht ermittelt
Deutsche Meister	Werner Rittberger (Berlin)	E. Winter (Berlin)

Paarlauf

Weltmeister	Helene Engelmann/Alfred Berger (AUT)
Deutsche Meister	Grete Weise/Georg Velisch (Rießersee)

Fußball

Länderspiele	Ergebnis	Ort	Datum
Deutschland (+1, =2, −0)			
Deutschland – Schweiz	2:2	Frankfurt/Main	26. 3.
Österreich – Deutschland	0:2	Wien	23. 4.
Deutschland – Ungarn	0:0	Bochum	2. 7.
Österreich (+2, =3, −1)			
Österreich – Deutschland	0:2	Wien	23. 4.

Länderspiele	Ergebnis	Ort	Datum
Italien – Österreich	3:3	Mailand	
Österreich – Schweiz	7:1	Wien	
Ungarn – Österreich	1:1	Budapest	
Österreich – Ungarn	2:2	Wien	
Ungarn – Österreich	1:2	Budapest	
Schweiz (+1, =3, −1)			
Deutschland – Schweiz	2:2	Frankfurt/Main	26. 3.
Österreich – Schweiz	7:1	Wien	11. 6.
Ungarn – Schweiz	1:1	Budapest	15. 6.
Schweiz – Holland	5:0	Bern	19. 11.
Italien – Schweiz	2:2	Bologna	3. 12.

Landesmeister

Deutschland[1]	Hamburger SV – 1. FC Nürnberg 2:2 n. V. (18. 6., Berlin)
	Hamburger SV – 1. FC Nürnberg 1:1 n. V. (6. 8., Leipzig)
Österreich	Sportclub Wien
Schweiz	Servette Genf
Belgien	AC Beerschot
Dänemark	Boldklubben Kopenhagen
England	FC Liverpool
Finnland	PS Helsinki
Holland	Go Ahead Deventer
Italien[2]	US Novese
	Pro Vercelli
Norwegen	Odd Skien
Polen	Pegon Lemberg
Schottland	Celtic Glasgow
Schweden	GAIS Göteborg
Spanien	FC Barcelona

1) Der DFB erklärt Hamburg zum Meister; der HSV nimmt den Titel nicht an.
2) Wegen Verbandsstreitigkeiten zwischen FICG und CCI zwei Meister.

Landespokal

Österreich	WAFC
Schweiz	Concordia Basel
England	Huddersfield Town – Preston North End 1:0
Frankreich	Red Star Paris
Holland	nicht ausgetragen
Italien	AC Vado
Schottland	FC Morton

Gewichtheben/Schwergewicht

Weltrekordhalter (Land)	Dreikampf	Drücken	Reißen	Stoßen
Karl Mörke (GER)	380,0 kg	115,0 kg		
Hermann Görner (GER)			120,0 kg	157,0 kg
Hermann Gässler (GER)				157,0 kg

Leichtathletik

Deutsche Meisterschaften (Duisburg, 18.–20. August)

Disziplin	Sieger (Ort)	Leistung
Männer		
100 m	Hubert Houben (Krefeld)	10,7
200 m	Hubert Houben (Krefeld)	22,7
400 m	Otto Neumann (Mannheim)	50,1
800 m	Friedrich-Franz Köpke (Zehlendorf)	2:01,6
1500 m	Otto Peltzer (Stettin)	4:03,8
5000 m	Wilhelm Husen (Hamburg)	15:36,5
10 000 m	Emil Bedarff (Frankfurt/M.)	32:47,6
Marathon[1]	Max Wils (Berlin)	2:58:44,4
110 m Hürden	Heinrich Troßbach (Frankfurt/M.)	15,3
400 m Hürden	Gerhard von Massow (Zehlendorf)	58,5
3000 m Hindernis	nicht ausgetragen	

1) Berlin, 1./2. 7.

Sport 1922

Deutsche Meisterschaften (Fortsetzung)

Disziplin	Sieger (Ort)	Leistung
4 × 100 m	SC Charlottenburg	42,4
3 × 1000 m	TSV Zehlendorf	8:06,2
Hochsprung	Ernst Fritzemann (Charlottenburg)	1,843
Stabhochsprung	Heinrich Fricke (Hannover)	3,80
Weitsprung	Arthur Holz (Charlottenburg)	7,10
Kugelstoßen	Fritz Wenninger (Pirmasens)	12,92
Diskuswurf	Gustav Steinbrenner (Frankfurt/M.)	42,55
Speerwurf	Walter Lüdeke (Berlin)	54,23
Zehnkampf	Arthur Holz (Charlottenburg)	644
5000 m Bahngehen	Karl Hähnel (Erfurt)	23:33,7
50 km Gehen[1]	Karl Hähnel (Erfurt)	4:41:40,0
Frauen		
100 m	Dora Müller (Dresden)	13,0
4 × 100 m	TV 1860 Frankfurt	53,1
Hochsprung	Maria Kuhlmann (Münster)	1,39
Weitsprung	Margarete Furchheim (Neukölln)	5,28
Kugelstoßen	Lilly Henoch (Berlin)	8,41
Diskuswurf	Ilse Böhringer (München)	23,86
Speerwurf	Maria Grehl (Duisburg)	32,92

1) Berlin, 1./2. 7.

Weltrekorde (Stand: 31. 12. 1922)

Disziplin	Name (Land)	Leistung	Datum	Ort
Männer				
100 m	Charles Paddock (USA)	10,4	23. 4. 1921	Redlands
200 m (Gerade)	Archie Hahn (USA)	21,6	31. 8. 1904	St. Louis
	Charles Paddock (USA)	20,8 y	26. 3. 1921	Berkeley
200 m (Kurve)	William Applegarth (GBR)	21,2 y	4. 7. 1914	London
400 m	James Meredith (USA)	47,4 y	27. 5. 1916	Cambridge/USA
	Charles Reidpath (USA)	48,2	8. 7. 1912	Stockholm
800 m	James Meredith (USA)	1:51,9	8. 7. 1912	Stockholm
1000 m	Sven Lundgren (SWE)	2:28,5	12. 9. 1922	Stockholm
1500 m	John Zander (SWE)	3:54,7	5. 8. 1917	Stockholm
Meile	Norman Taber (USA)	4:12,6	16. 7. 1915	Cambridge/USA
3000 m	Paavo Nurmi (FIN)	8:28,6	27. 8. 1922	Turku
5000 m	Paavo Nurmi (FIN)	14:35,4	12. 9. 1922	Stockholm
10000 m	Paavo Nurmi (FIN)	30:40,2	22. 6. 1921	Stockholm
110 m Hürden	Earl Thomson (CAN)	14,8	18. 8. 1920	Antwerpen
400 m Hürden	Frank Loomis (USA)	54,0	16. 8. 1920	Antwerpen
	John Norton (USA)	54,2 y	16. 6. 1920	Pasadena
3000 m Hindern.*	Josef Ternström (SWE)	9:49,8	4. 7. 1914	Malmö
4 × 100 m	USA	42,2	22. 8. 1920	Antwerpen
4 × 400 m	USA	3:16,6	15. 7. 1912	Stockholm
Hochsprung	Edward Beeson (USA)	2,02	2. 5. 1914	Berkeley
Stabhochsprung	Charles Hoff (NOR)	4,12	3. 9. 1922	Kopenhagen
Weitsprung	Edwin Gourdin (USA)	7,69	23. 7. 1921	Cambridge/USA
Dreisprung	Daniel Ahearn (USA)	15,52	30. 5. 1911	Celtic Parc
Kugelstoßen	Ralph Rose (USA)	15,54	21. 8. 1909	San Francisco
Diskuswurf	James Duncon (USA)	47,58	27. 5. 1912	New York
Hammerwurf	Patrick Ryan (USA)	57,77	17. 8. 1913	New York
Speerwurf	Jonni Myrrä (FIN)	66,10	24. 8. 1919	Stockholm
Zehnkampf	Aleksander Klumberg (EST)	7481,69	16./17. 9. 22	Helsinki
Frauen				
100 m	Marie Kießling (GER)*	12,8	21. 8. 1922	Hamburg
	Mary Lines (GBR)	12,8	20. 8. 1922	Paris
200 m	Marie Mejzlikova (ČSR)*	29,0	20. 6. 1920	Pardubitz
	Mary Lines (GBR)	26,8 y	23. 9. 1922	Croydon
400 m*	Elena Tscharuschnikow (URS)	65,0	12. 6. 1921	Wjatka
800 m*	Lucie Bréard (FRA)	2:30,2	10. 3. 1921	Monte Carlo
4 × 100 m	Großbritannien	51,4	20. 8. 1922	Paris
4 × 200 m	Großbritannien	1:46,2	10. 3. 1921	Monte Carlo
Hochsprung	Nancy Vorhees (USA)	1,46	20. 5. 1922	Salisbury
Weitsprung	Marie Mejzlikova (ČSR)	5,16	6. 8. 1922	Paris
Kugelstoßen*	Violette Gouroud (FRA)	9,42	25. 6. 1922	Paris
Diskuswurf*	Lilly Henoch (GER)	24,90	1. 10. 1922	Berlin
Speerwurf	Bozena Sramkova (ČSR)	25,325	13. 8. 1922	Prag

* inoffiziell, (auch rückwirkend) nicht anerkannt
y = Yard-Strecke: 220 y = 201,17 m, 440 y = 402,34 m

Deutsche Rekorde (Stand: 31. 12. 1922)

Disziplin	Name (Ort)	Leistung	Datum	Ort
Männer				
100 m	Richard Rau (Berlin)	10,5	13. 8. 1911	Braunschweig
200 m	Richard Rau (Berlin)	22,0	28. 6. 1914	Berlin
400 m	Hanns Braun (München)	48,3	13. 7. 1912	Stockholm
800 m	Hanns Braun (München)	1:52,2	13. 7. 1912	Stockholm
1000 m	Friedrich-Franz Köpcke (Berlin)	2:31,9	22. 6. 1922	Berlin
1500 m	Friedrich-Franz Köpcke (Berlin)	4:02,8	3. 7. 1921	Berlin
3000 m	Emil Bedarff (Frankfurt/M.)	8:44,5	13. 7. 1922	Düsseldorf
5000 m	Emil Bedarff (Frankfurt/M.)	15:25,3	3. 9. 1922	Frankfurt/M.
10000 m	Emil Bedarff (Frankfurt/M.)	32:23,3	24. 9. 1922	Frankfurt/M.
110 m Hürden	Heinrich Troßbach (Berlin)	15,3	20. 8. 1922	Duisburg
400 m Hürden	Gerhard von Massow (Berlin)	56,2	28. 6. 1922	Berlin
4 × 100 m	Nationalstaffel	42,3	8. 7. 1912	Stockholm
	SC Charlottenburg	42,4	20. 8. 1922	Duisburg
4 × 400 m	DSC Berlin	3:26,4	2. 7. 1922	Berlin
Hochsprung	Robert Pasemann (Berlin)	1,923	13. 8. 1911	Braunschweig
Stabhochsprung	Heinrich Fricke (Hannover)	3,80	20. 8. 1922	Duisburg
Weitsprung	Karl Hornberger (Kreuznach)	7,33	21. 8. 1921	Hamburg
Dreisprung	Arthur Holz (Berlin)	14,99	1. 7. 1922	Berlin
Kugelstoßen	Ernst Söllinger (München)	13,47	21. 8. 1921	Hamburg
Diskuswurf	Gustav Steinbrenner (Frankfurt/M.)	46,66	27. 8. 1922	Aschaffenburg
Hammerwurf	Max Furtwengler (Fürth)	39,87	21. 8. 1920	Stuttgart
Speerwurf	Heinrich Buchgeister (Berlin)	62,10	19. 6. 1921	Karlsruhe
Zehnkampf	Arthur Holz (Berlin)	644	18./19. 8. 22	Duisburg
Frauen				
100 m	Marie Kießling (München)	12,8	21. 8. 1921	Hamburg
4 × 100 m	TSV 1860 München	52,1	20. 8. 1921	Hamburg
Hochsprung	Lucie Voigt (Berlin)	1,405	4. 9. 1921	Berlin
Weitsprung	Marie Kießling (München)	5,54	29. 5. 1921	München
Kugelstoßen	Frieda Grasse (Niederlehme)	9,30	6. 8. 1921	Berlin
Diskuswurf	Lilly Henoch (Berlin)	24,90	1. 10. 1922	Berlin
Speerwurf	Erna Pröschold (Minden)	31,82	16. 7. 1922	Münster

Sport 1922

Pferdesport

Disziplin/Turnier	Sieger (Land)	Pferd (Gestüt)	Datum
Galopprennen			
Deutsches Derby	W. Tarras (GER)	Hausfreund	
Prix de l'Arc de Triomphe		Ksar	
Trabrennen			
Deutsches Derby	O. Wiltshire	Ebonit (Ringenwalde)	
Turniersport			
Springreiten			
Deutsches Derby	Hptm. Martins (GER)	Döllnitz	

Radsport

Disziplin, Ort	Plazierung, Name (Land)	Zeit/ Rückstand
Straßenweltmeisterschaft		
Amateure (161 km) Liverpool	1. Marsh (GBR) 2. Burkill 3. Davey	
Rundfahrten (Etappen)		
Tour de France (15) Datum: 25. 6. – 23. 7. Länge: 5375 km 121 Starter, 28 im Ziel	1. Firmin Lambot (BEL) 2. Jean Alavoine (FRA) 3. F. Sellier (BEL)	222:08:06 41:15 42:02
Giro d'Italia (10) Datum: 24. 5. – 11. 6. Länge: 3094 km 75 Starter, 15 im Ziel	1. Giovanni Brunero (ITA) 2. Bartolomeo Aymo (ITA) 3. Giovanni Enrici (ITA)	119:43:00 12:20 1:35:33

Schwimmen

Deutsche Meisterschaften (Georgenthal, 13. August)

Disziplin	Sieger (Ort)	Leistung
Männer		
Freistil 100 m	Herbert Heinrich (Leipzig)	1:03,2
Freistil 400 m	Herbert Heinrich (Leipzig)	5:39,3
Freistil 1500 m	Ernst Vierkötter (Köln)	24:04,8
Brust 100 m	Hermann Sommer (Köln)	1:19,7
Rücken 100 m	Gustav Frölich (Magdeburg)	1:14,8
Seite 100 m	Emil Benecke (Magdeburg)	1:11,4
Kunstspringen	Fritz Wiesel (Leipzig)	112,40
Mehrkampf	Arthur Mund (Halberstadt)	59,7
Wasserball	Wasserfreunde Hannover	
Frauen		
Freistil 100 m	Grete Wildhagen-Rosenberg (Hannover)	1:27,8
Brust 100 m	Franziska Clermont (Aachen)	1:35,0
Rücken 100 m	Cläre Funke (Elberfeld)	1:32,0
Kunstspringen	Lini Söhnchen (Osnabrück)	66,35

Weltrekorde (Stand: 31. 12. 1922)

Disziplin	Name (Land)	Leistung	Datum	Ort
Männer				
Freistil 100 m	Johnny Weissmuller (USA)	58,6	9. 7. 1922	Alameda
Freistil 200 m	Johnny Weissmuller (USA)	2:15,6	26. 5. 1922	Honolulu
Freistil 400 m	Johnny Weissmuller (USA)	5:06,6	22. 6. 1922	Honolulu
Freistil 800 m	Norman Ross (USA)	11:24,2	10. 1. 1920	Sydney
Freistil 1500 m	George Hodgson (CAN)	22:00,0	10. 7. 1912	Stockholm
Freistil 4 × 100 m	Deutschland	4:34,0	20. 7. 1912	Hamburg
Freistil 4 × 200 m	USA	10:04,4	29. 8. 1920	Antwerpen
Brust 100 m	Marton Sipos (UNG)	1:16,2	24. 9. 1922	Budapest
Brust 200 m	Erich Rademacher (GER)	2:50,4	4. 3. 1922	Duisburg
Rücken 100 m	Warren Kealoha (USA)	1:12,6	17. 10. 1922	Honolulu

Disziplin	Name (Land)	Leistung	Datum	Ort
Rücken 200 m	Otto Fahr (GER)	2:48,4	3. 4. 1912	Magdeburg
Frauen				
Freistil 100 m	Ethelda Bleibtrey (USA)	1:13,6	25. 8. 1920	Antwerpen
Freistil 200 m	Claire Boyle (USA)	2:47,6	25. 8. 1921	New Brighton
Freistil 400 m	Gertrud Ederle (USA)	5:53,2	4. 8. 1922	Indianapolis
Freistil 800 m	Gertrud Ederle (USA)	13:19,0	17. 8. 1919	Indianapolis
Freistil 1500 m	Helen Wainwright (USA)	25:06,6	19. 8. 1922	Manhattan
Freistil 4 × 100 m	USA	5:11,6	25. 8. 1920	Antwerpen
Brust 100 m	Erna Murray (GER)	1:32,4	1921	Leipzig
Brust 200 m	Erna Murray (GER)	3:28,0	15. 8. 1920	Darmstadt
Rücken 100 m	Erna Murray (GER)	1:34,4	1921	Leipzig
Rücken 200 m	Sybil Bauer (USA)	3:06,8	4. 7. 1922	Brighton

Deutsche Rekorde (Stand: 31. 12. 1922)

Disziplin	Name (Land)	Leistung	Datum	Ort
Männer				
Freistil 100 m	Kurt Bretting (Magdeburg)	1:02,4	6. 4. 1912	Brüssel
Freistil 200 m	Herbert Heinrich (Leipzig)	2:27,0	11. 8. 1922	Leipzig
Freistil 400 m	Oskar Schiele (Magdeburg)	5:31,2	21. 4. 1912	Magdeburg
Freistil 800 m	Otto Fahr (Cannstatt)	11:45,0	20. 4. 1912	Magdeburg
Freistil 1500 m	Bernhard Skamper (Köln)	23:10,0	24. 7. 1921	Duisburg
Freistil 4 × 100 m	Hellas Magdeburg	4:37,8	1922	Berlin
Freistil 4 × 200 m	Hellas Magdeburg	10:54,4	1922	Berlin
Brust 100 m	Willi Lützow (Magdeburg)	1:16,8	24. 5. 1914	Magdeburg
Brust 200 m	Erich Rademacher (Magdeburg)	2:50,4	4. 3. 1922	Duisburg
Rücken 100 m	Gustav Frölich (Magdeburg)	1:14,0	12. 8. 1922	Georgenthal
Rücken 200 m	Otto Fahr (Cannstatt)	2:48,4	3. 4. 1912	Magdeburg
Frauen				
Freistil 100 m	Grete Rosenberg (Hannover)	1:22,2	28. 6. 1914	Berlin
Freistil 200 m	Eva Gerstenkorn (Wilhelmshaven)	3:44,6	1922	Berlin
Freistil 400 m	Hermine Stindt (Hannover)	7:26,6	1922	Berlin
Freistil 4 × 100 m	DSV Hannover	6:21,6	1922	Berlin
Brust 100 m	Erna Murray (Berlin)	1:32,4	1921	Leipzig
Brust 200 m	Erna Murray (Berlin)	3:28,0	15. 8. 1920	Darmstadt
Rücken 100 m	Erna Murray (Berlin)	1:34,4	1921	Leipzig
Rücken 200 m	Eva Henschel (Berlin)	3:54,0	1922	Berlin

Tennis

Meisterschaften	Ort	Datum
Wimbledon	London	26. 6. – 8. 7.
US Open	Philadelphia (Herren-Einzel)	
	Forest Hills (Damen)	
	Chestnut Hill (Herren-Doppel, Mixed)	
Australian Open	Melbourne	
Intern. Deutsche	Hamburg	
Daviscup-Endpiel	New York	

Turnier	Sieger (Land) – Finalgegner (Land)	Ergebnis
Herren		
Wimbledon	Gerald Patterson (AUS) – Randolph Lycett (GBR)	6:3, 6:4, 6:2
US Open	Bill Tilden (USA) – Will. Johnston (USA)	4:6, 3:6, 6:2, 6:3, 6:4
Australian Open	James Anderson (AUS) – Gerald Patterson (AUS)	6:0, 3:6, 3:6, 6:3, 6:2
Int. Deutsche	Otto Froitzheim (GER) – Friedrich Wilhelm Rabe (GER)	2:6, 6:0, 8:6, 6:1
Davis-Cup	USA – Australien 4:1	
Damen		
Wimbledon	Suzanne Lenglen (FRA) – Molla Mallory (NOR/USA)	6:2, 6:0
US Open	M. Mallory (USA/NOR) – Mary K. Browne (USA)	4:6, 6:4, 6:2
Australian Open	Margaret Molesworth (AUS) – Esna Boyd (AUS)	6:3, 10:8

Sport/Abkürzungen 1922

Tennis (Fortsetzung)

Turnier	Sieger (Land) – Finalgegner (Land)		Ergebnis
Int. Deutsche	Ilse Friedleben (GER)		
Herren-Doppel			
Wimbledon	James Anderson (AUS)/ Randolph Lycett (GBR)	Gerald Patterson (AUS)/ Pat O'Hara Wood (AUS)	3:6, 7:9, 6:4 6:3, 11:9
US Open	Bill Tilden (USA)/ Vince Richards (USA)	Gerald Patterson (AUS)/ Pat O'Hara Wood (AUS)	4:6, 6:1 6:3, 6:4
Australian Open	G. Patterson (AUS)/ J. B. Hawkes	H. Rice/ J. Bullough	6:4, 6:3, 3:6, 6:0
Int. Deutsche	Otto Froitzheim (GER)/Otto Kreuzer (GER)		
Damen-Doppel			
Wimbledon	S. Lenglen (FRA)/ Elizabeth Ryan (USA)	Kitty McKane (GBR)/ Margaret Stocks (GBR)	6:0, 6:4

Turnier	Sieger (Land) – Finalgegner (Land)		Ergebnis
US Open	M. Zinderstein (USA)/ Helen Wills (USA)	Edith Sigourney (USA)/ Molla Mallory (NOR/USA)	6:4, 7:9 6:
Australian Open	Esna Boyd (AUS)/ M. Mountain (AUS)	Floris St. George (AUS)/ Lorna Utz (AUS)	1:6, 6:4, 7:
Int. Deutsche			
Mixed			
Wimbledon	P. O'Hara Wood (AUS)/ Suzanne Lenglen (FRA)	Randolph Lycett (GBR)/ Elizabeth Ryan (USA)	6:4, 6:
US Open	Bill Tilden (USA)/ M. Mallory (NOR/USA)	H. Kinsey (USA)/ Helen Wills (USA)	6:4, 6:
Australian Open	J. B. Hawkes/ Esna Boyd (AUS)	H. S. Utz (AUS)/ Lorna Utz (AUS)	6:1, 6:
Int. Deutsche	Heyden/de Alvarez		

Abkürzungen zu den Sportseiten

AUS	Australien	DAN	Dänemark	GER	Deutschland	NOR	Norwegen	UNG	Ungarn
AUT	Österreich	EST	Estland	HOL	Niederlande	NSE	Neuseeland	URS	Sowjetunion
BEL	Belgien	FIN	Finnland	IRL	Irland	SAF	Südafrika	USA	Vereinigte Staaten
CAN	Kanada	FRA	Frankreich	ITA	Italien	SUI	Schweiz		von Amerika
ČSR	Tschechoslowakei	GBR	Großbritannien	LUX	Luxemburg	SWE	Schweden		

Nekrolog 1922

Bekannte Persönlichkeiten aus allen Bereichen des gesellschaftlichen Lebens, die im Jahr 1922 gestorben sind, werden – alphabetisch geordnet – in Kurzbiographien dargestellt.

Paul Barth
deutscher Philosoph und Pädagoge (* 1. 8. 1858, Baruthe/Schlesien), stirbt am 30. September 1922 in Leipzig.
Barth stellte eine empirische Soziologie, die die »Willensbewegungen« des gesellschaftlichen Lebens darstellen sollte, in den Mittelpunkt der Philosophie. Er forderte die Einführung des Moralunterrichts und berief 1921 den ersten Kongreß für Moralpädagogik ein. Hauptwerke: »Die Philosophie der Geschichte als Soziologie« (1897), »Die Elemente der Erziehungs- und Unterrichtslehre« (1906), »Die Geschichte der Erziehung in soziologischer und geistesgeschichtlicher Beleuchtung« (1911).

Alexander Graham Bell

britisch-US-amerikanischer Physiologe und Erfinder (* 3. 3. 1847, Edinburgh), stirbt am 1. August 1922 bei Baddeck in der kanadischen Provinz Nova Scotia.
Bell, ursprünglich Taubstummenlehrer, wanderte 1870 nach Kanada aus und wurde 1873 Professor für Stimmphysiologie an der Universität Boston. Sein Apparat zur Umwandlung von Schallschwingungen in elektrische Strom- oder Spannungsschwankungen, die durch elektrische Leitungen übertragen und wieder in Schallschwingungen zurückverwandelt werden können, war das erste brauchbare Telefon (1876). 1877 gründete er die Bell Telephone Company.

Benedikt XV.
vorher Giacomo della Chiesa, Papst seit 1914 (* 21. 11. 1854, Genua), stirbt am 22. Januar 1922 in Rom.
Chiesa wurde 1901 Unterstaatssekretär, geriet nach dem Tod von Papst Leo XIII. jedoch in Gegensatz zur Politik seines Nachfolgers Pius X., der ihn 1907 zum Erzbischof von Bologna ernannte, um ihn aus der Kurie zu entfernen. 1914 wurde Chiesa zum Kardinal erhoben und noch im selben Jahr zu seinem Nachfolger gewählt und inthronisiert. Als Benedikt XV. wahrte er während des Ersten Weltkriegs strikte Neutralität. Noch im Jahr 1914 erreichte er von Großbritannien (1921 auch von Frankreich) die diplomatische Anerkennung des Heiligen Stuhls. Seine Friedensnote von 1917 blieb allerdings ohne Erfolg.
Die kuriale Verfassung der katholischen Kirche wurde durch die Veröffentlichung des »Codex Iuris Canonici« gefestigt (in Kraft 1918). Mit diesem Gesetzbuch wurde u. a. die gesetzgeberische Macht des Papstes festgeschrieben. 1917 gründete Benedikt das Orientalische Institut in Rom und die Kardinalskongregation für die orientalischen Kirchen zur Pflege der Beziehungen zu den Ostkirchen. In seiner Enzyklika »Maximum illud« (1919) schuf er die Basis für die künftige Arbeit der Missionskirche. 1919 verurteilte er den Versailler Friedensvertrag als ungeeignet für eine europäische Aussöhnung. 1921 rief er zur Linderung der Hungersnot in Sowjetrußland auf und überwies aus Mitteln der Kurie eine bedeutende Summe.

Iwan Bloch
deutscher Dermatologe (* 8. 4. 1872, Delmenhorst), stirbt am 19. November 1922 in Bern.
Bloch zählt zu den Begründern der modernen Sexualwissenschaft. Zwölf Auflagen bis 1919 erlebt sein Hauptwerk, »Das Sexualleben unserer Zeit in seinen Beziehungen zur modernen Kultur« (1907). Er arbeitete u. a. über Syphilis und Prostitution und gab das »Handbuch der gesamten Sexualwissenschaft in Einzeldarstellungen« (1912–1925) heraus.

Léon Bonnat
französischer Maler (* 20. 6. 1833, Bayonne), stirbt am 8. September 1922 in Monchy-Saint-Eloi/Oise.
Bonnat schuf religiöse Gemälde und Bildnisse. Berühmt wurde er als Porträtist bekannter Persönlichkeiten der Dritten Republik (Victor Hugo, Louis Pasteur, Adolphe Thiers, Puvis de Chavannes u. a.).

Minna Cauer

deutsche Frauenrechtlerin (* 1. 11. 1842, Freyenstein bei Wittstock), stirbt am 3. August 1922 in Berlin.
Minna Cauer zählte zu den Führerinnen des radikalen Flügels der bürgerlichen Frauenbewegung. 1888 gründete sie den Verein »Frauenwohl«. Vom gemäßigten Flügel der Frauenbewegung unterschied sich Minna Cauer dadurch, daß sie sich nicht in erster Linie als Frauenrechtlerin, sondern als eine für eine demokratische Verfassung eintretende Politikerin begriff. Von 1895 bis 1919 gab sie die Zeitschrift »Frauenbewegung« heraus, die erste Zeitschrift des radikalen Feminismus. Hauptwerke: »Die Frau im 19. Jahrhundert« (1895), »Organisation und sozialpolitische Arbeit« (1897).

Welemir Chlebnikow
russischer Dichter (* 9. 11. 1885, Tundutowo/Astrachan), stirbt am 28. Juni 1922 in Santalowo/Nowgorod.
Chlebnikow zählt zu den Begründern des russischen Futurismus. 1912 gab er mit Wladimir W. Majakowski u. a. das Manifest der russischen Futuristen heraus. Seine experimentelle Lyrik geht von der »Übersinnsprache« oder »transmentalen Sprache« aus, d. h. basiert auf der Kombination von Lauten und Worten, weniger auf der Bedeutung. Viele seiner Gedichte bleiben daher den meisten Lesern unverständlich.

Robert Comtesse
schweizerischer Jurist und Politiker (* 14. 8. 1847, Valangin/Kanton Neuenburg), stirbt am 17. November 1922 in La Tour-de-Peilz im Kanton Waadt.
Comtesse war von 1883 bis 1900 Mitglied des Nationalrats und von 1899 bis 1912 des Bundesrats. 1904 und 1910 war er Bundespräsident. Nach seinem Rücktritt aus dem Bundesrat (1912) wurde er Direktor des internationalen Amts für geistiges Eigentum.

Friedrich Delitzsch
deutscher Altorientalist (* 3. 9. 1850, Erlangen), stirbt am 19. Dezember 1922 in Langenschwalbach (Bad Schwalbach).
Delitzsch zählt zu den Begründern der wissenschaftlichen Altorientalistik mit seinen »Assyrischen Lesestücken« (1876), der »Assyrischen Grammatik« (1889) und dem »Assyrischen Handwörterbuch« (1894–1896). Delitzsch löste durch einen Vortrag den sog. Babel-Bibel-Streit aus, die Auseinandersetzung darüber, ob das astrale Weltbild der sumerisch-babylonischen Religion alle Kulturen und Religionen geprägt habe, insbesondere die Religion des Alten Testaments.

Emil Döpler
deutscher Maler (* 29. 10. 1855, München), stirbt am 21. Dezember 1922 in Berlin.
Döpler schuf Genreszenen, Landschaften und Illustrationen. Bekannt wurden seine Wappenzeichnungen zu Friedrich Warneckes »Heraldischem Handbuch« (1880).

Enwer Pascha

türkischer General und Politiker (* 22. 11. 1881, Konstantinopel/Istanbul), fällt am 4. August 1922 in Baldschuan in Sowjetrußland beim Versuch, die Turkvölker Zentralasiens zum Aufstand gegen die Sowjetherrschaft zu bewegen.
Enwer war maßgeblich beteiligt an der Revolution der Jungtürken gegen Sultan Abd Al Hamid II. (1908/09). 1914 wurde er, inzwischen Pascha und Schwiegersohn des Sultans, Kriegsminister, betrieb den Eintritt des Osmanischen Reichs an der Seite der Mittelmächte in den Ersten Weltkrieg, modernisierte die Armee und kommandierte als stellvertretender Oberbefehlshaber an verschiedenen Fronten. Kurz vor Kriegsende wurde er entlassen, ging nach Sowjetrußland und errichtete im Kaukasus eine Sowjetregierung. Als er sich in seiner Hoffnung auf die Befreiung der Turkvölker getäuscht sah, sagte er sich im Mai 1922 offen von den Sowjets los, ließ sich zum Emir von Turkestan proklamieren und organisierte den Befreiungskampf gegen die Rote Armee.

Erich von Falkenhayn
deutscher General (* 11. 4. 1861, Burg Belchau bei Graudenz), stirbt am 8. April 1922 in Schloß Lindstedt bei Potsdam.
Falkenhayn war von 1913 bis 1915 preußischer Kriegsminister und von 1914 bis 1916 Chef des Generalstabs des Feldheers. Als seine Taktik der »Ausblutung« Frankreichs fehlschlug (Verdun), wurde er abberufen. Danach hatte er als Führer der 9. Armee entscheidenden Anteil an der Niederwerfung Rumäniens. 1917/18 führte er die nach ihm benannte Heeresgruppe in Palästina, ohne 1918 den Zusammenbruch der türkischen Front aufhalten zu können.

Emil Frey
schweizerischer Politiker (* 24. 10. 1838, Arlesheim), stirbt am 24. Dezember 1922 in Arlesheim.
Frey wanderte 1860 als Farmer in die USA aus, wurde während des Sezessionskriegs von den Südstaaten gefangengenommen und zum Tod verurteilt, aber nach zweijähriger Haft 1865 ausgetauscht. Nach seiner Rückkehr in die Schweiz gehörte er von 1866 bis 1872 der Regierung von Basel-Land an. Als Führer der radikalen Linken wurde er 1872 Mitglied des Nationalrats, wo er sich besonders der Fabrikgesetzgebung und Fragen der Landesverteidigung widmete. Von 1882 bis 1888 war er Gesandter in den USA, 1890 wurde er in den Bundesrat gewählt (bis 1897), wo er das Militärdepartement leitete. 1894 war er Bundespräsident.

Wolfgang Kapp
deutscher Politiker (* 24. 7. 1858, New York), stirbt am 12. Juni 1922 in Leipzig.
Kapp gründete 1917 mit Alfred von Tirpitz die rechtsradikale Deutsche Vaterlands-Partei. Im März 1920 unternahm er den erfolglosen Kapp-Putsch gegen die republikanische Reichsregierung. Nach dem Scheitern des Putschs floh er nach Schweden, stellt sich jedoch 1922, schwer krank, dem Reichsgericht, das gegen ihn ein Hochverratsverfahren eröffnet hatte. Er stirbt in der Untersuchungshaft.

Karl I.
letzter österreichischer Kaiser, als Karl IV. letzter König von Ungarn (* 17. 8. 1887, Persenbeug/Niederösterreich), stirbt am 1. April 1922 in der Verbannung in Funchal auf Madeira.
Karl bestieg nach dem Tod seines Großonkels Franz Joseph 1916 den Thron. In der Absicht, den Völkern seines Reichs den inneren und äußeren Frieden zu bringen, empfand er das Bündnis mit dem Deutschen Reich als Last. Seine Versuche, durch Geheimverhandlungen mit den Alliierten den Weltkrieg für Österreich-Ungarn zu beenden, scheiterten jedoch an den Forderungen der Entente. Auch seine Versuche, die slawischen Völker mit dem Gesamtstaat wieder zu versöhnen, schlugen fehl. Am 11. November 1918 dankte er in Österreich, am 13. November in Ungarn ab. Von der Schweiz aus versuchte er im April und Oktober 1921 vergeblich, durch einen Putsch die Herrschaft in Ungarn zurückzugewinnen. Daraufhin wurde er auch in Ungarn des Throns für verlustig erklärt und von den Siegermächten des Ersten Weltkriegs nach Madeira verbannt. Karl stand unter dem Einfluß seiner Frau Zita von Bourbon-Parma.

Alphonse Laveran
französischer Bakteriologe, Medizinnobelpreisträger 1907 (* 18. 6. 1845, Paris), stirbt am 28. Mai 1922 in Paris.
Laveran entdeckte 1880 den Malariaerreger. Hierfür erhielt er 1907 den Nobelpreis für Medizin.

Nekrolog 1922

Reinhard Mannesmann
deutscher Techniker und Industrieller (* 13. 5. 1856, Remscheid), stirbt am 20. Februar 1922 in Remscheid.
Mannesmann entwickelte mit seinem Bruder Max die Schrägwalzung und die Pilgerschrittwalzung zur Herstellung nahtloser Rohre. 1890 faßte er die zur Ausnutzung dieser Erfindungen gegründeten Werke zum Mannesmann-Konzern zusammen (Deutsch-Österreichische Mannesmannröhren-Werke Berlin, ab 1893 Mannesmannröhrenwerke Düsseldorf), der Weltruf gewann und sich zu einem der bedeutendsten Werke der deutschen Röhrenindustrie entwickelte. Mannesmann engagierte sich wirtschaftlich auch im Ausland, vor allem in Marokko (14 Niederlassungen vor dem Ersten Weltkrieg).

Arthur Nikisch
deutscher Dirigent (* 12. 10. 1855, Lébénye), stirbt am 23. Januar 1922 in Leipzig.
Nikisch dirigierte von 1889 bis 1893 das Boston Symphony Orchester, war von 1893 bis 1895 Operndirektor in Budapest und dirigierte ab 1895 das Leipziger Gewandhausorchester und das Berliner Philharmonische Orchester. Mit dem Philharmonischen und dem Gewandhausorchester unternahm er ab 1897 Konzertreisen. Nikisch gilt als bedeutendster Konzertdirigent seiner Zeit. Er setzte sich für die Werke von Peter I. Tschaikowski und Anton Bruckner ein.

Alfred Charles William Harmsworth Viscount Northcliffe

britischer Verleger (* 15. 7. 1865, Chapelizod bei Dublin), stirbt am 14. August 1922 in London.
Northcliffe gründete 1896 die Londoner Tageszeitung »Daily Mail«, die als billiges Massenblatt enormen Absatz fand (erstes Half-Penny-Blatt). 1903 gründete er den »Daily Mirror«, den er ein Jahr später zum ersten illustrierten Massenblatt machte. Er besaß ferner »The Times« (1908–1922) und »The Observer« (1905–1911). Als Leiter des Northcliffe-Konzerns folgt ihm sein Bruder nach, Harold Sidney Harmsworth, Viscount Rothermere.

Felipe Pedrell
spanischer Komponist und Musikforscher (* 19. 2. 1841, Tortosa), stirbt am 19. August 1922 in Barcelona.
Pedrell gilt als Begründer der modernen nationalspanischen Musik und der spanischen Musikwissenschaft. Er komponierte Opern, Kirchen-, Orchester- und Kammermusik.

Marcel Proust

französischer Schriftsteller (* 10. 1. 1871, Paris), stirbt am 18. November 1922 in Paris.
Proust gilt als einer der Begründer des modernen Romans, der die lineare Kontinuität von Handlung und Person auflöst und Wirklichkeit als Bewußtseinsinhalt wiedergibt. In seinem Romanzyklus »Auf der Suche nach der verlorenen Zeit« (1913–1927) beschreibt er Dekadenz und Verfall der Gesellschaft vor dem Ersten Weltkrieg und analysiert die Nuancen menschlicher Gefühle und seelischer Reaktionen. Mit Hilfe der Erinnerung, die durch zufällige Sinneseindrücke ausgelöst wird, holt er »die verlorene Zeit« aus der Vergangenheit zurück.

Walther Rathenau
deutscher Industrieller und Politiker (* 29. 9. 1867, Berlin), wird am 24. Juni 1922 in Berlin von zwei antisemitischen ehemaligen Offizieren der Organisation Consul ermordet.
Rathenau, Sohn des AEG-Gründers Emil Rathenau, wurde 1889 Vorstandsmitglied der AEG und 1915 nach dem Tod seines Vaters Aufsichtsratsvorsitzender. 1918 trat er der linksliberalen DDP bei. Als wirtschaftspolitischer Sachverständiger beriet er die Reichsregierung u. a. auf den Konferenzen von Versailles (1919) und in Spa (1920). 1919 war er Mitglied des Vorläufigen Reichswirtschaftsrats sowie 1918/19 und 1920 der Sozialisierungskommission. Im ersten Kabinett Joseph Wirth (1921) war er Wiederaufbauminister, am 1. Februar 1922 wurde er Außenminister im zweiten Kabinett Wirth. Als solcher unterzeichnete er den Rapallovertrag mit Sowjetrußland. – Rathenau war auch ein vielgelesener sozial- und kulturpolitischer Schriftsteller.

Hermann Rorschach

schweizerischer Psychiater (* 8. 11. 1884, Zürich), stirbt am 2. April 1922 in Herisau.
Rorschach entwickelte den nach ihm benannten Rorschach-Test. Dieser Persönlichkeitstest, bei dem zehn sinnfreie Klecksbilder zu deuten sind, soll u. a. Art und Grad der Intelligenz, mitmenschliche Einstellungen und Affektivität erfassen.

Heinrich Rubens
deutscher Physiker (* 30. 3. 1865, Wiesbaden), stirbt am 17. Juli 1922 in Berlin.
Rubens war von 1896 bis 1906 Professor an der Technischen Hochschule Berlin, danach an der Universität Berlin. Sein Lebenswerk war die Erforschung des ultraroten Spektrums. Er wies u. a. die elektromagnetische Natur der Infrarotstrahlung nach. Seine Messungen gaben den Anstoß zur Aufstellung des Planckschen Strahlungsgesetzes.

Carl Ludwig Schleich
deutscher Chirurg und Schriftsteller (* 19. 7. 1859, Stettin), stirbt am 7. März 1922 in Bad Saarow-Pieskow bei Fürstenwalde/Spree.
Schleich übernahm 1900 die Leitung der chirurgischen Abteilung am Krankenhaus in Groß-Lichterfelde (Berlin). Er ist einer der Begründer der Lokalanästhesie, der »schmerzlosen Operationen« (1894) bei örtlicher Betäubung. Seine Bücher erzielten hohe Auflagen, so der Essayband »Von der Seele« (1910; 29. Auflage 1928) und die Autobiographie »Besonnte Vergangenheit« (1921, 255. Tausend 1930).

Ernest Henry Shackleton

britischer Polarforscher (* 15. 2. 1874, Kilkee/Irland), stirbt am 5. Januar 1922 auf See vor Südgeorgien östlich von Feuerland. Shackleton nahm von 1901 bis 1904 an Robert Falcon Scotts Antarktisexpedition teil und leitete von 1907 bis 1909 eine eigene Antarktisexpedition, mußte jedoch am 9. Januar 1909 160 km vor dem Südpol umkehren. Auf einer weiteren Expedition von 1914 bis 1917 entdeckte er die Cairdküste. Zum Zeitpunkt seines Todes leitete er eine Expedition zur Vermessung der Antarktisküste. Shackleton wird auf Südgeorgien begraben.

Georges Sorel
französischer Publizist und Sozialphilosoph (* 2. 11. 1847, Cherbourg), stirbt am 30. August 1922 in Boulogne-sur-Seine (Boulogne-Billancourt).
Sorel, ursprünglich orthodoxer Marxist, zählt zu den ideologischen Wegbereitern des Faschismus. In der russischen Revolution und im italienischen Faschismus erblickte er die Möglichkeit zur Überwindung der europäischen Dekadenz – die Demokratie lehnte er ab. Werke: »Die Auflösung des Marxismus« (1908), »Über die Gewalt« (1908).

Giovanni Verga
italienischer Schriftsteller (* 31. 8. 1840, Aci bei Catania), stirbt am 27. Januar 1922 in Catania.
Verga ist der Begründer des Verismus, der italienischen Variante des in Frankreich entstandenen Naturalismus. An die Stelle der Darstellung des Schönen setzte er die Darstellung des »Wahren« (lateinisch verus = »wahr«), die Schilderung menschlicher Leidenschaften in ungeschminktem Realismus, zu analysieren. Anders als die französischen Naturalisten schilderte Verga nicht die Verelendung der Arbeiter durch die zunehmende Industrialisierung, sondern vor allem die unerträgliche soziale Lage der unteren Klassen in Süditalien, wo das Leben noch in seinen primitiven Formen gelebt wird und die Sitten aus der Sicht des Städters vielfach als barbarisch gelten. Vergas Hauptwerke sind der Roman »Die Malavoglia« (1881) und die »Sizilianischen Novellen« (1883), darunter »Cavalleria rusticana« (Oper von Pietro Mascagni, 1890).

Carl Michael Ziehrer
österreichischer Operettenkomponist und Dirigent (* 2. 5. 1843, Wien), stirbt am 14. November 1922 in Wien.
Ziehrer komponierte wienerische Tanzmusik und Operetten. Von seinen rund 600 Tänzen, vor allem Walzer und Märsche, wurde der »Donauwalzer« am bekanntesten.

Personenregister

Das Personenregister enthält alle in diesem Buch genannten Personen (nicht berücksichtigt sind mythologische Gestalten und fiktive Persönlichkeiten sowie Eintragungen im Anhang mit Ausnahme des Nekrologs). Die Herrscher und Angehörige regierender Häuser mit selben Namen sind alphabetisch nach den Ländern ihrer Herkunft geordnet. Kursive Zahlen verweisen auf Abbildungen.

A

Abbas II. Hilmi 50
Abd Al Madschid II., türkischer Kalif 176, 179
Abd El Krim *129*
Adenauer, Konrad 10, 124, *130*
Adolf, Joseph 8
Albers, Hans 86
Albert, Heinrich *180*
Alexander I. Karadordević, König der Serben, Kroaten und Slowenen 88, *103*
Alexandra, Königin von Großbritannien 118
Alfons XIII., König von Spanien 44, *129*
Alm, Ernst 57
Altmann, Nathan *172*
Amundsen, Roald 90, 103, 174
Anderson, James *121*
Andreas, Prinz von Griechenland 192
Aragon, Louis *206*
Archipenko, Alexander 142, *158*, 172
Armbruster 137
Armstrong, Edwin Howard 170
Armstrong, Louis Daniel (»Satchmo«) 192, 204
Arnold, Karl 86
Arp, Jean (Hans) *206*
Ashley, Edwina 110, *118*
Ashley, Wilfrid 118
Asquith, Herbert Henry 10
Aston, Francis William 204
Auer, Erhard 58
Auguste Viktoria, deutsche Kaiserin und Königin von Preußen 184
Ayres, Agnes *135*
Azmy Bey, Djemal 60

B

Baargeld, Johannes *206*
Baecker, Alfons 25
Bahr-Mildenburg, Anna *136*
Balbo, Italo 164
Balfour, Arthur James *35*, 122, 128
Ballin, Albert 78, 180
Baltatzis, Georg 179
Balzac, Honoré de 25
Banting, Frederick Grant 21
Barlach, Ernst 188
Barth, Paul 229
Barthou, Louis *17*, *62*, 64, 72, 162
Bartók, Béla 72, 105

Baschet, Marcel 115
Battenberg, Alexander von (→ Mountbatten, Alexander)
Bauersfeld, Walther 171
Baumann, Hans *188*
Bauwens, Peco 106
Becher, Johannes R. *137*
Becker, Johannes 180
Becker, Julius 211
Beckmann, Max 28, 58
Beethoven, Ludwig van 57
Behncke, Paul 16
Behne, Adolf 54, 172
Behrens, Peter 54, 124
Belawin, Wassili Iwanowitsch (→ Tichon)
Bell, Alexander Graham 122, *134*, *229*
Benavente, Jacinto 174, 204
Benedikt XV., Papst 10, *20*, 36, 229
Beneš, Eduard 28, 160
Benn, Gottfried *137*
Bennett, James Gordon 137
Bérard, Léon *17*
Berber, Anita 26, *173*, 194
Bergemann, Gustav von 16
Berger, Alfred 10, *41*
Berger, Ludwig 189
Bergner, Elisabeth *189*, 192
Bernard 8
Berthold, Hans 107
Best, Charles Herbert 21
Bethlen von Bethlen, István Graf 72
Bianchi, Nicomede 164
Bijvoet, B. 55
Bildt, Paul 176
Bloch, Iwan 229
Böckl, Willy 10, 41
Bode, Wilhelm von 83
Boelitz, Otto 131
Bohr, Niels 174, *204*
Boillot, Georges 176, *191*
Boisneuf 44, 51
Bolten, August 78
Bonatz, Paul 187
Bonfanti, Maria 173
Bonnat, Léon 229
Bono, Emilio de 164
Bonomi, Ivanoe *12*, 28, 37
Bordino, Pietro 142, 159
Borg, Arne *191*
Böß, Gustav 194
Bossoutrot 8
Böttcher, Hermann 86
Bötticher, Hans (→ Ringelnatz, Joachim)
Bouret, Gustave 115
Bourgeois, Jeanne (→ Mistinguett)

Brahm, Julius 25
Braun, Otto 82, 90
Brauns, Heinrich 162, 180
Brecht, Bertolt 26, 144, 156, *158*, 160, 174, 176, 188, 194, 204
Bredow, Hans 10, 16
Breton, André *206*
Breuer, Marcel 133
Breuhaus, Fritz August 133
Briand, Aristide *12*, 17, *35*, 115
Brockdorff-Rantzau, Ulrich Graf von 144
Brod, Fritta *188*
Brod, Max 30
Bronnen, Arnolt 60, 72, 156, 188
Bruce, Charles Granville *116*
Bruce, Geoffrey *116*
Bruckner, Anton 173, 230
Bruckner, Ferdinand 57
Bucharin, Nikolai I. 66
Buchberger, Vincenz 8
Buchowetzki, Dimitri 30, 40, 140
Buck, Wilhelm 113
Burg, Walther 210
Busch, Fritz 105
Butt, Isaac 97

C

Cabral, Pedro Álvares 149
Cabrel, Cacadura 90
Calderón de la Barca, Pedro 136
Calonder, Felix 8, 17, 77
Campbell, Malcolm 85, 90
Campe, Julius 150
Cappiello, Leonetto 69
Carnarvon, George Edward Stanhope Molyneux Herbert Earl of *185*
Carossa, Hans *156*
Carpentier, Georges 72, 144, *159*
Carter, Howard 174, *185*
Cartier de Marchienne *35*
Casmir, Erwin 110
Cassel, Ernest 118
Cassirer, Bruno 110
Castan, Gustav 40
Castan, Louis 40
Cauer, Minna 122, *229*
Cecilia, Prinzessin von Griechenland *118*
Chagall, Marc 172
Chang Tso-lin 37, 72, 80
Chaplin, Charlie 58
Charell, Eric 26
Charpy *166*
Chéron, Henry *17*
Chirico, Giorgio de *206*
Chlebnikow, Welemir 229
Christian X., König von Dänemark 160
Christians, Mady 86
Christine, Königin von Schweden 20, 57
Churchill, Winston 44, 88
Citroën, André 205

Clair, René 40
Claudel, Paul 90, 188
Clemenceau, Georges Benjamin 64, 176, *184*
Cobrat de Montrozier, Maurice *17*
Cocteau, Jean 194, 207
Colette, Sidonie Gabrielle 157
Collins, Michael 60, 97, 124, 129
Comtesse, Robert 229
Cosgrave, William Thomas 124, 129, 142
Courbet, Gustave 56
Coutinho, Gago 90
Crevel, René *206*
Crispien, Arthur 66, *149*
Cserépy, Arzen von 25, 140
Cummings, Edward 157
Cuno, Wilhelm 131, 176, *180*, 183, 194, 199, 208
Curzon, George Nathaniel 144, 147, 166, 174, *178*, 199

D

D'Abernon, Edgar Vincent Viscount 63, 127
Dagover, Lil 86
D'Annunzio, Gabriele 165, 194
Dante Alighieri 176
Dato Iradier, Eduardo 30
Davitt, Michael 97
Debussy, Claude 105
Decarli, Bruno *189*
Delitzsch, Friedrich 229
Demuyter, Emile 137
Desnos, Robert *206*
Deutsch, Lili 15
Diaghilew, Sergei 105
Diehl, Oskar 140
Dior, Lucien *17*
Dischinger, Franz 171
Doesburg, Petro van 206
Doesburg, Theo van 54, 206
Döpler, Emil 229
Dorsch, Käthe 176
Dorten, Hans Adam 183
Dostojewski, Fjodor Michailowitsch 60, *206*
Droste, Sebastian 194
Dschamal Pascha, Ahmad 110, *115*
Duchamp, Marcel 206
Duiker, Jan 55
Duisberg, Carl *153*
Duncan, Isadora 160, *173*

E

Ebert, Friedrich 8, 10, *13*, 15, 32, 41, 42, 44, 47, 58, 60, 64, 66, 72, 74, 82, 88, 94, 110, 112, *118*, 122, 124, 130, 131, *136*, 142, 150, 162, *168*, 174, 180, 190, 201
Ebinger, Blandine 26
Ebinger, Margarete 144
Eddin Chakir, Bha 60

Personenregister 1922

Eduard VII., König von Groß-
britannien 118
Eduard VIII., König von Großbri-
tannien (→ Eduard, Prinz von
Wales)
Eduard, Prinz von Wales *24*, 41,
118
Ehrhardt, Hermann 92, 176
Einstein, Albert 58, 70, 114, 144, 151,
174, 192, *204*
Einstein, Carl 160, 173
Eisner, Kurt 95, 162, 168
Eliot, T(homas) S(tearns) 157
Elisabeth, Kaiserin von
Österreich (»Sisi«) 124
Eluard, Gala *206*
Eluard, Paul *206*
Engelmann, Helene 10, *41*
Engl, Jo Benedict *154*
Enwer Pascha *115, 229*
Ernst, Max 206
Erzberger, Matthias 88, 95, 130
Everest, George 116

F

Fabian, Erich (→ Kästner, Erich)
Facta, Luigi 30, 37, 44, 60, *62*, 122,
164
Fairbanks, Douglas (eigtl. Julius
Ullmann) *140*
Falckenberg, Otto 144, 158
Falkenhayn, Erich von 229
Fall, Leo 142
Faulhaber, Michael von 130
Fechenbach, Felix 162, *168*
Fehling, Jürgen 42, 188
Fehr, Anton 74, *202*
Feininger, Lyonel 119
Feldhammer, Jakob *188*
Feng Yü-hsiang *37*
Ferdinand I., König von Rumänien
103, 162, *169*
Finch, George I. 116
Finsterling, Hermann 132
Fischer von Erlach, Johann
Bernhard 136
Fischer, Hermann 92, 110
Flake, Otto 156
Fleischer, Richard 192
Florio, Graf Vicenzo 191
Foch, Ferdinand *97*
Ford, Henry 38
Fraenkel, Théodore *206*
Franck, Hans 28
Franz Ferdinand, Erzherzog von
Österreich 65
Franz Joseph I., Kaiser von
Österreich und König von Un-
garn 65
Franz, Andreas 57
Freud, Sigmund 144
Frey, Emil 229
Fricke, Heinrich 139
Friedländer, Adolph 26
Friedrich II., der Große, König von
Preußen 10, 25

Friedrich August I., der Starke, Kur-
fürst von Sachsen und als August
II. König von Polen 57
Friedrich August III., König von
Sachsen 57
Fuad I., König von Ägypten 44,
50
Furtwängler, Wilhelm *57*, 105,
160, *173*

G

Gabo, Naum (eigtl. Naum
Pevsner) *172*
Gandhi, Mohandas Karamchand
(»Mahatma«) 24, 42, *51*
García-Prieto, Manuel 192
Gareis, Karl 95
Gebühr, Otto 10, *25*
Georg II., König von Griechen-
land 147
Georg V., König von Großbritan-
nien 28, 41, 96, 118, 192
Georg, Prinz von Serbien 124
Gerlach, Arthur von 160
Gerlach, Hellmut von 92
Gerrad, Douglas 135
Gert, Valeska 174
Geßler, Otto 42, *47*, 82, 180
Gies, Ludwig 124
Giese, Fritz 26
Giraudoux, Jean 157
Gladstone, William E. 97
Glass, Bonny 135
Godeffroy, Adolf 78
Godfree, Lesley 121
Goethe, Johann Wolfgang von 41,
66, 189, 190
Goetzke, Bernhard *141*
Goltz, Joachim von der 10
Gonatas, Stilianos 179
Goux, Jules 71
Grabbe, Christian Dietrich 72,
176
Grafström, Gillis 41
Grey, Edward 74, 81
Griffith, Arthur 96, 97, 122, 129
Griffith, David Wark 135
Grillparzer, Franz 10
Groener, Wilhelm 30, 180
Gropius, Walter 54, 55, 72, 85, 119,
133, 172, 207
Großmann, Stefan 40
Guglielmi, Rodolfo (→ Valentino,
Rudolph)
Guinness, Kenelm Lee 74, 85
Gulbransson, Olaf 157
Gunaris, Dimitrios *179*
Gunther, Walther 54
Gurk, Paul 44
Gürtler, Alfred *77*
Gürtner, Franz 122
Gustav I., König von Schweden
(Gustav Erikson Wasa) 57
Gustav II. Adolf, König von
Schweden 20
Gustav V., König von Schweden 204

H

Haab, Robert 8, 176, 178
Haardt, George-Marie 205
Haas, Heinrich 40
Häberlin, Heinrich 148
Habsburg-Lothringen, Otto *65*,
144, *155*
Hadjiannesti 179
Hainisch, Michael 13
Haller, Hermann 26
Halske, Johann Georg 169
Harbou, Thea von 71
Harden, Maximilian 15, 108, *113*,
114, 194
Harding, Warren Gamaliel 35, 110,
114, 144, 148, 166, *186*, 192, *198*
Harington *166*
Harnack, Karl Gustav Adolf von 83,
170, 192, 201
Hartlaub, Gustav F. 58
Hartmann, Paul 176
Hascka, Lorenz 150
Hasenclever, Walter 10, 25, *137*
Hauptmann (Marschalk),
Margarete 190
Hauptmann, Gerhart 15, 30, 41, 42,
136, 156, 160, 174, 188, *190*
Havenstein, Rudolf 144
Haydn, Joseph 150
Heartfield, John (eigentl. Helmut
Herzfeld) 104
Heckel, Ernst 58
Heijermans, Herman 154
Heinrich II., König von England
97
Heinrich, Prinz von Preußen 184
Heinrich, Herbert 122, 138
Heinze, Rudolf 180
Helfferich, Karl 93
Hentzen, Hermann 124, *139*
Hermes, Andreas 42, 180
Herriot, Édouard 162
Herzfeld, Helmut (→ Heartfield,
John)
Herzog, Oliver 201
Hesse, Hermann *156*, 158
Hesterberg, Trude 26
Hillary, Edmund Percival 116
Hindemith, Paul 44, 105, 110, 122
Hindenburg, Paul von Benecken-
dorff und von 74, *81*
Hirschfeld, Magnus 117, 168
Hitler, Adolf 110, 176, 194
Hoetger, Bernhard 103
Hoffmann von Fallersleben,
Heinrich 150
Höflich, Lucie 189
Hofmannsthal, Hugo von 122, 136,
156, 158
Hohenzollern-Sigmaringen,Leopold
von 169
Hohlwein, Ludwig 100
Hölderlin, Friedrich 60
Holl, Gussy 26
Hollaender, Friedrich 26
Holz, Arno 139

Holz, Arthur 107
Hood, Raymond M. 54, 55
Hoover, Herbert Clark 19
Horne, Robert 72
Horthy, Miklós 90
Houben, Hubert *107*, 139
Howell, John M. 54, 55
Hsü Shih-ch'ang 80
Hughes, Charles Evans *35*
Hummel, Hermann 110, *130*
Huschke, Adolf 121
Huschke, Richard 110, 121

I

Ibsen, Henrik 188
Ihering, Herbert 40, 158
Inönü, Ismet (→ Mustafa Ismet
Pascha)
Ioffe, Adolf Abramowitsch
63, 80
Ismail I. Pascha 50

J

Jacobs, Monthy 136
Jacques, Norbert *71*, 141
Jäger, Adolf 71
Jagow, Traugott von 8
Jahnn, Hans Henny 28, 157, 188
Jakobsohn, Siegfried 25, 140
Jannings, Emil 30, *40*, 140
Jeanneret-Gris, Charles-Edouard
(→ Le Corbusier)
Jessenin, Sergei Alexandrowitsch
160, 173
Jessner, Leopold 28, 72, 83, 94,
174, 188
Jogiches, Leo 95
Johann VI., König von Portugal
149
Joyce, James 142, *157*
Jünger, Ernst 156

K

Kachler, Fritz 41
Kaiser, Georg 28, 188, 189
Kandinsky, Wassily 110, *119*,
172, 207
Kapp, Wolfgang 42, 60, 85, 88, *95*,
229
Karl I., Kaiser von Österreich und
als Karl IV. König von Ungarn 10,
58, *65*, 144, *155*, 210, 229
Karl I., König von Rumänien 169
Karlstadt, Liesl *204*
Kasteleiner, Rudolf 25
Kästner, Erich (auch Erich
Fabian) 26
Kautsky, Karl *149*
Kealoha, Warren P. 90, 106
Kemal Atatürk (→ Mustafa Kemal
Pascha)
Kern, Erwin 92, 110
Kerr, Alfred 15, 58, 176, *190*
Keynes, John Maynard *62*

Personenregister 1922

Kienböck, Viktor 174
Kieselhausen, Lucy 86
Killinger, Herbert 88
Kirchner, Ernst Ludwig 58
Klante, Max 153, 192, *200*
Klebe, Margaret (→ Metzner, Margaret)
Klein, James 26
Klein-Rogge, Rudolf 71, *141*
Klingenberg, Georg 170
Knappertsbusch, Hans *104*
Knilling, Eugen Ritter von 174
Kohlhaas 46
Kokoschka, Oskar 58
Kollwitz, Käthe 114, 158
Konstantin I., König von Griechenland 144, *147*, 179, 192
Kornblum, Hanns Walter 70
Kornfeld, Paul 188
Korngold, Erich Wolfgang 105
Köster, Adolf *112*
Krassin, Leonid 60, *63*
Kraus, Karl *156*
Krauss, Werner 46
Krestinski, Nikolai Nikolajewitsch 102
Krull, Ernst 74, 76
Kyser, Hans 40

L

Laffont, Paul *17*
Lahm, Karl 210
Lambert von Hersfeld 137
Lambot, Firmin 110, 120
Landauer, Gustav 95
Landru, Henri 30
Lang, Anton *84*
Lang, Fritz 60, *71*, 74, 140, 141
Lania, Leo 26
Larsen, Rould 30
Lascelles, Henry Viscount (später Earl of Harewood) 30, *41*
Lasteyrie, Charles de *17*
Laurent-Eynac, André Victor *17*
Laveran, Alphonse 229
Law, Andrew Bonar 74, 162, *166*, 174, *199*
Le Corbusier (eigtl. Charles-Edouard Jeanneret-Gris) 55
Le Trocquer, Yves *17*
Lecarme, Jean 124
Ledebour, Georg 144
Lee, Lila *135*
Legien, Carl 82
Lehár, Franz 72, 105
Lenard, Philipp 151
Lenart, Gita 162
Lenglen, Suzanne 108, *121*
Lenin, Wladimir I. 28, 58, 60, *65*, 88, 114, 174, 183, 192, *196*, 197
Lenkeffy, Ica von 30, 40
Leo XIII., Papst 229
Leoprechting, Hubert von 108, 113
Lerchenfeld, Hugo Max Graf von 82, 122, 130, 174
Lessing, Gotthold Ephraim 162, 189

Lewis, Sinclair 157
Lewis, Ted Kid 72
Li Huang Hung 210
Liebermann, Max 110
Liebknecht, Karl 95
Liebknecht, Theodor 144
Liegnitz, Hermine Fürstin (→ Schönaich-Carolath, Hermine)
Lissitzky, El (eigtl. Lasar M. Lissizki) 74, 172, 207
Lloyd George, David 12, 30, 60, *62*, 64, 74, 81, 90, 126, 162, *166*, 178
Löbe, Paul 16, 58, 176
Lohrmann 57
Loos, Theodor *189*
Lorenz, Karl 124, 139
Lossen, Lina *189*
Lubersac, Odon de 124, 149
Lubitsch, Ernst 140, 141
Luckhardt, Wassili 25
Lumière, Auguste 154
Lumière, Louis Jean 154
Lunatscharski, Anatoli Wassiljewitsch 172
Luther, Hans 183, 192, *202*
Luttwitz, Heribert Freiherr von 55
Lutz, Friedrich Adolf *172*
Luxemburg, Rosa 74, 76, 95
Lycett, Randolph 108, 121

M

MacDonald, James Ramsay 66
Mackenzie, Victor *41*
Madeyski, J. 211
Maeterlinck, Maurice 144
Maginot, André *17*, 44
Majakowski, Wladimir Wladimirowitsch 229
Malewitsch, Kasimir Sewerinowitsch 172, 207
Mallory, George *116*
Mallory, Molla 108, 121
Maltzahn, Adolf Georg Otto (Ago) von 63
Mann, Heinrich 158
Mann, Thomas 124, 156, 160, 173
Mannesmann, Max 230
Mannesmann, Reinhard *153*, 230
Marconi, Guglielmo Marchese 134, *170*
Marey, Jules 154
Margaretha, Prinzessin von Griechenland *118*
Marianow, Dmitri *172*
Marjola, Königin der Serben, Kroaten und Slowenen 88, 103
Martin, Karl Heinz 104, 188
Marx, Karl 56
Marx, Wilhelm 122
Mary, Königin von Großbritannien 41

Mary, Prinzessin von Großbritannien (später Gräfin von Harewood) 30, *41*
Maserati, Alfieri 159
Masetti, Graf Giulio 58, *71*
Massary, Fritzi 142, 176
Masaryk, Tomáš Garrigue *13*
Massolle, Joseph *154*
Mauke, Wilhelm 104
Maunoury, Maurice *17*
Maura y Montaner, Antonio 8
Mauriac, François 157
Mehring, Walter 26
Meinecke, Friedrich 162
Meißner, Franz Hermann 122, 134
Mejerchold, Wsewolod Emiljewitsch (eigtl. Karl Theodor Kasimir Meyerhold) 60
Merz, Hermann *104*
Meßter, Oskar 154
Metzner, Margaret (vormals Klebe) 41
Metzner, Paul 41
Meyer, Adolf 54, 55, 133
Michael, V. 210
Michel, Arthur 104
Mies van der Rohe, Ludwig 25, 54
Millerand, Alexandre *13*, 17, 108, *115*, 160
Mistinguett (eigtl. Jeanne Bourgeois) *27*
Moholy-Nagy, László 133, 207
Moissi, Alexander 8, 114, *136*, 176
Molière (eigtl. Jean-Baptiste Poquelin) 8
Moltke, Helmuth von 184
Mombelli *166*
Montessori, Maria *78*, 162
Morgenstern, Christian 28
Morise, Max *206*
Mountbatten, Alexander (eigtl. Alexander von Battenberg) 118
Mountbatten, Louis 110, *118*
Mozart, Wolfgang Amadeus 30, 142
Muche, Georg 54
Muhammad II., osmanischer Sultan 166
Muhammad VI., osmanischer Sultan 146, 174, 176, *179*
Müller, Felix 58
Müller, Gerda *188*
Müller, Hermann *149*
Müller, Karl 176, 180, 183
Munch, Edvard 58
Mund, Arthur 138
Münzenberg, Willi 114
Murnau, Friedrich Wilhelm 42, 56, 140, *141*, 174
Mussolini, Benito 88, 122, 144, 162, 164, *165*, 176, *178*, 192, 194, *199*
Mussorgski, Modest Petrowitsch 105, 162
Mustafa Ismet Pascha (später Ismet Inönü) *166*, 176, 178, 199

Mustafa Kemal Pascha (später Kemal Atatürk) 42, *146*, 166, *179*

N

Naldi, Nita 135
Nansen, Fridtjof 10, 18, 19, 142, *158*, 192, 204
Napoleon I., Kaiser der Franzosen 149, 150
Narutowicz, Gabriel 192, 194, *200*
Nazzaro, Felice 108, 121, 142, 159
Neergaard, Niels Thomas 160
Niblo, Fred 135
Nielsen, Asta 160
Niepce, Joseph Nicéphore 154
Nikisch, Arthur 42, 57, 105, 173, 230
Nissen, Aud Egede 71
Nolde, Emil 58
Northcliffe, Alfred Charles William Harmsworth Viscount *230*
Norton, E. F. 116
Noske, Gustav 82
Nowak, Julian *200*
Nurmi, Paavo *159*

O

O'Neill, Eugene 42
Obregón, Álvaro 80
Oerter, Sepp 44
Oeser, Rudolf 180
Oliver, Joe (»King«) 204
Omdal, Oscar 103
Opel, Fritz von *27*
Oppacher, Ernst 41
Osborn, Max 172
Osthaus, Karl Ernst 56
Oswald, Richard 28, 40
Otto, Henry 135

P

Pacelli, Eugenio (später Papst Pius XII.) *13*
Pallenberg, Max 176
Parmoor, Charles Alfred Cripps, Lord 13
Parnell, Charles Stewart 97
Passarge, Mario 210
Patterson, Gerald 108, *121*
Paulhan, Jean *206*
Pedrell, Felipe 230
Péret, Benjamin *206*
Perret, Auguste 55
Perret, Gustave 55
Pers, Anders 57
Peter I., Kaiser von Brasilien 149
Pevsner, Naum (→ Gabo, Naum)
Peyronet, Albert *17*
Pfister, Karl 121
Phal, Louis (→ Siki, »Battling«)
Picabia, Francis 206

Personenregister 1922

Piłsudski, Jósef Klemens *19*, 42, 88, 99, 192, 200
Pinthus, Kurt 56, 124, *137*
Piscator, Erwin 176, 188
Pius X., Papst (eigtl. Giuseppe Sarto) 229
Pius XI., Papst (eigtl. Achille Ratti) 28, *36*, 74, 192, 199
Pius XII., Papst (→ Pacelli, Eugenio)
Pizzardo, Giuseppe 80
Planck, Max 144, 151
Planck-Szábo, Herma *41*
Poelzig, Hans 25, 54, 136, 142
Poincaré, Raymond 8, 10, 16, *17*, 30, 58, 62, 74, 88, 90, 108, *115*, 122, 126, 127, 142, 144, 147, 174, 176, *178*, 192, 194, *199*
Polgar, Alfred 28, 40
Ponikowski, Anton 42, 88, 99
Popowa, Ljubov 172
Poquelin, Jean-Baptiste (→ Molière)
Protopapadakis, Peter E. 142, 179
Proust, Marcel 176, *230*
Ptolemäus 154
Punin, Nikolai 172

R

Radbruch, Gustav 112
Radek, Karl 66
Rademacher, Erich 107, 174, *191*
Raffael (Raffaello Santi) *206*
Raiberti, Flaminius *17*
Rampolla del Tindaro, Mariano 20
Ramses VI., ägyptischer Pharao 185
Rathenau, Emil 230
Rathenau, Walther 10, *12, 15*, 42, 60, 62, 63, 64, 90, *92*, 93, 94, 95, 100, 108, 110, 112, 113, 160, 230
Ratti, Achille (→ Pius XI., Papst)
Rau, Richard 139
Ravel, Maurice 162
Ray, Man 207
Raysuli, Caid 192
Redslob, Edwin 122
Refet Pascha *166*
Rehfisch, Hans José 188
Reibel, Charles *17*
Reinhardt, Max 122, 136, 188, 189
Reuß, Hermine von (→ Schönaich-Carolath, Hermine)
Richthofen, Lothar von 108
Riecken, Christian 107
Rilke, Rainer Maria 156
Ringelnatz, Joachim (eigtl. Hans Bötticher) 26
Rio, Alphonse *17*
Rittberger, Werner 10, 41
Rockenfeller, Theo 53
Rodtschenko, Alexandr Michailowitsch 172, 207
Rolland, Romain 20, 176

Romanow, Boris 160
Rorschach, Hermann *230*
Rosenberg, Arthur 152
Rosenberg, Friedrich Hans von *180*
Rosner, Karl 74
Ross, Norman 106
Rowohlt, Ernst *173*
Rozankova, E. 26
Rubens, Heinrich 230
Rumpler, Edmund 38
Runge, Willi 53
Rütt, Walter 124, 139
Ruttmann, Walther 10
Ryan, Elizabeth 121

S

Saarinen, Eliel 55
Sachsen-Meiningen, Georg von 122
Saghlul, Sad 8, *50*
Said Pascha, Muhammad 50
Salandra, Antonio 164
Saldow, Karl 139
Sánchez Guerra, José 42, 192
Sandkuhl, Hermann 160
Sarto, Giuseppe (→ Pius X., Papst)
Sawall, Walter 139
Sawyer, Joan 135
Schanzer, Carlo (Karl) *35*, 37, 108
Scharoun, Hans 25
Scheff, Harry 162
Scheidemann, Philipp 10, 88, *95*
Schiller, Friedrich von 28, 190, 192
Schilling, E. 149
Schillings, Max von 83
Schleich, Carl Ludwig 230
Schlemmer, Oskar 144, *158*
Schmidt, Johannes 110, 119
Schmidt, Reinhard 8
Schmidt, Robert 142
Schnitzler, Arthur 72, *84*
Schober, Johannes 10, 42, 52, *77*
Schoeck, Othmar 74
Scholer, Fritz 187
Schönaich-Carolath, Hermine Karoline von *184*
Schönaich-Carolath, Hermine von 144, 174, *184*
Schönaich-Carolath, Johann Georg von 184
Schönberg, Arnold 60
Schreck, Max *141*
Schreker, Franz 104, 105
Schulze, Hagen 127, 180
Schütz, Kurt 54
Schwanthaler, Ludwig von 169
Schwehla, Anton 160
Schwiefert, Fritz 28
Schwitters, Kurt 206
Scott, Robert Falcon 230
Seeckt, Hans von 63, *131*
Ségur, August Graf 128
Seiderer 57

Seipel, Ignaz 74, *77*, 88, 124, *128*, 142, 144, 210
Severing, Carl 30, 34, 176, *182*, 200
Sforza, Carlo Graf 144, 147
Shackleton, Ernest Henry *230*
Shaftesbury, Anthony Ashley Cooper, Lord 118
Shakespeare, William 40, 174, 188
Shaw, George Bernard 42, *56*, 114, 188
Shaw, Tom 66
Siemens, Werner von *169*
Siensen, Hans 140
Sievert, Ludwig 188
Siki, »Battling« (eigtl. Louis Phal) 144, *159*
Sikorski, Wladyslaw Eugeniusz 194, 200
Silva, António Maria da 28
Simmel, Paul 152
Sinowjew, Grigori Jewsejewitsch 183
Sliwinski, Artur 88, 99
Smeets, Joseph 28, *113*, 194
Smuts, Jan Christiaan 51
Soddy, Frederick *204*
Sokolowski, Joseph 88
Sölkner, Irene *107*
Sommervell, T. H. *116*
Sophia, Prinzessin von Griechenland *118*
Sophie, Königin von Griechenland *147*
Sophokles 60
Sorel, Georges 230
Sorge, Kurt *153*
Soupault, Philippe *206*
Spengler, Oswald *157*
Spinoza, Baruch 190
Springorum, Eugen *153*
Stachjewitsch, Dmitri 18
Stalin, Josef Wissarionowitsch (Dschugaschwili) 58, *65, 196*, 197
Stanislawski, Konstantin Sergejewitsch 144, *158*
Staudinger, Hermann 170
Steinherz 182
Steinrück, Albert 10, 25
Sterenberg, David *172*
Sternheim, Carl 160
Stingl, Karl *180*
Stinnes, Hugo 15, 44, 88, 113, 142, 149, *153*, 174, 183
Stoker, Bram 56
Stollbrock *102*
Stollwerck, Ludwig *153*
Stratos, Nikolaus 179
Strauß, Paul *17*
Strawinski, Igor 88
Stresemann, Gustav 95
Strindberg, August 88, 189, 192
Stuhlfauth, Heiner *106, 138*
Sturzenegger 57
Sun Yat-sen 37, 42, *80*
Suntschou Wei 210
Sze 35

T

Taddei, Luigi 69
Tagger, Theodor 189
Talbot, Hayden 135
Tarabukin, Nikolai 206
Tarras, W. 90
Tatlin, Wladimir Jewgrafowitsch 172, 207
Taube, Robert *188*
Taut, Bruno 54, 55, 94, 132
Taut, Max 55
Techow, Ernst Werner 90, 92
Techow, Hans-Gerd 92
Theodora, Prinzessin von Griechenland *118*
Theotokis 179
Theunis, Georges *199*
Thieme, Hermann *153*
Thimig, Helene *189*
Thoma, Hans 44, *56*
Thomas 139
Thunberg, Clas 30
Thyssen, August *153*
Tichon (eigtl. Wassili Iwanowitsch Belawin) 115
Tiger, Theobald (→ Tucholsky, Kurt)
Tirpitz, Alfred von 229
Tokugawa, Tyesato 35
Toller, Ernst 90, *104*, 156, 188
Tolstoi, Alexei Konstantinowitsch 144, 158
Torcuato de Alvear, Marcelo 58
Toscanini, Arturo 192, 204
Träg, Heinrich 138
Tralow, Johannes 176
Triandaphyllakos, Nikolaus 142
Troßbach, Heinrich 139
Trotzki, Leo Dawidowitsch (eigentl. Leib Bronschtein) 8, 65, *99, 183, 196*, 197
Ts'ao K'un 37
Tschaikowski, Peter 230
Tschitscherin, Georgi Wassiljewitsch 62, *63*, 72, 80, 129
Tucholsky, Kurt (auch Theobald Tiger) 26, 113
Tutanchamun, ägyptischer Pharao 174, 185

U

Uchatius, Franz von 154
Ullmann, Julius (→ Fairbanks, Douglas)
Ullstein, Heinz 28, 40
Unruh, Fritz von 88

V

Valentin, Karl 192, *204*
Valentino, Rudolph (eigtl. Rodolfo Guglielmi) 122, *135*
Valera, Eamon de 8, 96, *97*
Valetti, Rosa 26

Personenregister 1922

Vandervelde, Emile 66, 129
Vecchi, Cesare Maria de 164
Veit, Martha *84*
Velde, Henry van de 56, 119
Velisch, Georg 41
Vennstra, Alexander 137
Verga, Giovanni 230
Vidal, Gaston *17*
Vierkötter, Ernst 122, 138
Viertel, Berthold 188
Viktor Emanuel III., König von
   Italien 162, 164, 176
Villa, Francisco (»Pancho«)
   80
Vinson, Edwin 8
Vizcaya, Pierre de 159
Vögelin 46
Voggenberger, Fritz 133
Vogt, Hans *154*
Vonderau, Joseph 137

W

Wagner, Richard 57, 124, 135
Wagner, Siegfried 124, 135
Walgenstein, Thomas 154
Wallace, Albert 170
Wallace, Dwight D. 55
Walter, Bruno 44, *57*
Warnecke, Friedrich 229
Webern, Anton von 122
Wedekind, Frank 188
Wegener, Paul 160
Weise, Georg 137
Weise, Grete 41
Weißenbacher, Viktor 71
Weissmuller, Johnny 30, 90,
   106, 191
Weizmann, Chaim 70
Welcker, Gertrude *71*
Wels, Otto 66, *149*

Wendhausen, Fritz 189
Weniselos, Eleftherios 146, 147, 160,
   166, 179
Werfel, Franz 44, *156*
Wertow, Dsiga 74
Wiedfeldt, Otto 44
Wiesel, Fritz 138
Wilhelm I., deutscher Kaiser
   und König von Preußen 10, 16,
   44
Wilhelm II., deutscher Kaiser
   und König von Preußen 144,
   147, 174, *184*
Wilson, Henry 90, *97*
Winckler, Josef 157
Wirth, Joseph 10, 15, 28, 32, 60, 62, *63,*
   64, 76, 90, 93, 122, 124, 127, 131, 142,
   162, 168, 174, 180, 230
Wojciechowski, Stanislaw 194,
   200

Wolf, Friedrich 30, 188
Woolf, Virginia 157
Wrangel, Pjotr Nikolajewitsch Ba-
   ron von 44, *52*
Wu P'ei-fu *37,* 42, 72, 80
Wyda, Emmy *189*

Z

Zapata, Emiliano 80
Zaubitzer, Carl 119
Zeligowski, Lucjan 19
Zerbst, Willy 107
Zetkin, Clara 66, 114
Ziehrer, Carl Michael 230
Zimmermann, Marie *189*
Zita, Kaiserin von Österreich
   10, *65*
Zoff, Marianne 174
Zola, Émile 176

Sachregister

Das Sachregister enthält Suchwörter zu den in den einzelnen Artikeln behandelten Ereignissen sowie Hinweise auf die im Anhang erfaßten Daten und Entwicklungen. Kalendariumseinträge sind nicht in das Register aufgenommen. Während politische Ereignisse im Ausland unter den betreffenden Ländernamen zu finden sind (Beispiel: »Aufstand der Rifkabylen« unter »Marokko«), wird das politische Geschehen im Deutschen Reich unter den entsprechenden Schlagwörtern erfaßt. Begriffe zu herausragenden Ereignissen des Jahres sind ebenso direkt zu finden (Beispiel: »Hungersnot« ebendort). Ereignisse und Begriffe, die einem großen Themenbereich (außer Politik) zuzuordnen sind, sind unter einem Oberbegriff aufgelistet (Beispiel: »Salzburger Festspiele« unter »Musik«).

A

Abessinien (heute Äthiopien) 218
Abrüstung (→ Militär)
Afghanistan 218
Ägypten 218
– Geschichte 50, 185
– Politik 50
Albanien 218
Algerien 218
Annam 218
Antisemitismus 16, 64, 92, 113, 182
Arbeit und Soziales 25, 48 (Übersicht)
– Arbeitszeit 76
– Internationale Konferenzen 66
– Not 16, 66, 190, 202
– Streik und Aussperrung 32, 34, 78, 114
Archäologie 137, 185
Architektur 25, 54 (Übersicht), 119, 136, 171, 187
Argentinien 218
Äthiopien 218
Attentate 92 ff, 95 (Grafik), 113, 115, 129, 200
Australien 218
Auto 38 (Übersicht), 155
– Afrikafahrt 205 (Karte)
Automobilsport (→ Sport)

B

Ballett (→ Musik)
Bauhaus Weimar 25, 119, 158
Bayern 113, 130, 168, 169
Belgien 218
Berlin 40, 134, 201
Bildungswesen 56, 78 (Übersicht), 131
Bhutan 218
Birma 218
Bolivien 218
Boxen (→ Sport)
Brasilien 149, 218
Buchmacher (→ Sport/Pferdesport)
Bulgarien 218

C

Chile 218
China 37, 80, 210, 218
Costa Rica 218

D

Dänemark 218
Danzig 218
Demonstrationen 76, 93, 112, 113
Denkmäler 85, 103, 150
Deutsches Reich 213 (Regierung), 214 (Statistik)
– Großstädte 67
– Nationalhymne 150
– Verfassung 130
Dominikanische Republik 218

E

Ecuador 218
Eiskunstlauf (→ Sport)
El Salvador 218
Essen und Trinken/Ernährung 202 (Übersicht)
Estland 218

F

Flaggenfrage 16
Film 40, 135, 140 (Übersicht)
– Technik 53, 154
– Werke:
  »Die Frau von nirgendwo« 224
  »Dr. Mabuse, der Spieler« 71, 141, 224
  »Fridericus Rex« 25, 224
  »Hexen« 224
  »Karussell« 224
  »Nanuk, der Eskimo« 224
  »Nosferatu« 56, 141, 224
  »Othello« 40
  »Phantom« 224
  »Robin Hood« 224
  »Rollende Räder – rasendes Blut« 224
Finnland 99, 218
Frankreich 115, 218
– Außenpolitik 17, 64, 128, 184, 211 (→ auch Internationale Konferenzen)
– Militär 81
– Regierung 17
Fußball (→ Sport)

G

Gesellschaft 24, 40, 41, 57, 65, 66, 83, 84, 103, 118, 155, 169, 184

Gesundheit/Medizin 21, 117 (Übersicht)
Gewerkschaft 66, 82
Gewichtheben (→ Sport)
Gordon-Bennett-Ballonflug 137
Griechenland 146 f, 166, 179, 210, 218
– Flüchtlinge 199
Griechisch-türkischer Krieg 146 f (Karte), 166, 178, 199
Großbritannien 97, 218
– Außenpolitik 166 (→ auch Internationale Konferenzen)
– BBC (British Broadcasting Company) 186
– Regierung 56, 81, 166
Guatemala 218

H

Haiti 218
Hamburg 34 (Karte)
Honduras 76, 218
Hungersnot (Sowjetrußland) 18, 114

I

IAH, Internationale Arbeiterhilfe (→ Internationale Hilfsaktionen)
Indien 24, 51, 218
Indochinesische Union 218
Inflation 126 f, 151, 168, 183, 200, 202 f, 208
Internationale Hilfsaktionen 16, 19, 158
Internationale Politik 13, 37, 128, 147, 198
– Konferenzen 12, 35, 46, 62, 64, 66, 126, 178, 199
Irak 218
Iran (Persien) 218
Irland 96 f, 129, 218
Island 218
Italien 210, 218
– Faschismus 98, 164 f, 204
– Regierung 37, 164

J

Japan 218 (→ auch China und Washingtoner Abkommen)
Jazz (→ Unterhaltung)
Jemen (Sana) 218
Jordanien (Transjordanien) 218
Jugendbewegung 131, 200
Jugoslawien (Königreich der Serben, Kroaten und Slowenen) 103, 219
Justiz 115, 129, 167, 168, 173, 200

K

Kabarett (→ Unterhaltung)
Kambodscha 218
Kanada 219
Katastrophen (→ Unglücksfälle)
Kino (→ Film)

Kirche/Religion 78, 80, 115, 130 (→ auch Päpste)
Kirchenstaat (→ Päpste)
Kolumbien 219
Kommunistische Internationale (Komintern) 66, 183
Königreich der Serben, Kroaten und Slowenen (→ Jugoslawien)
Korea 219
Kriminalität 25, 40, 76, 200, 201
Kuba 219
Kunst/Malerei 56, 85, 158, 172, 206 (Übersicht)
– Folkwang-Museum 56
– Nationaler Kulturbesitz 52, 83
– Russische Kunstausstellung 172
Kuwait 219

L

Landwirtschaft 34, 53, 118
Laos 219
Leichtathletik (→ Sport)
Lettland 219
Libanon 219
Liberia 219
Liechtenstein 219
Litauen 19 (Karte), 219
Literatur 41, 56, 84, 156 (Übersicht), 173, 188
– Schriftstellernot 190
– Zensur 173
– Werke:
  »Amok« 222
  »Babbit« 157, 222
  »Das nackte Jahr« 222
  »Claudines Mädchenjahre« 157
  »Das wüste Land« 157, 221
  »Der Arzt, sein Weib, sein Sohn« 157
  »Der Aussätzige und die Heilige« 157, 221
  »Der Gehetzte« 221
  »Der jüngste Tag« 221
  »Der Kampf als inneres Erlebnis« 156, 221
  »Der Leidensweg« 221
  »Der tolle Bomberg« 157, 221
  »Der Traum« 221
  »Der ungeheure Raum« 157, 222
  »Der Untergang des Abendlandes« 157
  »Der Wald des Gehenkten« 222
  »Die Abenteuer des Julio Jurenito . . .« 222
  »Die Kathedrale« 221
  »Die Thibaults« 221
  »Duineser Elegien« 156
  »Eine Kindheit« 221
  »Geburt der Jugend« 156
  »Jakobs Raum« 157
  »Menschheitsdämmerung« 137
  »Panzerzug Nr. 14-69« 222
  »Ruland« 156
  »Siddharta« 156, 221
  »Siegfried oder die zwei Leben des Jacques Forestier« 157, 221

Sachregister 1922

»Silbermann« 221
»Ulysses« 157, 222
Luftfahrt (→ Verkehr)
Luxemburg 219

M

Malerei (→ Kunst)
Marokko 219
– Aufstand der Rifkabylen 129
Marsch auf Rom (→ Italien/Faschismus)
Medizin (→ Gesundheit/Medizin)
Mehrheitssozialisten (→ SPD)
Memelgebiet 219
Mexiko 80, 219
Militär (→ auch Reichswehr)
– Abrüstung 35
– Polen 81
Mode 86 (Übersicht), 169
Monaco 219
Mount-Everest-Expedition 116
MSPD (→ SPD)
Musik (→ auch Unterhaltung) 57, 104 (Übersicht), 134, 173, 204
– Ballett 158, 173
– Bayreuther Festspiele 135
– Nationalhymne 150
– Salzburger Festspiele 136
– Werke:
  »Frasquita« 105, 223
  »Rénard« 105
  »Sancta Susanna« 105

N

Nepal 219
Neuseeland 86, 219
Nicaragua 219
Niederlande 219
Nobelpreise 204
Nordirland 96 f, 219
Norwegen 219
Nürnberg 201

O

Oberammergau, Passionsspiele 84
Oberschlesien 17, 77, 150
Ödenburg 13 (Karte)
Oktoberfest 169
Oper (→ Musik)
Organisation Consul (→ republikfeindliche Aktionen)
Österreich 52, 77, 128, 168, 210, 213 (Regierung) 215 (Statistik)
– Grenzprobleme 13 (Karte), 52
Ostpreußen 81

P

Palästina 148 (Karte), 219
Panama 219
Päpste 20, 36, 199, 219
Paraguay 219
Persien 174, 219
Peru 219
Pferdesport (→ Sport)
Philippinen 219
Polen 210, 219
– Grenzfragen 19, 52, 77
– Militärbündnis mit Frankreich 81
– Regierung 99, 200
Portugal 76, 219
Presse 22
Preußen 150, 182, 200

R

Radsport (→ Sport)
Rapallo-Vertrag 63
Rathenau-Mord 92 ff, 112
Reichsregierung 93, 183, 208, 213
– Außenpolitik
  Verhältnis zu Frankreich 16, 17, 64, 128, 181 (→ auch Internationale Politik)
  Verhältnis zu Polen 17, 52, 77, 130
  Verhältnis zu Sowjetrußland 63, 131
– Finanzpolitik 126 f, 168, 183
– Innenpolitik 113/130 (→ auch Separatismus)
– Krise 32, 76, 180
– Kulturpolitik 190
– Militärpolitik 131
– Neubildung 180
Reichswehr 47, 131
Reparationen 12, 46, 62, 76, 128, 149, 180, 183, 199, 211
Republikfeindliche Aktionen/Verbände 46, 76, 92 ff, 95 (Grafik), 112, 113
Republikschutzgesetz 92, 112, 130, 200
Revue (→ Unterhaltung)
Rheinlandbesetzung 16, 46 (Karte)
Rifkabylen 129
Rudern (→ Sport)
Rumänien 169, 219
Rundfunk (→ Wissenschaft/Technik)
Rußland (→ UdSSR)

S

Saarland 17
Sachsen 113, 151
Sansibar 219
Saudi-Arabien 205, 219
Schiffahrt (→ Verkehr)
Schweden 219
Schweiz 148, 210, 213 (Regierung), 216 (Statistik)
Schwimmen (→ Sport)
Segelflug (→ Sport)
Separatismus 113, 130
Sexualaufklärung 117, 168
Siam (Thailand) 219
Sonnenfinsternis 155
Sowjetrußland (→ UdSSR)
Sozialdemokratische Partei Deutschlands (→ SPD)

Spanien 219
– Marokkokrieg 129
SPD (Sozialdemokratische Partei Deutschlands)
– Vereinigung USPD/MSPD 149
Sport 50, 51, 87, 181
– Arbeiter-Turn– und Sportfest 120
– Automobilsport 71, 85, 107, 121, 159 (Karte), 191 (Karte), 225
– Bergsteigen 116
– Boxen 159, 225
– Eiskunstlauf 41, 225
– Fußball 71, 106, 138, 225
– Gewichtheben 225
– Kampfspiele 107
– Leichtathletik 107, 139, 159, 225
– Pferdesport 85, 107, 191, 227
– Radsport 120, 121, 139, 227
– Rudern 138
– Schwimmen 106, 138, 191, 227
– Segelflug 139
– Tennis 121, 227
– Wintersport 27, 57
Stuttgart/Hauptbahnhof 187
Südafrikanische Union 51, 219
Syrien 219

T

Tennis (→ Sport)
Thailand 189, 219
Theater 84, 158, 188 (Übersicht), 190
– Hauptmann-Festspiele 136
– Salzburger Festspiele 136
– Spielstätten 136
– Werke
  »Das Salzburger Große Welttheater« 136, 156, 223
  »Der Firmling« 204
  »Der haarige Affe« 223
  »Der Tausch« 188
  »Gobseck« 25
  »Indipohdi« (Das Opfer) 188, 190
  »Kanzlist Krehler« 188
  »Königin Christine« 189
  »Maschinenstürmer« 188, 223
  »Miss Sara Sampson« 188
  »Stella« 189
  »Tamar« 188
  »Trommeln in der Nacht« 188, 223
  »Und Pippa tanzt« 188
  »Vatermord« 188, 223
Thüringen 168
Tibet 219
Togo 51
Tourismus (→ Urlaub und Freizeit)
Tour de France 120
Transjordanien 148, 219
Tschechoslowakei 52, 219
Tunis 219
Türkei 115, 146f (Karte), 166, 178, 179, 219
Tutanchamun-Grab 185

U

UdSSR 52, 115, 129, 155, 210, 219

– Geschichte 197
– Grenzvertrag Finnland 99
– Gründung 196 f (Karte)
– Hungersnot 18, 114
– Kirche 80, 115
– Militär 99
– Parteipolitik 65, 183
– Rapallo-Vertrag 63
– Tscheka 37
– Umweltschäden 53, 116
Unabhängige Sozialdemokraten (USPD) 149
Ungarn 155, 210, 219
– Grenzen zu Österreich 13 (Karte)
Unglücksfälle 21, 41, 53, 102
Unterhaltung 26 (Übersicht)
Urlaub und Freizeit 100 (Übersicht)
Uruguay, 219
USA 114, 219
– Außenpolitik 148, 166, 184, 198
– Ku-Klux-Klan 21
– Militär 41
– Zollgesetz 148
USPD (Unabhängige Sozialdemokraten) 149

V

Venezuela 219
Verfassungsfeiern 130
Verkehr 22 (Übersicht)
– Eisenbahn 32, 67 (Karte), 201
– Luftfahrt 41, 53, 102, 171, 187
– Schiffahrt 46, 78, 82 (Karte)
Versailler Vertrag 34
Völkerbund 17, 19, 52, 168

W

Wasa-Lauf 57
Washingtoner Abkommen 35
Werbung 68 (Übersicht)
Wetter 27, 66, 116
Wilna 19
Wintersport (→ Sport)
Wirtschaft 152 (Übersicht)
– Danatbank 119
– Elektroindustrie 169/170
– Erdöl 115
– Finanzwirtschaft 119, 126
– Lage im Deutschen Reich 14 (→ auch Inflation und Reparationen)
– Messen 47, 82, 102, 118, 131, 134
– Steuer-Vorlage 47
– Stinnes-Konzern 149
Wissenschaft und Technik 25, 118, 135, 151, 170 (Übersicht)
– Chemie 201
– Forschungsreisen 103, 119
– Luftfahrt (→ Verkehr)
– Rhein-Main-Donau-Kanal 82 (Karte)
– Relativitätstheorie 70
– Rundfunk 155, 186
– Telefon/Telegrafie 134/187
Wohnen und Design 132 (Übersicht)

Quellen 1922

Texte

© für den Beitrag von
Edgar Vincent Viscount D'Abernon: Siedler, Berlin 1982
Lothar Fischer: Haude & Spenersche Verlagsbuchhandlung, Berlin 1984
Alfred Kerr: Argon, Berlin
Le Corbusier: Fondation Le Corbusier, Paris
Thomas Mann: Fischer, Frankfurt am Main 1986
Kurt Pinthus, Rowohlt, Reinbek
Arthur Rosenberg: Fackelträger, Hannover 1973

Abbildungen

Archiv der deutschen Jugendbewegung, Burg Ludwigstein (1); Bauhaus-Archiv, Museum für Gestaltung, Berlin (7); Bettmann-Archive, New York/USA (13); Bundespostmuseum, Frankfurt (2); Chicago Tribune, Chicago/USA (6); Daimler Benz AG, Stuttgart (1); Friedrich-Ebert-Stiftung, Archiv der sozialen Demokratie, Bonn (1); Archiv Gerstenberg, Wietze (3); Harenberg Kommunikation, Dortmund (484); Ferdinand Hedinger, Lenzburg/CH (1); Historia-Photo, Hamburg (4); The Hulton Picture Library, London/GB (1); Archiv Dr. Karkosch, Gilching (3); Katholische Nachrichtenagentur, Frankfurt (1); Keystone Pressedienst, Hamburg (6); Historisches Archiv der Stadt Köln (1); Langewiesche-Brandt KG, Ebenhausen (2); Lancia, Turin/I (1); Lenin-Bibliothek, Moskau/UdSSR (8); Mannesmann-Archiv, Düsseldorf (1); Stadtmuseum München (1); Museé de la Publicité, Paris/F (1); Museum of Modern Art, New York/USA (1); Österreichische Nationalbibliothek, Wien/A (1); Paul-Hindemith-Archiv, Frankfurt (1); Peugeot Talbot Deutschland, Saarbrücken (1); Presseagentur Schirner, Meerbusch (2); Rheinisches Bildarchiv, Köln (1); Rowohlt Verlag GmbH, Reinbek (1); Siemens Museum, München (1); Süddeutscher Verlag Bilderdienst, München (3); Schiller-Nationalmuseum/Deutsches Literaturarchiv, Marbach (7); Staatsarchiv Bremen (1); Stiftung Deutsche Kinemathek, Berlin (4)

© für die Abbildungen:
Max Ernst: »Rendezvous der Freunde«, VG Bild-Kunst, Bonn 1989
Wassily Kandinsky: Plakat für die Stockholmer Ausstellung 1922, VG Bild-Kunst, Bonn 1989
El Lissitzky: »Of two Squares«, VG Bild-Kunst, Bonn 1989
László Moholy-Nagy: »Licht Raum Modulator«, Hattula Moholy-Nagy, Gardner AAN Arbol/Michigan/USA
Francis Picabia: »La nuit espagnole«, VG Bild-Kunst, Bonn 1989

© für die Karten und Grafiken:
Harenberg Kommunikation, Dortmund (14)

Trotz größter Sorgfalt konnten die Urheber des Bildmaterials nicht in allen Fällen ermittelt werden.
Es wird gegebenenfalls um Mitteilung gebeten.